Using Italian Synonyms

Companion titles to *Using Italian Synonyms*

Using Spanish
A guide to contemporary usage
R. E. BATCHELOR and C. J. POUNTAIN
ISBN 0 521 42123 3 hardback
ISBN 0 521 26987 3 paperback

Using French
A Guide to Contemporary Usage, third edition
R. E. BATCHELOR and M. H. OFFORD
ISBN 0 521 64177 2 hardback
ISBN 0 521 64593 X paperback

Using German
A Guide to Contemporary Usage
MARTIN DURRELL
ISBN 0 521 42077 6 hardback
ISBN 0 521 31556 5 paperback

Using Russian
A Guide to Contemporary Usage
DEREK OFFORD
ISBN 0 521 45130 2 hardback
ISBN 0 521 45760 2 paperback

Using Spanish Synonyms
R. E. BATCHELOR
ISBN 0 521 44160 9 hardback
ISBN 0 521 44694 5 paperback

Using French Synonyms
R. E. BATCHELOR and M. H. OFFORD
ISBN 0 521 37277 1 hardback
ISBN 0 521 37878 8 paperback

Using German Synonyms
MARTIN DURRELL
ISBN 0 521 46552 4 hardback
ISBN 0 521 46954 6 paperback

Using French Vocabulary
JEAN H. DUFFY
ISBN 0 521 57040 9 hardback
ISBN 0 521 57851 5 paperback

French for Marketing
Using French in Media and Communications
R. E. BATCHELOR and M. CHEBLI–SAADI
ISBN 0 521 58500 7 hardback
ISBN 0 521 58535 X paperback

Further titles in preparation

Using Italian Synonyms

HOWARD MOSS

Lecturer in Italian, University of Wales Swansea

and VANNA MOTTA

Tutorial fellow in Italian in the School of European Studies, Cardiff University

CAMBRIDGE
UNIVERSITY PRESS

PUBLISHED BY THE PRESS SYNDICATE OF THE UNIVERSITY OF CAMBRIDGE
The Pitt Building, Trumpington Street, Cambridge, United Kingdom

CAMBRIDGE UNIVERSITY PRESS
The Edinburgh Building, Cambridge CB2 2RU, UK   www.cup.cam.ac.uk
40 West 20th Street, New York, NY 10011–4211, USA   www.cup.org
10 Stamford Road, Oakleigh, Melbourne 3166, Australia
Ruiz de Alarcón 13, 28014 Madrid, Spain

First published 2000

Printed in the United Kingdom at the University Press, Cambridge

Typeface Bembo (*The Monotype Corporation*)   *System* QuarkXPress™   [SE]

A catalogue record for this book is available from the British Library

Library of Congress Cataloguing in Publication data

Moss, Howard.
    Using Italian synonyms / Howard Moss and Vanna Motta.
       p.   cm.
    ISBN 0 521 47506 6
    1. Italian language – Synonyms and antonyms.   I. Motta, Vanna.   II. Title.

   PC1591.M67   2000
   453'.21 – dc21   00-029261

ISBN 0 521 47506 6 hardback
ISBN 0 521 47573 2 paperback

Contents

Acknowledgements

We are profoundly grateful to the following family members for their moral support, encouragement and practical advice:

Joy Baszucki
Gino Bedani
Margherita Ferrari Motta

We would like to express our heartfelt thanks to the following friends and colleagues for their invaluable help and time in reading and revising the text of this book:

Lisa Agazzi
Chiara Ariotti
Emanuela Bonardi
Rosangela De Simone
Marina Di Stefano
Giovanna Donzelli
Luca Paci
Milly Portolano
Piero Ruju
Maria Sodani

We are grateful to Francis Clarke who gave his time, energy and IT expertise in helping us to compile the indexes.

Our deepest thanks also go to Cambridge University Press Commissioning Editor, Kate Brett, for the infinite patience she has shown in her dealings with us and for the way she has never ceased to give us encouragement when it must at times have seemed that she was getting very little in return.

We are grateful to our respective institutions, University of Wales Swansea and Cardiff University, for the special provision they have made to allow us to carry out the research necessary for the completion of this volume.

Howard Moss
Vanna Motta

Abbreviations

f   feminine
m   masculine
pl   plural
R   Regional

Introduction

1 Terminology

Most of the terms used in this introduction should be self-explanatory. We have tried to lay out the aims, design and scope of our work as clearly and simply as possible and where we have used technical terms whose meanings may not be immediately obvious, we have sought to explain them as and when they occur. We have generally referred to the terms that appear in the body of this dictionary as 'lexical items' rather than 'words'. We have not done this for the sake of using a technical term but because a certain number of our frame titles and head-words (see Section 5 below) are not single words but phrases consisting of more than just one word. For example, under the entry **bisognare** it would be accurate to refer to **occorrere** as a 'word', but it would not be accurate to refer to **avere bisogno di** as a 'word', since it is a group of words or a phrase. The term 'lexical item' usefully covers both such cases.

2 Synonyms

What is a synonym? In general terms it can be said to be one lexical item with approximately the same meaning as another one. But in looking closely at any individual lexical item, the question arises: how much the 'same' as another one does it have to be in order to be a synonym? While few would dispute that **stesso** and **medesimo** are sufficiently the same to be synonyms, is **analogo** also a synonym of those words? Deciding on such questions cannot but involve a certain degree of subjectivity, but in determining synonymy we have consistently tried to keep in our minds the concept of 'close meaning' and stuck as consistently as possible to it as a criterion for inclusion or otherwise. Further information on our criteria is to be found in Section 5 below.

It does, however, seem to us worthwhile at this point to mention two additional complicating elements in Italian when determining synonymy. The first is the language's extraordinarily productive use of suffixes, especially in the spoken language, to bring modifications, sometimes minor sometimes major, to the meanings of words (e.g. **bellino, bellissimo** from **bella; coserella, cosetta, cosettina, cosina, cosuccia** from **cosa; saltellare, salterellare** from **saltare**). The second derives from the phenomenon of 'geo-synonymy' whereby, owing to the particular historical circumstances in which the Italian language has developed, more than one term can exist to render the same object or concept with usage often depending on geographical area or region. (e.g. **formaggio** for 'cheese' in the North and **cacio** in the South; **mota** for 'mud' in Tuscany and **fango** elsewhere; **gruccia**, **ometto** and **stampella** for 'coat-hanger' depending on region). Our procedures for dealing with these complications are explained in Section 5 below with further references to them in Sections 6 and 7.

3   What is a book of synonyms?

Our experience with foreign language acquirers is that they do not use dictionaries or works of reference enough. This may sometimes be through laziness, but it can also derive from the unspoken notion that to look things up is somehow to 'cheat'. No notion could, in our view, be more false, negative or hostile to language learning. The intelligent use of reference works is an invaluable aid to the acquisition of language and to improvement in it at whatever level. It not only allows the resolution of particular problems (e.g. finding words or expressions one does not know, or checking points of grammar) but it also brings the user into contact with additional points and usages which may not bear directly on the problem in question but which help to expand and refine one's overall knowledge and understanding of the language. This does not apply only to general works of reference such as conventional dictionaries and grammars, but also, if in different ways, to more specialised works such as the present one. A general dictionary, monolingual or bilingual, can solve problems associated with meaning and usage and can also provide information on spelling, pronunciation and grammar.

   A book of synonyms can offer similar kinds of assistance but, because of its special focus, it can also bring out subtleties and nuances which a general work does not necessarily have the space to provide. For example, the difference between the verbs **ammazzare** and **uccidere**, both of which correspond to the English 'to kill', or the verbs **abitare** and **vivere**, both of which mean 'to live', might be difficult to establish from an ordinary dictionary but should be clearly illustrated by the information and exemplification given in this volume.

4   Why a dictionary of Italian synonyms?

Compared with a number of years ago, there are now a good number of general bilingual Italian dictionaries available. With Italian's increasingly prominent status as a language of study at school, university and college, specialised reference works for the English-speaking learner of Italian have also appeared focusing on distinct areas of vocabulary and terminology (e.g. business, law, science and technology). There are also on the market several Italian synonym dictionaries which can be put to profitable use by English-speaking learners of the language. These follow the example of the first ever synonym dictionary of Italian, Nicolò Tommaseo's famous *Dizionario dei sinonimi della lingua italiana* of 1830, in being designed for native speakers of Italian seeking help in their own language. They demand therefore the kind of knowledge, both factual and intuitive, that a native speaker has of his or her own language in order to be used most effectively.

The present volume is, as far as we know, the only synonym book devised explicitly with the English-speaking acquirer of Italian in mind. It has four special features: (1) to give the closest English equivalents of the Italian lexical items; (2) to provide additional notes of guidance in English where useful; (3) to indicate the speech register which each synonym can normally be said to belong to; (4) to permit easy access to terminology through two comprehensive indexes, one of them bilingual. These features are explained in more detail in Section 5 below. Moreover, in order to be of maximum help to users, we have tried to present our material in as simple and easily accessible a way as possible so that easy assimilation and personal use of the information will be facilitated. The volume should therefore, more readily than any all-Italian synonym dictionary, enable users to increase their word power, their depth of knowledge of Italian and, consequently, their sense of security in using the language for both spoken and written purposes.

5 Design of volume and criteria for inclusion

Entries

The volume is made up of some 1000 entries or 'semantic frames' (see below under *Semantic frames*), each one containing a number of synonymic terms – in some cases as few as two, in others as many as twenty or, in some rare cases, even more. Twenty is generally the limit, since beyond that single entries would tend to become too difficult to assimilate and their value would therefore diminish. Although a work such as this cannot aspire to the same kind of quantitative exhaustiveness as a traditional dictionary, it nevertheless has as one of its prime aims the greatest possible coverage of the areas in which people are likely to find it most useful and of the points on which they are most likely to consult it. We have therefore done our very best to choose for inclusion those lexical items which, from our own not inconsiderable experience of teaching Italian, we deem most likely to correspond to the needs of the English-speaking user. We have not scrupled to consult monolingual synonym dictionaries and other works of reference when it has seemed useful, but we have never blindly copied what we have found elsewhere, so that each entry is the fruit of critical evaluation and is, in its final form, original. A certain amount of overlap will be found between entries so that the word **grande**, for example, appears under the entry **grande** itself, where one of the examples of usage is 'Milano è una città molto grande', but also under the entry **famoso** with the example 'un grande storico è venuto a parlarci'. This should not lead to confusion but should enable users to make associations between different uses of the same lexical item, especially as we have used cross-referencing extensively within the entries (see below under *Cross-referencing*). This overlap is also a reflection of the fact, which it will be helpful to the user to be aware of, that lexical items do not have strictly defined, invariable meanings but can often change nuance or sense according to context or the intentions of the writer or speaker.

Semantic frames

The entries are set out in 'semantic frames', the name we give to the schematic format of each entry, semantics being the study of meaning and the meaning of words in particular. Each semantic frame is headed by an Italian lexical item (which we call the 'frame title') with its nearest English equivalent or equivalents, followed then by a number of 'head-words' (i.e. synonyms of the frame title) and various kinds of information (grammatical, register, English translation or definition, examples of usage) relating to those head-words. All the entries adopt this pattern, an example of which is as follows:

abitare   to live
(i.e. Italian frame title)   *(i.e. English equivalent of frame title)*

risiedere
3
(i.e. head-word + register)

to reside (formal or legal) *(i.e. closest English equivalents or definitions together, where appropriate, with information about usage, grammar and cross-referencing to other entries)*

sua madre risiede in Svizzera; risiedono all'estero per motivi politici *(i.e. examples of usage)*

stabilirsi
3-2
(i.e. head-word + register)

to settle (down) (i.e. closest English equivalents or definitions together, where appropriate, with information about usage, grammar and cross-referencing to other entries)

si stabilirono in campagna; dopo molti traslochi ci siamo stabiliti a Firenze *(i.e. examples of usage)*

abitare
2
(i.e. head-word + register)

to live (with emphasis on place) *(i.e. closest English equivalents or definitions together, where appropriate, with*

abitare a Milano/in Italia/in Lombardia; abito con i miei; abitavamo in quella via *(i.e. examples of usage)*

	information about usage, grammar and cross-referencing to other entries)	
sistemarsi 2 *(i.e. head-word + register)*	*to settle, to get settled/fixed up* (see also **sposare**) *(i.e. closest English equivalents or definitions together, where appropriate, with information about usage, grammar and cross-referencing to other entries)*	la famiglia è riuscita a sistemarsi senza troppa difficoltà; ci siamo sistemati in una villa; appena mi sarò sistemato all'estero, farò venire la famiglia *(i.e. examples of usage)*
vivere 2 *(i.e. head-word + register)*	*to live* (with emphasis on lifestyle) (also used transitively) (auxiliary **essere** or **avere** when intransitive) *(i.e. closest English equivalents or definitions together, where appropriate, with information about usage, grammar and cross-referencing to other entries)*	vivere in campagna/in città/con qualcuno; vivere bene/male/negli agi/in miseria; sono una di quelle donne che ha vissuto il femminismo degli anni sessanta *(i.e. examples of usage)*
stare (di casa) 2-1 *(i.e. head-word + register)*	*to live* (auxiliary **essere**) *(i.e. closest English equivalents or definitions together, where appropriate, with information about usage, grammar and cross-referencing to other entries)*	chi è l'inquilino che sta al quinto piano?; sto a Roma già da vent'anni; stavano di casa in Via Larga; dove stai di casa? *(i.e. examples of usage)*

Frame titles

In the top left-hand corner of the semantic frame is the Italian frame title which acts as a point of reference, the lead-in lexical item for the entry. Each Italian frame title has been selected according to three criteria:

1 As far as possible, it is a general term which can be used in a wide range of contexts with relatively few limitations upon its use, whereas some of the synonyms associated with it have a more restricted usage (for example: **facile** rather than **agevole**; **luogo** rather than **locale**; **mettere** rather than **porre**).

2 As far as possible, it is a neutral term in that it should not evoke a particular social situation and should not be too formal or too informal (for example, **arrabbiarsi** instead of **adirarsi**, which is too formal, or **incavolarsi**, which is too informal). There are a small number of exceptions to this principle where, with certain terms that relate to bodily functions, it seemed more natural to take as frame titles items which themselves are in keeping with this type

of function (for example, **cacare**, **pisciare**, **scopare**).

3 As far as possible, it is a central term with the synonyms which relate to it radiating out in a number of directions rather than developing a single aspect of it. Lexical items which have no obvious synonyms (e.g. **cenere**, **ovale**, **piovere**) are not included. For information about these, a general dictionary will need to be consulted.

The frame titles are presented in alphabetical order in the dictionary and are flanked, in the top right-hand corner of the frame, with the closest English equivalent(s) of the Italian frame titles.

Where lexical items chosen as frame titles have more than one clearly distinct meaning or can be used as more than one part of speech with different synonyms grouping round them, they may appear as frame titles to two or more separate entries, the first labelled (a), the second (b), etc. Examples are **macchina** ('machine' and 'car'), **molto** (adjective/pronoun and adverb) and **perché** ('because', 'so that' and 'why').

Head-words

In the first column of the semantic frame there appear, below the frame title, the head-words or synonyms of the frame title (including the frame title itself). These head-words are presented in alphabetical order within each register level (see below under *Register*). In some cases a head-word occurs twice in the same entry. That is when it can have two distinct shades of meaning with different registers. So, for example, **raccontare** means 'to tell' in the sense of 'to tell a story', but in a more informal context it can also mean 'to be on about', so it will appear twice as a head-word under the frame title **dire**. In the same way **maiale** will be found twice in the same frame with two different registers, one referring to the animal and the other as a term of abuse. Other lexical items used as head-words may have a number of distinct meanings or usages which necessitate their inclusion in two or more different frames. For example, **unire** is to be found under the frame titles **includere** ('to enclose', 'to attach'), **legare** ('to link', 'to join together') and **mescolare** ('to unite', 'to amalgamate') .

Since Italian is highly productive of suffixed words to render nuances of meaning (e.g. **difficilino** from **difficile**, **ventaccio** from **vento**), the most common of these forms appear as head-words when appropriate (e.g. **bellino** and **bellissimo** under frame title **bello**, **giovanetto** and **giovanotto** under frame title **giovane** and **professorino** under frame title **insegnante** and in the same entry as **professore**). For practical reasons associated with space we have had to use subjective discretion to exclude some suffixed terms which other authors might have deemed appropriate to include.

Register

A novel aspect of this dictionary is the organisation of head-words according to register. The register level (i.e. the degree of formality or informality) of each lexical item is indicated by the number below the head-word in the first column. The conventions used to mark the register level of a particular item are as follows: 3 is the most formal level; 2 is neutral; 1 is colloquial; 1★ is vulgar or indecent. These are not sharply defined divisions, absolutely immutable in their application, but convenient points on a scale of formality. Consequently, the designations 3-2 or 2-1 also occur. Furthermore, certain items may also be liable to be used at more than just one register level according to context. When an item is commonly susceptible to such variation of register, this is indicated either by a comment in the second column (see below under *Equivalents or definitions*), or by the item appearing twice or more as a head-word in the same semantic frame (see the example of **raccontare** above under *Head-words*).

Register 3 refers to vocabulary used in situations which are essentially formal in nature, usually but not always in the written medium and normally directed towards an anonymous audience. The context usually implies that careful organisation of thought or argument has been employed. If used in a less formal context, the vocabulary associated with **Register 3** might appear pedantic, artificial or pretentious, or in some cases ironic or jokey.

Register 2 refers to vocabulary used in less formal, more relaxed circumstances by the average intelligent man or woman. Though associated with informal, everyday situations, it still suggests polite, respectful use of language.

Register 1 refers to vocabulary which is often classed as 'popular', 'familiar' or 'colloquial' in dictionaries. It describes terms used in much spontaneous everyday conversation where norms of politeness are not necessarily observed and therefore little care is taken over linguistic niceties. Consequently, this register may sound impolite, racy, coarse or 'near the bone' depending on your view of it. It is not usually found in the written medium except in, say, letters between friends or else for purposes of 'realism' or for other special effects.

Register 1★ refers to vocabulary which is definitely not part of polite usage and is often extremely rude. It might give offence in all but the most informal and intimate of contexts.

Sometimes the further symbol R (for 'regional') has been added to the register indicator (e.g. 2R); this is where the item in question is used mainly in a particular part or region of Italy, yet is sufficiently widely known to be accepted as part of the national language. For example **mo'** meaning 'now' is widely known as a conversational synonym in Southern Italy for **ora** or **adesso** and appears as a head-word marked 1R under the frame title **adesso**. A reference to the specific area or region in which such terms are used is then made in the second column (see below under *Equivalents or definitions*) in the form of, for instance, 'used mainly in Tuscany' or 'regional Southern usage'.

Using vocabulary of an inappropriate register is a handicap to accurate and meaningful communication and can at times cause offence or unintentional humour. It is therefore important that non-native speakers acquire insights into the workings of register and an ability to choose vocabulary with the correct degree of formality or informality.

Equivalents or definitions

The second column contains the closest equivalents or definitions in English of the head-word, followed by any comments on particular usages or connotations of the Italian head-word, such as whether it is technical, scientific, literary, humorous or pejorative, whether it is also used figuratively, or whether it is more or less common than other head-words in the frame. Any restrictions on usage are also noted here; for example, whether the head-word is particularly associated with usage in a particular region or part of Italy, or whether, if a verb, it is most commonly used in certain tenses or rarely used in others. As a note of caution, however, it must be added that, though the English terms are meant to be as useful and accurate a guide as possible to the meaning of the Italian, they should not be taken as definitive or unvarying equivalents of the head-words or as the only possible way of rendering them in all contexts. To see them in such terms would be to misunderstand the flexible nature of language and the fact that, in the final analysis, no language owes allegiance to any other.

Grammatical information

For nouns, gender is given after the head-word in the first column. Any other grammatical information is provided in the second column after the English equivalent(s) of the head-word. This information includes: part of speech of the head-word if necessary; irregular plural form of nouns (except invariable plurals of foreign words ending in consonants, such as **boom, boss, camion, star, test**); indication of verbs that can be used reflexively and of adjectives that can also be used as nouns (and vice versa); use of **essere** as auxiliary for compound tenses of verbs (unless thus indicated, verbs can be assumed to take **avere** as auxiliary except in the case of reflexive verbs).

Cross-referencing

A comprehensive system of cross-referencing sends users to other entries which include either items with close semantic relation to the item in question (though not close enough to be included in that entry) or other closely related uses of the item in question. The cross-references are usually given in the second column after the English equivalent(s) of the head-word or, when they apply to all or most of the head-words of a given frame, in the first column immediately following the frame title.

Examples of usage

The third and last column contains examples of practical usage which, where possible, aim to illustrate the context(s) in which the synonyms may be used and also their register level. Many of the examples also show the typical syntactical and grammatical uses of the synonyms (e.g. verb followed by appropriate preposition; use of indicative or subjunctive after verb; use of **essere** as auxiliary; reflexive use of verb; feminine form of noun or adjective).

Notes

Some entries have one or more notes beneath them (prefaced by NB). These notes provide additional information of various kinds which it has seemed more helpful to place at the end of the entry rather than in the second column next to the appropriate head-word(s). This is either because the information refers to most or all of the head-words or because its inclusion in the second column might have been difficult to present or might have impeded easy consultation.

Indexes

'The next best thing to knowing something is knowing where to find it', wrote Dr Johnson. The indexes of this volume are designed to give the easiest possible access to all the information contained in it. There are two indexes: one for all the English items contained in the equivalents or definitions; and the other for all the Italian items contained in the dictionary. They should provide easy access to the body of the dictionary, whether the user is starting from English or from Italian. The items in the left-hand columns are those listed and discussed within the semantic frames. The items in bold type in the right-hand columns are the frame titles. All the significant elements of an expression are recorded separately; for example, **fare presto** is recorded under both **fare** and **presto**, **rendersi conto** under both **rendersi** and **conto**.

6   Usefulness of *Using Italian Synonyms*

(a) In allowing learners of Italian to discriminate between different items of Italian vocabulary with similar meanings, this book will be helpful both to those needing to find appropriate translations into Italian of English lexical items and to those composing directly in Italian and having to choose between a number of possible alternatives which present themselves. The register indications and the examples of usage in particular will be valuable in differentiating the items in a way that most synonym dictionaries, which simply list synonymic items, cannot.

(b) Users will also be able to expand their vocabulary by the simple means of consulting the entries on common 'over-used' vocabulary such as **bello**, **dire**, **essere**, **interessante**, **molto** to discover a range of alternatives together with contexts for their use. So, for example: **avvenente**, **delizioso** and **piacevole** will be found as alternatives for **bello**; **dichiarare**, **fare** and **pronunciare** for **dire**; **esistere**, **trattarsi di** and **trovarsi** for **essere**; **avvincente** and **stimolante** for **interessante**; and **parecchio**, **tanto** and **un sacco** for **molto**.

(c) The inclusion in this volume of Italian lexical items containing various kinds of prefixes and suffixes (e.g. **rivedere**, **sbattere**, **scacciare**, **stravolgere**, **bellissimo**, **poveraccio**, **ragazzino**, **stupidotto**) will show how Italian can, and frequently does, create subtly nuanced variations on a given base word without the use of an adjective, adverb or some other separate qualifying element.

(d) Finally, we do not believe it is an exaggeration to claim that this volume will offer insights into the mentality of the Italians themselves. It cannot be denied that a language's vocabulary reflects the mind set of those who speak it. The distribution of synonyms therefore will indicate the domains of interest and preoccupation of those who use them. Where there are many synonyms for a given concept, this will be an indication that the conceptual area is relatively important to the Italian mind; where there are few, this will suggest a less important area of interest. So, for example, readers will find intereresting the relatively large number of Italian terms compared to those available in English for such concepts as 'bribe', 'bruise', 'to congratulate', 'fine' (as in **multa**), 'notebook', 'pregnant', 'stupid', and 'to work hard'. Conversely thay may find equally interesting the absence in Italian of lower register words for **amico**, where in English they seem in good supply ('chum', 'mate', 'pal').

7   The historical development of Italian and its vocabulary

There is probably more synonymy in Italian than in other European languages; owing to the unique historical development it has had. Until Italian political unification in 1861, the language we nowadays know as Italian was primarily a written form of expression used mainly for literary purposes and for spoken communication only on formal occasions. The vast majority of the communicative needs of the people of the Italian peninsula were met by the local and regional dialects, which are still widely used today side-by-side with Italian. After 1861 Italian, that mainly written form of expression based on the Florentine idiom used by the great fourteenth-century writers Dante, Petrarch and Boccaccio, gradually spread to the spoken domain to eventually become the national language of the whole of Italy for both written and spoken purposes, so that today, less than 150 years after the Unification, it is known and used by the overwhelming majority of the population.

During this period of the spread of Italian, apart from taking on much new vocabulary occasioned by social and technological developments, the language has absorbed a considerable number of lexical features from the dialects of that large majority of its people who originally did not know Italian but have now come to speak it. This has tended to create a certain 'duplication' of terminology in Italian, whereby a variety of terms with their origin in dialect usage have come to be used and accepted in Italian for a given concept or object (e.g. **arrangiarsi**, **cavarsela**, **campare** for 'to get by'; **acquaio**, **lavabo**, **lavandino**, **lavello** for 'wash basin' or 'sink'; **ceffone**, **sberla**, **schiaffo** for 'slap'). Some such terms are used throughout Italy regardless of their local or regional provenance; others have special popularity in the region where they originated. Where these terms, 'geo-synonyms' as they may be called, are widely known and have reasonably wide usage among Italian speakers, they have been included in this dictionary as being likely to be encountered by learners and therefore needing to be known.

The inclusion of these geo-synonyms should also ease a common problem experienced by foreigners when asking the advice of Italian native speakers on linguistic matters. The problem consists in being given different and sometimes contradictory advice by different native speakers. The fact is that because of the regional linguistic background of very many Italians, their 'intuition' about what is correct or appropriate linguistically can differ from one speaker to another according to regional provenance and associated speech habits. And this is far more the case than for native speakers of, say, French or English. In this sense the lexicon of Italian can be said to be less fixed than that of its European neighbours and, for the reasons stated, it is also probably more diverse. Awareness of this has made us more flexible and open-minded than would perhaps have been necessary in other languages in judging whether 'regional' forms are acceptable for inclusion or otherwise.

abbastanza (a) — enough

bastante 3	sufficient	non ho mezzi bastanti per farmi la casa; hai intelligenza bastante a capire queste cose
sufficiente 3-2	sufficient	lo stipendio è appena sufficiente per mantenere la famiglia; abbiamo viveri sufficienti per due giorni ancora; non hai una preparazione sufficiente per fare quel lavoro
sufficientemente 3-2	sufficiently, enough (adverb)	non guadagno sufficientemente; non sono sufficientemente intelligente per andare all'università
abbastanza 2	enough (invariable adjective or adverb)	avete abbastanza soldi?; hai mangiato abbastanza?; sei abbastanza grande per capirlo da te; non ti sei spiegato abbastanza chiaramente

abbastanza (b) (see also soddisfare) — fairly

alquanto 3-2	somewhat, rather, quite	Dante è uno scrittore alquanto difficile; fotocopiare tutte le sue note è stata un'operazione alquanto noiosa
discretamente 3-2	quite, fairly, quite/fairly well	quella famiglia è discretamente ricca; quel mio amico guadagna discretamente; suono discretamente il violino
abbastanza 2	fairly, rather, quite, pretty	ho dormito poco, sono abbastanza stanco; questi mandarini sono abbastanza dolci; sono rimasto lì abbastanza a lungo; credo di essermi spiegato abbastanza chiaramente
piuttosto 2	rather	suo marito era piuttosto strano ieri; ha dei pantaloni piuttosto sporchi
un po' 2	a little, a bit, a (little) while (see also qualche)	ti accompagno anche se sono un po' stanco; mi puoi aiutare un po'?; state un po' qui con noi

abitare — to live

alloggiare 3	to lodge, to stay (for transitive use, see ospitare)	abbiamo alloggiato in una pensione a Milano; alloggio in una vecchia casa del centro
dimorare 3	to dwell, to stay	dimorò lungamente a Roma; un'anima sensibile preferisce dimorare in campagna
risiedere 3	to reside (formal or legal)	sua madre risiede in Svizzera; risiedono all'estero per motivi politici
stabilirsi 3-2	to settle (down)	si stabilirono in campagna; dopo molti traslochi ci siamo stabiliti a Firenze
abitare 2	to live (with emphasis on place)	abitare a Milano/in Italia/in Lombardia; abito con i miei; abitavamo in quella via

sistemarsi [2]	*to settle, to get settled/fixed up* (see also **sposare**)	la famiglia è riuscita a sistemarsi senza troppa difficoltà; ci siamo sistemati in una villa; appena mi sarò sistemato all'estero, farò venire la famiglia
vivere [2]	*to live* (with emphasis on lifestyle) (also used transitively) (auxiliary **essere** or **avere** when intransitive)	vivere in campagna/in città/con qualcuno; vivere bene/male/negli agi/in miseria; sono una di quelle donne che ha vissuto il femminismo degli anni sessanta
stare (di casa) [2-1]	*to live* (auxiliary **essere**)	chi è l'inquilino che sta al quinto piano?; sto a Roma già da vent'anni; stavano di casa in Via Larga; dove stai di casa?

abituarsi   to get used to

avvezzarsi (a) [3]	*to become accustomed (to)*	quella gente si è ormai avvezzata alle privazioni; i ragazzi sbandati si avvezzano alla violenza
assuefarsi (a) [3-2]	*to get used to, to become accustomed to*	questa pianta si è assuefatta al freddo; ormai Luigi si è assuefatto all'Inghilterra
abituarsi (a) [2]	*to get used to*	vive in Inghilterra da anni ma non si è mai abituata al clima; mi sono abituata a mangiare tardi
adattarsi (a) [2]	*to adapt (oneself)(to)*	lui si adatta bene a qualsiasi situazione; non mi piaceva questo posto ma adesso mi sono abituato

abitudine   habit

consuetudine f [3-2]	*practice, usage*	non è mia consuetudine parlare male della gente; queste sono le antiche consuetudini del paese
abitudine f [2]	*habit*	ha l'abitudine di dormire fino a tardi; fumare è una brutta abitudine; ha preso l'abitudine della camomilla prima di andare a dormire
convenzione f [2]	*convention* (see also **accordo**)	la convenzione vuole che si vada in vacanza in agosto; non voglio essere schiavo delle convenzioni sociali
costume m [2]	*custom, practice*	è costume della nostra famiglia andare in campagna la domenica; il nostro professore di antropologia ha studiato a lungo i costumi di quella tribù
tradizione f [2]	*tradition*	non voglio rompere con la tradizione, ti farò un regalo a Natale; è tradizione mangiare l'agnello a Pasqua

usanza f/ **uso** m 2	*tradition, usage*	un'usanza emiliana/meridionale/nordica/ orientale/toscana; è usanza festeggiare i compleanni; queste sono le usanze religiose del paese; può descrivere gli usi di quel popolo?

accendere   to light, to switch on

rischiarare 3	*to light up, to illuminate, to brighten (up)*	il sole rischiara il mattino; il suo viso fu rischiarato dal sorriso; ho rischiarato la mia stanza dipingendola di bianco
illuminare 3-2	*to light up, to illuminate (also figurative)*	il sole illuminava la stanza; quello studioso ha illuminato la questione
ravvivare 3-2	*to brighten (up) (see also* **ravvivare***)*	la luce ravviva i colori; puoi ravvivare il tuo vestito nero con la tua bella spilla d'argento
accendere 2	*to light, to switch on, to put on*	accendere la luce/il motore/una sigaretta/la TV/il televisore; ti dà fastidio se accendo la radio?

accoccolarsi   to curl up

raggomitolarsi 3	*to curl up, to huddle (up)*	Giuliana si era raggomitolata sul divano a guardare la TV; i gattini si erano raggomitolati intorno al camino
accovacciarsi 3-2	*to squat/crouch/lie (down) (usually of animals)*	il cane si accovacciò vicino al suo padrone
accucciarsi/ mettersi a cuccia 3	*to lie down, to curl up, to crouch/squat (down)*	il cagnolino si accucciò al mio comando; il mio cane si mette sempre a cuccia quando gli do l'ordine
accoccolarsi 2	*to curl up, to settle down*	i bambini si sono accoccolati per terra per sentire la storia
rannicchiarsi 2	*to crouch/squat (down), to cower (usually implies emotional upset)*	la serva si è rannicchiata in un angolo della cucina; per la paura dei tuoni il bambino si era rannicchiato sotto le coperte

accordo   agreement

concordanza f 3	*agreement, concordance (usually grammatical)*	tra di loro non c'è mai stata concordanza d'idee; gli alunni non sempre fanno la concordanza tra sostantivo e aggettivo
consenso m 3-2	*assent, consent, agreement*	dare il proprio consenso al matrimonio; il padrone ha dato il suo consenso alla vendita della terra; hai bisogno del mio consenso per comprarti una macchina?

convenzione f [3-2]	*agreement, convention* (often political, etc.) (see also **abitudine**)	i due paesi firmarono una convenzione diplomatica; c'è una convenzione internazionale su queste cose; quasi tutti i paesi del mondo hanno firmato la Convenzione di Ginevra
intesa f [3-2]	*agreement, (mutual) understanding, pact* (often confidential)	siamo venuti a un'intesa; abbiamo raggiunto un'intesa verbale; esiste un'intesa fra tutti i commercianti di non farsi concorrenza
trattato m [3-2]	*treaty*	il trattato di Roma del 1957 viene considerato l'inizio dell'unione europea
accordo m [2]	*agreement*	fare/proporre/rinnovare/rispettare un accordo; l'accordo era che tu ti occupassi della parte teorica ed io di quella pratica; quello che dici va contro gli accordi fatti; bisogna sempre fare attenzione agli accordi fra soggetto e verbo
armonia f [2]	*harmony, agreement* (in the expression **in armonia con**) (see also **calma**)	le sue parole non sono in armonia con le sue idee; questa sua iniziativa non è in armonia con le direttive del governo
patto m [2]	*agreement, pact*	il patto era che tu pagassi per la cena; i due paesi hanno firmato un patto di alleanza

d'accordo   all right

d'accordo [2]	*all right, okay, agreed*	ci vediamo più tardi, d'accordo?; pago io, d'accordo?; d'accordo, tornerò per cena
inteso [2]	*agreed, all right*	è inteso che starai a casa mia domenica; allora, siamo intesi per domani sera?
va bene [2]	*all right, okay*	ci vediamo domani, va bene?; va bene, adesso andiamo a casa, ragazzi?; va bene se esco stasera?
okay/ok [1]	*okay*	okay, andiamo al cinema; tutto okay, allora?; è andato okay l'esame?

essere d'accordo (see also **rispettare**)   to agree

aderire [3]	*to adhere to, to accept* (see also **partecipare**)	aderisco pienamente a quella teoria; non posso aderire alla tua proposta
concordare [3]	*to agree, to be in agreement* (see also **stabilire**)	tutti concordano nel lodarlo; le tue idee concordano con le mie; le vostre testimonianze non concordano; in italiano l'aggettivo deve concordare con il sostantivo
sancire [3]	*to sanction, to approve*	il servizio militare obbligatorio è sancito dalla costituzione della repubblica italiana

acconsentire/ consentire 3-2	to consent, to agree (see also **lasciare**)	i suoi genitori hanno acconsentito al matrimonio; ha acconsentito a farsi operare; mi chiese se poteva uscire e acconsentii; il tribunale consentì alle richieste del pubblico ministero di richiamare il testimone
convenire 3-2	to agree, to be in agreement	ho convenuto con lei che il vestito era troppo stretto; abbiamo convenuto che ormai la sua posizione finanziaria era disperata
corrispondere 3-2	to correspond	le cifre corrispondono esattamente; questo locale corrisponde alla descrizione
accettare 2	to accept, to agree (to) (see also **prendere**)	accetto quello che dici; non posso accettare i tuoi argomenti; ha accettato le condizioni che gli hanno imposto
essere/trovarsi d'accordo 2	to agree, to be in agreement	siamo d'accordo che la situazione è tragica; sono d'accordo con te su questo punto; non ci siamo trovati d'accordo sul prezzo
mettersi d'accordo 2	to agree, to come to an agreement	si sono messi d'accordo di partire alle 8; mettiamoci d'accordo su come dividere l'eredità
approvare 2	to approve (of)	il comitato ha approvato l'ordine del giorno; il papà ha approvato la mia scelta
aggiustarsi 2-1	to come to an agreement, to sort things out	per quella questione ci siamo aggiustati tra noi; per quanto riguarda il prezzo, ci aggiusteremo più tardi

acquisti   purchases

acquisti mpl 3-2	purchases	smettila di fare acquisti inutili; mia sorella è uscita a fare acquisti; hai visto i nuovi acquisti dell'ufficio della scuola?
compere fpl 2	purchases, shopping	fare compere per Natale è sempre un problema per me; questo pomeriggio esco per compere con la mamma
spesa f 2	shopping (usually food)	vado al supermercato a fare la spesa; la mamma deve fare la spesa oggi; la spesa, al sabato, porta via un sacco di tempo
shopping m 1	shopping (usually for luxury items)	facciamo dello shopping nei negozi del centro; Maria è andata a Parigi per due giornate di shopping

adatto   suitable

idoneo 3-2	suitable	il materiale non è idoneo al corso; non l'hanno ritenuto idoneo per quella posizione

propizio 3-2	*favourable* (see also **comodo** and **utile**)	non è il momento propizio per parlargli; adesso non è il momento propizio per giocare in Borsa
adatto 2	*suitable*	un vestito così non è adatto ad una festa elegante; quel film non è adatto per i bambini
adeguato 2	*suitable* (less common than **adatto**)	vorrei un lavoro adeguato alle mie qualifiche; se non si sbriga, non troverà un regalo adeguato per il matrimonio
appropriato 2	*suited, appropriate*	il linguaggio non è appropriato alla materia; quello che Luigi ha detto non era appropriato alla circostanza
buono 2	*right, suitable, correct* (see also **buono** and **preciso**)	questo è un buon testo su cui studiare; è arrivato il momento buono per chiedere un aumento di stipendio; mi sembra una buona ragione
giusto 2	*right, correct* (see also **giusto** and **preciso**)	non è il momento giusto per partire; bisogna aspettare l'occasione giusta per parlargli
opportuno 2	*appropriate, convenient* (see also **utile**)	non è il momento opportuno per lamentarsi; è l'occasione opportuna per raccontargli tutto

addestrare to train

addestrare 2	*to train, to practise* (see also **allevare**) (also used reflexively)	il capo addestra l'apprendista; bisogna addestrare i soldati al combattimento; l'atleta si addestra al trapezio
allenare 2	*to train* (for sports) (also used reflexively)	chi allena quell'atleta?; dobbiamo allenare la squadra; si allena tutti i giorni in palestra; quando ti allenerai per la gara di sci?
ammaestrare 2	*to train* (usually of animals but not always)	ammaestrare cani/foche/orse/scimmie; il domatore ha ammaestrato le tigri ed i leoni; quel malvivente ammaestra i più giovani nell'arte del furto e dell'imbroglio
esercitare 2	*to practise* (usually a profession) (transitive or intransitive)	esercita la professione di notaio da circa 30 anni; suo padre era medico, ma ora non esercita più
praticare 2	*to practise* (a sport)	pratica la scherma da molto tempo; non pratico molti sport perché non ne ho il tempo

adesso (see also **oggi**) now

adesso 2	*now, at this moment, just now* (more common than **ora** in Northern usage) (see also **subito**)	ci vado adesso; e adesso cosa combinerai ancora con quelle forbici?; adesso che Pietro è partito mi sento molto sola ; adesso vieni da me; l'ho visto adesso

appena 2	*just, just now* (in the past), *hardly*	ero appena arrivato quando mi ha dato la notizia; l'ho visto appena adesso
ora 2	*now, at this moment* (more common than **adesso** in Southern usage) (see also **subito**)	ora gli parlo io; ora sono le due; ora vado; ora non ho tempo, ne riparleremo più tardi
ormai 2	*now, by now, at this point*	ormai è tardi per andare a teatro; ormai non c'è più nulla da fare per lui, è troppo malato; ormai, cosa vuoi fare?
mo' 1R	*now, right away, just now* (used exclusively in the South) (see also **subito**)	mo' che vuoi?; mo' che sei arrivato raccontaci tutto; e mo' che posso fare?; mo' arrivo; l'ho visto mo'

---

affare (see also **argomento** and **condizione**)		**matter, business**
avvenimento m 3-2	*event, occurrence* (usually important)	lo sbarco sulla luna è stato il principale avvenimento del secolo; per i bambini la festa fu un avvenimento
episodio m 3-2	*episode* (see also **edizione**)	quell'episodio mi è rimasto impresso nella memoria; hanno sentito di quell'episodio dai giornali; la vita studentesca è stata un episodio molto importante nella sua vita
fenomeno m 3-2	*phenomenon*	voglio parlare del fenomeno del turismo di massa
frangente m 3-2	*circumstance, predicament* (implies difficulty)	cosa faresti tu in questo frangente?; vorrei vederla in questi frangenti; si è trovato in un brutto frangente
vicenda f 3-2	*event, affair*	è stata una vicenda ben triste; non conosco le sue vicende personali; ha narrato le vicende storiche del suo tempo
affare m 2	*matter, business, affair*	è veramente un brutto affare; vorrei saperne di più su quell'affare; cosa mi dici di quell'affare dei soldi riciclati?
caso m 2	*case, event*	un caso disperato/imbarazzante/tragico; il caso di quel bambino rapito mi ha fatto rabbrividire
cosa f 2	*thing* (see also **cosa**)	mi hanno parlato dell'omicidio e questa cosa mi ha fatto veramente paura
evento m 2	*event, happening*	quel terremoto è stato un evento disastroso; la giornata dovrebbe essere ricca di eventi; bisogna giudicare dagli eventi
faccenda f 2	*business, matter, thing*	quella faccenda mi preoccupa particolarmente; in questa faccenda ci voglio vedere chiaro; ho una faccenda da sbrigare subito; devi accudire alle faccende di casa

incidente m 2	*incident* (see also **incidente**)	c'è stato un incidente di frontiera; erano coinvolti in incidenti molto gravi; non hanno pagato le tasse e hanno avuto un incidente con la finanza

affidabile   reliable

fidato 3	*reliable, trustworthy* (of people)	ho raccontato questo solo a un amico fidato
affidabile 2	*reliable, trustworthy* (usually of people)	lascia che lui investa i tuoi soldi, è una persona affidabile; la notizia che hai sentito è affidabile?
attendibile 2	*reliable, trustworthy* (usually of abstract concepts and not of people)	un'informazione/una notizia/una testimonianza attendibile; quello che lui dice non è mai stato molto attendibile; questa indiscrezione viene da una fonte attendibile

affittare   to rent, to let

affittare 2	*to rent* (for one's own use), *to rent out* (to others), *to let*	in agosto di solito affittiamo un appartamento in montagna; quell'agenzia affitta appartamenti ai villeggianti
dare in affitto 2	*to rent out* (usually of property)	mio zio mi ha dato in affitto una stanza per studiare; quella signora dà monolocali in affitto
prendere in affitto 2	*to rent* (usually of property)	ha preso in affitto una stanza in una vecchia casa a Roma; quest'estate prenderemo in affitto una casa in campagna
noleggiare 2	*to hire, to rent, to rent out* (usually of cars, boats, etc)	abbiamo noleggiato la macchina all'aeroporto; mi ha noleggiato la sua barca
dare a nolo 2	*to hire out, to rent out* (usually of cars, boats, etc.)	qui si danno a nolo degli motoscafi per i turisti
prendere a nolo 2	*to hire, to rent* (usually of cars or boats, etc.)	abbiamo preso a nolo delle biciclette per la giornata
dare a pigione 2R	*to rent out* (usually of property) (mainly Central and Southern usage)	quella donna dà a pigione stanze nella sua casa
prendere/stare a pigione 2R	*to rent* (usually of property) (mainly Central and Southern usage)	ho preso a pigione un bell'appartamento; sto a pigione da una signora molto servizievole

affogare   to drown

annegare 3-2	*to drown* (transitive or intransitive), *to be drowned* (also figurative) (auxiliary **essere** when intransitive) (also used reflexively)	ha ucciso la sua vittima annegandola in mare; lo annegò tenendogli la testa sotto acqua; sto annegando i miei problemi nel vino; è annegato nel lago; annego nei debiti; per il dolore si è annegata

affogare		
affogare [2]	*to drown* (transitive or intransitive), *to be drowned* (also figurative) (auxiliary **essere** when intransitive) (also used reflexively)	per sbarazzarsi di lui, i due banditi lo affogarono nel fiume; hanno affogato i gattini appena nati; ha affogato i dispiaceri nel vino; cadde nel fiume e affogò; affoga nei debiti/nella noia/nelle ricchezze; stanco della vita decise di affogarsi

affondare   to sink

sommergere [3]	*to sink* (transitive) (see also **inondare**)	enormi onde sommersero la barca
immergere [3-2]	*to dip, to soak, to immerse, to plunge* (also used reflexively, especially in figurative senses)	ha immerso le braccia nell'acqua; bisogna immergere i panni nell'acqua; l'assassino ha immerso il coltello nel corpo della vittima; la barca si immerse nella notte; da quando sua moglie è morta, si è immerso nel lavoro
sprofondare [3-2]	*to sink, to fall, to go to the bottom* (intransitive with **essere** as auxiliary) (also used reflexively, especially in figurative senses) (see also **cadere**)	la nave sprofondò negli abissi marini; siamo sprofondati nel sangue; durante il terremoto alcune case sono sprofondate; si è sprofondata nella poltrona; (si) è sprofondato nella malinconia/nello studio/nella vergogna; mi sono sprofondato nella lettura
affondare [2]	*to sink, to plunge* (transitive), *to sink, to go down* (intransitive, with auxiliary **essere**) (see also **scendere**)	hanno affondato la nave nemica; ha affondato la spada nel ventre del nemico; gli alberi affondano le radici nel terreno; affondò il viso tra le mani; la barca affondava lentamente; siamo affondati nella neve
andare giù/a fondo [2-1]	*to sink* (of boats), *to go down* (of planes) (see also **scendere**)	la nave è andata giù con tutto l'equipaggio; l'aereo andò giù con tutti i passeggeri a bordo; la mia barca è andata a fondo

affrontare (see also resistere)   to face

fronteggiare [3-2]	*to face, to confront*	l'esercito fronteggiò il nemico; ho dovuto fronteggiare il mio capo per dirgli che volevo un aumento di stipendio
sfidare [3-2]	*to dare, to defy, to brave* (see also **spingere**)	gli piace sfidare il pericolo; è meglio non sfidare la violenza del mare; in quell'impresa ha sfidato la morte
affrontare [2]	*to face (up to), to tackle, to deal/cope with*	dovremo affrontare il problema senza di lui; non voglio mai più affrontare un week end con mia suocera
fare fronte a [2]	*to cope with, to face (up to)*	hanno dovuto far fronte a molti problemi nella loro vita; quest'anno dovrò far fronte a molte difficoltà economiche; dobbiamo essere uniti se vogliamo far fronte ai nemici

aggiustare to repair

ripristinare [3]	to restore, to renew, to re-establish (also figurative)	hanno ripristinato la vecchia piscina; ripristinare una vecchia legge/antiche tradizioni
rabberciare [3-2]	to patch up, to improvise a repair on	anche se non ho gli arnesi, cercherò di rabberciare la sedia il meglio possibile
accomodare [2]	to put right, to adjust (less common than **riparare**)	avete accomodato la vostra vecchia casa?; mi hai accomodato la bicicletta?; ho fatto accomodare il vestito dalla sarta perché era troppo lungo
aggiustare [2]	to repair, to put right (for reflexive use, see **essere d'accordo**)	ho fatto aggiustare la macchina; devo aggiustare questa sedia rotta; hai aggiustato la lavatrice che aveva smesso di funzionare?
rattoppare/ rammendare [2]	to patch (up)	mi ha rattoppato la tuta con un colore diverso; quei pantaloni sono vecchi ma mi piacciono. Me li puoi rattoppare?; devo rammendare le calze di mio marito
restaurare [2]	to restore (usually an old building or work of art)	restaurare un monumento/un quadro; hanno restaurato la villa di Alessandro Manzoni a Lecco
rimediare (a) [2]	to remedy, to put right	dobbiamo rimediare ai danni sofferti; lo so che hai perso i soldi, ma vedrai che rimedieremo in qualche modo
rinnovare [2]	to renew, to renovate (usually of clothes or furniture) (also figurative)	rinnovare un cappotto/una giacca/il guardaroba; hanno rinnovato tutto l'edificio in cui abito; volevo rinnovare il divano facendolo ricoprire; ho rinnovato il passaporto
riparare [2]	to mend, to repair	il papà mi ha riparato la bicicletta; questo televisore non è mai stato riparato

aggredire to attack

assalire [3-2]	to assault (not necessarily physical)	hanno assalito i nemici coraggiosamente; mi ha assalita con insulti perché non ho fatto quello che aveva detto
aggredire [2]	to attack (usually a person)	hanno aggredito quella ragazza nel parco; non si sente più sicura da quando l'hanno aggredita
assaltare [2]	to assault, to attack (usually in order to steal)	hai sentito che hanno assaltato la banca?; dei rapinatori hanno assaltato il camioncino portavalori
attaccare [2]	to attack (also figurative)	l'esercito ha attaccato all'alba; il ministro ha attaccato la proposta dell'opposizione

agire (see also **funzionare**) — to act

operare 3-2	to act, to operate, to work (see also **funzionare**) (for transitive use, see **fare**)	cerca di operare nell'interesse di tutti; opera sempre secondo coscienza; non bisogna mai operare con leggerezza
agire 2	to act, to behave (see also **influenzare**)	agire bene/male/da galantuomo/da vero amico; agisce sempre d'impulso; è un veleno che agisce lentamente
comportarsi 2	to behave, to act	non so come comportarmi con lei; ti sei comportato da vigliacco; Luisa si è comportata da signora

agricoltore — farmer

colono m 3	tenant farmer	il colono deve pagare l'affitto per quel terreno; nell'era dei romani i coloni dovevano lavorare la terra per tutta la vita
agricoltore m 3-2	farmer	l'agricoltore pianta il grano; tutti gli agricoltori si preoccupano per l'inquinamento
fattore m 3-2	farmer (little used now)	il fattore portò i buoi al mercato
coltivatore m/ **coltivatrice** m 3-2	grower (used mainly in formal contexts)	le richieste dei coltivatori diretti sono state presentate al parlamento; sua nonna era una famosa coltivatrice di erbe medicinali
mezzadro m 3-2	sharecropper	i mezzadri dovevano cedere metà del raccolto al proprietario del terreno
paesano/a mf 2	country person/dweller (for use as adjective, see **rurale**)	è rimasto un paesano, la città non l'ha cambiato
contadino/a mf 2	peasant farmer (for use as adjective, see **rurale**)	mio nonno era un contadino/faceva il contadino; nella mia zona non ci sono più tanti contadini
cafone/a mf 1	peasant (with pejorative connotation) (see also **maleducato**)	il contadino del Sud veniva chiamato cafone
terrone/a mf 1	peasant (only used pejoratively for Southerners living in the North)	ha sposato un terrone; non capisco come mia sorella possa sopportare quel terrone

aiutare (see also **difendere**) — to help

spalleggiare 3	to back (up), to support	suo padre l'ha sempre spalleggiato; sono spalleggiati da persone influenti
agevolare 3-2	to facilitate, to help, to aid	mi ha agevolato nella carriera; hanno agevolato la fuga del prigioniero

assistere 3-2	*to assist, to help* (see also **partecipare**)	mi ha assistito durante la malattia; l'infermiera assiste il chirurgo durante le operazioni; lei assiste gli anziani
fiancheggiare 3-2	*to back (up)* (usually with negative connotation)	ha fiancheggiato ancora quel delinquente; quell'associazione fiancheggia i partiti di destra
soccorrere 3-2	*to help*	gli infermieri hanno soccorso i feriti; Anna ha soccorso il nonno quando stava male
aiutare 2	*to help*	lei ha sempre aiutato tutti; aiutami, sto cadendo; mi aiuti a lavare i piatti?; non aiuti il tuo fratellino a fare i compiti?
appoggiare 2	*to support*	il capufficio ha appoggiato la mia richiesta; nessuno in parlamento ha appoggiato la proposta di quel politico
dare una mano a 2	*to help, to give a hand (to)*	mi ha dato una mano a preparare gli esami; quando gli darai una mano a tagliare la legna per il camino?
raccomandare 2	*to recommend, to give a recommendation (to), to support* (for a job, etc.) (see also **proporre**)	un amico di suo padre l'ha raccomandato per quel posto di lavoro; ci vuole una persona molto importante che ti raccomandi per questo incarico
sostenere 2	*to support*	ha sempre sostenuto suo fratello; il prefetto ha sostenuto la giunta leghista

albergo   hotel

hotel m 3	*hotel* (normally used in formal contexts)	un hotel di lusso/di prima/di seconda categoria; preferisco gli hotel alle pensioni; per la conferenza ha prenotato un hotel
locanda f 3-2	*guest-house, inn*	la locanda era povera, ma pulita; i pellegrini si fermarono ad una locanda
albergo m 2	*hotel*	dobbiamo cercare un albergo; si sta proprio bene in quest'albergo; ha pernottato nel migliore albergo della città
ostello m 2	*hostel*	un ostello della gioventù; abbiamo passato alcuni giorni in un bell'ostello in Scozia
pensione f 2	*guest-house, small hotel*	quando andiamo al mare ci fermiamo sempre alla stessa pensione; è una pensione a gestione famigliare

allenatore   trainer, coach, manager

trainer m 3	*trainer* (horse-racing, boxing), *coach, manager* (football)	è uno dei trainer più famosi nel mondo dell'ippica; i giocatori sono andati ad allenarsi con il nuovo trainer

mister m 3-2	(football) manager	il mister è stato molto contento per l'acquisto di quel calciatore; dopo la sconfitta della sua squadra il mister si è pronunciato pronto a dimettersi
allenatore m 2	trainer, coach, manager (usually football)	il loro allenatore ha consigliato una dieta a base di pochi zuccheri; l'allenatore si è dichiarato contento del risultato
ct m 2	(football) manager/coach (usually of an international team) (abbreviation for **commissario tecnico**)	il ct della nazionale italiana ha deciso di lasciare in panchina il suo giocatore più famoso; il ct ha detto che la sua squadra aveva sbagliato troppi gol
tecnico m 2	(football) manager/coach	la società calcistica ha confermato la fiducia al tecnico; il tecnico pensa che la sua squadra abbia grandi possibilità

allevare (see also addestrare)　　　　　　　　　　　　　　　　to bring up

foggiare 3	to form, to forge, to mould	quel professore ha foggiato la mente di molti giovani; ha cercato di foggiare la coscienza nazionale del popolo
formare 3-2	to train, to mould (see also **creare**)	il Professor Levi ha formato molti scienziati; non so a che scuola è stato formato, ma ha certamente idee molto strane sulla scienza; sono i primi anni che formano il carattere
allevare 2	to bring up (of people), to breed (of animals)	hanno allevato loro quella bambina; tutti i loro figli sono stati allevati con cura; i miei allevano cavalli di razza; vivono allevando polli e curando l'orto
educare 2	to bring up, to train, to educate (not necessarily academically)	è stato educato in Italia; bisogna educare i figli con l'esempio; è stato educato in uno dei migliori collegi svizzeri
insegnare 2	to teach (see also **dire** (b))	dobbiamo insegnare ai bambini a rispettare gli animali; io insegno matematica; chi ti ha insegnato l'inglese?
istruire 2	to teach, to educate, to train, to instruct (academically or otherwise)	è un libro che diverte e che istruisce; mi ha istruito all'uso del computer; signorina, chi l'ha istruita sulle procedure da seguire in questo caso?
tirare su 1	to bring up (children)	siamo stati tirati su da nostra zia; lei ha proprio tirato su male le sue figlie

alzare　　　　　　　　　　　　　　　　　　　　　　　　　　　to lift

issare 3-2	to hoist, to heave (usually something large)	issare la bandiera/le vele; il carico fu issato sulla nave

levare 3-2	*to raise, to lift* (also figurative)	levare le braccia/gli occhi al cielo; ha levato il pacco dallo scaffale; non leverò un dito per aiutarla
alzare 2	*to lift (up), to raise*	ho alzato un grosso peso; alzami quei libri, sono troppo pesanti per me; alza la poltrona perché voglio pulire sotto
rialzare 2	*to raise, to lift (up)*	ho rialzato da terra il bambino che era scivolato; non rialza mai gli occhi dal libro
sollevare 2	*to lift up, to raise* (also figurative)	ha sollevato il bambino dal seggiolone; vogliamo sollevare una protesta; chi ha sollevato questa questione?

alzarsito get up

sollevarsi 3-2	*to get up, to rise* (see also **ribellarsi**)	non riuscivo a sollevarmi da terra; la mongolfiera si è sollevata lentamente
alzarsi 2	*to get up*	di domenica mi alzo tardi; a che ora ti sei alzato ieri?; non si alza mai quando lo chiamo
levarsi 2	*to rise up, to take off, to get up* (in the last sense mainly regional Southern usage) (see also **salire** (b))	il popolo si è levato in armi; l'aereo si è levato in volo; ti levi troppo presto al mattino

ambienteenvironment

ambiente m 2	*environment, milieu, surroundings*	l'ambiente è ormai molto inquinato; non è un ambiente di gente per bene; alcune volte gli animali sono buffi nel loro ambiente naturale
atmosfera f 2	*atmosphere* (also figurative)	l'atmosfera terrestre; in ufficio l'atmosfera è molto tesa; che atmosfera c'era quando sei arrivato a casa?
clima m 2	*climate* (also figurative)	il clima dell'Italia è temperato; il clima politico del periodo fascista era soffocante; da quando i miei hanno litigato, c'è un clima strano in casa

amicofriend

confidente mf 3	*confidant*	sa tutto di lui: è sempre stato il suo confidente; quell'avvocato è il confidente dei peggiori ladri della città
amico/a mf 2	*friend*	è un mio amico carissimo; vado a trovare la mia amica Paola; in Italia abbiamo moltissimi amici; perché vuoi essere suo amico?; non mi piace quel tuo amico

camerata mf 2	*comrade* (political right-wing connotations)	i camerati fascisti; i camerati giravano in camicia nera; i tuoi camerati picchiavano chi era antifascista
compagno/a mf 2	*school-friend,comrade* (political left-wing connotations in the last sense) (see also **marito/ moglie**)	era una mia compagna di scuola; ormai i vecchi compagni sono tutti morti; i tuoi compagni socialisti si sono dimostrati dei ladri
conoscenza f 2	*acquaintance* (see also **conoscenza**)	quell'uomo è una mia vecchia conoscenza; ha molte conoscenze nel governo e potrà aiutarti

---

amministrazione administration

amministrazione f 2	*administration, administrative office/department*	il ragioniere si occupa dell'amministrazione della ditta; non si sono mai occupati dell'amministrazione della loro fortuna; l'amministrazione è al secondo piano
burocrazia f 2	*bureaucracy*	la burocrazia italiana è lentissima; la burocrazia in questo ufficio sta diventando impossibile
direzione f 2	*management* (the people who run a business), *manager's/management office*	la direzione stabilisce le norme da seguire; la direzione della ditta non è d'accordo sulla ripartizione degli utili; la direzione ha fatto sapere che ci sarà un'ispezione nel reparto vendite; lo hanno chiamato in direzione
gestione f 2	*management* (the running of a business)	la gestione dell'azienda è passata al figlio; mio cugino si occupa di gestione aziendale

---

ammucchiare (see also **raccogliere**) to pile

accatastare 3	*to stack (up), to heap (up), to pile (up)*	accatastare le casse/la legna/i sacchi; per sgombrare la sala, hanno accatastato tutti i mobili contro la parete di fondo
stipare 3	*to pack (tightly)* (also used reflexively)	il preside ci ha stipati tutti nell'aula per parlarci; ha stipato tutti i suoi vestiti nell'armadio; ci siamo stipati tutti nella chiesa per sentire la messa di mezzanotte
ammassare 3-2	*to amass, to accumulate, to pile* (also used reflexively)	ha ammassato i libri alla rinfusa; non ammassare tutta la biancheria nella lavatrice; il pubblico si ammassava confusamente all'ingresso dello stadio
accumulare 2	*to accumulate, to put together* (also used reflexively)	ha accumulato una fortuna in oro; non so come abbia accumulato tutto quel danaro; sei riuscito ad accumulare le prove necessarie?; gli interessi si accumulano al capitale

ammucchiare [2]	to pile (up), to heap (up) (also figurative) (also used reflexively)	abbiamo ammucchiato i vestiti sul letto; hanno ammucchiato un sacco di soldi; per la pioggia la gente si ammucchiò sotto i portici

analisi (see also **indagine** and **studio**)   analysis

critica f [3-2]	critique, critical work, review (see also **critica**)	ha pubblicato una critica favorevole su quell'autore; leggo sempre le critiche teatrali sui giornali
stima f [3-2]	appraisal, estimate, (e)valuation (usually financial)	bisogna fare la stima di questo terreno prima di venderlo; i danni subiti, secondo le stime, ammontano a molti miliardi di lire
valutazione f [3-2]	assessment, appraisal, estimate (financial or otherwise)	la valutazione del suo lavoro è positiva; nella valutazione finale hanno detto che Marco era uno studente eccellente; bisogna fare la valutazione del capitale dell'azienda
analisi f [2]	analysis (invariable plural)	un'analisi accurata/intelligente/profonda; sei d'accordo con la sua analisi?; procediamo ora all'analisi storica di questo periodo; la tua analisi testuale non è stata molto precisa
esame m [2]	test, analysis, examination (see also **esame**)	fare l'esame di coscienza/del sangue/ di un testo; Alberto deve fare l'esame medico per andare soldato
recensione f [2]	review, write-up	quel film ha avuto recensioni favorevoli; ha fatto la recensione di una nuova storia della letteratura; ho mandato il mio libro per recensione

anche   also, even

addirittura [2]	actually, even (stronger than **perfino**)	è venuta addirittura a chiedermi aiuto, pur sapendo che non l'avrei aiutata; hai perso addirittura un milione al gioco?
anche [2]	also, too, even (normally placed before the element it qualifies)	stasera vengo anch'io; ha ballato ed anche cantato; abbiamo mangiato la pizza ma anche la bruschetta; anche lui si chiama Federico; mia zia è andata anche a Vienna
ancora [2]	even, yet, still	io avevo paura, ma lui era ancora più spaventato; gliel'ho detto un sacco di volte e ancora non mi capisce
d'altronde [2]	moreover, and yet	si lamenta, d'altronde non puoi dargli torto; non ha un buon lavoro, d'altronde non vuole studiare
del resto [2]	besides, anyway	si sono sposati, del resto vivevano già insieme da anni; ti darò la macchina, del resto te l'avevo già promesso

inoltre 2	*besides, moreover, in addition*	è tornato tardi ed inoltre si è lamentato che la cena era fredda; vai al cinema invece di studiare, inoltre non lo dici a nessuno
in più 2	*also, in addition*	sono in ritardo, in più ho dimenticato il compito a casa; fa freddo ed in più ha cominciato a piovere
per di più 2	*what's more, moreover*	l'ha lasciata e per di più si è preso la macchina; ha fatto fare a me le fotocopie e per di più ha detto che erano troppe
perfino/persino 2	*even* (stronger than **anche** or **pure**)	si è lamentato di tutto, perfino del colore delle tende; persino mio padre, che gli vuole bene, lo butterebbe fuori di casa
poi 2	*besides, then* (see also **poi**)	e poi, che vuoi dalla vita?; ricordati poi che non abbiamo tempo da perdere
pure 2	*also, even*	comprami delle mele e pure qualche banana; oltre al vaso hai pure rotto il bicchiere!; pure lui si è arrabbiato per il ritardo del treno

andare   to go

allontanarsi 3	*to go off/away, to leave, to depart* (also figurative)	mi sono allontanato per non sentire ciò che dicevano; si è allontanato dal lavoro per due ore; a poco a poco gli italiani si allontanano dalle sigarette
incamminarsi 3	*to set out/off, to make for*	ci siamo incamminati da soli; ci incamminammo verso casa
recarsi 3	*to go*	domani dovrà recarsi a Roma; mi devo recare in banca
andare 2	*to go* (auxiliary **essere**) (see also **funzionare**)	devo andare subito a casa; andavamo a cento chilometri all'ora; quell'autobus va a Roma; è andato a chiedere il suo parere
andare via 2	*to go away, to leave* (auxiliary **essere**)	il padrone è già andato via; vorrei sapere a che ora andrà via; gli è andata via la voce
andarsene 2	*to go off/away* (auxiliary **essere**) (see also **sparire**)	se ne andò senza parlarmi; ho preso una pillola ed il mal di testa se n'è andato; sono stufo di te, vattene!
lasciare 2	*to leave* (transitive)	ha lasciato l'università perché non riusciva a studiare; i soldati hanno lasciato la città presto per non essere veduti; per quell'uomo mia sorella ha lasciato marito e figli
partire (da) 2	*to leave, to depart* (for a long time or long journey) (auxiliary **essere**)	partiamo da Londra per Torino stasera; l'aereo parte alle due; ho deciso di partire domani

passare [2]	*to go by/along, to pass (by)* (auxiliary **essere**) (see also **muoversi**, **passare** (b) and **visitare**)	ho visto passare tua moglie; passava per la strada; il gatto è passato dalla/per la finestra; passerò anche per Roma
uscire (da) [2]	*to go/get out, to leave* (auxiliary **essere**)	esco di/da casa ogni mattina alle otto; la ragazza uscì dal bagno; a che ora usciamo stasera?; siamo usciti a fare la spesa; Giovanni e Paola escono insieme

andare a   to suit

garbare a [3-2]	*to please, to suit* (auxiliary **essere**)	le tue parole non mi garbano; il suo modo di fare mi è garbato poco
andare a genio a [2]	*to be to one's liking/taste* (auxiliary **essere**)	quel lavoro non gli va a genio; è una persona che non mi va a genio
andare a [2]	*to suit, to be to one's liking* (auxiliary **essere**)	non mi va di andare al cinema stasera; ti va la mia proposta?; non mi va proprio che faccia da padrone in casa mia
andare (bene) a [2]	*to fit* (of clothes) (auxiliary **essere**)	sono ingrassato, il vestito dell'anno scorso non mi va più; si vede che le scarpe non ti vanno bene, sono troppo strette
stare bene a [2]	*to suit* (of clothes) (auxiliary **essere**)	quel vestito ti sta proprio bene; non so se ti stiano bene i pantaloni; so quali colori mi stanno bene

andare avanti   to go ahead, to proceed

avanzare [3]	*to proceed, to advance* (auxiliary **essere** or **avere**)	l'esercito avanzò verso la città; il nostro lavoro avanza a poco a poco
procedere [3-2]	*to proceed*	secondo le istruzioni si procede così per montare l'apparecchio; in questa faccenda bisogna procedere molto cautamente; procedono secondo le decisioni dell'assemblea
progredire [3-2]	*to (make) progress, to proceed* (auxiliary **essere** if the subject is a thing, **avere** if a person)	il lavoro progredisce bene; la tecnologia è molto progredita in questi ultimi anni; quel popolo ha progredito molto dopo l'indipendenza; progredisco nello studio del tedesco
andare avanti [2]	*to go ahead, to proceed, to carry on* (auxiliary **essere**)	il lavoro va avanti bene; siamo andati avanti per un sentiero molto stretto; non si può andare avanti così

anello   ring

anello m [2]	*ring*	un anello d'argento/d'oro; ho perso un anello della mia catena

| **fede** f
 2 | *wedding ring* | mio marito porta la fede |
| **vera** f
 2R | *wedding ring* (mainly regional Northern usage) | non porterò mai la vera |

animale
animal

animale m 2	*animal*	animali acquatici/domestici/selvatici; non mi piacciono gli animali; il mio animale preferito è il cane
bestia f 2	*beast, animal*	il leone è una bestia feroce; la cimice è la bestia più ripugnante
animale m 2-1	*animal, beast* (used pejoratively of people) (often used ironically)	vive proprio da animale; mio fratello sembra un animale quando mangia
bestia f 2-1	*beast, animal* (used pejoratively of people; more insulting than **animale**)	si è comportato come una bestia; in quell'officina lavorano come bestie

anno
year

| **annata** f
 2 | *year* (from the point of view of length or duration) | abbiamo preso le provviste per l'intera annata; è stata un'annata fredda (**anno** could also be used in these cases) |
| **anno** m
 2 | *year* (also used to express people's ages) (see also **tempo** (b)) | non l'ho visto quest'anno; l'anno prossimo dovrebbe essere molto bello; ho passato un anno a studiare; quanti anni hai?; ha già settantadue anni |

annoiare (see also **disturbare** and **preoccupare**)
to bother

contrariare 3	*to put out, to annoy, to vex* (see also **resistere**)	questo ritardo lo ha molto contrariato; rispondendo in quel modo hai contrariato gli zii
recare fastidio a 3	*to disturb, to bother*	non desidera recare fastidio ai suoi; mi spiace recargli fastidio
recare incomodo a 3	*to disturb, to bother*	non volevamo recarvi incomodo
infastidire 3-2	*to annoy, to irritate*	questa luce così forte mi infastidisce
dare noia a 3-2	*to bother, to annoy*	le dà noia il rumore?; mi dà noia il fumo
molestare 3-2	*to bother, to pester, to harass* (see also **tormentare**)	lui mi molesta con il suo parlare continuo; quando finirà di molestarci con le sue stupide domande?

annoiare 2	*to bother, to annoy* (also used reflexively in the sense of *to get bored/weary*)	mi annoia con le sue continue lamentele; le sue parole mi annoiano; mi sono annoiato alla festa
esasperare 2	*to exasperate* (also used reflexively)	quel suo modo di fare mi esaspera; mi sono esasperato quando ha cercato di farmi tacere
dare fastidio (a) 2	*to bother, to annoy, to be a nuisance (to)*	dai sempre fastidio a tutti; perché ti dà fastidio la musica?: Roberto ha dato fastidio a tutte le ragazze ieri sera
irritare 2	*to irritate* (see **arrabbiarsi** for reflexive use)	tutte queste lungaggini mi irritano; tuo padre irrita tutti con la sua mania di risparmiare
dare ai nervi a 2	*to get on (someone's) nerves*	mi dà ai nervi il suo voler avere ragione a tutti i costi
seccare 2	*to annoy, to bother* (also used reflexively in the sense of *to be put out, to get annoyed*)	mi secca fare tutta questa fila; sapete che le vostre chiacchiere mi hanno proprio seccato; mi secco a dover starti a sentire; si è seccato di aspettare e se n'è andato
scocciare 2-1	*to annoy, to bother* (also used reflexively in the sense of *to get annoyed/fed up*)	fai quello che vuoi e smetti di scocciarmi; si scoccia terribilmente ad uscire la sera
rompere/rompere le scatole (a) 1	*to get on (someone's) wick, to get up (someone's) nose*	smetti di rompermi; mi rompi le scatole quando parli senza mai smettere
stufare 1	*to make fed up* (also used reflexively) (see also **stancare** and **stanco**)	ora basta, mi hai stufato; mi sono stufato di mangiare sempre maiale; adesso che lui si è stufato di te, perché lo vuoi vedere?
rompere i coglioni/ le palle/il cazzo (a) 1*	*to get on (someone's) tits*	quella musica ci rompe i coglioni; mi rompi le palle con queste tue lagne; quello stronzo mi ha proprio rotto il cazzo

NB the past participles of many of these verbs are also used adjectivally (e.g. è un po' contrariato perché non gli hanno dato il premio; ero infastidita per il suo modo di trattarmi; aveva un'aria annoiata; era proprio esasperato, non sopportava più la situazione; se n'è andato proprio irritato; ero un po' seccato perché mi aveva fatto aspettare un'ora; mi è sembrato scocciato, il tuo amico)

---

antenato ancestor

avo m 3	*ancestor, forebear* (usually plural)	vanta un illustre avo; discendiamo da nobili avi
progenitore m 3	*ancestor, forebear*	i nostri progenitori vivevano sugli alberi
predecessore m 3-2	*ancestor, predecessor* (less of a family connotation)	bisogna badare alla saggezza dei nostri predecessori
antenato/a mf 2	*ancestor, forefather*	una mia antenata sposò un membro dell'aristocrazia; sul muro sono appesi i ritratti degli antenati

| **nonni** mpl 2 | *ancestors* (less common in this sense), *grandparents* | al tempo dei nostri nonni tutti erano poveri; vado spesso a trovare i nonni |

antiquato out of date

retrivo 3	*backward, old-fashioned, outmoded*	suo padre ha idee retrive sulle donne
retrogrado 3-2	*backward, behind the times*	quell'uomo è retrogrado in fatto di sessualità
antiquato 2	*out of date, outdated, antiquated*	una casa/una macchina antiquata; questo metodo di ricerca è piuttosto antiquato
arretrato 2	*backward, overdue, back*	studia le zone arretrate del paese; la bolletta del telefono è molto arretrata; hai i numeri arretrati di quel giornale?
superato 2	*outdated, obsolete*	un'idea/una teoria superata; gusti/metodi superati; questo modello di macchina è ormai superato

apposta on purpose

deliberatamente 3-2	*deliberately, on purpose* (less common than the others)	offende la gente deliberatamente
intenzionalmente 2	*intentionally*	si è dimenticato intenzionalmente di invitarmi
apposta 2	*on purpose, deliberately* (most common)	non l'ho fatto apposta; sono venuto apposta per parlarti
di proposito 2	*on purpose, deliberately*	l'ho escluso di proposito dai miei progetti perché crea sempre problemi
volutamente 2	*deliberately* (usually before an adjective)	mi è stato volutamente ostile; ho fatto un discorso volutamente allusivo

apprezzare to appreciate

glorificare 3	*to glorify*	smettiamo di glorificare la guerra!; i Fascisti glorificavano l'impero romano
elogiare 3-2	*to praise, to commend, to extol*	il presidente ha elogiato il sacrificio dei patrioti del Risorgimento; bisogna elogiare la bontà ed il coraggio
valorizzare 3-2	*to appreciate, to value*	la società italiana non ha mai valorizzato i propri artisti
ammirare 2	*to admire*	lo ammiro tantissimo per i libri che ha scritto; ammiro Luisa per la sua decisione; ho ammirato il bel panorama
applaudire 2	*to applaud*	il pubblico applaudì il musicista; tutti abbiamo applaudito quell'attore per il suo Macbeth

apprezzare [2]	*to appreciate*	ho apprezzato il tuo lavoro; i nostri superiori l'apprezzano molto; apprezzi lo splendore della natura?
lodare [2]	*to praise*	la maestra lodò i bambini; tutti hanno lodato la sua onestà; voglio lodarti per la tua diligenza
stimare [2]	*to think highly of, to have a high opinion of*	è stimato da molti; stimo molto tuo padre
vantare [2]	*to praise, to boast of/about* (also used reflexively in the sense of *to boast, to brag*)	vanta sempre l'intelligenza dei figli; vanta le origini nobili della moglie; si vantano sempre della loro ricchezza; non faccio per vantarmi, ma parlo benissimo l'inglese

aprire   to open

disserrare [3]	*to open*	ha disserrato le imposte della finestra
schiudere [3-2]	*to open* (usually either partially or slowly) (also used reflexively)	il vento ha schiuso la porta; i fiori si schiudono al sole
aprire [2]	*to open* (in a wide variety of senses) (transitive and intransitive) (also used reflexively) (see also **cominciare**)	aprire la bocca/la bottiglia/la finestra/la lettera/il libro/l'ombrello/la scatola; ho una chiave che apre tutte le serrature; quando ho parlato, l'uomo ferito ha aperto gli occhi; oggi la biblioteca non apre; le porte dell'ascensore si sono aperte
spalancare [2]	*to open wide, to throw open*	spalancare le braccia/gli occhi/la porta

argomento (see also **affare**)   subject

intreccio m [3-2]	*plot, intrigue*	l'intreccio di questo romanzo è troppo complicato; gli intrecci dei film di Hitchcock sono sempre molto intriganti
terreno m [3-2]	*ground, area, subject* (for literal use, see **terra**)	è un terreno più o meno inesplorato; ci sono discorsi tutti da sviluppare su questo terreno
trama f [3-2]	*plot, theme* (see also **complotto**)	conosco già la trama del film; non si riesce a seguire la trama di questo romanzo
argomento m [2]	*subject, topic, theme* (see also **idea**)	qual è l'argomento del film?; hai scelto un argomento per la tua tesi?; in un romanzo mi piacciono gli argomenti sociali
discorso m [2]	*subject, topic* (see also **discorso**)	questo è un altro discorso; cambiamo discorso adesso
materia f [2]	*subject* (of academic study)	le materie artistiche/letterarie/scientifiche; qual è la tua materia preferita?; sono stato promosso in tutte le materie

problema m 2	*problem, matter* (see also **difficoltà**)	questo problema si presenta sotto vari profili; il problema del Mezzogiorno non si è ancora risolto
questione f 2	*question, matter* (see also **difficoltà**)	come si può risolvere la questione?; si tratta di una questione essenzialmente tecnica; è solo questione di tempo; quello scrittore si occupa della questione meridionale
soggetto m 2	*topic, theme* (less common than **argomento**)	è difficile afferrare il soggetto della discussione; ho visto un quadro di soggetto sacro
tema m 2	*subject, topic, theme* (see also **tema**)	qual è il tema della lezione?; lo studioso ha esposto un tema interessante

arma   weapon

arma f 2	*weapon, arm* (plural **le armi**)	un'arma automatica/leggera/pesante/da fuoco; le armi chimiche/nucleari
cannone m 2	*cannon*	un cannone anticarro/navale/di grosso calibro
carabina f 2	*rifle*	una carabina automatica; è legale usare le carabine per la caccia?
fucile m 2	*rifle, gun* (more common than **carabina**)	un fucile automatico/da caccia/da guerra
mitra m 2	*sub-machine gun* (invariable plural)	i soldati erano armati di mitra
mitragliatrice f 2	*machine gun*	c'erano decine di mitragliatrici sulla collina
pistola f 2	*pistol, gun*	una pistola automatica/a tamburo
revolver m/ **rivoltella** f 2	*gun, revolver*	mi ha puntato contro il revolver; ha sparato un colpo di rivoltella

arrabbiarsi   to get angry

adirarsi 3	*to become angry*	si è adirato per il torto subito; gli dirò la verità, se mi prometterà di non adirarsi
andare/montare in collera 3	*to become angry, to flare up* (see also **rabbia**)	ha poco controllo, va in collera molto facilmente
corrucciarsi 3	*to become upset/angry*	a quella vista si corrucciò visibilmente
inalberarsi 3	*to become angry, to flare up*	ha un carattere molto suscettibile, si inalbera per un nonnulla

incollerirsi 3	*to lose one's temper*	non riesce a parlare di politica senza incollerirsi
stizzirsi 3	*to lose one's temper*	mi stizzisco se i bambini fanno chiasso; mi sono stizzito per tutte le bugie che mi ha raccontato
indignarsi 3-2	*to become angry/indignant*	indignarsi per un'offesa/davanti a un'ingiustizia; com'è possibile non indignarsi di fronte a tanta disonestà?
infuriarsi 3-2	*to become angry, to fly into a rage*	è molto nervoso, perciò si infuria facilmente; invece di infuriarti, cerca di essere calmo e di ragionare
perdere le staffe 3-2	*to become angry, to fly into a rage/off the handle*	quando ha sentito la notizia, ha perso le staffe
arrabbiarsi 2	*to get angry/in a temper*	si arrabbia molto facilmente; mi sono arrabbiato con lui quando mi ha raccontato la notizia
andare/montare su tutte le furie 2	*to get/fly into a rage (see also* **rabbia***)*	sono andato su tutte le furie quando mi sono reso conto che ci aveva derubato; è meglio non contraddirlo, sennò monta su tutte le furie
prendersela con 2	*to get in a temper with, to take it out on*	quando le cose vanno male per lui, se la prende sempre con la moglie
avercela con 2-1	*to be angry with, to have it in for*	quel ragazzo ce l'ha con me perché sono più intelligente di lui; i francesi ce l'hanno con gli italiani
andare in bestia 1	*to get angry, to fly into a rage, to go mad*	è andato in bestia quando ha sentito la notizia
incavolarsi 1	*to get angry, to go mad*	non c'è motivo di incavolarti con lui, te l'ha detto che sarebbe arrivato tardi
incazzarsi 1*	*to get angry, to go mad*	si incazza sempre quando fa un errore; non incazzarti con me, non ho fatto niente; si è incazzato come una bestia

arrabbiato   angry

adirato 3	*angry, cross*	è adirata con me per quello che è successo
in collera 3	*angry, cross (see also* **rabbia***)*	sono in collera con quell'uomo perché mi ha imbrogliato
furioso 3-2	*furious, angry*	un assalto/un vento furioso; un'ira/una lite furiosa; se i tori vedono oggetti rossi, diventano furiosi
rabbioso 3-2	*angry, furious (not of a person)*	mi ha lanciato uno sguardo rabbioso; ha avuto una reazione rabbiosa

arrabbiato [2]	*angry, in a temper*	sono arrabbiato con te per il tuo egoismo; il pubblico è arrabbiato con l'arbitro; è tornato a casa molto arrabbiato
furibondo [2]	*angry, furious*	il papà era furibondo quando ha visto che avevi preso l'auto; non mi rispose, ma mi lanciò un'occhiata furibonda
indignato [2]	*indignant, angry*	è indignata per l'offesa subita; tutti sono indignati per quello che è successo
incavolato [1]	*angry, mad*	il papà è incavolato con te; ero incavolato quando sei tornato tardi ieri sera
incazzato [1*]	*angry, pissed off, mad*	sono incazzato con te per il modo in cui ti sei comportato; quando mi ha visto con Giovanna, era proprio incazzata

arrangiarsi   to get by

arrangiarsi [2]	*to get by, to manage, to make it work*	dobbiamo arrangiarci con quello che abbiamo; arrangiatevi tra di voi!
cavarsela [2]	*to get through, to manage*	se l'è cavata con un po' di spavento; sai guidare la macchina? Sì, me la cavo discretamente
farcela [2]	*to manage, to make it, to carry on* (often used in the negative) (see also **potere**)	sono già in ritardo, non ce la faccio per le sei; sono stanco, non ce la faccio a rimanere sveglio; sono sfinito, non ce la faccio più; il treno parte fra cinque minuti, ce la fai?
tirare avanti [2-1]	*to manage, to keep going, to get by*	come va? Tiro avanti; tiriamo avanti con poco
campare [1]	*to manage, to get by*	come va? Si campa; qui si campa alla giornata; hanno sempre campato a pane e formaggio

articolo (see also **informazione**)   article

editoriale m [3]	*editorial, leader*	gli editoriali di questo giornali sono sempre molto di destra
reportage m [3]	*report* (media)	un reportage illustrato/di guerra; c'è stato un reportage sulla situazione in Africa
rubrica f [3-2]	*column, page* (in the media and usually regular)	la rubrica letteraria/religiosa/sportiva; chi cura la rubrica scientifica in quel giornale?
servizio m [3-2]	*report* (newspaper)	il giornale ha ricevuto un servizio speciale dal nostro inviato; i quotidiani di lunedì pubblicano ampi servizi sullo sport
articolo m [2]	*article* (press) (see also **studio**)	ha scritto molti articoli per questo giornale; questo giornale contiene sempre degli articoli culturali

(articolo di) fondo m [2]	*editorial, leader*	il direttore del giornale ha scritto un fondo molto controverso
cronaca f [2]	*current news, column, story* (usually press)	la cronaca letteraria/nera/politica/sportiva; su questa pagina ci sono i fatti di cronaca; mi fece la cronaca degli avvenimenti

ascia   axe

accetta f [2]	*hatchet*	mi ha aggredito con un'accetta
ascia f [2]	*axe* (longer than **scure**)	l'ascia del carpentiere/del falegname/di guerra
scure f [2]	*axe*	ho usato una scure per abbattere l'albero; gli ha dato un colpo di scure

asciugare   to dry

disseccare [3]	*to dry up, to parch* (also figurative) (also used reflexively)	la salsedine dissecca le piante; la solitudine ha disseccato il suo cuore; il fiume si è disseccato
essiccare [3]	*to drain, to dry (up)* (also used reflexively)	hanno essiccato la palude; bisogna essiccare quella radice prima di usarla; questa vernice si essicca presto
inaridire [3]	*to dry up, to parch* (also used reflexively)	il caldo ha inaridito la terra; il vento inaridisce la pelle; il torrente si è inaridito; la sua fantasia si è inaridita
prosciugare [3-2]	*to drain, to dry up* (also used reflexively for land or painted surfaces)	prosciugare un ambiente/un lago/una palude; la siccità ha prosciugato le piante; il terreno si è prosciugato molto in fretta; il muro che hanno dipinto si è prosciugato rapidamente
seccare [3-2]	*to dry (up), to dry out, to drain* (also used reflexively)	il sole ha seccato la terra; stiamo seccando i pomodori al sole; hanno seccato la palude; il pozzo si è seccato
asciugare [2]	*to dry, to drain* (also used intransitively) (also used reflexively)	asciugare le mani/una palude/il pavimento/le posate; è meglio asciugare i capelli al sole; questo tessuto asciuga facilmente; asciugati bene, sei ancora bagnato; la vernice si è asciugata

NB the past participles of all these verbs are also used adjectivally (e.g. quelle piante sono ormai disseccate; in questa torta c'è frutta essiccata; hanno guardato il terreno inaridito; abbiamo attraversato il lago prosciugato; quella terra seccata è causata dalla siccità; bisogna portare dentro il bucato asciugato) (see also **secco**).

aspettare to wait (for)

attardarsi 3	*to linger, to loiter*	si è attardato in ufficio a guardare i documenti
indugiare 3	*to linger, to take one's time*	indugiò molto tempo sull'argomento; ho indugiato a lungo prima di decidere; hanno indugiato a partire
soffermarsi 3	*to linger, to pause, to stop* (a little while)	si soffermò sulle questioni più importanti; si sono soffermati a guardare le vetrine
attendere 3-2	*to wait (for), to await*	attenda un momento; attendiamo una notizia molto importante
pretendere 3-2	*to expect* (see also **volere**)	quell'insegnante pretende troppo dai suoi studenti
aspettare 2	*to wait (for)*	ho aspettato due ore davanti al teatro; aspettare un amico/una lettera/una notizia/una risposta/una telefonata/un treno
aspettarsi 2	*to expect*	non mi aspetto nulla da lui; si aspettavano un'accoglienza diversa; mi aspettavo che si comportasse decentemente

aspetto (see also **faccia**) appearance

apparenza f 3-2	*appearance* (in the sense of the 'surface' of things) (often plural)	la gente bada spesso alle apparenze; è un uomo di bell'apparenza; non si può giudicare dalle apparenze
aria f 2	*look, air, demeanour* (see also **sembrare**)	la sua aria sempre allegra non mi convince; gli piace darsi l'aria di persona esperta
atteggiamento m 2	*attitude*	un atteggiamento antipatico/ostile/umile; ha assunto un atteggiamento minaccioso; il suo strano atteggiamento mi ha sorpreso
espressione f 2	*expression, look* (see also **espressione**)	non cambiò espressione; il suo viso aveva un'espressione felice; quella ragazza ha un'espressione intelligente
aspetto m 2	*appearance, look, aspect* (see also **elemento**)	quel ragazzo ha un aspetto molto contento; la foresta ha un aspetto pauroso
lato m 2	*aspect, side, angle* (see also **lato**)	bisogna considerare il lato sociale della questione; guardiamo la questione da tutti i lati
look m 2-1	*look, appearance, image*	lei cerca di coltivare un look raffinato; quel cantante ha cambiato look

assassino murderer, killer

sicario m 3	*(hired) assassin, slayer*	si pensa che la vittima sia stata uccisa da sicari pagati dalla mafia

uccisore m 3	*killer, murderer*	non riesce a perdonare gli uccisori di suo figlio; la polizia ritiene che l'uccisore sia stato un amico della vittima
killer m 3-2	*killer*	non si sa chi sia il killer che ha ucciso quella famiglia; la mafia assolda molti giovani e li trasforma in killer
omicida m 3-2	*murderer, killer*	quell'uomo è un omicida: ha ucciso tre persone; non credo alla pena di morte neppure per gli omicidi
assassino m 2	*murderer, killer, assassin*	la polizia cerca ancora l'assassino di quella povera ragazza; l'assassino ha cancellato tutte le sue tracce

assicurare   to assure

attestare 3	*to attest to, to ascertain, to be proof of*	posso attestare la verità della sua affermazione; la sua confessione attesta la mia innocenza
certificare 3	*to certify, to attest*	possiamo certificare che il soprascritto ha conseguito i seguenti titoli di studio
testimoniare (di) 3	*to testify, to give evidence, to be evidence (of)*	sono pronto a testimoniare della sua buona fede; ho testimoniato a favore dell'accusato; questo documento testimonia di una civiltà finora sconosciuta
accertare 2	*to make sure (of), to ascertain*	ho accertato che non ha trascurato alcun particolare; voglio accertare l'identità di quel cadavere
assicurare 2	*to assure, to ensure, to insure*	voglio assicurare il futuro dei miei figli; non è colpevole, te lo assicuro; mi ha assicurato che non mi avrebbe abbandonato; hanno assicurato la casa contro furto e incendio
garantire 2	*to guarantee, to vouch for*	ti posso garantire il rimborso del prestito; ti garantisco che ti aiuterà; quell'uomo è innocente, te lo garantisco io

assicurarsi (see also controllare)   to make sure

accertarsi 2	*to make sure*	mi sono accertato delle sue condizioni di salute; il professore si è accertato che tutti ascoltassero prima di iniziare
assicurarsi 2	*to make sure*	ci assicuriamo sempre dei dettagli importanti; bisogna assicurarsi che tutti capiscano il problema
provvedere 2	*to make sure, to see to, to take steps* (see also **fornire**)	hai provveduto a pagare per i documenti del notaio?; devono provvedere alla pulizia della casa

associazione

association, club

associazione f [2]	*association, club* (see also **organismo**)	un'associazione religiosa/segreta/di beneficenza; lo zio Piero apparteneva all'associazione degli scalatori lombardi
circolo m [2]	*club*	tu appartieni a qualche circolo?; in questa sala si riunisce il circolo del bridge
club m [2]	*club*	un club della gioventù/del tennis; è costoso far parte del tuo club?
ritrovo m [2]	*meeting place*	il nostro ritrovo è il bar di Gino; questo posto è un ritrovo di artisti; negli anni '60 Capri diventò un celebre ritrovo dei divi del cinema
società f [2]	*society* (see also **ditta** and **società**)	una società segreta/sportiva; i miei fratelli fanno parte di alcune società per la protezione degli animali

assumere

to employ

ingaggiare [3]	*to engage, to take on* (often military)	il governo ha ingaggiato truppe mercenarie; la nostra squadra di calcio ha ingaggiato due italiani
assumere [2]	*to employ, to take on, to engage* (see also **prendere**)	la ditta assunse dieci nuovi dipendenti; abbiamo assunto un giardiniere; è stato assunto come ragioniere nell'azienda
impiegare [2]	*to employ, to take on* (less common than **assumere**) (see also **usare**)	la banca ha impiegato un nuovo contabile; ha impiegato il fratello della moglie nella propria azienda
reclutare [2]	*to recruit*	quella ditta recluta personale da mandare all'estero; stanno reclutando mano d'opera stagionale

assurdo

absurd, ridiculous

irragionevole [3]	*irrational, unreasonable*	un discorso/un sospetto/una speranza/un timore irragionevole; è la persona più irragionevole che io conosca
illogico [3-2]	*illogical, unsound, not sensible*	il suo ragionamento è illogico; è illogico agire in questo modo
irrazionale [3-2]	*unreasonable, irrational*	quell'uomo è irrazionale; gli animali sono irrazionali; quando mi arrabbio, divento irrazionale
assurdo [2]	*absurd, ridiculous*	è assurdo con le sue pretese; la tua domanda è assurda; tutto questo mi sembra assurdo
ridicolo [2]	*ridiculous*	mostrava un atteggiamento ridicolo; ha un'aria leggermente ridicola; sei ridicolo con quelle scarpe gialle

attaccapanni — clothes hanger, coat stand

attaccapanni m [2]	*clothes hanger, coat stand* (invariable plural)	ho appeso il cappotto all'attaccapanni; l'attaccapanni nell'ingresso era pieno di indumenti
gruccia f/**gruccetta** f [2R]	*coat hanger, clothes hanger* (regional Central Italian usage)	non ci sono grucce in questo armadio; sto cercando una grucccetta per la giacca
ometto m/**omino** m [2R]	*coat hanger, clothes hanger* (regional Northern usage)	dammi un ometto per il mio cappotto; ho appeso la tua gonna a un omino
stampella f [2R]	*coat hanger, clothes hanger* (regional Southern usage)	appendi la giacca alla stampella; bisogna mettere il cappotto sulla stampella

NB throughout Italy **gruccia** and **stampella** are also used, usually in the plural, to mean *crutches* (e.g. perché cammini con le grucce?; si regge sulle stampelle).

attento — careful

premuroso [3]	*solicitous, thoughtful, attentive*	un atteggiamento/un marito premuroso; è stata particolarmente premurosa con me
sollecito [3]	*solicitous, efficient* (see also **veloce**)	è sollecito della salute dei genitori; questo ufficio è molto sollecito nelle relazioni con la clientela
cauto [3-2]	*cautious, wary, careful, prudent*	con la vecchiaia si diventa più cauti; mi ha dato una risposta cauta
coscienzioso [3-2]	*conscientious*	un giudice/un insegnante/uno studente coscienzioso; Anna è una maestra coscienziosa, ha già corretto tutti i compiti
accurato [2]	*careful, diligent, precise* (see also **preciso**)	un esame/un restauro/un resoconto accurato; è uno studioso molto accurato
attento [2]	*careful, attentive, diligent,* (see also **badare a**)	un alunno/un impiegato/uno studente attento; sono state fatte attente indagini; dopo un attento esame il medico non ha trovato niente di brutto
prudente [2]	*careful, prudent, wise*	sii prudente quando guidi; ha pronunciato parole prudenti; sarebbe più prudente aspettare prima di scegliere

NB all these adjectives are commonly used as adverbs with **–mente** endings (e.g mi ha comunicato la notizia molto premurosamente; si occupa sempre sollecitamente delle richieste (see also **presto**); conviene procedere cautamente; ha compiuto il lavoro coscienziosamente; ha restaurato il quadro accuratamente; mi hanno ascoltato attentamente prima di fare domande; ha compilato la lista diligentemente; bisogna guidare prudentemente).

attenzione — attention, care

cautela f [3]	*caution, wariness, prudence*	mi hanno detto di agire con cautela; rispondeva con cautela alle mie domande; alla guida si deve avere molta cautela

sollecitudine f 3	*solicitude, thoughtfulness,* *consideration* (see also **velocità**)	ha mostrato molta sollecitudine verso di noi; quella persona mantiene con sollecitudine le sue promesse
premura f 3-2	*care, solicitude, attention* (often plural)	era pieno di premure per noi; non so come ringraziarla per le sue premure
prudenza f 3-2	*care, prudence*	la prudenza non è mai troppa; quanta prudenza nelle sue scelte!
attenzione f 2	*attention, care* (sometimes plural) (see also **badare a**)	attirare/fissare/richiamare l'attenzione; quel lavoro richiede molta attenzione; esamina i quadri con molta attenzione
cura f 2	*care, attention, looking after,* *running* (sometimes plural) (see also **cura**)	fece il lavoro con la massima cura; nascose con cura il gioiello; dedicava tutte le cure alla famiglia; la cura del giardino richiede molto tempo

attivo   active

assiduo 3	*assiduous, active*	è un assiduo frequentatore del nostro teatro; siamo assidui visitatori di mostre d'arte
laborioso 3	*industrious, hard-working,* *laborious*	è un operaio diligente e laborioso; sto svolgendo un'indagine molto laboriosa
operoso 3	*industrious, hard-working,* *active*	una città/una persona/una vita operosa
attivo 2	*active*	sei la persona più attiva che abbia mai conosciuto; ha fatto una vita molto attiva
diligente 2	*diligent, hard-working*	è diligente nel lavoro/negli studi; è un'impiegata molto diligente
dinamico 2	*dynamic*	è sempre attivo e molto dinamico; hai una concezione dinamica della vita
energico 2	*energetic, forceful, vigorous*	un uomo/un carattere/un discorso/un rimedio energico; la sua è stata una protesta energica; hanno preso misure energiche
studioso 2	*studious, hard-working* (in academic work) (for use as a noun, see **esperto**)	è una ragazza molto studiosa

attore   actor

interprete mf 3-2	*actor/actress, performer*	conosci gli interpreti di questo film?
attore m/**attrice** f 2	*actor/actress*	un attore cinematografico/comico/ teatrale/della tivù; è la migliore attrice che abbia mai visto

commediante mf [2]	actor/actress, play-actor (usually with a negative connotation)	sono commedianti di poco valore; fai sempre storie, sei un vero commediante
divo/a mf [2-1]	star, celebrity	un divo/una diva della canzone/del cinema/dello schermo
stella f [2-1]	star	Sofia Loren è una stella internazionale
star f [1]	star	Al Pacino è una delle più grandi star del cinema; ci sono molte star americane in quel film

attraversare   to cross

percorrere [3-2]	to cross, to cover, to travel (of space or distance)	ho percorso un lungo tratto a piedi; ha percorso duecento chilometri per arrivare a casa
attraversare [2]	to cross, to go through (also figurative)	ho attraversato la strada; bisogna attraversare una zona boscosa; il fiume attraversa la città; abbiamo attraversato la città in macchina; esitò a lungo prima di attraversare; attraversa un periodo difficile

attraverso   through

mediante [3]	through by (means of) (often commercial)	potrà acquistare la macchina mediante pagamenti mensili; mediante il tuo consiglio ho risolto la questione
tramite [3]	through, by (means of) (formal)	appresi la notizia tramite la radio; avrete mie notizie tramite l'avvocato
per mezzo di [3-2]	through, by (means of)	ho mandato il pacco per mezzo di un parente; quel parlamentare comunica sempre per mezzo della stampa
attraverso [2]	through, by means of	attraverso lunghe indagini hanno scoperto gli autori del furto; siamo riusciti a rintracciare mio zio attraverso il consolato
a forza di [2]	through, by dint of	si sono fatti strada a forza di gomiti; ha fatto carriera a forza di raccomandazioni; a forza di chiedere si ottiene
grazie a [2]	thanks to, through	ci sono riuscito grazie a te; ottenne il posto grazie alla buona volontà della ditta
per [2]	by	ho spedito la lettera per posta ordinaria; comunichiamo sempre per telefono
a furia di [2-1]	through	a furia di sentirlo tutti i giorni, ora l'ha capito; a furia di spinte alla fine è stato promosso; la convinse a furia di pianti

attribuire   to attribute

| **ascrivere** [3] | *to attribute, to ascribe* | questi risultati saranno ascritti a tuo merito; normalmente si ascrive quell'opera a Machiavelli |
| **attribuire** [2] | *to attribute* | si attribuisce il quadro a Giotto; attribuisco la disgrazia alla tua imprudenza; mi hai attribuito una frase che non ho detto |

aumentare   to increase

accrescere [3]	*to increase, to expand, to enlarge* (often commercial)	accrescere il capitale/la cultura/le ricchezze
ampliare [3]	*to enlarge, to broaden, to extend* (also figurative)	abbiamo ampliato la nostra casa; stanno ampliando la strada davanti a casa mia; vorrei ampliare le mie cognizioni di storia
dilatare [3]	*to dilate, to widen (out), to expand* (also figurative)	questa crema dilata i pori; il calore ha dilatato la gomma; ha dilatato la sua attività in altri campi
maggiorare [3]	*to increase, to raise, to put up*	hanno maggiorato i prezzi; non maggioreranno gli stipendi
potenziare [3]	*to expand, to develop* (mainly in business contexts)	dobbiamo potenziare i nostri investimenti; cerchiamo di potenziare il turismo
protrarre [3]	*to protract, to prolong, to lengthen* (of time)	vogliono protrarre le trattative; siccome non ho superato gli esami, dovrò protrarre gli studi
allungare [3-2]	*to extend, to lengthen*	allungare un discorso/le vacanze/un viaggio/la vita; bisogna allungare la gonna di tre centimetri
amplificare [3-2]	*to amplify, to enlarge, to extend* (also figurative)	hanno amplificato il suono; non amplificate i problemi che si presentano
espandere [3-2]	*to expand* (usually of land)	quello stato cerca di espandere i confini; ogni nazione vuole espandere la sua sfera d'interesse
estendere [3-2]	*to extend, to expand* (often commercial or legal)	il governo vuole estendere i confini dello stato; estende le sue attività anche all'estero; hanno esteso quel diritto alle donne
incrementare [3-2]	*to increase, to boost* (often commercial)	cerchiamo di incrementare le nostre entrate; si può incrementare il commercio fra i due paesi
ingrossare [3-2]	*to augment, to increase, to swell, to make (look) fat*	ingrossare un debito/un esercito/i risparmi; le piogge hanno ingrossato il fiume; quel vestito ti ingrossa
rincarare [3-2]	*to raise/put up (the price of), to make more expensive*	il governo ha rincarato il pane; il proprietario vuole rincarare gli affitti; la recessione economica ha rincarato tutta la merce

aumentare [2]	*to increase, to enlarge* (see also **peggiorare**)	hanno aumentato gli stipendi; bisogna aumentare i prezzi; la polizia vuole aumentare le multe per le infrazioni del traffico
esagerare [2]	*to exaggerate, to go too far*	i giornali hanno esagerato la gravità dell'incidente; esageri, il quadro non può avere quel valore; mangia quello che vuoi, ma non esagerare; perché esageri sempre nei complimenti?
gonfiare [2]	*to blow up, to (make) swell, to exaggerate*	ho gonfiato gli pneumatici; il portafoglio ti gonfia la tasca; le piogge hanno gonfiato il fiume; hanno gonfiato i fatti
ingrandire [2]	*to enlarge, to magnify, to exaggerate*	ingrandire un'azienda/una casa; si può ingrandire l'immagine con un microsopio; stai ingrandendo le difficoltà
moltiplicare [2]	*to increase, to multiply*	hanno moltiplicato i tentativi per salvarlo; bisogna moltiplicare tre per quattro
prolungare [2]	*to extend, to lengthen, to prolong* (of space or time)	cerchiamo di prolungare questa linea; spero che non prolungherà troppo il discorso
sviluppare [2]	*to develop, to build up, to increase* (see also **trattare**)	abbiamo sviluppato il commercio con l'estero; lo studio sviluppa l'intelligenza

NB for intransitive use of many of these verbs, see **crescere**.

aumento   increase

accrescimento m [3]	*increase, growth*	abbiamo studiato l'accrescimento della popolazione mondiale
ampliamento m [3]	*enlargement, widening*	hanno già iniziato l'ampliamento di questo albergo; un ampliamento della propria cultura è sempre positivo
boom m [3-2]	*boom, (rapid) expansion* (usually economic)	il boom demografico/economico; ricordi il boom degli anni '60?; in quegli anni c'era il boom degli elettrodomestici
espansione f [3-2]	*growth, expansion*	abbiamo visto una vasta espansione di quell'industria; la nostra azienda è in fase d'espansione; tutti hanno approfittato dall'espansione della città
incremento m [3-2]	*increase, development, boost* (often commercial)	l'incremento demografico è stato enorme; c'è stato un incremento della produttività
allargamento m [2]	*widening, broadening*	dobbiamo stimolare l'allargamento dei rapporti commerciali con l'estero
aumento m [2]	*increase, rise*	un aumento della benzina/della domanda/dei prezzi/di stipendio/di temperatura/del traffico; c'è stato un aumento del 5 per cento nelle nascite rispetto a dieci anni fa

crescita f 2	*growth, increase, rise*	la crescita del bambino/dei capelli; c'è stata una notevole crescita economica
ingrandimento m 2	*expansion, enlargement* (also photographic)	l'ingrandimento di una città/di un'industria/di un quartiere/di una stanza; ho fatto un ingrandimento dell'immagine
sviluppo m 2	*growth, development* (see also **progresso**)	queste condizioni dovrebbero favorire lo sviluppo del turismo; lo sviluppo dell'azienda sarà un bene per tutti

autobus   bus

autobus m/**bus** m 2	*bus* (single or double decker)	ho preso l'autobus delle otto; è andata in autobus alla stazione
(auto)corriera f 2	*bus* (country or local), *coach* (**corriera** is used more)	la corriera ferma in tutti i paesini; la corriera Milano–Monza parte alle due
filobus m 2	*trolley bus*	i filobus sono azionati da motori elettrici
pullman m 2	*bus* (single decker), *coach*	prendo il pullman ogni mattina alle otto per andare al lavoro; ieri abbiamo fatto una gita in pullman
pulmino m 2	*minibus*	essendo un gruppo di dieci abbiamo noleggiato un pulmino; quello è il pulmino della mia scuola
tram m 2	*tram* (**tranvai** m also exists but is an old form)	siamo saliti sul tram; è scesa dal tram; vai col tram o con la metropolitana?

autocarro   lorry

autocarro m 2	*lorry, truck*	quest'autocarro non può superare gli ottanta chilometri all'ora; normalmente guido un autocarro molto pesante
camion m 2	*lorry, truck*	queste strade sono troppo strette per essere percorse da un camion
camioncino m 2	*van, light lorry*	quel camioncino fa il giro della città con la merce per i negozi
furgoncino m 2	*van* (small), *delivery van* (three-wheeled)	ogni mattina un furgoncino porta i giornali alle edicole
furgone m 2	*van*	un furgone postale/per traslochi; faccio consegne con un furgone

avaro   mean, miserly

gretto 3-2	*mean, shabby* (materially or morally)	non dà mai niente a nessuno, è una persona molto gretta; ha un animo proprio gretto
avaro 2	*mean , miserly, stingy* (also used as a noun)	è ricco ma avaro; sono così avari che non spendono neanche per curarsi; gli avari hanno il denaro ma non lo spendono

meschino 2	*mean, stingy, narrow(-minded)*	hanno dato una ricompensa meschina; ha un animo meschino; questa è una critica meschina e ingiusta
spilorcio 2-1	*miserly, mean, stingy, tight* (also used as a noun)	è così spilorcio, guarda ogni lira; sei un vero spilorcio
taccagno 2-1	*miserly, mean, stingy*	sono troppo taccagni per spendere soldi per una vacanza
tirato 2-1	*mean, stingy, tight(-fisted)*	è molto tirato sullo spendere; non hai idea di quanto sia tirato quel tizio
tirchio 1	*mean, miserly, stingy, tight(-fisted)*	non ho mai visto un essere così tirchio!

avere   to have

disporre di 3	*to have available/at one's disposal*	al momento non disponiamo di molto denaro; non dispongo di una persona di fiducia
godere (di) 3	*to have, to enjoy, to benefit (from)*	godere (di) un privilegio/(del)la fiducia di qualcuno; godo di un'ottima rendita; l'albergo gode di una bella vista sul lago
detenere 3-2	*to hold*	sono sempre gli stessi politici che detengono il potere; è vietato detenere armi; per anni ha detenuto il record
avere 2	*to have* (in a wide variety of senses), *to possess, to get*	ha sempre il cappello in testa; hanno molti soldi; ha una bella voce; ha avuto una buona idea; ho un forte mal di testa; avrà finalmente una macchina nuova; è riuscito ad avere le prove
contenere 2	*to have inside, to hold, to contain*	cosa contiene quella scatola?; questa bottiglia contiene due litri di vino
possedere 2	*to possess, to have*	possedere una casa/un giardino/una macchina; quante colonie possedeva l'Inghilterra all'epoca dell'impero britannico?
tenere 2-1	*to contain, to hold* (also *to have* in regional Southern usage) (see also **tenere** (a))	la bottiglia tiene un litro; quanti libri tieni?; non posso venire, non tengo tempo

avvelenare   to poison

| **intossicare** 3-2 | *to poison* (also figurative) (also used reflexively) | quelle sostanze intossicano l'organismo; è intossicato dall'odio; con tutte le medicine che prende rischia di intossicarsi |
| **avvelenare** 2 | *to poison* (also figurative) (also used reflexively either in the sense of *to poison oneself* or *to get poisoned*) | gli ha avvelenato il vino; mi hanno avvelenato il cane; ti avvelenano in quel ristorante!; hai avvelenato la nostra amicizia; ha tentato di avvelenarsi con la stricnina; un'intera famiglia si è avvelenata con i funghi |

contaminare 2	*to contaminate, to infect* (also figurative)	lo smog ha contaminato l'aria; le radiazioni contaminano il terreno; hai contaminato mio figlio con le tue idee sovversive
inquinare 2	*to pollute, to contaminate* (also figurative)	gli scarichi delle fogne inquinano il mare; l'atmosfera nelle grandi città viene inquinata dai gas di scarico delle automobili; l'abuso di parole straniere inquina la lingua

avvicinarsi · to approach

accostarsi (a) 3	*to approach, to draw near* (also figurative)	mi sono accostato al muro; è meglio non accostarsi a quel cane; si è accostata alla religione cattolica
appressarsi (a) 3	*to approach, to draw near* (implies some aspect of time)	si appressava alla morte; la sera si appressava
approssimarsi (a) 3	*to approach, to draw near*	si sta approssimando all'età della pensione; il rumore del temporale si approssimava; si approssima già l'inverno
accostarsi (a) 2	*to pull in* (of a vehicle)	con la macchina si è accostato piano piano al marciapiede; mi sento male, accostati un attimo
avvicinarsi (a) 2	*to approach, to come/go/get near (to)* (in a variety of contexts)	avvicinati, se no non ti sento; fa freddo, avvicinati al fuoco; non ti avvicinare a quel cane, può morderti; la traduzione si avvicina al testo originale; si avvicina la fine del mese

avvocato · lawyer

legale mf 3	*lawyer, legal representative*	devo consultare il mio legale; ho messo la questione nelle mani di un legale
procuratore m 3	*lawyer, solicitor*	il procuratore ti rappresenta nei giudizi civili e penali
avvocato m 2	*lawyer, solicitor, barrister*	è un ottimo avvocato; ho affidato la causa a un bravo avvocato
giudice m 2	*judge*	un giudice imparziale/severo; il giudice ha convocato le parti
magistrato m 2	*(investigating) magistrate*	mi rivolgerò al magistrato che indaga su questo caso
notaio m 2	*solicitor, notary*	bisogna che il notaio rediga i documenti

avvolgere · to wrap

imballare 3-2	*to pack, to wrap up*	ho imballato tutte le stoviglie per il trasloco

impacchettare 3-2	to package, to wrap up (usually commercial)	impacchettano tutti i loro prodotti prima di venderli; mi ha impachettato le provviste che avevo comprato
avvolgere 2	to wrap (up)	ha avvolto il libro in un foglio di carta; bisogna avvolgere il bambino in una coperta
confezionare 2	to pack, to package	la commessa ha confezionato il giocattolo con carta colorata; signora, le confeziono la borsetta come regalo?
impaccare 2	to pack, to wrap up, to make a parcel of	in quel negozio impaccano sempre la merce quando la compri
incartare 2	to pack, to make a package of (with paper and neatly)	mi hanno incartato gli oggetti che avevo comprato

badare a   to look after, to take care of

vegliare 3	to watch over, to keep watch (at night) (transitive or intransitive)	l'infermiera ha vegliato il malato tutta la notte; ero io che vegliavo sul mio fratellino quand'era malato
sorvegliare 3-2	to watch over, to look after	sorveglia i bambini, per favore; l'insegnante sorvegliava i ragazzi durante gli esami scritti
vigilare su 3-2	to keep a check on	il padrone vigila sul buon andamento degli affari; il nonno vigilava sempre sugli operai che costruivano la casa
badare a 2	to look after, to take care of, to watch over, to mind, to take notice of	puoi badare alla casa durante la mia assenza?; bada al bambino; bada a non cadere; bada a quello che dico; non badare alle chiacchiere; bada ai fatti tuoi
curare 2	to look after, to take care of (see also **curare**)	cura bene i propri figli; ha sempre curato gli interessi della famiglia
fare attenzione 2	to pay attention (see also **attenzione**)	perché non fai attenzione quando guidi?; fate attenzione a quello che fate; devo fare attenzione a non offenderlo; (fate) attenzione! Arriva una macchina
occuparsi di 2	to look after, to take care of, to deal with, to attend to	io mi occuperò dei bambini stasera; si occupa sempre bene dei suoi affari; dovresti occuparti di quella faccenda
stare attento 2	to be careful, to pay attention, to take care (see also **attento**)	state attenti, ci sono molte macchine; state attenti a quello che dicono i vostri genitori; stai attento alla casa mentre sono via; bisogna stare attenti ai gradini
fare caso a 2-1	to notice, to take notice of	non ha mai fatto caso a quello che dico; fa sempre caso a come mi vesto; è arrivato Paolo. Non ci avevo fatto caso
guardare 2-1	to mind	il bambino, lo guarda la nonna

bagnato
wet, soaked

madido 3	*soaked*	madido di pioggia/di sudore; la bambina aveva la febbre ed il letto era madido di sudore
molle 3	*soaked, drenched, dripping* (of things) (see also **morbido**)	aveva gli occhi molli di pianto; il mio vestito è molle di sudore; l'erba era molle di rugiada
fradicio 3-2	*drenched* (also used with **bagnato**)	aveva i vestiti fradici quando è arrivato; piove da tre ore e il terreno è tutto fradicio; sono bagnato fradicio di sudore
bagnato 2	*wet, soaked*	ero tutta bagnata dalla pioggia; ho i piedi bagnati; i suoi vestiti erano bagnati; l'auto ha slittato sul terreno bagnato
inzuppato 2	*soaked* (only of things and often of food)	mi piace quel dolce inzuppato di caffè; la base della torta è di biscotti inzuppati di rum; i miei pantaloni sono inzuppati
umido 2	*wet, humid* (only of things)	questa casa è molto umida; ti sei lavata i capelli? Sono ancora umidi; togliti quei vestiti, sono umidi di pioggia
zuppo 2-1	*soaked, wet*	sei tutto zuppo, vatti a cambiare; la sua camicia era zuppa di sudore

bagno
bathroom, toilet

ritirata f 3	*lavatory, toilet* (in stations, trains, etc.)	il treno è provvisto di ritirata; chi desidera usare la ritirata deve fare la fila
servizi mp 3-2	*bathroom, toilets, lavatory* (not at home)	scusi, dove sono i servizi in questo albergo?; sulle autostrade italiane i servizi sono sempre puliti
toilette f 3-2	*toilet, bathroom* (formal)	in questo albergo i pavimenti della toilette sono tutti in marmo rosa; la toilette è in fondo alla sala
bagno m 2	*bathroom, toilet*	devo sempre pulire io il bagno; cosa fai sempre in bagno?; stiamo rifacendo il pavimento del bagno
gabinetto m 2	*toilet, lavatory, loo*	è corso al gabinetto; dillo alla mamma quando devi andare al gabinetto; i gabinetti in questa scuola sono pulitissimi
latrina 2-1	*toilet* (often used in plural form)	in quel casamento originariamente c'erano le latrine dell'esercito; le latrine sono situate in fondo al campeggio
water 2-1	*toilet, lavatory*	non buttare le cicche delle sigarette nel water; la cameriera ha disinfettato il water
cesso m 1	*bog, lav*	devo andare al cesso; il cesso di 'sto posto fa proprio schifo

ballare

to dance

danzare 3-2	*to dance*	le nostre ballerine hanno danzato alla Scala; gli artisti del Bolshoi hanno danzato benissimo
ballare 2	*to dance*	quando andiamo a ballare, mi vesto sempre elegantemente; ti piace ballare?; sai ballare il liscio?
fare quattro salti 2-1	*to dance* (among friends)	dai, andiamo a fare quattro salti in quella discoteca; a Capodanno a casa mia si fanno sempre quattro salti

bambino

child

creatura f 3-2	*creature, child* (see also **persona**)	è rimasto vedovo con tre creature
bimbo/a mf 3-2	*child*	che bel bimbo!; da piccola era una bimba molto affettuosa
neonato/a mf 3-2	*(new-born) baby*	è un ospedale per neonati; il neonato era nella culla vicino alla mamma
bambino/a mf 2	*child*	hanno un bambino di cinque anni; come si chiama la loro bambina?; il cortile era pieno di bambini che giocavano
bebè mf 2	*baby*	ecco la foto di mia figlia da bebè; il nostro bebè nascerà in aprile
piccolo/a mf 2	*(small) child, baby, little one* (of animals as well as children) (for use as an adjective, see **piccolo**)	come ha dormito il piccolo stanotte?; ho comprato qualche libro per i piccoli; i piccoli della nostra gatta sono deliziosi
piccino/a mf 2-1	*(small) child, baby, little one* (for use an an adjective, see **piccolo**)	è un piccino con gli occhi scurissimi; perché piange la piccina?
pupo/a mf 2-1R	*child, baby* (regional Roman usage)	hai comprato la fettina per il pupo?; che bello 'sto pupo!
marmocchio m 1	*kid, brat* (jokey) (see also **ragazzo**)	da marmocchio piangevi sempre; è sposata da pochi anni e ha già tre marmocchi; da dove viene quel marmocchio?

banco

stall, counter

stand m 3	*stand* (in a show or exhibition)	gli stand della mostra dell'artigianato erano bene allestiti; alla Fiera di Milano molta gente ha visitato il suo stand
chiosco m 3-2	*kiosk, stall*	vado al chiosco a prendermi una bibita; c'è un nuovo chiosco in piazza
bancarella f 2	*(street/market) stall*	alla festa del paese c'erano tantissime bancarelle; dov'è la bancarella dei formaggi?

banco m 2	*stall, counter*	andiamo a guardare la merce a quel banco; in questo bar si consuma al banco; passi ora al banco della valuta estera
edicola f 2	*newspaper kiosk*	andresti all'edicola a prendermi il giornale?; vado in edicola a prendere la mia rivista

banda (see also **gruppo**)   band, gang

gang f 3-2	*gang*	appartiene a una gang di malviventi che rapina banche; ci sono molte gang di ladri in questo quartiere
banda f 2	*band, gang, group* (with negative or positive connotations)	la banda dei ladri è stata arrestata; una banda di rapinatori ha scassinato la cassaforte della banca; lui è stato nelle bande partigiane durante la guerra
cosca f 2	*mafia group/ring*	una cosca mafiosa opera qui; la cosca forniva cocaina alle regioni del Nord
clan m 2	*clan, group* (tends to refer to criminal group)	i clan scozzesi avevano kilt di colori diversi; la polizia ha arrestato il leader del clan che terrorizzava la zona
cricca f 2-1	*band, gang*	è sempre a far baldoria con la sua cricca di amici; io eviterei quella cricca di balordi

barca   boat

aliscafo m 3	*hydrofoil*	abbiamo attraversato il lago con l'aliscafo; dove si va a prendere l'aliscafo?
incrociatore m 3	*battleship*	un incrociatore da guerra; l'incrociatore fu affondato da un siluro nemico
panfilo m 3	*yacht*	hanno fatto una crociera su un panfilo russo
yacht m 3	*yacht* (usually belonging to a private owner)	hanno comprato uno yacht di 12 metri; passo le vacanze sullo yacht di mio zio
chiatta f 3-2	*barge* (with a flat bottom, used on rivers and canals)	hanno trasportato la merce sul fiume usando moltissime chiatte
transatlantico m 3-2	*liner*	il transatlantico su cui siamo andati negli Stati Uniti era enorme
barca f 2	*boat*	una barca a motore/a remi/a vela/da pesca; abbiamo fatto una gita in barca; questa barca è vecchia, fa acqua
barcone m 2	*barge* (usually with a flat bottom)	il trasporto della merce dalle navi alla banchina del porto si effettua mediante barconi
battello m 2	*ferry-boat, boat* (bigger than **barca**)	quest'estate porterò i bambini sul Lago Maggiore in battello; attraverserete il fiume con il battello?

canoa f 2	*canoe*	gli indiani partirono sulle canoe; ha vinto la gara di canoa
canotto m 2	*dinghy*	un canotto pneumatico/di salvataggio; è sicuro quel canotto per i bambini?
nave f 2	*ship*	una nave a vela/da carico/da guerra/da trasporto; partiremo per l'Argentina con la nave che vedi
sommergibile m 2	*submarine*	quanto può stare immerso questo sommergibile?
traghetto m 2	*ferry (-boat)*	per andare all'Isola d'Elba imbarcheremo la macchina sul traghetto

barriera   barrier, gate

barriera f 2	*barrier, gate* (usually official) (also figurative) (see also **limite**)	una barriera doganale/stradale; ci siamo dovuti fermare alla barriera prima di entrare nel parcheggio; una barriera ideologica/razziale/religiosa; in Italia bisogna abbattere l'assurda barriera tra Nord e Sud
cancellata f 2	*railings* (usually metal)	stanno dipingendo la cancellata dello zoo; chi ha progettato questa bella cancellata?
cancello m 2	*gate* (usually metal)	apri il cancello, così porto dentro la macchina; devi ricordarti di chiudere il cancello, altrimenti possono entrare
inferriata f 3	*grating, grille*	i ladri hanno rotto l'inferriata della finestra; ogni finestra del carcere era dotata di un'inferriata
palizzata f 3	*palisade, fence*	i coloni hanno costruito una palazzata per tenere fuori gli animali selvatici
ringhiera f 2	*rail(s), railing(s)* (usually of a staircase or balcony)	appoggiati alla ringhiera se non riesci a fare le scale; ho dipinto di nero la ringhiera del balcone
staccionata f 2	*fence* (wooden and usually higher than **steccato**)	quando comprerai il legno per riparare la staccionata?; il vento ha buttato giù la nostra staccionata
steccato m 2	*fence* (wooden)	ha circondato il recinto dei cavalli con uno steccato

base   base, foundation

basamento m 3-2	*base*	il basamento dell'obelisco sarà in marmo
base f 2	*base, foundation, basis* (also figurative)	questa casa è costruita su una base di roccia; questa è la base del suo sistema filosofico; la base della dieta italiana è la pasta

fondamenta fpl 2	*foundations*	abbiamo gettato oggi le fondamenta dell'edificio

bastone stick

clava f 3	*club* (usually of the prehistoric type)	è vero che i popoli primitivi andavano in giro armati di clave?
manganello m 3-2	*club, cudgel, baton*	i fascisti picchiavano la gente con il manganello; la polizia inglese è armata di manganelli
randello m 3-2	*club, cudgel*	il pover'uomo era stato colpito dai ladri con un randello
verga f 3-2	*rod* (metal)	l'operaio ha fatto il lavoro di sbloccamento con una verga di alluminio
asta f 3-2	*pole, lance* (usually straight and rigid)	l'asta della bandiera/del compasso; detiene il record di salto con l'asta
bastone m 2	*stick, club, cane*	la vittima è stata colpita con un bastone; ho comprato un antico bastone da passeggio
canna f 3-2	*cane, reed, rod* (usually hollow in the middle)	una canna della palude; dove hai messo la canna da pesca del nonno?
stanga 2-1	*bar* (usually long and rectangular)	i ribelli erano armati di stanghe; il ragazzo fu picchiato con una stanga durante una dimostrazione

battersi to fight

battersi 2	*to fight* (also figurative)	i due pugili si sono battuti per il titolo; battersi per un'idea/un principio/i propri diritti
lottare 2	*to fight, to struggle* (also figurative)	lottare contro la povertà/la tirannia; lottando ha disarmato il suo aggressore; lotta da sempre contro l'ingiustizia
azzuffarsi 2-1	*to fight* (usually of children)	quando la smetterete di azzuffarvi, voi due?; i tuoi figli si sono azzuffati anche oggi

bello nice, beautiful

avvenente 3	*good-looking, attractive*	una donna/un uomo avvenente
gradito 3	*pleasant, agreeable, welcome* (formal)	la sua visita è stata molto gradita; ho ricevuta una gradita notizia; che gradita sorpresa!
leggiadro 3	*charming, pretty* (literary)	una leggiadra fanciulla mi si avvicinò
accattivante 3-2	*alluring, attractive*	quell'attrice ha un sorriso accattivante; la tua fidanzata ha un modo di fare veramente accattivante

attraente 3-2	*attractive*	un attore/un'idea/un pensiero attraente
delizioso 3-2	*charming, delightful*	che persona deliziosa!; abbiamo trascorso una serata deliziosa
grazioso 3-2	*pretty*	quella bambina è molto graziosa; questi fiori sono veramente graziosi
seducente 3-2	*charming, irresistable, seductive* (with erotic connotation in the last sense)	ha un sorriso proprio seducente; che uomo seducente quel professore!
affascinante 2	*fascinating, charming*	una persona/un tema affascinante; quella donna era non solo bella ma anche affascinante
bellino 2	*pretty*	quel vestito blu era proprio bellino; Giovanna si è fatta bellina, vero?; abbiamo visto una villetta proprio bellina
bellissimo 2	*very nice, very attractive, lovely, (very) beautiful*	ha sempre dei gioielli bellissimi; il mio ragazzo mi ha comprato un bellissimo regalo; la moglie di Giovanni è veramente bellissima
bello 2	*nice, fine, attractive, beautiful, handsome, good* (see also **gentile**)	una bella casa/donna/giornata; un bel ragazzo; quel libro è proprio bello, l'ho letto tutto d'un fiato; abbiamo visto un bel film ieri sera
carino 2	*charming, pretty* (of small things)	è stato un pensiero carino da parte tua; quel disegno di tuo figlio è proprio carino; quella bambina è proprio carina
gradevole 2	*pleasant, nice*	una lettura/un soggiorno gradevole; il nostro soggiorno al mare è stato proprio gradevole
piacevole 2	*pleasant, nice* (slightly stronger than **gradevole**)	una persona/una serata/uno spettacolo piacevole
simpatico 2	*pleasant, nice* (see also **gentile**)	abbiamo passato una serata simpatica in compagnia d'amici; alla sera andiamo tutti a un locale molto simpatico

bene · good (thing), benefit

beneficio m 3	*benefit*	io non ho avuto alcun benefico dalle cure omeopatiche; Cesare ha il beneficio di provenire da una famiglia colta
frutto m 3	*fruit, benefit* (see also **risultato**)	ha ricavato frutto dallo studio; adesso possiamo cogliere il frutto della vittoria
utile m 3	*benefit, advantage* (see also **paga**)	dai tuoi consigli non ha tratto alcun utile; che utile ha avuto dall'aver abbandonato il suo lavoro?
tornaconto m 3-2	*profit, benefit*	bada solo al proprio tornaconto; se fa questo per me, avrà il suo tornaconto

utilità f 3-2	*usefulness, utility, benefit(s)*	vedi l'utilità dell'esperienza?; non ha tratto nessuna utilità da quel progetto; non capisco l'utilità di quell'affermazione
bene m 2	*good (thing), benefit (for plural use, see* **roba**)	non riescono a distinguere il bene dal male; l'ho fatto per il tuo bene; lottano per il bene del popolo; ti auguro ogni bene
guadagno m 3-2	*gain, advantage (see also* **paga**)	da questo accordo non ho ricevuto alcun guadagno; ecco il guadagno che ho avuto a fidarmi di lui!
profitto m 2	*advantage, benefit (see also* **paga** *and* **usare**)	questo mestiere non dà alcun profitto; ho studiato con molto profitto
vantaggio m 2	*advantage, benefit*	se studi italiano, è un vantaggio avere amici in Italia; è ricco ma ha anche il vantaggio di avere una famiglia affettuosa

benefattore (see also **sostenitore**)   benefactor

mecenate m 3	*patron (of art)*	Lorenzo il Magnifico era il mecenate di Botticelli; al giorno d'oggi è raro trovare un mecenate che appoggi gli artisti
sponsor m 3-2	*sponsor*	lo sponsor della squadra è una ditta di biciclette; gli sponsor dell'atleta vogliono che faccia pubblicità per loro
benefattore m 2	*benefactor*	questo ospizio resta aperto solo grazie alla generosità dei nostri benefattori; è stato il suo benefattore, l'ha portato via dall'orfanatrofio e l'ha cresciuto

bere (see also **ingoiare**)   to drink

sorseggiare 3-2	*to sip*	la ragazza sorseggiava lentamente un bicchiere di champagne
bere 2	*to drink*	bere acqua/vino; bere molto/poco; bevi un po' d'acqua se hai il singhiozzo; stasera tu hai bevuto
prendere 2	*to drink, to have*	prendi un caffè con me?; cosa prende, signora?
sorbire 2	*to sip*	sorbire una bibita/il caffè/la grappa
succhiare 2	*to suck, to drink*	il bambino succhiava il latte dal biberon; preferisco succhiare l'aranciata con una cannuccia
scolarsi 2-1	*to guzzle, to knock back*	si è scolato una bottiglia di vino da solo; quel ragazzo continua a scolarsi una Coca Cola dopo l'altra

| **tracannare** [2-1] | *to knock back, to gulp down* | hanno tracannato due bottiglie di cognac, quegli ubriaconi |
| **trincare** [1] | *to drink, to knock back* (suggests large amounts) (also used in reflexive form) | ha trincato mezza bottiglia di grappa; è uno che trinca; s'è trincato da solo quasi un fiasco di vino |

bestemmiare   to swear

imprecare [3-2]	*to swear*	i soldati imprecavano contro i loro nemici; ho trovato lo zio che imprecava contro il governo per il prezzo della benzina
dire parolacce [2]	*to swear*	dove hai imparato a dire parolacce?; la mamma ha detto che, se continui a dire parolacce, lo dirà al papà
maledire [2]	*to curse*	maledico il giorno in cui mio figlio ha incontrato quella donna; prima di morire ha maledetto tutti i suoi parenti
bestemmiare [2-1]	*to swear, to curse, to blaspheme*	smettila di bestemmiare, soprattutto di fronte ai bambini; è un bravo ragazzo, ma ha il vizio di bestemmiare
sacramentare [2-1]	*to swear*	il papà ha sacramentato tutto il giorno contro il governo

bevanda   drink

drink m [3-2]	*drink* (usually alcoholic)	lascia che ti offra un drink; signorina, posso offrirle un drink?
bevanda f [2]	*drink*	una bevanda alcolica/analcolica/calda/ gassata; il prezzo delle bevande è stabilito all'inizio della stagione
bibita f [2]	*drink* (non-alcoholic and usually fizzy)	che bibita vuoi?; non mi piacciono le bibite fredde
beveraggio m [2-1]	*beverage, potion, concoction* (ironical or implying something not nice)	ci hanno offerto un beveraggio disgustoso; mi ha preparato un beveraggio a base di banane e cioccolata; chi porta i beveraggi per la festa?
cicchetto m/ **cicchettino** m [1]	*short, drink* (highly alcoholic)	andiamo al bar a farci un cicchetto

biglietto   card, note

| **biglietto** m [2] | *card, note* (also used to mean *ticket* of various kinds) | un biglietto di auguri/di compleanno/di condoglianze/di invito/di Natale; mi ha mandato un biglietto per scusarsi; un biglietto aereo/ferroviario/dell'autobus/della |

		metropolitana; hai comprato i biglietti per il cinema?; ho i biglietti per lo stadio; questi biglietti sono gratis
cartolina f [2]	*(post)card*	ti scriverò una cartolina dal mare; manda una cartolina alla nonna
nota f [2]	*note* (see also **nota**)	vi mando una nota per dirvi quando arrivo?

---

bisognare   to be necessary

occorrere [3]	*to be necessary* (third person form only) (auxiliary **essere**)	occorre studiare per istruirsi; occorre che lei vada dal notaio; per quel vestito sono occorsi tre metri di stoffa
essere essenziale [3-2]	*to be essential* (auxiliary **essere**)	è essenziale medicare questa ferita; era essenziale andarci di persona, perché non l'hai fatto?
esigere [3-2]	*to require, to need* (see also **insistere**)	questo lavoro esige il massimo impegno; le tue attività esigono una spiegazione; la sua salute esige cure costanti
impiegare [3-2]	*to take* (of time) (see also **usare**)	si impiega solo un'ora per fare questo lavoro; ho impiegato venti minuti per arrivare alla stazione
richiedere [3-2]	*to require, to need, to take*	il documento richiede il timbro dell'università; questi fiori richiedono molta acqua; il suo lavoro richiede una grande destrezza; quella torta richiede una lunga preparazione
bisognare [2]	*to be necessary* (only used in the third person singular) (auxiliary **essere** but rarely used in compound tenses)	bisogna lavorare per vivere; non bisogna esagerare; credo che bisognerà chiamare il medico; bisogna che tu faccia più attenzione a quello che dici; bisognò portarlo all'ospedale
avere bisogno di [2]	*to need*	ho bisogno di scarpe nuove; abbiamo bisogno di passare del tempo insieme; ha bisogno di parlare al direttore?
dovere [2]	*to have to, (to) must*	devi assolutamente vederlo; devo proprio partire domani; dobbiamo cercare di capirlo
metterci [2]	*to take* (of time)	quanto tempo ci metterai?; ci ho messo tre quarti d'ora per venire fin qui
essere necessario [2]	*to be necessary* (auxiliary **essere**)	per stare bene è necessario fare un po' di sport; è necessario che lei gli porti il documento; sono necessari altri certificati
servire [2]	*to need* (impersonal) (auxiliary **essere**) (see also **servire**)	mi serve un foglio pulito; mi servono diecimila lire, potresti prestarmele?; se ti serve la macchina, prendi pure la mia; non ci serve assolutamente niente

volerci [2]	*to take, to need, to be necessary* (used of time and in other contexts) (third person form only) (auxiliary **essere**)	quanto tempo ci vuole per fare questo lavoro?; da qui ci vogliono due ore per arrivare a Milano; ci vogliono molti soldi per comprare una Ferrari; ci vuole molta pazienza per sopportarlo; ci vuole un po' di olio con questa insalata; mi ci vorrebbe proprio una bella vacanza

bisogno   need

necessità f [3-2]	*necessity, need*	mi ha parlato della necessità di fornire cibo alla popolazione; non vedo la necessità di parlargliene; in caso di necessità mi puoi telefonare
bisogno m [2]	*need, necessity* (for use with **avere**, see **bisognare**) (see also **cacare**)	non c'è bisogno di gridare; sentivo il bisogno di piangere; in caso di bisogno telefona a questo numero; cerchiamo di provvedere ai bisogni delle famiglie

blu   blue

azzurro [2]	*(sky) blue* (also used as a noun) (colour between **blu** and **celeste**)	sono belli quei fiori azzurri; porta una camicetta azzurra; mi piace l'azzurro del mare
blu [2]	*(dark) blue* (also used as a noun)	ho comprato un vestito blu; non sopporto le automobili blu; adoro il blu del cielo notturno
celeste [2]	*(light) blue* (also used as a noun)	hai gli occhi celesti; ho scelto una cravatta celeste; il celeste s'intona bene con il nero

bordo   edge

ciglio m [3-2]	*edge*	il ciglio del precipizio/della strada
margine m [3-2]	*border, edge, margin* (also figurative)	il margine della pagina/della strada; ormai Gianni vive ai margini della società
bordo m [2]	*edge, border*	camminava sul bordo della strada; ho fatto un bel bordo in fondo alle tende del salotto
orlo m [2]	*edge, hem* (of clothes) (also figurative)	l'orlo del burrone/del precipizio; l'orlo del vestito deve essere rifatto; sono sull'orlo della pazzia

borsa   bag

borsa f [2]	*bag*	una borsa di pelle/di plastica/di tela; mia cugina compra sempre borse bellissime; hai visto quel negozio di borse?

borsetta f 2	*handbag* (usually elegant)	ho comprato una borsetta di Gucci; nelle ultime sfilate le modelle avevano borsette colorate
sacchetto m/ **sacchettino** m 2	*(paper/plastic) bag*	le metto la spesa in un sacchetto?; non buttare i sacchetti di carta se si possono usare ancora
zaino m/ **zainetto** m 2	*knapsack, shoulder bag*	per l'estate si usano gli zaini invece delle borse; togli alcuni libri dal tuo zainetto perché pesa troppo
sporta f 2-1	*shopping bag*	la verdura, mettila nella sporta; quando vai a fare la spesa, ricordati che è meglio usare la sporta

brano   passage

estratto m 3-2	*extract* (see also **riassunto**)	non devi citare alcuni estratti dell'opera nella tua tesi?; ha pubblicato estratti del suo romanzo su un giornale
frammento 3-2	*fragment* (see also **pezzo**)	ha raccolto frammenti di poesia medioevale
passo m 3-2	*passage, extract* (usually from poetry)	il professore ha commentato un passo del poema; ricordo ancora passi del D'Annunzio che ho studiato a scuola
brano m 2	*passage, piece* (writing or music) (see also **pezzo**)	ragazzi, avete letto il brano del romanzo di cui vi ho parlato ieri?; abbiamo suonato qualche brano di noti compositori
pezzo m 2	*piece, passage* (writing or music) (see also **pezzo**)	per l'esame ho tradotto un pezzo di Wordsworth in italiano; ha suonato magnificamente un pezzo della Traviata

breve   brief, short

sommario 3	*concise, brief, summary*	il documentario ha fornito una descrizione sommaria del fenomeno; hanno affrontato il problema solo in modo sommario
conciso 3-2	*concise*	sei uno scrittore molto conciso; è stato molto conciso nell'esporre l'accaduto
stringato 3-2	*concise*	è sempre molto stringato quando parla; scrivimi un pezzo molto stringato sugli avvenimenti odierni
breve 2	*brief, short* (in a variety of contexts) (see also **provvisorio**)	l'avvocato è via per una breve vacanza; in quel breve periodo si è rimesso magnificamente; non gli piace studiare, vuole fare un corso di studi breve

| **corto** 2 | *short* (sometimes but not usually of time) | una giacca/una gonna corta; questo vestito è diventato troppo corto per te; quella ragazza ha le gambe corte |
| **piccolo** 2 | *short, little* (see also **piccolo**) | è un piccolo romanzo, ma mi è piaciuto molto; adesso voglio fare una piccola pausa; il libro è preceduto da una piccola introduzione |

NB **breve** is also used in the adverbial form **brevemente** to mean either *in a short space of time* or *in a few words* (e.g. si passa brevemente dalla gioia al dolore; ti esporrò i fatti brevemente).

brillante (see also **chiaro** (b)) — brilliant, shining

lucente 3-2	*shining, bright, brilliant*	si vedeva il metallo lucente della spada; che occhi lucenti ha quella ragazza
radioso 3-2	*radiant, bright* (also figurative)	un cielo/un sole radioso; è stata una giornata radiosa; uno sguardo/un sorriso radioso; quando lui le ha chiesto di sposarlo, Gina era radiosa; alle nozze la sposa era radiosa
raggiante 3-2	*radiant, beaming, aglow* (implies pleasure or success)	quando si è laureato, sua madre era raggiante; quando è nato il suo nipotino, il nonno era raggiante di gioia
brillante 2	*brilliant, shining* (usually figurative)	una carriera/un discorso/un esempio/un risultato/uno studente brillante; portava colori brillanti; l'ho visto con gli occhi brillanti di gioia
luminoso 2	*(full of) light, luminous*	un cielo/un colore/un salone luminoso; quest'appartamento è proprio luminoso
splendente 2	*shining, brilliant*	c'era un sole splendente; aveva gli occhi splendenti di gioia
vivo 2	*bright* (see also **vivace**)	la luce era molto viva; dipingeva con rossi e verdi molto vivi

brillare — to shine

raggiare 3	*to beam, to glow*	il sole raggiava alto sull'orizzonte; il suo volto raggiava di gioia
scintillare 3-2	*to glitter*	il mare scintillava alla luce della luna; la collana di diamanti scintillava tutte le volte che lei si muoveva
luccicare 2	*to twinkle*	il braccialetto di diamanti le luccicava al polso; gli occhi le luccicavano di pianto; non è oro tutto ciò che luccica
risplendere 2	*to shine, to glow* (stronger than **splendere**)	le stelle risplendevano nel cielo; gli occhi le risplendevano di felicità
sfavillare 2	*to sparkle*	il sole sfavillava immobile nel cielo; l'oro e le pietre preziose sfavillarono di fronte a lei

brillare [2]	*to shine, to sparkle* (also figurative)	le stelle brillavano nel cielo; quel cristallo brilla come un diamante; le brillavano gli occhi; le piace brillare quando è in compagnia; lui non brilla negli studi
splendere [2]	*to shine*	il sole splende nel cielo; quando vivevi con lui, gli occhi ti splendevano di felicità

bruciare
to burn

ardere [3]	*to burn (down), to scorch* (transitive or intransitive) (also figurative)	i vincitori arsero la città; l'eretico fu arso vivo; il sole arse i campi; questa legna secca arde bene; la capanna di legno arse rapidamente; gli occhi gli ardevano per la febbre
avvampare [3]	*to blaze (up), to burst into flames, to flame* (often figurative) (auxiliary **essere**)	la legna avvampò subito; il cielo avvampava nella luce del tramonto; il viso le avvampò per la rabbia; avvampava d'ira/di vergogna
carbonizzare [3-2]	*to burn to death, to char* (often used in the passive form)	due persone sono state carbonizzate nell'incendio; le fiamme avevano carbonizzato i cadaveri rendendoli irriconoscibili
incenerire [3-2]	*to burn down, to reduce to ashes*	i Greci hanno incenerito Troia; quell'incendio ha incenerito la casa
bruciare [2]	*to burn, to scorch* (also intransitive) (also figurative) (also used reflexively in the sense of *to burn down*)	dopo gli esami ho bruciato il mio libro di matematica; non bruciare la bistecca; la sigaretta ha bruciato il tavolo; il sole brucia l'erba; il bosco/la candela/il petrolio brucia; questa legna brucia bene; mi brucia la gola; la casa si è bruciata
dare fuoco a [2]	*to burn, to set fire to*	ha dato fuoco alla sua casa perché non poteva pagarla
incendiare [2]	*to set fire to*	hanno scoperto che alcuni alunni avevano incendiato la scuola
prendere fuoco [2]	*to catch fire, to burn* (intransitive)	per il caldo i boschi hanno preso fuoco spontaneamente; quei giornali vicino al camino potrebbero prendere fuoco
scottare [2]	*to burn, to scorch, to scald* (transitive), *to be (very) hot, to be burning/scorching* (intransitive) (also figurative) (also used reflexively)	uno schizzo d'olio mi ha scottato la mano; la sabbia/il sole scotta oggi; sta' attento, il tegame scotta; il brodo scotta, ti bruci la lingua; la fronte gli scotta per la febbre; è un problema che scotta; mi sono scottato con il ferro da stiro

brutto (see also cattivo and terribile)   bad, ugly

pessimo 3-2	*very bad, awful, dreadful*	gli italiani al volante hanno pessime abitudini; sei stato un pessimo padre; ha un pessimo modo di trattare con la gente; la tua è una pessima idea
sgradevole 3-2	*bad, unpleasant, disagreeable*	un odore/un sapore/una voce sgradevole; sono costretto a dirvi delle cose sgradevoli
cattivo 2	*bad* (for use in more moral senses, see **cattivo**)	hai un sacco di cattive abitudini; ho sentito un cattivo odore; non posso uscire, c'è cattivo tempo
sgradito 2	*unwelcome, unwanted, unpleasant*	mi ha portato una notizia sgradita; ho avuto la sgradita sorpresa di trovare la casa svaligiata dai ladri
spiacevole 2	*bad, unpleasant, ugly*	abbiamo avuto un'esperienza spiacevole; è stato molto spiacevole parlare con lui
brutto 2	*bad, nasty* (of things), *ugly* (of people)	un brutto affare; una cosa brutta; il tempo è brutto; ho avuto una brutta sorpresa; un uomo brutto; una donna brutta

buccia (see also pelle)   peel, skin

corteccia f 3-2	*bark*	la corteccia delle betulle è bianca
scorza f 3-2	*rind, peel*	devi usare la scorza di alcuni limoni per fare il liquore di limoni; la scorza delle arance è amara
buccia f 2	*peel, skin, rind* (usually of fruit or vegetables) (also figurative)	di solito mangio la frutta con la buccia; è scivolata su una buccia di banana; butta nella pattumiera la buccia delle patate; quel tipo ha la buccia dura

buco (see also rottura)   hole

fenditura f 3	*crack, split*	la pianta nasceva in una fenditura della roccia; c'è una fenditura nella trave del soffitto
pertugio m 3	*hole, crack*	un filo di luce penetrava nella stanza attraverso un piccolo pertugio della porta
orifizio m 3	*orifice, hole* (very small opening)	l'orifizio del tubo è bloccato
apertura f 3-2	*opening, gap*	il topo è entrato attraverso un'apertura nel muro; ho visto un'apertura nella roccia
cavità f 3-2	*cavity, hole*	il fuggitivo si nascose in una cavità nella roccia; le cavità del terreno sono state formate dalla pioggia

fessura f 3-2	*crack, split, opening*	spiavano la stanza da una fessura nel muro
foro m 3-2	*hole* (usually round)	facciamo il foro qui, così possiamo metterci la vite; le istruzioni dicono che qui ci deve essere un foro per inserire il cavo
buca f 2	*hole, ditch* (usually in the ground and bigger than **buco**) (also used to mean *letter-box*)	una strada piena di buche; abbiamo dovuto scavare una buca profonda per vedere se il tubo della fogna era rotto; ho messo le cartoline nella buca delle lettere
buco m 2	*hole* (also figurative)	il buco della chiave/della serratura; hai un buco nel maglione, lo sai?; come hai fatto a fare un buco nella scarpa?; perché hai fatto un buco nel soffitto?; ho due lezioni, poi ho un buco di un'ora

buffo   funny

burlesco 3	*burlesque* (literary)	mi piace la vecchia poesia burlesca
faceto 3	*jocular, facetious, jesting*	un discorso/un tono faceto; mi irrita quel suo modo faceto con tutti
buffonesco 3-2	*clownish* (usually with a negative connotation)	i clown del circo facevano smorfie buffonesche; non sopporto i suoi atteggiamenti buffoneschi
giocoso 3-2	*playful, jesting*	ha un carattere proprio giocoso; quello scrittore ha uno stile giocoso
buffo 2	*funny, comical*	una persona/una situazione buffa; i pagliacci a me non sono mai sembrati buffi; cosa c'è di buffo in questa commedia?
comico 2	*funny, comic(al)*	un attore comico; una situazione comica; mentre lui cantava, il cane abbaiava: era proprio una scena comica
divertente 2	*amusing, entertaining*	una commedia divertente; un film/un ragazzo divertente; abbiamo passato una serata molto divertente
scherzoso 2	*playful, jokey, humorous*	gli piace raccontare storielle scherzose; usa parole scherzose con tutti
spassoso 2	*amusing, entertaining*	una commedia/una donna/una storiella spassosa
umoristico 2	*humorous, comic*	un disegno/un giornale umoristico; Guareschi ha scritto molti libri umoristici

bugia (see also imbroglio)   lie

falsità f 3	*falseness*	la falsità di un'accusa/una notizia/una testimonianza; la falsità di quell'individuo si vede dai suoi occhi

fandonia f [3]	*(tall) story, yarn (often plural)*	non ci credere, sono tutte fandonie; ne dice di fandonie, quel bugiardo
finzione f [3]	*fiction, falsehood, sham, invention*	è tutta una finzione, non gli dare retta; il suo dolore è una finzione; questa malattia è tutta una finzione
menzogna f [3]	*lie, falsehood, fiction*	era una menzogna che avesse la laurea; non si possono raccontare menzogne quando si testimonia ad un processo; il suo affetto per la nipote era tutta una menzogna
frottola f [3-2]	*fib, (tall) story*	smetti di raccontare frottole; quel bambino racconta sempre frottole; non ci credere, è una frottola!
bugia f [2]	*lie*	dice sempre un sacco di bugie; per tutta la mia adolescenza ho raccontato bugie a mio padre pur di andare in discoteca
invenzione f [2]	*invention (see also **scoperta**)*	questa è una pura invenzione; non credergli, sono tutte invenzioni
panzana f [2-1]	*tall story, yarn*	mi stai dicendo solo panzane; questa è una panzana; smetti di raccontare panzane
storia f [2-1]	*story (see also **racconto**)*	era una storia che doveva andare in America; sai quante storie hanno inventato per non pagarci la cena?
balla f [1]	*(tall) story, rubbish, bullshit*	io non ho mai creduto a tutte le balle che ci raccontava; abbiamo scoperto che era una balla che loro fossero ricchi

bugiardo   lying, false

illusorio [3]	*illusory, vain*	tutte le sue speranze sono risultate illusorie; il suo miglioramento è solo illusorio; la felicità è uno stato illusorio
ingannevole [3]	*lying, misleading, illusory (see also **vuoto**)*	le sue sono promesse ingannevoli; le apparenze possono essere ingannevoli
mendace [3]	*lying, mendacious, false (literary)*	le sue erano parole mendaci; ha pronunciato solo frasi mendaci
menzognero [3]	*lying, untruthful, false (of a person or thing)*	si è dimostrato un testimone menzognero; non fidarti di queste che sono solo promesse menzognere
simulatore m [3]	*sham, fake*	che abile simulatore, quell'individuo!; è un simulatore, non bisogna lasciarsi ingannare
impostore/a mf [3-2]	*imposter, fake*	non fidatevi di lui, è un impostore
insidioso [3-2]	*insidious, treacherous*	mi ha confuso con le sue parole insidiose; quelle acque sembrano tranquille, ma sono insidiose

apparente [2]	*apparent, illusory*	aveva una robustezza apparente ma non reale; la sua cultura era solo apparente, sapeva poco
bugiardo [2]	*lying, false, liar* (also used as a noun)	non credere a quello che dice, è un ragazzo bugiardo; non è vero che è stata a trovare la nonna, è una bugiarda
ciarlatano/a mf [2]	*charlatan*	quello è un ciarlatano, non un artista
falso [2]	*false, lying, liar* (also used as a noun) (see also **falso**)	ha detto cose false; la sua testimonianza è stata falsa; non credere a tutto quello che dice, è un falso
finto [2]	*pretend, fake, false, mock, imitation*	perché porta i baffi finti?; l'esercito ha fatto una finta manovra per trarre il nemico in inganno
ballista mf [1]	*bullshitter*	che ballista sei!; è un ballista e un fanfarone. Come fai a sopportarlo?

buono   good, fine, nice

bravo [2]	*good, fine, good-natured* (see also **capace** and **gentile**)	è una persona proprio brava; sei stata veramente brava a finire quel compito così in fretta
buono [2]	*good, fine, nice* (see also **adatto**, **bello**, **gentile** and **mite**)	del buon cibo; una buona dormita; una persona buona; il mio cane è buono, non abbaia mai; abbiamo avuto un buon raccolto; è buono questo sugo?; quella ragazza è proprio bella e buona
in gamba [2-1]	*all right, okay, on the ball* (of a person)	quel ragazzo è proprio in gamba!; il nuovo direttore è veramente in gamba; è un insegnante in gamba
alla mano [2-1]	*approachable, easy-going, laid back* (see also **gentile**)	anche se è uno scrittore famosissimo, è sempre molto alla mano; il nostro professore è una persona alla mano
fico/figo [1]	*cool, great* (invariable) (young people's language)	è un ragazzo proprio fico quello lì; quello zaino è veramente fico
ganzo [1]	*cool, great* (especially young people's language)	quelle scarpe sono proprio ganze

NB **buono** also has deriving from it the abstract noun **bontà** f (3–2) meaning *kindness, goodness* (e.g. quel ragazzo è di una bontà unica; ha avuto la bontà di ospitarci tutti; si può contare sulla bontà dei loro prodotti).

buttare   to throw

| **scagliare** [3-2] | *to fling, to throw* | era così arrabbiato che ha scagliato il libro contro il muro |
| **scaraventare** [3-2] | *to hurl, to fling, to throw* | perchè hai scaraventato a terra il telefono?; che pensa di risolvere scaraventando tutto in giro? |

buttare [2]	*to throw*	butta sempre i vestiti per terra; è possibile che tu butti sempre i giocattoli per terra?; mi puoi buttare il maglione?
gettare [2]	*to throw*	ha gettato tutto per terra; getta quella porcheria nella spazzatura; non gettare via quelle carte
lanciare [2]	*to fling, to throw* (also figurative)	lanciare accuse/insulti/sassi; mi ha lanciato le chiavi di casa dalla finestra
slanciarsi [2]	*to hurl oneself* (see also **correre**)	Emma si è slanciata giù dalle scale e si è rotta una gamba; tutti si sono slanciati all'inseguimento dello scippatore
tirare [2]	*to throw*	quel bambino mi ha tirato un sasso; non tirare la palla verso la casa

NB most of these verbs also have reflexive forms rendering the sense of *to throw/hurl/fling oneself, to rush* (e.g. si scagliò con rabbia contro l'avversario; si è scaraventata contro di lui come una pazza; appena il bambino è arrivato in spiaggia, si è buttato in acqua; mi sono buttato sul letto; la figlia si è gettata tra le braccia del papà (see also **scorrere**); si è lanciato giù sulla pista come un campione di sci (see also **correre**))

---

cacare to shit

evacuare [3]	*to empty one's bowels*	conviene evacuare prima di cominciare il viaggio
liberarsi [3]	*to empty one's bowels*	come gli altri esseri umani, anche la regina si deve liberare regolarmente
defecare [3-2]	*to defecate*	sia gli uomini che gli animali devono defecare almeno una volta al giorno
fare i bisogni [2]	*to do one's business* (of animals)	porta fuori il cane, deve fare i suoi bisogni
andare di corpo [2]	*to empty one's bowels, to go on the toilet*	il dottore mi ha chiesto se ero andato di corpo oggi
fare la popò/ la pupù [2-1]	*to poo, to take/have/go for a poo* (children's language) (see also **escremento**)	quando devi fare la popò, dillo alla mamma; la bambina ha fatto la pupù in macchina
cacare/cagare [1*]	*to shit, to crap*	se non trovo un posto dove cacare, scoppierò; il bambino non ha aspettato, si è cacato addosso

---

cacciare (a) (see also **mandare via**) to throw out, to chase away

allontanare [3]	*to ward off, to drive away* (figurative) (for non-figurative use, see **togliere**)	allontanare il male/il malocchio/una minaccia/il pericolo; mi ha detto di allontanare quel mio sospetto
cacciare [2]	*to throw out, to chase/drive away* (also figurative)	li abbiamo cacciati da casa; hanno cacciato gli invasori dalla loro terra; bisogna cacciare la paura/la tristezza

| **scacciare** [2] | *to drive away, to chase off* (stronger than **cacciare**) | scaccia quel cane; ha scacciato di casa suo figlio; il vento ha scacciato le nuvole; quest'aggeggio si usa per scacciare le mosche |
| **sbattere** [1] | *to throw, to chuck, to send (away)* (with a highly negative connotation) | lo hanno sbattuto in galera; mi hanno sbattuto in una città di provincia |

cacciare (b) — to hunt

| **andare a caccia** [2] | *to hunt, to go hunting* (also figurative) | andare a caccia di conigli/di onori; andiamo a caccia due volte alla settimana |
| **cacciare** [2] | *to hunt* | cacciare il cinghiale/il fagiano/la lepre; oggi si caccia tutto il giorno |

cadere — to fall

sprofondare [3]	*to collapse, to give way* (auxiliary **essere**) (see also **affondare**)	la strada è sprofondata durante il terremoto; il terreno è sprofondato sotto di noi
stramazzare [3]	*to fall, to drop, to collapse* (heavily) (auxiliary **essere**)	colpito in pieno petto stramazzò al suolo; il pugile stramazzò al tappeto
piombare [3-2]	*to fall, to plunge* (headlong or unexpectedly) (also figurative) (auxiliary **essere**)	un meteorite piombò nel lago; è piombato nella più nera disperazione
precipitare [3-2]	*to fall, to plunge* (quickly or violently) (auxiliary **essere**)	precipitare da una montagna/dalle scale; l'aereo è precipitato in mare
cadere [2]	*to fall* (in a wide variety of senses), *to drop, to come down* (auxiliary **essere**)	sono caduto dall'albero; la tazza gli cadde di mano; nel bombardamento sono caduti molti edifici; la neve cadeva fitta; molti uomini sono caduti nella battaglia; il governo è caduto dopo il voto; il vento è caduto adesso
cascare [2]	*to fall/tumble (down)* (suddenly or unexpectedly) (auxiliary **essere**)	è cascata la torre; sono cascato dal letto; gli sono cascati tutti i capelli
crollare [2]	*to collapse, to fall/tumble (down)* (also figurative) (auxiliary **essere**)	il ponte sta per crollare, il vecchio albero è crollato; stanno crollando tutte le vecchie certezze
volare [2]	*to fall* (quickly/headlong) (auxiliary **essere**)	è volata dal secondo piano senza che si potesse fare niente

calcolatore — calculator

| **calcolatore** m/ **calcolatrice** f [2] | *calculator* | un calcolatore automatico/digitale/elettronico; si usano le calcolatrici per elaborare i dati |

| **computer** m [2] | *computer* | il computer è un elaboratore elettronico; oggi l'uso dei computer è diffusissimo |
| **elaboratore** m [2] | *computer* (less common than **computer**) | un elaboratore analogico/centrale/digitale |

caldo (a) adjective   warm, hot

ardente [3]	*blazing, red-hot, scorching* (often figurative)	carboni/raggi ardenti; un desiderio/una preghiera/uno sguardo ardente
torrido [3]	*torrid, scorching*	un clima torrido; una giornata/una zona torrida
cocente [3-2]	*burning, scorching* (also figurative)	abbiamo dovuto lavorare sotto un sole cocente; la morte della moglie è stata per lui un dolore cocente
inf(u)ocato [3-2]	*burning, red-hot, fiery* (often figurative)	camminavo sulla sabbia infuocata; aveva le guance infuocate; ha fatto un discorso infocato
rovente [3-2]	*burning, red-hot, scorching*	un ferro/una fiamma/una fornace rovente; dopo un giorno di sole il muro era rovente
bollente [2]	*boiling (hot)* (also figurative)	la pasta va cotta in acqua bollente; mi sono scottato con l'olio bollente; ha veramente un temperamento bollente
caldo [2]	*warm, hot* (in a variety of senses)	mi lavo sempre con l'acqua calda; è stata un'estate molto calda; oggi si mangia cibo caldo; il tempo è molto caldo; ha un carattere caldo; ci accolsero con calda simpatia
caloroso [2]	*warm* (usually figurative), *warm-blooded*	un abbraccio/un saluto caloroso; ci riserverà un'accoglienza calorosa; non soffre il freddo, è una persona calorosa
scottante [2]	*burning, scorching, scalding* (also figurative)	c'è un sole scottante; dobbiamo risolvere questi problemi scottanti

caldo (b) noun   warmth, heat

calura f/**caldura** f [3-2]	*heat, sultriness*	la calura d'agosto è quasi insopportabile
canicola f [3-2]	*heat, hot weather, heat wave*	per evitare la canicola quest'estate siamo andati in montagna
caldo m [2]	*warmth, heat* (also figurative)	sento il caldo della stufa/del termosifone; che caldo oggi!; ieri ha fatto proprio caldo; presto tornerà il caldo; nel caldo della discussione tutti si sono arrabbiati

| **calore** m [2] | *heat, warmth (also figurative)* | il calore della fiamma/del sole/della terra; questa stufa non produce molto calore; lei parla sempre con molto calore |

calma

calm(ness)

concordia f [3]	*concord, agreement, harmony*	in quella famiglia manca la concordia
quiete f [3]	*stillness, calmness, peace*	la quiete dell'alba/del mare; io amo la quiete della famiglia
serenità f [3-2]	*serenity, peace, calm*	la serenità del cielo/del mare; voglio un po' di serenità d'animo; ha parlato con una perfetta serenità
armonia f [2]	*harmony, agreement, concord* (see also **accordo**)	tra i due fratelli non c'è mai armonia; in quella famiglia regna la più perfetta armonia
calma f [2]	*calm(ness), peace, tranquillity, stillness*	bisogna mantenere la calma; in questo lavoro non c'è un attimo di calma; mi piace la calma della campagna; raccontami tutto con calma
pace f [2]	*peace, tranquillity*	tutti preferiscono la pace alla guerra; in questa famiglia regna la pace; la pace di quel paesino piaceva a tutti
tranquillità f [2]	*calm(ness), stillness, tranquillity*	la tranquillità del mare/della natura; ho bisogno di un periodo di tranquillità; devo considerare il problema con tranquillità

calmare (see also moderare)

to calm

lenire [3]	*to soothe, to relieve, to alleviate* (literary)	quelle pillole leniscono l'ansia/il dolore; come posso lenire la sua amarezza?
pacificare [3]	*to pacify, to calm*	pacificare gli animi della gente/due avversari
placare [3]	*to placate, to soothe, to calm*	le tue parole hanno placato la mia agitazione
quietare [3]	*to calm, to appease, to soothe*	bisogna quietare gli animi; ho quietato l'ira del cliente
sedare [3]	*to soothe, to assuage, to suppress* (of pain) (see also **reprimere** (a))	quelle pillole hanno sedato un po' il dolore
alleviare [3-2]	*to alleviate, to lighten, to ease, to assuage*	alleviare la fatica/la pena/le sofferenze; ho cercato di alleviare le preoccupazioni di mio padre
calmare [2]	*to calm, to soothe, to ease*	non so come fare per calmarlo; puoi calmare il mal di testa con un analgesico; gli ho detto di calmare la sua rabbia

tranquillizzare 2	*to calm, to reassure*	la tua presenza qui mi tranquillizza; pensava di essere malata, ma il medico l'ha tranquillizzata

NB most of these verbs are also used reflexively (e.g. tutti gli animi si sono pacificati; la sua ira si è placata; il tumulto si quietò; calmati!; con la tua visita si è tranquillizzata).

calmo

calm

pacato 3	*calm, quiet*	parlava con una voce pacata; ha fatto un discorso pacato
posato 3	*composed, calm, measured*	è una persona molto posata; ha modi posati; ha un linguaggio/uno stile posato
quieto 3	*calm, still, quiet, peaceful*	un lago/un mare quieto; una notte/una zona quieta; faccio una vita quieta
disteso/rilassato 3-2	*relaxed, calm*	aveva il volto disteso; ha i nervi rilassati
pacifico 3-2	*peaceful*	è un uomo pacifico che non farebbe male a una mosca; conduce una vita pacifica; ha un aspetto del tutto pacifico
calmo 2	*calm*	una mattina/una notte/una persona/una vita calma; malgrado tutti i problemi si mantiene sempre calmo
tranquillo 2	*calm, quiet, peaceful*	il mare è tranquillo; ha fatto un sonno tranquillo; c'è troppo rumore, cerchiamo un posto tranquillo; non si è mai tranquilli in questa casa; Giovanni è una persona molto tranquilla

calza

sock, stocking

calza f 2	*sock, stocking* (often plural)	calze elastiche/di cotone/di lana/di seta/da donna/da uomo
calzamaglia f 2	*(pair of) tights* (thicker than **collant** and not transparent)	gli attori indossavano una calzamaglia nera; mia sorella porta sempre una calzamaglia, mai le calze
calzino m 2	*sock* (usually men's)	porta calzini corti/lunghi
collant mpl 2	*(pair of) tights*	quest'anno si usano i collant scuri; voglio comprare dei collant neri
pedalino m 1R	*sock* (usually men's) (regional Roman usage)	Giovanni porta pedalini gialli

cambiamento

change

alterazione f 3	*alteration* (usually with an implication of falsification or adulteration)	l'alterazione di quel documento è un reato molto grave; l'alterazione che hanno fatto a quella sostanza l'ha resa del tutto inefficace

emendamento m 3	*amendment* (usually legal or political)	hanno proposto un emendamento al testo legislativo
mutamento m 3	*change*	un mutamento di governo/di salute/di stagione
mutazione f 3	*alteration, mutation* (often scientific)	secondo me c'è stata una mutazione del clima; quella pianta risulta da una mutazione genetica
baratto m 3-2	*barter, exchange*	il baratto costituisce la prima forma di scambio commerciale; quelle due tribù fanno baratto di merce tra di loro
modificazione f 3-2	*modification, change, alteration*	bisogna apportare delle modificazioni a questa legge
variazione f 3-2	*variation, change*	una variazione di colori/di linee/di prezzo/di temperatura/di toni; bisogna introdurre delle variazioni alla procedura
cambiamento m 2	*change* (in a variety of senses)	ci sono cambiamenti nel programma; ha subito un notevole cambiamento; ha avuto un cambiamento di opinione/di umore; ci sono stati cambiamenti nel suo modo di pensare
cambio m 2	*change, exchange* (often monetary)	un cambio della guardia/di macchina/di personale/di valvola; sai il cambio ufficiale tra la lira e la sterlina?
conversione f 2	*conversion, change*	nessuno gli ha perdonato la sua conversione al buddismo; il calore a volte produce la conversione di un liquido in gas
scambio m 2	*exchange, swap*	uno scambio di cortesie/di insulti/di prigionieri; le due università hanno istituito un reciproco scambio di studenti; io favorisco un libero scambio di merci tra tutti i paesi
trasformazione f 2	*transformation, change*	subire una trasformazione economica/lenta/politica/rapida; sai come funziona la trasformazione dello zucchero in alcol?

cambiare (see also **sostituire**)   to change

alterare 3	*to alter* (usually with an implication of falsification or distortion)	la luce artificiale altera i colori; ha commesso un reato alterando quei documenti; tu cerchi di alterare la verità
emendare 3	*to amend* (usually legal or political)	il governo ha intenzione di emendare quella legge; vorrei emendare la tua proposta prima che la discutiamo
barattare 3-2	*to swap, to barter, to trade*	i Longobardi barattavano i loro prodotti con il sale

modificare [3-2]	*to modify, to alter*	il governo deve modificare quella legge; ho modificato il mio punto di vista
mutare [3-2]	*to change, to alter* (transitive or intransitive) (auxiliary **essere** when intransitive)	il dolore l'ha profondamente mutata; devi mutare atteggiamento/la tua condotta; la situazione è mutata
variare [3-2]	*to vary, to change* (transitive or intransitive) (auxiliary **essere** when intransitive)	variare l'abbigliamento/l'alimentazione/la posizione dei mobili; la moda varia da un anno all'altro
cambiare [2]	*to change* (in a wide variety of senses) (transitive or intransitive) (auxiliary **essere** when intransitive)	ha cambiato discorso/idea/indirizzo/marcia/vestito; devo cambiare il bambino; la morte della moglie lo ha cambiato; devo cambiare questi soldi in lire; il tempo è cambiato; sei cambiato in questi ultimi anni
convertire [2]	*to convert, to transform*	l'hanno convertito al cattolicesimo; il calore converte l'acqua in vapore
scambiare [2]	*to exchange, to change, to swap* (see also **sbagliare**)	vuoi scambiare libri?; abbiamo scambiato due parole; i bambini hanno scambiato le figurine
trasformare [2]	*to transform, to change*	il nuovo governo ha trasformato il paese; il matrimonio lo ha trasformato

NB all these verbs, except **emendare** and **variare**, are also used reflexively (e.g. questo tessuto si altera con l'umidità; il tempo si è mutato; le sue idee si sono modificate di recente; l'acqua si è cambiata in vino; mi devo cambiare per uscire; si è convertito al buddismo; si sono scambiati confidenze; è molto timida, ma davanti al pubblico si trasforma (see also **diventare**)).

---

camino   fireplace, chimney

focolare m [3-2]	*fireplace, hearth* (also used figuratively to mean *home*)	ci siamo riscaldati intorno al focolare; sentiva nostalgia del proprio focolare
caminetto m [2]	*fireplace*	erano seduti davanti al caminetto
camino m [2]	*fire(place), hearth, chimney* (usually domestic)	fa freddo, accendiamo il camino; si sono radunati attorno al camino; il fumo del fuoco sale su per il camino
ciminiera f [2]	*chimney, smokestack* (usually industrial)	il fumo delle ciminiere invadeva la città
fumaiolo m [2]	*chimney pot/stack, smokestack, funnel*	dietro le case si vedono i fumaioli delle fabbriche; nella zona industriale ci sono molti fumaioli; le navi hanno alti fumaioli

---

camminare   to walk

errare [3]	*to wander, to roam, to ramble*	errammo per le vie deserte; l'uomo errò tutta la notte per la città
vagabondare [3]	*to wander, to roam, to rove, to ramble*	vagabondo tutto il giorno per la città; ho passato l'estate vagabondando per l'Italia

vagare 3	*to wander, to rove, to roam, to ramble* (also figurative)	vagare nei campi/per il mondo; ho vagato per il bosco perché avevo perso la strada; vagare con la mente/con il pensiero
girovagare 3-2	*to wander, to roam around*	ho girovagato un po' per tutto il mondo; ha girovagato per tutto il giorno perché non voleva tornare a casa
camminare 2	*to walk* (without reference to destination)	la bambina non cammina ancora; è malato, cammina a fatica; cammina molto perché il dottore gli ha detto che deve fare ginnastica
fare una passeggiata/una passeggiatina 2	*to go for a walk* (see also **passeggiata**)	ogni mattina facciamo una passeggiata lungo la spiaggia; hanno fatto una bella passeggiata attraverso i campi; facciamo una passeggiatina prima di cena
fare due/quattro passi 2	*to go for a (short) walk*	facciamo due passi prima di mangiare; abbiamo fatto quattro passi insieme per parlare confidenzialmente
andare/venire a piedi 2	*to walk, to go/come on foot*	la macchina è rotta, andiamo a piedi; vengo a scuola a piedi ogni mattina
girare 2	*to go/walk/travel around*	mi piace girare per le vie della città; sono uscito, ho girato un po' e poi sono tornato a casa
girellare 2	*to walk/stroll about/around* (often with a negative connotation)	quel tizio che girella intorno alla casa non mi piace per niente
gironzolare 2	*to stroll/saunter/wander (around)*	gli piace gironzolare per le strade delle grandi città
passeggiare 2	*to go for a walk/stroll, to stroll*	è sua abitudine passeggiare dopo pranzo; ha passeggiato con gli amici per il lungomare
andare in giro 2-1	*to go/walk around* (see also **passeggiata**)	vado in giro per ingannare il tempo; va in giro vestito come un barbone
andare a spasso 2-1	*to go for a walk*	andiamo a spasso ogni sera dopo la cena

campanello   bell

campana f 2	*bell* (of church)	le campane della cattedrale hanno suonato; le campane suonano a festa
campanella f 2	*bell* (usually of school)	la campanella ha suonato la fine delle lezioni
campanello m 2	*bell* (usually domestic or in a shop)	il campanello elettrico/d'allarme/della casa; ho suonato il campanello ma non ha risposto nessuno
sonaglio m 2	*bell* (on animal's collar or costume clothes)	c'erano sonagli sul collo delle mucche per segnalare la loro presenza

suoneria f [2]	*bell* (on clock or telephone)	dov'è la suoneria su questa sveglia?; la suoneria di questo telefono non funziona bene

campo (a) concrete noun   field

campo m [2]	*field* (for cultivation or otherwise), *ground* (for games or sports)	un campo arido/fertile/di frumento; ha camminato per i campi; un campo sportivo/da gioco/da tennis/di bocce
prato m [2]	*meadow, lawn* (also in diminutive **praticello**)	andiamo a correre nel prato; i bambini giocavano sul prato; la nostra casa ha un piccolo praticello dietro

campo (b) abstract noun   field, area

ambito m [3]	*sphere, scope, limits*	nell'ambito della famiglia/del lavoro/delle mie possibilità
branca f [3]	*branch, area, field*	si interessa a tutte le branche della conoscenza
ramo m [3-2]	*branch, area, field*	tutti i rami della scienza formano un grande insieme
settore m [3-2]	*area, sector, field*	il settore economico/politico/primario/secondario; lavoro nel settore della ricerca nucleare
sfera f [3-2]	*sphere, field, province*	non rientra nella mia sfera di idee; ho deciso di allargare la mia sfera d'attività; la sua sfera di influenza è molto limitata
campo m [2]	*field, area, branch*	lei è esperta in alcuni campi della letteratura; quel medico è specializzato nel campo della pediatra; questo non rientra nel mio campo

canale   channel

canale m [2]	*(TV) channel*	si possono prendere tutti i canali con questo televisore; su quale canale danno quel film?; non guardiamo mai Canale 5
rete f [2]	*(TV) channel, network*	in America hanno un sistema di reti televisive molto complesso; abbiamo visto un film su Rete 4 ieri sera

candidato   candidate

aspirante mf [3]	*applicant, candidate, suitor*	ci sono pochi aspiranti a questo impiego; è un aspirante al titolo mondiale; la principessa ha molti aspiranti
candidato/a mf [2]	*candidate* (in a variety of contexts)	un candidato a un esame/al parlamento/alla presidenza; i candidati dovranno svolgere un

		esame di matematica; sono in cinque i candidati alla promozione
concorrente mf [2]	*candidate, applicant* (for a job) (see also **nemico**)	i concorrenti per quel posto in comune sono venti

canzone   song

aria f/**arietta** f [3-2]	*air, tune, aria*	un'aria facile/nota/romantica; quest'arietta non mi è nuova; mi piace molto quest'aria della *Carmen*
canto m [3-2]	*song, chant, singing*	ho sentito il canto dell'usignolo; prende lezioni di canto
motivo m/ **motivetto** m [3-2]	*motif, air*	ha suonato sul pianoforte il motivo di quella canzone; ho sentito un motivetto allegro
canzone f [2]	*song*	in tivù stasera c'è il festival della canzone; sentiamo una canzone d'amore; questa collezione include alcune delle più belle canzoni del mondo
canzonetta f/ **canzoncina** f [2]	*folk/popular song*	questa non è poesia, sono solo canzonette
melodia f [2]	*tune, melody*	una melodia dolce/malinconica/triste; non mi piacciono le melodie delle canzoni moderne

cantante   singer

cantante mf [2]	*singer*	un cantante popolare/rock/di musica leggera/di opera
cantautore m [2]	*singer-songwriter*	Fabrizio De André è il più grande cantautore che conosciamo
canterino/a mf [2]	*singer* (who never stops) (also used as an adjective)	è un vero canterino, canta spesso e volentieri; il mio canarino è un uccello canterino
cantore m [2]	*(choir-)singer, chorister*	il coro conta degli ottimi cantori

capace (see also **esperto**)   capable, skilful

destro [3]	*skilful*	è stato destro nell'evitare gli ostacoli; è un uomo molto destro negli affari
competente [3-2]	*competent, qualified, capable*	non sono competente in letteratura; sono uomini competenti nel loro mestiere
dotato [3-2]	*gifted, talented*	un fanciullo/un giocatore/uno scrittore molto dotato; non sono dotato per questo lavoro

abile [2]	*clever, skilful, able*	non è molto abile nel disegno; ha fatto un abile discorso; è un collaboratore abile e intelligente
bravo [2]	*good, clever, skilful, capable* (often before the noun)	una brava cuoca/moglie/sarta; un bravo medico/operaio/professore/tecnico; Giorgio è veramente bravo in inglese; sei stato bravo a riparare la TV
capace [2]	*capable, skilful, able* (see also **potere**)	è un insegnante capace; puoi fare affidamento su quell'infermiera, è molto capace
forte [2]	*good, capable* (usually followed by **in**) (see also **forte**)	tutti gli studenti in quella classe sono forti; sono molto forte in matematica; Giovanni si è mostrato molto forte nella corsa
pratico [2]	*practical, experienced, skilled* (see also **comodo**, **sapere** and **vero**)	Guido ha una mente pratica; quel meccanico è pratico di tutti i tipi di motori; non sono pratico di problemi amministrativi; il nostro medico è poco pratico delle malattie d'infanzia

capacità   ability

destrezza f [3]	*skill, dexterity, ability*	risolve sempre i problemi con destrezza; dimostrò grande destrezza nell'evitare gli ostacoli
attitudine f [3-2]	*aptitude, bent, disposition* (see also **tendenza**)	lei ha attitudine per le lingue; lui è privo di attitudini particolari
competenza f [3-2]	*competence, skill, ability*	ha poca competenza in matematica; posso parlare con competenza su questo argomento
abilità f [2]	*ability, cleverness, skill*	ha una vera abilità nella guida/nella pittura/nello sport; dipinge con molta abilità
capacità f [2]	*ability, capability, skill*	ha la capacità di organizzare il lavoro; la sua vera capacità sta nel capire gli altri; manca di capacità critica; è una persona di grandi capacità
facilità f [2]	*talent, aptitude* (usually followed by **a**) (see also **tendenza**)	ha una grande facilità allo studio; ha facilità a imparare le lingue
talento m [2]	*talent*	ha molto talento; hai talento musicale; sei una donna di talento

capanna   hut

abituro m [3]	*hovel*	c'è gente povera che vive in abituri miserevoli alla periferia della città
stamberga f [3]	*hovel, shack*	quella povera vecchia si è ridotta a vivere in una stamberga

casupola f 3-2	*shack, hovel*	so che è una casupola, ma per noi è casa nostra
spelonca f 3-2	*hole, hovel* (see also **caverna**)	se non ripareranno quella casa, diventerà una spelonca; per quella spelonca pretendono un affitto altissimo
tugurio m 3-2	*hovel, hole* (habitation)	è così squallido questo tugurio; questa casa è un vero tugurio
baracca f 2	*hut, shed, hovel* (usually made of wood)	nelle periferie delle città ci sono ancora molte baracche dove vive la gente
capanna f 2	*hut, cabin*	una capanna di pastori; quel villaggio africano era fatto di capanne di paglia e argilla; abitava in una povera capanna
catapecchia f 2-1	*hovel, dump* (habitation)	che catapecchia! Non si può vivere qui
tana f 2-1	*slum, dump, hole* (see also **rifugio**)	quei vagabondi vivono in una tana in periferia
topaia f 2-1	*dump, rat-hole*	la sua casa è una vera topaia; vive miseramente in una topaia

capire   to understand

capacitarsi (di) 3	*to understand, to take in, to grasp* (only used reflexively)	non riesco a capacitarmi come possa aver detto certe cose; non mi capacito del loro successo
intendere 3	*to understand, to grasp* (see also **intendere** and **significare**)	non hai inteso il senso della frase; sono concetti difficili da intendere
cogliere 3-2	*to grasp, to catch* (usually in the negative) (see also **prendere**)	non ho colto il senso della frase
comprendere 3-2	*to understand, to comprehend* (often implies sympathy)	comprendo molto bene la situazione; cerca di comprendermi; bisogna comprendere la sua inesperienza
afferrare 2	*to grasp, to get, to understand*	afferrare un concetto/un'idea/una parola/un pensiero; non ho afferrato il senso di quella frase
capire 2	*to understand, to get* (see also **sapere**)	non capisco cosa voglia da me; non ti capisco per niente; capisco l'inglese ma non lo parlo; devi cercare di capire Paolo e i suoi problemi; verrai con me stasera, hai capito?
intendere 2-1	*to get, to get into one's head*	m'intendi?; la vuoi intendere, sì o no?

NB **capire** and **intendere** are both used reflexively in the third person singular of the present tense to mean *of course, it goes without saying* (e.g. hai ragione tu, si capisce; si capisce che lui non è molto contento adesso; ne sei sicuro? S'intende!; s'intende che ognuno paga la sua parte) (see also **naturalmente**).

capo
head, chief

leader m [3]	*leader, head* (often political or economic)	il partito ha eletto un nuovo leader; il leader del sindacato parlerà in tivù; siamo un'azienda leader in questo campo
capo m [2]	*head, chief, boss, leader*	il capo dell'esercito/della fabbrica/del governo/del personale/del reparto
padrone/a mf [2]	*boss, chief, owner, landlord/lady*	è arrivato il padrone della ditta; i padroni cercano di ridurre la paga degli operai; ho parlato con la padrona e non vuole affittarci la camera
capoccia m [2-1R]	*foreman, boss* (mainly in the South or with negative connotations in the North)	il capoccia ha dato ordine di cominciare il lavoro; è il capoccia di quella banda di ladri
caporale m [2-1R]	*foreman* (recruits people for work on a daily basis) (regional Southern usage)	gli operai dovevano pagare il caporale per essere assunti
boss m [1]	*boss* (usually with criminal connotations)	quelli sono i grandi boss della mafia; i boss della malavita si sono riuniti

cappello
hat

copricapo m [3]	*head-gear, hat* (can be invariable in plural)	in quel negozio si vendono copricapo di tutti i tipi
berretto m [2]	*cap, beret*	un berretto militare/a visiera/da ciclista/da notte; porta il tipico berretto francese
cappello m [2]	*hat*	un cappello floscio/rigido/a cilindro/da spiaggia/di pelliccia/di stoffa; fa freddo, mettiti il cappello prima di uscire

cappotto
coat

giubba f [3]	*windcheater* (literary)	faceva freddo, e perciò si mise la giubba prima di uscire
pastrano m [3]	*overcoat, greatcoat* (literary)	con quel freddo portava un pastrano militare
cappa f [3-2]	*cape, cloak* (in Tuscan regional usage means large coat for woman)	il frate portava una cappa nera; la signora indossava una cappa da sera
tabarro m [3-2]	*cloak* (often used ironically)	l'uomo si mise il tabarro e uscì nella tempesta; fa ridere con quel grosso tabarro che porta sempre
cappotto m [2]	*coat, overcoat*	un cappotto da donna/da uomo; ci siamo messi il cappotto per uscire; quella coppia porta sempre cappotti molto costosi
giacca f [2]	*jacket*	una giacca elegante/sportiva/a vento/di lana/di pelle/di velluto

giacca a vento m/ **piumino** m 2	*(warm) coat, padded jacket*	dov'è la tua giacca a vento per andare in montagna?; la bambina ha bisogno di un piumino per andare a scuola
giubotto m 2	*(casual) coat/jacket, bomber jacket, blouson*	ho comprato un giubotto di pelle
impermeabile m 2	*raincoat*	oggi piove, mettiamo l'impermeabile
mantello m 2	*coat, overcoat, cloak (usually women's)*	un mantello elegante/foderato/di lana
paltò m 2	*overcoat*	fa freddo, metto il paltò
soprabito m 2	*coat (usually lightweight)*	fa un po' fresco per la stagione, mettiamo il soprabito

capriccio temper, tantrum

bizza f 3-2	*tantrum, temper (usually of children)*	ha fatto una bizza perché che le comprassero un giocattolo; è una bambina viziata e fa le bizze per ogni minima cosa
capriccio m 2	*temper, tantrum, fuss (usually plural)*	quel bambino fa sempre i capricci; smettila di fare i capricci
ripicca f 2	*spite, temper*	quando non gli abbiamo comprato il giocattolo che voleva, ha rotto gli altri per ripicca
storia f 2	*fuss (often plural)*	che storie sono queste?; se continui a fare storie, ti do uno schiaffo

carattere character

indole f 3-2	*nature, temperament, disposition*	ognuno si comporta secondo la propria indole; è un uomo di indole tranquilla
carattere m 2	*character, disposition (see also* **persona***)*	un carattere aperto/chiuso/debole/forte/pacifico/violento; puoi descrivere il suo carattere?; è un uomo di buon carattere
natura f 2	*nature*	è falso di natura, non fidarti; non è cattivo, si comporta così per natura
personalità f 2	*personality*	ha una personalità debole/dolce/forte; non ha un briciolo di personalità
temperamento m 2	*temperament, disposition*	ha un temperamento artistico/calmo/nervoso/romantico; è molto mite per temperamento
umore m 2	*temper, humour*	sei sempre di umore nero; sono di cattivo umore oggi; è un vecchietto di umore irascibile

carburante   fuel

benzina f [2]	*petrol*	la benzina al piombo/senza piombo; facciamo benzina prima di partire; siamo rimasti senza benzina durante il viaggio
carburante m [2]	*fuel, petrol*	i carburanti senza additivi sono meno nocivi all'ambiente; che tipo di carburante ci vuole per questa macchina?
cherosene m [2]	*kerosene*	per ottenere il cherosene si distilla il petrolio
combustibile m [2]	*fuel*	il combustibile atomico/fossile/nucleare/per uso domestico
gasolio m [2]	*diesel (oil)*	questa macchina funziona a gasolio non a benzina
metano m [2]	*methane*	il metano è una specie di paraffina usata per la produzione di energia elettrica
nafta f [2]	*fuel oil, naphta*	la nafta viene usata per impianti di riscaldamento e anche come carburante nei motori diesel
olio m [2]	*oil (for cooking or cleaning or painting)*	ci serve l'olio per friggere; per quel piatto ci vuole l'olio d'oliva extra vergine; questo pittore dipinge a olio
petrolio (grezzo) m/ **greggio** m/ **grezzo** m [2]	*petroleum, oil*	il petrolio grezzo viene estratto dal sottosuolo e poi raffinato; il greggio è la materia prima che si estrae dal sottosuolo per ottenere la benzina; è affondata una petroliera carica di greggio

caro   dear

dispendioso [3]	*costly*	viaggiare è una cosa dispendiosa; quell'appartamento si è rivelato piuttosto dispendioso
costoso [3-2]	*dear, costly*	lui fa sempre regali molto costosi; non ti compero quella macchina: è troppo costosa e tu sei troppo giovane
caro [2]	*dear* (often with **costare** or **pagare**) (also figurative) (see also **costare**)	in questo negozio la merce non è mai cara; questo vocabolario costa caro; ho pagato caro quell'errore
prezioso [2]	*precious, valuable* (see also **utile**)	quelli in mostra sono oggetti preziosi; ha comprato un quadro prezioso
pepato [2-1]	*exorbitant, pricey*	io non compro niente qui, i prezzi sono troppo pepati
salato [1]	*dear, pricey* (often with **pagare**) (also figurative)	i prezzi del bar sono piuttosto salati; mio papà mi ha fatto pagar salato il fatto di essere stata bocciata all'esame

carro

carriage

calesse m 3	*carriage* (usually with two wheels)	la contessa arrivò in calesse quella sera
carretto m 2	*(small) cart*	il contadino caricò la verdura sul carretto
carro m 2	*carriage, cart, wagon, float*	un carro merci/di Carnevale; la popolazione scappava dalle zone di guerra usando carri per trasportare i pochi averi
carrozza f 2	*carriage, coach*	una carrozza a due cavalli/del treno; ci siamo sistemati in una carrozza di prima classe
carrozzina f 2	*pram*	la mamma mise il bambino nella carrozzina
biroccio m 2-1	*cart*	il fattore partiva col suo biroccio ogni giorno per il mercato

carta (a)

card, document, paper

formulario m 3	*form*	la domanda di lavoro deve anche includere il formulario debitamente compilato
bollettino m 3-2	*note, certificate, form* (see also **informazione**)	un bollettino doganale/di acquisto/di consegna/di importazione/di scarico
scheda f 3-2	*card, paper, form*	una scheda bibliografica/elettorale/ telefonica/di votazione; per ogni candidato bisogna segnare il nome sulla scheda
carta f 2	*card, document, paper*	la carta verde/di credito/d'identità; domani consegno le carte per iscrivermi al corso; dammi un po' di carta, voglio scrivere; carta assorbente/igienica/da lettere/da pacchi
certificato m 2	*certificate* (see also **permesso**)	un certificato di matrimonio/di morte/di nascita/di residenza; il certificato viene rilasciato in carta semplice; il preside ha presentato i certificati agli studenti
documento m 2	*document, paper, identity papers/document*	ha perso il documento rilasciato dal notaio; hai fatto i documenti per l'iscrizione?; i doganieri hanno chiesto di vedere il mio documento
modulo m 2	*form*	quando si riempiono i moduli, bisogna sempre rispondere a tutte le domande; mi può dare un modulo in bianco?
passaporto m 2	*passport*	ci vuole il passaporto per viaggiare in Africa; il doganiere mi ha chiesto il passaporto

carta (b)

map

carta f 2	*map* (usually of a specified type) (also in diminutive **cartina**)	avete una bella carta geografica dell'Italia; nella lezione di geografia ci hanno fatto vedere diverse carte nautiche antiche; sai leggere le carte stradali?; dov'è la cartina per arrivare in centro?
pianta f 2	*map, plan* (smaller and less specialised than **carta**) (also in diminutive **piantina**)	dobbiamo comprare una pianta della città; questa è la pianta della casa nuova; fammi vedere dov'è il duomo sulla piantina

casa (see also **capanna**)

home, house

domicilio m 3	*domicile, address*	ho il domicilio a Roma; perché Luigi ha cambiato domicilio?
dimora f 3-2	*residence, home* (see also **soggiorno**)	benvenuti nella mia umile dimora; la loro dimora era una semplice villetta bianca
recapito m 3-2	*address* (official term)	il suo recapito è uguale a quello dei suoi genitori; mandami quel pacchetto al mio recapito all'università
residenza f 3-2	*residence*	il Quirinale è la residenza del presidente della repubblica; è il municipio che ti rilascerà il certificato di residenza
abitazione f 2	*home*	centinaia di abitazioni sono state distrutte dal terremoto; la caverna costituiva l'abitazione dell'uomo primitivo
alloggio m 2	*lodgings, accommodation, housing*	cerco un alloggio per quando vado in Italia; il costo include vitto e alloggio; il problema dell'alloggio esiste ancora
appartamento m 2	*flat, apartment*	un appartamento grande/modesto/piccolo/di lusso; mi ha portato a vedere l'appartamento che vuole comprarsi; ha un bell'appartamento in una zona residenziale fuori città
casa f 2	*home* (of any kind including flat), *house*	mettere su/prendere casa; ha una bellissima casa al mare; la casa fu costruita nel 1920; ci vediamo a casa mia stasera
casamento m/ **caseggiato** m 2	*block of flats* (usually with negative connotation)	abitare in quel casamento deve essere orribile; quel caseggiato sembra una prigione
casolare m 2	*farmhouse*	abita in un casolare in campagna; hanno ristrutturato il loro casolare
condominio m 2	*block of flats, apartment block*	abito nel condominio giallo vicino alla stazione; abbiamo comprato un appartamento in quel condominio

indirizzo m [2]	*address*	mi puoi dare l'indirizzo di quel tuo amico?; ha scritto l'indirizzo del mittente sulla busta; ho cambiato indirizzo
palazzo m [2]	*block of flats, apartment building*	questo palazzo ha dieci piani; abito in uno di quei palazzi di periferia che sono stati costruiti dopo la guerra
villa f [2]	*villa, detached house* (usually out of town)	una villa al mare/di campagna/di montagna/ in collina; mi sono costruito una villa in riva al lago
villetta f [2]	*small house* (usually detached)	abitavano in una villetta di periferia

casalinga   housewife

casalinga f [2]	*housewife*	si dice che le casalinghe lavorino di più degli uomini che escono a lavorare
donna di casa f [2]	*housewife*	è una brava madre e una perfetta donna di casa; la donna di casa si occupava delle faccende domestiche
massaia f [2]	*housewife* (less used than the others)	era una massaia a cui piaceva accudire alla casa e alla famiglia; sei proprio una buona massaia

casino   brothel

postribolo m [3-2]	*brothel*	nel quartiere a luci rosse di Amsterdam ci sono postriboli
casa di tolleranza f [2]	*brothel*	durante il Fascismo le case di tolleranza erano controllate dallo stato
bordello m [1]	*brothel, whorehouse*	i bordelli sono stati chiusi con la legge Merlin
casino m [1]	*brothel*	negli anni '30 in quella villa c'era il casino del posto

caso   chance

fato m [3]	*fortune, chance* (literary)	il fato volle che ci incontrassimo
ventura f [3]	*fortune, chance* (literary)	la buona/cattiva ventura; per sua buona ventura ha evitato di lavorare con suo padre
sorte f [3-2]	*fate, chance*	la sorte non gli è mai stata amica; la mia sorte è quella di seguirti
caso m [2]	*chance, luck*	il caso ha voluto che lo vedessi con lei; è stato un caso che abbia trovato i tuoi occhiali; mi è capitato sotto gli occhi per caso

coincidenza f [2]	*coincidence*	è stata una coincidenza che ci trovassimo al bar
combinazione f [2]	*coincidence*	che combinazione vederti, stavo pensando a te!; per combinazione eravamo allo stesso albergo
destino m [2]	*fate, destiny*	il destino ci ha fatti incontrare; è mio destino non essere capito; un destino crudele gli ha portato via la moglie
fortuna f [2]	*luck, good fortune*	che fortuna averti visto!; ha avuto fortuna a trovare un marito così comprensivo; che bella fortuna trovare quella tizia interessata solo ai suoi soldi!
culo m [1*]	*luck, lucky break, jam*	che culo hai avuto!; ha vinto la lotteria, ha sempre avuto culo

cattivo (see also sporco and terribile)   bad

bieco [3]	*wicked*	è stato un tiro proprio bieco; scrivendo quell'articolo si è servito dei più biechi stereotipi
ignobile [3]	*despicable, base, ignoble*	si tratta di gente ignobile; si esprime in modo ignobile; è stato un gesto ignobile
nefasto [3]	*inauspicious, unlucky, bad*	un incontro nefasto; una notizia nefasta; è stato un giorno nefasto per me, la mia squadra ha perso il campionato
infame [3-2]	*disgraceful, wicked* (also used as a noun)	un'azione/una persona infame; lui è un essere infame; queste sono accuse infami; è un infame a trattarti così
maligno [3-2]	*nasty, spiteful*	la sua critica è stata veramente maligna; il mio sarà un pensiero maligno, ma secondo me Roberto ha copiato agli esami; hai uno spirito maligno e basta
malvagio [3-2]	*evil, wicked*	una parola/una persona malvagia; ha sempre avuto intenzioni malvage verso la nostra famiglia
scellerato [3-2]	*nasty, wicked, evil* (also used as a noun)	per fortuna il suo scellerato piano di uccidere la moglie è stato scoperto; è uno scellerato, picchia sempre sua moglie
spregevole [3-2]	*despicable, contemptible*	un atto/un comportamento/un individuo spregevole
vile [3-2]	*vile, wicked* (see also **vigliacco**)	è stato un vile tradimento; il tuo comportamento è stato vile
cattivo [2]	*bad, nasty* (also used as a noun) (for more neutral, less moral use, see **brutto**)	non aiuti mai nessuno, sei una persona proprio cattiva; ha l'animo cattivo; ho commesso una cattiva azione; hai un cattivo carattere; era di cattivo umore; quel cane ogni tanto diventa cattivo e morde;

quell'attore fa sempre il cattivo dei film western

infame 2-1	*awful, vile, dreadful, shocking*	che tempo infame!; ieri sera abbiamo mangiato una cena infame

causa   cause, reason

cagione f 3	*cause* (literary)	la povertà è spesso cagione di molti mali; l'avarizia del padre è stata cagione di amarezza per lui
movente m 3-2	*motive* (usually legal)	il movente del crimine/del delitto; si ignora il movente dell'assassinio
causa f 2	*cause, reason* (see also **protesta**)	la causa della mia influenza è questa umidità; l'adulterio è causa di molti divorzi; la sua salute è causa di serie preoccupazioni per noi
motivo m 2	*reason, motive, grounds*	non hai nessun motivo di odiarmi; che motivo hai di lamentarti?; per quale motivo mi stai insultando?; non posso venire per motivi di lavoro
occasione f 2	*opportunity, chance*	un'occasione d'oro/da non perdere; se si lascia scappare questa occasione, è proprio stupido; ci è capitata l'occasione di incontrarli
opportunità f 2	*chance, opportunity*	non mi hai dato l'opportunità di spiegare; hai perso una buona opportunità per essere promosso direttore; bisogna cogliere l'opportunità quando si presenta
perché m 2	*reason*	non ho mai capito il perché di quella sua decisione; non vuole spiegare a nessuno il perché della sua partenza
ragione f 2	*reason* (see also **ragione**)	per quale ragione mi dici di no?; spiegami bene le ragioni del tuo silenzio; questa non è una buona ragione; quali sono le tue ragioni per dire così?

causare   to cause

arrecare 3	*to cause, to be a source of, to bring*	questa medicina gli arrecherà un po' di sollievo; il suo intervento mi ha arrecato solo danni
cagionare 3	*to cause*	non so cosa abbia cagionato tanto odio da parte sua nei miei confronti
determinare 3-2	*to bring about, to cause, to lead to* (see also **convincere, decidere** and **stabilire**)	alcune decisioni poco intelligenti hanno determinato la crisi del governo; l'incidente di frontiera ha determinato uno stato di tensione fra i due paesi; le sue condizioni di salute lo determinarono a lasciare la direzione dell'azienda

motivare 3-2	*to cause*	le barbarie dei fascisti motivarono la sua presa di coscienza; le sue parole hanno motivato la mia partenza
suscitare 3-2	*to give rise to, to bring about, to cause, to create*	quel suo discorso ha suscitato uno scandalo; questa tassa potrebbe suscitare una rivolta nel paese
causare 2	*to cause*	una sigaretta lasciata accesa può causare un incendio; la neve ha causato molti danni; la velocità causa molti incidenti stradali
creare 2	*to create, to cause* (see also **creare**)	la tua proposta mi crea delle difficoltà; la tua presenza ha creato un certo imbarazzo tra i presenti
fare nascere 2	*to create, to give rise to, to bring about*	ha fatto nascere il sospetto che fosse una spia; mi hai fatto nascere dei dubbi
procurare 2	*to cause, to bring* (see also **ottenere**)	quella gente mi procura solo guai; il suo comportamento ci procura delle preoccupazioni
provocare 2	*to cause, to bring about*	la pioggia ha provocato delle alluvioni in Sicilia; quell'ingiustizia ha provocato la sua rabbia

cavallo   horse

destriero m 3	*steed, charger* (usually for battle) (literary)	il cavaliere montò sul suo destriero bianco; il nobile destriero non si arrendeva mai
giumenta f 3	*mare, pack-horse*	la giumenta aspettava docile il suo padrone
palafreno m 3	*horse* (literary)	il cavaliere preparò il palafreno per il viaggio
cavallo m 2	*horse*	un cavallo da corsa/da sella; il mio cavallo si chiama Henry; quel cavallo è ormai troppo vecchio per correre
ronzino m 2	*nag, hack*	pensavo avesse comprato un cavallo di razza, invece era solo un ronzino; quel vecchio ronzino non si regge in piedi

cavatappi   corkscrew

cavatappi m 2	*corkscrew* (invariable plural)	ci vuole un nuovo cavatappi, questo vecchio non funziona più; compro due cavatappi nel caso ne perdessimo uno
cavaturaccioli m 2	*corkscrew* (invariable plural)	quando abbiamo voluto aprire le bottiglie, non c'era un cavaturaccioli in casa

caverna (see also **rifugio**)   cave

antro m 3	*cave, cavern, den* (literary)	l'antro della Sibilla si trovava a Cuma; Ulisse si rifugiò nell'antro di Polifemo in Sicilia
grotto m 3-2	*cave, cavern* (smaller than **grotta**)	i miei zii conservano il vino in un grotto nel loro giardino
spelonca f 3-2	*cave* (see also **capanna**)	l'eremita viveva in una spelonca nella foresta
caverna f 2	*cave*	sulle colline c'erano molte caverne profonde; in questa caverna hanno trovato disegni preistorici
grotta f 2	*cave, cavern* (usually smaller than **caverna** but bigger than **grotto**)	in quella grotta si nascondevano i partigiani durante la Resistenza; c'è una sorgente in questa grotta

celibe/nubile   single, unmarried

celibe 3-2	*single, unmarried* (of men)	è restato celibe per tutta la vita
nubile 3-2	*single, unmarried* (of women)	ha due figlie sposate e una nubile; quella sua zia è rimasta nubile
single mf 3-2	*single/unmarried person* (invariable plural)	i supermercati non fanno molte confezioni per single; quell'agenzia si specializza in viaggi turistici per single
scapolo m 2	*bachelor*	è uno scapolo impenitente, non vuole saperne di sposarsi; è restato scapolo fino a quarant'anni
signorina f 2	*single/unmarried woman*	quelle due insegnanti sono rimaste signorine
zitella f 2	*spinster, old maid* (usually derogatory)	dato che non ha ancora trovato marito, sembra destinata a restare zitella; è diventata una vecchia zitella inacidita

cercare   to look for, to seek

perquisire 3	*to search*	la polizia ha perquisito le persone sospette; bisogna perquisire la casa dell'indiziato
cercare 2	*to look for, to seek, to search (for)* (see also **indagare**)	devo cercare un libro in biblioteca; cosa cerchi adesso?; abbiamo cercato un albergo senza trovare niente; bisogna cercare una soluzione per questo problema; chi cerca trova
rovistare 2	*to rummage, to search (thoroughly)* (transitive or intransitive)	hanno rovistato la casa senza trovare niente; ho rovistato in tutti i cassetti; abbiamo rovistato tra le sue cose, ma il testamento non c'era

frugare 2-1	to search, to rummage (about/ around) (transitive or intransitive)	la polizia frugò dappertutto; smettila di frugare tra la mia roba; ho frugato un po' in giro per vedere se trovavo la tua lettera

certo (see also chiaro)   certain, sure

inconfutabile 3	irrefutable, indisputable	sono argomenti inconfutabili; ha fornito prove inconfutabili
incontestabile 3	incontrovertible	una prova/una verità incontestabile; è incontestabile che Lucia sia bellissima, ma è anche molto sciocca
indiscutibile 3	unquestionable	è un attore di indiscutibile capacità; è indiscutibile che tu abbia agito in buona fede
indubitabile 3	undeniable, indubitable	il successo di questo esperimento è indubitabile
irrefutabile 3	irrefutable	un argomento/una dimostrazione/una prova irrefutabile
indubbio 3-2	undeniable	è indubbio che lui si sente in colpa; era indubbio che i due fratellini erano molto affezionati alla nonna
innegabile 3-2	undeniable	è innegabile che si sia comportato male; era innegabile che fosse lui il colpevole
persuaso 3-2	certain, convinced, persuaded (of a person)	era persuaso di aver perso i suoi risparmi; non sono persuasa che il cambiamento del tempo sia dovuto all'effetto serra
assicurato 2	certain, definite (of a thing)	ormai è assicurato che ci chiederà ancora soldi
certo 2	certain, sure, definite (of a person or thing) (for adverbial use, see **naturalmente**)	sono certo della sua innocenza; Luciano era certo di aver chiuso la macchina; una cosa è certa; adesso la vittoria è certa; è certo che non le rivolgerò mai più la parola
convinto 2	sure, convinced (of a person)	Daniela era convinta di aver ragione; erano tutti convinti di stare male
sicuro 2	sure, certain (of a person or thing) (for adverbial use, see **naturalmente**)	sei sicuro di non dover fare quella ricerca?; sono sicuri di questi fatti?; siamo sicuri che loro sono in vacanza?; il suo viaggio negli Stati Uniti è una cosa sicura?

cesto   basket

canestro m 3-2	wicker basket (usually with a handle)	è arrivato con un canestro di frutta; raccogli la frutta e mettila nel canestro
cestello m 3-2	basket (smaller than **cesto** or **canestro**)	ho colto un cestello di fichi; l'uva bianca è nel cestello sul tavolo

cesta f 2	*basket*	metti il bucato nella cesta; a Natale mi mandavano sempre una cesta di fiori dalla riviera
cestino m 2	*basket* (often for waste paper)	il cestino della merenda/del pane/da cucito/da viaggio; devo comprare un cestino per l'ufficio
cesto m 2	*basket*	il cesto della biancheria sporca; aveva messo i giornali vecchi in un cesto di vimini
paniere m 2	*bread basket*	metti in tavola il paniere; ho comprato un paniere fatto a mano in Sardegna

che   which, who, that (relative pronoun)

cui 3-2	*which, who* (usually following preposition)	la ragazza con cui uscivo si chiamava Virginia; ti spiego il motivo per cui sono venuto; chi è la persona a cui scrivi?
il quale/la quale/ i quali/le quali 3-2	*which, who, that* (usually subject or following preposition)	la donna la quale non ama i propri figli è da compatire; mi puoi parlare del figlio di quella donna il quale sta per arrivare?; questa è la causa per la quale ho abbandonato tutto
che 2	*which, who, that* (subject or object)	la ragazza che vedi è mia sorella; l'uomo che parla ora è uno scrittore famoso; è l'uomo che mi ama; sei l'uomo che amo

che cosa   what

ciò che 3-2	*what* (correlative)	ciò che dici eccita la mia curiosità; sei completamente sicuro di ciò che dici?; è una persona che sa ciò che vuole
il che 3-2	*which* (correlative) (refers to whole of previous idea)	va in vacanza, il che non è una cosa intelligente in questo periodo; si fida di lui, il che è assurdo, dato che la tradisce
che (?) 2	*what (?)* (interrogative and correlative)	che vuoi da me?; che mi vieni a raccontare?; che si può fare per risolvere il problema?; non so che fare per soddisfarti
che cosa (?) 2	*what (?)* (interrogative and correlative)	che cosa si mangia stasera?; che cosa hai deciso di dirgli?; di che cosa si può parlare?; dimmi che cosa vuoi da me; non so che cosa scrivere per farti piacere
cosa (?) 2	*what (?)* (interrogative and correlative)	cosa vuoi da mangiare?; cosa ti ha detto Giulia?; cosa farai da grande?; in cosa sei più brava di me?; mi devi dire cosa cantare; non ho mai capito cosa fare per avere quel risultato
quel(lo) che 2	*what* (correlative)	ricorda quel che dico; abbiamo letto tutto quello che ha scritto; parlami di quello che diceva sempre il nonno

chiacchierone · talkative

ciarliero 3	*talkative*	sua mamma è una persona ciarliera; lui non è mai stato molto ciarliero
garrulo 3	*garrulous, loquacious* (literary)	nel cortile si sentivano le voci garrule dei bambini; sentivamo un garrulo ruscello
prolisso 3	*prolix, wordy*	un articolo/un oratore/un racconto prolisso; questa volta non è stato prolisso come al solito
verboso 3	*verbose, wordy*	la relazione del conferenziere era verbosa e inconcludente
loquace 3-2	*loquacious, talkative*	una donna/un uomo loquace; non è un tipo molto loquace
chiacchierone 2	*talkative, gossipy* (also used as a noun)	è un ragazzo chiacchierone; puoi spiegare perché sei così chiacchierone?; più che un uomo intelligente, a me sembra un gran chiacchierone
pettegolo 2	*gossipy* (also used as a noun)	un ambiente/un giornale/un ragazzo pettegolo; è una pettegola incredibile quella donna!; sanno tutto di tutti, sono dei veri pettegoli

chiamare · to call

convocare 3	*to call (together), to summon, to convene*	l'assemblea è stata convocata per le sette; i soci dell'azienda sono convocati per lunedì prossimo
indire 3	*to call, to announce (publicly)* (of elections, etc.)	hanno indetto le elezioni per maggio; vogliono indire il concorso per insegnanti d'inglese
bandire 2	*to call, to announce (publicly)* (of jobs, etc.)	hanno bandito un concorso per un posto in comune
chiamare 2	*to call, to send for* (see also **telefonare**)	chiama i bambini per la cena; chiamami quando ti svegli; hanno chiamato il medico; le campane chiamano i fedeli alla messa

chiaro (a) (see also **certo**) · clear

manifesto 3	*evident*	ho visto segni manifesti di quel fenomeno; è manifesto a tutti quello che Anna pensa di quel suo collega
pacifico 3	*clear*	è pacifico che starai da noi quando vieni in Inghilterra; era pacifico che avrebbe studiato architettura come suo padre
palese 3	*clear, obvious*	era palese che Felice non voleva andare con loro; le sue opinioni politiche erano palesi sin dall'inizio

assodato 3-2	*clear, well established*	è ormai assodato che ha preso parecchie bustarelle
lampante 3-2	*clear, obvious, striking*	una prova/una verità lampante; è lampante che ti sono antipatica; è lampante che non hai voglia di studiare
chiaro 2	*clear*	aveva delle idee molto chiare; questa frase non mi è chiara; ha espresso un giudizio chiaro; è chiaro che non pensi mai a me; non so se sono stato chiaro
evidente 2	*obvious, evident, clear*	era evidente che aveva speso tutto; non puoi partire, perché è evidente che hai la febbre
ovvio 2	*obvious*	è ovvio che anch'io pagherò la mia parte; era ovvio che saremmo andati al ristorante: è il mio compleanno
scontato 2	*obvious* (see also **inevitabile**)	mi ha raccontato un sacco di fatti scontati

chiaro (b) (see also **brillante**)   bright

nitido 3	*clear, clear-cut, sharp*	le montagne si stagliavano nitide contro il cielo; dopo il temporale l'aria era pura e nitida; il suo uso di colori è nitido; scrive con uno stile proprio nitido
limpido 3-2	*clear, limpid*	un cielo limpido; occhi limpidi; l'acqua era pulita e limpida; il loro era un limpido amore di adolescenti
netto 3-2	*clear, distinct, sharp, clear-cut* (see also **pulito**)	il paesaggio si profilava netto all'orizzonte; ha fatto una distinzione molto netta; hanno riportato una vittoria netta
chiaro 2	*bright, clear*	era una chiara giornata di primavera; oggi il cielo è completamente chiaro; ho sempre preferito i colori chiari
sereno 2	*clear, serene* (also figurative)	un cielo/un tempo sereno; Rita è sempre serena, nonostante tutto; ha espresso un giudizio sereno

NB **nitido and netto** are commonly used as adverbs with **–mente** ending (e.g. si vedeva nitidamente l'orizzonte; si distingueva nettamente il profilo del palazzo).

chiedere   to ask

impetrare 3	*to implore* (literary)	il prigioniero impetrava la grazia almeno per i suoi figli
invocare 3	*to invoke, to call for/upon*	i feriti invocavano soccorso; ha invocato la legge a difesa dei propri diritti
sollecitare 3	*to urge, to request*	sollecitare il pagamento/una risposta; abbiamo sollecitato a lungo la ditta perché inviasse l'ordine per tempo

implorare 3-2	to implore	ho implorato che mi stesse a sentire; la vittima implorò invano i suoi aguzzini
reclamare 3-2	to demand, to ask (for)	il cliente ha reclamato la sua merce; Giulia ha reclamato che le rinovassero il contratto di lavoro; quei fiori reclamano un po' di acqua
rivendicare 3-2	to claim	rivendicare un diritto/la paternità di un atto; i terroristi hanno rivendicato l'attentato di ieri
scongiurare 3-2	to beseech, to implore	ti scongiuro di ascoltarmi; lui mi aveva scongiurato di non parlare con i suoi
chiedere 2	to ask (for)	Carlo ha chiesto alcuni libri; Danilo chiede se può vederci domani; non chiedergli di darti la macchina; per questa villa chiedono trecento milioni; chiedere aiuto/perdono/scusa
domandare 2	to ask (for) (also used reflexively in the sense of to wonder)	mi avevi domandato se volevo venire al cinema?; Giovanna domanda chi è al telefono; domandare un favore/notizie/perdono/scusa; mia sorella mi domanda sempre di te; mi domando se sia opportuno parlarne
interrogare 2	to question, to interrogate	la polizia ha interrogato i sospetti; il professore interrogherà domani
ordinare 2	to order (in a restaurant, etc.) (see also **ordinare** (a))	in trattoria hanno ordinato un aperitivo prima di mangiare; il cameriere gli ha chiesto se avessero già ordinato; dopo la pietanza abbiamo ordinato il dolce per tutti
pregare 2	to beg, to request, to pray	quante volte ti ho pregato di darmi retta!; vi prego di non deludermi; abbiamo pregato Dio che questo non succedesse
richiedere 2	to request, to ask for again/back (see also **bisognare**)	molti clienti richiedono questo prodotto; ha richiesto al fratello la sua parte dell'eredità; posso richiederti il solito favore?; richiedigli i soldi che gli hai prestato

chiesa church

certosa f 3	charterhouse	sai che sono riuscita a vedere la Certosa a Parma?; tutte le certose sono state fondate dai certosini
abbazia f 2	abbey	quest'abbazia fu costruita nel Medioevo dai benedettini
basilica f 2	basilica	la basilica era in stile barocco; la basilica di Noto è crollata per incuria
cappella f 2	chapel	i nonni sono sepolti nella cappella di famiglia; la cappella Scrovegni è il capolavoro di Giotto

(chiesa) cattedrale f 2	*cathedral (church)*	tutti sono entrati nella cattedrale per pregare; quasi tutte le cattedrali d'Italia sono belle dal punto di vista architettonico
chiesa f 2	*church*	io e mia mamma ci siamo sposate nella stessa chiesa; vorrei tornare alla chiesa a cui ci avevi portato; non vai in chiesa oggi?
duomo m 2	*cathedral* (normally refers to specific cathedrals)	il duomo di Firenze è una struttura incredibile; il rosone del duomo di Orvieto è opera del Maitani
moschea f 2	*mosque*	hai visto com'è bella la moschea di Roma?; non ci sono mai dipinti nelle moschee
oratorio m 2	*oratory* (either place of worship or place attached to it for social activities)	tutti vanno a pregare nell'oratorio dei benedettini; noi siamo entrati in chiesa, mentre i ragazzi sono rimasti all'oratorio a giocare e chiacchierare
santuario m 2	*sanctuary*	mi piace molto andare al santuario della Madonna del Bosco; ogni anno ci rechiamo al santuario qui vicino
sinagoga f 2	*synagogue*	il matrimonio di Luisa è stato celebrato nella sinagoga di Milano; la comunità ebraica si è riunita nella sinagoga per celebrare la Pasqua ebraica
tempio m 2	*temple*	l'Acropoli era un tempio dedicato a Pallade Atena; nel Foro Romano sorgeva il tempio di Giove Capitolino

chiudere to close, to shut

chiudere 2	*to close, to shut* (transitive or intransitive) (also used reflexively) (see also **finire**)	chiudere il conto/la finestra/la porta; per oggi ho chiuso i libri e smesso di studiare; i negozi chiudono alle ore venti; questo finestra non chiude bene; si è chiusa nella stanza; la porta si chiude da sé
chiudere a chiave 2	*to lock* (also used reflexively)	chiudiamo a chiave l'armadietto del bagno; non chiuderti a chiave in camera tua!
sbarrare 2	*to bolt* (see also **impedire**)	ha sbarrato la porta dopo essere entrato; quando andiamo via, sbarriamo sempre le finestre
sprangare 2-1	*to bolt* (also used reflexively)	hai sprangato la porta del garage?; non capisco perché ti spranghi sempre in casa di pomeriggio

cibo food

alimentari mpl/ **commestibili** mpl 3	*foodstuffs, provisions*	al supermercato devo andare al reparto alimentari; i suoi genitori tengono un negozio di commestibili

cibarie fpl 3	*victuals, foodstuffs* (literary)	le cibarie scarseggiavano nella città assediata
nutrimento m 3	*nourishment*	le piante assorbono il nutrimento dal terreno; i fagioli danno molto nutrimento
provvigioni fpl 3	*provisions, supplies*	durante l'assedio l'esercito finì le provvigioni
vettovaglie fpl 3-2	*provisions, supplies*	il carico con le vettovaglie seguiva l'esercito
vitto m 3-2	*food, board* (usually in institutions)	il prezzo include vitto e alloggio; il vitto del collegio era pessimo
vivanda f 3-2	*dish, food*	una vivanda calda/fredda/gustosa/prelibata; non mettere vivande calde in frigorifero
alimentazione f 2	*food, feeding, diet*	bisognerebbe curare l'alimentazione dei bambini; fino a poco tempo fa non si sapeva molto sull'alimentazione
alimento m 2	*food*	il latte è un alimento completo; cerca di evitare gli alimenti grassi
cibo m 2	*food*	un cibo buono/genuino/sano; non mi piace il cibo troppo pesante; gli italiani amano parlare di cibo
dieta f 2	*diet, feeding*	la sua dieta consiste solo di frutta; la dieta mediterranea ha molti vantaggi; segue una dieta molto equilibrata
piatto m 2	*dish, course*	ci hanno portato un piatto semplice ma buono; questi sono i piatti tipici della cucina emiliana; cosa servono come primo piatto in quel ristorante?
pietanza f 2	*(main) dish/course*	ci hanno fatto una pietanza speciale
portata f 2	*course*	ci hanno servito una cena di quattro portate
viveri mpl 2	*provisions*	i viveri degli esploratori erano quasi finiti; i marinai caricarono i viveri di bordo
mangiare m 2-1	*food*	il mangiare è molto importante in Italia; il mangiare che fai non mi piace; non far toccare al bambino il mangiare del cane

cima   top

apice m 3	*height, apex* (figurative)	nel 1929 Mussolini era all'apice della sua potenza; in quell'anno raggiunse l'apice del successo
cresta f 3	*peak*	la cresta della montagna che vedi è sempre coperta di neve; la Svizzera si trova al di là di quelle creste montuose

picco m 3	*peak*	nessuno ha mai raggiunto quel picco perché è troppo pericoloso
vertice f 3	*summit, peak, height* (usually figurative)	si vedeva il vertice della montagna; ha raggiunto il vertice del successo; è al vertice della sua carriera
sommità f 3-2	*summit*	gli scalatori hanno raggiunto la sommità della catena montuosa
vetta f 3-2	*top, peak*	sai se la vetta più alta delle Alpi è il Monte Rosa?; abbiamo scalato la montagna per giungere alla vetta
cima f 2	*top, peak*	la cima della montagna fu conquistata nel 1954; è la cima più alta della nostra regione; è arrivato in cima alla collina
colmo m 2	*height, peak* (usually figurative)	è proprio il colmo della sfortuna/della sventura; questo per me è il colmo di quello che poteva fare
culmine m 2	*peak, height, highest point* (usually figurative)	il culmine della disperazione/della gioia; il culmine della sua carriera è stato certamente l'incontro con il presidente

cioè that is

ossia 3-2	*that is, namely, viz.*	mi interessa la lessicologia, ossia lo studio del vocabolario delle lingue; è partito tre giorni fa, ossia martedì sera
vale a dire 3-2	*that is, namely*	vengo dopodomani, vale a dire martedì
cioè 2	*that is, in other words*	vengo tra un'oretta, cioè alle due; in Italia i fumatori sono circa 12 milioni, cioè il 26 percento della popolazione

circa about

approssimativa- mente 3	*approximately*	il ladro entrò nella villa approssimativamente alle due del mattino; approssimativamente quanto vuoi spendere per le vacanze?
pressoché 3	*almost, nearly*	pressoché tutti, ormai, sanno usare il computer; pressoché tutti gli studenti erano all'assemblea
intorno a 3-2	*about, around* (see also **su**)	vediamoci intorno alle otto; morì intorno al millenovecentoventi; l'hanno pagato intorno ai dieci milioni
circa 2	*about, around* (see also **su**)	erano circa le tre del pomeriggio; circa cinquantamila abbonati hanno risposto alla nostra richiesta

più o meno [2]	*more or less*	la stanza è lunga più o meno tre metri; ho più o meno finito di scrivere; dimmi più o meno quanta stoffa ci vuole per il cappotto
pressappoco [2]	*about, more or less*	ci sono pressappoco venti presenti; abita pressappoco a cinque chilometri da qui; sei alta pressappoco come me
quasi [2]	*almost, nearly*	quasi novanta persone sono partite con l'aereo per Parigi; ho letto quasi tutto il libro; pensa che quasi gli credevo!
su per giù/ suppergiù [2]	*about, more or less*	su per giù quanto guadagni al mese?; abbiamo fatto suppergiù due chilometri in cinquanta minuti

città   town, city

metropoli f [3]	*metropolis (invariable plural)*	Milano è ormai una metropoli in cui è diventato difficile vivere
capoluogo m [3-2]	*capital (of a region)*	il capoluogo dell'Emilia è Bologna; molti capoluoghi italiani hanno bellissimi musei
(città) capitale f [2]	*capital (city) (of a country)*	la capitale dell'Italia è Roma; hanno fatto un viaggio nelle capitali europee
città f [2]	*town, city*	la città in cui sono nata è Lecco; la nostra città è cambiata moltissimo negli anni '80
cittadina f [2]	*(small) city*	Bormio è una bella cittadina in Valtellina; questa è veramente una cittadina a misura d'uomo

civiltà   civilisation

civilizzazione f [3]	*civilisation, civilising*	tutti sono consapevoli dell'azione di civilizzazione svolta dai Greci
cultura f [3-2]	*culture*	comincio a studiare la cultura italiana; ha parlato della diffusione della cultura classica; le culture primitive sono molto difficili da capire
civiltà f [2]	*civilisation, civilised behaviour*	la civiltà egiziana/greca/romana; non sono sicuro che la nostra civiltà si possa veramente chiamare avanzata; il diffondersi della civiltà è stato un processo molto lento; il mondo ha raggiunto un alto grado di civiltà

classe   class

casta f [3]	*caste, class*	nel Medioevo la casta sacerdotale aveva dei privilegi particolari

ceto m 3	*class*	il ceto borghese/operaio; il ceto alto/basso/medio; ormai non importa più a che ceto si appartiene
rango m 3-2	*rank*	è una persona di alto rango; abbiamo incontrato gente di ogni rango
strato m 3-2	*level, class, stratum*	appartiene a uno strato sociale molto basso; questo studio cerca di tenere conto dei vari strati sociali della popolazione
categoria f 2	*category*	un albergo di prima/seconda categoria; in quale categoria si può mettere questo fenomeno?; sei un imbecille di prima categoria
classe f 2	*class* (in a variety of contexts)	la classe borghese/dirigente/operaia/politica; a quale classe sociale appartengono?; abbiamo prenotato biglietti di prima classe; il professore è riuscito ad interessare tutta la classe

cliente   customer, client

avventore m 3	*client, customer*	gli avventori sono pregati di pagare alla cassa; gli avventori del bar erano tutti anziani
utente mf 3-2	*user*	le istruzioni per l'utente si trovano nel pacco; l'utente deve rivolgersi ai concessionari per la riparazione della macchina
abbonato/a mf 2	*subscriber*	l'abbonato riceverà notifica dei programmi futuri; ero un'abbonata del Piccolo Teatro
cliente mf 2	*customer, client*	ha telefonato quel nostro cliente di Adria; per favore, non trattare male i miei clienti!; quel ristorante ha molti clienti
consumatore m 2	*consumer*	la difesa del consumatore; un'organizzazione dei consumatori; l'Italia è tra i maggiori consumatori di petrolio

collina   hill

altura f 3	*rise, height*	la casa si trova su un'altura; le truppe avevano occupato tutte le alture circostanti
colle m 3	*hill* (lower than **altura**)	Roma è la città dei sette colli; ho visto un panorama di colli verdeggianti
poggio m 3	*hillock, knoll, low hill*	siamo arrivati facilmente in cima al poggio
monticello m 3-2	*(low) mountain*	si vede un gruppo di monticelli in lontananza

collina f [2]	*hill(s)*	questa collina è abbastanza ripida; come si chiama questo gruppo di colline?; ogni domenica andiamo in collina
montagna f [2]	*mountain(s)*	abbiamo scalato un'alta montagna; questa montagna ha un potere quasi magico; abbiamo villeggiato in montagna
monte m [2]	*mountain, Mount (usually in names of mountains)*	dall'aereo si vedeva una catena di monti; da qui si vede il Monte Bianco/il Monte Rosa

collo   neck

collo m [2]	*neck (in various senses)*	quella donna ha il collo molto lungo; il bambino si è gettato al collo della madre; bisogna sempre lavarsi il collo; il collo di un bottiglia/di una camicia/dell'utero
collotola f [2]	*back/scruff of the neck*	l'ho preso per la collotola; prendi il gatto per la collotola, sennò ti graffia
gola f [2]	*throat (outer or inner)*	mi ha preso per la gola; l'assassino gli ha tagliato la gola; ho la gola secca; non viene stasera, ha mal di gola
nuca f [2]	*back/nape of the neck*	mi ha dato un colpo alla nuca

colore   colour

colorazione f [3]	*hue, tint, colouring*	il cielo ha preso una colorazione rossastra; il pittore ha dato una colorazione azzurra allo sfondo
sfumatura f [3-2]	*tone, shade (see also* **particolare** *(b))*	il colore di moda quest'anno è il verde, in tutte le sfumature; queste camicette sono rosse ma in diverse sfumature
tinta f [3-2]	*colour, hue, shade, tone*	questo vestito esiste in tutte le tinte; queste tinte sono troppo scure per me; è una tinta che non si intona con tutto il resto
colore m [2]	*colour (in a variety of senses)*	il rosso è un bel colore; mi piace il colore di questo fiume; tutti adesso hanno la televisione a colori; per dipingere bene bisogna mescolare i colori; vivendo all'aria aperta ha ripreso colore; nel libro c'è molto colore locale
colorito m [2]	*colouring, colour (usually of skin or complexion) (more common than* **colore** *in this sense) (also figurative)*	hai un bel colorito oggi; quella ragazza ha riacquistato il colorito; lo scrittore ha dato alla frase un particolare colorito

colpire
to hit, to strike

malmenare 3-2	*to beat (up) (physically) (see also* **maltrattare**)	quando l'hanno trovato, lo hanno malmenato
percuotere 3-2	*to strike, to hit, to beat*	lo hanno percosso selvaggiamente col bastone
bastonare 2	*to beat (with a stick)*	l'hanno bastonato a sangue
battere 2	*to beat, to strike, to hit (not usually of striking a person)*	battere un chiodo col martello/un cavallo con la frusta; battere i denti/il tamburo/un tappeto
colpire 2	*to hit, to knock, to strike (also figurative)*	la pietra lo colpì alla testa; mi ha colpito con una mazza; l'uragano ha colpito la costa; mi ha colpito la sua sincerità
picchiare 2	*to hit, to strike, to beat, to knock*	quando l'hanno trovato, l'hanno picchiato; non dovresti picchiare il bimbo quando piange; ha picchiato il gomito contro il tavolo
bastonare 2-1	*to beat, to hit, to give a hiding*	se suo padre sa che ha preso la macchina, lo bastona
menare 1	*to hit, to beat*	se perde la pazienza, comincia a menare; se non mena la moglie, non è soddisfatto
pestare 1	*to give a (good) hiding to, to beat up*	l'hanno pestato a pugni e calci
suonarle a 1	*to give a good hiding to*	guarda che te le suono!

NB **battere** and **picchiare** are also used intransitively (e.g. il ramo batte sul vetro; la pioggia picchia alle finestre). These two verbs, as well as **bussare** (Register 2), are also used intransitively to render the idea of *to knock on someone's door* (e.g. battono alla porta; qualcuno picchiava alla porta; bussano alla porta) with **bussare** being the most commonly used of these.

---

colpo
blow

percossa f 3	*blow*	ha subito delle violente percosse
urto m 3-2	*blow, knock, bang (for figurative use, see* **divisione**) (see also **incidente**)	un urto leggero/violento; malgrado l'urto il vetro non si è rotto; con un urto lo fece cadere
colpo m 2	*blow (also figurative)*	con un colpo mi ha fatto cadere a terra; spaccò la porta con un colpo d'ascia; la morte di mio padre è stata un colpo per me
pugno m 2	*punch, blow*	mi ha dato un pugno; ero così arrabbiato che l'ho preso a pugni

randellata f [2]	*blow* (usually with a club or stick)	l'hanno preso a randellate
schiaffo m [2]	*slap, smack*	dare/prendere uno schiaffo; se non la smetti, ti do un paio di schiaffi
bastonata f/**colpo di bastone** m/ **legnata** f [2-1]	*blow* (usually with a stick) (also figurative)	gli ho dato una solenne bastonata; qui finisce a bastonate; all'esame ho preso una solenne legnata
mazzata f [2-1]	*blow* (heavy, with a club or stick) (also figurative)	lo ha aggredito dandogli una mazzata; quella malattia è stata una vera mazzata
botta f [1]	*blow, punch*	mi ha dato un sacco di botte; gli ho dato una botta col bastone
ceffone m [1R]	*slap, cuff, clout* (regional Southern usage)	gli ho dato un ceffone; lo hanno preso a ceffoni
sberla f [1R]	*slap, clout* (regional Northern usage)	se non smetti di urlare, ti do una sberla
cazzotto m [1*]	*punch, clout*	mi ha dato un cazzotto; si sono visti e hanno fatto a cazzotti

NB many of these words are used idiomatically with **prendere** in the sense of *to strike, to hit* (i.e. prendere a bastonate/a legnate/a pugni/a randellate/a schiaffi/a mazzate/a botte/a ceffoni/a sberle/a cazzotti).

cominciare   to start, to begin

avviare [3]	*to start, to begin, to open* (transitive)	è stato lui ad avviare la conversazione
debuttare [3]	*to make one's début, to begin* (usually on stage or in artistic activity)	quell'attrice ha debuttato al Piccolo Teatro di Milano; debuttò come scrittore a soli vent'anni
esordire [3]	*to begin, to start, to open* (intransitive)	l'oratore esordì spiegando la situazione; ho esordito nell'insegnamento nel 1980
iniziare [3-2]	*to start, to begin, to commence* (auxiliary **essere** when intransitive)	iniziare un'attività/un libro/il pranzo/una vacanza; ho iniziato a dipingere a dodici anni; il programma televisivo è iniziato in ritardo
introdurre [3-2]	*to introduce, to open* (a speech, lecture, etc.) (see also **presentare**)	ha introdotto il suo discorso con qualche considerazione generale
aprire [2]	*to open, to begin, to introduce* (see also **aprire**)	ha aperto il suo discorso con una barzelletta; apriamo la serata con un po' di musica
cominciare [2]	*to start, to begin* (auxiliary **essere** when intransitive)	cominciare un'attività/la cena/un lavoro/una lettera/un libro; comincio a lavorare domani; ha cominciato a piovere; la conferenza è cominciata alle quattro

incominciare [2]	*to start, to begin* (auxiliary **essere** when intransitive)	ho incominciato il mio discorso; ha incominciato ad aver fame; è incominciata l'estate
mettersi a [2-1]	*to start to, to begin to* (only used before infinitive)	si mettono a lavorare alle otto; si è messo a piovere

commento (see also **discorso**)   comment

riflessione f [3-2]	*reflection, observation* (spoken or written)	le sue riflessioni sulla filosofia sono sempre molto interessanti; hai letto le riflessioni di Gramsci sulla storia?
commento m [2]	*comment* (spoken or written) (see also **nota**)	un commento analitico/intelligente/ profondo; ogni commento sarebbe superfluo; i commenti di quel giornalista sono sempre pessimistici; che commenti ha fatto quando ha visto il tuo vestito nuovo?
osservazione f [2]	*observation, comment* (usually spoken)	ha fatto delle osservazioni molto giuste; non ho sentito la tua osservazione

commerciante   trader, shopkeeper

esercente mf [3]	*shopkeeper, trader*	tutti gli esercenti della città hanno protestato contro il nuovo orario di chiusura
mercante m [3]	*merchant, trader, dealer* (often in a historical context)	un mercante di cavalli/di schiavi/di stoffa/di vino
operatore m [3]	*dealer, agent, trader*	un operatore economico/turistico/di borsa
commercialista mf [3-2]	*business consultant/adviser*	bisogna sempre consultare un commercialista prima di investire i soldi
imprenditore m [3-2]	*business man, entrepreneur*	i grandi imprenditori hanno più influenza sui prezzi che non i piccoli imprenditori
uomo d'affari m [2]	*business man*	suo marito è un uomo d'affari molto conosciuto; gli ospiti di quest'albergo sono quasi sempre uomini d'affari
commerciante mf [2]	*trader, shopkeeper*	fa il commerciante di stoffe da vent'anni; tutti i commercianti in questa zona hanno difficoltà in questo momento
negoziante mf [2]	*shopkeeper, seller, retailer, trader*	un negoziante di mobili/di stoffe/di vini; i negozianti hanno deciso di chiudere per il resto della settimana
venditore m [2]	*salesman, vendor, seller* (often without a fixed base)	un venditore ambulante/di carne/di pesce; bisogna capire il rapporto fra compratore e venditore
bottegaio/a mf [2-1]	*(small) shopkeeper*	i bottegai hanno difficoltà a resistere alla concorrenza dei grandi supermercati

trafficante mf 2-1	*dealer, trafficker* (pejorative)	un trafficante di armi/di droghe

comodo   convenient, comfortable

confortevole 3-2	*comforting, comfortable*	lei è sempre pronta a dirti una parola confortevole; quest'appartamento è molto confortevole
comodo 2	*convenient, handy, comfortable* (see also **utile**)	è un'ora comoda per fargli una visita; mi sarebbe più comodo partire subito; può essere comodo conoscere le lingue straniere; è una macchina molto comoda per la città; questa è una poltrona comoda; sono scarpe comode
conveniente 2	*convenient, favourable* (see also **adatto**)	questi sono prezzi molto convenienti
pratico 2	*practical, convenient, handy* (see **capace** and **vero**)	un consiglio/un metodo/un utensile pratico; questa borsa di tela non è per niente pratica con la pioggia; la disposizione delle stanze in questa casa è molto pratica

competizione   competition

competitività f 3	*competitiveness*	bisogna considerare la competitività del prodotto sul mercato
rivalità f 3-2	*rivalry, competition* (see also **ostilità**)	c'è una grossa rivalità tra le due aziende; la rivalità tra le due città ha provocato molti problemi
competizione f 2	*rivalry, competition* (see also **gara**)	la competizione tra quelle ditte è agguerrita; siamo entrati in competizione con loro
concorrenza f 2	*competition, rivalry* (usually economic)	tutti temono la concorrenza di quella società; l'azienda ha cercato di eliminare la concorrenza; preferisco non entrare in concorrenza con loro
concorso m 2	*competition, contest* (often for a job) (see also **esame**)	ogni cinque anni c'è un concorso per quei posti; ha vinto il concorso amministrativo

completo (see also **tutto**)   complete

integro 3	*integral, complete* (see also **onesto**)	bisogna conservare integre le proprie forze
illimitato 3-2	*unlimited, boundless*	c'era uno spazio illimitato; aveva un amore illimitato per la madre
integrale 3-2	*total, complete, entire*	un rinnovamento integrale; chiedo la restituzione integrale della somma; pubblicano un'edizione integrale dell'opera

assoluto [2]	absolute, complete, unlimited, unrestricted	una autorità/una libertà/una verità assoluta; abbiamo avuto la maggioranza assoluta nelle elezioni
completo [2]	complete, entire, total, whole (see also **pieno**)	cerco un catalogo completo delle pubblicazioni di questa casa editrice; ti ho fatto un quadro completo della situazione; aveva una fiducia completa in me
intero [2]	whole, entire, complete	mi ha restituito l'intera somma; abbiamo visitato l'intero paese; ha mangiato una pagnotta intera
pieno [2]	full, complete, entire (see also **pieno**)	è stata una vittoria piena; siamo in pieno accordo; adesso quella pianta è giunta alla piena maturità
puro [2]	pure, total, entire (see also **puro**)	quel suo modo di agire è pura cattiveria; l'ho incontrato per puro caso; la sua ipotesi è pura teoria
totale [2]	total, complete	il costo/una eclissi/la lunghezza totale; il destino l'ha condannato all'oscurità totale; vive nella più totale ignoranza

NB with the exception of **integro**, these words are commonly used as adverbs with **–mente** ending (e.g. mi fido di te illimitatamente; bisogna rinnovare le cose integralmente; quello che dici è assolutamente vero; sono completamente sicuro di ciò che dico; l'invenzione è interamente nuova; sono pienamente d'accordo con te; era un incontro puramente casuale; sono totalmente perplesso dal suo comportamento) and **assolutamente** is often used in the sense of *at all costs* (e.g. devo assolutamente andare).

complotto   plot

mene fpl [3]	intrigue(s), plot(s), scheming	è stata vittima di grosse mene politiche; queste sono le losche mene di quel gruppo di opportunisti
congiura f [3-2]	conspiracy, plot	hanno ardito una congiura contro lo stato; hanno scoperto una congiura militare; questa è una congiura del destino
cospirazione f [3-2]	conspiracy, plot (usually political)	la cospirazione contro lo stato è fallita; erano tutti coinvolti nella cospirazione politica
intrigo m [3-2]	intrigue, plot	passa tutto il suo tempo ad ordire intrighi; la principessa era coinvolta in vari intrighi di corte
trama f [3-2]	plot, intrigue, conspiracy (see also **argomento**)	le sue trame per ereditare i soldi dello zio sono veramente puerili
complotto m [2]	plot, conspiracy	vogliono organizzare un complotto contro il governo; il complotto per uccidere Hitler fallì miseramente
maneggio m [2-1]	manipulation, intrigue, scheming (usually plural)	è esperto nei maneggi delle diplomazia; ha denunciato i maneggi di un gruppo di speculatori

comportamento   behaviour

atto m 3-2	*act, action, deed*	un atto di amicizia/di amore/di giustizia/d'impazienza/di onestà; è stato un atto generoso da parte tua
condotta f 3-2	*conduct, behaviour*	una buona/cattiva condotta; ha sempre avuto una condotta esemplare
contegno m 3-2	*conduct, behaviour, demeanour*	un contegno allegro/dignitoso/riservato/scorretto/serio; si dice che per una signora darsi un contegno sia indispensabile
azione f 2	*action, act, deed* (see also **progresso**)	un'azione coraggiosa/diplomatica/legale/politica/di guerra/di propaganda; è passato dal pensiero all'azione; tutte le sue azioni sono state cattive
comportamento m 2	*behaviour,conduct*	il suo comportamento mi pare strano; ma che comportamento è questo?; perché non tieni un comportamento corretto?
modo di fare m 2	*behaviour, way of acting*	mi dà fastidio il suo modo di fare; il suo modo di fare è del tutto scorretto

comune (see also quotidiano)   common, general

trito 3	*trite, commonplace*	finiamo sempre sui soliti discorsi triti; le tue frasi trite non convincono più nessuno
banale 3-2	*banal, commonplace,simple* (see also **piatto**)	ha pronunciato un discorso banale; ho visto un film noioso e banale; hanno litigato per motivi banali; è stato un banale equivoco
consueto 3-2	*customary, common, usual*	si sono incontrati all'ora consueta; ha agito con la consueta calma
abituale 2	*usual, customary, common*	il comportamento/l'occupazione/il ritmo abituale; in trattoria quella sera ho visto i clienti abituali
comune 2	*common, general*	agiscono per il bene comune; l'agilità è una qualità comune a tutti i felini; l'opinione comune è che sia molto intelligente
convenzionale 2	*conventional*	disse poche frasi convenzionali; questo romanzo è abbastanza convenzionale; hanno usato armi convenzionali
diffuso 2	*widespread, common, popular*	quella moda è molto diffusa; l'inglese è una tra le lingue più diffuse
generale 2	*general, common*	le norme/i principi generali; una approvazione/una condanna/una protesta generale
normale 2	*normal, usual, common* (see also **naturale**)	ho sempre condotto una vita normale; in questo negozio i prezzi sono normali, non più alti che nei supermercati

popolare [2]	*popular*	il calcio è uno sport popolare in tutto il mondo; quell'attore è tra i più popolari
regolare [2]	*regular, normal*	l'andamento/la prassi regolare; non ha mai fatto studi regolari, eppure è diventato uno scrittore famoso; qual è il modo regolare di assumere personale?
solito [2]	*usual, customary, habitual*	ci siamo incontrati al solito posto; ieri sera hanno fatto le solite cose; sei sempre il solito prepotente; sono soliti fare tardi la sera
usuale [2-1]	*usual, common*	un'espressione/una parola usuale; ha agito con la sua calma usuale; quelle tradizioni erano ancora usuali vent'anni fa

NB some of these words are also used as adverbs with **–mente** ending in the sense of *commonly, generally, usually, normally*, etc. (e.g. consuetamente ceniamo alle otto; mi alzo abitualmente verso le sette; usualmente non bevo per niente; le cose non sono come comunemente si pensa; generalmente non sono d'accordo con lui; normalmente i bambini mangiano prima degli adulti; quando c'è il compito in classe, lui è regolarmente assente; tutto funziona regolarmente; solitamente si esce alle dieci). These adjectives are also used in the adverbial expressions **in generale** and **di solito** (e.g. in generale preferisco il freddo al caldo; di solito rientra alle sette). Another way of expressing the same idea is **per lo più** (Register 3-2) (e.g. per lo più lo trovi a casa la sera).

comunque

anyway

in ogni caso/ in tutti i casi [2]	*in any case/event, at all events*	ci vediamo presto, in ogni caso sarò di ritorno la settimana prossima
comunque [2]	*anyway, anyhow* (see also **ma**)	sono stanco ma devo partire comunque; è inutile protestare, devi farlo comunque; che tu venga o no, io, comunque, parto
ad ogni modo [2]	*anyway, anyhow, at any rate*	ad ogni modo farò il mio possibile per finire il compito
lo stesso [2]	*all the same, anyway, anyhow* (see also **uguale**)	anche se non mi credi, te lo racconto lo stesso; sono malato, ma ci vado lo stesso; non mi hai dato il numero, ma grazie lo stesso
ugualmente [2]	*all the same, equally* (see also **uguale**)	anche se non giochi bene, vincerai ugualmente; stava male, ma è andato a lavorare ugualmente

condizione (see also **affare**)

condition

| **circostanza** f [2] | *circumstance, situation* (often plural) | è stata una circostanza inaspettata a farci incontrare; le circostanze non ci permettono di parlare; la sua morte è avvenuta in circostanze misteriose |
| **condizione** f [2] | *condition, state, situation* (often plural) | Bianca si trova in gravi condizioni all'ospedale; guarda in quali condizioni sei!; quell'articolo parla della condizione femminile |

posizione f 2	*position, state, situation* (see also **posto**)	sono in una precaria posizione finanziaria; qual è la tua posizione fiscale?; si trovava in una posizione delicata
situazione f 2	*situation, state, position*	la situazione economica/politica/sociale; ci troviamo in una brutta situazione; nella tua situazione io partirei
stato m 2	*state, condition, status*	è in buono stato per la sua età; non puoi uscire in questo stato; siamo in stato d'assedio/d'attesa/d'emergenza/di guerra; bisogna che dichiari il tuo stato di famiglia

confrontare   to compare

comparare 3	*to compare* (less common than the others)	gli studiosi hanno comparato le lingue romanze
raffrontare 3	*to compare*	stiamo raffrontando questi due testi antichi
paragonare 3-2	*to compare*	non si può paragonare quest'oggetto con quello; come puoi paragonare due artisti così diversi?; per favore, non paragonarmi a lui
confrontare 2	*to compare*	bisogna confrontare questa versione con l'originale; abbiamo confrontato i prezzi nei due negozi; se confronti le due proposte, vedrai che la prima è più conveniente

confusione (see also **disastro, minestra** and **rumore**)   confusion, disorder

putiferio m 3	*uproar, rumpus*	se lo dico a suo padre, succede un putiferio; i deputati hanno cominciato a litigare e c'è stato un gran putiferio
caos m 3-2	*chaos, confusion*	in questa casa regna sempre il caos; la guerra ha gettato il paese nel caos; c'è un caos politico in questo momento
parapiglia m 3-2	*confusion, turmoil, hubbub* (invariable plural)	in città c'è stato un po' di parapiglia tra studenti e polizia; nel parapiglia ci ho rimesso il cappotto nuovo
subbuglio m 3-2	*confusion, turmoil* (usually in the expression **in subbuglio**)	la casa era tutta in subbuglio per il matrimonio di Ada; tutta la città era in subbuglio per l'arrivo del presidente
confusione f 2	*confusion, disorder* (also mental)	che confusione in questa aula; lui crea confusione dappertutto; oggi ho una gran confusione in testa
disordine m 2	*mess, disorder, confusion*	sul tavolo c'è un gran disordine; con questo disordine non si riesce a trovare nulla; la mattina sono sempre in disordine

trambusto m 2	*confusion, hubbub*	nel negozio c'era un gran trambusto perché stavano facendo l'inventario; come mai c'è stato trambusto ieri a casa tua?
macello m 2-1	*mess* (see also **massacro**)	i ragazzi hanno fatto un macello in giardino; smettila di fare macelli sulle pareti con quel pennarello
pasticcio m 2-1	*mess, muddle, jumble* (often plural)	non voglio immischiarti in questo pasticcio; lei combina sempre dei pasticci; lui si è cacciato nei pasticci molto spesso
pastrocchio m 2-1	*mess* (also used in the plural)	questo articolo è un gran pastrocchio di dati e nient'altro; basta con tutti questi pastrocchi sul quaderno!
casotto m 1	*mess* (see also **rumore**)	che casotto quel tema che hai fatto!
paciugo m 1	*mess* (semi-liquid)	che paciugo hai fatto sul pavimento con le scarpe sporche!; quando quel bambino mangia, fa sempre un gran paciugo
bordello m 1*	*balls-up, shambles* (see also **rumore**)	sapessi che bordello oggi a scuola!; in città c'era il solito bordello
casino m 1*	*balls-up, mess* (see also **rumore**)	a casa loro c'era il solito casino; voleva fare bene, invece ha fatto un casino; guarda che casino hai combinato!

confuso confused

frastornato 3	*dazed, bewildered*	mi sentivo frastornato per la stanchezza
smarrito 3	*lost, bewildered*	mi ha guardato con occhi smarriti
caotico 3-2	*chaotic, muddled*	una situazione caotica; un traffico caotico; le sue idee sono caotiche
disorientato 3-2	*disoriented, confused* (of a person's mind)	sono proprio disorientato da quello che dici; Anna è rimasta disorientata dopo la sua esperienza traumatica
perplesso 3-2	*puzzled*	la domanda ci lascia perplessi; sono molto perplesso, lasciami ancora riflettere
sbalordito 3-2	*staggered, bewildered, dazed*	rimase sbalordito alla risposta del figlio; aveva un'aria sbalordita
sbigottito 3-2	*bewildered*	le notizie inaspettate lo lasciarono sbigottito; era così sbigottito che non riusciva a parlare
sconcertato 3-2	*disconcerted, perplexed*	siamo rimasti sconcertati dopo il suo discorso

confuso [2]	*confused, jumbled*	ha le idee molto confuse; hanno raccontato una storia confusa; non parlarmi adesso, sono troppo confuso
disordinato [2]	*muddled, disordered, messy*	una stanza disordinata; delle idee disordinate; quel ragazzo è molto disordinato
sconvolto [2]	*upset, perturbed*	è sconvolta dal dolore; hai l'aspetto sconvolto
turbato [2]	*disturbed*	sono molto turbato per quello che mi hai raccontato; siamo rimasti turbati dal racconto della sua prigionia
pasticciato [2-1]	*in a mess, messed up*	i suoi quaderni sono sempre pasticciati
incasinato [1]	*in a mess, messed up*	non trovo niente, perché il mio ufficio è assolutamente incasinato

NB with the exception of **caotico**, the verbs, sometimes reflexive, from which these adjectives/past participles derive have regular uses synonymous with the forms given here (e.g. questo lungo viaggio in macchina mi ha frastornato; non è tipo da smarrirsi in tali situazioni; queste strade tutte uguali mi stanno disorientando; non m'aspettavo quella domanda e mi sono disorientato; il vento ha disordinato le carte che erano sulla scrivania; hai pasticciato quel compito; questo fatto m'ha incasinato tutta la giornata). For **sbalordire** and **sbigottire**, see **sorprendere**. For **sconcertare**, **sconvolgere** and **turbare**, see **disturbare**.

---

congratularsi (con)   to congratulate

compiacersi (con) [3]	*to congratulate* (see also **soddisfare**)	mi sono compiaciuto con lei per essersi laureata
felicitarsi (con) [3-2]	*to congratulate*	tutti si felicitarono con il vincitore; mi felicito con te per il tuo meritato successo
rallegrarsi (con) [3-2]	*to congratulate*	mi rallegro con te per il conseguimento del diploma; so che sei stato promosso, mi rallegro di tutto cuore
complimentarsi (con) [2]	*to congratulate*	mi complimento con te per i tuoi successi
congratularsi (con) [2]	*to congratulate*	si sono congratulati con me per la mia promozione

---

conoscenza   knowledge

cognizione f [3]	*knowledge*	bisogna avere cognizione del bene e del male; voglio accrescere le mie cognizioni con lo studio
erudizione f [3]	*knowledge, learning, erudition*	quell'uomo ha un'erudizione enciclopedica; questa è un'opera ricca di erudizione

consapevolezza f 3-2	*awareness, consciousness*	avevo consapevolezza della sua colpa; ho la consapevolezza di sbagliare
sapere m 3-2	*knowledge, learning*	tu sei esperto in vari campi del sapere; cerca sempre di ostentare il suo sapere
conoscenza f 2	*knowledge, acquaintance* (see also **amico** and **incontrare**)	ha una buona conoscenza del latino; ho una certa conoscenza dei motori
coscienza f 2	*consciousness, awareness* (see also **senso**)	ho piena coscienza di quel che faccio; dovresti avere coscienza dei tuoi diritti; gli italiani hanno molta coscienza ecologica; devi prendere coscienza delle tue debolezze

consapevole (see also **sapere**)   aware

conscio 3-2	*conscious, aware*	sono conscio dell'importanza del lavoro/dei miei limiti
cosciente 3-2	*conscious, aware*	sono cosciente dei miei doveri; sono cosciente di aver agito male
consapevole 2	*aware, conscious*	sono consapevole delle mie responsabilità; non sono consapevoli di quello che fanno

considerare   to consider, to take into account

contemplare 3-2	*to provide/allow for, to envisage* (see also **pensare**)	la legge non contempla questa ipotesi
prevedere 3-2	*to allow for, to envisage, to cover* (see also **prevedere**)	è un caso particolare che il codice civile non prevede; nel regolamento una tale circostanza non è prevista
considerare 2	*to consider, to take into account/consideration* (see also **pensare**)	bisogna considerare tutte le possibilità; considera anche che è solo una ragazza; la legge non considera questa eventualità
prendere in considerazione 2	*to take into consideration/account*	ho preso in considerazione la tua proposta; devi prendere in considerazione le conseguenze di quello che stai facendo
tenere conto di 2	*to take into account, to consider, to bear in mind*	devi tenere conto del fatto che è giovane; dobbiamo tenere conto di tutti i fatti
tenere presente 2	*to take into account, to consider, to bear in mind*	tieni presente quello che ti ho detto; se ti capita una buon offerta, tienimi presente

consistere   to consist

essere composto di/da 2	*to consist of, to be made up of* (auxiliary **essere**)	la mia famiglia è composta di quattro persone; la casa è composta da cinque vani con cucina e bagno

constare di [3]	to consist of, to be made up of (auxiliary **essere**)	il dizionario completo consta di venti volumi
consistere di/in [2]	to consist of, to be composed of (auxiliary **essere**)	la casetta consiste di due piccole stanze e cucina; la sua dieta consiste di solo frutta; lo spettacolo consiste in una serie di canzoni e balli; la difficoltà consiste nel capire le istruzioni

prendere contatto con · to get in touch with

contattare [3]	to contact, to get in contact with (often commercial)	la merce era in ritardo e abbiamo contattato il nostro fornitore
mettersi in contatto con [2]	to get in contact/touch with, to contact	mi metterò in contatto con voi appena possibile; l'avvocato si è messo in contatto con noi subito dopo la decisione
prendere contatto con [2]	to get in contact/touch with, to contact, to make contact with	abbiamo preso contatto con i nostri amici per invitarli a cena; bisogna prendere contatto con loro per chiedere il loro parere

contento · glad, pleased, happy

gioioso [3]	joyful, merry, happy (relating to things not people)	una notizia/una risata gioiosa; aveva un aspetto gioioso
beato [3-2]	happy, blissful, lucky	ho passato ore beate a studiare; sei in vacanza, beata te!
gioviale [3-2]	jolly, jovial	lui ha un temperamento gioviale; è una persona molto gioviale
lieto [3-2]	happy, glad, pleased	un lieto evento; una notizia lieta; (sono) lieto di conoscerla; sarò lieto di poterle essere utile; siamo lieti del tuo successo
allegro [2]	joyful, merry, cheerful, bright (people or things) (see also **ubriaco**)	quella ragazza è sempre allegra; hai un carattere allegro; una musica/una serata/una storia allegra; questa stanza ha colori allegri
contento [2]	glad, pleased, happy	non siamo contenti del tuo comportamento; sono contento di rivederti; vorrei vederla contenta e serena
felice [2]	happy	sono un uomo felice; quelli erano giorni felici; sono felice di fare questo viaggio; quella notizia mi ha reso proprio felice
soddisfatto [2]	satisfied, pleased	sei soddisfatto adesso; sono soddisfatto delle tue proposte; non è mai soddisfatta di nulla

continuare · to continue

seguitare [3]	to continue, to carry on (with) (transitive or intransitive) (when intransitive usually takes **essere** as auxiliary)	devo seguitare gli studi che ho cominciato; ho seguitato a lavorare; la pioggia è seguitata fino a sera

proseguire 3	*to carry on with, to continue* (transitive or intransitive) (when intransitive takes **essere** or **avere** as auxiliary)	ha proseguito il lavoro già iniziato; l'aereo, non potendo atterrare a Milano, è proseguito fino a Genova; il racconto prosegue nelle pagine seguenti; dopo una pausa la festa è proseguita fino a tardi
continuare 2	*to continue/go on/carry on (with), to keep up/on* (transitive or intransitive) (when intransitive takes **essere** or **avere** as auxiliary) (see also **durare**)	devo continuare gli studi per altri due anni; la strada continua fino al villaggio; la corrispondenza è continuata per un decennio; speriamo che questo bel tempo continui; malgrado le difficoltà si deve continuare a vivere; Mario continua a telefonarmi per invitarmi a casa sua; è troppo triste, così non può continuare

conto   bill, account

affitto m 2	*rent* (see also **affittare**)	dobbiamo pagare l'affitto della casa puntualmente
bolletta f 2	*bill, account* (of a regular kind as for gas or electricity)	la bolletta del gas/della luce/del telefono
canone m 2	*rent, fee, licence* (regular and periodic)	un canone annuo/mensile/televisivo; pagare/riscuotere il canone
conto m 2	*bill, account*	avete pagato il conto del macellaio?; cameriere, il conto, prego; ho aperto un conto in banca
fattura f 2	*invoice, bill, account* (often commercial)	non abbiamo ancora ricevuto la fattura dell'idraulico; si paga la merce al ricevimento della fattura
fitto m 2R	*rent* (regional Southern usage)	per questo terreno si paga un fitto ragionevole; abbiamo un appartamento a fitto bloccato
pigione f 2R	*rent* (mainly Central and Southern usage) (see also **affittare**)	bisogna pagare la pigione ogni mese; per la pigione mi va via metà dello stipendio
nota f 2-1	*bill* (see also **nota**)	hai pagato la nota della sarta?; la nota dell'avvocato ci arriverà a casa; ecco la nota della spesa

contrario   opposite

inverso 3	*opposite, contrary*	si gira la carta in senso inverso; bisogna esaminare anche l'ipotesi inversa
contrastante 3-2	*conflicting, contrasting*	qui si esprimono molti pareri contrastanti; questi sono colori contrastanti
opposto 3-2	*opposite, contrary* (also used as a noun) (see also **nemico**)	ci trovavamo sulla riva opposta del fiume; devono muoversi in senso opposto; accadde l'opposto di ciò che avevo previsto

contrario 2	*opposite, contrary* (also used as a noun) (see also **nemico**)	un parere contrario; le tue idee sono contrarie al buon senso; fa il contrario di ciò che dice; è il contrario di suo padre; l'umiltà è il contrario dell'arroganza

controllare (see also assicurarsi)   to check

appurare 3	*to verify, to check*	abbiamo appurato quella notizia ed è vera; bisogna cercare di appurare dove vive e chi vede
assodare 3	*to check, to ascertain*	il pretore ha assodato la verità delle sue affermazioni; bisogna assodare quella notizia prima di pubblicarla
collaudare 3-2	*to test, to check, to try out* (usually of machines, systems, etc.)	collaudare un aereo/un'automobile/un motore/un ponte; hanno collaudato il nuovo impianto di riscaldamento
constatare 3-2	*to check, to verify* (see also **notare**)	ho constatato che l'edificio è inabitabile; l'ispettore ha constatato che in quell'ufficio c'erano gravi irregolarità
confermare 2	*to confirm, to check, to corroborate*	questi fatti confermano la nostra analisi; voglio confermare la sua identità; confermo di aver ricevuto il pacco
controllare 2	*to check, to verify, to test*	i doganieri hanno controllato i documenti; controllavano ogni sua mossa; ho controllato il nuovo sistema elettronico
provare 2	*to test, to try (out)* (see also **provare**)	voglio provare la macchina nuova; proviamo la resistenza di questo vetro; proveremo il cameriere per una settimana
ripassare 2	*to go/check over, to review* (lessons, accounts, etc.)	devo ripassare la lezione prima dell'esame; stiamo ripassando tutti i conti
rivedere 2	*to check/go/look over, to review* (lessons, accounts, etc.) (see also **correggere**)	devo rivedere il mio discorso; hanno voluto rivedere tutti i documenti finanziari; rivediamo questo contratto prima di rinnovarlo
verificare 2	*to check, to verify, to make sure*	ho verificato il conto prima di pagare; bisogna verificare la macchina prima del viaggio; devi verificare se ciò che ha detto è vero; ho verificato che il semaforo fosse verde

conversazione (see also discorso)   conversation

colloquio m 3-2	*dialogue, talk, conversation* (of a certain importance), *interview* (for a job)	c'è stato un colloquio confidenziale tra i due capi di governo; oggi quell'azienda fa i colloqui per assumere nuovi impiegati; domani devo presentarmi al colloquio con la ditta

confabulazione f 3-2	*chat, confab* (implies jokeyness or secrecy)	tutta questa confabulazione mi insospettisce
dibattito m 3-2	*debate, discussion*	hanno partecipato a un dibattito sulla droga; adesso bisogna chiudere il dibattito; hai visto il dibattito parlamentare in TV?
diceria f 3-2	*rumour, hearsay* (often plural)	circola la diceria che sia tornato; non credere alle dicerie della gente; sono le solite dicerie sul suo conto
intervista f 3-2	*interview*	un'intervista giornalistica/televisiva; mi hanno chiesto di fare un'intervista per il talk show
chiacchierata f 2	*chat, conversation* (with a cosy connotation)	abbiamo fatto una bella chiacchierata; incontriamoci stasera per una chiacchierata
chiacchiere fpl 2	*chat, (idle) talk* (often with a negative connotation)	le sue chiacchiere sono a volte molto stupide; non dare retta alle chiacchiere; oggi abbiamo fatto due chiacchiere
conversazione f 2	*conversation, talk*	una conversazione brillante/interessante/ monotona/noiosa; amo le conversazioni interessanti; mi hanno escluso dalla conversazione
dialogo m 2	*dialogue, conversation, talk, discussion*	nel libro i dialoghi non sono realistici; dopo un breve dialogo si sono separati; vorrei aprire il dialogo sulla questione ambientale
discussione f 2	*discussion, debate*	una discussione animata/calma/costruttiva/ inutile/sterile; apriamo la discussione; basta, la discussione è chiusa!; prima di prendere una decisione ci vuole una discussione generale
pettegolezzo m 2	*gossip, small talk, tittle-tattle* (usually plural)	perché ripeti sempre quei pettegolezzi?; girano dei pettegolezzi sul tuo conto; sono solo pettegolezzi di gente invidiosa
ciance fpl/**ciarle** fpl 2-1	*gossip, nonsense, idle talk*	sono tutte ciance le sue, non ci aiuterà mai; perde un sacco di tempo in ciarle; dice che ti ama? Ciance!

convincere (see also spingere)   to convince, to persuade

persuadere 3-2	*to persuade, to convince*	le sue parole non li hanno persuasi; non l'abbiamo persuaso ad accompagnarci; mi hai persuaso della verità; non ti posso persuadere che ho ragione?
convincere 2	*to convince, to persuade*	lo convinse che non c'era più niente da fare; l'ho convinto dell'importanza del dibattito; lo hanno convinto a partire

NB these verbs are also used reflexively (e.g. si persuasero che era meglio accettare; alla fine si è convinto di aver torto; mi sono convinto della sua sincerità)

copiare   to copy

contraffare [3]	*to imitate, to counterfeit, to forge, to fake*	sa contraffare bene la voce del padre; ha contraffatto la firma del suo padrone
mistificare [3]	*to falsify, to doctor*	ha mistificato il resoconto dei fatti; quell'uomo mistifica le verità più sacre
plagiare [3]	*to plagiarise*	nella sua tesi ha plagiato uno studio già pubblicato; quell'autore plagia le poesie di un altro scrittore
falsificare [3-2]	*to falsify, to counterfeit, to fake*	hanno falsificato banconote/cambiali/ documenti/passaporti; per guadagnare soldi falsifica famose opere d'arte
copiare [2]	*to copy, to imitate*	ho scritto la lettera a mano, adesso la copierò sul computer; lei copia le idee degli altri; copia suo padre anche nei gesti
imitare [2]	*to imitate*	i bambini imitano i grandi; questa stoffa imita la seta; so imitare la firma di mia moglie; ha imitato lo stile di Giotto
riprodurre [2]	*to reproduce, to copy*	questo film riproduce l'atmosfera del libro; lo scultore ha cercato di riprodurre una statua del Rinascimento
scimmiottare [2]	*to ape, to imitate, to mimic (usually pejorative)*	per fare lo spiritoso scimmiottava il professore che entrava in aula; quel bambino è tremendo, scimmiotta sempre suo padre
fare/rifare il verso a [2]	*to mimic, to take off, to imitate*	si diverte a fare il verso al padre; lei è bravissima a rifare il verso al professore

coraggioso   brave, courageous

ardimentoso [3]	*brave, courageous, daring*	un gesto/un soldato ardimentoso
ardito [3]	*courageous, bold, daring*	ha compiuto un'impresa ardita; è il pilota più ardito dell'aviazione
gagliardo [3]	*brave, courageous, hardy, vigorous (literary)*	un cavallo/un esercito/un ingegno/un vecchietto gagliardo; Alessandro Magno fu un guerriero gagliardo
impavido [3]	*brave, fearless, undaunted*	l'esercito è rimasto impavido davanti al pericolo; il prigioniero ha subito impavido il martirio
prode [3]	*brave, valiant, bold (also used as a noun)*	i prodi soldati si combatterono valorosamente; siamo un esercito di prodi
audace [3-2]	*bold, daring, courageous*	Cristoforo Colombo fu un esploratore audace; mi ha dato un consiglio molto audace; è un'impresa molto audace

coraggioso [2]	*brave, courageous*	un giovane coraggioso; un'impresa coraggiosa; si è mostrato coraggioso di fronte alla morte; ha espresso parole coraggiose
intrepido [2]	*fearless, brave*	un cuore/un eroe intrepido; la sua anima intrepida gli ha consentito di vincere contro tutti gli ostacoli
valoroso [2]	*brave, valiant, courageous*	è stata un'azione valorosa da parte di valorosi soldati

NB many of these adjectives have abstract nouns associated with them rendering the same ideas: **ardimento** m, **arditezza** m, **gagliardia** f, **prodezza** f, **audacia** f, **coraggio** m, **intrepidezza** f, **valore** m.

corda   cord, rope

cavo m [3-2]	*cable, rope* (thicker than **fune** and often used for industrial purposes)	un cavo aereo/elettrico/metallico/ sotterraneo/telefonico/ad alta tensione/d'acciaio; hanno attaccato il cavo della nave all'ormeggio
fune f [3-2]	*rope, cord, cable* (usually thicker than **corda**)	la fune dell'ascensore/della campana/del pozzo; ci sono funi d'acciaio/di rame in questo macchinario
corda f [2]	*cord, rope* (usually thicker or stronger than **spago**), *string* (of an instrument)	una corda grossa/resistente/sottile; abbiamo legato il pacco con la corda; ho rotto le corde del violino
filo m [2]	*thread, wire*	filo di cotone/di nailon/di seta; non giocare con il filo del telefono
spago m [2]	*string, twine*	devo comprare un gomitolo di spago per imballaggi; ho bisogno di un po' di spago per chiudere questo sacchetto

corpo   body

spoglia f [3]	*mortal remains* (often plural)	qui riposano le spoglie di un grande poeta
salma f [3-2]	*corpse, (dead) body*	hanno vegliato la salma del compagno morto; abbiamo organizzato il trasporto della salma al cimitero
cadavere m [2]	*corpse, (dead) body* (see also **morto**)	il campo di battaglia era cosparso di cadaveri; hanno seppellito il cadavere della povera vittima
corpo m [2]	*body* (alive or dead)	un corpo atletico/magro/robusto/snello; i biologi studiano il corpo umano; qui giacciono i corpi dei caduti in guerra
carcassa f [3-2]	*carcass* (also figurative in the sense of *wreck*)	la carcassa di un bue/un cavallo; quell'uomo è ridotto ormai a una carcassa; la tua auto è una carcassa

correggere to correct

emendare [3]	*to amend*	ci sono degli errori in quel testo, perciò lo dobbiamo emendare; il parlamento ha emendato quel disegno di legge
rettificare [3]	*to rectify, to correct*	il giornalista ha rettificato l'articolo secondo le nuove notizie; dovrebbe rettificare le inesattezze nella sua dichiarazione
correggere [2]	*to correct*	devo correggere il mio compito/i miei errori/la mia pronuncia/il mio tiro; bisogna sapere correggere i propri difetti; correggere gli altri è più facile che correggere se stessi
rivedere [2]	*to revise, to correct* (see also **controllare**)	sta rivedendo le bozze del suo libro; le mie idee su questo argomento sono da rivedere

correre to run

accorrere [3]	*to run up, to rush* (auxiliary **essere**)	sono accorsi in aiuto delle signore; la gente accorse in massa per vedere lo spettacolo
affrettarsi [3-2]	*to hurry, to hasten, to rush* (see also **buttare**)	si affrettò a partire; siamo già in ritardo, affrettatevi
precipitarsi [3-2]	*to rush, to hasten* (see also **buttare**)	si è precipitato a riferirmi la notizia; la folla si precipitava verso l'uscita
correre [2]	*to run, to rush, to go/travel (fast)* (auxiliary **essere** when destination is stated)	ho dovuto correre per raggiungerlo; sono corso a casa stamattina; corri, o arriverai tardi a scuola; il treno correva attraverso i campi; è pericoloso correre sull'autostrada
andare di corsa/di fretta/di premura/ essere di premura [2]	*to run, to rush, to be in a hurry* (see also **velocità**)	quando lo vedo, va sempre di corsa; non ho aspettato al semaforo rosso perché andavo di corsa; Vanda va sempre di fretta; non posso aspettare, vado di premura; voi siete sempre di premura
avere fretta/ premura [2]	*to be in a hurry, to rush* (see also **velocità**)	hai sempre fretta quando ti vedo la mattina; perché hanno così fretta oggi?; scusami, ho premura di partire
fare presto [2]	*to hurry, to get a move on*	fai presto, non ho tempo da perdere!
sbrigarsi [2]	*to hurry, to be quick, to rush, to get a move on*	sbrighiamoci, altrimenti faremo tardi; sbrigati a mangiare!
scappare [2]	*to rush, to dash (off)* (see also **fuggire**)	scappo a vestirmi e sono subito pronto; è tardi, devo scappare
filare [2-1]	*to rush, to be quick, to get a move on* (see also **fuggire**)	l'auto filava a duecento all'ora; da Milano a Roma in quattro ore, hai filato!
spicciarsi [2-1]	*to hurry (up), to get a move on*	su, spicciati; ci dobbiamo spicciare, se no perdiamo il treno

corrompere
to corrupt

depravare 3	to deprave, to pervert, to defile, to sully	quella donna ha depravato mio figlio; la pornografia deprava gli istinti
traviare 3	to lead astray, to corrupt	le cattive compagnie lo hanno traviato; quel disgraziato ha traviato mia figlia
pervertire 3-2	to pervert, to corrupt	quei suoi strani amici hanno pervertito mio figlio; quella banda di criminali cerca di pervertire il corso della giustizia
comprare 2	to bribe (see also **ottenere**)	tutti sanno che quei criminali comprano i giudici; quando è stato accusato, quel malfattore voleva comprare i testimoni
contaminare 2	to contaminate	il cibo è stato contaminato dal veleno; lo hanno contaminato con la loro disonestà
corrompere 2	to bribe, to corrupt, to contaminate	hanno corrotto dei funzionari statali/la polizia/i testimoni; la vita di oggi corrompe la gioventù; il caldo ha corrotto i cibi

corrotto (see also **sporco**)
corrupt

corrotto 2	corrupt, depraved	viviamo in una società fondamentalmente corrotta; si sa bene che in fondo tutti i politici sono corrotti
immorale 2	immoral (also used as a noun) (see also **erotico**)	commette atti immorali; è una persona immorale; fa discorsi immorali; i membri di quella setta sono degli immorali
venduto 2-1	corrupt (also used as a noun)	nel calcio ci sono qualche volta degli arbitri venduti; sei un venduto!

corruzione
corruption

estorsione f 3	extortion	il reato di estorsione è molto grave
corruzione f 3-2	corruption, bribery, corruptness	stiamo indagando l'eventuale corruzione di un magistrato; bisogna combattere la corruzione nella vita politica; la corruzione morale è diffusa nella nostra società
bustarella f 2	bribe	riconosce di aver ricevuto alcune bustarelle; gli avevo detto che nessuno di noi avrebbe preso bustarelle
tangente f 2	bribe	per quel favore ho dovuto dare una tangente di cento milioni; si è rivelata una sporca storia di tangenti di pubblici ufficiali
pizzo m 2-1	bribe, protection money	la mafia chiede il pizzo a tutti i negozianti

mazzetta f [1]	*bribe, kickback*	si è venuto a sapere che il ministro prendeva mazzette regolarmente

fare la corte (a) to court

amoreggiare [3-2]	*to flirt*	da persona frivola amoreggia con tutte le donne
civettare [3-2]	*to flirt* (of woman)	anche se è sposata, ha l'abitudine di civettare con tutti; è una ragazza a cui piace civettare
fare la corte (a) [3-2]	*to court, to woo*	lui tenta di fare la corte a ogni donna che incontra; non mi piace che quel vecchio faccia la corte a mia figlia
corteggiare [2]	*to court*	ho corteggiato mia moglie per due anni prima che ci sposassimo
flirtare [2]	*to flirt*	purtroppo il capufficio flirta con tutte le impiegate; non devi flirtare con tutti gli uomini che ti parlano
uscire (con) [2]	*to go out (with)*	ho molta voglia di uscire con quella ragazza ma non mi guarda neanche; quei due escono insieme da molto tempo
abbordare/ agganciare [1]	*to pick up, to get off with*	voleva abbordarmi ma ho fatto finta di niente; ha agganciato una bella ragazza in discoteca
filare [1]	*to go around/about/out (together)*	filo con lei da un po'; quei due filano da parecchio

cosa thing

cosa f [2]	*thing* (in a wide variety of senses) (see also **affare** and **roba**)	hai detto una cosa poco gentile; hai fatto una cosa terribile; queste cose sono create dalla natura; sono successe cose molto strane; prendo le mie cose e vado via
fatto m [2]	*fact, business*	questo fatto non mi riguarda; esaminiamo i fatti non le ipotesi; il fatto che abbia vinto non è importante; il fatto è che mi hai detto una brutta bugia
oggetto m [2]	*object, thing, article, item*	un oggetto colorato/grande/leggero/ pesante/piccolo/prezioso; ho visto un oggetto di legno/di metallo/di plastica
roba f [2-1]	*stuff, things, business* (see also **roba**)	la fisica è una roba che non mi è mai piaciuta; è immischiato nella droga, che roba!
coso m [1]	*thing, thingy, thingummy, thingumajig, thingumabob, creature* (pejorative in the last sense) (see also **strumento**)	dammi quel coso; è arrivato con uno strano coso in mano; ho visto coso oggi, fammi ricordare il suo nome; chiama quel brutto coso là

così   so, therefore

di/per conseguenza 3-2	*consequently, as a result*	è arrivato tardi e di conseguenza non ha trovato posto; sei tu il responsabile: per conseguenza spetta a te rimediare
pertanto 3	*thus, therefore, hence*	si sentiva stanca, pertanto decise di andarsene
allora 2	*so, therefore, (well) then, in that case*	se vuoi venire, allora preparati; siamo intesi allora?
così 2	*so, therefore, thus, as a result, in this/that way* (see also **molto** (b))	faceva molto freddo, così sono rimasto a casa; non mi ha voluto ascoltare e così ha sbagliato; le cose stanno così; non devi camminare così
dunque 2	*so, therefore*	ho sbagliato, dunque è giusto che paghi; penso dunque sono
per cui/per questo 2	*so, (and) therefore, for this/ that reason*	non mi hai telefonato, per cui ho deciso di non venire; non mi hai reso i soldi, e per questo sono andato alla polizia
perciò 2	*therefore, so*	sono arrabbiato, perciò me ne vado; è già tardi, e perciò torno a casa
quindi 2	*therefore, so* (see also **poi**)	questo sistema non funziona, quindi bisogna cambiarlo; non lo vedo da un pezzo, quindi non ti posso dire nulla di lui

costare   to cost

valere 3-2	*to cost, to be worth* (auxiliary **essere**)	questa casa vale cento milioni; quanto può valere questo dipinto?
costare 2	*to cost, to be expensive* (also figurative) (auxiliary **essere**) (see also **caro**)	quanto costa il biglietto?; questo libro costa ventimila lire; ti è costato molto il trasporto?; la libertà costa cara; che ti costa aiutarmi?; questo mi è costato un sacco di sacrifici
venire 2	*to cost, to come/amount to* (auxiliary **essere**)	quanto viene questo vestito?; quelle scarpe vengono cinquantamila lire; la giacca mi è venuta cinquecentomila lire
valere 1	*to be worth* (auxiliary **essere**)	questo anello vale un sacco; la tua macchina non vale un'acca/un accidente/un cavolo/una cicca/un corno/un soldo

costo   cost

| **importo** m 3 | *(total) price, cost* (formal) | l'importo complessivo viene dato in dollari; l'importo netto vi sarà comunicato; si è informato sull'importo dell'oggetto |
| **tariffa** f 3-2 | *fare, rate, charge, tariff* | le tariffe aeree sono aumentate; col treno si può viaggiare di notte con una tariffa speciale; aboliranno le tariffe doganali |

costo m 2	*cost, expense*	il costo di distribuzione/di produzione/della vita; i costi amministrativi sono troppo alti; prima di prendere una decisione dobbiamo parlare dei costi
prezzo m 2	*price, cost* (also figurative)	dobbiamo stabilire il prezzo prima di fare pubblicità; qual è il prezzo dei biglietti?; i prezzi sono troppo alti in questo negozio; il prezzo della libertà è molto alto
spesa f 2	*expenditure, expense, cost* (also used in the plural)	la spesa si aggira intorno ai venti miliardi; lì si può vivere senza grande spesa; quando si compra una casa, si affronta una grande spesa; possiamo condividere le spese di viaggio
tassa f 2	*charge, fee* (see also **tassa**)	le tasse scolastiche sono molto basse in Italia; hanno aumentato di nuovo la tassa agli aeroporti
valore m 2	*value* (see also **valore**)	la merce ha un valore totale di venti milioni; questo gioiello è di grande valore; ha assicurato tutti i suoi oggetti di valore

costretto (see also forzare)   forced, obliged

vincolato 3	*bound, tied*	non mi sento vincolato dalla decisione del giudice; sono vincolato dal segreto professionale
condannato 2	*condemned, forced*	sono condannato a vivere nell'infelicità più completa
costretto 2	*forced, obliged, compelled, bound*	non sei costretto ad ubbidirgli; mi sono visto costretto a partire; il governo è costretto a dimettersi
forzato 2	*forced, obligatory*	la nostra fu un'assenza forzata; non mi è piaciuto il suo riso forzato
obbligato 2	*obliged, forced, compelled, obligated*	non sei obbligato a seguire il suo consiglio; mi sento obbligato verso di lui
obbligatorio 2	*compulsory, obligatory*	una materia/una promessa obbligatoria; è obbligatorio aderire al regolamento; abbiamo discusso i temi obbligatori; il servizio di leva non sarà più obbligatorio in Italia

costruire   to build

| **edificare**
 3 | *to erect, to construct* | edificare una casa/un impero/un muro/un palazzo |
| **innalzare**
 3 | *to erect, to raise, to put up* (usually something large and important) | hanno innalzato un monumento alla memoria dei caduti; dove c'era il nostro giardino hanno innalzato un grosso parcheggio |

erigere 3-2	*to erect, to raise, to put/set up*	hanno eretto una scuola per i poveri/una statua all'eroe
costruire 2	*to build, to construct, to put/ set up* (in a wide variety of senses)	costruire una casa/una nave/un palazzo/un ponte/un sistema filosofico; il progetto è approvato, cominceranno a costruire fra poco; ha costruito una versione falsa dell'avvenimento
creare 2	*to create, to build (up)* (also figurative) (see also **creare**)	in poco tempo ha creato un grande complesso industriale; il governo ha promesso di creare una nuova società
fabbricare 2	*to build, to construct, to make* (see also **fare**)	questa ditta fabbrica case e anche mobili; il nonno ha fabbricato una casa delle bambole per la nipotina
fondare 2	*to found, to set up, to create, to establish*	ha fondato una famosa biblioteca; quel re ha fondato molte città nuove; i Romani hanno fondato colonie dappertutto

creare (see also **causare** and **fare**) to create

costituire 3-2	*to constitute, to form, to set up, to put together, to make up*	costituire un'associazione/una famiglia/un governo/un patrimonio; quei venti studenti costituiscono la mia classe; un terzo dei non fumatori è costituito da persone che hanno smesso di fumare
istituire 3-2	*to institute, to bring in, to set up*	il governo dovrebbe istituire delle misure preventive; hanno istituito un premio per il migliore regista
creare 2	*to create, to produce, to establish, to form* (see also **costruire**)	è vero che Dio creò il mondo?; lo stilista ha creato un nuovo modello; il pittore ha creato un capolavoro; hanno creato una nuova azienda; è meglio non creare precedenti
formare 2	*to form, to create, to make* (see also **allevare**)	i ragazzi hanno formato un circolo; è piccolo ma sa formare le frasi molto bene; stanno formando una compagnia teatrale

crescere to grow, to increase

accrescersi 3	*to grow, to get bigger*	la tua famiglia si accresce; i miei dolori si accrescono con l'età
ampliarsi 3	*to broaden, to grow larger, to increase*	il suo orizzonte si amplierà con l'età; le città si ampliano sempre più
dilatarsi 3	*to dilate, to expand, to widen*	le narici/le pupille/le vene si dilatarono; gli occhi, per la sorpresa, gli si erano dilatati
ingrossare 3	*to grow bigger* (auxiliary **essere**)	i fiumi sono ingrossati per la pioggia

allungarsi 3-2	to lengthen, to draw out (of time)	le giornate si sono allungate; d'inverno le notti si allungano
espandersi 3-2	to expand, to spread out, to grow	il gas si espande; la città si espande rapidamente
evolversi 3-2	to evolve, to develop	la società si evolve in un determinato modo; siamo un popolo che si sta evolvendo
ingrandirsi 3-2	to become/get larger/bigger, to grow, to increase	la ditta si è molto ingrandita; tuo figlio si ingrandisce ogni giorno che passa; il mio timore si ingrandisce ogni giorno
montare 3-2	to rise (in level or volume) (auxiliary **essere**)	la marea è montata rapidamente; il volume della musica montava sempre di più
rincarare 3-2	to go up (in price), to get dearer (auxiliary **essere**)	l'olio è rincarato; gli affitti rincarano quest'anno
aumentare 2	to increase, to grow, to rise (auxiliary **essere**) (see also **aumento**)	la popolazione aumenta ogni anno; il costo della produzione è aumentato; il freddo sta aumentando
crescere 2	to grow, to increase, to rise (in a wide variety of senses) (auxiliary **essere**)	tuo figlio è cresciuto molto recentemente; siamo cresciuti insieme; da questo seme crescerà una pianta; i nostri bisogni crescono; i prezzi crescono; il livello del fiume cresce ancora
gonfiarsi 2	to swell, to grow, to increase	in primavera i fiumi si gonfiano; il legno delle porte si è gonfiato; mi si sono gonfiati gli occhi
moltiplicarsi 2	to multiply, to rise, to increase	i casi di febbre si sono moltiplicati; con l'umidità i funghi si moltiplicano; le spese si moltiplicano sempre più
salire/essere in salita 2	to go up, to rise, to increase (auxiliary **essere**)	il numero degli abitanti continua a salire; la temperatura è in salita; il livello dell'acqua sta salendo; il prezzo del caffè è salito di cento lire; la borsa è in salita
svilupparsi 2	to develop, to grow, to expand (see also **scoppiare**)	quel ragazzo si è sviluppato molto tardi; la mente si sviluppa con lo studio; in questi ultimi anni l'industria si è molto sviluppata; la città si è sviluppata verso il mare
venire su 1	to grow up (of people) (auxiliary **essere**)	quel ragazzo viene su forte e intelligente; quei bambini sono venuti su bene

NB for transitive use of many of these verbs, see **aumentare**.

crisi   crisis

accesso m 3	fit, attack, outburst	ha avuto un accesso di tosse; è stato colto da un accesso di follia/di gelosia/d'ira
impeto m 3	impetus, impulse, outbreak	l'impeto delle onde/del vento; l'ha ucciso in un impeto d'ira

recessione f 3-2	*recession, crisis* (economic)	la recessione non dà segno di finire; siamo in piena recessione economica
attacco m 2	*attack, fit*	ha avuto un attacco epilettico/isterico/di nervi/di tosse
crisi f 2	*attack, fit, crisis, slump, recession* (used in a variety of contexts) (invariable plural)	una crisi cardiaca/epilettica/isterica/nervosa; una crisi economica/energetica/morale/degli alloggi/di coscienza; poche persone ricordano la crisi mondiale del 1929
depressione f 2	*depression, slump* (personal or economic)	ha sofferto di depressione nervosa; la depressione economica sta per cominciare
scoppio m 2	*outburst, fit*	ha avuto uno scoppio d'ira quando si è sentito scoperto

critica (see also predica)   criticism

appunto m 3	*(slight) criticism*	se posso muoverti un appunto, hai scritto male il mio nome; devo farti un appunto in merito al tuo comportamento
biasimo m 3	*blame, disapproval*	non merito questo biasimo; la sua condotta è degna di biasimo; agendo così ti esponi al biasimo di tutti
censura f 3	*censure, blame, criticism*	è incorso nella censura dei moralisti; le censure che fa agli altri sono sempre moralismi
disapprovazione f 3-2	*disapproval*	devo esprimere la mia disapprovazione; lo guardò con disapprovazione
rimprovero m 3-2	*reproach, rebuke, reprimand*	mi muove dei rimproveri perché faccio le cose diversamente da lui; quel suo rimprovero non è affatto giustificato
critica f 2	*criticism, blame* (see also **analisi**)	mi ha mosso delle critiche ingiuste; incorse nella critica dei superiori; si è esposto a tutte le critiche possibili
sgridata f 2	*telling-off, lecture, shouting-at*	per il ritardo mi sono preso una bella sgridata dal capufficio; mio papà mi ha dato una sgridata quando sono rientrato tardi
stroncatura f 2	*slating, taking apart, slamming* (of a work of art, performance, etc.)	i critici hanno fatto una vera e propria stroncatura di quella nuova commedia; la sua stroncatura del mio libro era ingiusta e malevola
rabbuffo m 1	*telling-off*	è il secondo rabbuffo che si è preso dal capufficio; oggi ho ricevuto un solenne rabbuffo
ramanzina f 1	*telling-off, ticking-off*	quel ragazzo ha proprio bisogno di una bella ramanzina

strapazzata f [1]	*dressing-down, (severe) telling-off*	mi hanno dato una bella strapazzata quando sono arrivato in ritardo

criticare (see also frustare and parlare male di)   to criticise

biasimare [3]	*to disapprove of, to blame (moral condemnation)*	l'hanno biasimato per la sua condotta; lo biasimano perché è troppo severo con gli studenti; tutti biasimano le sue azioni
deplorare [3]	*to deplore, to blame (see also* **lamentarsi***)*	posso solo deplorare la condotta di mio figlio
redarguire [3]	*to rebuke (severely)*	il capo non smetteva di redarguire i dipendenti; il ragazzo fu redarguito dalla polizia per aver guidato senza patente
riprovare [3]	*to censure, to disapprove of, to condemn*	non so perchè riprovano quel libro; tutti riprovano il suo comportamento
censurare [3-2]	*to censure, to criticise, to censor*	quel critico censura i costumi del tempo; l'hanno censurato per il suo comportamento; hanno censurato parte di quel film perchè è troppo violento
riprendere [3-2]	*to reprimand, to criticise, to chide*	l'ha ripreso per la sua negligenza; se sbaglio, riprendimi; riprendi quel bambino con dolcezza perché è molto sensibile
stroncare [3-2]	*to slate, to slam, to tear apart/to pieces (of a work of art, performance, etc.) (see also* **reprimere** (a) *and* **uccidere***)*	stroncare un autore/un film/un romanzo/uno spettacolo; la critica ha stroncato l'autore e gli interpreti della commedia
condannare [2]	*to condemn (see also* **forzare***)*	i suoi genitori hanno condannato il suo comportamento; tutti condannano la violenza; la Chiesa condanna la pornografia
criticare [2]	*to criticise, to blame, to find fault with*	non ti posso criticare; non dovresti criticare gli amici; gli anziani criticano sempre i costumi dei giovani
disapprovare [2]	*to disapprove (of)*	la gente disapprova in silenzio; tutti disapprovano il suo modo di fare
rimproverare [2]	*to reproach, to scold, to reprimand*	il professore ha rimproverato gli scolari per non aver studiato; non rimproverare i ragazzi quando cercano di aiutare in casa
sgridare [2]	*to shout at, to scold (often directed at children)*	la mamma ha sgridato i bambini; non sgridarmi ogni volta che torno a casa tardi!
rimbrottare [2-1]	*to get at, to nag*	quell'imbecille continua a rimbrottarci per le cose più stupide
strigliare [2-1]	*to shout at, to scold, to tell off*	suo padre lo striglierà quando torna a casa; l'Europa ha strigliato l'Italia per la sua inazione sulle tasse

crudele

cruel

implacabile [3]	*implacable, unrelenting, pitiless*	nutriva per me un odio implacabile; è un nemico implacabile; siamo coinvolti in una guerra implacabile
inesorabile [3]	*pitiless, unrelenting, inexorable*	è stato un verdetto inesorabile da parte del giudice; la sua vendetta sarà inesorabile
snaturato [3]	*unnatural, wicked, heartless*	ha ucciso suo figlio, è una madre snaturata; è gente snaturata, che sfrutta la povertà degli altri
barbaro [3-2]	*barbaric, barbarous*	si è comportato in modo barbaro con lei; hanno effettuato una barbara rappresaglia contro i nemici; ha gusti barbari
crudele [2]	*cruel, pitiless* (see also **doloroso**)	è un crudele tiranno; l'hai trattato in modo proprio crudele; hai un animo crudele; gli hanno inflitto una punizione crudele
disumano/ inumano [2]	*inhuman, cruel*	un padrone/un trattamento disumano; leggi disumane; una cattiveria/una pena inumana; ha agito con una ferocia disumana; è inumano trattare così una povera donna
spietato [2]	*ruthless, pitiless, merciless*	una condanna/una lotta/una punizione/una vendetta spietata; un delitto/un destino/un tiranno spietato; la morte è spietata, non risparmia nessuno

NB most of these adjectives are also used adverbially with –**mente** ending (e.g. i prigionieri furono barbaramente uccisi; perseguita implacabilmente i suoi nemici; la morte viene inesorabilmente a tutti; ha abbandonato snaturatamente il proprio figlio; perché mi tormenti così crudelmente?; hanno trattato disumanamente i prigionieri; si sono comportati inumanamente verso i vinti; si è vendicata spietatamente).

cucinare

to cook

cucinare [2]	*to cook*	mi piace cucinare; ho cucinato la cena/il riso/la verdura; mia moglie sa cucinare bene
cuocere [2]	*to cook* (almost always followed by direct object)	devi cuocere quell'arrosto molto lentamente; preferisco cuocere la carne alla griglia o al forno
fare da mangiare [2]	*to cook, to make food*	a che ora fai da mangiare oggi?; io vado al ristorante ogni sera, non faccio mai da mangiare
preparare [2]	*to make (to eat), to cook, to prepare* (see also **preparare**)	ha preparato una bella cena per gli ospiti ieri sera; ho fame, che cosa ci prepari oggi?

cura (see also **medicina**) treatment, care

farmaco m 3-2	*remedy, medicine* (figurative)	il tempo è un ottimo farmaco contro ogni afflizione
terapia f 3-2	*therapy, treatment*	per questa malattia bisogna usare la terapia giusta; l'ammalato ha iniziato una nuova terapia
cura f 2	*treatment, care* (medical) (see also **attenzione**)	sto facendo una cura per il fegato; le cure dimagranti fanno solo male; il medico gli prescrisse una cura di antibiotici
guarigione f 2	*cure, recovery* (medical)	mi hanno augurato una pronta guarigione; la sua guarigione è stata miracolosa; quel santone opera molte guarigioni
rimedio m 2	*remedy, cure* (also figurative)	questo sciroppo è un buon rimedio per la tosse; hanno cercato ma non hanno trovato un rimedio alla recessione economica

curare to look after, to treat

sanare 3	*to heal, to cure* (literary) (also figurative)	Gesù sanava gli infermi; il governo sta cercando di sanare l'economia
curare 2	*to look after, to take care of, to treat, to nurse* (medically) (see also **badare a**)	il medico che lo cura è molto noto; lo stanno curando con gli antibiotici; le infermiere devono imparare a curare le ferite
guarire 2	*to cure, to heal* (also figurative) (for intransitive use, see **guarire**)	sanno guarire molte malattie oggi; quella cura lo guarì perfettamente; l'ipnosi mi ha guarito dal vizio del fumo; solo il tempo potrà guarirti da questo dolore
medicare 2	*to treat*	medicare un dente/una ferita/una lesione

curvo bent

chino 3	*bent, bowed*	sta sempre chino sui libri; va in giro con il capo chino
piegato 3-2	*bent, bowed* (also figurative)	stava piegata sulle ginocchia; è un popolo vinto ma non piegato
curvo 2	*bent, hunched, stooping, crooked*	stava curvo sul letto di suo figlio; quell'uomo cammina curvo; è curvo per gli anni; l'albero era curvo sotto il peso dei frutti; ha le spalle curve; ha tracciato una linea curva
storto 2	*crooked, twisted, bent* (also used with **gambe** to mean *bandy-legged, bow-legged* and with **occhi** to mean *squint-eyed, cross-eyed*)	quel chiodo è storto; il quadro che hai appeso è un po' storto; quest'albero ha il tronco tutto storto; ha le gambe storte; ha sempre avuto gli occhi storti

cuscino
cushion, pillow

| **guanciale** m
3-2 | *pillow* | un guanciale alto/basso; devo cambiare la federa al guanciale |
| **cuscino** m
2 | *cushion, pillow* | ci sono cuscini dappertutto in questa casa; dormo sempre con una montagna di cuscini |

dappertutto
everywhere

ovunque 3	*everywhere* (literary)	l'hanno cercato ovunque
dovunque 3-2	*everywhere*	la corruzione è ormai dovunque; è un fiore che in Italia si trova un po' dovunque
dappertutto 2	*everywhere*	qui ci sono mosche dappertutto; ti ho cercato dappertutto; quei fiori si vedono dappertutto

NB **ovunque** and **dovunque** are also used before a verb in the sense of *wherever* and are usually followed by the subjunctive (e.g. ovunque sia, lo troverò; dovunque io vada, quel cane mi segue).

dare
to give

conferire 3	*to confer, to bestow, to award, to grant*	gli hanno conferito un premio artistico; gli occhiali ti conferiscono un'espressione molto severa
cedere 3-2	*to hand over, to give* (see also **rinunciare**)	ti cedo la mia proprietà; dato che la tua macchina non funziona, ti cedo la mia
dedicare 3-2	*to devote, to give (up/over)* (usually of time or space), *to dedicate*	dedica il tempo libero alla musica; ha dedicato il primo capitolo del libro al contesto storico; mio marito mi ha dedicato il suo libro
donare 3-2	*to give (as a present)* (much less common than **regalare** in this sense), *to give up, to donate*	mi ha donato un libro per il compleanno; ha donato la sua fortuna ai poveri; ha donato la sua vita per amore della patria; i genitori del bambino morto hanno donato i suoi organi
porgere 3-2	*to hand, to pass, to give*	porgimi il bicchiere/il biglietto/il libro; la sua morte mi porge l'occasione di riavvicinarmi a loro; porgo distinti saluti (letter ending)
recapitare 3-2	*to deliver*	recapitare una lettera/un pacco postale; gli ho fatto recapitare i documenti a casa
consegnare 2	*to deliver, to hand over/in, to give(up/in)*	ci hanno consegnato la merce ieri; non ho ancora consegnato la mia traduzione al professore; ho consegnato le chiavi dell'appartamento al portinaio
dare 2	*to give* (see also **lasciare**)	dammi quella matita, è mia; mi hanno dato ventimila lire per quel lavoro; ha dato la vita per la patria; gli hanno dato una grossa

		multa; mi ha dato uno schiaffo; dammi il tuo parere su questo libro; mi hanno dato il permesso di uscire
distribuire 2	to distribute, to give (out), to hand out	bisogna distribuire i premi agli studenti; hanno distribuito i viveri ai terremotati
offrire 2	to offer (often used in the sense of buying or paying)	ti offro un aiuto/la mia amicizia/un caffè/ospitalità; quando andiamo al ristorante, offro io; questo libro offre uno sguardo alla cultura rinascimentale; si offrono i biglietti a prezzi bassi
passare 2	to pass (on), to hand (on)	mi passi il pane, per favore; mio padre mi passa un assegno mensile; passava al fratello i vestiti troppo piccoli per lui
regalare 2	to give (as a present) (also ironic in the sense of to give away cheaply)	mi ha regalato una scatola di cioccolatini; il mio fidanzato mi ha regalato una bella collana; regalo tutti i miei libri; questa macchina è molto bella, a dieci milioni te l'avranno regalata

davanti a   in front of

al cospetto di 3	in the sight/presence of, in front of, before	quest'atto grida vendetta al cospetto di Dio; si presentò audacemente al cospetto del re
dinanzi a 3-2	in front of, before, outside (also figurative) (less common than **davanti a**)	passò dinanzi alla chiesa; dinanzi alla casa c'è la stazione ferroviaria; hai tutta la vita dinanzi a te
alla/in presenza di 3-2	in the presence of, in front of, before	la cerimonia si è svolta alla presenza del ministro; ha pianto in presenza dei suoi figli
davanti a 2	in front of, before, outside (also figurative)	la scuola si trova davanti alla cattedrale; sono comparsi davanti al giudice; mi sono seduto davanti a casa sua; che figura farò davanti alla gente?
dirimpetto a 2	opposite, facing	il bar sta proprio dirimpetto all scuola; la farmacia è dirimpetto alla stazione
di fronte a 2	opposite, in front of, in the face/light of (figurative in the last sense)	abita di fronte a noi; la macchina si fermò di fronte alla chiesa; di fronte a tali circostanze non si può fare niente
fuori (di/da) 2	outside (of), out of (also figurative)	abito fuori città; via, fuori di qui!; è uscito fuori dell'acqua; bisogna tenersi fuori dai guai

NB without following preposition, **dinanzi, davanti, dirimpetto, di fronte** and **fuori** are commonly used as adverbs of place (e.g. la casa ha un giardino dinanzi; davanti era seduto un signore molto anziano; si è trasferito nella casa dirimpetto; è entrato nel palazzo di fronte; non volevo entrare, perciò ho aspettato fuori; devo andare fuori per un'oretta).

debole
weak

fievole 3	*feeble, faint* (usually of sound)	un lamento/un suono fievole; la sua voce era stata resa fievole dalla malattia
languido 3	*faint, languid*	era languido e pallido per la febbre; una luce/una voce languida; Anna gli fa sempre gli occhi languidi
smorzato 3	*muffled, toned down* (usually of sound or colour)	dallo strumento è uscito un suono smorzato; questo artista usa colori smorzati
fiacco 3-2	*weak, feeble*	oggi mi sento fiacco; hanno opposto una fiacca resistenza; un discorso/un governo/uno stile fiacco
fioco 3-2	*faint, weak, dim* (of sounds or colours)	un chiarore/un lamento/un suono fioco; dalla finestra proveniva una luce fioca
tenue 3-2	*faint, weak, tenuous* (see also **magro**)	ho visto un tenue raggio di sole; gli uscì un tenue filo di voce
debole 2	*weak* (in a wide range of senses)	è molto debole per la febbre; fisicamente la donna è più debole dell'uomo; lui ha un carattere molto debole; ha trovato il mio punto debole; un suono/una luce/una voce debole
scarso 2	*weak, feeble* (see also **difettoso** and **piccolo**)	una scarsa luce illuminava la stanza

decidere
to decide

determinare (di) 3	*to decide, to determine, to resolve* (see also **stabilire**)	il governo ha determinato di rinviare le elezioni a primavera
risolvere (di) 3	*to resolve, to decide*	hanno risolto di accettare l'accordo; cos'hai risolto di fare in questa faccenda?
risolversi (a) 3	*to resolve, to decide, to make up one's mind* (implies due consideration)	si è risolto a partire; risolviti, non c'è tempo da perdere
appianare 3-2	*to smooth (out), to settle*	hanno appianato tutte le difficoltà burocratiche
decidersi (a) 3-2	*to decide, to make up one's mind* (implies due consideration)	mi sono deciso a cambiare casa; lei non sa mai decidersi
decidere (di) 2	*to decide* (see also **stabilire**)	ho deciso così e basta!; non ho ancora deciso che cosa fare; decidiamo l'ora della partenza; ha deciso di partire domani
risolvere 2	*to solve, to resolve, to settle*	non so come si possa risolvere questo problema; ha risolto l'affare abilmente

| **sciogliere** [2] | *to (re)solve, to clarify* | scogliere un dilemma/un enigma; finalmente hai sciolto il dubbio che avevo |

decisione decision

determinazione f [3]	*determination, resolution, resolve*	il generale venne alla determinazione di assediare la città; ha agito con determinazione
partito m [3]	*decision*	non sapeva che partito prendere; questo mi sembra il partito più conveniente
risolutezza f [3]	*resoluteness, resolution, decisiveness*	ammiro la vostra risolutezza; la questione va affrontata con risolutezza
risoluzione f [3]	*decision, resolution*	ha preso una risoluzione importante; queste sono le risoluzioni dell'assemblea
verdetto m [3-2]	*verdict, decision* (usually legal)	si aspetta il verdetto del tribunale; hanno reso noto il verdetto di assoluzione; il verdetto del giudice è stato favorevole
conclusione f [2]	*conclusion* (see also **fine**)	le sue conclusioni furono inaccettabili
condanna f [2]	*sentence, judgement, condemnation* (usually legal)	una condanna giusta/leggera/mite; il giudice ha deciso per la condanna; ognuno dovrebbe esprimere la propria condanna della violenza
decisione f [2]	*decision* (in a variety of contexts)	una decisione affrettata/difficile/facile; ho preso una decisione definitiva; la decisione del tribunale è stata di assolverlo; la decisione della riunione è stata pubblicata
giudizio m [2]	*judgement, verdict* (legal) (for other uses, see **opinione**)	il giudizio della corte è definitivo; la giuria deve dare un giudizio equilibrato
sentenza f [2]	*judgement, sentence* (legal)	il giudice ha letto la sentenza; è stata pronunciata la sentenza di morte

decorare to decorate

adornare [3]	*to adorn, to decorate, to embellish*	abbiamo adornato i nostri balconi con molti gerani; hanno adornato la sala con drappi e festoni
parare [3]	*to adorn, to decorate* (usually for a special occasion)	hanno parato il salone per il matrimonio; bisogna parare la chiesa a festa
abbellire [3-2]	*to embellish, to adorn, to beautify* (often figurative)	ho abbellito la mia camera con stampe colorate; il sole abbellisce il paesaggio di molti colori; ha abbellito la sua narrativa con molte descrizioni
ornare [3-2]	*to decorate, to adorn*	ha ornato la casa di fiori; quella ragazza orna sempre i capelli con nastri colorati

addobbare 2	to decorate, to deck out (often for a special occasion)	hanno addobbato la chiesa per la funzione pasquale; hai già addobbato l'albero di Natale?
decorare 2	to decorate, to adorn	hanno decorato la città con bandiere; hanno decorato il soffitto con affreschi; la decoreranno con una medaglia d'oro
tappezzare 2	to decorate, to wallpaper, to paper, to cover	abbiamo tappezzato la casa; tappezziamo la stanza con carta da parati; hanno tappezzato il muro di manifesti elettorali

NB these verbs, apart from **decorare** and **tappezzare**, are also used reflexively (e.g. si è adornata per le cerimonia; il prete si parava in sagrestia; i prati si abbelliscono di fiori; quella signora si orna sempre di gioielli; si è addobbata per andare al matrimonio di suo figlio).

delinquente (a) rogue, scoundrel, rascal

manigoldo/a mf 3	scoundrel, rogue, rascal	è il peggior manigoldo che io conosca
briccone/a mf 3-2	rogue, knave, scoundrel	è un briccone, ricorre sempre all'inganno per procurarsi soldi
cialtrone/a mf 3-2	rogue (often someone who talks rather than acts)	il cialtrone è scappato con i soldi della ditta; quel cialtrone del sindaco aveva fatto molte promesse prima di essere eletto
furfante m 3-2	rascal, rogue, scoundrel	quel furfante ha truffato tutti i suoi amici
delinquente mf 2	rogue, scoundrel, rascal	quel delinquente di tuo fratello ha rotto la nostra macchina; finalmente quel delinquente è finito in prigione
farabutto m 2	scoundrel, rogue, rascal	quel farabutto ha piantato la moglie e cinque bambini; vattene via, farabutto!
lazzarone/a mf 2	scoundrel (suggests an idler) (see also **pigro**)	quel lazzarone è capace di qualsiasi truffa; quel lazzarone ha perso altri soldi al casinò; quella lazzarona di mia sorella cerca un uomo per farsi mantenere
mascalzone/a mf 2	scoundrel, rascal, rogue	quei mascalzoni lo hanno assalito e derubato; smetti di fare il mascalzone!
birbante mf 2-1	scoundrel, rogue, rascal (often implies endearment)	quel birbante è proprio privo di scrupoli; quel ragazzo è un po' un birbante, ruba sempre la frutta
brigante m 2-1	scoundrel, rascal, rogue (often implies endearment)	quel brigante di mio cugino mi ha giocato un brutto tiro; quel brigante di tuo figlio ha rubato le caramelle
canaglia f 2-1	scoundrel, rascal, rogue	non ti fidare, è una canaglia!; quella canaglia di mio fratello scrive solo quando ha bisogno di soldi

gaglioffo/a mf 2-1	*oaf, lout, idler*	come posso fidarmi di te? Sei solo un gaglioffo!; si è comportato da quel gaglioffo che è
malandrino m 2-1	*rascal, rogue*	cos'avrà combinato quel malandrino?; con certi malandrini non voglio avere a che fare
poco di buono mf 2-1	*no good, low-life*	suo figlio è un poco di buono, l'hanno già arrestato tre volte; finalmente quella poco di buono è andata in prigione
carogna f 1	*scum, skunk*	si comporta da carogna con tutti; guardati da lui, è una carogna!; la professoressa è stata una carogna a bocciarmi
stronzo/a mf 1*	*turd, wanker*	quello stronzo di mio fratello ha preso la mia macchina; quella ragazza si dà un sacco di arie ed è pure stronza

NB these words, apart from the last two, are often used in the less pejorative, more jokey sense of *scamp* or *rascal* (e.g. ha certi occhi di birbante, quella bambina; quel manigoldo di mio figlio ne avrà combinata un'altra). See also **monello**.

---

delinquente (b) (see also **ladro**)   criminal, delinquent

brigante m 3-2	*brigand, bandit*	nel secolo scorso questa regione era infestata da briganti
fuorilegge mf 3-2	*outlaw* (invariable plural) (usually in adventure stories or Western films)	una banda di fuorilegge svaligiò la banca
malfattore m 3-2	*evil-doer, wrongdoer, criminal*	il malfattore fu arrestato dalla polizia; fa parte di una banda di malfattori
pregiudicato/a mf 3-2	*previous offender*	la polizia ha interrogato tutti i pregiudicati della zona
bandito m 2	*bandit, outlaw*	la diligenza fu assalita dai banditi; hanno dato la caccia ai banditi
criminale mf 2	*criminal*	un criminale comune/di guerra; sono stato derubata da una banda di criminali
delinquente mf 2	*criminal, delinquent, offender*	è un delinquente abituale/nato; non c'è da stupirsi che abbia rubato, viene da una famiglia di delinquenti
gangster m 2	*gangster*	eravamo il bersaglio dei gangster più spietati; si dice che adesso ci siano più gangster in Russia che in America
malvivente mf 2	*criminal, crook*	il malvivente è riuscito a fuggire dalla polizia; tre malviventi furono arrestati

delitto crime

infrazione f 3	*breach, violation, infraction*	ha commesso un'infrazione del codice della strada
misfatto m 3	*misdeed, crime*	quel criminale si è macchiato di orribili misfatti
reato m 3-2	*offence, misdemeanour, felony, crime* (legal)	un reato elettorale/contro l'ambiente; esprimere la propria opinione non è reato
crimine m 2	*crime* (stronger than **delitto**)	ha commesso una serie di crimini contro l'umanità; è stato accusato di crimini di guerra
delitto m 2	*crime, offence* (also figurative)	un delitto atroce/capitale/politico; ho commesso il delitto perfetto; gli invasori si sono macchiati di orribili delitti; sarebbe un delitto buttare questi vestiti

delusione disappointment

disillusione f 3	*disillusion, disenchantment*	le prime disillusioni sono quelle che più fanno soffrire
disinganno m 3	*disillusion, disappointment*	quanti sogni e quanti disinganni nella vita!
delusione f 2	*disappointment*	ha ricevuto una terribile delusione; ho sofferto per una delusione d'amore; che delusione lo spettacolo di ieri sera!
smacco m 2-1	*let-down*	ha subito uno smacco; non vincere per lui è stato un vero smacco

denaro money

lucro m 3	*lucre, gain, profit* (usually with a pejorative connotation)	quel medico cura i suoi pazienti solo per lucro; per lucro, tu venderesti anche i tuoi figli; è una società a scopo di lucro
contanti mpl 2	*cash, ready money*	pago sempre in contanti; non ho contanti in tasca
denaro m 2	*money* (less common than **soldi**)	quell'uomo ha molto denaro; non è consigliabile buttare via il denaro senza riflettere
moneta f 2	*coin, money* (also figurative), *(small) change* (regional Northern usage in the last sense)	hai una moneta da cento lire?; l'ho ripagato con la sua stessa moneta; può cambiare questo biglietto in moneta?
resto m 2	*change* (of a larger amount given)	mi dispiace, ma non ho da darle il resto

soldi mpl [2]	*money*	quanti soldi hai guadagnato?; hai depositato i soldi in banca?; ha fatto i soldi e adesso vive a Montecarlo; ho speso molti soldi ieri sera
spiccioli mpl [2]	*(small/loose) change*	vorrei dare qualcosa a quel mendicante ma non ho spiccioli; sono rimasta senza spiccioli, non posso darle il resto
valuta f [2]	*currency*	lo yen è sempre stato una valuta forte; qui si possono comprare tutte le valute; ecco una lista delle valute estere
quattrini mpl [2-1]	*cash, dough, money*	hai guadagnato un bel po' di quattrini; quell'individuo non pensa che a far quattrini
grana f [1]	*cash, dough, lolly*	quella famiglia è piena di grana; le idee ce le ho, è la grana che mi manca

NB **soldi** and **quattrini** are used in the singular to mean *penny, farthing, bean,* etc. in negative sentences (e.g. non avrai un soldo da lui; ho speso tutto e adesso non ho un quattrino). **Lira** f (Register 2), can also be used in this way (e.g. non ho speso una lira ieri sera).

denso
dense, thick

folto [3]	*dense, thick* (often used of foliage)	una radura molto folta; ha i capelli folti; ha portato un folto gruppo di sostenitori
denso [2]	*dense, thick*	una nebbia/una popolazione densa; questa vernice è troppo densa; ha fatto un discorso denso di significato
fitto [2]	*thick, dense*	una folla/una nebbia fitta; un bosco/un tessuto fitto; scrive con caratteri molto fitti
spesso [2]	*thick*	una minestra spessa; un bosco spesso; un cartone spesso quattro centimetri

denunciare
to report

querelare/ sporgere querela [3]	*to sue, to take proceedings (against)*	mi ha querelato per diffamazione; ne ho sentito abbastanza, adesso sporgo querela
accusare [2]	*to accuse*	accusare di un delitto/di un furto; il padrone l'ha accusato di avergli sottratto dei soldi; mi accusò di poca sincerità
denunciare [2]	*to report, to make a complaint about* (usually legal)	ha denunciato il furto alla questura; ho dovuto denunciare quel mio conoscente per violenza
cantare [1]	*to squeal, to spill the beans*	dopo tre giorni il ladro ha cantato; vedrai che il questore ti farà cantare

derivare (see also **venire**)   to derive

conseguire [3]	*to ensue, to follow* (auxiliary **essere**)	ne conseguirà un periodo di crisi; da ciò consegue che tu sbagli
emanare [3]	*to emanate, to be given off, to derive* (auxiliary **essere**)	dalla candela emanavano sia una luce fievole che un profumo pungente; dal sole emana la luce
scaturire [3]	*to spring, to arise, to derive* (auxiliary **essere**)	dalle rocce scaturiva una chiara sorgente; da queste idee sono scaturite terribili conseguenze
originare/avere origine [3-2]	*to originate, to arise, to spring* (auxiliary of **originare** is **essere**)	da un semplice malinteso sono originati/hanno avuto origine tutti questi guai; la sua arroganza origina dal fatto che si crede molto intelligente
provenire [3-2]	*to spring, to arise* (usually figurative) (auxiliary **essere**)	ogni suo problema proviene dalla sua ignoranza; questo treno proviene da Firenze; proviene da una famiglia nobile
derivare [2]	*to derive, to originate* (transitive or intransitive) (auxiliary **essere** when intransitive)	ho derivato la mia teoria dall'osservazione pura; l'inglese deriva molte parole dal latino; molti materiali sintetici derivano dal carbone; la sua paura deriva da un senso di inferiorità; l'italiano deriva dal latino
nascere [2]	*to arise, to derive* (auxiliary **essere**)	tutto è nato da un malinteso; come ti è nata quest'idea?; non si sa da dove sia nata quella guerra; da cosa nasce cosa
risultare [2]	*to result, to be the outcome, to turn out* (often used impersonally) (auxiliary **essere**) (see also **risultare**)	dalle guerre risultano sofferenze per tutti; la sua colpevolezza è risultata da tutte le testimonianze; dall'indagine risultò che ci avevano imbrogliati
seguire [2]	*to follow, to result* (auxiliary **essere**) (see also **seguire**)	ne seguì un caos terribile; spero che non ne seguano complicazioni; adesso che hai litigato con lui, seguirà che non si può andare in vacanza a casa loro

descrivere (see also **disegnare** and **spiegare**)   to describe

delineare [3]	*to outline, to sketch*	l'esperto ha delineato i vari aspetti della situazione
dipingere [3-2]	*to depict, to portray* (see also **dipingere**)	lo ha dipinto come un fannullone; la sua poesia dipinge la bellezza del panorama
ritrarre [3-2]	*to portray, to depict* (see also **dipingere**)	quel documentario ha ritratto l'ambiente quotidiano dell'ultimo Ottocento
descrivere [2]	*to describe*	descrivere una persona/una situazione; ha descritto il paesaggio; descrivimi quello che ti è successo; non ti so descrivere la mia felicità quando l'ho visto

descrizione

description

pittura f [3]	*portrayal, representation* (in words) (see also **immagine**)	ciò che colpisce nel romanzo è la pittura dei caratteri; questo libro dà una fedele pittura dell'epoca
ritratto m [3-2]	*portrayal* (in words) (for non-verbal use, see **immagine**)	questo libro dà un ritratto molto vivo della vita italiana nell'epoca medievale
descrizione f [2]	*description*	la tua descrizione di me non era molto esatta; ha dato una descrizione dettagliata delle loro usanze; il libro contiene molte belle descrizioni
profilo m [2]	*profile, outline* (spoken or written) (see also **studio**)	ci ha presentato un profilo storico della civiltà romana
quadro m [2]	*picture, outline* (in words) (for non-verbal use, see **immagine** and **vista**)	quello scrittore ha tracciato un quadro molto vivace degli avvenimenti; facciamo il quadro della situazione
rappresentazione f [2]	*portrayal, representation* (in words) (see also **immagine** and **manifestazione**)	una rappresentazione comica/efficace/ tragica/violenta; ho cercato di dare una rappresentazione precisa dei costumi del popolo

detto

saying

adagio m [3]	*adage*	come dice l'adagio, sbagliando s'impara
aforisma m [3]	*aphorism*	quel politico parla per aforismi
sentenza f [3]	*maxim, saying*	bisogna sempre dar retta alle sentenze degli antichi
massima f [3-2]	*maxim*	ha scritto un libro di massime morali; lei ha per massima dire sempre la verità
motto m [3-2]	*motto, saying*	'volere è potere' è un motto popolare
parola d'ordine f [3-2]	*watchword, password*	per l'esercito la parola d'ordine cambiava ogni giorno
battuta f [2]	*(witty) remark*	Gianni ha sempre la battuta pronta; mi ha risposto con una battuta molto arguta
detto m [2]	*saying*	ho letto i detti di Socrate; un antico detto dice che chi cerca trova; i detti popolari esprimono la saggezza degli antichi
proverbio m [2]	*proverb, saying*	i proverbi rappresentano la sapienza popolare; sono d'accordo con il proverbio che dice 'volere è potere'

| **slogan** m [2] | *slogan* | la pubblicità ha inventato molti slogan; qual è il loro slogan elettorale?; quel ragazzo parla per slogan |

difendere (see also aiutare) to defend, to protect

cautelare [3]	*to safeguard, to secure*	lui sa cautelare i propri interessi
salvaguardare [3]	*to safeguard, to protect*	devi salvaguardare la tua salute; cerco di salvaguardare la reputazione della mia famiglia
tutelare [3]	*to protect, to defend, to safeguard*	le leggi dovrebbero tutelare il cittadino; per vivere bene bisogna tutelare l'ambiente naturale
difendere [2]	*to defend, to protect* (in a wide variety of senses)	molti soldati difendevano la città; non hai avuto il coraggio di difendermi; è normale che una madre cerchi di difendere il proprio figlio; lui difende gli interessi del suo padrone
proteggere [2]	*to protect, to shelter*	bisogna proteggere i bambini in tempo di guerra; le montagne proteggono la città dai venti; questo cappotto ti proteggerà dal freddo
riparare [2]	*to shelter, to protect*	quei guanti riparano le mani dal freddo; quando vai in moto, devi riparare la testa con un casco
salvare [2]	*to save, to protect*	l'hanno salvato dall'incendio/dalla morte/dalla rovina; si deve cercare di salvare la democrazia; Dio salvi la regina

NB these verbs are also used reflexively (e.g. bisogna cautelarsi contro i rischi; i soldati si difendevano dall'assalto dei nemici; ci siamo riparati dal temporale; si è salvata per miracolo; cerca di salvarsi dalle critiche).

difesa defence, protection

custodia f [3]	*care, custody*	gli ho affidato la custodia dei miei figli/della mia casa
salvaguardia f [3]	*care, safety, protection*	gli ambientalisti hanno come scopo la salvaguardia del patrimonio naturale
tutela f [3]	*defence, protection*	il governo mira alla tutela della famiglia tradizionale; aspiriamo alla tutela dei diritti del consumatore
difesa f [2]	*defence, protection*	la difesa dell'ambiente/della città/dei propri diritti; abbiamo costruito difese contro i missili nemici
protezione f [2]	*protection*	la legge ci fornisce una buona/debole/efficace protezione; lavora per la protezione degli animali

riparo m 2	*shelter, protection*	bisogna cercare riparo dal sole; si sono messi al riparo dal vento; abbiamo costruito un riparo di sassi

difetto   defect

macchia f 3	*stain, blemish, blot* (for literal use, see **macchia**)	un cavaliere senza macchia e senza paura; tu hai una macchia sulla coscienza
menomazione f 3	*disability* (bureaucratic)	ha una menomazione alla gamba sinistra
pecca f 3	*defect, flaw, blemish*	il suo lavoro non ha mai una pecca; nessuno è senza pecche
tara f 3	*defect, blemish, flaw* (usually physical or mental)	tutta quella famiglia ha una tara ereditaria; pensa solo a mangiare, è una tara la sua!
imperfezione f 3-2	*imperfection, defect*	ognuno vede l'imperfezione del comportamento umano; ha una imperfezione della vista
minorazione f 3-2	*disability, handicap*	soffre di una minorazione fisica; la schizofrenia è una minorazione molto grave
difetto m 2	*defect, flaw* (see also **mancanza**)	la tazza costa poco, c'è un difetto nella porcellana; un difetto fisico/mentale/di vista; ha il difetto di parlare troppo
handicap m 2	*handicap, disability*	un handicap fisico/mentale; a causa di quel grave handicap non potrà più giocare a calcio; la mancanza di un diploma è per lui un grave handicap

difettoso   defective, faulty

difettivo 3	*defective* (term used in linguistics)	il latino ha parecchi verbi difettivi
lacunoso 3	*full of gaps*	una cultura/una memoria/una preparazione lacunosa; questo vecchio testo è lacunoso e difficile da interpretare
manchevole 3	*defective, lacking*	il suo è stato un discorso manchevole in molti punti; il resoconto è manchevole di alcuni dati
carente 3-2	*lacking, poor*	quella ragazza è carente di idee; quel giocatore è carente in attacco
difettoso 2	*defective, faulty*	la radio che hai comprato è difettosa; la sua analisi è difettosa da parecchi punti di vista
imperfetto 2	*imperfect, defective*	un lavoro/un meccanismo imperfetto; l'uomo si dimostra sempre imperfetto
scarso 2	*weak, poor, lacking* (see also **debole** and **piccolo**)	sono bravo in matematica ma scarso in lingue; quell'artista è proprio scarso di fantasia; quel dizionario è scarso di esempi

scadente 2-1	*shoddy, poor, inferior*	questa merce è scadente; qui si vende roba scadente; io sono proprio scadente in matematica; ha preso un voto scadente

differenza (see also **divisione**) difference

discordanza f 3	*discordance, clash*	c'è una grande discordanza di idee tra di noi
disparità f 3	*disparity, dissimilarity*	ho notato una disparità di età fra gli studenti; in quel paese la disparità di condizioni sociali è lampante
disuguaglianza f 3	*inequality, disparity, unevenness*	viviamo in una società di disuguaglianze sociali; ho visto le disuguaglianze del terreno
differenza f 2	*difference, discrepancy*	una differenza di colori/di condizione/di gusti/di opinioni; le differenze che ho visto sono insignificanti; non trovo alcuna differenza tra di loro
divergenza f 2	*divergence*	c'è una divergenza di opinione tra i critici
diversità f 2	*difference, diversity, variety*	bisogna apprezzare la diversità fra un uomo e un altro; il suo costume si distingue per la diversità dei colori

difficile (a) (see also **scomodo**) difficult, hard

arduo 3	*arduous*	scalare il Monte Everest è un'impresa ardua
gravoso 3	*onerous, irksome*	in cambio della libertà il tribunale gli ha imposto condizioni gravose; le imposte che pago sono veramente gravose; ha avuto il gravoso compito di dirle che suo figlio era morto
spinoso 3	*knotty, thorny, prickly*	dobbiamo affrontare questo argomento spinoso; la via del successo è lunga e spinosa
difficoltoso 3-2	*difficult, hard* (used less than **difficile**)	questa traduzione è un po' difficoltosa; ha scelto una carriera molto difficoltosa
complesso 2	*complex*	una idea/una legge/una proposizione/una teoria complessa; l'uomo è una creatura complessa
complicato 2	*complicated*	una persona/una situazione complicata; che carattere complicato ha quella ragazza!; com'è complicata la vita!
critico 2	*critical*	la situazione è particolarmente critica; il momento critico era arrivato; l'organizzazione si trovava a una svolta critica

difficile [2]	*difficult, hard* (used in a wide variety of senses) (see also **improbabile**)	un lavoro difficile da eseguire; un problema difficile da risolvere; una domanda/ un'operazione/una questione/una strada/una vita difficile; un autore/un libro/uno stile difficile
duro [2]	*hard, difficult* (see also **duro**)	ci hanno affidato un compito particolarmente duro; ha una vita dura da sopportare
faticoso [2]	*wearing, tiring, difficult*	è stato un viaggio proprio faticoso; fa un lavoro faticoso; credi che studiare non sia faticoso?

NB the diminutive **difficilino** is often used to tone down the sense of difficulty or to render the idea with irony (e.g. scrivere questo libro è stato un lavoro un po' difficilino).

---

difficile (b) (see also **scomodo** and **sensibile**)   difficult, awkward

bisbetico [3]	*peevish, shrewish, cantankerous*	quel vecchio è proprio bisbetico; è una classica zitella bisbetica
incontentabile [3]	*difficult/hard/impossible to please*	i nostri clienti sono incontentabili; al nostro professore non va bene niente, è proprio incontentabile
difficoltoso [3-2]	*difficult, awkward, fussy* (less common than **difficile**)	non gli piace niente, è una persona proprio difficoltosa
scontroso [3-2]	*peevish, touchy, surly, sullen, huffy*	non essere così scontrosa con gli amici!; quel ragazzo ha un carattere troppo scontroso
difficile [2]	*difficult, awkward, fussy*	ha gusti difficili; è un uomo difficile; ha un carattere difficile; perché sei sempre così difficile quando torni a casa?
esigente [2]	*demanding, exigent*	lavoro per un padrone troppo esigente; sono molto esigenti nel mangiare

---

difficoltà (see also **disturbo** and **ostacolo**)   difficulty

contrattempo m [3]	*mishap, hitch, setback*	un piccolo contrattempo mi impedì di partire; salvo contrattempi sarò da voi domani
inconveniente m [3-2]	*hitch, drawback*	vari inconvenienti ci hanno impedito la partenza; la tua teoria è interessante ma presenta alcuni inconvenienti
difficoltà f [2]	*difficulty, trouble*	non ci sarà difficoltà a darti il permesso; l'inglese presenta molte difficoltà di pronuncia; dobbiamo affrontare e superare le difficoltà che si presentano
guaio m [2]	*trouble, misfortune, difficulty* (see also **sfortuna**)	mi è capitato un guaio; ha combinato un guaio; il guaio è che non ricordo l'indirizzo; adesso ti trovi in un mare di guai

problema m 2	*problem* (in a variety of contexts) (see also **argomento**)	il governo non riesce a risolvere i problemi economici del paese; è un problema sapere come crescere i figli; le tue azioni hanno creato molti problemi; mio figlio è diventato un problema per tutti; certo, non c'è problema
svantaggio m 2	*disadvantage, drawback, handicap*	ho lo svantaggio di non sapere le lingue; nella gara ero in svantaggio di sei minuti
impiccio m 2-1	*trouble, fix, mess* (often plural)	mi hai messo in un bell'impiccio; sono negli impicci; sei riuscito a toglierlo dagli impicci?

diffondere   to spread

disseminare 3	*to spread, to disseminate*	non bisogna disseminare quella notizia, perché causerebbe il panico; hanno disseminato un virus letale tra la popolazione
divulgare 3-2	*to divulge, to spread, to broadcast, to popularise* (often of news, etc.)	ha divulgato a tutti il suo segreto; i giornali hanno divulgato la notizia con grande rapidità; il suo scopo è di divulgare al grande pubblico i principi della scienza moderna
propagare 3-2	*to spread, to propagate*	bisogna assolutamente propagare questa notizia; le logge massoniche propagarono le idee dell'illuminismo
spargere 3-2	*to spread, to scatter, to give off* (of light, heat, etc. in the last sense)	ho sparso fiori sulla sua tomba; spargevano semi nel campo; hanno sparso la notizia della sua morte; la lampada spargeva una debole luce e anche un po' di calore nella stanza
sparpagliare 3-2	*to scatter, to spread*	il vento ha sparpagliato le foglie nel giardino; hanno sparpagliato gli agenti un po' dappertutto
comunicare 2	*to spread, to communicate, to pass on* (see also **dire** (b))	bisogna comunicare la notizia a tutta la popolazione; il generale è riuscito a comunicare il suo entusiasmo ai soldati
diffondere 2	*to spread, to make known, to promote, to give out* (of light, heat, etc. in the last sense)	ha il ruolo di diffondere le loro idee; bisogna diffondere la notizia rapidamente; per guadagnare, dovete diffondere questo prodotto; il fuoco diffonde calore nell'ambiente
pubblicare 2	*to publish, to issue*	hanno pubblicato il mio romanzo; quel giornale viene pubblicato a Roma; il governo ha pubblicato un'ordinanza
spandere 2	*to give out, to spread*	i fiori spandevano un delicato profumo; la propaganda del governo sta spandendo notizie false

NB most of these verbs are also used reflexively (e.g. la notizia si è disseminata in tutto il paese; un buon profumo di pane si spandeva dal forno; le carte, cadendo, si sparpagliarono a terra; non so come si sia potuta divulgare questa voce; il contagio si sta propagando per tutto il paese; la farina s'è tutta sparsa per terra; la sua ansia si comunicò a tutti; si teme che l'epidemia si diffonda; un piacevole calore si diffuse per la casa).

dimenticare · to forget

obliare 3	*to forget* (poetic)	obliò le angosce della vita
dimenticare 2	*to forget, to leave* (not deliberately)	non dimenticherò quello che hai fatto per me; avevo dimenticato la data dell'appuntamento; ha dimenticato di darmi la notizia; dovevo portare il tuo libro ma l'ho dimenticato a casa; ho dimenticato la valigia in treno
lasciare 2	*to leave (behind)* (deliberately as a rule)	non pioveva, quindi ho lasciato l'ombrello in ufficio
scordare 2	*to forget*	scordo sempre il tuo indirizzo; devi scordare quell'offesa e continuare la tua vita

NB **dimenticare** and **scordare** are also used reflexively (e.g. ti sei già dimenticata di noi; mi sono dimenticato di comprare il pane; non scordarti dell'invito/di venire).

dintorni (see also luogo and zona) · surroundings

adiacenze fpl 3	*vicinity, surroundings*	ci siamo incontrati nelle adiacenze della stazione; abbiamo visitato la villa e le sue adiacenze
paraggi mpl 3-2	*vicinity, surroundings*	in questi paraggi ci deve essere una banca; mi trovavo nei paraggi del mercato
dintorni mpl 2	*surroundings, (immediate) area, outskirts, environs*	non vado lontano, sto qui nei dintorni; i dintorni di Firenze/di Roma; ho visitato Napoli e dintorni
vicinanza f 2	*closeness, proximity, vicinity, neighbourhood* (plural in the last two meanings)	l'umidità è dovuta alla vicinanza del fiume; hanno scelto la casa per la sua vicinanza alla spiaggia; abita nelle vicinanze della villa; nelle vicinanze deve esserci una farmacia

dipendere · to depend

fare affidamento/ assegnamento su 3	*to rely on, to trust*	non si può fare affidamento su di lui per un aiuto; sono pronto a fare assegnamento su un buon medico
affidarsi (a) 3-2	*to trust, to put/place one's trust (in), to rely on*	mi affido alla tua discrezione; si affida sempre a Dio; perché ti affidi alla generosità altrui?
contare su 2	*to count on, to trust*	puoi sempre contare su di me; conta pure sul mio aiuto

dipendere (da) [2]	*to depend (on), to be due to (in a variety of senses) (auxiliary* **essere***)*	vieni stasera? Dipende; dipende da te se accetterai o no; se dipendesse da lui, non farebbe mai niente; il prezzo dipende dalla qualità; l'ora della partenza dipenderà dal tempo; tutto il personale dipende da lui; il ritardo non è dipeso da me
fidarsi (di) [2]	*to trust, to rely (on)*	è meglio non fidarsi delle apparenze; non fidarti di un tipo simile; non mi fido delle sue promesse
avere fiducia (in) [2]	*to have confidence/faith (in), to trust (see also* **fede***)*	ho fiducia nella donna che ho sposato; hai fiducia nelle tue capacità?; bisogna avere fiducia nel progresso umano

dipingere   to paint

colorire [3]	*to colour (also figurative)*	Raffaello coloriva i suoi quadri con grande maestria; lui sa colorire i suoi racconti
tinteggiare [3]	*to paint (walls, doors, etc.)*	ho tinteggiato le pareti del salotto; hanno tinteggiato tutta la casa
ritrarre [3-2]	*to portray (see also* **descrivere***)*	il pittore ha ritratto quella famiglia nella campagna inglese; si è fatto ritrarre in fotografia
colorare [2]	*to colour, to paint (usually of children)*	la bambina ha colorato il disegno di rosso; Luca sta colorando il suo album; ho colorato gli infissi della casa
dipingere [2]	*to paint (for reflexive use, see* **truccarsi***) (see also* **descrivere***)*	ha dipinto la cucina di giallo; quell'artista dipinge quadri a olio; sto imparando a dipingere; quella signora dipinge le labbra con un rossetto molto scuro
pittare [2R]	*to paint (synonym for* **pitturare** *in regional Southern usage)*	oggi abbiamo cominciato a pittare la casa; quella ragazza si pitta moltissimo gli occhi
pitturare [2]	*to paint (for reflexive use, see* **truccarsi***)*	ieri ho pitturato la mia camera
verniciare [2]	*to paint, to varnish*	verniciare il cancello/la macchina/la parete/la porta

dire (a)   to say, to state

| **asserire** [3] | *to assert, to affirm, to maintain* | alla polizia hanno asserito di essere stati al bar tutta la sera; quello che asserisci non mi convince affatto |
| **proclamare** [3] | *to proclaim, to declare* | l'hanno proclamato innocente; ha proclamato la sua estraneità ai fatti; il sindacato ha proclamato lo sciopero |

affermare [3-2]	*to affirm, to state*	voglio affermare i miei diritti; affermò di essere stato pagato; affermò che Giovanni era uscito
dichiarare [3-2]	*to declare, to state*	ha dichiarato di non aver mai visto mio fratello; lo dichiaro colpevole/pazzo/vincitore; le ha dichiarato il suo amore
pretendere [3-2]	*to claim, to maintain, to profess*	pretende che quel libro abbia una grande valore; pretende di avere fatto un'invenzione molto importante
pronunciare [3-2]	*to say, to utter, to pronounce*	non riuscì a pronunciare quelle parolacce; ha pronunciato un lungo discorso; c'è una parola che non riesco a pronunciare
sostenere [3-2]	*to maintain*	ha sostenuto la sua innocenza; lui sostiene delle idee inaccettabili; io sostengo che lei è colpevole
dire [2]	*to say, to state, to tell*	mi disse poche parole; ha detto che sarebbe tornato presto; dimmi che cosa è successo; non so dirti quanto mi piaci; che cosa dice la tua lettera?; il testimone disse di non conoscere l'imputato; digli di venire; dimmi la verità; che ne dici della mia idea?
fare [2-1]	*to say, to state* (used as a less elevated alternative to **dire** following direct speech)	"usciamo," mi fa lui; "potete contare su di me," fece Giovanni

dire (b) (see also **menzionare** and **spiegare**)   to tell, to inform

ammonire [3]	*to warn, to admonish* (usually with moral implications)	il giudice ha ammonito il testimone; il capo ha ammonito gli impiegati di non perdere troppo tempo al bar
partecipare [3]	*to communicate, to announce, to make known* (formal)	hanno partecipato agli amici le nozze del figlio
ragguagliare [3]	*to notify, to inform, to acquaint with*	la ragguagliammo per lettera dell'accaduto; è opportuno ragguagliare i clienti sul procedimento dei lavori
comunicare [3-2]	*to communicate, to make known, to tell* (see also **diffondere**)	non sapevo come comunicarle la notizia; gli ho comunicato il verdetto per telefono
narrare [3-2]	*to tell, to narrate, to recount, to relate*	ha narrato tutto con ordine; narraci come si sono svolti i fatti; il romanzo narra la storia di gente semplice
fare presente [3-2]	*to let know, to inform, to point out, to draw to the attention of*	vi faccio presente che il tempo è già scaduto

segnalare 3-2	*to announce, to report, to point out, to make known*	segnalano l'arrivo del treno; sono segnalate piogge su tutta la regione; mi hanno segnalato un caso veramente grave
avvertire 2	*to inform, to notify, to warn, to let know*	mi devi avvertire prima di partire; ho avvertito la polizia; devo avvertirti dei rischi che corri
avvisare 2	*to inform, to notify, to let know, to warn*	avvisami quando arrivano; ti avviso che stanno per iniziare i lavori; vi avviso che non sopporto di essere trattata così
dire 2	*to tell, to inform*	gli ho detto dell'accaduto; dimmi quando arrivano; non so come dirgli che cos'è successo; vi dico che lo so con certezza
informare 2	*to inform, to tell (for reflexive use, see **sapere**)*	lo abbiamo informato di quello che era avvenuto; ti scrivo per informarti dei particolari dell'incidente
fare notare 2	*to point out, to draw to the attention of*	mi ha fatto notare che non portavo la cravatta; alcune persone hanno fatto notare i limiti della nuova riforma
raccontare 2	*to tell, to narrate*	Signora, ci racconti la sua storia; mi ha raccontato tutti i suoi guai; questo libro racconta la storia di una famiglia borghese
riferire 2	*to tell, to relate, to report (for reflexive use, see **menzionare**)*	il testimone ha riferito le ultime notizie; bisogna riferire tutto alle autorità; riferisco solo quanto ho sentito personalmente
fare sapere 2	*to let know, to tell, to inform*	mi ha fatto sapere la sua opinione; fammi sapere quando vuoi partire; mi ha fatto sapere che non voleva uscire con me
insegnare 2-1	*to tell, to explain (see also **allevare**)*	insegnami come funziona questo gioco
raccontare 2-1	*to be on about, to come out with, to talk, to tell*	cosa mi racconti adesso?; quel ragazzo racconta sempre un sacco di balle; vai a raccontarla a qualcun altro!
spiattellare 1	*to blab, to blurt out, to come out with*	ha spiattelato tutto quello che sapeva; devi spiattelare la verità
spifferare 1	*to blab, to blurt out, to spill*	il complice ha spifferato tutto; tutto quello che gli dici, lui lo spiffera subito in giro

direttore   manager

direttore m/ **direttrice** f 2	*manager, director, conductor, headmaster, (press) editor*	un direttore artistico/aziendale/spirituale/ d'albergo/di banca/di giornale/ d'orchestra/di produzione/di ricerca
dirigente mf 2	*manager, executive, leader (with reference to business or politics) (see also **capo**)*	un dirigente d'azienda/amministrativo/ politico/sindacale; io appartengo alla categoria dei dirigenti

manager mf 2	*manager, executive* (more exalted than **dirigente**) (also in sport and entertainment)	il manager è responsabile per la direzione complessiva di un'azienda; oggi ci vuole un manager per curare gli interessi di un buon atleta; chi è il manager di quella famosa cantante?

direzione direction

verso m 3	*direction*	noi andammo per un verso e loro per un altro; guardavano in tutti i versi
direzione f 2	*direction* (also figurative) (see also **lato**)	il ladro è fuggito in questa direzione; in quale direzione stai andando?; ha preso la direzione sbagliata; le mie idee hanno preso una nuova direzione
parte f 2	*direction, way* (often plural) (see also **lato**)	da questa parte, prego; vado anch'io da quelle parti; ricevette applausi da tutte le parti
senso m 2	*direction, way* (also figurative)	vado nel senso opposto; bisogna tagliare la stoffa nel senso della lunghezza; ti consiglio di agire in questo senso

disastro (see also **confusione**) disaster

calamità f 3	*calamity, misfortune*	la guerra è una grande calamità per tutti; la pioggia, in questa stagione, sarebbe una vera calamità
cataclisma m 3	*cataclysm*	un cataclisma economico/politico/sociale; dopo il cataclisma del trasloco stiamo riprendendo la vita normale
catastrofe f 3-2	*catastrophe* (also figurative)	la prontezza dell'autista ha evitato una catastrofe; i suoi esami sono stati una catastrofe completa; sei proprio una catastrofe!
disastro m 2	*disaster* (also figurative)	un disastro aereo/automobilistico/ferroviario; la guerra è stata un disastro per tutti; che disastro quel compito in classe!; quel ragazzo è un disastro
sciagura f 2	*disaster, misfortune*	la TV ha trasmesso un servizio sulla sciagura ferroviaria; molti volontari hanno dato il loro aiuto dopo la sciagura che ha colpito il paese; è perseguitata dalle sciagure
carneficina f/ **macello** m/ **massacro** m/ **strage** f 2-1	*disaster, catastrophe, mess* (with reference to an event such as a talk, an essay or an examination) (see also **massacro**)	l'esame di inglese è stato una vera carneficina; l'intervista è stata un macello; questo tema è un massacro di errori; quest'anno, agli esami, c'è stata una strage

discesa slope

declivio m 3	*slope*	siamo scesi per il declivio; si vede il dolce declivio delle colline
china f 3-2	*slope, descent* (also figurative)	bisogna salire la china del colle; scendiamo giù per la china; si è messa su una brutta china
pendenza f 3-2	*slope, incline*	la pendenza di un tetto/di una torre; il terreno ha una certa pendenza; la strada era in pendenza
pendice f 3-2	*slope, side* (of hill or mountain)	abbiamo visto le pendici del monte; le pendici della collina erano coperte di fiori
pendio m 3-2	*slope, slant, inclination*	un pendio dolce/irto/ripido; l'acqua scorre seguendo il pendio
versante m 3-2	*slope, side* (of a slope) (geological)	il versante meridionale/occidentale/orientale della montagna
discesa f 2	*slope, descent, downhill run/ stretch*	la discesa era molto ripida; troverai la loro casa giù dopo la discesa; stai attento con la bicicletta su quella discesa
inclinazione f 2	*inclination, slope, slant* (for figurative use, see **tendenza**)	l'inclinazione di una strada/di un tetto/di una torre
scarpata f 2	*slope* (usually steep)	ci siamo arrampicati su per la scarpata; sono scesi giù per la scarpata

discorso (see also **commento**) speech

allocuzione f 3	*discourse, speech*	l'allocuzione papale; il presidente pronunciò un'allocuzione invitando l'Italia all'unità
arringa f 3	*speech* (usually legal)	fare/pronunciare/scrivere un'arringa; l'avvocato iniziò subito l'arringa di difesa
orazione f 3	*oration, address*	un'orazione funebre; a scuola stiamo studiando le orazioni di Cicerone
discorso m 2	*speech, things* (said) (see also **argomento**, **idea** and **lezione**)	un discorso ambiguo/chiaro/sconclusionato; che discorsi stupidi fa sempre quella ragazza!
parole fpl 2	*words, speech* (see also **parola**)	parole gentili/giuste/interessanti/ostili/sincere; ho ascoltato le parole del politico; le tue parole non mi convincono
ragionamento m 2	*argument, reasoning, speech*	un ragionamento intelligente/sciocco; non riesco mai a seguire quei ragionamenti; ha fatto un ragionamento strano
sproloquio m 2	*(long-winded) speech*	hai sentito tutti i suoi sproloqui sul fascismo?; non ho voglia di andare da lui e sorbirmi tutti i suoi sproloqui

discreto   quite good, not bad

decente 2	*decent, reasonable, quite good*	abita in una casa modesta ma decente; per una volta mi ha proposto un affare decente; l'ostello era almeno decente?
discreto 2	*quite/fairly good, not bad, reasonable, fair, fairly/quite big* (see also **importante** and **modesto** (a))	i quadri che abbiamo visto erano discreti; il tempo è stato discreto; ho un discreto appetito
ragionevole 2	*reasonable, fair*	una persona/una proposta ragionevole; per un quadro così famoso, è un prezzo ragionevole; dopo tutto il lavoro che aveva fatto, era ragionevole che volesse essere assunta
soddisfacente 2	*satisfactory*	le condizioni del malato sono soddisfacenti; ha avuto risultati soddisfacenti nell'esame

disegnare (see also descrivere)   to draw

abbozzare 3	*to sketch, to outline* (also figurative)	abbozzare un disegno/un progetto; ho appena abbozzato il ritratto di mio figlio; gli ho abbozzato le mie idee
delineare 3	*to delineate, to outline*	via via l'autore delinea i personaggi principali della sua opera; posso delineare i punti più importanti dell'accordo
schizzare 3	*to sketch, to outline* (also figurative)	il pittore schizzò il paesaggio; ha schizzato rapidamente la situazione storica
tracciare 3-2	*to trace, to outline* (also figurative)	tracciare un disegno; ha tracciato gli avvenimenti del giorno; l'autore ha tracciato la personalità del protagonista
disegnare 2	*to draw, to sketch* (also figurative)	disegnare a matita/a penna; come disegna bene tuo figlio!; per la mia lezione d'arte devo disegnare un animale; il relatore ha disegnato la trama del romanzo
illustrare 2	*to illustrate* (see also **spiegare**)	ha illustrato il suo libro con disegni

disgustare   to disgust

ripugnare 3	*to disgust, to repulse, to revolt*	quell'individuo mi ripugna fisicamente; le lumache mi ripugnano; parlare di certe cose mi ripugna
rivoltare 3	*to revolt, to disgust*	quella medicina rivolta lo stomaco; una simile mancanza di scrupoli mi rivolta
disgustare 2	*to disgust* (also used reflexively in the sense of *to become disgusted*)	tutto quell'olio nella minestra mi disgusta; vederlo così sottomesso alla madre ha disgustato sua moglie; mi sono proprio disgustato di una vita così frivola

nauseare [2]	*to disgust, to make sick*	tutta quella panna mi ha nauseato; mi nausea con tutte le sue pretese
fare senso [2-1]	*to revolt*	vedere il sangue mi fa senso
fare schifo [1]	*to disgust, to make sick, to be disgusting* (see also **disgusto** and **sporcizia**)	i topi mi fanno schifo; conciata così quella ragazza fa schifo; lei è innamorata di te, ma a me fai schifo; quel vestito fa schifo

disgusto (see also **odio** and **ostilità**)   disgust

nausea m [3]	*nausea, disgust*	il cibo, solo a vederlo, mi dà la nausea; che nausea, quella vuota retorica
ripulsione f/ **repulsione** f [3]	*repugnance, repulsion*	provo ripulsione per lui; quell'oscenità suscita ripulsione; non sono riuscito a vincere la mia repulsione
ripugnanza f [3-2]	*repugnance, disgust, repulsion*	so che sente una viva ripugnanza per me; vincendo la sua ripugnanza ha mandato giù quel brodo nauseabondo; ho una certa ripugnanza a parlare di queste cose
disgusto m [2]	*disgust*	la sazietà può generare il disgusto; provo disgusto per i cibi troppo grassi; quel tizio m'ispira un profondo disgusto
schifo m [1]	*disgusting thing/person* (for use with **fare**, see **disgustare**) (see also **sporcizia**)	quell'articolo è proprio uno schifo; che schifo, suo marito!

disgustoso   disgusting, revolting

ributtante [3]	*repulsive, loathsome*	quell'attore è stato truccato in modo da essere ributtante; è di un cinismo ributtante
ripugnante [3-2]	*repulsive, repugnant*	quella povera ragazza ha un aspetto ripugnante; è stato uno spettacolo ripugnante
rivoltante [3-2]	*disgusting, revolting*	quella carne puzzava così tanto che era rivoltante; il suo modo di ingraziarsi il direttore è rivoltante
stomachevole [3-2]	*sickening*	quegli spaghetti così scotti erano stomachevoli; il suo modo di lusingare la gente è stomachevole
disgustoso [2]	*disgusting, revolting*	un odore/un sapore disgustoso; questo cioccolato è così dolce che è disgustoso; il suo voltafaccia è disgustoso
nauseante [2]	*sickening*	questo caffè ha un sapore nauseante; quelle moine davanti a tutti sono nauseanti

152

schifoso [1]	*sickening, disgusting, lousy* (see also **sporco**)	sei un individuo schifoso; quegli insetti sono schifosi; hai un modo di mangiare schifoso; sei di un egoismo schifoso; lo spettacolo era proprio schifoso; si veste in modo schifoso

disperato   desperate, in despair

abbattuto [3]	*dejected, downcast*	dopo la separazione si è sentita abbattuta
accasciato [3]	*crushed, dejected*	sembra accasciato dopo avere perduto il suo posto di lavoro
avvilito [3-2]	*disheartened, dejected*	sembri così avvilito. Che ti è successo?; non essere avvilito
desolato [3-2]	*distressed*	sono desolato per la morte di tuo padre; era desolato di non averli visti
sconfortato [3-2]	*distressed, dejected*	era molto sconfortato dal comportamento dei figli verso la sua seconda moglie
sconsolato [3-2]	*disconsolate, dejected*	il bambino era sconsolato per non aver avuto il regalo che voleva; è sconsolata per la morte di suo fratello
demoralizzato [2]	*demoralised*	ero un po' demoralizzato per l'insuccesso del progetto
depresso [2]	*depressed*	sono molto depressa perché non so cosa fare; mi faceva pena perché era spesso depresso
disperato [2]	*desperate, in despair* (also used as a noun)	quel poveretto è disperato perché è senza lavoro; erano disperati per l'incidente del figlio; erano in condizioni disperate; gridava come una disperata
giù [2]	*down, low, depressed*	essere/sentirsi giù; sono proprio giù, ho litigato con mia mamma; quando l'ho vista ieri, mi è sembrata molto giù

dispiacere   to displease, to be sorry, to regret

rammaricarsi [3]	*to regret, to feel sorry*	Franca si è rammaricata di non averci visto; adesso che se n'è andato, mi rammarico di averlo trattato male
essere spiacente [3-2]	*to be sorry* (auxiliary **essere**)	siamo spiacenti dell'accaduto; siamo stati spiacenti di non poterla accontentare
spiacere [3-2]	*to be sorry, to regret, to mind* (used impersonally) (auxiliary **essere**)	mi spiace, ma devo dire di no; gli è spiaciuto di non averti visto; se non ti spiace, vorrei andare
dispiacere [2]	*to displease, to be sorry, to regret, to mind* (used impersonally in the last	questo vino è un po' aspro ma non mi dispiace; quella ragazza non mi dispiace affatto; mi dispiace dire di no; mi dispiace

	three senses) (auxiliary **essere**)	che tu non sia potuta venire; vi dispiace aspettare due minuti?; ti dispiacerebbe lasciarmi tranquilla?; grazie per l'invito, ma mi dispiace, ho già un impegno

disposto — ready, prepared

proclive a 3	*disposed to, inclined to*	il vostro professore è sempre proclive all'ironia
facile a 3-2	*inclined to* (see also **facile**)	quell'uomo mi sembra facile all'ira/al pianto/a pentirsi
incline a 3-2	*inclined to*	siamo inclini a pensare che perderanno le elezioni; sono inclini a lasciar perdere il loro interesse in quell'azienda
portato a/per 3-2	*inclined to, prone to, given to*	si vede che sei proprio portata per la musica; in questo momento non sono certo portato a perdonare
propenso a 3-2	*inclined to*	sono propenso a credere che tu non accetti la mia analisi; siamo propensi a dare il nostro consenso a questo affare
disposto a 2	*ready to, prepared to*	sono disposta a crederti; eravamo disposti a far di tutto pur di salvare il bambino; era sempre disposto ad ascoltarmi
favorevole a 2	*favourable to, in favour of* (see also **utile**)	siamo favorevoli al federalismo politico; sei favorevole al divorzio? Sì, sono sempre stato favorevole
preparato 2	*ready, prepared*	sei preparato per l'esame?; voi siete sempre preparati ad accusare gli altri
pronto 2	*ready* (followed by **a** or, less commonly, **per** before infinitive)	i miei vestiti sono pronti?; la cena è pronta; non mi sento molto pronto per l'esame; erano pronti a realizzare il progetto; sono pronta per partire

distruggere (see also **rompere**) — to destroy

annichilire 3	*to annihilate* (also figurative) (see also **uccidere**)	la potenza cartaginese fu annichilita dai romani; Daniele fu completamente annichilito dalla notizia della scomparsa della madre
atterrare 3	*to demolish, to fell* (also figurative)	atterrare un albero/un avversario/un muro; quell'ultimo sforzo lo ha atterrrato
desolare 3	*to devastate* (literary) (also figurative)	la guerra desolava il paese; la notizia della sua scomparsa mi ha desolato
diroccare 3	*to pull down, to raze* (literary)	i nemici, presa la città, diroccarono la fortezza e le torri

abbattere 3-2	*to destroy, to knock down* (see also **uccidere**)	l'abbazia è stata abbattuta dai soldati di Cromwell; dobbiamo abbattere quella parete per fare uno studio
annientare 3-2	*to annihilate* (also figurative) (see also **uccidere**)	i nazisti hanno cercato di annientare il potere russo; questa nuova disgrazia mi ha annientato
devastare 3-2	*to devastate, to lay waste, to ravage* (also figurative)	il terremoto ha devastato un'intera regione; i soldati hanno devastato la città; la morte dei genitori ha devastato i figli
sfondare 3-2	*to knock/beat down*	la polizia sfondò la porta per liberare gli ostaggi; il peso eccessivo ha sfondato il ponte
smantellare 3-2	*to dismantle, to demolish, to pull/tear down*	smantellare una fortificazione/le mura/una nave; la difesa ha smantellato le accuse del magistrato
spianare 3-2	*to flatten, to raze to the ground*	hanno spianato le colline per costruire nuove case
stritolare 3-2	*to crush, to grind up*	quel minerale è troppo duro, non si riesce a stritolarlo; è stato stritolato sotto le ruote del treno
travolgere 3-2	*to knock down, to sweep away* (see also **investire**)	la frana ha travolto la chiesa e tutte le case; la furia delle acque ha travolto gli argini
demolire 2	*to demolish* (also figurative)	hanno demolito le stalle per fare un giardino più grande; il critico è riuscito a demolire la teoria proposta in quel libro
distruggere 2	*to destroy* (also figurative)	la bomba ha distrutto tutti gli edifici; le prove del delitto andarono distrutte; la morte del figlio l'ha quasi distrutto
buttare giù 2-1	*to knock down* (for figurative use, see **disturbare**)	hanno buttato giù quel vecchio quartiere; stanno per buttare giù questo edificio

disturbare (see also **annoiare** and **preoccupare**)   **to disturb**

importunare 3	*to bother, to disturb*	mi importuna sempre con le sue richieste; se non la importuno, vorrei parlarle brevemente
perturbare 3	*to disturb, to upset*	l'evento perturbò il suo animo sensibile; niente perturba la sua calma; il temporale perturbò la calma della campagna
sconcertare 3	*to disconcert, to bewilder* (also used reflexively)	il suo atteggiamento mi ha sconcertato; la disgrazia ha sconcertato tutta la città; mi sono proprio sconcertato quando la notizia si è diffusa
sgomentare 3	*to dismay, to daunt* (also used reflexively)	il pensiero della morte mi sgomenta; la dichiarazione di guerra sgomentò fortemente la popolazione; è un tipo deciso che non si sgomenta davanti a nulla

stravolgere 3	*to disturb/upset greatly* (also used reflexively)	la triste notizia lo stravolse; mi ha stravolto la morte del mio amico; perché si stravolge per niente?
recare disturbo a 3-2	*to disturb, to bother*	non voglio recare disturbo a nessuno; vi reca disturbo se vengo da voi stasera?; so che vi ho spesso recato disturbo
incomodare 3-2	*to inconvenience, to trouble* (also used reflexively, sometimes ironically in the sense of *to put oneself out*)	non incomodare i signori!; scusi se l'ho incomodata; si è incomodata per me, signora!; non t'incomodare, faccio io!
turbare 3-2	*to disturb, to trouble* (also used reflexively in the sense of *to get upset/worried*)	quell'episodio ha turbato la pace della famiglia; quelle parole lo turbarono profondamente; si turba per ogni nonnulla; si è turbata vedendo le condizioni del padre
agitare 2	*to upset, to disturb* (also used reflexively in the sense of *to be/get upset/stirred up*) (see also **scuotere**)	non agitare la nonna con quella notizia; perché ti agiti così?; non ti agitare, può darsi che tutto si risolva bene; gli operai si agitarono contro il nuovo regolamento
disturbare 2	*to disturb* (also used reflexively in the sense of *to put oneself out*)	mi dispiace disturbarti; ha disturbato il nonno con i suoi dischi; hai disturbato il mio sonnellino; che bel regalo, non dovevi disturbarti
rimanere male 2	*to be upset/disappointed*	è rimasto male quando non l'hanno invitato al matrimonio; lui rimane male se i suoi figli trattano male i nonni; il suo rifiuto mi ha fatto rimanere male
sconvolgere 2	*to upset, to throw into confusion* (also used reflexively)	la notizia mi ha sconvolto; il fallimento della sua ditta l'ha sconvolto; tutti i presenti furono sconvolti dalle sue parole; la guerra ha sconvolto il paese
buttare giù 2-1	*to upset* (less strong than **turbare** or **sconvolgere**)	la notizia l'ha buttato giù
scombussolare 2-1	*to upset, to disturb, to throw into confusion* (also used reflexively in the sense of *to be thrown, to get confused*)	i suoi orari strani mi hanno scombussolato la vita; non scombussolate mia figlia con troppe informazioni sulla sua malattia; quando ho fatto l'esame mi sono completamente scombussolata

disturbo (see also **difficoltà** and **preoccupazione**)   disturbance, trouble

dissesto m 3	*trouble* (financial or economic)	il governo cerca di sanare il dissesto finanziario; l'acquisto dell'appartamento mi ha causato un dissesto economico notevole; l'azienda si trova in grave dissesto finanziario
incomodo m 3	*trouble, bother* (see also **annoiare**)	la mia presenza gli è sempre stata d'incomodo per far carriera; è tardi, tolgo l'incomodo

cruccio m 3-2	*worry, trouble*	quel tizio ha avuto molti crucci con la polizia; è un grande cruccio per me non sapere se la potrò mai rivedere
molestia f 3-2	*harassment, molestation* *(often sexual)*	nella nostra società le molestie sessuali aumentano; è stato accusato in tribunale di molestia nei confronti della figlia
noia f 3-2	*nuisance, bother* (see also **annoiare**)	quella ragazza mi ha creato una noia dopo l'altra con la sua incompetenza
disturbo m 2	*disturbance, trouble, bother, nuisance* (see also **annoiare** and **malattia**)	arrecare/dare disturbo; ti dà disturbo se fumo?; vorrei scusarmi del disturbo che ho causato
fastidio m 2	*trouble, bother* (see also **annoiare**)	è un vero fastidio non sapere dove sia finito il mio passaporto; dover rifare l'esame è un bel fastidio
grattacapo m 2	*nuisance, worry, headache*	ho un bel grattacapo, ho perso le chiavi di casa; immaginati il grattacapo di aver finito la benzina a chilometri di distanza da un distributore
seccatura f 2	*nuisance, bother*	portarla in giro in macchina è diventata una seccatura; se non è una seccatura per te, prenota i posti anche per noi; non voglio seccature con la dogana alla frontiera
barba f 2-1	*pain, drag*	tutte queste telefonate sono una bella barba; che barba tutti questi compiti!; lo so che sono una barba, io!
bega f 2-1	*worry, headache* (see also **lite**)	si è cacciato in una brutta bega; non voglio beghe
grana f 2-1	*trouble, headache*	gli affari che ho fatto con quel truffatore mi hanno creato un sacco di grane in banca; non voglio grane con la polizia
rogna f 2-1	*drag, pain*	è una rogna avere la macchina in officina; il fidanzato di Anna è proprio una rogna con tutte le sue fissazioni!
scocciatura f 2-1	*nuisance, pain*	ho dovuto portare il mio fratellino a scuola: che scocciatura!; studiare matematica è una scocciatura
rottura f 1	*pain (in the neck), drag*	che rottura, questa cerimonia; lui è una rottura, non smette mai di parlare
palla f 1*	*pain in the arse* (also used in the plural)	che palla tutte queste riunioni!; è una palla dover lavorare durante le feste; non smette mai di parlare: che palle!

ditta (see also **organismo**) firm

impresa f 3-2	*company, business*	Gabriella gestisce un'impresa di trasporti; la loro è un'impresa molto ben avviata
azienda f 2	*firm, business*	quell'azienda è una tra le prime produttrici di macchine calcolatrici in Italia; la mia azienda non è mai stata in perdita
casa f 2	*business house, firm* (much less common than **società**)	mia cugina lavora per una casa di moda molto famosa; che tipo di libri pubblica questa casa editrice?
commercio m 2	*trade, business*	la pubblicità è l'anima del commercio; il commercio estero è una parte importante dell'economia di un paese
compagnia f 2	*company* (less common than the other terms) (see also **gruppo**)	la compagnia fu fondata in Germania; penso che il Dottor Galbiati lavori per un'altra compagnia adesso
ditta f 2	*firm*	la nostra ditta garantisce tutti i prodotti per un anno; vogliono aprire una ditta senza avere capitale; lavoro per una ditta di prodotti farmaceutici
società f 2	*company, firm* (see also **associazione** and **società**)	questa società è quotata in Borsa; Paolo lavora per una società americana

divano settee

canapè m 3	*sofa, settee* (usually with historical connotation)	abbiamo comprato un canapè stile Luigi quindicesimo
divano m 2	*settee, sofa*	avevano un enorme divano colorato in salotto
sofà m 2	*settee, sofa*	mi piace molto quel sofà a tre posti

diventare to become

divenire 3	*to become, to grow, to turn* (auxiliary **essere**)	crescendo si diviene più saggi; improvvisamente il re divenne crudele e vendicativo
trasformarsi in 3-2	*to turn/change into, to be transformed into, to become* (see also **cambiare**)	l'acqua si è trasformata in ghiaccio; il bruco si trasforma in farfalla; l'attesa si trasformò in angoscia; le forze armate si trasformeranno in corpi di volontari
diventare 2	*to become, to get, to turn (into)* (auxiliary **essere**)	diventare buono/cattivo/vecchio; tra un anno diventerò medico; diventi troppo magra; le foglie diventano gialle; in guerra si diventa uomini; la situazione diventa pericolosa; quel vino è diventato aceto; l'amore può diventare odio

farsi 2	*to become*	mio fratello si è fatto monaco; mi sono fatto promotore di una nuova iniziativa; è cresciuto e si è fatto cattivo; non posso uscire adesso che si è fatto tardi

diverso   different

dissimile 3	*unlike, dissimilar*	sono fratelli ma molto dissimili l'uno dall'altro; ha gusti dissimili dai miei
variato 3-2	*varied*	con un altro strumento il suono sarà più variato; adesso che soffri di cuore, dovresti cercare di avere una dieta variata
differente 2	*different* (less common than **diverso**)	il suo punto di vista è differente dal mio; ha un vestito differente ogni giorno; c'è un postino differente dal solito
diverso 2	*different* (see also **molto** (a))	questo non è il mio libro, è di un colore diverso; devi tollerare anche idee diverse dalle tue
vario 2	*varied, different* (see also **molto** (a))	tra le varie cose che faccio, insegno anche musica; tra i vari tessuti c'era un raso bellissimo

divertimento (see also **piacere**)   amusement, entertainment

diporto m 3	*amusement, pastime, recreation* (literary)	organizzano viaggi per diporto
trastullo m 3	*amusement, pastime, plaything*	le barche sono il suo trastullo preferito; smettila con i trastulli e vieni a mangiare; sono il trastullo della fortuna
ricreazione f 3-2	*recreation*	lo sport è una buona ricreazione; la mia ricreazione è fare lunghe passeggiate
svago m 3-2	*amusement, recreation*	in questa città ci sono pochi svaghi; vado in vacanza per prendermi un po' di svago; quel bambino disegna come svago
distrazione f 2	*distraction, recreation*	dopo lo studio ho bisogno di un po' di distrazione; non ci sono abbastanza distrazioni in questa città
divertimento m 2	*amusement, entertainment, fun, enjoyment*	tu pensi solo al divertimento; il teatro è il mio divertimento preferito; studiamo per divertimento; non è un divertimento lavorare tutto il giorno; è un divertimento sentirlo cantare
hobby m 2	*hobby, leisure pursuit, special interest*	quali sono i tuoi hobby?; quel ragazzo ha l'hobby della fotografia
interesse m 2	*interest*	ho molti interessi nel mio tempo libero; il mio principale interesse è la lettura

passatempo m 2	*pastime, recreation*	il mio passatempo preferito è guardare la televisione; suona la chitarra per passatempo

divertirsi · to enjoy oneself, to have a good time

sollazzarsi 3	*to amuse oneself* (literary)	quando finirà di sollazzarsi e si deciderà a studiare?; mentre il mio capo si sollazza in vacanza, io devo lavorare
spassarsi 3	*to have fun*	vuole solo spassarsi invece di lavorare
trastullarsi 3	*to amuse oneself, to fritter away one's time*	aiutami invece di stare lì a trastullarti; è meglio studiare che trastullarsi
distrarsi 3-2	*to amuse oneself, to have some relaxation*	lavori troppo, dovresti un po' distrarti; dopo tanto lavoro ho bisogno di distrarmi
godersi 3-2	*to enjoy*	godersi un film/un libro/il panorama; mi sono proprio goduta questo week-end; guarda quel bambino come si gode il suo gelato
gustare 3-2	*to enjoy* (often of food or drink) (also used in reflexive form with a stronger sense) (see also **gustare**)	è un caffè squisito, l'ho proprio gustato; questo vino, per gustarlo meglio, va bevuto a piccoli sorsi; mi voglio gustare in pace questo buon sigaro; mi sono gustato la quiete della campagna; per gustarmi un concerto devo essere sereno
svagarsi 3-2	*to enjoy oneself*	vatti un po' a svagare, non puoi lavorare sempre; quando si svaga mai quel poveretto?
divertirsi 2	*to enjoy oneself, to have fun / a good time*	andiamo a divertirci, dai!; vi siete divertiti alla festa?; mi diverto a vederlo imbarazzato
spassarsela 2	*to have fun, to have a good time*	la moglie è in ospedale e il marito se la spassa

dividere · to share, to divide

condividere 3-2	*to share*	Lisa condivide la casa con un ragazzo; voglio condividere la spesa del taxi con te
dividere 2	*to share, to divide* (see also **separare**)	Carlo ha diviso la mela con il fratellino; divido la torta in quattro porzioni; hanno diviso il premio tra due concorrenti
spartire 2	*to share, to divide up* (of booty, inheritance, etc.)	i ladri hanno spartito il bottino; i miei spartiscono l'eredità del nonno

divisione (see also **differenza**) · division

scisma m 3	*schism* (usually religious)	lo scisma tra la chiesa di Roma e quella di Bisanzio non è mai stato risanato

dissenso m 3-2	*disagreement, dissent*	alle sue parole il pubblico ha dato segni di dissenso; tua sorella ha manifestato chiaramente il suo dissenso
divario m 3-2	*division, gulf*	c'è un divario di idee tra me e lei; il divario tecnologico tra Oriente e Occidente si è ridotto
frattura f 3-2	*break, fracture* (often political) (see also **rottura**)	ci sarà presto una frattura fra i partiti di maggioranza; la crisi rischia di provocare gravi fratture nel governo
conflitto m 2	*clash, conflict* (see also **lite** and **lotta**)	un conflitto di gusti/di interessi/di opinioni; c'è sempre stato un conflitto di idee tra di loro
disaccordo m 2	*difference, disagreement*	un disaccordo di idee/di opinioni; lui trova sempre motivi di disaccordo con tutti
discordia f 2	*discord, disagreement*	provocare/seminare la discordia; non è mai stata una famiglia felice, c'è sempre una forte discordia tra i fratelli
dissidio m 2	*dissension, disagreement*	il dissidio tra loro è insanabile; ignoro le cause del dissidio tra le due famiglie; c'è stato un lieve dissidio di opinioni
divisione f 2	*division, split, separation*	non credo che una divisione dell'Italia sia una buona cosa; ci vuole una divisione del lavoro, non posso fare tutto io!; la divisione dei beni è stata registrata dal notaio
rottura f 2	*break, separation* (see also **rottura**)	tra loro ormai c'è una rottura insanabile; c'è stata una rottura nelle relazioni diplomatiche tra i due paesi
scontro m 2	*clash, break* (for literal use, see **incidente**)	quel famoso scontro verbale tra i due filosofi non è mai stato dimenticato; qui c'è uno scontro tra contenuto e stile
separazione f 2	*separation, break up*	una separazione dolorosa/triste; la separazione tra i miei genitori non è durata molto; nello stato moderno ci deve essere una separazione tra stato e chiesa
urto m 2	*clash* (see also **colpo** and **incidente**)	un urto di interessi/di opinioni

dizionario   dictionary

glossario m 3	*glossary*	questo libro contiene molte parole tecniche, ci vorrebbe un glossario
lessico m 3	*lexicon* (usually specialised) (see also **parola**)	ha pubblicato un nuovo lessico del latino classico; quel lessico dell'antico persiano ha molto valore

dizionario m [2]	*dictionary* (of a language or a science)	un dizionario bilingue/italiano/monolingue/ dei sinonimi; quel dizionario è ormai vecchio e sorpassato
vocabolario m [2]	*dictionary* (see also **parola**)	hai visto il mio vocabolario di latino?; che bello questo vocabolario, dove l'hai comprato?

docile   docile, meek

acquiescente [3]	*acquiescent*	perché è così acquiescente al volere degli altri?; ha potuto rubare col favore di qualche guardiano acquiescente
arrendevole [3-2]	*compliant, docile*	è una persona molto arrendevole; ha un carattere tranquillo e arrendevole
mansueto [3-2]	*meek, docile* (usually of animals)	quel cavallo è mansueto; questo leone è ormai diventato mansueto; quel cane è grosso ma mansueto come una pecora
pieghevole [3-2]	*yielding, pliant*	un carattere/un'indole pieghevole; si mostra sempre pieghevole nei suoi riguardi
remissivo [3-2]	*submissive, compliant*	è stato molto remissivo, si è accorto di aver sbagliato; non essere sempre remissiva con i tuoi colleghi!
docile [2]	*docile, meek*	la mia micina è molto docile; il suo bambino è docile solo quando sta male; credi che le tigri siano animali docili?
sottomesso [2]	*submissive*	Valentino è sempre stato sottomesso a suo padre; lei finge di essere sottomessa, in realtà fa sempre quello che vuole
ubbidiente [2]	*obedient*	oggi gli alunni non sono stati ubbidienti; ma chi dice che non ero una bambina ubbidiente?

dolore (a)   (physical) pain

martirio m [3]	*agony, martyrdom*	la sua malattia è stata un vero martirio; andare dal dentista è un martirio per Andrea; questo quadro rappresenta il martirio di San Lorenzo
patimenti mpl [3]	*suffering*	ha il viso segnato dai patimenti; soffre incredibili patimenti per via di quella vecchia ferita
supplizio m [3]	*torment, torture*	nel passato i ladri venivano puniti con barbari supplizi; queste scarpe strette sono un vero supplizio
strazio m [3-2]	*pain, agony*	non ha retto allo strazio della tortura

tormento m 3-2	*torment*	è morto fra atroci tormenti; questo mal di denti è un vero tormento
agonia f 2	*(death) agony, death throes*	la sua agonia non è stata molto lunga, per fortuna; è entrata in agonia verso le sei del mattino
doglie fpl 2	*birth pains, labour (pains)*	le doglie hanno colto Maria di sorpresa; quanto sono durate a te le doglie?
dolore m 2	*pain, suffering*	quella cura non ha ridotto il dolore; che dolore la mano che ho chiuso nel cassetto!; soffro di dolori alla gamba
male m 2	*pain, ache* (see also **fare male** and **malattia**)	ho mal di denti/di schiena/di testa; so che è difficile, ma bisogna resistere al male
sofferenza f 2	*suffering*	mi è stato vicino durante la malattia nei momenti di maggior sofferenza; quella ferita gli dà sofferenze atroci
tortura f 2	*torture, torment*	per fare confessare gli imputati nel Medioevo si usava la tortura; che tortura questo mal di denti!

dolore (b)   (mental) pain

agonia f 3	*agony, anguish*	aspettarti è stata una vera agonia; quest'incertezza è un'agonia; non prolungare la mia agonia
patimento m 3	*suffering*	durante il suo esilio ha sopportato patimenti ed umiliazioni
supplizio m 3-2	*torment, torture*	lavorare con lei è stato un supplizio, non capiva mai niente; ascoltare Paolo che parla di suo figlio è un vero supplizio
tormento m 3-2	*torment*	quella cena così noiosa coi miei suoceri è stata un tormento; per Antonietta vedere il suo ex ragazzo con Beatrice è un tormento; il loro tormento è non avere figli
dolore m 2	*pain, suffering*	ho provato un gran dolore quando è morto il mio amico; dover abbandonare la casa è stato un gran dolore per noi
pena f 2	*suffering*	essere/stare in pena; vederli così tristi è una gran pena; ha sofferto pene più grandi di quanto si possa immaginare
sofferenza f 2	*suffering*	la sua sofferenza per la morte del marito è stata profonda; la sua sofferenza per quell'idiota che l'ha lasciata è assurda
tortura f 2	*torture, torment*	il modo di spiegare di quell'insegnante è una tortura per noi studenti; che tortura, quest'esame!

| **strazio** m
2-1 | *torment, suffering* (see also
massacro) | è stato uno strazio vedere la mamma così invecchiata; che strazio dover ascoltare suo figlio che suonava il violino! |

doloroso   painful

tormentoso 3	*painful* (physical or mental)	un dubbio tormentoso; una sete tormentosa; ho un tormentoso mal di testa
straziante 3-2	*excruciating, heart-rending, harrowing* (physical or mental)	soffre di dolori strazianti; ha emesso un grido straziante; ci sono state scene strazianti quando è arrivata la notizia
doloroso 2	*painful* (physical or mental)	ha subito una dolorosa operazione al ginocchio; la ferita è ancora molto dolorosa; è stato un episodio molto doloroso
penoso 2	*painful, distressing* (physical or mental)	è penoso vedere tua cognata soffrire così; mi è penoso non poter far niente per Giorgio

domanda   question

interrogativo m 3	*question*	vorrei sollevare alcuni interrogativi; il futuro pone sempre nuovi interrogativi
interrogatorio m 3	*interrogation, (close) questioning* (often legal)	la polizia mi ha sottoposto a un interrogatorio; suo marito è geloso e le fa continui interrogatori
quesito m 3	*question, query* (often of an official nature)	il ministro non ha ancora risposto al quesito; c'è da risolvere un difficile quesito morale
interrogazione f 3-2	*questioning, interrogation, oral test* (usually in school)	l'interrogazione in geografia è andata bene
domanda f 2	*question*	una domanda banale/imbarazzante/ interessante/superflua; ho una domanda da fare; perché mi fai sempre tante domande?; non riesco a rispondere alle sue domande; le domande d'esame erano molto difficili

domestico (a) noun   servant

inserviente mf 3	*maid, porter, attendant* (in an establishment)	è inserviente in un grande albergo; fa l'inserviente in un ospedale
sguattera f 3	*maid*	Cenerentola faceva da sguattera alle sorelle; la sguattera accese il camino
colf f 3-2	*maid, domestic (servant)* (abbreviated form of **collaboratrice familiare**)	la sua colf è filippina; ha sposato la donna che gli faceva da colf
servitore m 3-2	*servant*	il servitore portò una tazza di cioccolata alla duchessa; ma che credi, che sia il tuo servitore?

servo/a mf 3-2	*servant*	il padrone chiamò i servi per pagarli; non hai il diritto di trattarmi come una serva
cameriere m/ **cameriera** f 2	*waiter, waitress, chambermaid*	questo bar assume un cameriere; la nostra cameriera pulisce le camere ogni giorno
domestico/a mf 2	*servant, domestic, maid*	i domestici vivono in un'altra parte della casa; ha un bravo domestico a casa; quella famiglia cerca una domestica fissa
donna di servizio f 2	*maid*	la mia donna di servizio mi ha insegnato a pulire l'argento; dov'è finita la donna di servizio oggi?

domestico (b) adjective   domestic

casalingo 2	*domestic, household, home-made, home-loving* (see also **casalinga**)	in questo negozio vendono ogni tipo di articolo casalingo; io mi occupo di tutte le faccende casalinghe; qui si fa una cucina casalinga; mio marito è proprio un tipo casalingo
domestico 2	*domestic, household, family, home*	tu devi fare tutti i lavori domestici; i gatti sono animali domestici; quel disinfettante non è per uso domestico
familiare/ **famigliare** 2	*family, household* (for use as a noun, see **parente**)	abbiamo convocato una riunione familiare; dobbiamo discutere di faccende familiari; gli assegni familiari in Italia non sono molto alti

dominare   to dominate

reggere 3	*to rule*	reggere la nazione/il paese/lo stato
signoreggiare 3	*to dominate, to rule* (usually historical)	la famiglia Visconti signoreggiava su Milano e su gran parte della Lombardia
padroneggiare 3-2	*to dominate, to master* (see also **reprimere** (a))	l'oratore sa padroneggiare la folla; non ho padroneggiato quella tecnica; hai padroneggiato la lingua italiana?
regnare 3-2	*to reign, to rule* (also figurative)	la regina Vittoria regnò fino al 1901; da quanti anni regna la regina Elisabetta?; nella città regnava il più assoluto silenzio; in questo paese regna il terrore
comandare 2	*to command, to be in charge (of)* (see also **ordinare** (a))	comandare una divisione/un esercito/un reggimento; è un uomo duro, comanda i dipendenti a bacchetta; in questa casa comando io!; qui nessuno comanda, siamo tutti uguali
dominare 2	*to dominate, to rule* (also figurative) (see also **predominante**)	Napoleone dominò quasi tutta l'Europa; Gianni ha sempre dominato moglie e figli; il campione ha dominato l'avversario; riesce a

		dominare la situazione; la montagna domina questa valle; in questa casa dominano la confusione e il disordine
governare 2	*to govern, to rule*	governare bene/male; quel partito non sa governare; sai chi governasse Ferrara nel Medioevo?

donna   woman

donna f 2	*woman* (see also **marito/ moglie**)	non conosco quella donna; dov'è andata la donna che era qui?; vorrei vedere la donna che ha portato il pacchetto
femmina f 2	*female, women*	i maschi erano seduti a sinistra e le femmine a destra; siamo quasi tutte femmine nella nostra famiglia; le femmine tra gli animali sono generalmente meno forti
signora f 2	*lady, Madam* (see also **marito/moglie**)	la signora lo salutò cordialmente; Signora Rossi, vuole accomodarsi?; da quando ha sposato un lord, fa la signora
signorina f 2	*young lady/woman, (unmarried) woman, Miss*	la signorina chiese un'informazione al vigile; Signorina Bianchi, come sta?
donnetta f 2-1	*woman* (implies busybody)	Mariuccia è veramente pettegola, una donnetta di cui non fidarsi; quella donnetta sa tutto di tutti
donnone m 2-1	*big woman*	Gina è diventata un donnone dall'ultima volta che l'ho vista; non dirmi che quel donnone con Pino era sua moglie
femmina f 2-1	*woman* (pejorative)	non ti vergogni a piangere come una femmina?; Giorgio si pentirà se sposa quella brutta femmina
tardona f 2-1	*mutton dressed as lamb*	Luigi esce con una bella tardona; quell'attrice fa sempre la tardona nei film
cagna f 1*	*slut, slag*	è una gran cagna; quella cagna va con chi capita
fica f/**figa** f 1*	*piece of ass, skirt* (see also **vagina**)	hai visto che bella fica!; usciamo stasera: quel locale è pieno di fiche

dormire (see also **stendersi**)   to sleep

assopirsi 3-2	*to doze off, to drowse*	il malato, finalmente, si assopì; ero molto stanca e mi sono assopita in poltrona
coricarsi 3-2	*to go to bed*	la sera si coricano dopo le undici; sono stanco, vado a coricarmi; ci coricammo presto per partire all'alba
dormicchiare 3-2	*to snooze*	il gatto stava dormicchiando sul divano; mio marito dormicchia spesso durante il pomeriggio

sonnecchiare 3-2	*to doze, to drowse*	sono solo le sette, lasciami sonnecchiare un'altra mezz'ora; il nonno e il gatto sonnecchiano insieme accanto al fuoco
addormentarsi 2	*to fall asleep*	mi sono addormentata tardi ieri notte; quel bambino non riesce mai ad addormentarsi
appisolarsi 2	*to doze off*	il nonno si è appisolato sulla poltrona
dormire 2	*to sleep*	dormire bene/male/poco/tanto; il bambino dorme?; non riesco mai a dormire al pomeriggio; ha dormito dieci ore ieri notte
andare a dormire 2	*to go to bed/to sleep*	va' a dormire che è tardi; di solito, Gino va a dormire presto; a che ora sei andata a dormire ieri sera?
prendere sonno 2	*to get to sleep*	malgrado il silenzio profondo non sono riuscito a prendere sonno
andare a letto 2-1	*to go to bed*	sono stanca, vado a letto; è già andata a letto Giuliana?; se hai sonno, perché non vai a letto?
fare un pisolino 2-1	*to (have/take a) nap* (see also **sonno**)	di pomeriggio fa sempre un pisolino sul divano; io farei un pisolino per un quarto d'ora

dottore — doctor

dottore m/ **dottoressa** f 2	*doctor* (medical title and title given to all graduates in Italy)	un dottore in economia/in lettere/in lingue/in medicina; suo fratello fa il dottore in Africa; il mio dottore è di New York
medico m 2	*doctor* (exclusively medical)	un medico generico/specialista; domani dovresti andare dal tuo medico; cosa dice il vostro medico di questa epidemia?

dramma — drama

drammaticità f 3	*drama, dramatic force*	la drammaticità di quest'opera la rende eccezionale
commedia f 2	*play, comedy, play-acting*	ho letto tutte le commedie di Goldoni; quest'opera si può definire una commedia di carattere; sono stufo di te, non fare la commedia!
dramma m 2	*drama, play* (also figurative)	un dramma antico/comico/moderno/ tragico; quella rappresentazione era priva di dramma; ho vissuto il dramma della solitudine; è stato un vero dramma familiare
teatro m 2	*theatre* (physical and otherwise), *drama, plays* (also figurative)	hanno costruito un nuovo teatro; il teatro è affollato stasera; mi piace molto il teatro comico; il teatro classico francese è molto

		stilizzato; hai studiato il teatro di Pirandello?; questo è il teatro della battaglia
tragedia f 2	*tragedy* (also figurative)	la tragedia greca è una forma artistica molto speciale; è stata rappresentata una tragedia di Shakespeare; il terremoto è stato una vera tragedia per tutti

droga   drug

narcotico m 3	*narcotic*	quella donna usava narcotici da anni; i narcotici sono dannosi alla salute
stupefacente m 3-2	*drug, narcotic*	la polizia ha trovato molti stupefacenti nascosti in una macchina; l'eroina è uno stupefacente pericoloso
droga f 2	*drug(s)*	una droga leggera/pesante; la droga è diventata un serio problema in tutto il mondo; l'economia di alcuni paesi si basa quasi esclusivamente sulla droga
spinello m 2	*joint* (of marijuana or hashish)	gli studenti fumavano spinelli in palestra
canna f 1	*joint* (of marijuana or hashish)	facciamoci una canna
erba f 1	*grass* (marijuana)	ho comprato un po' di erba; quello vende erba
roba f 1	*dope, stuff*	è in crisi d'astinenza, deve trovarsi un po' di roba

drogato   drug addict

tossicodipendente mf 3	*drug addict*	i tossicodipendenti sono seguiti dai medici della regione; dovrebbero curare i tossicodipendenti, non arrestarli
tossicomane mf 3-2	*drug addict*	il ragazzo arrestato era tossicomane da anni; ci sono molti tossicomani attorno alla stazione
drogato/a mf 2	*drug addict*	non uscire con quel ragazzo, è un drogato; quella ragazza è diventata una drogata più per noia che per altro
tossico/a mf 2-1	*junkie, druggy*	ma lascia perdere quello, che è un tossico!; è una tossica, non capisce un cavolo

durare (see also continuare)   to last

perdurare 3	*to last, to go on*	se perdura la siccità, il raccolto sarà rovinato; il maltempo perdura ormai da due settimane

persistere 3-2	to carry on, to persist (see also **insistere**)	la crisi politica persiste da quasi un anno; se persisteranno le cause di tensione, non ci potrà essere stabilità
prolungarsi 3-2	to extend, to grow longer, to be prolonged	la sua permanenza si prolungò di cinque giorni; l'attesa cominciava a prolungarsi oltre ogni limite di sopportazione
durare 2	to last, to go on, to keep up/on, to hold on (in a variety of senses) (auxiliary usually **essere**)	è un bel film, ma dura troppo; per l'Italia la seconda guerra mondiale è durata cinque anni; la sua felicità durò poco; la pioggia è durata tutta la notte; speriamo che il bel tempo duri; col freddo i cibi durano molto; questa stoffa è durata molto; il nuovo impiegato non durerà molto in questo ufficio
reggere 2	to last, to hold (see also **resistere**)	speriamo che il tempo regga; la buona stagione non ha retto che per pochi giorni

duro   hard

duro 2	hard (see also **difficile** and **severo**)	questo torrone è troppo duro per i miei denti; com'è duro il vostro divano!; ha la testa dura quella ragazza
rigido 2	stiff, hard (for figurative use, see **freddo** and **severo**)	questo libro ha la copertina rigida; aveva le dita rigide dal freddo; era rigida dallo spavento; era morto da alcune ore e il corpo era già rigido
sodo 2	firm, hard-boiled (of eggs in the last sense) (also used as an adverb after **lavorare**, in the sense of hard)	che bella carne soda, questo bambino!; al venerdì di solito mangio uova sode; come lavora sodo quel ragazzo

ebreo   Jew

israelita mf 3	Jew, Israelite (literary and usually biblical) (also used as an adjective)	Dio guidò gli israeliti nella terra promessa; il popolo israelita fuggì dall'Egitto
giudaico 3-2	Jewish (usually of the religion)	la legge giudaica può essere molto severa
giudeo 3-2	Jewish (literary and usually biblical) (also used as an noun)	il popolo giudeo fu sconfitto dai Romani; Cristo fu chiamato Re dei giudei; i giudei portarono Cristo da Ponzio Pilato
ebraico 2	Jewish	il calendario/il tempio ebraico; la lingua/la religione ebraica; la Pasqua ebraica cade in una data diversa da quella cattolica
ebreo/a mf 2	Jew, Jewish (noun and adjective)	è un vero peccato che gli ebrei in Israele non riescano a trovare un accordo con gli arabi; il

		mio amico Joshua è ebreo; non studiano religione con noi perché sono ebrei
israeliano/a mf 2	*Israeli*	gli israeliani erano in guerra con i palestinesi; il primo ministro israeliano si è incontrato con il presidente americano

eccellente excellent

esemplare 3-2	*exemplary*	ha sempre tenuto un comportamento esemplare; quella è stata veramente una lezione esemplare
eccellente 2	*excellent* (in a variety of contexts)	questa è un'idea eccellente; ha una vista eccellente; hai un'eccellente memoria; l'arrosto di agnello era eccellente; le stampe dei disegni della mostra sono risultate eccellenti
ideale 2	*ideal*	una donna/un uomo ideale; questa mi sembra la soluzione ideale
magnifico 2	*wonderful, magnificent*	un gioiello/un regalo magnifico; al lago oggi c'era un magnifico sole
meraviglioso 2	*marvellous, wonderful*	una casa/una giornata meravigliosa; mia nonna era una persona meravigliosa; vederlo recitare è stato meraviglioso
ottimo 2	*very good, excellent*	un'ottima cosa/idea; con questa tecnica abbiamo ottenuto ottimi risultati
perfetto 2	*perfect*	fragole e panna sono una combinazione perfetta; questi due colori insieme sono perfetti
splendido 2	*splendid*	una casa/una giornata/una ragazza splendida; siamo stati in vacanza in un posto splendido
squisito 2	*delicious, exquisite* (often of food)	questo gelato allo zabaglione è squisito; Paola accosta i colori con un gusto squisito; ha delle maniere squisite
stupendo 2	*wonderful, stupendous*	l'attrice aveva uno stupendo vestito di seta; quel quadro è proprio stupendo; sua moglie è una persona stupenda
divino 2-1	*divine* (for religious sense, see **religioso**)	un'armonia/una creatura/una voce divina
fantastico 2-1	*fantastic*	ho passato un pomeriggio fantastico coi miei amici; quel film ha una fotografia fantastica
favoloso 2-1	*fabulous*	ho sentito un disco favoloso; quella discoteca è favolosa

eccetto   except

a prescindere da [3]	*apart from*	a prescindere dal fatto che non mi ha mai rivolto la parola, dimmi perché lo dovrei aiutare
ad eccezione di [3-2]	*except, with the exception of*	ad eccezione del Dottor Gili nessuno ha presentato una buona relazione su quella ditta
all'infuori di [3-2]	*apart from*	all'infuori di te non mi ha ascoltato nessuno; all'infuori di quel libro in biblioteca non c'era niente su Rosmini
eccetto [2]	*except, apart from*	eccetto Maria nessuno ha visto quel ragazzo; sono venuti tutti eccetto te; eccetto perdere tempo, tu che fai nella vita?
escluso [2]	*excluding* (used adjectively)	tutti i cittadini, nessuno escluso, sono soggetti alla legge; ho invitato tutti al matrimonio, esclusi quei tuoi due amici
fuorché [2]	*save, except, apart from*	Giacomo non ha mangiato niente, fuorché patate; nessuno si comporterebbe così fuorché lui
salvo [2]	*apart from, except*	salvo riviste, Nicola non legge mai niente; quando è venuto io non gli ho detto niente, salvo che tu non c'eri
a parte [2]	*apart from*	a parte te, non mi capisce nessuno; a parte il vino non hai portato nient'altro da bere?; cos'ha mai fatto nella sua vita, a parte divertirsi?
tranne [2]	*except*	tutti hanno accettato tranne lui; sarò in città tutta la settimana tranne mercoledì; tollero tutto tranne l'ipocrisia

eccezionale   exceptional

inaudito [3]	*unheard of*	trattavano i prigionieri con una crudeltà inaudita; questa è una cosa veramente inaudita
clamoroso [2]	*sensational, startling*	la Juve ha subito una sconfitta clamorosa; è arrivata una notizia clamorosa; sappiamo tutti il risultato di quel processo clamoroso
eccezionale [2]	*exceptional* (see also **raro**)	un libro/una persona/un risultato/una vacanza eccezionale; ha un'intelligenza eccezionale; è un gioiello di eccezionale valore; Luca ha una capacità eccezionale di capire la gente
incredibile [2]	*incredible, unbelievable*	un'esperienza/una storia incredibile; incredibile ma vero, ho finito quel progetto; a Piero capitano storie incredibili

prodigioso 2	*extraordinary, prodigious*	che evento prodigioso!; ha una memoria prodigiosa; per me, l'aspirina è un farmaco prodigioso
sensazionale 2	*sensational*	la sua interpretazione di Shakespeare ha riscosso un successo sensazionale
straordinario 2	*extraordinary, incredible*	quella cantante ha una voce straordinaria; vedere quel quadro è stata una esperienza straordinaria per mio padre
strepitoso 2	*incredible, sensational*	quell'attrice ha avuto un successo strepitoso; la squadra ha riportato una vittoria strepitosa
fenomenale 2-1	*phenomenal, fantastic*	quel concerto rock era fenomenale, è continuato per ore; qui fanno una fenomenale pizza con la rucola
sensazionale 2-1	*sensational*	siamo andati a una festa sensazionale; quel cantante è sensazionale quando fa il rap; tuo fratello è sensazionale alle feste, fa morir dal ridere

ecclesiastico (see also suora)   ecclesiastic

abate m 3-2	*abbot*	l'abate si precipitò a vedere quello che era successo nel monastero
ecclesiastico m 3-2	*ecclesiastic*	si vedeva che l'uomo era un ecclesiastico; molti ecclesiastici studiano all'Università Gregoriana a Roma
rabbino m 3-2	*rabbi*	il rabbino entrò nella sinagoga; il nostro rabbino è un famoso studioso del Talmud
arcivescovo m 2	*archbishop*	l'arcivescovo ha detto Messa in duomo; l'arcivescovo ha benedetto la nuova chiesa
cardinale m 2	*cardinal*	i cardinali si sono riuniti in concilio per scegliere un nuovo papa
curato m 2	*curate*	il curato arrivò alla sua parrocchia; il vecchio curato era un brontolone
frate m 2	*friar*	un frate agostiniano/domenicano/ francescano; il loro figlio vuol farsi frate
monaco m 2	*monk*	un monaco buddista/cattolico; quei monaci vivono in clausura
padre m 2	*Father*	il reverendo padre; un padre benedettino/ cappuccino; padre, mi benedica; ha studiato dai padri
parroco m 2	*curate* (slightly more modern than **curato**)	se ti vuoi sposare in luglio devi andare a parlare al parroco; il nostro parroco si chiama Don Giuliano

prete m 2	*priest*	ha chiamato il prete quando si è accorto di stare male; il prete ha benedetto i fedeli
sacerdote m 2	*priest* (slightly more modern than **prete**)	ha studiato da sacerdote; quel sacerdote è molto giovane; devo proprio confessarmi da quel sacerdote?
vescovo m 2	*bishop*	alla festa del patrono verrà anche il vescovo; dov'è la residenza del vescovo?

edificio building

costruzione f 2	*building, construction*	queste costruzioni sono in cemento armato; questa costruzione fu terminata nel periodo rinascimentale
fabbricato m 2	*building, edifice* (implies large size)	qui stanno progettando un nuovo fabbricato enorme; stanno per demolire tutti questi vecchi fabbricati industriali
edificio m 2	*building*	questo edificio fu progettato da un famoso architetto; l'edificio di cui ti parlavo è il primo a destra

edizione edition

copia f 2	*copy*	dov'è la mia copia della Divina Commedia?; ho venduto tutte le copie della rivista che cerchi
edizione f 2	*edition, version* (book or radio/television news)	un'edizione critica/economica/tascabile; questa è l'ultima edizione dell'opera; è una rara edizione di Dante; la prima edizione del telegiornale è alle 7 del mattino
episodio m 2	*episode* (see also **affare**)	questo è l'episodio in cui l'eroe scappa con la cameriera; alla TV c'è un altro episodio di Ritorno a Brideshead
fascicolo m 2	*part* (of a longer publication or series of publications)	hanno pubblicato il primo fascicolo di quel dizionario; comprerò l'ultimo fascicolo dell'enciclopedia medica
numero m 2	*issue, copy* (of a magazine, review or newspaper)	ha l'ultimo numero della rivista?; i numeri arretrati del quotidiano possono essere richiesti alla redazione
puntata f 2	*instalment, episode* (of a serial)	i romanzi di Dickens uscivano a puntate; seguirà la trecentocinquantesima puntata della telenovela

elegante elegant, smart

forbito 3	*polished, refined* (usually of language)	è molto forbito nel parlare; usa sempre un vocabolario molto forbito

distinto 3-2	*distinguished, refined* (usually of birth or manners or taste)	appartiene a una famiglia distinta; ha modi distinti; distinti saluti (letter ending)
raffinato 3-2	*refined, sophisticated*	vive in una casa proprio raffinata; si tratta di un romanzo molto raffinato; il suo modo di vestire è molto raffinato
chic 2	*chic, smart, fashionable* (also used as a noun)	un abito/una casa/una donna molto chic; sei molto chic stasera; portava un vestito di uno chic eccezionale
elegante 2	*elegant, smart, stylish* (used in a wide variety of contexts)	una figura/un mobile/una prosa/un ristorante/un salotto/una signora/una soluzione/un vestito elegante; è arrivato in un'automobile proprio elegante
fine 2	*refined, delicate, fine*	è un abito molto fine; quella ragazza ha lineamenti fini; quella donna non è bella ma è molto fine
alla/di moda 2	*fashionable, in fashion*	ho comprato un cappello alla moda; sembrava una signora alla moda; questa stoffa è di moda quest'anno

elemento   element, feature

attributo m 3	*attribute, quality*	l'esperienza è un attributo della vecchiaia; gli attributi muliebri sono molteplici
costituente m 3	*element, constituent*	l'ossigeno è un costituente dell'ossidio di carbonio
lineamenti mpl 3	*(main) features, outlines* (for non-figurative use, see **faccia**)	il titoli di questi libro è 'Lineamenti di fisica elementare'; ha esposto i lineamenti di quella nuova teoria
componente m or f 3-2	*component (part), ingredient, element* (see also **membro**)	il rame è un componente dell'ottone; in lui c'è una componente aggressiva; una componente essenziale della sua opera è la violenza
tratto m 3-2	*trait, characteristic, feature* (often plural) (see also **faccia** and **pezzo**)	quali sono i tratti caratteristici di questi personaggi?; quali sono i tratti salienti di quel periodo?
aspetto m 2	*feature, aspect* (see also **aspetto**)	hai considerato tutti gli aspetti di questo caso?; questi sono diversi aspetti di uno stesso problema; sotto l'aspetto economico non si può dargli torto
caratteristica f 2	*characteristic, distinctive feature* (often plural)	una caratteristica di questo autore è l'uso del dialogo; il sarcasmo è una caratteristica dei cinici; non credo di avere capito le caratteristiche di questo metallo

elemento m [2]	*element, component (part), (main) feature, fact* (see also **pezzo**)	consideriamo l'edificio in tutti i suoi elementi; qual è il primo elemento della parola?; la legge morale è elemento essenziale della civiltà; vorrei conoscere gli elementi dell'astronomia; non hanno sufficienti elementi per giudicare
ingrediente m [2]	*ingredient* (often but not exclusively of food or drink)	se hai gli ingredienti, possiamo provare questa nuova ricetta; quali sono gli ingredienti di questo cocktail?; ci ha spiegato gli ingredienti di un buon romanzo poliziesco
proprietà f [2]	*property* (usually plural) (see also **roba**)	quali sono le proprietà di queste acque termali?; le proprietà chimiche di questo prodotto non sono ben note
qualità f [2]	*quality, characteristic, feature* (usually positive) (see also **valore**)	delle qualità fisiche/intellettuali/morali/ negative/positive; è un giovane di eccezionali qualità; l'intelligenza non è la sua sola qualità; la prima qualità di un buon cane è l'ubbidienza
unità f [2]	*unit, element*	la frase è un'unità sintattica; la regione è un'importante unità amministrativa in Italia

---

emigrato emigrant

apolide mf [3]	*stateless (person)* (noun or adjective)	chi non ha una cittadinanza viene definito apolide; gli apolidi si trovano in una situazione molto difficile
fuoriuscito/a mf [3]	*exile, refugee, emigré* (often with political overtones)	dopo la guerra i fuoriusciti antifascisti sono tornati in patria; Berlino è un punto d'incontro per molti fuoriusciti turchi
proscritto/a mf [3]	*exile, banished person*	nell'antica Roma i proscritti non tornavano mai in patria; i proscritti del Risorgimento cercarono rifugio ovunque
espatriato/a mf [3-2]	*expatriate, emigrant* (usually implies long term)	vive a Parigi con altri espatriati; quegli espatriati russi che ti ho presentato sono dissidenti politici
esule mf [3-2]	*exile, refugee*	è terribile vedere la tristezza degli esuli; Mazzini visse da esule a Londra; in questa zona vivono molti esuli palestinesi
emigrante mf [2]	*emigrant*	molti emigranti italiani andarono in America nei primi anni del Novecento a cercare lavoro
emigrato/a mf [2]	*emigrant, exile*	molti nostri emigrati vivono in Germania; molti emigrati politici italiani hanno passato gli anni della guerra in Russia
profugo/a mf [2]	*refugee*	molti profughi albanesi sono arrivati in Italia; le guerre nei Balcani hanno causato molti profughi

rifugiato/a mf 2	*refugee, exile*	un rifugiato politico; suo nonno era un rifugiato della guerra civile spagnola

emozionante

exciting

appassionante 3-2	*exciting, thrilling* (less common than **entusiasmante**)	è stata una partita appassionante
toccante 3-2	*touching, moving* (less common than **commovente**)	un discorso/un gesto/una parola toccante
commovente 2	*touching, moving*	mi hai raccontato una storia proprio commovente; quella scena del film era proprio commovente
eccitante 2	*stimulating, exciting* (sometimes with an erotic connotation) (see also **erotico**)	Giovanni trova molto eccitanti i film pornografici; può essere eccitante ballare con una persona che ti piace
emozionante 2	*exciting, stirring*	un film/un racconto/uno spettacolo emozionante; è emozionante vedere vincere la tua squadra nazionale
entusiasmante 2	*exciting, thrilling*	un film/una lettura/uno spettacolo entusiasmante

emozionato (see also **nervoso**)

excited, moved

concitato 3	*excited, impassioned*	era tutto concitato; mi ha parlato con una voce concitata; ha fatto un discorso concitato
impietosito 3	*moved (to pity)*	sono rimasto impietosito dalle sue sofferenze
infervorato 3	*carried away, fired, enthused*	diventa tutto infervorato quando parla del suo lavoro
intenerito 3	*moved, touched*	siamo rimasti inteneriti dalle sue lacrime
appassionato 3-2	*passionate, impassioned*	le ha lanciato uno sguardo appassionato; ha pronunciato parole appassionate
impressionato 3-2	*affected, shocked, shaken* (positive or negative)	sono rimasto impressionato dal suo discorso; siamo tutti rimasti impressionati dalla sua morte
commosso 2	*moved, touched, emotional*	si sono mostrati molto commossi; mi ha lanciato uno sguardo commosso; ha parlato con una voce commossa
eccitato 2	*stimulated, roused, excited* (sometimes erotically)	era tutto eccitato per il successo del figlio; era eccitato dopo aver visto quelle scene quasi pornografiche

| **emozionato** [2] | *excited, emotional, moved* | era tutta emozionata perché ha conosciuto il suo cantante preferito; ero molto emozionato durante la cerimonia; quando ha accompagnato la figlia all'altare era molto emozionato |

NB most of these adjectives are also used as past participles of the verbs from which they derive (e.g. gli ho impietosito il cuore; la sua condizione mi ha intenerito l'animo; quell'attore ha appassionato il pubblico; l'annuncio ha impressionato l'opinione pubblica; le sue parole mi hanno proprio commosso; ciò che ha detto ha eccitato la mia curiosità (see also **spingere**); la vittoria della nostra squadra ci ha emozionati). The verbs are also used reflexively (e.g. si infervora sempre quando parla delle sue scoperte; è un uomo facile a intenerirsi; al matrimonio della figlia la madre si è commossa e ha pianto; non ti eccitare, stai calmo; è una ragazza molto nervosa che si eccita facilmente (see also **spingere**)).

---

erotico (see also **corrotto** and **sporco**) erotic

depravato [3]	*depraved, perverted* (also used as a noun)	è un giovane depravato; ha gusti depravati; sei un vero depravato
dissoluto [3]	*dissolute, debauched* (also used as a noun)	è un uomo dissoluto; conduce una vita del tutto dissoluta; fa parte di una compagnia di dissoluti
impudico [3]	*wanton, immodest* (less strong than **lascivo**)	hanno fatto gesti impudichi; è una donna impudica
inverecondo [3]	*shameless, immodest* (not much used)	un contegno inverecondo; vi erano immagini inverconde nascoste tra le pagine del libro
lascivo [3]	*lustful, wanton, lascivious, lecherous*	le ha rivolto uno sguardo lascivo; si dice che la danza di Salomè fu lasciva; quel canale trasmette spettacoli lascivi
libidinoso [3]	*lustful, lecherous, lascivious*	un atto/un comportamento/un discorso libidinoso
lussurioso [3]	*lustful, wanton*	un uomo lussurioso; una donna lussuriosa; pensieri/sguardi lussuriosi
licenzioso [3-2]	*licentious, dissolute*	quello scrittore ha avuto una gioventù piuttosto licenziosa; quel poeta scrive versi licenziosi
perverso [3-2]	*perverted* (also used as a noun in the form **pervertito**)	ha dei gusti proprio perversi; sei un pervertito e basta!
vizioso [3-2]	*depraved, corrupt* (also used as a noun)	l'ha accusato di aver commesso atti viziosi; sei una persona del tutto viziosa; si vede dalla faccia che sono dei viziosi
voluttuoso [3-2]	*voluptuous, sensual*	quella donna ha una bocca voluttuosa; uno sguardo/un sorriso voluttuoso; una carezza/una danza voluttuosa
eccitante [2]	*stimulating, exciting* (often with an erotic connotation) (see also **emozionante**)	il suo modo di guardarmi è stato molto eccitante

erotico [2]	*erotic, sexy*	un atto/un pensiero/uno sguardo/un sogno erotico; abbiamo visto una scena erotica; ti piace la letteratura erotica?
pornografico [2]	*pornographic*	un film/un romanzo/uno spettacolo pornografico; mostrava riviste pornografiche agli amici
provocante [2]	*provocative*	indossava un vestito provocante; ha assunto una posa provocante; è una donna giovane e provocante
scabroso [2]	*sordid* (usually with reference to a sexual matter)	ha voluto conoscere i particolari più scabrosi dell'episodio; l'argomento, per quanto sia scabroso, va trattato a fondo
scostumato [2R]	*immoral, indecent, dissolute* (regional Southern usage)	quella donna fa una vita scostumata; lo spettacolo che abbiamo visto era proprio scostumato
sensuale [2]	*sensual, sensuous*	un uomo/una donna/una musica/una voce sensuale; quella donna aveva labbra sensuali
sessuale [2]	*sexual*	i giovani devono ricevere una corretta educazione sessuale; quell'uomo soffre di repressioni sessuali
sexy [2]	*sexy, erotic*	un'attrice/una ragazza/una scena/un vestito sexy
porno [2-1]	*pornographic, porno* (invariable)	quel cinema fa vedere solo film porno

errore

error, mistake

disguido m [3]	*error, going astray* (usually in postal or delivery matters)	per un disguido non ho ancora ricevuto la lettera
lapsus m [3]	*lapse, slip* (usually in set expressions)	ho fatto un lapsus calami/freudiano/linguae; ha avuto un lapsus di memoria e non mi ha riconosciuto
refuso m [3]	*misprint*	quei libri sono sempre pieni di refusi; ogni giorno il giornale pubblica correzioni dei refusi del giorno prima
trascorso m [3]	*(past) mistake, escapade*	i suoi trascorsi sono noti a tutti; non gli hanno mai perdonato i trascorsi di gioventù
inesattezza f [3-2]	*inaccuracy*	ci sono parecchie inesattezze in quest'articolo; in questa traduzione c'è una serie d'inesattezze
errore m [2]	*error, mistake* (see also **sbaglio**)	questo libro ha molti errori tipografici; è stato un errore non chiedere come funziona questo aggeggio; ha commesso un errore di giudizio

fallo m 2	*foul* (in sport)	il giocatore ha commesso un grave fallo ed è stato espulso dall'arbitro
gaffe f 2	*blunder, faux pas* (invariable plural)	hai fatto una gaffe imperdonabile; invitare lui e non la moglie è stata una terribile gaffe
sbaglio m 2	*mistake, error* (see also **sbagliare**)	deve esserci uno sbaglio; ho commesso un grave sbaglio; ho preso per sbaglio il tuo ombrello
sproposito m 2	*blunder, howler, mistake*	il compito è pieno di spropositi grammaticali; ha detto un sacco di spropositi; è uno sproposito sposarsi troppo giovani
strafalcione m 2	*blunder, howler* (usually linguistic)	la tua lettera contiene un grosso strafalcione; l'italiano lo parla bene ma ogni tanto fa qualche strafalcione
svista f 2	*slip, oversight*	questa traduzione è molto buona, contiene solo un paio di sviste; è stata una svista da parte mia non salutarlo
abbaglio m/ **cantonata** f/ **granchio** m 2-1	*blunder, mistake* (all normally used with **prendere**)	ho preso un abbaglio/una cantonata/un granchio

esame   exam(ination), test

concorso m 2	*examination* (competitive), *competition, selection* (see also **competizione**)	hanno bandito/chiuso/sospeso il concorso per la cattedra di latino; c'è un concorso nazionale per quei posti di lavoro
esame m 2	*exam(ination), test* (see also **analisi**)	un esame orale/scritto/di ammissione/di guida; ha superato l'esame d'abilitazione/di laurea/di maturità; lo hanno bocciato agli esami di maturità; gli esami non finiscono mai
prova f 2	*test, exam(ination)*	ha sostenuto la prova scritta di italiano; oggi si fa la prova orale
test m 2	*test* (usually psychological or medical) (see also **indagine**)	un test attitudinale/di gravidanza/ d'intelligenza/di rendimento; i candidati furono selezionati in base a un test; tutti i paesi dovrebbero cessare i test nucleari

esaminare   to examine

recensire 3	*to review* (in writing in newspaper, magazine, etc.)	recensire una commedia/un film/un saggio politico; la critica ha recensito il nuovo romanzo di questo famoso autore
(sop)pesare 3	*to weigh up, to evaluate, to assess*	dobbiamo soppesare i pro e i contro della scelta; bisogna pesare i lati positivi contro quelli negativi della proposta

vagliare 3	*to weigh up, to examine closely*	hai vagliato la mia proposta?; ho vagliato bene ogni frase prima di scrivergli
approfondire 3-2	*to go into, to examine/study closely*	vorrei approfondire questo argomento; è una questione che va approfondita
valutare 3-2	*to evaluate, to assess, to weigh up*	bisogna valutare l'originalità della ricerca; cercherò di valutare i vantaggi e gli svantaggi del progetto
analizzare 2	*to analyse, to examine*	analizzano la situazione; analizziamo bene il testo prima di dare un giudizio; quello scrittore analizza i sentimenti umani
esaminare 2	*to examine* (in a variety of contexts) (see also **indagare**)	esaminare l'offerta/la proposta/la questione; hanno esaminato il quadro minuziosamente; dobbiamo esaminare tutti i candidati con una prova scritta; il medico esaminò la ferita
esplorare 2	*to explore, to examine carefully* (also figurative)	hanno esplorato una regione sconosciuta; bisogna esplorare tutte le possibilità
studiare 2	*to study*	stanno studiando le cause del disastro; per capire bene il mondo bisogna studiare l'uomo; hai studiato i progetti della ditta concorrente?
visitare 2	*to examine* (medically) (see also **visitare**)	il dottore ha visitato l'ammalato; quando sei andato all'ospedale, chi ti ha visitato?

escremento excrement

escremento m 3-2	*excrement, dung* (human or animal) (often used in plural)	la polizia ha trovato escrementi umani dappertutto; gli escrementi animali possono essere pericolosi alla salute dei bambini
feci fpl 2	*faeces, excrement* (human)	hanno fatto l'analisi delle feci del malato
sterco m 2	*droppings, dung* (animal)	questa zona è piena di sterco di cane; hanno concimato il terreno con sterco bovino
popò m/**pupù** m 2-1	*poo, business* (see also **cacare**) (children's language)	cerca di non fare la popò quando sei in mezzo alla gente; hai fatto la pupù oggi?
cacca f 1	*business, dirty!* (children's language)	Paolino non ha fatto la cacca oggi: non toccare, è cacca!
merda f 1*	*shit, crap* (also figurative)	non hanno pulito il cesso, è pieno di merda; il libro è una merda; ho visto un film di merda; lasciano tutti nella merda

esercizio practice, exercise

apprendistato m 3-2	*apprenticeship, training*	ho fatto il mio apprendistato negli anni cinquanta; ha imparato molto durante il suo apprendistato in procura

esercitazione f 3-2	*exercise, practice, drill*	il suo primo romanzo era un'esercitazione letteraria; c'è stata un'esercitazione antincendio ieri; l'esercito ha fatto un'esercitazione notturna
addestramento m 2	*training*	qui si fa addestramento militare/ professionale/di cani/di cavalli/del personale; una gara/un periodo di addestramento
allenamento m 2	*training* (usually but not always for sport)	la cosa più importante per tutti gli sportivi è l'allenamento; sono fuori allenamento; devo continuare a scrivere in inglese per tenermi in allenamento per l'esame
esercizio m 2	*practice, exercise*	per la salute conviene fare molto esercizio; alla mia classe di ginnastica si fanno molti esercizi; abbiamo fatto un esercizio di grammatica; il magistrato sta agendo nell'esercizio delle sue funzioni; non riesco più a correre, sono fuori esercizio
pratica f 2	*practice, training*	bisogna guardare la pratica non la teoria; si impara con la pratica; sa l'inglese bene, ma gli manca la pratica
tirocinio m 2	*training, apprenticeship*	ho fatto il mio tirocinio presso quel notaio; mio fratello fa tirocinio in ospedale

esperto (see also **capace**) — expert, specialist

dotto 3	*learned, scholarly*	è dotto in letteratura antica; quel libro è ricco di dotte citazioni; ha scritto un dotto saggio sulle tradizioni popolari
erudito 3	*learned, erudite* (also used as a noun)	un articolo/un discorso erudito; ho assistito a un convegno di autentici eruditi
conoscitore m/ **conoscitrice** f 3-2	*connoisseur, authority, expert*	un conoscitore di arte/di musica classica/di vino; quell'uomo è un grande conoscitore dell'animo umano
intenditore m/ **intenditrice** f 3-2	*connoisseur, authority, good judge* (less professionally 'expert' than **conoscitore**)	è un intenditore di arredamento/di automobili d'epoca/del valore delle antichità
perito m 3-2	*expert* (in technical fields)	un perito agrario/chimico/giudiziario/ industriale; avendo fatto gli appositi studi è ormai perito meccanico
esperto/a mf 2	*expert, specialist* (also used an an adjective) (see also **sapere**)	un esperto aziendale/costituzionale/legale; fa parte di un comitato di esperti; non sono esperto in queste faccende
intellettuale mf 2	*intellectual* (sometimes pejorative) (also used as an adjective)	è un intellettuale di sinistra; si dà arie da intellettuale; un'attività/una donna/un piacere intellettuale; perché non usi le tue facoltà intellettuali?

maestro/a mf 2	*master, expert, maestro* (see also **insegnante**)	un maestro di eleganza/di fascino/di scherma/di stile; una maestra di ballo/di pianoforte/di recitazione; per cucinare è una maestra; ognuno conosce i grandi maestri della scultura
ricercatore m/ **ricercatrice** f 2	*researcher, research worker*	un ricercatore scientifico/universitario/in letteratura contemporanea; lavoro come ricercatrice presso un centro di studi medievali
specialista mf 2	*specialist, expert* (sometimes specifically medical)	uno specialista di fisica nucleare/di lingue romanze/degli occhi; è uno specialista dei 400 metri a farfalla; quando avevo dei dolori al cuore, ho consultato uno specialista
studioso/a mf 2	*scholar, expert* (for use an an adjective, see **attivo**)	quel professore è un famoso studioso di storia romana; non ho letto i pareri degli studiosi; lui è studioso di matematica
testa d'uovo f 1	*egg-head* (usually ironic or pejorative)	ha sempre il naso nei libri, è una testa d'uovo

espressione expression

locuzione f 3	*phrase, locution*	una locuzione avverbiale/preposizionale/ verbale; 'tener testa' è una locuzione verbale
espressione f 2	*expression* (see also **aspetto**)	un'espressione avverbiale/dialettale/ idiomatica/letteraria; non scrive male ma l'espressione è un po' incerta; ha mandato un'espressione di amore/di riconoscenza/di simpatia
frase f 2	*phrase* (also the normal word for *sentence*)	non trovo la frase giusta; queste sono tutte frasi fatte; per fare una frase occorrono il soggetto e il predicato
modo di dire m 2	*expression, phrase, idiom*	ha scritto un libro sui modi di dire italiani; è un modo di dire molto in voga; non bisogna credergli, è solo un modo di dire

essere to be

sussistere 3	*to exist, to be (valid)* (usually legal) (auxiliary **essere**)	il reato non sussiste; sono motivi che non sussistono; non sussistono prove contro di lui
essere situato/ **collocato** 3-2	*to be placed/situated, to stand* (see also **rimanere**)	l'albergo è situato sulla costa; quell'edificio è collocato vicino al duomo; l'appartamento è situato nel centro della città; il mio paese è situato in provincia di Lecco
trattarsi di 3-2	*to be (about), to be a question/ matter of, to be at stake*	mi avete chiamato. Di che si tratta?; si tratta di decidere chi avrà la preferenza; si tratta di una vita umana

esistere 2	*to exist, to be* (auxiliary **essere**)	i fantasmi non esistono; l'azienda non esiste più; non esistono prove solide; esistono situazioni in cui bisogna agire
essere 2	*to be* (in a wide variety of senses) (auxiliary **essere**) (see also **rimanere**)	il bambino è piccolo; il gatto è un animale; è meglio che tu non sappia; sono d'accordo con te; quando sarai grande, capirai; non sono mai stato a Roma; sono di Milano non di Venezia; che ore sono?; la casa è molto vicino alla spiaggia; quanto sono queste mele?; in questa stanza ci sono troppi soprammobili; c'era una volta una principessa
trovarsi 2	*to be, to be situated* (in space), *to be available, to get on*	in quel momento mi trovavo a Milano; il paese si trova a dieci chilometri dalla spiaggia; questo libro si trova in tutte le librerie; come ti trovi qui in Inghilterra?
stare 2-1	*to be, to be located/situated; to stand* (in regional Southern usage tends to replace **essere** in most cases in the sense of *to be*) (auxiliary **essere**) (see also **rimanere**)	la casa sta a due chilometri dal centro; le cose stanno così; come stai? Sto bene, grazie; queste scarpe mi stanno strette; dove abiti? Sto con i genitori; la difficoltà sta nello scegliere il momento giusto; mille persone possono stare in questo teatro; questa statua sta qui da mille anni; sono così stanco che non riesco a stare in piedi; stai troppo tempo a chiacchierare; Giovanni sta a casa in questo momento

estraneo (see also **strano**) stranger, outsider

forestiero/a mf 3-2	*stranger, foreigner*	gli zii avevano a cena dei forestieri; la città è piena di forestieri
estraneo/a mf 2	*stranger, outsider*	mi trattano da estraneo; c'era tutta la famiglia e qualche estraneo; non è consentito l'accesso agli estranei
sconosciuto/a mf 2	*stranger, unknown person*	uno sconosciuto ha telefonato due volte; per me sei una perfetta sconosciuta
straniero/a mf 2	*foreigner, alien*	qui vengono molti stranieri durante l'estate; ho studiato all'università per stranieri

NB all these words are also used as adjectives (e.g. queste sono persone forestiere; non mi confido mai con persone estranee; questo problema è estraneo all'argomento; è stata colpita da una malattia sconosciuta; ha trovato un animale finora sconosciuto; qui ci sono molti turisti stranieri; studio lingue e letterature straniere).

evitare to avoid

evadere 3	*to evade* (for intransitive use, see **fuggire**)	in Italia sono moltissime le persone che evadono il fisco; ha sempre evaso le sue responsabilità

sfuggire [3]	*to dodge, to avoid (see also* **fuggire***)*	sfuggire una discussione/un ostacolo/un pericolo; è un terribile seccatore e tutti lo sfuggono
sottrarsi a [3]	*to avoid, to get away from, to escape*	si è sottratto all'obbligo/al pericolo/alla vigilanza della polizia
eludere [3-2]	*to elude, to dodge, to get round*	ha sempre eluso la legge; eludendo le guardie è riuscito a scappare; come si può eludere questa difficoltà?
scansare [3-2]	*to dodge, to shirk, to get round, to shun (literal and figurative) (see also* **muovere***)*	ha scansato tutti i colpi che gli rivolgevano; scansa ogni sua responsabilità; tutti la scansano perché è antipatica
schivare [3-2]	*to dodge, to avoid*	ho schivato i pugni dell'avversario; ho schivato quella persona perchè mi dà fastidio
scivolare su [3-2]	*to gloss over, to avoid*	ha scivolato sul fatto perché non ne voleva parlare
evitare [2]	*to avoid, to shun, to evade, to spare*	l'automobilista è riuscito ad evitare il pedone; è meglio evitare i malintesi; ha evitato tutti i pericoli; devi evitare di passare davanti a casa sua; voglio evitarti questa noia

fabbrica   factory

opificio m [3]	*factory, works, plant*	hanno costruito l'opificio molti anni fa
manifattura f [3-2]	*factory, works*	il direttore della manifattura ha assunto tre nuovi operai; qui c'è una manifattura di calzature
cantiere m [2]	*works, building/construction site/yard, shipyard, dockyard*	un cantiere aeronautico/edile/navale/di riparazioni; l'accesso a questo cantiere è vietato ai non addetti ai lavori
fabbrica f [2]	*factory, works, plant*	una fabbrica di armi/di automobili/di mattoni/di mobili/di sapone/di tessuti; lavoro in una fabbrica di mille operai
officina f [2]	*workshop, small factory, laboratory (figurative in the last sense)*	un'officina meccanica/di montaggio/di riparazioni; lavora in un'officina che impiega otto persone; lo scrittore ha imparato a scrivere nell'officina letteraria del gruppo milanese
stabilimento m [2]	*factory, works (also used to indicate location), complex (non-industrial)*	uno stabilimento automobilistico/siderurgico; quello stabilimento produce laminati plastici; manderò il prodotto allo stabilimento di Roma; uno stabilimento balneare/termale

faccia (see also aspetto)   face

sembianze fpl 3	*features* (literary)	era una fanciulla dalle sembianze dolci e aggraziate
fattezze fpl 3-2	*features*	fattezze delicate/fini/grossolane
fisionomia f 3-2	*features, physiognomy* (literal or figurative)	ha una fisionomia comune/inconfondibile/strana; studio la fisionomia delle persone che incontro; la distruzione della guerra ha cambiato la fisionomia del posto
tratti mpl 3-2	*features* (for figurative use, see **elemento**)	ha un bel viso con tratti molto delicati
volto m 3-2	*face* (elevated style) (also figurative)	mi affascina il volto angelico di quella ragazza; aveva la gioia dipinta sul volto; la natura ha mille volti
lineamenti mpl 2	*features* (for figurative use, see **elemento**)	lineamenti delicati/marcati/regolari/rozzi; il suo viso ha una straordinaria purezza di lineamenti
viso m 2	*face*	un viso bello/magro/ossuto/paffuto/pallido/sporco; si è coperto il viso con le mani; aveva il viso bagnato di lacrime
faccia f 2-1	*face* (in a variety of senses including the figurative one of *reputation*)	una faccia abbronzata/ovale/rossa/rotonda; mi sono lavato la faccia; guardami in faccia; ogni moneta ha due facce; hanno perso la faccia; a tutti i costi dobbiamo salvare la faccia
ceffo m 1	*(ugly) mug* (of person)	che brutto ceffo, quel mascalzone!; vedendo quei brutti ceffi, è scappato
grugno m 1	*snout, face* (of pig), *(ugly) mug*	il muso del maiale si chiama grugno; non mi piace il tuo grugno
muso m 1	*face* (of animal or person), *(ugly) mug*	accarezzo il muso del mio cane; hai il muso tutto sporco; se non smetti, ti rompo il muso

facile   easy

agevole 3-2	*easy, smooth*	questo è un compito agevole; hanno reso agevole il mio passaggio; non è stato agevole parlarle
elementare 2	*simple, elementary* (see also **fondamentale**)	non capisce le spiegazioni più elementari; è un discorso elementare che tutti possono seguire
facile 2	*easy, simple* (see also **disposto** and **probabile**)	l'esame era facile; è un lavoro molto facile; è stata una vittoria facile; com'è facile offenderti; non ha un carattere molto facile; con questa nebbia è facile sbagliare strada

semplice 2	*simple, easy* (see also **naturale**)	uso un metodo molto semplice; è un problema molto semplice da risolvere

facilitazioni facilities

agevolazioni fpl 2	*facilities, concessions*	agevolazioni creditizie/fiscali; ho ricevuto speciali agevolazioni nel pagamento
facilitazioni fpl 2	*facilities*	facilitazioni di pagamento; in questa banca ci sono facilitazioni speciali per studenti

fallire to fail

fare bancarotta/ fare/dichiarare fallimento 2	*to go bankrupt, to fail* (usually commercial) (see also **insuccesso**)	la sua ditta ha fatto bancarotta; sembrava incredibile che quell'azienda avesse dichiarato fallimento
essere bocciato 2	*to fail* (in an exam) (**bocciare** is also used transitively in the sense of *to fail* or *to reject*)	ho guardato i risultati e sono stato bocciato; è stata bocciata in matematica; il professore mi ha bocciato in latino; il comitato ha bocciato la mia idea
fallire 2	*to fail, to be unsuccessful, to go bankrupt* (auxiliary usually **essere**) (for transitive use, see **mancare**)	i negoziati per la pace sono falliti; è fallito nel suo tentativo; quel commerciante sta per fallire

falso false, untrue

erroneo 3	*mistaken, erroneous*	la sua asserzione è basata su un'erronea interpretazione della legge; il suo giudizio è stato erroneo
fallace 3	*fallacious*	la sua argomentazione è del tutto fallace; le sue previsioni sono risultate fallaci
errato 3-2	*false, wrong*	le notizie ricevute sono errate; ha una pronuncia errata; mi ero fatto su di lui un'opinione errata
falso 2	*false* (in a wide variety of senses), *untrue, wrong, fake* (see also **bugiardo**)	ha idee che per me sono false; si è fatto un concetto falso del nostro sistema; si trova in una situazione un po' falsa; porta denti falsi; sono monete false; questo è oro falso
impreciso 2	*imprecise, inaccurate*	hai fatto un calcolo impreciso; la sua è una definizione imprecisa; è impreciso nell'eseguire gli ordini
inesatto 2	*inexact, inaccurate, incorrect*	quella citazione è inesatta; hanno ricevuto una notizia inesatta; ha dato una risposta inesatta
infondato 2	*groundless, unfounded*	le sue accuse sono risultate infondate; le sue paure sono del tutto infondate

sbagliato [2]	*wrong, incorrect, badly done*	ha una pronuncia sbagliata; hai scelto il momento sbagliato; il tuo giudizio è sbagliato; il suo compito è tutto sbagliato

famiglia   family

discendente mf [3]	*descendant, offspring* (see also **figlio/figlia**)	siamo tutti discendenti di una nobile casata; è l'ultima discendente di una nobile famiglia
discendenza f [3]	*descent, descendants*	la discendenza di Adamo è la razza umana; la discendenza di Cosimo de' Medici governò Firenze per alcuni secoli
lignaggio m [3]	*lineage, descent* (literary)	è un nobile di antico lignaggio
posteri mpl [3]	*descendants*	di questi avvenimenti giudicheranno i posteri
progenie f [3]	*progeny, stock, lineage* (invariable plural)	vanta un'illustre progenie
generazione f [3-2]	*generation*	faccio parte della generazione del dopoguerra; la nuova generazione ha soprattutto voglia di divertirsi; questa è una tradizione che si trasmette da parecchie generazioni
stirpe f [3-2]	*stock, line, progeny, descendants*	siamo d'antica stirpe; facciamo tutti parte della stirpe di Adamo
famiglia f [2]	*family*	siamo una famiglia di quattro persone; tutta la famiglia è d'accordo con questa idea; viene da una famiglia illustre; dopo sette anni di fidanzamento è ora di mettere su famiglia
i miei, i tuoi, i suoi, ecc. mpl [2-1]	*my/your/his/her(etc.) family/folks/people*	torno dai miei per le vacanze; come mai i tuoi non ti lasciano uscire la sera?; ha detto che i suoi avevano molte ambizioni per lei

famoso   famous, well-known

illustre [3]	*illustrious, famous, notorious* (ironic in the last sense)	è uno scienziato molto illustre; appartiene a una famiglia illustre; è un illustre imbroglione
insigne [3]	*illustrious, eminent, notorious* (ironic in the last sense)	un letterato/un monumento/uno scienziato insigne; ha reso insigni servizi alla patria; è un insigne delinquente
notorio [3]	*well-known, notorious* (of things or facts) (usually pejorative)	la sua falsità è notoria; l'inefficienza di certi servizi è notoria; è notorio che quello studente non studia mai
eminente [3-2]	*eminent*	un personaggio/uno studioso eminente; è un eminente fisiologo

rinomato 3-2	*renowned, famous*	un artista/un negozio/un ristorante/uno scrittore/un vino rinomato; questa città è rinomata per le sue bellezze artistiche
celebre 2	*famous, renowned, celebrated, notorious* (ironic in the last sense)	è diventato un celebre statista; la Pietà è una celebre scultura di Michelangelo; è celebre per la sua avarizia; è un celebre fannullone
conosciuto 2	*known, well-known*	oggi in città ho visto un attore conosciuto; questo metodo è molto conosciuto
famoso 2	*famous, well-known* (also ironic)	un avvenimento/un ladro/un libro/un medico/un pittore/un quadro famoso; in tutto il mondo il suo nome è famoso; quando facciamo quella famosa gita?
grande 2	*great, famous, outstanding* (placed before the noun in this sense) (see also **grande**)	è un grande poeta del Settecento; il grande storico è venuto a parlarci; Fellini era un grande regista; ha fatto una grande scoperta nel campo della medicina

fango   mud

limo m 3	*slime, mud* (literary)	il limo sul terreno tardava a seccarsi quell'anno
poltiglia f 3-2	*slush, mire*	la neve, scogliendosi, ha formato sulla strada una poltiglia scivolosa
fango m 2	*mud* (also figurative)	la strada era coperta di fango; non camminare nel fango, che ti sporchi; quella macchina mi ha schizzato di fango; con quell'infamia ha gettato fango sulla mia reputazione
melma f 2	*mud, slime*	c'era melma tutto intorno allo stagno; ci sarà melma sul fondo del lago?
mota f 2R	*mud* (especially in regional Tuscan usage)	il bambino aveva tutto il cappotto coperto di mota; quella strada di campagna è impraticabile per la mota

fantasma   ghost

spettro m 3-2	*ghost, spectre* (also figurative)	dicono che in quel cimitero alcune persone abbiano visto degli spettri; ci segue dappertutto lo spettro della guerra
visione f 3-2	*vision* (see also **vista**)	è un'esaltata, ha delle visioni; oggi hanno parlato delle visioni dei profeti biblici
apparizione f 2	*apparition* (usually religious)	l'apparizione della Madonna/di un santo; in questo posto avevano visto l'apparizione di un uomo senza testa

fantasma m 2	*ghost, phantom* (also used adjectivally)	in questo castello appare il fantasma di una donna velata; non dorme sola perché ha paura dei fantasmi; non crederai mica nei fantasmi!; chi è l'autore che ha parlato di una nave fantasma?
spirito m 2	*spirit* (see also **mente**)	è posseduto dagli spiriti maligni; non credo agli spiriti; dicono che in quella chiesa si sentono gli spiriti dei morti

fantoccio   puppet

pupo m 3	*puppet* (specifically in Sicilian puppet theatre)	ieri sera siamo andati al teatro dei pupi
marionetta f 3-2	*puppet* (also figurative)	muoveva le marionette grazie a dei fili; siamo andati a uno spettacolo di marionette; Giuliano è diventato una marionetta nelle mani del nuovo direttore
bamboccio m 2	*rag doll, puppet* (also figurative)	lei sa fare bambocci con stracci e paglia; agisci da uomo, non da bamboccio!
fantoccio m 2	*puppet* (also figurative) (also used adjectivally)	un fantoccio di cartapesta/di paglia/di stracci; non sei che un povero fantoccio e non te ne accorgi; la Repubblica di Salò era un governo fantoccio manovrato dai tedeschi
pupazzo m 2	*puppet* (also figurative)	un pupazzo di panno/di stoffa; ho il pupazzo di un clown per la bambina; sei un pupazzo, cambi idea ogni momento
burattino m 2-1	*puppet* (also figurative)	siamo andati al teatro dei burattini; Mario è solo un burattino nelle mani della moglie

fare (see also **creare**)   to do, to make

espletare 3	*to carry out* (bureaucratic)	il magistrato ha espletato le sue funzioni; la polizia espleta le indagini in merito al delitto
generare 3	*to generate, to produce*	la sua presenza qui ha generato solo problemi; quel prodotto genera moltissimo profitto per la ditta
adempiere (a) 3-2	*to accomplish, to fulfil* (see also **soddisfare**)	adempiere il dovere/una promessa; ho adempiuto all'obbligo del servizio militare
attuare 3-2	*to bring about, to carry out*	attuare un piano/riforme; hanno attuato il loro progetto di viaggiare in tutto il mondo
compiere 3-2	*to carry out*	ha compiuto un'impresa molto difficile; dove hai compiuto i tuoi studi?
condurre 3-2	*to conduct, to carry out* (see also **portare**)	condurre un'analisi/uno studio; l'Istat ha condotto un'indagine sui consumi in Italia

effettuare 3-2	*to effect, to carry out*	effettuare un pagamento/il piano; domani effettueremo il collaudo della nuova macchina
operare 3-2	*to operate, to perform* (for intransitive uses, see **agire** and **funzionare**)	non capisco come operi questa manovella; hai operato una profonda trasformazione in lui; non ho mai detto che avrei operato miracoli
realizzare 3-2	*to accomplish, to carry out*	realizzare un progetto/un sogno; nonostante tutti i suoi grandi progetti, il sindaco ha realizzato poco
svolgere 3-2	*to carry out* (see also **trattare**)	come hai svolto bene questo compito!; svolge un'importante attività commerciale
commettere 2	*to commit*	commettere un delitto/un errore/un'indiscrezione; parlando male del suo capo ha commesso un'imprudenza
eseguire 2	*to carry out, to fulfil*	eseguire un lavoro/un ordine/un pagamento; hai eseguito bene quell'esercizio; eseguiremo questo progetto da soli
fare 2	*to do, to make* (see also **costruire** and **rendere** (b))	cosa hai fatto tutto il giorno?; cosa fa ora tuo figlio?; adesso che ho i soldi, faccio solo quello che voglio io; la mamma ha fatto la torta di mele; non posso fare miracoli
produrre 2	*to produce, to yield*	quell'esperimento ha prodotto dei risultati insperati; tutte queste riunioni producono solo carta e nient'altro
combinare 2-1	*to do, to achieve* (with ironic or negative connotation)	dimmi cos'hai combinato oggi; quel ragazzo non combina mai niente; quando ti lascio sola, combini un sacco di guai

fare fatica (see also **provare**)   to have difficulty

faticare a 3-2	*to have difficulty/trouble in, to find it hard/difficult to* (see also **lavorare**)	faticava a sollevare la valigia; ho sempre faticato ad imparare a memoria; ha faticato molto a trovare la nostra casa?; faticavo a capire quello che diceva
stentare a 3-2	*to have difficulty/trouble in, to find it hard/difficult to*	con quello che guadagno stentiamo a vivere; stento a credere una cosa simile; stentavo a riconoscerlo
fare fatica 2	*to have difficulty, to find it hard/difficult*	hanno fatto fatica a camminare su per la montagna; faccio fatica a ricordare quello che è successo; è riuscito a seguirmi ma ha fatto fatica; hai fatto fatica a laurearti?

fattoria

farm

tenuta f 3-2	*(large) farm, holding, estate*	quel signore possiede molte tenute in Toscana; ho imparato a cavalcare in una tenuta vicino a casa mia
fattoria f 2	*farm*	vivevano in una fattoria ristrutturata; sono abituata agli animali perché nella fattoria di mio nonno ce n'erano molti
podere m 2R	*farm* (smaller than **fattoria**) (regional Tuscan usage)	riuscirono a coltivare il loro podere fino alla vecchiaia; nel podere di Chiara ci sono vigne e alcuni alberi di pesche

favore

favour

cortesia f 3	*favour, courtesy* (see also **per favore**)	mi faccia la cortesia di avvisare il direttore; è stata una vera cortesia accompagnarmi a casa
gentilezza f 3	*kindness, favour*	mi ha fatto la gentilezza di accompagnarmi dal medico; grazie, mi ha fatto una grande gentilezza
favore m 2	*favour* (see also **per favore**)	mi puoi fare un favore?; le ho chiesto il favore di presentarmi al suo collega; il nuovo prodotto sembra incontrare il favore del pubblico
piacere m 2	*favour* (see also **per favore** and **piacere**)	gli ho chiesto un piacere; mi ha fatto il grosso piacere di venire con me dal dentista

per favore

please

per cortesia 3	*please, excuse me, kindly* (see also **favore**)	per cortesia, che ore sono?; per cortesia, mi passi il sale; per cortesia, non faccia troppo rumore
prego 3-2	*please*	prego, si accomodi; prego, signori, l'uscita è da questa parte
per favore 2	*please* (see also **favore**)	cameriere, mi dia un caffè, per favore; per favore, mi può dare una mano?; per favore, mi comperi questo libro?
per piacere 2	*please* (see also **favore**)	può dirmi l'ora, per piacere?; per piacere, può spostare la valigia?; per piacere, mi dia un'acqua minerale

fede

faith

culto m 3	*religion, cult*	un ministro del culto; il culto della personalità; Luigi ha un vero e proprio culto dell'amicizia
dogma m 3	*dogma*	la verginità di Maria è un dogma della Chiesa Cattolica; si comporta come se le sue idee fossero un dogma

credo m `3-2`	*creed, belief*	il credo cristiano/islamico; non condivido il suo credo politico; il suo unico credo è quello di vivere per se stesso
convinzione f `2`	*conviction, belief* (often plural)	convinzioni morali/politiche/religiose; il dubbio iniziò a corrodere le sue convinzioni; sostiene le sue idee con convinzione
fede f `2`	*faith*	la fede comunista/cristiana/ebraica/socialista; Adele ha molta fede, ma non è bigotta; dimmi che hai fede in me; Piersilvio ha una fede incrollabile nel libero mercato
fiducia f `2`	*faith, confidence* (see also **dipendere**)	guardo con fiducia all'avvenire; ha perso la fiducia dei propri superiori; hai abusato della fiducia che avevo in te; hanno negato la fiducia al governo
religione f `2`	*religion*	la religione buddista/cristiana/ebraica/musulmana; Jung era molto interessato alle religioni primitive

fermare (see also impedire)   to stop

immobilizzare `3`	*to immobilise*	la polizia immobilizzò i ladri; il dottore ha immobilizzato la gamba rotta prima di ingessarla
arrestare `3-2`	*to halt, to arrest* (also used reflexively)	la guerra ha arrestato lo sviluppo del paese; la polizia arrestò il ladro; il treno si arrestò di colpo
fermare `2`	*to stop* (transitive or intransitive) (when intransitive, it can also be reflexive)	il vigile ha fermato il traffico; ferma la macchina perché voglio scendere; questo treno ferma solo nelle stazioni principali; è meglio non fermarsi al primo albergo fuori dall'autostrada; mi fermerò a Roma per pochi giorni
frenare `2`	*to stop, to brake* (transitive or intransitive) (for figurative use, see **moderare**)	frenare l'auto/la bicicletta/il treno; ha dovuto frenare la corsa del suo cavallo; la macchina ha frenato di colpo; ho frenato bruscamente per evitare lo scontro
stoppare `2`	*to stop* (transitive) (usually in sport)	il calciatore è stato stoppato già in area di rigore; il portiere ha stoppato la palla

fermo   still, motionless

fermo `2`	*still, motionless*	suo papà era lì fermo all'edicola ad aspettarla; stai fermo! Hai una vespa sul braccio
fisso `2`	*fixed, immovable*	un punto fisso; un'idea/una stella fissa; questa finestra non si può aprire perché è fissa

| **immobile** [2] | *still, motionless, immobile* | fai qualcosa, non stare lì immobile senza dire niente; il gatto rimase immobile davanti alla tana del topo |

festa
party, celebration

ricevimento m [3-2]	*reception, party*	vuoi venire ad un ricevimento per Capodanno?; ho incontrato il giornalista ad un ricevimento all'ambasciata
festa f [2]	*party, celebration* (see also **vacanza**)	vai alla festa dei suoi 18 anni?; mia figlia voleva fare una festa per San Valentino; Diego organizza sempre bellissime feste; rivederlo è stato proprio una festa per me
festival m [2]	*festival*	il festival della canzone/del jazz; il festival di Sanremo ha luogo a febbraio; mi piacciono i festival di danza classica
sagra f [2-1]	*festival, feast*	una sagra paesana/dei fichi/dell'uva; al mio paese c'è la sagra dei funghi, volete venire?

fidanzato/a (see also **marito/moglie**)
fiancé, fiancée, boy/girl friend

innamorato/a mf [3-2]	*sweetheart, boy/girl friend* (for use as an adjective, see **piacere a**)	è andata al cinema con il suo innamorato; l'ho visto a braccetto con l'innamorata; è una bella ragazza, e gli innamorati non le mancano
amante mf [2]	*lover, mistress*	quell'uomo ha lasciato l'amante; sono amanti, lui e Paola, da parecchi anni
fidanzato/a mf [2]	*fiancé/fiancée, boy/girl friend*	il suo fidanzato abita a Torino; il mio fidanzato è architetto; Luca ha una nuova fidanzata
ragazzo/a mf [2]	*boy/girl friend* (see also **ragazza** and **ragazzo**)	il ragazzo della mia amica è un bel tipo; vieni alla festa con la tua ragazza?; vive con la sua ragazza da qualche anno
moroso/a mf [2-1R]	*fiancé, fiancée, boy/girl friend* (often used ironically) (regional Northern usage)	è andata ancora dal suo moroso?; hanno visto il tuo moroso con un'altra; questa sera lui esce con la sua morosa; ma quante morose ha quell'uomo?
spasimante m [2-1]	*lover, suitor, wooer* (jokey)	è un tuo spasimante, quell'individuo?; ha tanti spasimanti, ma nessuno se la sposa

figlio/figlia
son/daughter

| **prole** f [3] | *offspring* (not used in the plural) (see also **famiglia**) | i genitori hanno l'obbligo di mantenere la prole; mi ha chiesto come stava la prole; è sposata con prole |
| **figliolo/a** mf [3-2] | *son/daughter* | voglio darti un consiglio, figliolo!; i figlioli si strinsero attorno ai genitori; la figliola le era molto preziosa |

figlio/a mf [2]	*son/daughter* (can be used in the masculine plural form to mean *children* collectively)	mio figlio assomiglia a suo padre; figlio mio, sono stufo di mantenerti!; non sopporto che una mia figlia si comporti così; i genitori non capiscono mai a fondo i propri figli
femminuccia f [2-1]	*daughter, girl, female child*	mia cugina ha appena avuto una femminuccia; in quel negozio vendono bellissimi vestitini per le femmucce
maschietto m [2-1]	*son, boy, male child*	aspettano un figlio e sperano che sia un maschietto; ha dato alla luce un bel maschietto

fila
line, queue, row

sequela f [3]	*sequence, succession*	la sua vita è tutt'una sequela di contrattempi; c'è una sequela di malati che aspettano di essere visitati
seguito m [3-2]	*series, sequence*	ci è capitato un seguito di disgrazie; ha piovuto sei ore di seguito
sequenza f [3-2]	*sequence, succession*	c'è stata una fitta sequenza di avvenimenti collegati l'uno all'altro
coda f [2]	*queue, line*	c'era una coda per pagare il bollo della patente; Signora, lei è in coda?; per essere serviti bisogna stare in coda
fila f [2]	*line, queue, row, series*	una fila di alberi/di macchine/di prigionieri; davanti allo sportello c'era una lunga fila di turisti; ho fatto la fila per due ore in banca; bambini, mettetevi in fila!; in quella sala c'erano venti file di sedie; noi ci siamo seduti in prima fila; mi hanno fatto una fila di domande
serie f [2]	*series* (invariable plural)	c'è stata una serie d'avvenimenti strani; ha elencato una serie di prove; cosa vuol dire questa serie di numeri?

finale
final, last

concludente [3-2]	*conclusive, decisive* (of an argument or evidence)	la sua testimonianza è stata concludente
conclusivo [3-2]	*conclusive, final, decisive*	questa è la fase conclusiva della gara; il tuo intervento nel dibattito è stato conclusivo
decisivo [2]	*decisive*	una battaglia/una risposta decisiva; le sue prove sono state decisive
definitivo [2]	*definitive, final*	domani darò una risposta definitiva; il giudice ha pronunciato la sentenza definitiva
finale [2]	*final, last*	ecco la versione finale del romanzo; il mio giudizio finale su quel candidato è negativo; non riesco a pronunciare la sillaba finale di quella parola

ultimo [2]	*last, latest* (see also **passato**)	andiamo a Firenze per l'ultima settimana del mese; negli ultimi anni della vita l'assassino si è pentito; come s'intitola l'ultimo film di quel regista?

finalmente   finally

infine [3]	*in the end* (see also **insomma**)	infine ammise la sua colpevolezza; ha infine avuto ciò che si meritava; in chiesa c'erano tutti e infine arrivò la sposa
finalmente [2]	*finally, at (long) last* (also used in the sense of *about time*)	ha lavorato fino a settant'anni, ma finalmente è andato in pensione; finalmente sei arrivato; finalmente il treno è arrivato
alla fine [2]	*in the end*	alla fine si vedrà chi ha ragione; alla fine si venne a sapere ogni cosa

fine   end

finale f [3]	*end, ending* (linguistic)	è difficile pronunciare la finale di quella sillaba; la finale di quella parola differisce a seconda delle regioni
finale m [3-2]	*finale, last part, end, finish* (of a performance)	il finale di quella commedia è stato poco convincente; abbiamo visto un film con un finale completamente banale
termine m [3-2]	*end*	il termine del viaggio è vicino; il parco si trova al termine di questa strada; al termine dei suoi studi sarà uno specialista in cardiologia
conclusione f [2]	*conclusion* (see also **decisione**)	la conclusione del libro non mi è piaciuta; la conclusione della faccenda è che Carlo se n'è andato da casa
finale f [2]	*final* (in sport, etc.)	la finale del campionato mondiale di calcio/di un festival di canzoni/di un torneo di scacchi
fine f [2]	*end, finish* (in a variety of senses) (see also **fondo** and **morte**)	una bella/brutta fine; com'è la fine di quel romanzo?; la relazione con Patrizio ha segnato la fine del suo matrimonio; siamo arrivati alla fine della strada

finestra   window

cristallo m [3-2]	*glass, window*	il cristallo dell'orologio/della vetrina; i cristalli dell'automobile
finestra f [2]	*window*	aprimi la finestra, per favore; vogliamo buttare giù il muro e fare una finestra qui; cosa sta facendo alla finestra?

portafinestra f [2]	*French window*	abbiamo fatto una portafinestra che si apre sul giardino
vetrina f [2]	*shop window*	la vetrina di quel negozio è sempre molto interessante; molti negozianti espongono le merci in vetrina
vetro m [2]	*glass, pane of glass*	qui si possono comprare diverse misure di vetro per le finestre; Lorenzo ha rotto il vetro della porta con il pallone; bisogna cambiare tutti i vetri della casa

fingere   to pretend

simulare [3-2]	*to pretend, to simulate*	ha simulato di essere stato investito per avere i soldi; ha simulato amicizia per me; hanno simulato il furto
fingere [2]	*to pretend* (also used reflexively)	gli ho parlato della tua idea, ma ha finto di non capire; Elisabetta finge di essere interessata al cinema solo per uscire con lui; con lei si finge ricco
inventare [2]	*to invent, to make up* (also used in reflexive form) (see also **scoprire**)	quel ragazzo ha inventato la storia del furto; quel particolare te lo sei inventato tu; quel paesaggio non esiste: il pittore l'ha inventato
fare finta [2-1]	*to pretend*	non far finta, dai, ti piace quel ragazzo!; quando mi ha incontrato per strada, Andrea ha fatto finta di non vedermi
fare il finto tonto/ la finta tonta [2-1]	*to play dumb* (see also **stupido**)	quando gli ho detto che si doveva impegnare per cercarsi un lavoro, ha fatto il finto tonto; quando tu parli a Ida delle sue responsabilità, fa sempre la finta tonta

finire   to finish, to end

portare a termine [3]	*to complete*	sembra che l'autore non porterà mai a termine l'opera che ha cominciato molti anni fa
ultimare [3]	*to finish, to complete*	è bello ultimare un compito; architetto, ha ultimato il disegno dei miei uffici?
completare [3-2]	*to complete, to finish*	ho completato la mia serie di francobolli; non ha mai completato il lavoro che aveva iniziato
concludere [3-2]	*to conclude, to end, to complete* (also used reflexively) (see also **immaginare**)	vorrei concludere il mio discorso ringraziando il pubblico; con quella accusa di corruzione ha concluso la sua carriera; è un uomo che comincia tante cose ma non conclude mai niente; il processo si è concluso con una condanna

terminare 3-2	*to finish, to end* (transitive or intransitive) (auxiliary **essere** when intransitive)	la segretaria ha terminato di copiare la traduzione; l'istituto ha terminato i fondi che gli erano stati assegnati; la strada termina qui; lo spettacolo è terminato alle dieci
troncare 3-2	*to break off, to cut short*	l'incidente troncò la sua carriera; troncarono la loro relazione che durava da anni
chiudere 2	*to stop, to finish, to close* (see also **chiudere**)	ho detto quello che volevo e adesso chiudo; ho deciso di chiudere la conversazione
finire 2	*to finish, to end* (transitive or intransitive) (auxiliary **essere** when intransitive) (see also **rinunciare**)	abbiamo finito di dar retta alle sue bugie; per favore, mi lascia finire di parlare?; perché non hai finito il compito?; finisco alle due e poi vado subito a casa; i ragazzi sono tutti contenti che gli esami siano finiti

fiume river

rigagnolo m 3	*trickle*	per la siccità, il torrente si era trasformato in un rigagnolo
rio m 3	*brook* (poetic)	il rio mormorava nel silenzio; qui c'è un rio piccolo e tranquillo
rivo m 3	*brook* (literary)	sulle sponde di questo rivo hanno combattuto i nostri soldati
rivoletto m 3	*stream, rivulet*	è piovuto così tanto che dalla collina scendevano ovunque rivoletti di acqua e fango
fiumicello m 3-2	*(little) river*	fermiamoci a fare il picnic vicino a questo fiumicello; le acque di questo fiumicello sono molto tranquille
fiume m 2	*river* (also figurative)	il Po è il fiume più lungo d'Italia; stai attento a nuotare nel fiume perché c'è una forte corrente; il nostro popolo ha versato un fiume di sangue per ottenere l'indipendenza
ruscello m 2	*brook, stream*	vicino a casa mia scorre un bel ruscello; chissà se questo ruscello finirà nel fiume
torrente m 2	*stream* (varies in size according to season) (also figurative)	in questo torrente ci sono molte trote; gli scarichi delle fabbriche hanno inquinato questo torrente; un torrente di lacrime/di parole

folla (see also **gregge** and **pubblico**) crowd

calca f 3	*throng*	rimasero intrappolati nella calca; cercarono di farsi largo tra la calca
moltitudine f 3	*crowd, multitude* (also figurative)	una moltitudine di gente seguiva Gesù; una moltitudine di pensieri lo assalì
turba f 3	*mob*	la turba degli hooligan cercava di sfuggire alla polizia

affluenza f 3-2	*crowd, attendance, presence*	c'era grande affluenza al cinema; c'è stata grande affluenza alle urne; l'affluenza dei turisti è stata deludente
schiera f 3-2	*crowd, swarm*	una schiera di giornalisti seguiva l'attore; i turisti vengono a schiere da tutto il mondo per vedere Firenze
stuolo m 3-2	*crowd, band*	uno stuolo di bambini seguiva il carretto del gelataio; uno stuolo di assistenti circonda sempre il docente di anatomia
folla f 2	*crowd* (also figurative) (see also **molto** (a))	ci aspettavamo una gran folla oggi alla partita; ai tempi dei Romani la folla si eccitava ai giochi del circo; il Papa si rivolse alla folla; una gran folla si radunò in piazza
massa f 2	*mass, crowd* (see also **molto** (a))	la massa dei tifosi si precipitò verso l'uscita dello stadio; fuori dall'università c'era una massa di studenti
ressa f 2	*crowd, crush*	c'era una gran ressa intorno al palco; non si riusciva a passare per la ressa

fondamentale   basic, fundamental

basilare 3	*basic, fundamental*	concetti/principi basilari; se vuoi fare l'ingegnere lo studio della matematica è basilare
elementare 2	*elementary* (see also **facile**)	un concetto/una nozione elementare; per capire il discorso bisogna avere delle nozioni elementari di matematica
fondamentale 2	*basic, fundamental* (for adverbial use with **-mente**, see **insomma**)	il principio fondamentale; lo scopo fondamentale di questa iniziativa è quello di raccogliere fondi per l'ospedale

fondo   bottom

background m 3	*background* (figurative)	il background politico/storico; il background culturale di quello scrittore è molto interessante
estremità f 3-2	*end, extremity* (see also **facile**)	non appoggiarti all'estremità del tavolo perché potrebbe rovesciarsi
fondo m 2	*bottom, end, background* (see also **fine**)	il fondo della pentola si è bruciato; nell'incidente lo scalatore precipitò in fondo al burrone; il fondo della scena rappresentava un paesaggio; siamo arrivati in fondo alla strada; c'è un fondo di verità in quello che dici
sfondo m 2	*background* (also figurative)	quel ritratto ha un bellissimo paesaggio sullo sfondo; il libro ha come sfondo storico la Francia della Rivoluzione

foresta
forest

selva f 3	*forest, wood* (poetic)	Dante inizia la Divina Commedia dicendo di essere in una selva oscura
macchia f 3-2	*undergrowth*	sulle coste italiane la vegetazione è rappresentata dalla macchia mediterranea
sottobosco m 3-2	*undergrowth*	i bambini hanno trovato tanti ciclamini nel sottobosco; il sottobosco oggi era ancora zuppo di pioggia
boscaglia f 2	*undergrowth, brush*	non abbiamo potuto continuare perché la boscaglia era troppo fitta; hanno sentito animali selvatici nella boscaglia
bosco m 2	*wood* (also used in diminutive form **boschetto** m)	ho trovato questi funghi nel bosco; non perdere la strada nel bosco; in fondo al giardino c'è un boschetto di lecci
foresta f 2	*forest*	ci siamo perduti in una foresta: il terreno della foresta era coperto di aghi di pino; le foreste svedesi sono state rovinate dalle piogge acide

formaggio
cheese

cacio m 2R	*cheese* (mainly in regional Southern usage)	il cacio che vende il mio lattaio è veramente genuino; i miei nonni sono praticamente vissuti a pane e cacio
formaggio m 2	*cheese*	un formaggio cremoso/verde/coi buchi; ai topi piace il formaggio; ho mangiato un panino con formaggio; il Gorgonzola è un formaggio prodotto in Lombardia

formazione
training, education

educazione f 2	*training, upbringing, education*	l'educazione artistica/fisica/musicale; una buona scuola dovrebbe fornire una educazione civica; oggi l'educazione stradale è molto importante per i giovani
formazione f 2	*training, education, development* (see also **progresso**)	una formazione morale/professionale/ sportiva; il mio professore ha contribuito alla formazione di molti bravi insegnanti
insegnamento m 2	*teaching*	l'insegnamento del greco/del latino/della matematica; sei sicuro che vuoi darti all'insegnamento?
istruzione f 2	*education* (academic)	l'istruzione obbligatoria/scolastica; la sua istruzione è stata molto scarsa; l'istruzione pubblica è una parte molto importante della politica di quel partito

fornire

to supply, to provide

corredare [3]	*to provide, to equip*	il computer è corredato di manuale; quest'auto può essere corredata con tutti gli optional
equipaggiare [3]	*to equip*	hanno equipaggiato la nave per il lungo viaggio; bisogna equipaggiare una spedizione scientifica
dotare [3-2]	*to equip, to provide, to supply*	la regione ha dotato le scuole di nuove palestre; la natura l'ha dotata di bellezza e di intelligenza
munire [3-2]	*to equip, to provide*	contro i ladri potreste munire la casa di una porta blindata; questa casa è munita di un sistema d'allarme
fornire [2]	*to supply, to provide, to equip* (has constructions with prepositions **a** and **di**)	fornire armi/denaro/viveri; l'università ha fornito computer a tutti i docenti; ti posso fornire tutti i dati che ti servono; la centrale elettrica fornisce di energia un'intera regione; la ditta fornisce di vino molti ristoranti della città
provvedere [2]	*to provide* (transitive or intransitive) (often figurative when transitive) (see also **assicurarsi**)	la mamma di Lucia ha sempre provveduto affetto e comprensione a tutti noi; il padre provvede sempre per lui finanziariamente

NB apart from **provvedere**, these verbs are also used reflexively (e.g. ci siamo muniti di fucili per andare a caccia; bisogna munirsi di pazienza; ci siamo equipaggiati di giacche a vento pesanti per andare in montagna; gli studenti si sono dotati del libro di testo; si fornì tutto il necessario; si è fornito di viveri prima di partire).

forse

perhaps, maybe

forse [2]	*perhaps, maybe, possibly*	forse è stato più giusto così; forse arriverò tardi; ti sembrerà forse strano ma le cose stanno così; avrà forse trent'anni
magari [2]	*perhaps, maybe, possibly* (less common than **forse** in this sense) (also used in the sense of *if only*)	chiediglielo, magari non ne sa niente; questo negozio appartiene a te? Magari!; magari ritornasse sano e salvo
può darsi [2]	*perhaps, maybe, possibly*	esci con noi domani? Può darsi; può darsi che tu abbia ragione

forte (see also **grosso**)

strong

| **saldo** [3-2] | *solid, firm, strong, sound* (also figurative) | una costruzione/una trave salda; quest'edificio poggia su salde fondamenta; siamo legati da una salda amicizia; è saldo nei suoi propositi; ha salde convinzioni morali |

forte 2	*strong, tough, mighty, hard* *(in a wide variety of senses)* *(also used as adverb,* *alternative to* **fortemente***)* *(see also* **capace***)*	ha braccia proprio forti; il profumo che porti è troppo forte; mi piace il caffè forte; ha un carattere forte; si è alzato un forte vento; nutre una forte antipatia per me; la luce troppo forte mi ha abbagliato; non ridere troppo forte
intensivo 2	*intensive*	ho seguito un corso intensivo di italiano per principianti; quella terapia intensiva gli ha fatto molto bene
intenso 2	*intense, strong*	un caldo/un colore/un desiderio/un dolore/un freddo/uno sguardo intenso; lo studio troppo intenso gli ha rovinato la salute; ha svolto un'intensa opera di persuasione
potente 2	*powerful, mighty, strong*	un motore/un oratore/un uomo/un veleno/un vento/una voce potente; ha muscoli potenti; ha costruito una nazione potente
resistente 2	*resistant, strong, durable*	è un materiale molto resistente; usiamo sempre stoffa resistente
robusto 2	*robust, sound, strong,* *steadfast*	un bastone/un cavallo/un ragazzo robusto; malgrado la sua età ha una volontà robusta; che memoria robusta hai!
solido 2	*solid, firm, strong, tough,* *sturdy*	un edificio/un mobile/un muro/un ponte solido; porto sempre scarpe solide; ha due gambe solide; siamo in una posizione finanziaria molto solida; ha una solida preparazione culturale
vigoroso 2	*vigorous, strong, powerful*	è un uomo ancora vigoroso; mi ha dato una vigorosa stretta di mano; scrive con una prosa vigorosa

NB these adjectives have abstract nouns associated with them rendering the same ideas: **saldezza** f, **fortezza** f, **potenza** f, **potere** m, **resistenza** f, **robustezza** f, **solidità** f, **vigore** m.

forzare (see also costretto)   to force

coartare 3	*to compel, to coerce*	cercarono di coartare il testimone a giurare il falso; non si può coartare la volontà del popolo
condannare 3	*to condemn, to force (see also* **criticare***)*	la sua condizione di salute lo condanna all'immobilità; la società mi ha condannato a vivere nella miseria
vincolare 3	*to bind, to tie (also used* *reflexively)*	dovrei denunciarlo, ma mi vincola l'amicizia; il contratto che ho firmato mi vincola a tacere; non voglio vincolarmi chiedendogli un favore

imporre 3-2	*to oblige, to compel* (see also **insistere** and **mettere**)	il dovere m'impone di parlare; nessuna legge può imporre che si agisca in conflitto con la propria coscienza
costringere 2	*to force, to compel, to oblige, to make*	non mi puoi costringere ad agire contro la mia coscienza; la promessa che ho fatto mi costringe a tacere
forzare 2	*to force, to compel, to make*	forzare una cassaforte/una porta/una serratura; decidi come vuoi, nessuno ti forza; lo hanno forzato a firmare il contratto
obbligare 2	*to oblige, to force, to make*	il contratto ti obbliga a pagare ogni mese; la mia coscienza mi obbliga a confessare
sforzare 2	*to force, to put pressure on* (for reflexive use, see **provare**)	sforzare la memoria/la mente/la voce; quel bambino, lo sforzano troppo; se non gli va di venire, non lo sforzare; non sforzare così il motore; parlava sforzando la voce

freccia   arrow

dardo m 3	*dart, lance, arrow* (also figurative)	i Romani lanciarono dardi contro l'esercito nemico; il dardo di Cupido mi ha colpito
saetta f 3	*arrow* (literary)	era veloce come una saetta
strale m 3	*arrow, dart* (usually figurative)	fu colpito dagli strali dell'amore; parlando forte ha lanciato i suoi strali contro di me
freccia f 2	*arrow* (also figurative), *indicator, signal, sign* (also figurative in the form **frecciata** meaning *gibe, cutting remark, etc.*) (the diminutive form **freccetta** is also used to mean *dart*)	i soldati hanno scagliato le frecce; corre come una freccia; qui si gira a destra, metti la freccia; secondo la freccia bisogna voltare a destra; quando è arrabbiata, mia moglie mi rivolge delle frecciate terribili; facciamo una partita a freccette

freddo   cold

frigido 3	*frigid*	suo marito non poteva avere relazioni sessuali con lei, perché era frigida
rigido 3-2	*very cold, harsh* (of weather) (see also **duro** and **severo**)	è stata una giornata molto rigida; è un inverno rigido; nell'Antartico le condizioni atmosferiche sono molto rigide
congelato/ surgelato 2	*frozen, deep frozen* (often of frozen food) (also figurative)	carne/pesce/verdura surgelata; l'acqua è congelata oggi; il mio credito è congelato
freddo 2	*cold* (also used as a noun)	acqua/una giornata fredda; un vento freddo; abbiamo le mani fredde; ha un carattere freddo; vive in una casa molto fredda; lo ascoltava un pubblico molto freddo; la proposta lo lasciò freddo; non uscire con questo freddo; fa un freddo terribile

freddoloso 2	*cold, sensitive to the cold*	i vecchi e i bambini tendono a essere freddolosi; è possibile che tu sia tanto freddolosa?
gelato 2	*icy, freezing, frozen* (also figurative)	ho bevuto un bicchiere di acqua gelata; il bambino è freddo gelato oggi; il lago è gelato
gelido 2	*icy, ice cold* (also figurative)	acqua/pioggia gelida; mi hanno riservato un'accoglienza gelida
ghiacciato 2	*frozen* (of water or a surface), *freezing*	il lago/il sentiero era ghiacciato; ho i piedi ghiacciati
di ghiaccio 2	*icy* (figurative)	ha il cuore di ghiaccio; è rimasto di ghiaccio in sua presenza

frigorifero   fridge, refrigerator

congelatore m 2	*freezer*	bisogna conservare il gelato nel congelatore
freezer m 2	*freezer*	ricordati di mettere i surgelati nel freezer; un freezer e un congelatore sono la stessa cosa
borsa frigo f 2	*ice-box* (portable)	mi presti la tua borsa frigo per il picnic di domani?
frigorifero m 2	*fridge, refrigerator*	abbiamo comprato un frigorifero nuovo; bisogna mettere il latte in frigorifero, sennò va a male
ghiacciaia f 2-1	*ice-box* (figurative)	questo salotto è una ghiacciaia
frigo m 1	*fridge*	questo frigo è troppo piccolo per una famiglia come la nostra; mettiamo le uova in frigo per tenerle fresche

frustare (see also criticare)   to whip

flagellare 3	*to lash, to scourge* (also figurative) (also used reflexively)	Gesù fu flagellato per ordine di Ponzio Pilato; la pioggia flagella gli alberi; non è colpa tua, perciò non hai bisogno di flagellarti
fustigare 3	*to flog, to lash* (also figurative)	hanno fustigato a sangue il prigioniero; il filosofo ha fustigato gli usi corrotti del proprio tempo
scudisciare 3	*to lash, to flog*	spesso scudisciavano gli schiavi
staffilare 3	*to lash, to flog, to lash out at* (figurative in the last sense)	hanno staffilato i prigionieri; mi ha staffilato con critiche pesanti; tutti staffilano questo governo inetto
sferzare 3-2	*to whip, to flog, to cane, to lash out at* (figurative in the last sense)	i fantini sferzano i cavalli; le onde sferzavano la riva; in alcune scuole inglesi si sferzano ancora gli alunni; il prete ha sferzato i vizi dei presenti

frustare [2]	to whip, to lash, to flog, to lash out at (figurative in the last sense)	ha frustato a sangue il povero cavallo; il giudice ha dato l'ordine di frustare il condannato; il vescovo ha frustato i costumi degli altri ecclesiastici

fuggire (see also sparire)   to run away, to escape, to get away

evadere [3]	to escape, to run away (auxiliary essere) (for transitive use, see evitare)	è evaso dalla prigione; il prigioniero è riuscito ad evadere; sono riuscito ad evadere da un ambiente corrotto
dileguarsi [3-2]	to disappear, to vanish	i nemici si sono dileguati nella notte
sfuggire [3-2]	to run away, to flee, to elude, to escape (auxiliary essere) (see also evitare)	quando la polizia arrivò, era già sfuggito; è sfuggito alla cattura/agli inseguitori/alla morte/alla polizia; nulla sfugge alla sua attenzione; gli è sfuggita una parola offensiva
fuggire [2]	to run away, to escape, to get away, to flee (auxiliary essere)	sparò con la rivoltella e fuggì; è riuscito a fuggire dalla casa in fiamme; la donna fuggì in macchina con l'amante; il prigioniero è fuggito dal carcere
scampare a/da [2]	to escape, to live through (auxiliary essere) (also scamparla bella in the sense of to have a narrow escape)	è scampato al disastro/al massacro/alla morte; sono scampati a una grave malattia/da un naufragio; l'ha scampata bella
dileguarsi [2-1]	to make oneself scarce, to run away	appena si è accorto che avevo bisogno di lui, si è dileguato
filare (via)/filarsela [2-1]	to get away, to get out of it (auxiliary essere) (see also correre)	arriva la polizia, filate tutti!; approfittando della confusione sono filato via; per evitare il peggio, sarà meglio filarsela
darsela a gambe [2-1]	to run off, to take to one's heels	appena il ladro ha visto i carabinieri, se l'è data a gambe
scappare [2-1]	to run away, to flee, to escape (also figurative) (auxiliary essere) (see also correre)	il ladro è scappato a piedi; scappa prima che ti vedano!; sono scappato di prigione; il leone è scappato dalla gabbia; quella parolaccia mi è scappata di bocca; mi scappa la pipì
tagliare la corda [2-1]	to (make a) run for it	arriva qualcuno, è meglio tagliare la corda
eclissarsi [1]	to make oneself scarce, to disappear, to slip away	aspetto il momento buono per eclissarmi; quando c'è da lavorare, lui si eclissa sempre
squagliarsi/ squagliarsela [1]	to steal/sneak away, to clear off, to vanish	al momento di pagare si sono squagliati; i due ladri se la sono squagliata nella confusione
svignarsela [1]	to make off, to slip away, to make oneself scarce, to beat it	all'arrivo della polizia i ladri se la sono svignata; voleva svignarsela, ma l'ho costretto a rimanere

funerale   funeral

esequie fpl 3	*funeral, funeral ceremony,* *obsequies*	celebrarono le esequie con molta pompa; aveva chiesto esequie semplici
inumazione f 3	*burial, inhumation*	ci sono varie forme di inumazione; l'inumazione di Cesare fu fatta segretamente
tumulazione f 3	*burial, interment*	la tumulazione del grande letterato avvenne con molta cerimonia
seppellimento m 3-2	*burial*	il seppellimento del Presidente fu un'occasione pubblica; devono procedere al seppellimento delle salme
funerale m 2	*funeral* (often plural)	un funerale grandioso/modesto/semplice; ho partecipato al funerale di una persona cara; i funerali delle vittime si svolgeranno a spese dell'azienda
sepoltura f 2	*burial, funeral*	non si può privarlo della sepoltura; i parenti intervennero alla sepoltura della ragazza; bisogna dare una sepoltura decente alle vittime

funzionare   to work, to operate

operare 3-2	*to work, to operate* (much less common than **funzionare**) (for transitive use, see **fare**) (see also **agire**)	questa legge opera nell'interesse di tutti; mio padre opera nel mercato dei titoli finanziari; Michelangelo operò principalmente a Roma
andare 2	*to work, to run, to go* (less common than **funzionare** in this sense) (see also **andare**)	una volta tutti i treni andavano a vapore; il mio orologio non va più
funzionare 2	*to work, to operate, to* *function, to run*	funziona questo telefono?; il riscaldamento funziona dalle otto alle ventidue; il mio metodo comincia a funzionare; in questa organizzazione c'è qualcosa che non funziona
marciare 1	*to work, to run*	la mia macchina marcia che è una meraviglia; la sua azienda marcia bene

funzione   (religious) service

rito m 3	*(religious) service, rite, ritual*	il rito anglicano/bizantino/funebre/nuziale; hanno celebrato le nozze col rito civile; per i giovani fumare era un rito
funzione f 3-2	*(religious) service*	la funzione domenicale/natalizia/pasquale; la funzione inizia alle undici; il Papa celebrerà la funzione in San Pietro

| **messa** f
 2 | *Mass* | la messa cantata/pontificia/solenne/di mezzanotte; sei andata a messa oggi?; ieri ho perso la messa |

fuoco   fire

brace f 3	*embers* (usually in figurative expressions)	si può cuocere su quella brace?; quello lì soffia sempre sulle braci; sono caduta dalla padella alla brace
pira f 3	*pyre, funeral pile* (literary)	innalzarono una pira per cremare l'eroe; si diede fuoco alla pira
vampa f/ **vampata** f 3	*blaze, heat wave,(hot) blast, (hot) flush* (medical in the last sense) (also figurative)	la vampa del sole estivo è tremenda; le vampe dell'incendio ci hanno quasi raggiunto; le vennero le vampe al viso per la vergogna; una vampata di calore mi assalì; soffre di vampate, è in menopausa; ho provato una vampata di ira
rogo m 3-2	*stake, bonfire*	la strega morì sul rogo; fu condannato al rogo; la casa diventò subito un rogo; ho fatto un rogo dei miei libri
falò m 2	*bonfire*	in segno di festa accenderemo grandi falò stasera; di tutte quelle carte farò un bel falò
fiamma f 2	*flame(s)* (often plural)	vedo la fiamma della candela; la fiamma del fornello è troppo alta; la casa fu distrutta dalla fiamme; ha dato alle fiamme le sue carte; Dante descrisse le fiamme dell'inferno
fiammata f 2	*blaze, flare, flare-up* (often figurative)	l'alcol buttato sul fuoco ha prodotto una gran fiammata; abbiamo fatto una fiammata dei suoi libri; il suo amore fu solo una fiammata
fuoco m 2	*fire* (also figurative)	un fuoco di carbone/di legna; un fuoco allegro/vivace; è freddo, accendo il fuoco; è un uomo tutto fuoco; ha il fuoco negli occhi
incendio m 2	*blaze, fire* (usually dangerous or needing to be put out)	l'incendio di un bosco/di una casa; devi stare attento a non provocare un incendio; un mio amico è morto in un incendio; bisogna spegnere l'incendio prima che si diffonda

furbo (see also intelligente)   cunning

accorto 3	*shrewd, adroit*	una mossa/una ragazza/una risposta accorta; bisogna essere accorti quando si sta negoziando
avveduto 3	*artful, shrewd*	un economista/un politico/un professionista avveduto
perspicace 3	*keen, sharp, perspicacious, shrewd*	ha un ingegno perspicace; ti sei dimostrato perspicace nella tua scelta

sagace [3]	*sagacious, shrewd*	un commento/un ricercatore sagace; ha dato una risposta sagace
astuto [3-2]	*shrewd, astute* (usually with a positive connotation)	è astuto come una volpe; dà sempre risposte astute; ha creduto di essere astuto investendo tutti i suoi soldi in titoli
malizioso [3-2]	*artful, cunning, mischievous, roguish* (usually with a negative connotation) (also used as a noun)	ha occhi maliziosi; si esprime con parole maliziose; ti sei mostrata proprio maliziosa; sei un malizioso; non fare la maliziosa
furbo [2]	*cunning, crafty, wily, artful* (usually with a negative connotation)	un commerciante/un mediatore/un negoziatore/un politico molto furbo; il mio gatto è furbo e veloce; sei stata furba tu ad andartene in tempo; ha un'aria furba
scaltro [2]	*clever, crafty, wily, shrewd* (more positive than negative)	nel mondo degli affari bisogna essere scaltri; ha fatto una mossa scaltra; è una donna molto scaltra che sa ciò che vuole
sottile [2]	*subtle, shrewd, sharp*	un ingegno/un senso dell'umorismo molto sottile
sveglio [2]	*alert, quick-witted, sharp, smart*	quel bambino è molto sveglio; hai una mente proprio sveglia; ci vuole gente sveglia in un ufficio come questo

NB all these adjectives have abstract nouns associated with them rendering the same ideas: **accortezza** f, **astuzia** f, **malizia** f, **furberia** f, **furbizia** f, **scaltrezza** f. **Furbo** and its suffixed forms **furbone/a** mf and **furbacchione/a** mf are also used as nouns (e.g. non fare troppo il furbo; è una furba di prim'ordine!; che furbona, quella ragazza!; quel furbacchione non rivela niente a nessuno) and have as a synonym **volpone** m (Register 3-2) (e.g. sei un vecchio volpone).

futuro   future

avvenire m [3-2]	*future*	nessuno di noi conosce il proprio avvenire; è un giovane senza avvenire; è destinato a una grande carriera in avvenire
domani m [2]	*future, tomorrow*	bisogna pensare al domani; forse le cose saranno diverse se un domani ci incontreremo ancora
futuro m [2]	*future* (for use as an adjective, see **prossimo**)	devi risparmiare per il futuro; non si può prevedere il futuro; ci rivedremo in un prossimo futuro

gara   contest

meeting m [3-2]	*meeting* (see also **riunione**)	domani allo stadio c'è il meeting di atletica leggera; c'era una grande folla al meeting di pugilato
competizione f [2]	*competition* (see also **competizione**)	partecipare a una competizione sportiva

corsa f 2	*race* (usually sporting)	una corsa automobilistica/ciclistica/di cavalli/a ostacoli/su strada
gara f 2	*contest, competition, race, tournament* (often sporting)	una gara podistica/sportiva/di nuoto; chi ha vinto la gara di sci?
incontro m 2	*match, game, meeting*	un incontro di calcio/di pugilato/di scherma; c'è l'incontro Juve–Milan domenica
partita f 2	*match, game*	andiamo tutti alla partita domani; facciamo una partita di calcio/di ping-pong/di tennis/a boccette
premio m 2	*prize, competition* (cultural or scientific)	un premio artistico/letterario/scientifico; partecipa al premio nazionale di pittura; chi vincerà il premio Nobel per la pace?
torneo m 2	*tournament*	un torneo di bridge/di scacchi/di scherma; tutti i migliori giocatori partecipano al torneo internazionale di tennis
match m 2-1	*match, game* (often football or boxing) (also figurative)	il risultato del match è stato una sorpresa; abbiamo assistito al match di pugilato; il dibattito è stato un vero match

garage   garage

autofficina f 3-2	*garage* (for repairs)	hanno messo su un'autofficina esclusivamente per le macchine straniere
stazione di rifornimento f 3-2	*petrol station, garage*	la stazione di rifornimento opera dalle sei alle ventidue
autorimessa f 2	*garage* (for parking)	ho un'autorimessa privata per parcheggiare la mia macchina
box m 2	*(lock-up) garage*	nel cortile di questo palazzo ci sono i box per le macchine
distributore (di benzina) m 2	*petrol station, garage*	devo fare benzina, vado al distributore
garage m 2	*garage* (for parking or repairs) (invariable plural)	per evitare di farmi rubare la macchina, devo trovare un garage; porto la macchina al garage per farmela aggiustare
meccanico m 2	*(garage) mechanic*	devo portare la macchina dal meccanico
stazione di servizio f 2	*garage* (for repairs, petrol and other services)	mi fermo alla stazione di servizio per farmi controllare la macchina; ci sono molte stazioni di servizio su quest'autostrada

generoso   generous

magnanimo 3	*magnanimous, high-minded*	un eroe/un cuore/un perdono magnanimo; si è rivelato magnanimo

munifico [3]	*munificent, bountiful, generous* (materially)	un principe/un monarca/un signore munifico
prodigo [3]	*prodigal, lavish, extravagant*	è prodigo di aiuti/di consigli/di premure; spende molti soldi ed è prodigo con tutti
caritatevole [2]	*generous, charitable* (materially)	una donna/un uomo caritatevole; è molto caritatevole verso i poveri
generoso [2]	*generous* (in a wide range of senses) (see also **largo**)	un animo/un carattere/un cuore generoso; è generosa con chiunque si trovi in difficoltà; dà sempre una mancia generosa; ho preso una generosa porzione di dolce
ospitale [2]	*hospitable*	di solito gli italiani sono molto ospitali
largo [2-1]	*open-handed, generous* (less common than **generoso**) (see also **largo**)	lei è larga quando si tratta di dare via la roba degli altri; Bruna è sempre stata larga nello spendere; il professore è di manica larga con gli studenti

gente (see also folla and società)   people

abitanti mpl [2]	*inhabitants, residents*	questa città ha centomila abitanti; oggi gli abitanti di Torino vanno alle urne
gente f [2]	*people, persons* (rarely used in the plural) (followed by singular verb)	la piazza era piena di gente; c'è molta gente che dice che questo non è vero; c'è gente che mi parla di te; ieri abbiamo avuto gente a cena; la gente è curiosa di sapere la verità
persone fpl [2]	*people, persons* (see also **persona**)	la mia famiglia è composta di sei persone; le persone che sono venute erano tutte molto gentili
popolazione f [2]	*population*	è vero che la popolazione dell'Italia sta diminuendo?; ogni dieci anni si fa un censimento della popolazione
popolo m [2]	*people* (usually of a country or nation), *common people*	il popolo italiano vota domani; il re era amato dal popolo; chiedono il consenso del popolo; è una ragazza del popolo

gentile (see also buono, mite and rispettoso)   nice, kind

amabile [3]	*amiable, likeable*	è una fanciulla proprio amabile; ha un carattere molto amabile; mi ha rivolto un'amabile sorriso
civile [3]	*civil, courteous*	una persona/gente civile; con noi ha sempre tenuto un comportamento civile
compito [3]	*polite, well-mannered, well-bred*	malgrado le apparenze, è un ragazzo molto compito; quella signora ha maniere compite
affabile [3-2]	*affable, kindly*	tuo padre è proprio una persona affabile; si sono mostrati molto affabili; ha un'espressione molto affabile

cordiale 3-2	cordial, warm	è una persona proprio cordiale; i tuoi genitori sono stati molto cordiali con me; ci hanno riservato un'accoglienza cordiale
garbato 3-2	polite, courteous, well-mannered	i tuoi amici sono persone molto garbate; ha un modo di fare garbato
amichevole 2	friendly	un'accoglienza/una persona/uno sguardo amichevole; abbiamo fatto una discussione amichevole
bello 2	nice, fine, worthwhile (see also **bello**)	la conosco bene ed è una bella persona; ciò che ha detto era proprio bello
cortese 2	polite, courteous, well-mannered	è stato molto cortese nei miei riguardi; mi ha rivolto parole cortesi
costumato 2R	polite, decent (regional Southern usage)	vostro figlio è un giovane costumato; quel signore ha maniere costumate
educato 2	polite, well-bred, well-mannered, well-brought up	un bambino/un ragazzo educato; Maria ha dei modi educati verso i suoi professori; non è educato comportarti così
gentile 2	nice, kind	è gentile con tutti; sei stato molto gentile ad accompagnarmi alla stazione; vuoi essere così gentile da chiudere la porta?; mi ha mandato una risposta molto gentile
simpatico 2	nice, pleasant (see also **bello**)	una famiglia/un'idea simpatica; è una ragazza non bella ma simpatica; suo marito è proprio simpatico; non sarebbe simpatico non invitare tuo fratello

NB these adjectives have abstract nouns associated with them rendering the same ideas: **amabilità** f, **civiltà** f (see also **civiltà**), **compitezza** f, **costumatezza** f, **affabilità** f, **cordialità** f, **garbatezza** f, **cortesia** f (see also **favore**), **educazione** f (see also **formazione**), **gentilezza** f (see also **favore**). For **simpatia** f, see **preferenza**.

giornale   newspaper

rassegna f 3	review, magazine (usually literary and often part of title)	quando vado in biblioteca, leggo sempre *La Rassegna della Letteratura Italiana*
bollettino m 3-2	bulletin, review, journal (used in titles of specialist journals) (see also **informazione**)	il *Bollettino dell'Accademia della Crusca* esce regolarmente; sono abbonato al *Bollettino dell'Unione Matematica Italiana*
periodico m 3-2	periodical, magazine	un periodico bimensile/semestrale; sono abbonato a un bel periodico di critica d'arte; quell'autore scrive per numerosi periodici
giornale m 2	(news)paper, daily (paper), journal, magazine	il mio giornale preferito è *La Repubblica*; ho letto quel fatto sul giornale; mi piacciono i giornali illustrati che escono mensilmente; leggo tutti i giornali di moda

mensile m [2]	*monthly (magazine)*	c'è un mensile di fotografia che vale la pena di comprare; quel mensile ha una diffusione nazionale
quotidiano m [2]	*daily (paper)* (see also **quotidiano**)	un quotidiano indipendente/del mattino/della sera; in Italia si pubblicano tre quotidiani di sport
rivista f [2]	*magazine, review, journal*	una rivista economica/femminile/letteraria/d'arte/di moda; ti ho comprato qualche rivista da leggere in treno; le riviste che leggo più spesso sono *Panorama* e *Famiglia Cristiana*
rotocalco m [2]	*(glossy) magazine* (implies downmarket)	i rotocalchi italiani sono ossessionati con la famiglia reale brittanica; non imparerai niente se leggi solo quel rotocalco
settimanale m [2]	*weekly (newspaper/magazine)*	un settimanale di economia/di moda/di politica; mi sono abbonato a un settimanale femminile

giornalista   journalist

articolista mf [3]	*columnist*	fa l'articolista per un famoso quotidiano
reporter m [3]	*reporter, journalist*	faccio il reporter per un settimanale; abbiamo inviato un nostro reporter sul luogo dell'incidente
corrispondente mf [3-2]	*correspondent*	abbiamo ricevuto un servizio dal nostro corrispondente in Giappone; non tutti sarebbero in grado di lavorare come corrispondenti di guerra
inviato/a mf [3-2]	*correspondent*	il nostro inviato speciale non ci ha ancora contattato
cronista mf [2]	*reporter, columnist*	un cronista radiofonico/televisivo/di giornale; un cronista cinematografico/sportivo/teatrale
giornalista mf [2]	*journalist, reporter*	un giornalista politico/sportivo/televisivo/di cronaca rosa; sono un bravo giornalista
gazzettiere m [1]	*hack (reporter)*	scrive schiocchezze, è un gazzettiere di poca qualità
pennaiolo m/ **pennivendolo** m [1]	*hack (reporter), scribbler* (with mercenary connotations)	quel pennaiolo scrive solo per i soldi che può guadagnare; i rotocalchi assumono pennivendoli per scrivere roba che vende

giorno   day

dì m [3]	*day* (used in certain expressions)	buon dì!; notte e dì; mezzodì; dì per dì; il buon dì si vede dal mattino

| **giornata** f [2] | *day* (referring to weather or giving an idea of duration) | che bella giornata!; è stata una giornata magnifica; è stata una giornata di intenso lavoro; vi darò i risultati in giornata |
| **giorno** m [2] | *day* | un giorno feriale/festivo/lieto/triste; ci vediamo ogni giorno; ci parleremo fra pochi giorni; oggi è giorno di mercato; sono stati i giorni più belli della mia vita |

giovane (see also ragazzo and ragazza)   young man/woman

giovanetto/a mf/ **giovinetto/a** mf [3]	*adolescent* (literary)	questa è letteratura per giovanetti; non ci si può aspettare troppo dai giovinetti
giovane mf [2]	*young man/woman, youth* (also used as an adjective)	ha sposato un giovane del suo paese; è una giovane molto promettente; i giovani di oggi vogliono solo divertirsi; quando ero giovane, il mondo era diverso; abbiamo visto i due giovani fidanzati; è molto giovane per essere direttore di banca; gli anni avanzano ma lui rimane giovane di spirito
giovanile [2]	*youthful, young*	gli anni/gli entusiasmi/gli errori/le opere giovanili; ha un aspetto proprio giovanile
giovanotto m [2]	*young man, youth*	quel ragazzo diventerà un bel giovanotto; è venuto un giovanotto con una ragazza
piccolo [2-1]	*young* (see also **piccolo**)	quando ero piccola, al liceo avevo molte amiche; sembri giovane ma in effetti io sono più piccolo di te

girare   to turn

volgere [3]	*to turn, to bend* (transitive and intransitive) (also used reflexively)	ho volto lo sguardo verso la casa; ha volto il cammino verso la città; la strada volge subito a sinistra; il tempo volge al brutto; si volse verso di noi; si è volto agli studi letterari
girare [2]	*to turn* (transitive and intransitive) (also used reflexively), *to go/get round* (see also **camminare**)	gira la chiave nella serratura; gira la pagina!; la strada gira attorno al lago; ho fatto apposta a girare il discorso perché volevo parlare di altro; girano brutte notizie su di lui; si girò a salutarla; ha passato tutta la notte a girarsi nel letto; ha girato tutta l'Italia; ho girato molti negozi per trovare un regalo
voltare [2]	*to turn* (transitive and intransitive) (also used reflexively)	ho voltato la macchina verso Roma; ho voltato la pagina; al semaforo bisogna voltare a sinistra; la strada volta a destra qui; si voltò dall'altra parte; voltati subito!

giusto (see also obbiettivo) fair, right

equo 3	*fair, just, equitable* (with a financial or legal connotation)	le condizioni sono eque; ha ricevuto un equo compenso; c'è stata un'equa distribuzione dei redditi
lecito 3-2	*lawful, allowed, right*	la sua iniziativa era giuridicamente lecita; i suoi atti sono leciti; vi par lecito il vostro atteggiamento?
legittimo 3-2	*lawful, legitimate, proper*	è il legittimo sovrano; ha due figli legittimi; si tratta di una legittima applicazione delle norme; è un uso legittimo della parola
giusto 2	*fair, right, just* (see also **adatto** and **preciso**)	la sentenza del giudice è giusta; mio padre era un uomo molto giusto con tutti noi figli; non è giusto comportarti così; ha giuste rivendicazioni; ha fatto una osservazione giusta

goffo awkward, clumsy

inelegante 3-2	*inelegant, ungraceful, clumsy* (usually of a thing)	un disegno/uno stile/un vestito inelegante; il suo vestito era un accozzo inelegante di stili e di colori
sgraziato 3-2	*clumsy, awkward, ungainly*	cammina in modo sgraziato; è una ragazza alta ma sgraziata; con voce sgraziata mi ha risposto di no
goffo 2	*awkward, clumsy*	è una ragazza timida e goffa; aveva un'andatura proprio goffa; quell'abito ti rende un po' goffo
impacciato 2	*awkward, clumsy, ill-at-ease, uncomfortable*	i suoi movimenti erano impacciati; è una ragazza dalle maniere impacciate; ha fatto un discorso impacciato
maldestro 2	*awkward, clumsy*	è un ragazzo maldestro; ha fatto una mossa maldestra; con un gesto maldestro fece cadere la tazzina

NB all these adjectives are also used as adverbs with **–mente** ending (e.g. i concetti sono così inelegantemente espressi; parla così sgraziatamente; si comporta sempre goffamente; mi ha risposto impacciatamente; quella ragazza si muove proprio maldestramente).

goloso greedy

bramoso 3	*greedy, covetous* (not food)	è bramoso di guadagni; la guardava con occhi bramosi
cupido 3	*greedy, lustful, covetous*	è cupido di onori/di ricchezze; mi ha lanciato uno sguardo cupido; ha guardato i gioielli con occhi cupidi
rapace 3	*greedy, rapacious* (always negative)	un animale/un individuo rapace; quegli amministratori si sono dimostrati rapaci e senza scrupoli

vorace 3	*voracious, ravenous, gluttonous* (also figurative)	un animale/un bambino/una bocca/un uomo vorace; la locusta è un insetto vorace; una fiamma/un incendio vorace
avido 3-2	*eager, greedy* (not food)	avido di gloria/di ricchezze/di vendetta; ha una mente avida di apprendere; il leone fissa la preda con occhi avidi
ingordo 3-2	*greedy* (also figurative) (also used as a noun)	è ingordo di dolciumi/di guadagni/di piaceri; Dio punisce gli ingordi
insaziabile 3-2	*insatiable* (of food but also figurative)	un'avidità/una fame/una voglia insaziabile; quel ragazzo ha un appetito insaziabile
ghiotto 2	*greedy, gluttonous, fond* (mainly of food but sometimes figurative) (**ghiottone/a** mf is used as a noun)	è ghiotto di dolci/di funghi/di marmellata; è un bambino molto ghiotto che non sa regolarsi; sono ghiotti di pettegolezzi e scandali; quel ragazzo non smette mai di mangiare, è un ghiottone
goloso 2	*greedy, gluttonous* (also figurative) (also used as a noun)	è diventato goloso invecchiando; sono goloso di salumi; parlami, sono goloso di notizie; un goloso non è mai sazio
famelico 2-1	*starving, ravenous* (jokey)	mio fratello è sempre famelico quando esce da scuola
mangione/a mf 1	*big eater, glutton*	sei un bel mangione!; è un mangione, quel ragazzo!; è una gran mangiona di dolci

graffiare

to scratch

scalfire 3	*to scratch, to graze, to touch* (figurative in the last sense)	la forchetta ha scalfito lo smalto della pentola; il coltello gli scalfì la gamba; le tue insinuazioni non mi scalfiscono
incidere 3-2	*to cut into, to carve, to engrave*	ha inciso la data sul tronco dell'albero; a scuola ho inciso il mio nome sul banco; ha inciso una dedica sulla lapide
rigare 3-2	*to score, to scratch, to furrow* (also figurative)	ha rigato le piastrelle prima di tagliarle; le lacrime le rigavano il viso
graffiare 2	*to scratch*	il gatto gli ha graffiato la faccia; ha graffiato il muro col temperino
grattare 2	*to scratch, to scrape, to strum* (musical in the last sense)	scusa, mi sto grattando la schiena; gratta la ruggine da quella superficie; sta grattando la chitarra
grattugiare 2	*to grate* (of food) (**grattare** is also used in this sense, but less commonly)	bisogna grattugiare le carote/il pane/il parmigiano; mi puoi grattugiare un po' di formaggio?
raschiare 2	*to scrape*	ha raschiato via la colla col coltello; ho raschiato la ruggine dal ferro
sfrisare 1R	*to scrape, to scratch* (regional Northern usage)	mi hanno sfrisato la macchina al parcheggio

| **sgraffiare** [1] | *to scratch (hard), to scrape* | ha sgraffiato la macchina contro il muro; perché sgraffi le pareti con quel coltello? |

grande

big, great

ingente [3]	*huge, enormous*	un danno/una somma ingente; la nostra ditta ha un capitale ingente; rifare il tetto rappresenta una spesa ingente
titanico [3]	*colossal, titanic* (mainly figurative)	uno sforzo titanico; è un'impresa titanica far studiare mio figlio
colossale [3-2]	*colossal, huge*	un'impresa/una statua colossale; i grattacieli di New York sono edifici colossali; il capo ha fatto un errore colossale
esteso [3-2]	*large, extensive*	il parco di Monza era più esteso di adesso; vostro padre ha una cultura filosofica molto estesa
grandioso [3-2]	*grandiose*	uno spettacolo/un progetto grandioso; la cattedrale di San Pietro è una costruzione grandiosa; Gino ha idee grandiose
monumentale [3-2]	*imposing, monumental*	la fontana di Piazza Navona è monumentale; l'Enciclopedia di Diderot è un'opera monumentale
sconfinato [3-2]	*immense, boundless*	il collegio è circondato da un parco sconfinato; ricordo ancora la dolcezza sconfinata della nonna
smisurato [3-2]	*boundless, immense*	uno spazio smisurato; sembra che Gabriele abbia un odio smisurato verso tutti noi; la giraffa ha un collo smisurato
sterminato [3-2]	*immense, huge, boundless*	l'America è un continente sterminato; dall'aereo il deserto del Sahara appare sterminato
vasto [3-2]	*large, vast*	un vasto spazio; un terreno di vaste proporzioni ; il magazzino è abbastanza vasto da poter ospitare tutta la nostra produzione; in Italia non ci sono pianure molto vaste
voluminoso [3-2]	*voluminous*	questo pacco è voluminoso ma leggero
enorme [2]	*enormous*	il nonno ha regalato ai nipotini un enorme uovo di cioccolato; ha fatto uno sbaglio enorme a iscriversi a legge
gigantesco [2]	*gigantic*	questa pianta che era così piccola è diventata gigantesca; i lottatori di sumo hanno una corporatura gigantesca

grande [2]	*big, great* (also figurative) (see also **famoso** and **importante**)	una grande azienda; un grande edificio; Milano è una città molto grande; le orecchie di mio fratello sono molto grandi; con lui bisogna avere una grande pazienza; quello scrittore ha un grande talento; ho una gran voglia di gridare
grosso [2]	*large, big, considerable* (figurative) (for physical size, see **grosso**) (see also **importante**)	ho sentito una grossa novità; ha fatto un grosso affare; quell'azienda ha grossi interessi in Africa
immenso [2]	*immense, huge*	lui prova un amore immenso per i figli; alla benedizione pasquale del papa c'era una folla immensa

grato grateful, thankful

grato [2]	*grateful, thankful*	Domenico si è sempre dimostrato grato dell'aiuto offertogli; ti sono grata per avermi accompagnata a casa
riconoscente [2]	*grateful*	Luciana non si è mai dimostrata riconoscente per quello che ho fatto per lei; l'imputato gettò al suo difensore uno sguardo riconoscente

grave serious

severo [3-2]	*severe, serious, grave* (see also **severo**)	ci hanno inflitto una severa sconfitta; il governo ha operato un severo taglio nelle spese
grave [2]	*serious, bad*	una malattia/un problema/una situazione grave; l'esercito ha subito gravi perdite; la droga rappresenta un grave pericolo per la società moderna
serio [2]	*serious* (often with a moral connotation)	una cosa/una persona seria; non capisco perché ti piace, non è una ragazza seria; la professoressa ha un'espressione molto seria oggi; quell'ingegnere è un professionista serio

gregge (see also **folla**) flock

mandria f/ **mandra** f [3-2]	*herd, drove* (pejorative when of people)	nei campi si vedevano parecchie mandrie di buoi; è arrivata una mandria di turisti
stormo m [3-2]	*flock*	uno stormo di uccelli si levò dal bosco; in primavera stormi di rondini arrivano dal Sud
banco m [2]	*shoal*	dalla nave vedemmo un enorme banco di pesci

branco m [2]	*herd, pack, flock* (usually of cattle or horses) (pejorative when of people)	un branco di cavalli/di capre/di pecore; un branco di ragazzi/di turisti; sono un branco di ladri in quel negozio
gregge m [2]	*flock* (pejorative when of people, except in a religious context)	un gregge di capre/di pecore; il gregge dei tifosi segue la squadra dappertutto; quell'attore ha un gregge di adulatori intorno; il papa è il pastore del gregge cristiano
sciame m [2]	*swarm* (usually of insects)	uno sciame di api/di zanzare; uno sciame di insetti ci è venuto addosso quando siamo scesi dalla barca

gridare · to shout

vociferare [3]	*to yell, to talk loudly*	la folla vociferava in piazza; alcuni hooligan vociferavano per la strada
strepitare [3-2]	*to yell, to shout*	i tifosi di calcio hanno strepitato quando hanno sentito che quel giocatore non avrebbe giocato alla Coppa del Mondo
stridere [3-2]	*to shriek, to screech* (also figurative)	i pipistrelli stridevano nella notte; solo le cicale stridono nell'arsura dell'estate; quella porta stride sui cardini
strillare [3-2]	*to yell, to shriek*	vedendo che avevo sporcato il pavimento, la mamma ha strillato; certo, se svegli il bambino, si metterà a strillare
ululare [3-2]	*to howl* (also figurative)	i lupi ululavano nella foresta; il vento ululava nelle strette strade del paese
gridare [2]	*to shout, to yell*	non gridare, non siamo sordi; i bambini gridavano giocando in cortile; gli ho gridato di aprirmi la porta perché avevo dimenticato la chiave
urlare [2]	*to yell, to scream*	urlare di dolore/di rabbia/di spavento; le ragazzine urlavano a vedere il loro cantante favorito; appena la madre vide il figlio ferito, si mise a urlare
sbraitare [2-1]	*to shout, to yell*	e smetti di sbraitare!; cosa c'è da sbraitare tanto?
schiamazzare [2-1]	*to shout, to make a racket/din*	se quegli ubriachoni non la finiscono di schiamazzare, chiamo la polizia
berciare [1R]	*to yell, to bawl* (regional Tuscan usage)	cosa c'è da berciare tanto?; quei ragazzi berciano e io non dormo!

grido · shout, scream

| **strillo** m [3-2] | *wail, scream, shriek* | gli strilli dei bambino gli danno fastidio; lo strillo di un neonato colse la signora di sorpresa |

ululato m 3-2	*howl*	nella giungla si sentivano gli ululati degli animali
grido m 2	*shout, scream, yell* (irregular plural **le grida** as well as regular **i gridi**)	un grido di dolore/di rabbia/di spavento; dopo l'incidente si sentivano le grida dei feriti; i gridi degli animali nella giungla non spaventavano il cacciatore
urlo m 2	*yell, scream* (irregular plural **le urla**)	quando si è scottato, ha lanciato un urlo tremendo; quando mi ha visto ubriaco, le sue urla si sono sentite dappertutto
vocio m/ **vociare** m 2-1	*shouting*	che è questo vocio giù in piazza?; si sentiva un gran vociare
bercio m 1R	*yell* (regional Tuscan usage)	ho sentito un bercio molto forte; questi berci mi disturbano

grosso large, big

atticciato 3	*stocky, thick-set*	il suo amico era più atticciato di quanto avessimo pensato
corpulento 3	*stout, corpulent*	i Bianchi sono tutti grandi e grossi, è una famiglia di persone corpulente; Paolo è diventato corpulento
massiccio 3	*hefty, solid*	i giocatori di rugby hanno dei corpi veramente massicci; i muscoli di quel pugilatore sono massicci
grassoccio 3-2	*plump*	la ragazza di Marco è stranissima, ha un corpo magrissimo ed un viso grassoccio; io sono sempre stata grassoccia da bambina; guarda che mani grassocce ha quel bebè
tarchiato 3-2	*thick-set, sturdy*	suo fratello era un uomo basso e tarchiato
grasso 2	*fat* (see also **forte**)	una donna grassa; un uomo grasso; come ha fatto a diventare così grassa?; mi sembra che il tuo cane stia diventando troppo grasso; questo cibo è troppo grasso
grosso 2	*large, big, well-built* (see also **grande**)	un grosso albero di mele; una grossa città; Nicola è un uomo grande e grosso; questa zucca è proprio grossa; per Natale abbiamo comprato un grosso tacchino
panciuto 2	*paunchy, fat*	una donna panciuta; un uomo panciuto; quell'uomo è così panciuto perché beve troppo
robusto 2	*fat, stout* (euphemistic in this meaning) (see also **forte**)	quella donna è un po' robusta, ha bisogno di dimagrire; quella ragazza è robusta ma non sproporzionata

tozzo 2	*stocky, thick-set, squat*	un ragazzo piccolo e tozzo; un cane di corporatura tozza; hai visto quella torre medioevale? è stranamente tozza
ben piantato 2-1	*robust, well-built*	è proprio un bambino ben piantato; da quando è cresciuta è diventata ben piantata
ciccione/a 1	*fat, tubby* (also used as a noun)	se non smetti di mangiare, diventerai ciccione; quella maestra è brutta e cicciona; è venuto un ciccione a cercarti

gruppo   group

equipe f 3	*team* (usually a group of professionals) (invariable plural)	l'equipe dei medici operò sul malato; l'equipe degli archeologi studiava la tomba etrusca appena scoperta
raggruppamento m 3	*group, grouping* (usually military)	un raggruppamento di partigiani/di ribelli/di truppe; i soldati hanno formato un raggruppamento tattico
complesso m 3-2	*group, grouping* (business) (see also **orchestra**)	quest'anno si è vista la formazione di un nuovo complesso petrolchimico
gruppuscolo m 3-2	*small group* (usually implies political extremists)	è una bugia che io abbia mai fatto parte di gruppuscoli extraparlamentari
team m 3-2	*team* (of professionals) (also used for sport but less common than **squadra**)	il team dei nostri ricercatori sta studiando una cura per il raffreddore; Carlo ha vinto la gara di sci nautico anche grazie al suo team
troupe f 3-2	*troupe, company* (usually in entertainment) (invariable plural)	la troupe dei fotografi seguiva l'attore dovunque; la troupe cinematografica iniziò a lavorare sul set
compagnia f 2	*group, company* (see also **ditta**)	la nostra è una compagnia di amici cresciuti insieme dall'infanzia; hanno deciso di formare una compagnia teatrale; ho promesso di tenergli compagnia
gruppo m 2	*group* (also figurative) (see also **banda**, **orchestra** and **organismo**)	un gruppo di controllo/di interesse/di potere/di pressione; quel gruppo di amici si incontra ogni martedì; un gruppo di turisti entrò nel Colosseo; quelle imprese hanno formato un nuovo gruppo industriale; lì c'è un gruppo di alte montagne
squadra f 2	*team* (usually sport)	la squadra di calcio della mia città ha vinto il campionato; tu fai parte di qualche squadra sportiva?
tribù f 2-1	*tribe, swarm* (ironical) (for literal use, see **società**)	una tribù di figli/di nipoti; allo zoo c'era una tribù di bimbi; è venuta Simonetta con tutta la tribù dei suoi amici

guardare   to look, to watch

adocchiare 3-2	*to eye, to spot, to have one's eye on*	lui adocchia sempre le belle ragazze; il ladro adocchiava la borsetta; il bimbo adocchia la scatola di cioccolatini
contemplare 3-2	*to contemplate* (see also **pensare**)	contemplare il cielo stellato/la distesa del mare/un'opera d'arte/un bel panorama
scorrere 3-2	*to glance, to have a (quick) look over, to run through*	scorrere un articolo/un giornale/un libro; l'ho scorso appena, quell'articolo, ma mi sembra interessante
scrutare 3-2	*to examine, to scrutinise*	l'astronomo scrutò il cielo; i marinai scrutavano l'orizzonte per avvistare terra; i suoi occhi scrutarono i miei
fissare 2	*to stare at*	cos'hai da fissare?; quell'uomo ci ha fissato per tutta la sera; lo fisserò finché non si volterà verso di noi
fissare lo sguardo su 2	*to stare at, to gaze at* (see also **sguardo**)	la metteva in imbarazzo quando fissava lo sguardo su di lei; ho fissato lo sguardo su quell'uomo perché volevo che sapesse che l'avevo riconosciuto
guardare 2	*to look (at), to watch* (see also **badare a**)	guarda, io non posso venire stasera; guardare un film/il panorama/la TV; stasera voglio guardare il documentario sugli animali; il garagista ha guardato il motore della macchina; guardate che bei gerani!
osservare 2	*to observe* (see also **notare**)	hai osservato quei bei fiori?; osserva bene questo disegno; ho osservato il suo metodo di lavoro; al microscopio possiamo osservare anche le cellule più piccole
spiare 2	*to spy (on)*	smetti di spiare, mi dai fastidio; mia sorella spia sempre quello che scrivo; l'impiegato ha spiato le nostre ricerche
vedere 2	*to see* (see also **visitare**)	ho visto Maria ieri; quand'è l'ultima volta che hai visto i tuoi fratelli?; sto guardando ma non vedo niente; ti vedo un po' stanco; l'abbiamo visto uscire
dare un'occhiata 2-1	*to glance, to have a glance/look, to keep an eye (on)* (see also **sguardo**)	ho finito di scrivere, puoi dare un'occhiata?; da' un'occhiata a questo maglione e dimmi se è sporco; da' un'occhiata al bambino mentre esco per fare la spesa
dare una sbirciata 2-1	*to give/have a (quick) glance*	ci hanno dato una sbirciata mentre passavano; voglio dare una sbirciata al libro prima dell'esame
dare uno sguardo/ una guardata 2-1	*to have a look/glance, to keep an eye (on)* (see also **sguardo**)	ho dato uno sguardo al giornale; i bambini giocano in giardino, puoi dargli uno sguardo?; mentre telefono dai uno sguardo al mio sugo, per favore?; lasci pure i bagagli qui, gli do io una guardata

squadrare 2-1	*to look at (closely), to look up and down, to stare at*	squadrava l'avversario prima della lotta; ma che hai da squadrarmi così?

guardiano guard

bidello/a mf 2	*caretaker, porter* (in schools or universities)	tutti gli allievi hanno paura del bidello; i bidelli dell'università sono molto disponibili
custode m 2	*keeper, warden* (also figurative)	il custode del museo mi indicò dov'era il quadro che volevo vedere; ha fatto domanda per diventare custode del parcheggio; smetti di fare il custode dei valori famigliari
guardia f 2	*guard, watchman*	la guardia del deposito merci fu ferita dai ladri; suo padre faceva la guardia giurata in banca
guardiano/a mf 2	*guard, keeper, caretaker, warden*	il guardiano di un castello/dello zoo; il guardiano del faro ci salvò dalla tempesta; il guardiano della scuola chiamò i pompieri; è impiegato in quella fabbrica come guardiano notturno; la villa, d'inverno, è affidata a una guardiana
portiere/a mf 2	*porter, caretaker, janitor* (usually of a building or hotel), *goalkeeper* (football)	il portiere dell'albergo ci ha accompagnato in camera; hai dato la mancia al portiere?; la portiera della scuola ci ha visto partire; nel calcio il portiere ha un ruolo importante
portinaio/a mf 2	*caretaker* (usually of a block of flats)	se rientro tardi, cerco di evitare il portinaio; la portinaia di questa palazzo cerca sempre di spiare quello che fa la gente
sentinella f 2	*sentry*	la sentinella era di guardia fuori della caserma; essere di sentinella/fare da sentinella
sorvegliante mf 2	*keeper, minder*	il sorvegliante allo zoo ha raccomandato di non dar da mangiare agli animali; la sorvegliante dei bambini all'asilo è molto paziente
usciere m 2	*usher, doorkeeper*	l'usciere mi ha accompagnato dal ministro; entrando nell'edificio mi sono rivolto all'usciere

guarire to get better, to recover

riprendersi 3-2	*to recover* (also figurative)	dopo la morte dell'amico tardava a riprendersi; non si è ancora ripresa da quell'esaurimento nervoso; il paese si sta riprendendo dalla crisi economica
ristabilirsi 3-2	*to recover* (from illness)	si è ristabilito da una lunga malattia; non ti sei ancora perfettamente ristabilita

guarire 2	*to get better, to recover, to heal* (also figurative) (auxiliary **essere**) (for transitive use, see **curare**)	sono guarito da una grave malattia; la lesione che avevo è guarita spontaneamente; in pochi giorni guarirà; è guarito dal vizio di bere
riaversi 2	*to recover, to get over* (also figurative)	si è riavuto dall'infarto; la ragazza sta riavendosi dallo svenimento; la ditta si sta riavendo dal tracollo finanziario
rimettersi 2	*to get better, to recover* (from illness)	ero molto malato ma mi sono rimesso; ancora è debole ma si rimetterà

gustare   to taste

pregustare 3	*to look forward to, to relish* (not of food)	pregusto il piacere di una bella dormita; pregusto la mia vendetta contro lui
assaporare 3-2	*to savour, to relish* (also figurative)	ho assaporato con piacere quello squisito pasticcio di lepre; stavamo assaporando il nostro bicchierino di vecchio cognac; bisogna assaporare le gioie della vita
degustare 3-2	*to taste, to sample*	degustare il caffè/il vino
assaggiare 2	*to taste, to try, to have a (little) taste of*	hai assaggiato il brodo?; assaggia il vino e dammi il tuo parere; l'arrosto l'ho solo assaggiato, non avevo più fame
gustare 2	*to taste, to try* (see also **divertirsi**)	con questo raffreddore non riesco a gustare nulla; gusta un po' di questo vino; non vuole gustare un po' questo dolce?

gustoso   tasty

sapido 3	*savoury* (literary) (also figurative)	il loro mangiare è sempre molto sapido; quella ragazza ha sempre battute sapide
saporoso 3	*tasty*	le sue salse sono tutte saporose; lo zafferano rende il cibo saporoso e profumato
appetitoso 2	*appetising* (also figurative)	che pranzetto appetitoso!; la pasta fatta così è appetitosa; l'offerta di quel lavoro a Firenze è molto appetitosa
gustoso 2	*tasty* (also figurative)	è stata una cenetta gustosa; questa pietanza è proprio gustosa; abbiamo assistito a una scena gustosa
piccante 2	*spicy, hot* (also figurative)	mi piacciono i formaggi piccanti; il mangiare piccante mi dà il bruciore di stomaco; quel film contiene scene piccanti
saporito 2	*tasty, savoury* (also figurative)	com'è saporita la tua frittata!; non fare il sugo troppo saporito; ha detto una battuta saporita alla fine dello show

idea

concezione f 3	*conception* (see also **invenzione**)	una concezione arretrata/moderna/nuova; hai una strana concezione della vita; è legata alle vecchie concezioni
ideazione f 3	*conception, conceiving*	l'ideazione di una macchina/di un'opera d'arte/di un progetto
concetto m 3-2	*concept, idea, conception* (see also **opinione**)	i concetti sono interessanti, ma non il modo di esprimerli; questo libro esprime un nuovo concetto di spazio e tempo
nozione f 3-2	*notion,(basic) idea, concept*	sto cercando di capire le nozioni fondamentali di questa materia; hai delle nozioni di fisica?; quella ragazza è sempre in ritardo, non ha la nozione del tempo
argomento m 2	*argument* (see also **argomento** and **opinione**)	ha portato un argomento molto valido; questi sono argomenti molto deboli; ripete sempre gli stessi argomenti
idea f 2	*idea, thought* (see also **opinione** and **teoria**)	ho una chiara idea di ciò che stai cercando; ho avuto un'idea meravigliosa; l'idea di rivederlo non mi piace; sei pronta a morire per un'idea?; riesci a capire le sue idee?
pensiero m 2	*thought, thinking* (see also **preoccupazione**)	col pensiero è tornato a quell'epoca; ero immerso nei miei pensieri; hai avuto un pensiero molto gentile; è un uomo di pensiero non di azione; studio il pensiero politico di Marx

ignorante (see also **inesperto**)

illetterato 3	*illiterate, uncultured*	in questa famiglia sono tutti illetterati; questo pubblico è illetterato, non capisce Pirandello
incolto 3	*ignorant, uncultured, uneducated*	è un uomo incolto; ha un ingegno spiritoso ma incolto
ignaro 3-2	*ignorant, unaware, unknowing*	non è ignaro dei pericoli; eravamo ignari di quello che era accaduto
inconsapevole 3-2	*unaware, unwitting*	erano inconsapevoli dei rischi; è inconsapevole dell'effetto che fa sugli altri
inconscio 3-2	*unconscious, unwitting*	il suo atto è stato del tutto inconscio
analfabeta 2	*illiterate, ignorant* (also used as a noun)	non ha mai imparato né a leggere né a scrivere, è analfabeta; non sai chi è Shakespeare? Sei analfabeta!
ignorante 2	*ignorant , unknowing, unaware* (also used as a noun) (see also **maleducato**)	ignorante di grammatica/di greco/della musica moderna; il medico si crede bravo ma è ignorante; quel commesso mi ha parlato in un modo ignorante; che ignorante sei!

imbarazzare

to embarrass

impacciare 3-2	*to embarrass, to make (feel) awkward* (see also **impedire**)	la mia domanda lo ha impacciato
mettere a disagio 3-2	*to embarrass, to make (feel) uncomfortable*	le sue parole mi hanno messo a disagio; quella discussione mise a disagio tutti gli ospiti
confondere 2	*to embarrass* (also used reflexively)	mi confondi con le tue gentilezze; a quella domanda la ragazza si confuse
imbarazzare 2	*to embarrass, to make (feel) uncomfortable* (also used reflexively) (see also **impedire**)	la presenza del ragazzo lo imbarazzava; la domanda mi imbarazzò; si è imbarazzato al solo vederla
mettere in imbarazzo 2	*to embarrass, to make (feel) uncomfortable*	la sua battuta ci mise tutti in imbarazzo; la presenza di estranei mi mette in imbarazzo
vergognarsi 2	*to be/feel embarrassed/ ashamed* (see also **scandalo**)	si vergognava a fare domande; mi vergogno di te; quando l'ho visto, mi sono vergognata; non ti vergogni?

imbroglio (see also **bugia**)

cheat, trick

artificio m 3	*artifice, stratagem*	è capace di usare i più sottili artifici per guadagnare la fiducia di una persona
espediente m 3	*expedient*	se l'è cavata con un espediente; che espediente ha usato per rendersi convincente?; è un individuo che vive di espedienti
sotterfugio m 3	*subterfuge, expedient*	sono dovuto ricorrere a un sotterfugio per sbarazzarmi di lui; vive di sotterfugi
frode f 3-2	*fraud, cheat, swindle* (usually legal)	una frode alimentare/commerciale/fiscale; ha perpetrato una frode ai danni di quell'azienda
inganno m 3-2	*deceit, cheat, fraud*	ha usato l'inganno nei miei confronti; ha vinto con l'inganno; è stato un vile inganno
raggiro m 3-2	*cheat, swindle, fraud*	è stato un ignobile raggiro; hanno montato un colossale raggiro ai tuoi danni
imbroglio m 2	*cheat, trick, swindle*	la sua proposta nasconde un imbroglio; ha ottenuto quel posto con l'imbroglio; sono stato vittima di un imbroglio
trucco m 2	*trick, catch*	mi piacciono i trucchi degli illusionisti; il trucco c'è ma non si vede; con un abile trucco è riuscito a non pagare la multa
truffa f 2	*swindle, cheat, fraud*	ha commesso una truffa; è stata vittima di una truffa; questo vestito costa così tanto che è proprio una truffa

presa in giro f 2-1	*trick, cheat* (see also **scherzo**)	questa è stata una bella presa in giro; aveva subito una presa in giro ma era già troppo tardi per ricuperare i soldi
tiro m 2-1	*trick*	è stato un tiro mancino da parte sua; gli ha giocato un brutto tiro
racket m 1	*racket, game*	il racket delle case da gioco/della droga/della prostituzione
fregatura f 1*	*swindle, cheat*	credevo che fosse un buon affare, ma è stata una fregatura; è stata una vera fregatura quel film, mi aspettavo di più

imbroglione cheat

truffaldino/a mf 3	*cheat, swindler* (also used as an adjective)	che truffaldina sei!; gestisce un'impresa truffaldina
baro m 2	*swindler, cheat* (mainly in cards)	non conviene giocare a carte con loro, sono tutti bari
disonesto/a mf 2	*dishonest person* (also used as an adjective)	sei un disonesto; evadere le tasse è da disonesti; è sempre stato un commerciante disonesto
imbroglione/a mf 2	*cheat, swindler, trickster* (also used as an adjective)	quel negoziante è un noto imbroglione; non fare l'imbroglione, dammi i soldi; quello lì è un politico imbroglione
truffatore m/ **truffatrice** f 2	*cheat, swindler*	quel commerciante è un truffatore di prima categoria; il giudice ha condannato la truffatrice a tre anni di prigione

immaginare (see also **pensare**) to imagine

| **figurarsi**
2 | *to imagine, to suppose* | puoi figurarti la mia sorpresa; me lo figuravo diverso, quell'artista; mi figuravo di intraprendere un lungo viaggio |
| **immaginare/**
immaginarsi
2 | *to imagine, to suppose, to think* (see also **supporre**) | puoi immaginare la mia gioia?; non si può immaginare Paolo senza Carla; non riesco ad immaginare che sia capace di tali azioni; la casa me l'ero immaginata più bella |

immaginazione imagination

| **fantasia** f
2 | *imagination, fantasy* | povero/ricco di fantasia; le sue parole hanno colpito la mia fantasia; quello lì si perde sempre in fantasie |
| **immaginazione** f
2 | *imagination, fancy* | molta/poca immaginazione; un'immaginazione fertile/ricca/vivace; quell'autore stimola l'immaginazione della gente; i bambini hanno una bella immaginazione |

immagine

image, picture

tela f
3
canvas, painting
nel museo ci sono parecchie tele di Tiziano

dipinto m
3-2
painting
mi piacciono i dipinti a olio; questo dipinto è veramente mediocre

pittura f
3-2
painting (the art) (see also **descrizione**)
studio pittura; frequento un corso di pittura ad acquerello/a olio/a tempera; mi piace la pittura italiana del Cinquecento

acquerello m
2
water colour (painting)
quell'artista dipinge ad acquerello; possiedo una collezione di acquerelli

figura f
2
picture, illustration (e.g. in book) (see also **persona**)
questo volume è pieno di belle figure; questo libro è illustrato con molte figure

immagine f
2
image, figure, picture
ha visto la sua immagine allo specchio; c'erano tante immagini sacre appese al muro; quando sono arrivati, gli si è presentata un'immagine terribile; quel televisore ha un'immagine molto nitida

quadro m
2
picture, painting (see also **descrizione** and **vista**)
hai mai dipinto un quadro?; qui ci sono quadri di tutti i grandi maestri; alla mostra c'è un celebre quadro di Tiziano

rappresentazione f
2
depiction, representation (see also **descrizione** and **manifestazione**)
il pittore ha usato colori molto vivi per fare una rappresentazione di quelle scene fantastiche

ritratto m
2
portrait, image (also figurative) (see also **descrizione**)
un ritratto a olio/a tempera; fa ritratti di persone famose; quel pittore ha fatto il ritratto dei nostri figli; mio nipote sembra il ritratto di suo padre; è il ritratto della salute

impaziente

impatient

insofferente
3-2
intolerant, impatient
ha un carattere insofferente; io sono insofferente alla pura ignoranza; è insofferente ad ogni disciplina

prevenuto
3-2
prejudiced, biased
sei prevenuto contro di lui; è un uomo prevenuto per quanto riguarda le novità; è chiaro che sei prevenuto, perché non mi ascolti nemmeno

impaziente
2
impatient
perché sei così impaziente con tuo figlio?; mi ha lanciato un'occhiata impaziente; sono impaziente di arrivare

intollerante
2
intolerant, prejudiced, biased
ha un carattere intollerante; sei intollerante delle usanze degli altri; non si può discutere con chi è così intollerante

impedire (see also **fermare**) — to prevent

inceppare [3]	to obstruct, to hamper, to interfere with (also used reflexively in the sense of to stick, to jam, to get blocked)	queste interruzioni inceppano il lavoro; il fucile si è inceppato; questo meccanismo continua ad incepparsi
impacciare [3]	to hinder, to impede, to hamper (see also **imbarazzare**)	il cappotto m'impaccia nella guida; la gonna è stretta e la impaccia nei movimenti
intralciare [3]	to hold up, to obstruct	questo problema ha intralciato i lavori; c'è chi va troppo piano e intralcia il traffico
sventare [3]	to foil, to thwart, to prevent (especially of plots, etc.)	sventare un attentato/un colpo di stato/un complotto/una congiura; hanno sventato il pericolo di un'epidemia
mandare a vuoto [3]	to cause to fail, to block, to thwart, to foil	la polizia ha mandato a vuoto il piano dei terroristi
ingombrare [3-2]	to clutter (up), to block, to encumber, to obstruct	vecchi mobili ingombravano la stanza; l'automobile capovolta ingombrava la strada
ostacolare [3-2]	to obstruct, to hinder, to impede, to get in the way of	ostacolare il progetto/il progresso/il traffico; il mio direttore mi ha molto ostacolato nella mia carriera; la giacca troppo stretta mi ostacola i movimenti
trattenere [3-2]	to hold back, to prevent (also used reflexively) (see also **reprimere** (a) and **tenere** (b))	stava per gettarsi nel fiume, ma un passante l'ha trattenuto; volevo prenderlo a schiaffi, ma mi sono trattenuto; non mi sono potuto trattenere dal dirgli il fatto suo
bloccare [2]	to block (off), to cut/seal off, to stop (also used reflexively in the sense of to jam, to stick)	la polizia ha bloccato tutte le uscite; hanno bloccato la mia macchina al porto; il medico è riuscito a bloccare l'emorragia; la neve ha bloccato molti villaggi; la serratura si è bloccata
imbarazzare [2]	to hamper, to hinder (see also **imbarazzare**)	la gonna stretta le imbarazzava il passo; questa giacca mi imbarazza nelle manovre di guida
impedire [2]	to prevent, to stop, to block (off), to obstruct (see also **vietare**)	le tariffe doganali impediscono il libero scambio; il rumore mi impedisce di dormire; ho voluto impedire la disgrazia; la polizia ha impedito la manifestazione; la casa impedisce la vista del mare
sbarrare [2]	to block, to bar (see also **chiudere**)	una frana sbarra la strada; un uomo armato gli sbarrò il passaggio

impegno — commitment

assicurazione f [3]	assurance	ho la sua assicurazione che non partirà
parola f [3-2]	word, promise (see also **parola**)	io ti do la mia parola che la questione sarà risolta; non mi fido più della tua parola

dovere m 2	*duty*	i doveri del cittadino/del cristiano/dello studente; hanno tutti il senso del dovere; hai il dovere di comportarti bene
impegno m 2	*commitment, pledge*	oggi ho molti impegni; mi ha firmato un impegno scritto; ho assunto un impegno nei suoi confronti; oggigiorno pochi scrittori proclamano un impegno politico
obbligo m 2	*obligation, duty*	devo adempiere i miei obblighi; si è assunto un obbligo; è obbligo dei genitori mantenere i figli
promessa f 2	*promise*	adempiere/fare/mantenere/rompere una promessa; ha mancato alla sua promessa

importante (see also grande) important

apprezzabile 3	*appreciable, considerable*	si è notato un apprezzabile miglioramento nella qualità del suo lavoro
rilevante 3	*considerable, sizeable*	alla partita c'era un numero rilevante di spettatori; i lavoratori hanno ricevuto un aumento rilevante
considerevole 3-2	*(quite) considerable*	c'era un numero considerevole di persone alla riunione; mi ha prestato una somma considerevole; i danni sono stati considerevoli da tutte e due le parti
discreto 3-2	*fairly large, reasonable, considerable* (see also **discreto**)	ha in banca un discreto capitale; ha un discreto numero di amici
sensibile 3-2	*appreciable* (see also **sensibile**)	c'è una sensibile differenza tra le due versioni
significativo 3-2	*significant, meaningful, considerable*	mi ha lanciato uno sguardo significativo; lo spettacolo ha avuto un successo significativo
importante 2	*important, considerable, large* (also used as a noun in the sense of *(most) important thing*)	un avvenimento/un'occasione/un politico/un pranzo/una questione/una serata importante; è importante per tutti che la cosa sia risolta; ha un naso importante; l'importante è che superi l'esame
notevole 2	*sizeable, considerable*	hanno venduto un quadro di notevoli dimensioni; mi ha prestato una somma notevole

importare to matter

premere 3	*to matter, to worry/be anxious about* (impersonal)	è una faccenda che mi preme molto; mi preme la tua salute; gli preme di finire il suo lavoro

stare a cuore 3-2	*to have at heart, to be of (great) concern, to care for (greatly)* (auxiliary **essere**)	mi sta a cuore quello che pensi; gli sta a cuore che torniamo sani e salvi; quella ragazza gli è sempre stata a cuore
importare 2	*to matter, to be of concern, to be important* (impersonal) (often used in the negative) (auxiliary **essere**)	ciò che gli importa è che ti trovi bene qui; che me ne importa dei tuoi problemi?; se non vieni stasera, non importa; non importa che tu venga ogni giorno; non m'importa di queste cose
interessare 2	*to concern, to be of concern/interest to* (transitive or intransitive) (auxiliary **essere** when intransitive)	queste cose a me non interessano; non m'interessano le tue opinioni; la nuova legge interessa tutti gli impiegati statali
non fare niente 2	*not to matter, not to mind, to be of no concern*	non fa niente se non ti ricordi del mio compleanno; se non puoi venire stasera, (non) fa niente, forse verrai domani
riguardare 2	*to concern, to be of interest to*	è meglio non occuparti di cose che non ti riguardano; questo problema non riguarda me, ma te
infischiarsene 2-1	*not to care, not to give a damn* (see also **scherzare**)	forse mi dispiacerà più tardi, ma ora me n'infischio; quel tizio se n'infischia della sua famiglia
entrarci 1	*to have (something) to do with* (often used in the negative) (auxiliary **essere**)	che c'entro io in questa faccenda?; questo non c'entra con quello che ti ho detto; non voglio parlarne, io non c'entro per niente
fregarsene 1	*not to give a damn/a bugger/a shit* (also used impersonally) (see also **scherzare**)	me ne frego dei suoi consigli; ma chi se ne frega?; che me ne frega?
fottersene 1*	*not to give a shit/a fuck*	me ne fotto di quello che pensi!

importuno (see also **noioso**)   annoying, troublesome

molesto 3-2	*troublesome, bothersome*	si sentiva un rumore molesto; quella ragazza mi è proprio molesta; avevo un dolore molesto
fastidioso 2	*tiresome*	queste zanzare sono proprio fastidiose; quell'uomo con le sue continue richieste è fastidioso ed insopportabile
guastafeste mf 2	*spoil-sport, killjoy* (invariable plural)	è un guastafeste, nessuno lo invita più; quei guastafeste antipatici non li vogliamo alla gita
importuno 2	*annoying, troublesome* (also used as a noun to mean *nuisance*)	ho avuto un visitatore importuno; mi fa sempre delle domande importune; quello lì è proprio un importuno

irritante 2	*irritating, annoying*	è la persona più irritante che io abbia mai conosciuto; quei problemi sono irritanti; aveva un'irritante aria di superiorità
seccante 2	*annoying, tiresome*	questo è un incarico proprio seccante; che individuo seccante!; è seccante stare qui in piedi ad aspettare
seccatore m/ **seccatrice** f 2	*nuisance, bother (see also* **peste***)*	quell'uomo è un gran seccatore; mi libero di quella seccatrice e vengo subito
scocciante 2-1	*annoying*	come sei scocciante!; è stato una cosa scocciante doverlo portare in giro dappertutto; che donna scocciante!
scocciatore m/ **scocciatrice** f 2-1	*nuisance, pain, bother*	che scocciatore il tuo amico!; quella donna è una terribile scocciatrice
rompiscatole mf 1	*nuisance, pain (in the neck), drag (invariable plural)*	cerchiamo di liberarci da questi rompiscatole; quella è una gran rompiscatole, dille che non ci sono
rompicoglioni mf 1*	*pain in the arse (invariable plural)*	questa rompicoglioni non mi lascia un attimo in pace
rompipalle mf/ **rompiballe** mf 1*	*drag, pain (in the arse) (invariable plural)*	sei il peggior rompiballe che sia mai esistito

imprigionare   to imprison

incarcerare 3	*to imprison, to incarcerate (also figurative)*	i banditi sono stati presi e incarcerati; durante il fascismo hanno incarcerato molti comunisti; con la sua gelosia ha incarcerato quella ragazza
rinchiudere 3-2	*to shut/lock up (also used reflexively)*	dovrebbero rinchiudere quel delinquente in prigione; hanno rinchiuso tutti i prigionieri in un campo di concentramento; mio figlio si è arrabbiato e si è rinchiuso in camera
mettere in carcere/in prigione 2	*to put in prison, to jail/gaol (see also* **prigione***)*	la polizia ha catturato i ladri e li ha messi in prigione
imprigionare 2	*to imprison, to put in prison (also figurative)*	la sua idea è di imprigionare tutti i malviventi; non si può imprigionare la fantasia
mettere dentro/in galera 2-1	*to put behind bars/inside (see also* **prigione***)*	la polizia l'ha arrestato e l'ha messo dentro; per quanto tempo lo hanno messo in galera?

improbabile

improbable, unlikely

inverosimile/ **poco verosimile** ☐3-2	*unlikely, improbable*	è un film discreto, ma la fine è troppo inverosimile; è inverosimile che non si sia accorto di niente; la sua esposizione dei fatti è poco verosimile
difficile ☐2	*unlikely, improbable* (after impersonal form of **essere**) (see also **difficile** (a))	è difficile che piova; era difficile che lo vedessi; è difficile che io sia libera per quell'ora
improbabile ☐2	*improbable, unlikely*	è un caso improbabile; ciò che mi dici sembra improbabile; mi pare improbabile che la proposta venga accettata
poco probabile ☐2	*improbable, unlikely*	mi ha dato una spiegazione poco probabile; è poco probabile che domani faccia bel tempo; scrive in un italiano poco probabile

improvvisamente

suddenly

inopinatamente ☐3	*unexpectedly*	inopinatamente decise di sposarlo
repentinamente/ **di repente** ☐3	*suddenly*	repentinamente ha cambiato idea; s'alzò di repente un turbine di vento
subitaneamente ☐3	*suddenly, unexpectedly*	subitaneamente ci fu un mutamento
bruscamente ☐3-2	*abruptly, suddenly*	si è presentata bruscamente in casa mia; si è alzata bruscamente in piedi
di colpo/tutto d'un colpo ☐2	*all at once, all of a sudden, suddenly*	si è girato di colpo e mi ha rivolto quelle parole; tutto d'un colpo è scesa una fitta nebbia
improvvisamente/ **all'improvviso** ☐2	*suddenly, all of a sudden, all at once*	improvvisamente si è alzata e se n'è andata; improvvisamente cominciò a piovere; sono partiti all'improvviso; ha cambiato umore all'improvviso
inaspettatamente ☐2	*unexpectedly, without warning*	sono arrivati inaspettatamente a mezzanotte; è tornato inaspettatamente prima dell'ora convenuta
ad un tratto/ **tutt'a un tratto/** **d'un tratto** ☐2	*all of a sudden, suddenly*	ad un tratto capii il pieno significato delle sue parole; il treno sbucò tutt'a un tratto dalla foschia; tutt'a un tratto scoppiò a piangere; d'un tratto la sala piombò nell'oscurità
di punto in bianco ☐1	*out of the blue, all of a sudden*	di punto in bianco mi ha dato del bugiardo; ora, di punto in bianco, mi dici che non vuoi più uscire con me!

NB some of these terms have adjectival forms (**inopinato, repentino, subitaneo, brusco, improvviso, inaspettato**) (e.g. c'è stata una soluzione inopinata della vicenda; si è avuto un cambiamento repentino; ha fatto un'apparizione subitanea; le sue frenate brusche mi davano fastidio; ho avuto un'idea improvvisa; la notizia inaspettata ci ha scioccato), to which can be added **imprevisto** (Register 2) (*sudden*) and **inatteso** (Register 3-2) (*unexpected*) (e.g. sono arrivati a una conclusione imprevista; hanno ricevuto una visita inattesa).

imprudente   imprudent

avventato 3	*rash, reckless, hasty*	sei troppo avventato nel giudicare; ho fatto una promessa avventata
incauto 3-2	*incautious, imprudent*	ha sempre un comportamento incauto; l'esercito ha agito in modo incauto ed è stato sconfitto
temerario 3-2	*reckless, rash* (also used as a noun)	è un giovane temerario, è impossibile farlo ragionare; la sua scelta è stata temeraria; quel temerario ha rischiato grosso
imprudente 2	*imprudent, incautious, unwise, unwary* (also used as a noun)	un'affermazione/una decisione/un gesto/una risposta imprudente; in questa faccenda hai fatto l'imprudente

NB these adjectives, with the exception of **incauto**, have abstract nouns associated with them rendering the same ideas: **avventatezza** f, **temerarietà** f, **imprudenza** f.

impulso   impulse

sprone m 3	*spur, stimulus*	è un ragazzo attivo che non ha bisogno di sproni; il suo esempio ti serva da sprone
slancio m 3-2	*impulse, rush*	lo fece con uno slancio di entusiasmo; le ho regalato un anello in uno slancio d'affetto
impulso m 2	*impulse, thrust, boost* (see also **tendenza**)	seguo sempre i miei impulsi; è mosso dall'impulso di dire la verità; dare un impulso al commercio/all'industria
incentivo m 2	*incentive, incitement*	fornire/ricevere un incentivo; è motivato dall'incentivo del guadagno; gli alti tassi d'interesse offrono un incentivo al risparmio
stimolo m 2	*stimulus*	uno stimolo condizionato/naturale/nervoso; ho agito sotto lo stimolo dell'ira; ha bisogno di uno stimolo per agire
spinta f 2	*push, stimulus* (also physical)	ha bisogno di una spinta che lo incoraggi; non sono riusciti a dare una spinta all'economia; dammi una spinta all'altalena; mi ha fatto cadere con una spinta

in   in

all'interno (di) 3	*inside, at home* (prepositional or adverbial)	all'interno di questo edificio succedono molte cose strane; ho guardato nella cassetta e all'interno non c'è niente di strano

dentro [2]	*inside, in* (spatial) (preposition or adverb)	ero dentro casa quando è successo l'incidente; ci sono cose interessanti dentro quella scatola; cosa c'è dentro di te?; che bel pacchetto, cosa c'è dentro?; si sta meglio dentro che fuori
durante [2]	*during, in* (temporal)	durante quel periodo ho sofferto molto; durante l'inverno molti animali dormono
in [2]	*in, inside, during* (spatial and temporal) (see also **tra**)	Giovanni è in casa?; in questa cassetta ci sono i miei gioielli; in Italia si mangia molto bene; in questo libro si trovano cose meravigliose; in quegli anni ero molto triste

incerto　　　　　　　　　　　　　　　　　　　　uncertain

titubante [3]	*irresolute, hesitant, faltering*	sono titubante su questa questione; è sempre titubante nelle sue risposte
vacillante [3]	*unsteady, shaky, faltering, vacillating*	si è avvicinato con un passo vacillante; la sua memoria è vacillante; la sua fede in Dio è piuttosto vacillante
dubbioso [3-2]	*doubtful, dubious, uncertain*	è un caso dubbioso; l'esito della faccenda è dubbioso; diede una risposta dubbiosa; è sempre dubbioso sulle sue scelte
irresoluto [3-2]	*irresolute, uncertain*	sei una persona proprio irresoluta; si è mostrata irresoluta nelle scelte di vita
esitante [2]	*hesitant, faltering*	ha fatto dei passi esitanti verso di me; si mostra sempre molto esitante quando bisogna prendere una decisione
incerto [2]	*uncertain, doubtful*	è ancora incerta sulla scelta delle materie; il tempo è incerto; le prove sono incerte; l'esito della malattia è incerto; ho visto i primi incerti passi di mio nipote
indeciso [2]	*indecisive, undecided, unresolved*	sei indeciso nei momenti più critici; sono indeciso su questo; ha un carattere indeciso; ha lasciato indecisa la questione

incidente　　　　　　　　　　　　　　　　　　　　accident

cozzo m [3]	*crash, collision*	nel cozzo il motociclista è stato gettato a terra; il cozzo fra i due automezzi fu violentissimo
infortunio m [3]	*accident*	ha avuto un grave infortunio automobilistico; ogni azienda deve avere un'assicurazione contro gli infortuni sul lavoro
schianto m [3]	*crash, smash*	una macchina è arrivata a velocità incredibile, e poi lo schianto; l'aereo esplose con un grande schianto

sinistro m 3	*accident*	c'è un sensibile aumento di sinistri sulla strada; ci vuole un'assicurazione contro i sinistri
tamponamento m 3-2	*crash, collision* (specifically of vehicles)	bisogna mantenere la distanza di sicurezza per evitare il tamponamento; c'è stato un tamponamento a catena
urto m 3-2	*collision, crash* (for figurative use, see **divisione**) (see also **colpo**)	c'è stato un urto violento tra le due macchine; l'urto dell'aereo contro il suolo fu disastroso; c'è un urto di opinioni tra di loro
collisione f 2	*collision, clash*	c'è stata una collisione tra due navi; la nebbia ha provocato la collisione dei due automezzi
incidente m 2	*accident, crash* (see also **affare** and **sfortuna**)	è successo un incidente; ci sono molti incidenti stradali in Italia; dobbiamo vedere il luogo dell'incidente
scontro m 2	*crash, collision, clash* (for figurative use, see **divisione**)	c'è stato uno scontro tra due macchine; nello scontro ci sono stati molti feriti; c'è stato uno scontro tra banditi e polizia

incinta   pregnant

gestante f 3	*pregnant woman, expectant mother*	è una gestante al quarto mese
gravida 3	*pregnant* (humans or animals) (for figurative use, see **pieno**)	la paziente è gravida di tre mesi; la gatta è di nuovo gravida
pregna 3	*pregnant* (of animals) (for figurative use, see **pieno**)	la mucca è pregna
in (dolce) attesa 2	*pregnant, expecting* (euphemistic)	è in attesa, presto sarà madre; hai sentito che Daniela è finalmente in dolce attesa?
incinta 2	*pregnant*	è incinta di sei mesi; non mi meraviglia che sia rimasta incinta
in stato interessante 2	*pregnant, expecting* (euphemistic)	mia moglie è in stato interessante

includere   to include

accludere 3	*to enclose, to attach* (in commercial correspondence)	accludo i documenti richiesti; accludiamo alla presente la ricevuta che è da restituire
comprendere 3	*to include, to cover, to take in*	non vi ha compresi tra gli invitati; il conto comprende anche il servizio; il suo regno comprende il periodo della guerra
allegare 3-2	*to attach, to enclose* (in commercial correspondence)	abbiamo allegato un certificato alla lettera; alleghiamo campioni dei nostri prodotti

includere [2]	*to include*	ho incluso il tuo nome nella lista; ha incluso un assegno nella lettera a sua figlia; vorrei includere una nuova clausola nel contratto; il servizio è incluso nel prezzo
unire [2]	*to enclose, to attach* (see also **legare** and **mescolare**)	quando ho scritto una lettera a mio figlio, ho anche unito dei soldi per le sue spese quotidiane

NB the past participles forms **accluso, allegato** and **unito** are used in commercial letters in the sense of *enclosed, attached* (e.g. accluso alla presente troverete un foglio d'istruzioni; allegato troverete il listino prezzi; ho letto l'elenco dei documenti uniti). The past participles **compreso** and **incluso** are used on menus or restaurant bills after **servizio** (servizio compreso; servizio incluso).

incontrare
to meet

incorrere in [3]	*to meet with, to run into* (figurative) (auxiliary **essere**)	è incorso in un errore/in un guaio/in un pericolo
imbattersi in [3-2]	*to run into, to come across, to meet with* (also figurative)	si è imbattuto in un vecchio amico; si sono imbattuti in un fornitore poco serio; si imbattè in una difficoltà imprevista
conoscere/fare la conoscenza di [2]	*to meet, to get to know, to make the acquaintance of* (see also **sapere**)	ieri ho conosciuto la tua amica; l'ho conosciuto cinque anni fa quando eravamo soldati; sono lieto di conoscerla/di fare la sua conoscenza
incontrare [2]	*to meet, to run into, to come across* (usually by chance) (also figurative)	ho incontrato tuo fratello ieri; ho incontrato un amico per strada; lui vuole incontrare una brava ragazza; ha incontrato molti ostacoli; abbiamo incontrato il favore del pubblico
incontrarsi (con) [2]	*to meet* (usually by arrangement)	sabato sera mi incontro con Paola; i due amici si sono incontrati in un bar
incappare in [2-1]	*to run/bump into, to meet* (also figurative) (auxiliary **essere**)	i viaggiatori sono incappati nei briganti; incapparono in un agguato; i ladri incapparono in una pattuglia della polizia

incrocio
crossroads, junction

biforcazione f [3]	*fork, branching off*	alla biforcazione s'imbocca la strada a sinistra
crocicchio m [3-2]	*crossroads* (usually of minor roads)	c'è un crocicchio lì e tutte le stradette vanno in direzioni diverse
bivio m [2]	*fork, junction, crossroads* (also figurative)	al bivio prendete la strada a sinistra; nella vita ogni tanto ci si trova davanti a un bivio
crocevia m [2]	*crossroads, junction* (usually of major roads) (invariable plural)	quando si arriva al crocevia, si gira subito a destra

incrocio m 2	*crossroads, junction, crossing* (also figurative in the sense of *cross*)	bisogna rallentare all'incrocio; hanno messo un semaforo a quell'incrocio pericoloso; la pianta è formata da un incrocio tra due specie

indagare (see also **esaminare**)   to enquire, to investigate

inquisire 3	*to investigate, to enquire (into)*	hanno inquisito il suo passato; è stato inquisito per corruzione
ricercare 3	*to investigate, to enquire into* (things), *to seek, to search for* (people) (see also **cercare**)	ricercano le motivazioni del suo gesto; la polizia sta ricercando gli autori della rapina
indagare 2	*to enquire (into), to investigate* (transitive or intransitive) (more common than **investigare**)	hanno indagato le cause della vicenda; dobbiamo indagare sul meccanismo del fenomeno; la polizia sta indagando sulla rapina; non sappiamo che cosa sia successo, stiamo indagando
investigare 2	*to investigate, to look into* (transitive or intransitive)	devono investigare i motivi del delitto; una commissione investigherà sulle cause del disastro; la polizia continua a investigare

indagine (see also **analisi**)   enquiry, investigation

rassegna f 3	*review, inspection* (often military), *survey* (see also **manifestazione**)	il generale ha fatto una rassegna delle truppe; in TV hanno fatto una rassegna della stampa; hai letto quella rassegna sulle cause della crisi economica?
investigazione f 3-2	*investigation, enquiry*	qui ci vuole un'investigazione giudiziaria; le investigazioni scientifiche non hanno dato alcun esito
rilevamento m 3-2	*survey* (often technical)	hanno fatto un rilevamento geologico/ statistico/topografico
esplorazione f 2	*exploration*	fanno un viaggio di esplorazione geografica; l'esplorazione spaziale è sempre molto importante; i soldati hanno fatto un'esplorazione strategica
inchiesta f 2	*enquiry, investigation* (often legal or political)	il magistrato ha aperto un'inchiesta; stanno facendo un'inchiesta parlamentare
indagine f 2	*enquiry, investigation, survey* (see also **esame**)	hanno compiuto un'indagine per scoprire le cause del fenomeno; le indagini della polizia continuano; i ricercatori di mercato hanno svolto un'indagine telefonica; bisogna fare un'indagine di mercato
ricerca f 2	*enquiry, investigation, (piece of) research* (often academic)	dopo lunghe ricerche hanno localizzato il posto giusto; faccio una ricerca ambientale/letteraria/linguistica/scientifica/ di base/di mercato/sul campo/su Dante

sondaggio m [2]	*survey, poll, sampling*	hanno effettuato un sondaggio dell'opinione pubblica; i sondaggi indicano risultati elettorali molto chiari

indegno unworthy, undeserving

biasimevole [3]	*blameworthy*	la sua condotta è veramente biasimevole; è biasimevole approfittare dell'amicizia
immeritevole [3]	*undeserving*	è immeritevole di affetto/di aiuto/di comprensione/di indulgenza; è una persona immeritevole
indecoroso [3]	*unseemly, unbecoming, undignified*	un comportamento/un modo di fare/un vestito indecoroso; è indecoroso andare in giro con certi vestiti
reprensibile/ riprensibile/ riprovevole [3]	*reprehensible, blameworthy*	la sua condotta è stata reprensibile; il tuo amico è una persona riprensibile; è una calunnia riprovevole
indegno [2]	*unworthy, undeserving*	è indegno della stima degli altri; sono atti indegni di un popolo civile; è un'accusa indegna; sei un figlio indegno
inopportuno [2]	*inappropriate*	chiacchiere/domande inopportune; fa sempre visita ad ore inopportune; ha detto una frase inopportuna di fronte a noi
sconveniente [2]	*improper, inappropriate (see also **scomodo**)*	ha usato parole sconvenienti; la tua reazione è stata proprio sconveniente

inesperto (see also **ignorante**) inexperienced, unskilled

inetto [3]	*inept, incompetent (also used as a noun)*	un artigiano/un giornalista/un medico inetto; sei una vera inetta
impreparato [3-2]	*unprepared, untrained*	l'esercito era male armato e impreparato; sei proprio impreparato per quanto riguarda la politica
sprovveduto [3-2]	*unprepared, ignorant (also used as a noun)*	l'argomento apparirà chiaro anche ai lettori più sprovveduti; sarebbe disonesto approfittare di quella gente semplice e sprovveduta; qualche volta lui sembra uno sprovveduto
incompetente [2]	*incompetent, unqualified (also used as a noun)*	sono incompetente in materie scientifiche; si è dichiarato incompetente in questioni legali; quel sarto si è dimostrato incompetente; quel tuo avvocato è un incompetente
inesperto [2]	*inexperienced, unskilled, incompetent, untrained*	inesperto di cucina/del mare/di politica; sono inesperti della vita; purtroppo mi sono

rivolto a un medico inesperto; anche a un occhio inesperto quel quadro appare falso

inevitabile   inevitable

fatale 3-2	*inevitable (see also* **mortale**)	era fatale che ciò accadesse; questa è la fatale conseguenza dei suoi errori
inevitabile 2	*inevitable*	a quella velocità lo scontro con l'altra macchina è stato inevitabile; con un padre pilota era inevitabile che anche lui volesse imparare a volare
scontato 2	*inevitable, taken for granted (see also* **chiaro**)	era scontato che quel ladro se ne andasse con tutti i soldi; è scontato che lo boccino all'esame, è impreparato

infantile   childlike, childish

bambinesco 3-2	*babyish, childish*	si è comportato in un modo proprio bambinesco
fanciullesco 3-2	*childish, childlike*	ha sempre avuto un comportamento fanciullesco; dovrebbe smetterla con quegli atteggiamenti fanciulleschi
puerile 3-2	*infantile, puerile*	sei la persona più puerile che abbia mai conosciuto; mi ha fatto un ragionamento puerile; ha dato una scusa puerile
immaturo 2	*immature*	è un giovane immaturo; quello studente si è mostrato immaturo nel suo comportamento
infantile 2	*childlike, children's, childish, infantile*	ha mostrato un'ingenuità infantile; in quella libreria vendono molta letteratura infantile; lui ha tenuto un atteggiamento infantile; il tuo discorso è stato proprio infantile
ingenuo 2	*ingenuous, naïve (also used as a noun)*	è un uomo ingenuo e credulone; fa sempre delle domande ingenue; sei stata ingenua a credergli; fai sempre l'ingenuo
sempliciotto 2	*childlike, simplistic (also used as a noun to mean simpleton, sucker together with* **semplicione/a** mf)	è troppo sempliciotto nei suoi ragionamenti; quella ragazza è sempliciotta e inesperta; sei un sempliciotto di prima categoria; quel semplicione si fa ingannare da tutti

infatti   in fact, indeed

invero 3	*indeed, truly, in truth (literary)*	è un quadro invero molto bello; si è offeso, e invero non gli si può dare torto
difatti 3-2	*in fact, as a matter of fact*	l'ho visto stamattina, difatti abbiamo parlato insieme
in verità 3-2	*really, truly, in truth*	in verità non ho visto nulla

anzi 2	*in fact, indeed, actually, as it so happens, better still* (both negating and augmenting the previous statement)	ciò non mi dispiace, anzi!; non è brutta, anzi è abbastanza bella; non sei in ritardo, anzi non ti aspettavo prima delle dieci; ti chiamerò, anzi passerò da te; lo ammiro, anzi lo amo
davvero 2	*really, truly, indeed* (also often used as an interrogative)	sono davvero contento dei tuoi successi; sei davvero gentile; decise di mettersi davvero a studiare; hai superato tutti gli esami. Davvero?; davvero? l'hai proprio vista?
in effetti 2	*really, actually, in fact, indeed*	in effetti, sono molto stanco; in effetti hai proprio ragione; non ha tutti i torti. In effetti!
infatti 2	*in fact, as a matter of fact, actually, indeed, some hopes* (more common than **difatti** or **in effetti**)	non so come siano andate le cose, infatti non ero presente; è andato male l'esame, infatti non avevo studiato; gioca meglio adesso. Infatti, hai ragione; mi aveva giurato eterna fedeltà, infatti!
in realtà 2	*really, actually, in fact*	in realtà le cose andarono diversamente; dici così, ma in realtà la pensi diversamente
veramente/a *or* **per dire la verità/per la verità/a dire il vero** 2	*really, actually, to tell the truth* (for **veramente**, see also **molto**)	hai veramente deciso di tentare?; sono riuscito a parlargli. Veramente?; lui veramente non sapeva niente; a dire la verità io preferirei non venire; per la verità io non intendevo questo; ha detto di non sapere nulla, ma, a dire il vero, qualcosa sapeva

---

infelicità (see also **miseria**)   unhappiness

scontentezza f 3-2	*displeasure, dissatisfaction*	quando gli hanno negato un aumento di stipendio, non è riuscito a nascondere la sua scontentezza
scontento m 3-2	*discontent, dissatisfaction* (often social or political)	c'è un grande scontento fra la gente; quel governo ha lasciato il paese nello scontento
infelicità f 2	*unhappiness*	cerca di spiegarmi i motivi della tua infelicità; il tema principale della poesia del Leopardi è l'infelicità umana
insoddisfazione f 2	*dissatisfaction*	non smette mai di manifestare la sua insoddisfazione; finì di parlare tra l'insoddisfazione generale

---

influenzare   to influence, to affect

agire su 3	*to act on, to affect* (medical or scientific) (see also **agire**)	quel farmaco agisce sul sistema nervoso; l'acido cloridico agisce sul ferro
influire su 3-2	*to influence, to affect, to have an influence on*	il suo atteggiamento influisce sulle mie decisioni; mio padre ha influito sulla mia scelta; il tempo influisce sul suo umore

toccare 3-2	*to affect, to have an effect on, to touch* (usually emotional) (see also **toccare**)	il tuo gesto mi ha toccato profondamente; le tue parole non mi toccano; niente mi ha toccato come questa notizia
avere influenza (su) 2	*to influence, to have (an) influence (on)*	ha avuto una buona influenza su di me; quell'autore ha avuto molta influenza in Italia
influenzare 2	*to influence, to affect, to have an influence on*	la pubblicità influenza i consumatori; si lascia facilmente influenzare dagli altri

informazione (see also **articolo**)   information

avviso m 3	*announcement, notification, notice* (see also **opinione** and **pubblicità**)	aveva un avviso importante per loro; ha messo un avviso sul giornale; gli indiziati hanno ricevuto un avviso di reato
notificazione f 3	*notification, notice* (usually legal)	ha ricevuto la notificazione di sentenza; questa è la notificazione dell'atto giudiziario
ragguaglio m 3	*detail, information* (often plural in this sense), *report*	vi preghiamo di fornire ulteriori ragguagli; la vittima ha dato numerosi ragguagli sul suo aggressore; ha dato un ampio ragguaglio sulla situazione
bollettino m 3-2	*bulletin, report* (see also **carta** (a) and **giornale**)	il bollettino medico/meteorologico/di guerra; il nostro corrispondente politico ha inviato un bollettino aggiornato
comunicato m/ **comunicazione** f 3-2	*communication, communiqué, announcement, statement* (official)	il generale ha trasmesso un comunicato a tutte le truppe; il parlamento e stato riunito per ascoltare un'importante comunicazione del presidente
relazione f 3-2	*report, account* (see also **lezione**)	ha presentato una relazione sui problemi economici; Giorgio ha fatto una relazione sulla posizione finanziaria della ditta
resoconto m 3-2	*report, account*	la polizia ha fornito un resoconto dettagliato dell'accaduto; il mio lavoro è di fare resoconti dei dibattiti parlamentari
annuncio m 2	*announcement, notice* (see also **pubblicità**)	l'annuncio della tua partenza mi ha sconvolto; ho visto l'annuncio di morte sul giornale
dichiarazione f 2	*statement, declaration*	abbiamo sentito una dichiarazione del ministro degli esteri; la sua dichiarazione d'amore è stata molto commovente; hai già fatto la dichiarazione dei redditi?
giornale radio m 2	*radio news*	il giornale radio comincia alle otto
indicazione f 2	*information, sign, direction* (see also **segno**)	mi hai dato un'indicazione sbagliata; ho seguito la sua indicazione di proseguire; gli ho fornito tutte le indicazioni necessarie per far funzionare l'apparecchio

informazione f [2]	*(piece of) information* (often plural)	mi ha dato un'informazione preziosa; quando arrivi, chiedi informazioni; mi sono rivolto all'ufficio informazioni
messaggio m [2]	*message*	c'è un messaggio telefonico per lei; potrei lasciare un messaggio per il Sig. Rossi?; la radio ha diffuso un messaggio ufficiale del re
notizia f [2]	*(piece of) news, information* (often plural)	ho ricevuto una buona notizia; non abbiamo notizie di lui; fammi avere tue notizie; il libro fornisce notizie biografiche
notiziario m [2]	*news, news item* (usually on radio or television)	il notiziario locale/meteorologico/sportivo
rapporto m [2]	*report, account, statement*	un rapporto breve/dettagliato/negativo/positivo/scritto; il rapporto che hai preparato illustra molto bene la situazione dell'azienda; l'arbitro ha mandato un rapporto sulla partita
servizio m [2]	*(news) item, report* (on radio or television)	ogni sera c'è un servizio sui mercati finanziari; ora presentiamo un servizio dal nostro inviato a Mosca
telegiornale m [2]	*TV news (bulletin)*	dobbiamo guardare il telegiornale stasera

ingannare (see also scherzare) — to deceive, to cheat

adescare [3]	*to entice, to allure, to entrap*	l'ha adescato con lusinghe; ha trovato un espediente per adescare clienti ingenui
circuire [3]	*to entrap, to deceive*	fu circuito da due abili malfattori; sono tre anni che la circuisce sperando che vada via con lui
frodare [3]	*to defraud, to swindle*	ha frodato una grossa somma alla banca; ha frodato il fisco/i soci/lo stato
irretire [3]	*to lure, to ensnare*	lo hanno irretito per estorcergli del denaro; sa irretire gli ingenui
aggirare [3-2]	*to get round, to deceive, to outwit* (literary)	ha aggirato l'ostacolo senza difficoltà; riesce sempre ad aggirare i suoi avversari
beffare [3-2]	*to deceive, to trick* (see also **scherzare**)	si è lasciato beffare come uno sciocco; ho sempre beffato la legge
illudere [3-2]	*to delude, to deceive, to beguile* (also used reflexively)	l'ha illusa con false promesse; non bisogna lasciarsi illudere dalle apparenze; s'illude di riuscire; non c'è da illudersi
raggirare [3-2]	*to cheat, to trick, to swindle*	non è riuscito a raggirarmi; ho l'impressione di essere stato raggirato; non bisogna lasciarsi raggirare
barare [2]	*to cheat* (especially in games) (intransitive)	smetti di barare; quella ragazza bara sempre alle carte

imbrogliare [2]	to take in, to dupe, to swindle, to cheat	non è uomo che si possa facilmente imbrogliare; imbroglia i clienti sulla qualità della merce
ingannare/trarre in inganno [2]	to deceive, to mislead, to cheat, to swindle (in a range of senses) (also used reflexively in the sense of to deceive oneself, to make a mistake)	hanno ingannato il nemico con un falso attacco; se la memoria non m'inganna, erano qui l'anno scorso; le apparenze possono ingannare; inganna il tempo leggendo il giornale; la mancanza di esperienza mi ha tratto in inganno; mi sono ingannato sul mio giudizio
truffare [2]	to cheat, to swindle, to defraud (usually financial)	ha truffato l'amico ed è scomparso; l'hanno truffato di dieci milioni; sono rimasto truffato
abbindolare [2-1]	to trick, to deceive, to cheat	mi sono fatto abbindolare da lui
accalappiare [2-1]	to trick, to take in (see also **prendere**)	si è lasciato accalappiare da quell'imbroglione
gabbare [2-1]	to cheat, to swindle, to hoodwink, to take in	gabbare gli amici/gli avversari/la polizia; quel mascalzone vive gabbando il prossimo
darla a bere/ a intendere [1]	to kid, to put one over on	sa darla a bere a tutti; me l'ha data a intendere ma è l'ultima volta
fregare [1]	to swindle, to do out of, to rob	mi ha fregato!; ti fregano diecimila lire di tasse all'aeroporto; gli hanno fregato l'orologio
infinocchiare [1]	to take in, to trick	un venditore ambulante lo ha infinocchiato; si è lasciato infinocchiare dal primo venuto
buggerare [1*]	to cheat, to do, to put one over on	si è lasciato buggerare come un imbranato
fottere [1*]	to swindle, to cheat, to do (see also **scopare**)	ti sei lasciato fottere da quell'imbroglione

inginocchiarsi   to kneel down

genuflettersi [3]	to genuflect, to kneel (down) (in religious context)	si è genuflesso davanti all'altare; tutti si genuflettono in presenza del pontefice
mettersi in ginocchio [2]	to kneel (down), to go/get down on one's knees	la gente si mise in ginocchio alla Comunione; si sono messi in ginocchio durante la messa; si è messo in ginocchio e le ha chiesto di sposarlo
inginocchiarsi [2]	to kneel (down), to go/get down on one's knees	si è inginocchiato per pregare; s'inginocchiò ai suoi piedi chiedendogli perdono

ingoiare (see also **bere** and **mangiare**)   to swallow

deglutire [3]	*to swallow* (usually medical)	il paziente non riesce a deglutire
ingerire [3]	*to swallow, to ingest*	ingerisce cibo senza difficoltà; ha ingerito sostanze tossiche
ingurgitare [3]	*to gulp (down), to swallow (down)*	ha ingurgitato dieci gelati di seguito; ha ingurgitato una dose di purgante
trangugiare [3]	*to gulp/bolt down, to swallow (food or drink) (also figurative)*	ho trangugiato la medicina per non sentirne il sapore; ha trangugiato in fretta e furia la cena; ha solo trangugiato una scodella di brodo; ho trangugiato un boccone amaro
inghiottire [2]	*to swallow (down), to gulp down, to swallow (up) (food or drink) (also figurative)*	mio figlio inghiottisce il cibo senza masticare; la nave è stata inghiottita dalle onde; quell'investimento ha inghiottito tutto il capitale; quanti bocconi amari ha dovuto inghiottire!
ingoiare [2]	*to swallow (down), to gulp down, to swallow up (food or drink) (also figurative)*	per la fretta ha ingoiato il pranzo in un momento; ha ingoiato una cucchiaiata di medicina; ho dovuto ingoiare un sacco di soprusi; il mare ha ingoiato un intero villaggio
ingollare [2]	*to bolt down, to swallow/gulp down (food or drink) (also used reflexively)*	ha ingollato la cena in due bocconi; ha ingollato la medicina senza pensarci; si è ingollato un boccale di birra
ingozzare [2]	*to gobble, to swallow down (also used reflexively in the sense of to stuff oneself)*	il tacchino ingozzò tutto il mangime; ingozzò la torta senza chiedere niente; i giovani di oggi amano ingozzarsi in continuazione
mandare giù [1]	*to swallow, to get down (also figurative)*	manda giù la medicina; non riesco a mandare giù suo figlio; quest'offesa non la mando giù

ingresso   entrance

vestibolo m [3]	*vestibule, entrance-hall, lobby, entrance*	il vestibolo di una biblioteca/di un palazzo/di un teatro; il vestibolo di un aereo/di una carrozza ferroviaria
anticamera f [3-2]	*lobby, hall, ante-room (often used with **fare** to mean to be kept waiting)*	quando sono arrivato, mi ha chiesto di aspettare in anticamera; ho fatto anticamera per due ore
atrio m [3-2]	*hall, entrance-hall, lobby (usually public and larger than **anticamera**)*	l'ho aspettato nell'atrio dell'albergo; hanno rinnovato l'atrio della stazione
entrata f [2]	*entrance, way in, entry (in a variety of senses, literal and figurative)*	l'entrata è riservata ai soci; l'entrata del cinema è a destra; aspettavamo l'entrata dell'attore principale; ci vuole un biglietto d'entrata

ingresso m 2	*entrance, entry, entrance-hall*	la sposa ha fatto il suo ingresso in chiesa; l'ingresso della casa è buio e stretto; se arrivo all'edificio prima di te, ti aspetto nell'ingresso; hai preso il biglietto d'ingresso?

inizio start, beginning

alba f 3	*dawn, start* (see also **mattina**)	siamo all'alba del nuovo secolo; quell'artista era attivo all'alba del Rinascimento
avviamento m 3	*start, opening, setting up* (see also **introduzione**)	questa riunione segna l'avviamento di relazioni commerciali tra le due società
avvio m 3	*beginning, start*	l'avvio di un racconto/di una ricerca/di una trattativa; stamattina abbiamo dato l'avvio al lavoro
esordio m 3	*debut, first appearance* (of a performer), *start, beginning* (usually plural in this sense) (see also **introduzione**)	l'esordio di un attore/di un cantante/di un presentatore; è agli esordi della sua carriera; qui si parla degli esordi della civiltà
genesi f 3	*genesis, origin, birth*	la genesi del mondo/dell'uomo; ho letto un libro sulla genesi della grande opera di Dante
primordi mpl 3	*beginning(s), origin(s)*	i primordi della letteratura italiana/della religione/della storia; siamo solo ai primordi nel campo della fisica
inaugurazione f 3-2	*inauguration, opening*	abbiamo assistito all'inaugurazione della mostra
nascita f 3-2	*birth* (figurative), *outset, start*	la nascita del feudalesimo risale all'epoca di Carlomagno; è possibile identificare la nascita di una coscienza civile?
apertura f 2	*opening, beginning*	l'apertura dell'anno scolastico/dell'autostrada/della caccia/del parlamento/delle trattative
inizio m 2	*start, beginning, opening* (also used in the plural) (see also **prima** (b))	è l'inizio dell'anno scolastico; non ho ancora visto l'inizio di questo film; il luogo di ritrovo è l'inizio dell'autostrada; quell'incidente ha segnato gli inizi delle ostilità
primi mpl 2	*the early days/part* (usually after preposition **a**)	ai primi di febbraio/del mese/del Novecento
principio m 2	*beginning, start* (see also **prima** (b))	il principio della guerra/del libro/del viaggio; ci rivedremo al principio dell'anno; voglio vedere quel film dal principio

inondare to flood

sommergere 3-2	*to submerge, to flood* (also figurative) (see also **affondare**)	l'alta marea ha sommerso un buon tratto di spiaggia; la campagna fu sommersa dalle acque; quel commerciante è sommerso dai debiti

straripare [3-2]	*to flood, to overflow* (of river banks) (intransitive) (auxiliary **essere** or **avere**)	il fiume è straripato in più punti devastando la campagna; l'Arno ha straripato allagando Firenze
allagare [2]	*to flood* (also figurative) (also used reflexively)	il fiume sta allagando la strada; hanno allagato la città di volantini; per la rottura di un tubo la casa si è allagata
inondare [2]	*to flood* (also figurative)	il fiume ha inondato i campi; il Nilo inonda la pianura egiziana; d'estate i turisti inondano l'Italia; le merci estere hanno inondato il mercato interno

inondazione   flood

alluvione f [3-2]	*flood* (due to rain, and more severe than **allagamento** or **inondazione**)	i temporali recenti hanno provocato alluvioni in molte zone; l'alluvione di Firenze nel 1966 rovinò il Crocefisso di Cimabue
diluvio m [3-2]	*deluge, flood* (also figurative) (see also **pioggia**)	la pioggia si è trasformata in un diluvio; il tempo di ieri sembrava il diluvio universale; l'assalì con un diluvio di parole; dopo quel film ci fu un diluvio di proteste
allagamento m [2]	*flood, flooding*	a causa del maltempo ci sono stati allagamenti in Polesine; durante l'allagamento la mia cantina si è riempita d'acqua
inondazione f [2]	*flood* (also figurative)	il fiume è straripato ed ha provocato inondazioni in alcune zone; quest'anno c'è stata un'inondazione di villeggianti
piena f [2]	*flood, flood waters*	il fiume è in piena; quando il fiume è straripato, i campi sono stati devastati dalla piena

insegnante   teacher

pedagogo/a mf [3]	*pedagogue, tutor* (literary)	è il più famoso pedagogo della storia dell'insegnamento; quel famoso poeta fu il pedagogo del figlio di Lorenzo de' Medici
docente mf [3-2]	*teacher, lecturer* (usually in higher education)	sono docente in lingua all'Università di Roma; l'università deve considerare il rapporto tra docenti e studenti
istitutore m/ **precettore** m [3-2]	*(private) tutor*	il nuovo istitutore è arrivato in collegio; nello scorso secolo i nobili avevano il precettore in casa
ordinario m [3-2]	*professor, (tenured) schoolteacher*	è ordinario di glottologia all'Università di Palermo; è diventato ordinario in un liceo
insegnante mf [2]	*teacher* (also used as an adjective)	un insegnante medio/privato/universitario/ di disegno/di lettere/di scienze; il preside ha radunato il corpo insegnante

istruttore m/ **istruttrice** f 2	*instructor* (usually in a non-academic activity)	un istruttore di equitazione/di guida/di sci/di volo
lettore m/**lettrice** f 2	*assistant lecturer* (temporary or untenured), *lector*	per tre anni ho fatto il lettore di tedesco all'Università di Napoli; abbiamo tre lettrici di italiano nel nostro dipartimento
maestro/a mf 2	*(primary school) teacher* (see also **esperto**)	quella signora è stata la mia maestra in seconda; quel maestro sa rendere interessanti le lezioni
professore m/ **professoressa** f 2	*teacher, lecturer* (at all levels above primary)	è professore di latino alle medie; faccio il professore di matematica in un liceo; sono professore all'Università di Perugia; parla come un professore
professorino m 2	*teacher* (with implications of youth and inexperience)	quel professorino non riesce ad attirare l'attenzione dei ragazzi

insieme   together

simultaneamente 3	*simultaneously* (also in adjectival form **simultaneo**)	la rivolta è scoppiata simultaneamente nella capitale e nelle tre maggiori città; i due spari erano simultanei
contemporanea-mente 3-2	*at the same time* (also in adjectival form **contemporaneo**) (see also **presente**)	io sono arrivato e contemporaneamente sono sopraggiunti i miei due fratelli; parlava con me e contemporaneamente cercava di calmare i figli; i due avvenimenti erano contemporanei
insieme/assieme 2	*together* (also used as a preposition with **a** or **con** in the sense of *together with*) (**insieme** is also used as a masculine noun in the sense of *totality, whole*) (see also **raccogliere**)	i due volumi si vendono assieme; lavoriamo insieme; hanno finito il lavoro insieme; faremo una bella festa tutti assieme; sarà bene che ne parliamo insieme; è meglio che venga anch'io assieme a voi; i documenti vanno presentati insieme con la domanda; la muscolatura è formata da un insieme di muscoli; bisogna giudicare l'opera nel suo insieme
allo/nello stesso tempo 2	*at the same time*	ti dice una cosa ma nello stesso tempo dice l'opposto ad altre persone; è una ragazza intelligente e allo stesso tempo diligente

insistere   to insist

incaponirsi 3	*to be/remain obstinate/ stubborn*	si incaponisce a non accettare la verità; non incaponitevi sempre nella stessa idea
perseverare 3	*to persevere, to persist*	hanno deciso di perseverare nella lotta; perché perseveri nello stesso errore?
esigere 3-2	*to demand, to require, to insist on* (see also **bisognare**)	esigere obbedienza/puntualità/una risposta/una spiegazione; esigi troppo da me; devi esigere da lui il pagamento di tutti quei debiti

imporre	*to insist (on), to lay down*	devo imporre il rispetto dei patti; il codice
3-2	*(see also* **forzare** *and*	stradale impone che gli autoveicoli limitino
	mettere*)*	la velocità

intestardirsi	*to get* (something) *into one's*	quando suo padre si intestardisce (in un'idea),
3-2	*head*	non si riesce più a smuoverlo; si sono
		intestarditi di sposarsi

persistere	*to persist, to carry on (see also*	perché persiste in quelle sue convinzioni
3-2	**durare***)*	sbagliate?; persisto nel mio punto di vista;
		perché persisti a negare la tua colpa?

insistere	*to insist, to persist*	ha insistito molto su questo punto; perché
2		insisti nei tuoi propositi?; perché insisti a dire
		bugie?; insisto per essere ricevuta; ha insistito
		perché andassi a trovarlo; ti prego di non
		insistere; se proprio insisti, accetto

ostinarsi	*to persist, to be stubborn/*	è meglio non ostinarsi in quell'errore; si
2	*obstinate, to insist*	ostinava a sbagliare il mio nome; perché ti
		ostini a negare la verità?

incocciarsi	*to persist, to stick out for*	si è incocciato a voler comprare quella
1R	*(mainly Tuscan regional*	macchina
	usage)	

insomma   in short, all in all

in ultima analisi	*in the final analysis, all things*	in ultima analisi i risultati possono essere
3	*considered*	considerati favorevoli; in ultima analisi non
		ha fatto un cattivo affare

| **globalmente** | *overall* | globalmente posso dire che la nostra ditta sta |
| 3 | | avendo successo |

| **complessivamente** | *all in all, altogether, as a* | complessivamente è stata una bella serata; |
| 3-2 | *whole, on the whole, overall* | complessivamente la casa è costata poco |

| **in definitiva** | *in conclusion, in short, after* | cos'hai deciso in definitiva?; fate come |
| 3-2 | *all* | volete: per me, in definitiva, è lo stesso |

fondamentalmente	*fundamentally, at bottom*	sono fondamentalmente d'accordo con la tua
3-2		analisi; fondamentalmente la loro esperienza
		di vita non permette un accordo tra di loro

| **a dirla breve** | *briefly, in short, to cut a long* | a dirla breve non voglio più sposarti |
| 2 | *story short* | |

| **in/nel complesso** | *on the whole, all in all, all* | nel complesso sono contento del mio lavoro; |
| 2 | *things considered, altogether* | ho pagato in complesso diecimila lire |

| **in conclusione** | *in short, well, to sum up, in* | in conclusione, cosa pensi di fare?; in |
| 2 | *conclusion* | conclusione vorrei ringraziare tutti i presenti |

dopotutto/	*after all, when all's said and*	fate come volete, dopotutto siete voi i
dopo tutto	*done, all things considered*	responsabili; dopo tutto non ci vedo una
2		grande differenza

in fin dei conti/ alla fin fine [2]	*after all, all things considered, at the end of the day*	in fin dei conti devi essere tu a decidere che fare con la tua vita; alla fin fine mi sono accorto di essere dalla tua parte
in fondo/ in fondo in fondo [2]	*at bottom, all things considered*	in fondo le sue idee erano giuste; in fondo in fondo sono soddisfatto
infine [2]	*in short, well, to sum up* (see also **finalmente**)	si può sapere infine che cosa vuoi dire con questo discorso?; infine, che cosa pretendi da me?
nell'insieme [2]	*on the whole, as a whole*	nell'insieme posso dire che sono abbastanza contento; bisogna considerare le cose nell'insieme
insomma [2]	*in short, in a word, in conclusion, well then, all in all*	insomma, la questione non è ancora risolta; è chiaro insomma?; insomma, smettila!; come va? Insomma!
in parole povere/ in poche parole [2]	*in short, in brief, to be brief*	in parole povere questa è una vera porcheria; in poche parole siamo tutti responsabili di quello che è successo
in tutto [2]	*in all, altogether*	gli spettatori erano in tutto 5000; adesso che ho finito di spendere, quanto pago in tutto?
tutto sommato [2]	*all things considered*	tutto sommato avevi ragione; tutto sommato non mi conviene continuare quel lavoro

instabile   unstable

fluido [3]	*fluid, unsettled* (see also **liscio**)	la situazione politica è molto fluida; le trattative sono ancora allo stato fluido
bizzoso [3-2]	*wayward* (of animals), *naughty* (of children)	è un cavallo bizzoso; quel bambino è troppo bizzoso
incoerente [3-2]	*incoherent, inconsistent*	ha fatto un discorso incoerente; il tuo comportamento è stato incoerente
mutabile [3-2]	*variable*	il programma è ancora mutabile
mutevole [3-2]	*changeable, fickle*	in questo paese il tempo è sempre mutevole; ha un carattere mutevole; hai notato il mutevole umore della folla?
volubile [3-2]	*inconstant, unsettled, changeable, variable, fickle*	la stagione è volubile in questo momento; non si può contare su di lui, è troppo volubile
capriccioso [2]	*changeable* (weather, etc.), *capricious, naughty* (children)	abbiamo avuto un'estate veramente capricciosa; quella bimba è sempre stata molto capricciosa
fragile [2]	*fragile* (see also **sensibile**)	una costituzione/una merce/un pacco/una salute fragile; la natura umana è una cosa fragile; ha i nervi un po' fragili

incostante [2]	*changeable, variable, unsettled, fickle*	la temperatura è incostante; lei è sempre di umore incostante; è un tipo incostante; non ha disciplina mentale, è incostante
instabile [2]	*unstable, unsettled, unsteady, variable, changeable*	quei terreni sono troppo instabili per costruire; la situazione economica è instabile; ha un carattere instabile
squilibrato [2]	*unbalanced* (also used as a noun)	ha sempre avuto una mente squilibrata; la dieta che segui è squilibrata; uno squilibrato ci attribuì la colpa del disastro
variabile [2]	*variable, varying, changeable, fluctuating*	un clima/un prezzo/un umore variabile; sono previste multe variabili da centomila a novecentomila lire

instancabile   tireless

indefesso [3]	*indefatigable, tireless, untiring*	è un lavoratore indefesso; si è rivelato un sostenitore indefesso dei suoi ideali
infaticabile [3]	*tireless, untiring, indefatigable*	è un operaio infaticabile; è infaticabile nella lotta contro la fame nel mondo
instancabile [2]	*tireless, untiring*	lavora ogni giorno della settimana, è instancabile; è sempre presa in un'instancabile attività

insuccesso   failure

scacco m [3]	*defeat, setback*	abbiamo subito un grave scacco; hanno inflitto uno scacco al nemico
insuccesso m [3-2]	*failure*	quella commedia è stata un insuccesso; temevo l'insuccesso dell'impresa; questo tentativo è destinato all'insuccesso
fallimento m [2]	*failure* (see also **fallire**)	la cena è stata un vero fallimento; hanno annunciato il fallimento delle trattative; il fallimento dell'impresa è stato totale
sconfitta f [2]	*defeat*	una sconfitta elettorale/militare/morale; l'esercito ha subito una sconfitta; la squadra ci ha inflitto una severa sconfitta
fiasco m [2-1]	*flop, fiasco*	il nuovo film è stato un fiasco; all'esame di storia ho fatto fiasco; il lancio del prodotto si è risolto in un fiasco colossale

intanto   meanwhile, in the meantime

frattanto [3]	*meanwhile, in the meantime*	io starò fuori due ore, frattanto leggi; la pioggia, frattanto, aveva cominciato a cadere
per adesso/per il momento/per ora [2]	*for now, for the moment, for the time being*	sta dormendo, per adesso non lo sveglio; mi annoio, ma per il momento non ho voglia di uscire; per ora rimaniamo d'accordo così

nel frattempo [2]	*meanwhile, in the meantime*	fra poco partiremo, nel frattempo preparo i bagagli
intanto [2]	*meanwhile, (in the) meantime, at the same time*	vestiti, intanto farò una telefonata; finisci di preparare le valigie, intanto io chiamo un taxi
per intanto [2-1]	*for now, for the moment, for the time being*	per intanto può bastare; per intanto vi potete accontentare

intelligente (see also furbo)   clever, intelligent

assennato [3]	*wise, sensible*	un'azione/una decisione/una ragazza assennata
colto [3]	*cultured, learned, educated*	è una persona veramente colta; scrive con uno stile colto
saccente [3]	*know-all, presumptuous* (also used as a noun)	è una persona antipatica e saccente; fa la predica con toni saccenti; i saccenti sono sempre noiosi
savio [3]	*wise, sage, sensible* (also used as a noun)	ha preso una savia decisione; è una ragazza savia per la sua età; questa è la massima di un savio antico
geniale [3-2]	*ingenious, talented, gifted*	un artista/un'idea/uno scrittore geniale; ha proposto una soluzione geniale del problema
giudizioso [3-2]	*sensible, judicious*	è una bambina perspicace e giudiziosa; si è comportata in modo giudizioso
ingegnoso [3-2]	*ingenious, clever*	una persona/una scoperta ingegnosa; è un uomo ingegnoso, sa fare un po' di tutto
saggio [3-2]	*wise*	hai preso una decisione veramente saggia; ha pronunciato parole sagge; le persone anziane sono spesso più sagge di noi
sapiente [3-2]	*learned, wise* (also used as a noun)	un sapiente amministratore/giudice/politico; ha dato una risposta sapiente; quel vecchio aveva fama di sapiente
sensato [3-2]	*sensible, intelligent*	sei stato molto sensato nel tuo comportamento; ha fatto un discorso sensato
intelligente [2]	*clever, intelligent, bright*	un cane/una donna/un politico/un regista intelligente; la scimmia è un animale intelligente; una domanda/una espressione/una proposta/uno sguardo intelligente
istruito [2]	*educated*	mio zio è una persona molto istruita; non si può ragionare con loro, perché non si tratta di gente istruita

intelligenza   intelligence

acume m 3	*sharpness, acumen, insight* (literary)	possiede un notevole acume critico
ingegno m 3	*intelligence, wit(s), mind* (person or ability)	hanno onorato i più grandi ingegni della nazione; un ingegno brillante/mediocre; ha una grande prontezza d'ingegno
saggezza f 3	*wisdom*	credo alla saggezza dei vecchi; sei sicura della saggezza della tua decisione?
senno m 3	*(sense of) judgement, wits, sense*	è un uomo di senno; hai perso il senno?; sei proprio fuori di senno
genio m 3-2	*genius* (person or ability), *talent, gift*	Michelangelo era un genio; è difficile capire il genio di Shakespeare; è una persona di genio; ha il genio della pittura
intelletto m 2	*intellect, mind* (person or ability)	è uno dei migliori intelletti del paese; si può fare molto con la pura forza dell'intelletto; sai valutare le possibilità dell'intelletto umano?
intelligenza f 2	*intelligence, cleverness*	un'intelligenza acuta/viva; è una persona di media intelligenza; ha dato molte prove d'intelligenza
mente f 2	*mind, intelligence* (person) (see also **mente**)	Giovanni è una grande mente; Leonardo da Vinci, che mente!
talento m 2	*talent* (person or ability)	un talento artistico/letterario/musicale; quel ragazzo ha grande talento; quella ragazza si è mostrata piena di talento
cervello m 2-1	*brain(s), mind* (person or ability) (see also **mente**)	quell'uomo è un gran cervello; Paolo è il cervello di una banda di ladri; così facendo dimostri poco cervello; hai il cervello di una formica
testa f 2-1	*mind, brain(s)* (see also **mente** and **testa**)	agisce sempre senza testa; ha poca testa per gli studi; bisogna adoperare la testa quando si fa questo lavoro

intendere   to intend

intendere 3-2	*to intend, to mean* (see also **significare**)	quando intendete partire?; non intendeva offenderti; intendi vivere sempre alle spalle dei genitori?
contare (di) 2	*to intend, to propose, to mean*	che cosa conti di fare?; conto di partire venerdì; contava di fare una lunga vacanza
avere (l') intenzione (di) 2	*to intend* (see also **intenzione**)	ho l'intenzione di andare in Italia quest'estate; hai intenzione di andartene?; avrei intenzione di uscire dopo cena
ripromettersi di 2	*to intend to*	mi ero ripromesso di venirti a trovare, ma non ho potuto

intenzione

intention

aspirazione f 3	*aspiration*	la sua massima aspirazione è il successo; è un giovane con grandi aspirazioni; quali sono le sue aspirazioni nella vita?
bersaglio m 3	*target, goal* (concrete or figurative)	l'arciere ha mirato al bersaglio ma l'ha mancato; quel povero ragazzo è il bersaglio di tutte le battute
finalità f 3	*objective, purpose*	le vostre azioni devono avere delle finalità ben precise; questa legge deve essere molto chiara nelle sue finalità
intento m 3	*intent, intention, purpose, goal*	è venuto con l'intento di farti del male; ho raggiunto il mio intento
meta f 3	*aim, goal, end*	ti sei mai posto una meta nella vita?; la sua meta è di diventare architetto; la meta di questo viaggio è Roma
mira f 3	*aim, goal, object*	ha l'unica mira di fare soldi; hai scoperto le sue mire?
proposito m 3	*intention, purpose, resolution*	sei sempre piena di buoni propositi; lavora molto ma senza proposito; hai fatto buoni propositi per l'anno nuovo?
disegno m 3-2	*design, purpose, aim*	il mio disegno era di catturarlo; non avevo intuito i suoi veri disegni; la polizia ha scoperto il disegno dei ladri
fine m 3-2	*end, purpose, aim, goal*	ha conseguito il fine desiderato; ha agito con fini onesti; secondo Machiavelli il fine giustifica i mezzi
traguardo m 3-2	*goal, aim, target*	ho molti traguardi da raggiungere nella vita; adesso c'è il traguardo degli esami
intenzione f 2	*intention, aim* (see also **intendere**)	è mia intenzione aiutarlo; è tua intenzione che io venga?; ho buone intenzioni; non ha ancora manifestato le sue intenzioni
obiettivo m 2	*object, objective, goal, aim* (with implication of strategy)	l'obiettivo dell'esercito era il villaggio; mi sono posto come obiettivo di imparare il francese
scopo m 2	*goal, aim, purpose*	un alto/nobile/spregevole scopo; non ho ancora raggiunto il mio scopo; con quale scopo sei venuto qua?

interessante

interesting

avvincente 3-2	*engaging, gripping*	un'impresa/un romanzo avvincente; questo lavoro è così avvincente che non mi rendo conto del tempo che passa
interessante 2	*interesting*	un affare/un film/un lavoro/un libro/un problema/una ragazza interessante; quella donna ha un viso interessante

stimolante 2	*stimulating* (culturally or intellectually)	un film/un incontro/una lettura stimolante; la conversazione con quel grande scrittore è stata molto stimolante

intermediario   intermediary, go-between

mezzano/a mf 3	*mediator, go-between* (often between the sexes)	in questo affare ci vuole qualcuno che faccia da mezzano
sensale m 3	*broker, middle-man, agent, go-between* (commercial)	un sensale commerciale/di assicurazione; spesso un sensale mette in contatto le due parti in un'operazione commerciale
mediatore m/ **mediatrice** f 3-2	*mediator, intermediary, go-between* (also used as an adjective)	chi fa il mediatore in questa controversia?; quell'uomo è stato un mediatore della pace; l'ONU ha una funzione mediatrice tra gli Stati
intermediario m 2	*intermediary, go-between, mediator* (also used as an adjective)	ho fatto da intermediario in quell'affare; desidero trattare senza intermediari; il lavoro che faccio è un'attività intermediaria tra due funzioni
sfruttatore (di donne) m 2	*pimp*	quello sfruttatore dispone di parecchie donne
protettore m 2-1	*protector, pimp, ponce* (see also **sostenitore**)	ogni prostituta in questa città ha un sedicente protettore; la polizia in questa zona ha operato una retata di protettori
pappone m 1	*pimp*	questo viale è pieno di prostitute coi loro papponi

interno   internal, inside

interiore 3-2	*inner, internal*	ha sempre tormenti interiori; la vita interiore è molto importante per lui
intimo 3-2	*inner* (also used as a noun) (see also **personale**)	quando ha sentito la notizia ha provato una intima soddisfazione; nell'intimo del cuore sapeva di aver sbagliato
interno 2	*internal, inside, inner, interior* (in a a variety of senses) (also used as a noun) (see also **in**)	la porta interna non funziona; il paziente accusa forti dolori interni; gli organi interni del suo corpo sono sani; dobbiamo chiamare l'esercito per motivi di sicurezza interna; il mercato interno è molto basso; ho dipinto l'interno della casa

interrompere   to interrupt

sospendere 3-2	*to suspend, to put off* (see also **rimandare**)	ho sospeso la dieta perché mi sento debole; sospendiamo la trasmissione per motivi tecnici; hanno sospeso i lavori per le ferie

interrompere [2]	*to interrupt, to break (off)* (also used reflexively)	interrompere una conversazione/una riunione/uno spettacolo/gli studi/un viaggio; scusa se ti interrompo; non si può interrompere questo lavoro; la corrente si è interrotta

intervenire | to intervene

frapporsi [3]	*to intervene, to arise*	mi sono frapposto tra i due rivali; un ostacolo si è frapposto alla tua candidatura; si sono frapposte nuove difficoltà
ingerire [3]	*to interfere, to meddle*	l'esercito cerca di ingerire nella politica dello Stato; non bisogna ingerire nei segreti di quella famiglia
interporsi [3]	*to come between, to intervene*	nell'eclissi solare la luna si interpone tra la terra e il sole; si è interposto un nuovo ostacolo alla tua candidatura
implicarsi [3-2]	*to become involved/mixed up/ implicated* (also used non-reflexively)	si è implicato in una faccenda poco pulita; lo implicarono in un affare disonesto
coinvolgersi [2]	*to get/become involved/mixed up* (also used non-reflexively)	non mi voglio coinvolgere in questo affare; si è coinvolto nel giro della droga; mi hanno coinvolto in un grande scandalo
intervenire [2]	*to intervene, to step in* (auxiliary **essere**)	intervenire in un conflitto/una conversazione/una guerra/una polemica; c'è stato un incidente stradale e la polizia è intervenuta subito; sono intervenuto a favore del mio amico
intromettersi [2]	*to come between, to intervene, to meddle, to butt in*	è meglio non intrommetersi fra marito e moglie; per favore, non si intrometta nei nostri discorsi personali
immischiarsi [2-1]	*to meddle, to interfere, to get involved/mixed up* (also used non-reflexively)	non devi immischiarti nelle mie decisioni; si è immischiato con certa gente!; non voglio immischiare i miei genitori in questo pasticcio
impicciarsi [2-1]	*to meddle, to interfere, to get involved/mixed up*	non impicciarti di affari che non ti riguardano; perché ti impicci nelle mie cose?

intorno (a) | around

attorno (a) [3-2]	*around, about* (of space) (also used as an adverb)	ha un fazzoletto attorno al collo; la terra gira attorno al sole; perché mi sta sempre attorno?; tutt'attorno la gente era ostile
circostante [3-2]	*surrounding, neighbouring, around* (adjective)	conosco molto bene le colline circostanti; posso contare sulle persone circostanti
intorno (a) [2]	*around, about, round about* (also used as an adverb)	girava intorno all'edificio; non voglio nessuno intorno a me; si è guardato intorno; mi piace molto il paesaggio intorno

introdurre (see also **mettere**)   to insert, to introduce

inserire 3-2	*to insert, to fit, to introduce*	ha inserito un tubo in un altro; l'ho visto inserire un foglio nello schedario; ha inserito una nuova clausola nel contratto
infilare 2	*to insert, to slip, to put* (also used reflexively) (see also **vestire**)	ha infilato l'anello al dito; ha infilato il braccio nel mio; si è infilata nel letto; il ladro è riuscito ad infilarsi tra la folla
introdurre 2	*to insert, to introduce, to put* (also used reflexively) (see also **presentare**)	bisogna introdurre la chiave nella serratura; introdusse un episodio di dialogo nel racconto; si introdusse nel giardino durante la notte

introduzione   introduction

esordio m 3	*introduction, preamble* (spoken) (see also **inizio**)	dopo un breve esordio cominciò il discorso vero e proprio
preambolo m 3	*preamble*	l'oratore ha fatto un lungo preambolo prima del suo discorso; lascio da parte i preamboli e parlo francamente
proemio m 3	*preface, proem* (literary)	il proemio di quel poema epico è un documento letterario molto importante
prologo m 3	*prologue*	nelle commedie antiche c'erano sempre dei prologhi prima che cominciasse la vera rappresentazione
prefazione f 3-2	*preface, foreword*	un amico mi ha chiesto di scrivere la prefazione per il suo libro; la prefazione di questo romanzo fa parte della narrativa
premessa f 3-2	*preamble, premise*	nella premessa di quel saggio si trova anche la bibliografia; voglio fare una breve premessa prima di cominciare
introduzione f 2	*introduction*	hai letto l'introduzione di questo libro?; dopo alcune pagine d'introduzione, l'autore inizia la narrativa vera e propria; ha promesso l'introduzione di una nuova legge

inutile   useless

futile 3	*futile, trivial, paltry*	hanno litigato per motivi futili; questi sono discorsi futili
infruttuoso 3	*fruitless, vain*	tutti i nostri sforzi sono risultati infruttuosi; tutta la ricerca è stata infruttuosa
frivolo 3-2	*frivolous*	un discorso/un pretesto frivolo; una esistenza/una mentalità frivola; pensa solo a vestirsi e truccarsi, è una ragazza frivola; ti ho comprato un regalo molto frivolo

vano 3-2	*vain, idle, empty*	sono parole vane; si nutre di vane speranze; dopo molti vani tentativi ha smesso di fumare; le sue promesse sono vane
inutile 2	*useless, no use/good, pointless*	mi sento perfettamente inutile; quel tuo rimedio è stato inutile; è inutile che tu insista; è inutile, non ci riuscirò mai
superfluo 2	*superfluous, gratuitous*	ogni commento sarebbe superfluo; fa sempre tante spese superflue

investire — to run over

cozzare (contro) 3-2	*to crash/run (into), to collide with*	la macchina ha sbandato ed è andata a cozzare contro un muro; la motocicletta ha cozzato contro un albero
travolgere 3-2	*to knock down, to run over/down* (with vehicle) (see also **distruggere**)	un autocarro lo travolse; il giovane è stato travolto da un'auto; il treno travolse l'autocarro al passaggio a livello
investire 2	*to run over/down, to knock down, to hit* (with vehicle) (see also **incidente**)	l'autobus ha investito tre persone; il treno aveva investito un'auto ferma sui binari; per poco non venivi investito dall'automobile
scontrarsi (con) 2	*to collide (with), to crash/run (into)*	il rapido si è scontrato con un treno merci; i due treni si sono scontrati per un errore di segnalazione
urtare (contro) 2	*to crash/run (into), to hit*	la macchina ha urtato contro un albero; la petroliera ha urtato contro un'altra nave; i due camion si sono urtati frontalmente
sbattere (contro) 2-1	*to crash/bang (into)*	ha sbandato e ha sbattuto contro un albero; ha sbattuto con l'automobile contro il muro

laccio — (shoe) lace

laccio m 2	*(shoe) lace*	mi si è rotto il laccio della scarpa; il corsetto era chiuso da lacci di seta
legaccio m 2	*(shoe) lace* (less common then the others)	Edoardo, perché ti togli sempre i legacci dalle scarpe?; questi legacci sono troppo corti
stringa f 2	*(shoe) lace*	al gatto piace mordicchiare le stringhe delle scarpe; devo comprare delle stringhe bianche per le scarpe da tennis

lacero — torn, ripped

| **straziato**
 3 | *torn apart/to pieces* (often figurative) | il cadavere era orrendamente straziato; avevo il cuore straziato |
| **lacero**
 3-2 | *torn, ripped* | il mendicante aveva vestiti laceri e sporchi; mi ha restituito il libro che le avevo dato con la copertina lacera |

| **stracciato** [2] | *torn, ripped* | cambiati il maglione, che è stracciato; non capisco perché Gino vada in giro con i pantaloni stracciati |

ladro (see also delinquente (b))   thief

rapinatore m/ **rapinatrice** f [3-2]	*robber, plunderer*	la polizia sta cercando quella banda di rapinatori; uno dei rapinatori è già stato identificato e arrestato
scassinatore m/ **scassinatrice** f [3-2]	*burglar, robber, housebreaker*	la polizia, dopo il furto alla banca, ha fermato tutti i più noti scassinatori; lo scassinatore non ha lasciato impronte digitali
tagliaborse mf [3-2]	*pickpocket, bag snatcher* (invariable plural)	bisogna stare attenti, ci sono molti tagliaborse in questa zona
topo d'albergo/ d'appartamento m [3-2]	*burglar*	Lisa è stata derubata da un topo d'albergo; Vanda ha avuto questa collana dal suo fidanzato, che dicono sia un topo d'appartamento
borsaiolo/a mf [2]	*pickpocket*	un borsaiolo mi ha sfilato il portafoglio dalla tasca in autobus
ladro/a mf [2]	*thief*	i ladri si sono portati via tutti i miei gioielli; tutti e due i suoi fratelli sono stati denunciati come ladri; ti fidi a darle i tuoi soldi, sapendo che è una ladra?
ladrone/a mf [2-1]	*thief* (suggests hardened or habitual)	quella famiglia di ladroni è sempre in prigione; l'avvocato ci ha presentato una parcella di milioni, è un vero ladrone
ladruncolo/a mf [2-1]	*petty thief*	non è un mafioso, è un ladruncolo di periferia; è solo un ladruncolo, non preoccuparti di lui
scippatore m/ **scippatrice** f [2]	*mugger, thief*	hai sentito che Luisa è stata aggredita da uno scippatore sulla metropolitana?; uno scippatore mi ha portato via il borsellino senza che me ne accorgessi

lamentarsi   to complain

contestare [3]	*to protest (about), to complain (about)* (see also **resistere**)	nel 1968 gli studenti volevano contestare il sistema politico-sociale; i giovani contestavano perché si sentivano estranei alla società in cui vivevano
deplorare [3]	*to grieve over, to bewail* (see also **criticare**)	deplorava le disgrazie dei suoi compagni; non basta deplorare il male e la miseria, bisogna lottare per eliminarli
lagnarsi [3-2]	*to complain*	invece di lagnarti di lui, cerca di capirlo; loro si lagnano del figlio perché non si sposa

protestare [3-2]	to complain, to protest	gli scioperanti protestano contro il carovita; lo studente protestava perché non era stato ammesso agli esami
reclamare [3-2]	to complain, to make a complaint	sono andata a reclamare perché non mi arrivano le riviste a cui sono abbonata; hanno reclamato per il ritardo del treno
brontolare [2]	to grumble, to moan	mio papà non parla, brontola solamente; la mamma ha brontolato perché siamo arrivati tardi a cena
lamentarsi [2]	to complain	Roberto si lamenta che sua moglie non sa cucinare; ti lamenti perché i tuoi ti hanno comprato la macchina invece della moto?; quel cliente si lamenta sempre di tutto

largo   wide

capace [3-2]	spacious, roomy	questa è una valigia molto capace; in quell'edificio c'è una sala molto capace
spazioso [3-2]	spacious	è una vecchia casa con un solaio molto spazioso; questo magazzino è molto spazioso
ampio [2]	wide	il completo era formato da un'ampia gonna e da una giacca corta; il corridoio era ampio, ma non la sala
largo [2]	wide, broad, big, loose (of clothes in the last sense) (see also **generoso**)	questa strada è molto larga; entrò in una stanza larga con tante finestre; quella ragazza ha i fianchi larghi; questo vestito mi è diventato largo da quando sono dimagrita

lasciare (see also **soffrire**)   to let, to allow

accordare [3]	to allow, to grant (see also **dare**)	accordare un beneficio/il perdono/un permesso/un prestito
ammettere [3]	to allow, to admit (see also **riconoscere**)	questo è un ordine e non ammetto discussioni; non ammetto che si risponda in questo modo ai propri genitori
autorizzare [3]	to authorise, to allow	il capo mi ha autorizzato a prelevare dei soldi in banca; il sindaco non ha autorizzato la manifestazione in piazza
consentire [3-2]	to allow, to permit (see also **essere d'accordo**)	la legge consente la presenza delle donne nell'esercito; quel lavoro non consente riposo; il tuo aiuto mi ha consentito di finire la tesi; consenta che dica ciò che penso
concedere [3-2]	to allow, to grant (see also **dare**)	concedere un appuntamento/un permesso/un sussidio di disoccupazione; il giudice non ha voluto concedergli la libertà; concedimi ora di dire le mie ragioni

lasciare 2	*to let, to allow* (see also **soffrire**)	Carlo mi ha lasciato guidare la sua Ferrari; lascia che ti dica cosa penso; se fai il bravo stasera ti lascio guardare la TV fino alle 10; lasciami stare, sono stanco
permettere 2	*to permit, to let, to allow*	non ti permetto di essere crudele con gli animali; Giulia mi ha permesso di usare il suo computer; le tue parole mi permettono di fare questo lavoro senza sentirmi in colpa

lato   side

fianco m 2	*side, flank*	mi fa male il fianco destro; quella donna ha i fianchi molto stretti; il fianco della macchina è arrugginito; l'esercito si è accampato sui fianchi della collina
lato m 2	*side* (also figurative) (see also **aspetto**)	la casa sta sul lato destro della via; hai considerato i due lati del problema?; da un lato capisco bene, ma dall'altro . . .
parte f 2	*side* (also figurative) (see also **direzione** and **pezzo**)	bisogna tenersi sulla parte sinistra della strada; bisogna fare appello alla parte razionale dell'uomo; da una parte sono d'accordo con te, ma dall'altra . . .

lavandino   sink, wash basin

lavabo m 3-2	*wash basin*	il lavabo nel loro bagno è color blu cobalto; come posso togliere quelle macchie dal lavabo?
acquaio m 2R	*sink* (mainly regional Central and Southern usage)	non lavarti i capelli nell'acquaio in cucina; c'è un acquaio dove possa lavarmi le mani?
lavandino m 2	*sink, wash basin*	vai a lavarti le mani nel lavandino in cucina; quando hai cambiato il lavandino in bagno?
lavello m 2R	*sink, wash basin* (mainly regional Tuscan usage)	abbiamo trovato questo lavello in una vecchia cascina in Brianza

lavorare   to work

faticare 2	*to work hard, to labour* (see also **fare fatica**)	faticava dalla mattina alla sera; i miei hanno faticato parecchio per mandarmi a scuola
lavorare 2	*to work* (in a variety of senses)	oggi gli operai hanno lavorato cinque ore; siamo quasi tutti costretti a lavorare per vivere; non ha mai lavorato in vita sua; domani dobbiamo lavorare su quel progetto; i contadini lavorano la terra; questo ristorante lavora molto

studiare 2	*to study, to work* *(academically)*	studiare filosofia/francese/matematica/storia; ha studiato per tutta la mattina; se vuoi superare l'esame, devi studiare
faticare 2-1R	*to work, to be employed* *(regional Southern usage)*	non vai a faticare oggi?; fatica in un negozio di abbigliamento; faticava alle acciaierie di Bagnoli
sfaccendare 2-1	*to work hard*	ho una famiglia numerosa e mi tocca sfaccendare dalla mattina alla sera
sfacchinare 2-1	*to work hard*	Mario ha sfacchinato tutto il giorno sulla macchina; adesso che ha moglie e figli, deve imparare a sfacchinare anche lui
sgobbare 2-1	*to work/study hard, to swot*	ha sgobbato su quel compito per ore; lui non ha mai sgobbato come noi
sudare 1	*to work hard, to sweat, to* *slave*	suda per guadagnarsi da vivere; ho dovuto sudare per laurearmi

lavoratore   worker

salariato/a mf 3	*wage-earner*	in questa ditta tutti i salariati hanno contratti a termine
stipendiato/a mf 3	*salaried worker*	noi facciamo parte della categoria degli stipendiati
dipendente mf 3-2	*employee* (in a general sense)	i nostri dipendenti vanno in ferie in agosto; i dipendenti di quella ditta hanno un'assicurazione medica
stacanovista mf 3-2	*hard worker*	non smetti mai, che stacanovista sei!
artigiano/a mf 2	*craftman/craftswoman* (also used as an adjective)	in Brianza ci sono numerosi artigiani che lavorano in tessitura; questo mobile è stato fatto da un artigiano della mia zona; un'associazione/una produzione artigiana
impiegato/a mf 2	*(white-collar/office) employee/* *worker*	ha trovato un posto come impiegato alle poste; lo stipendio di un impiegato statale non è molto alto
lavoratore m/ **lavoratrice** f 2	*worker* (in a variety of senses)	tutti noi siamo lavoratori, non ci mantiene nessuno!; le lavoratrici in quell'atelier sono bravissime a ricamare; i lavoratori dipendenti pagano automaticamente le tasse
manodopera f 2	*workforce, labour*	c'è sempre una carenza di manodopera per i lavori pesanti; la manodopera incide sui costi in modo molto rilevante
manovale m 2	*(casual) workman*	devo fare venire un manovale a riparare il tetto; quella ditta impiega molti manovali

operaio/a mf 2	*(manual) worker* (also used as an adjective)	è venuto l'operaio oggi a riparare il tetto?; quanti operai ha la tua ditta?; gli operai vengono pagati al sabato; oggi è difficile definire la classe operaia
personale m 2	*staff, personnel*	il personale della biblioteca è molto disponibile; devo parlare al direttore del personale per la mia promozione
sgobbone/a mf 2-1	*(hard) worker, swot* (usually pejorative)	non è molto intelligente, ma è uno sgobbone e sarà di certo promosso; è una sgobbona che resta in ufficio anche la sera

lavoro   work

incarico m 3	*post, appointment, task*	rivestire un incarico; ha avuto un incarico importante; ho l'incarico di sorvegliare gli studenti durante l'intervallo
ufficio m 3	*office*	il suo era un ufficio che comportava grandi responsabilità; non può trascurare il suo ufficio
carica f 3-2	*office, position, post* (usually in public life)	aveva la carica di ministro delle finanze; è stato eletto a una carica di grande responsabilità
funzione f 3-2	*function, position*	una funzione amministrativa/direttiva; che funzioni hai in quest'ufficio?
mansioni fpl 3-2	*duties, work*	in questa ditta ho mansioni direttive; le mansioni del capufficio sono svolte dall'impiegato di grado più elevato
attività f 2	*activity*	lavora molto e le sue attività sono molteplici; all'attività preferisce l'ozio
carriera f 2	*career*	il loro figlio ha intrapreso la carriera militare; lei ha fatto carriera con il mio appoggio; questo lavoro offre molte possibilità di carriera
compito m 2	*duty, task, homework* (often plural in the last sense)	il compito degli infermieri è quello di curare i malati; il compito di matematica era molto difficile; quell'alunno è molto pigro, non fa mai i compiti
impiego m 2	*job, post, appointment* (usually implies non-manual work), *employment*	un impiego fisso/precario/pubblico; finalmente ha trovato un impiego; ha un buon impiego in banca; l'Italia non ha mai avuto il pieno impiego
lavoro m 2	*work, job, occupation* (in a variety of senses) (also figurative) (see also **opera**)	un lavoro difficile/facile/interessante/manuale/monotono; che lavoro fa il tuo papà?; vivo del mio lavoro; l'operaio ha fatto un buon lavoro; è stato un bel lavoro insegnargli la matematica!

mestiere m [2]	*trade, craft, business, occupation*	il mestiere del falegname/del giornalista; un mestiere brutto/faticoso/pericoloso; ognuno conosce il proprio mestiere; che mestiere faceva tuo padre?
occupazione f [2]	*occupation, employment*	adesso che ha finito di studiare deve trovarsi un'occupazione; qui non c'è mai stata la piena occupazione
posto (di lavoro) m [2]	*job, post*	un posto di cuoco/di professore/di segretaria/di telefonista; ha avuto un posto in banca; mio figlio ha un posto alle ferrovie di stato
professione m [2]	*profession*	la professione dell'avvocato/dell'insegnante/del medico; esercitare/imparare una professione; fare il medico è una professione impegnativa; quella tizia fa la professione più antica del mondo; è ragioniere di professione

legame

connection, link

connessione f [3]	*connection* (also figurative)	dobbiamo fare la connessione dei cavi elettrici; non capisco la connessione tra i fatti
nesso m [3]	*connection, link, relation(ship)*	stanno cercando di individuare il nesso tra i due fatti; ha buttato fuori frasi senza alcun nesso logico
vincolo m [3]	*bond, tie*	un vincolo di sangue; non posso spezzare così il vincolo del matrimonio
rapporto m [3-2]	*connection, relation(ship), association, ratio* (mathematical in the last sense)	non c'è alcun rapporto fra le due cose; che rapporto ha ciò che dici con l'argomento?; ha studiato il rapporto tra il reddito nazionale e il numero degli abitanti; qual è il rapporto fra le due cifre?
collegamento m [2]	*connection, link, liaison* (practical or mechanical)	un collegamento aereo/ferroviario/marittimo/stradale/telefonico; ha assicurato il collegamento tra le due unità militari; non so se c'è un collegamento tra i due fili elettrici
contatto m [2]	*contact* (often plural) (see also **prendere contatto con**)	ho contatti amichevoli con lui; non voglio avere contatti con quella gente; è una persona che ha molti contatti; non mi piace stare tutto il giorno a contatto con il pubblico
legame m [2]	*connection, link, bond, tie*	stabilire un legame di amicizia/di parentela/di sangue; sono idee sconnesse, senza un legame; che legame c'è tra loro?
relazione f [2]	*relation(ship), connection, liaison* (often of a love affair)	relazioni commerciali/diplomatiche/internazionali/umane; qual è la relazione fra i due fenomeni?; una relazione sentimentale/sessuale/di affari/di amicizia/di parentela; ho troncato le mie relazioni con loro; ha avuto una relazione con quella donna

unione f [2]	*union, connection, joining* (see also **matrimonio**)	credi nell'unione dell'anima col corpo?; in quel periodo si è avuta l'unione di quei due partiti politici

legare

to tie, to connect

connettere [3]	*to connect* (literal or figurative)	connettere fatti/fili elettrici/idee; sono riuscito a connettere tutti i fatti solo dopo l'incidente
vincolare [3]	*to bind, to tie* (usually moral or legal)	dovrei denunciarlo alla polizia, ma mi vincola l'amicizia; abbiamo vincolato tutti i soldi nelle nostre proprietà
abbinare [3-2]	*to combine, to couple* (also used reflexively)	siccome i due argomenti sono affini, conviene abbinarli per la discussione
allacciare [3-2]	*to tie (up), to lace, to fasten / tie (together)*	attento, non hai allacciato le scarpe; i passeggeri hanno allacciato le cinture; ha allacciato due pezzi di spago
collegare [2]	*to connect, to link* (often mechanical) (also figurative)	collegare cavi/fili elettrici; hanno collegato l'antenna alla TV; la polizia ha collegato i fatti e l'ha arrestato
legare [2]	*to tie (up), to connect, to bind, to link* (also figurative) (also used intransitively)	lega bene il pacco; ho legato il cane all'albero; devi legare i capelli perché ti cadono sugli occhi; ci lega una lunga amicizia; i nostri due caratteri non legano
unire [2]	*to link, to join (together), to tie* (also figurative) (see also **includere** and **mescolare**)	questo processo unisce due pezzi metallici; unisci le mani e prega; quella ragazza unisce la grazia all'intelligenza; è un dramma che unisce il magico al reale
non connettere [2-1]	*not to think straight, not to connect*	era fuori di sé, non connetteva; ho tanto sonno che non connetto più

NB all these verbs, with the exception of **non connettere**, are also used reflexively (e.g. questo argomento si connette al resto della tesi; non voglio vincolarmi chiedendogli un favore; il colore della giacca si abbina bene a quello dei pantaloni; quell'argomento si allaccia a quel che dicevi prima; ci colleghiamo ora con la TV svizzera; si è legato con promesse; i vari elementi devono unirsi secondo lo schema (see also **mescolare** and **sposare**)).

legge

law

decreto m [3]	*decree, law*	un decreto legge/ministeriale/presidenziale; per decreto se vuoi aprire un negozio devi far domanda in tribunale
editto m [3]	*edict, law* (usually historical)	l'editto di Costantino; l'editto imperiale obbligò Maria e Giuseppe a recarsi a Betlemme per il censimento

giurisprudenza f 3	*jurisprudence, law* (subject or profession)	è dottore in giurisprudenza; è laureato in giurisprudenza; la giurisprudenza italiana è molto complessa
statuto m 3	*statute*	lo statuto regionale; una regione a statuto speciale; lo Statuto Albertino fu promulgato nel 1848
diritto m 2	*law* (also subject of study), *right*	il diritto civile/internazionale/naturale/ penale; studio diritto all'università; s'interessa alla storia del diritto romano; un diritto costituzionale/privato/pubblico; conosci i diritti del cittadino?; non hai il diritto di entrare in casa sua
legge f 2	*law* (in a variety of contexts and senses)	una legge costituzionale/naturale/speciale; approvano una nuova legge in Parlamento; ritengo queste leggi ingiuste; ognuno deve rispettare la legge; studia alla facoltà di legge; qui vige la legge del più forte; le leggi della fisica/della matematica; ogni tuo desiderio è legge per me

leggero (see also **magro**)   light, slight

lieve 3-2	*light, slight* (also figurative)	il mio carico è molto lieve; c'era una lieve brezza quella sera; una lieve preoccupazione l'ha sfiorata; parcheggiando in quella strada ha commesso una lieve infrazione
leggero 2	*light, slight* (also figurative)	un pacco/un peso/un vento leggero; una borsa/una pioggia/una valigia leggera; fa caldo, mettiti un vestito leggero; voglio un caffè leggero; ho sentito un urto leggero; ho incontrato una leggera difficoltà

lento   slow

lemme lemme 3	*very slowly* (literary)	camminava lemme lemme senza una meta; l'uomo tornò lemme lemme alla sua casa
passo passo 3	*slowly, gradually*	se ne veniva su passo passo per la salita; seguite quello che faccio io passo passo
a poco a poco 2	*gradually, little by little, bit by bit*	sono riuscito a risparmiare questi soldi a poco a poco; a poco a poco imparerò a parlare bene l'italiano
adagio 2	*slowly, gently* (adverb)	vai adagio con la macchina, mi raccomando!; di' al tuo amico francese di parlare adagio perché non capisco bene la sua lingua; fa' adagio a disinfettare quella ferita

graduale [2]	*gradual* (also with adverbial form **gradualmente**)	il governo ha promesso una riforma graduale; bisogna aumentare gradualmente la dose della medicina
lento [2]	*slow* (can also be used adverbially as a synonym for **lentamente** or in the form **lento lento**)	un ballo/un cameriere/un film/un ritmo/un treno lento; la tartaruga è un animale lento; cammina a passi lenti; sei sempre così lento nel decidere; il tempo scorreva lento; perché lavori così lentamente?; camminava lento lento
pian piano/ pian pianino [2]	*slowly, gently* (adverb)	pian piano si è mangiato la torta intera; pian piano si è diretta verso la casa della figlia; pian pianino ho sgrovigliato la matassa di lana
piano [2]	*gently, slow(ly)* (adverb) (see also **silenzioso**)	fai piano, non svegliare il bambino; mangia piano, sennò starai male; c'è chi va troppo piano e intralcia il traffico
senza fretta [2]	*slowly, without haste*	fa' pure senza fretta; bisogna fare questo calcolo senza fretta, sennò è facile sbagliare

lezione   lesson, lecture

stage m [3]	*(training) course* (invariable plural)	ho fatto uno stage di computeristica prima di cominciare il lavoro
conferenza f [2]	*lecture* (a single one not one of a series) (see also **riunione**)	il professore ha tenuto una conferenza sui lepidotteri; le sue conferenze sono sempre originali
corso m [2]	*course*	un corso di cucito/di dattilografia/di letteratura italiana/di pittura; lui tiene un corso di inglese all'università; come va il tuo corso di danza?
lezione f [2]	*lesson, lecture* (one of a series)	quella signora dà lezioni di pianoforte; mio fratello va a lezione d'inglese; quanto ti fai pagare le lezioni di latino?; ho assistito a un corso di lezioni sulla musica rinascimentale; quella è stata una lezione di vita!
relazione f [2]	*paper* (e.g. at a conference) (see also **informazione**)	fare/leggere una relazione; al congresso il ricercatore ha fatto un'interessante relazione sui rifugiati politici in Italia

liberare   to set free, to liberate

affrancare [3]	*to free, to liberate*	affrancare uno schiavo; affrancare un popolo dalla schiavitù
disimpegnare [3]	*to release, to redeem, to get out of pawn*	sono venuto perché sono riuscito a disimpegnarmi; ha disimpegnato l'orologio dal Monte di Pietà
dispensare [3]	*to release, to exempt, to exonerate*	il maestro l'ha dispensato dal fare i compiti per domani; è stato dispensato dal servizio militare

esimere 3	*to exempt, to free, to release*	accetto di farti da testimone, se mi esimi dal ricevimento di nozze
esonerare 3	*to exonerate, to exempt, to free, to release*	esonerare dalle lezioni di educazione fisica/dal servizio militare/dalle tasse
prosciogliere 3	*to release, to set free* (usually legal)	l'imputato è stato prosciolto per insufficienza di prove; l'hanno prosciolta dall'accusa
redimere 3	*to redeem*	redimere dal peccato/dalla vergogna/dal vizio; la sua missione è di redimere i giovani criminali; voglio redimere la mia vita dal peccato; proverò a redimere il mio debito
riscattare 3	*to (set) free, to deliver, to redeem, to pay off* (both moral and financial in the last two senses)	vorrei riscattare il mio popolo dalla povertà; per riscattare il prigioniero hanno dovuto pagare una forte somma; voleva riscattare i suoi errori; non sono ancora riuscito a riscattare il prestito
svincolare 3	*to redeem* (financial)	svincolare una casa da un'ipoteca/una somma versata come cauzione
emancipare 3-2	*to emancipate, to (set) free*	i ribelli volevano emancipare il popolo dal giogo straniero
esentare 3-2	*to exempt, to free*	esentare dal pagamento delle tasse/dal servizio militare; quella ditta ha esentato i dipendenti dai turni di notte
liberare 2	*to (set) free, to liberate* (also figurative)	liberare dal carcere/dalla prigionia/dalla schiavitù; abbiamo liberato i territori occupati; liberiamo i prigionieri; bisogna liberare la mente dai pregiudizi; liberami da lui!
sciogliere 2	*to release, to set free, to loosen* (often figurative)	sciogli il prigioniero!; in questo parco è vietato sciogliere i cani; avete sciolto la fune?; l'ho sciolto dal contratto; gli ho chiesto di sciogliermi da quell'impegno

NB most of these verbs are also used reflexively (e.g. vorrei affrancarmi dalla passione del gioco; ho già un invito per domani, ma cercherò di disimpegnarmi; vuole esimersi da ogni responsabilità; i tedeschi vorrebbero redimersi dalla colpa dell'olocausto; per riscattarsi dalla schiavitù è fuggito; è riuscito a svincolarsi dalla presa del nemico; il popolo voleva emanciparsi dalla schiavitù; Anna si è emancipata da quello schiavista del marito!; voglio liberarmi dai miei obblighi verso di loro; quella camera si è liberata; mi si è sciolto un laccio delle scarpe).

---

libero (a)   free

autonomo 3-2	*autonomous, self-governing, independent*	svolge un lavoro autonomo; questo paese è politicamente autonomo; lavoro per l'Ente Autonomo del Turismo
disponibile 2	*available, free, on hand* (see also **vuoto**)	il denaro disponibile è poco; oggi sono disponibile; lo stadio è esaurito, non c'è nemmeno un posto disponibile

indipendente 2	*independent*	un carattere/un giornale/uno spirito/uno stato indipendente; mi sono reso completamente indipendente dalla famiglia
libero 2	*free*	sono un uomo libero; sei libero di pensare quello che vuoi; sei libera domani mattina?; ho le mani libere; questo posto è libero?; non sei libera da pregiudizi
padrone/a 2	*free, master* (also used in the superlative **padronissimo/a**) (see also **padrone**)	ognuno è padrone di fare ciò che vuole; sei padrona di andartene se vuoi; sei padronissima di pensarla come vuoi

libero (b)   free

franco di 3	*free of, exempt from* (commercial) (see also **senza**)	questo pacco è franco di dogana/di porto/di spese
immune da 3	*immune from, free from* (see also **senza**)	questi cittadini sono immuni da obblighi militari; la mia proprietà è immune da imposte; nessun paese è immune da problemi sociali; questi bimbi sono immuni dal vaiolo
esente da 3-2	*free of, exempt from* (often commercial or financial) (also figurative) (see also **senza**)	questa merce è esente da dazio; questi guadagni sono esenti da tasse; nessuno può dirsi del tutto esente da difetti
gratis 2	*free (of charge), for nothing* (adverb)	pensi che io voglia lavorare gratis?; dice che può andare in piscina gratis; mi hanno dato un sapone gratis
gratuito 2	*free (of charge)*	un campione gratuito; l'ingresso è gratuito; l'assistenza medica in questo paese è completamente gratuita
libero 2	*free, unimpeded, open* (of access, etc.)	entrata libera; ingresso libero; in tutti i grandi magazzini l'ingresso è libero

libro (see also opera)   book

tomo m 3	*volume, part*	ha comprato un dizionario in tre tomi; è uscito il secondo tomo del primo volume di quell'enciclopedia
best-seller m 3-2	*best-seller*	ha fatto i soldi scrivendo un best-seller; hai letto il suo ultimo best-seller?
esemplare m 3-2	*copy*	non ci sono molti esemplari di manoscritti miniati; questo è uno dei pochi esemplari del poema stampati in Francia
volume m 3-2	*volume, book*	dammi il primo volume della storia della letteratura; ha ordinato un interessante volume sulla musica francese

libro m 2	*book*	un libro antico/interessante/noioso; un libro di francese/di latino/di matematica; quanti libri hai comprato alla libreria?; ha letto un libro di 500 pagine
manuale m 2	*(study) text, (instruction) manual*	un manuale di filosofia/di letteratura italiana/di storia; con quel computer non hanno incluso il manuale dell'utente
opera m 2	*(piece of) work*	questa è l'ultima opera di Calvino; le opere di Dante sono state tradotte in molte lingue
testo m 2	*text, text book*	questo è il testo del romanzo riscritto dall'autore; i testi che studieremo quest'anno sono modernissimi; in questo corso ci sono cinque testi da studiare
mattone m 1	*book* (implies long, bulky and boring)	è un libro di 300 pagine, un vero mattone!; gli piacciono quei mattoni russi che non finiscono mai

limitare   to limit

delimitare 3	*to delimit, to mark the limits of* (see also **stabilire**)	il fiume delimita i confini fra i due stati
circoscrivere 3-2	*to circumscribe, to restrict, to contain*	circoscrivere un conflitto/un'epidemia; i pompieri hanno circoscritto l'incendio in breve tempo
restringere 3-2	*to restrict, to limit* (also figurative) (see also **ridurre**)	dovresti restringere l'orto, così avresti più spazio per il giardino; è meglio restringere il campo delle ricerche
contenere 2	*to contain* (for figurative use, see moderare)	l'esercito riuscì a contenere l'attacco nemico
limitare 2	*to limit, to restrict, to mark the limits of* (also used reflexively) (see also **moderare** and **ridurre**)	ho limitato il numero dei concorrenti; bisogna limitare il potere del governo; ho cercato di limitare i danni; ha limitato il giardino con delle siepi; è uno che non sa limitarsi; non rispose, ma si limitò a sorridere

limite   limit, barrier

demarcazione f 3	*demarcation*	passare/segnare la linea di demarcazione
limitazione f 3-2	*limitation, limit, restriction*	i Fascisti imposero molte limitazioni alle libertà civili; il governo ha imposto delle limitazioni alla libertà personale
restrizione f 3-2	*restriction, limitation*	il governo impone delle restrizioni alle importazioni; la censura è una restrizione alla libertà di espressione

confine m [2]	*border, frontier* (also figurative) (see also **barriera**)	il confine italiano/francese; il confine tra la Francia e la Svizzera; hai bisogno della carta d'identità se passi il confine; questo lago è il confine naturale tra i due paesi; spesso non c'è un confine tra coraggio e temerarietà
frontiera f [2]	*frontier*	tra un po' arriveremo alla frontiera francese; Chiasso è una città di frontiera
limite m [2]	*limit, barrier* (in a variety of contexts) (see also **barriera**)	questa montagna costituisce un limite invalicabile tra le due nazioni; il limite di età/di velocità; mi impongo dei limiti nel mangiare; hai superato il limite della decenza

linea   line

striatura f [3]	*stripe, streak, line*	mi piace molto questo disegno a striature verdi; dopo la lavatura queste camicie hanno tutte delle striature rosa; queste foglie sono piene di striature fatte dalle lumache
tratto m [3-2]	*line, stroke* (drawn)	un tratto di matita/di penna; con un tratto deciso cancellò il nome dei nipoti dal testamento; ha fissato il paesaggio con pochi tratti di pennello
linea f [2]	*line* (in a variety of senses)	una linea curva/gialla/orizzontale/retta/rossa/verticale; ha tracciato una fitta serie di linee; quella linea non è molto diritta; quell'edificio ha una grande semplicità di linee
riga f [2]	*line* (of print or drawn), *stripe*	traducete fino alla quinta riga; ha tracciato due righe parallele; ho comprato un quaderno a righe; non mi ha scritto neppure una riga; una camicia/una gonna a righe
striscia f [2]	*stripe, strip, streak*	una cravatta a strisce; una striscia di carta; gli indiani ornavano i loro vestiti con strisce di pelle lunghe e sottili; ho visto una striscia di sangue

lingua   language

favella f [3]	*speech, talking* (literary)	l'uomo solo, tra tutti gli animali, ha il dono della favella; la favella toscana costituisce la base della lingua italiana
idioma m [3]	*idiom, language*	l'idioma francese/italiano/di Dante; l'idioma di quella regione è di origine romanza
registro m [3-2]	*register*	questa parola ha un registro linguistico piuttosto alto; traducendo non hai reso il registro che l'autore usa

gergo m 2	*slang, jargon*	il gergo militare/studentesco/della malavita; quei ragazzi parlano un gergo tutto loro; capisci il loro gergo?
lingua f 2	*language, tongue*	la lingua francese/giapponese/inglese/italiana; una lingua morta/popolare/raffinata; ho scritto un saggio sulla lingua del Manzoni; le lingue classiche sono il latino ed il greco
linguaggio m 2	*language, idiom* (usually a form of speech or expression within a given tongue)	il linguaggio infantile/scientifico/dell'arte/dei fiori/dei politici/da taverna; anche gli animali hanno un linguaggio; io e lui non parliamo lo stesso linguaggio

liscio   smooth

fluido 3-2	*fluid, flowing, fluent* (see also **instabile**)	ci vuole un olio molto fluido per questo motore; quell'autore ha uno stile proprio fluido
liscio 2	*smooth* (also figurative)	quel marmo è liscio; che belle mani lisce hai!; la bambina ha i capelli lisci; le cose non andranno lisce come credi
scorrevole 2	*fluid, flowing, smooth-running*	quest'inchiostro è molto scorrevole; scrive con una prosa scorrevole; il traffico è molto scorrevole oggi

lista   list

albo m 3	*list, register, roll(s)* (professional) (see also **tabella**)	il suo nome è sull'albo degli avvocati; l'hanno radiato dall'albo dei medici; è iscritto nell'albo degli ingegneri?
listino m 3-2	*list* (financial or commercial)	i giornali pubblicano quotidianamente il listino di borsa; allegato troverete il listino (dei) prezzi
repertorio m 3-2	*repertory, list*	quella compagnia teatrale ha un repertorio classico; ha un repertorio inesauribile di barzellette; c'è un repertorio cronologico degli avvenimenti
elenco m 2	*list, (telephone) directory*	fammi un elenco delle cose di cui hai bisogno; il professore ha fatto l'elenco dei presenti all'esame; non conosco il suo numero, devo consultare l'elenco (del telefono)
lista f 2	*list*	dov'è la lista degli invitati?; alla lista della spesa bisogna aggiungere lo zucchero; quel ristorante non espone la lista dei vini; devo consultare la lista elettorale

menù m 2	*menu*	il menù del ristorante; nell'albergo c'è un menù regionale; sullo schermo del computer c'è il menù delle opzioni

lite

quarrel, argument

alterco m 3	*altercation, quarrel* (implies exchange of insults)	non si parlano da quando le loro famiglie hanno avuto un alterco anni fa
contesa f 3	*dispute*	su questo libro c'è una contesa fra critici; quel matrimonio ha posto termine alla lunga contesa tra le due famiglie
disputa f 3	*dispute*	una disputa filosofica/letteraria/scientifica; tra i due dottori nacque una disputa sulla cura da prescrivere
scaramuccia f 3	*skirmish, dispute, clash* (see also **lotta**)	una scaramuccia artistica/letteraria/politica; al Parlamento c'è stata qualche scaramuccia tra governo e opposizione
baruffa f 3-2	*dispute, argument* (see also **lotta**)	sono stufo di sentire le loro baruffe; un'altra baruffa tra voi e vi sbatto fuori di casa
conflitto m 3-2	*conflict* (see also **divisione** and **lotta**)	tra loro è nato un profondo conflitto sull'organizzazione aziendale
contrasto m 3-2	*conflict, controversy*	il contrasto tra gli assistenti e l'università non interessa molto la stampa; questi sono i soliti contrasti famigliari
controversia f 3-2	*controversy*	tra loro è sorta una controversia a proposito di un'eredità
diverbio m 3-2	*argument*	dopo un violento diverbio, il ragazzo ha colpito suo padre; non ne posso più dei diverbi tra i miei colleghi
bisticcio m 2	*quarrel, row*	un bisticcio animato/violento; quella coppia si separa dopo anni di continui bisticci
battibecco m 2	*bickering*	in questa casa ci sono battibecchi continui; con te ogni discussione si trasforma in un battibecco
lite f 2	*quarrel, argument, dispute* (for legal usage, see **protesta**)	una lite stupida/terribile/violenta; non sa nessuno com'è sorta la lite tra loro due; la lite è finita in una rissa
litigio m 2	*quarrel, argument, dispute*	un litigio famigliare; mi sono trovata in mezzo ad un litigio terribile; tra loro c'è stato un litigio e lui l'ha lasciata
scena f/**scenata** f 2	*scene* (see also **vista**)	ha fatto una scena incredibile per un ritardo di pochi minuti; ti prego di non fare le tue solite scene; se torno a casa tardi, mio padre mi fa una scenata

bega f 2-1	*row, argument* (see also **disturbo**)	tra loro c'è stata una bega per motivi proprio stupidi; lui non fa che parlare di beghe d'ufficio

litigare to argue, to quarrel

altercare 3	*to argue, to dispute* (also used reflexively)	i colleghi di lavoro dovrebbero discutere, non altercare; si sono altercati per dei motivi banali
abbaruffarsi 3-2	*to quarrel* (usually refers to children)	quei bambini si sono abbaruffati ancora oggi; non va d'accordo con la cugina e s'abbaruffano continuamente
bisticciare 2	*to argue, to row, to quarrel* (often refers to children)	bambini, smettetela di bisticciare!; hanno bisticciato perché Anna non voleva dare la bicicletta a Carlo
litigare 2	*to argue, to quarrel*	ho litigato con la mamma; tu litighi con tutti per delle stupidaggini; hanno litigato tra loro e ora non si parlano
attaccare briga/ cercare brighe 2-1	*to pick a quarrel/quarrels*	assomigli proprio a tuo nonno, che attaccava sempre briga; smettila di cercare brighe coi tuoi compagni di scuola

livido bruise

ecchimosi f 3	*bruise* (technical/medical) (invariable plural)	il corpo della vittima era coperto di ecchimosi; dalle ecchimosi si capisce che l'uomo è stato picchiato
contusione f 3-2	*bruise*	l'incidente gli causò una contusione alla spalla; la sua contusione fu causata da un trauma fisico
livido m 2	*bruise*	il bambino è caduto, guarda che livido!; mi sono fatta un livido sbattendo contro il tavolo

locale place, establishment

esercizio m 3	*establishment* (bar, café or restaurant) (see also **negozio**)	questo esercizio è aperto dalle 7 alle 22
bar m 2	*bar*	hanno aperto un bar vicino all'università; sono proprietari di un bel bar in centro; ti posso offrire qualcosa al bar?
caffè m 2	*café, coffee-shop*	passa tutto il giorno al caffè; il caffè è aperto, vado a leggere il giornale; ho incontrato Franco al caffè
locale m 2	*place, establishment* (for food, drink or entertainment) (see also **luogo** and **stanza**)	questo è un locale alla moda; non mi piace questo locale, andiamo altrove; abbiamo diviso la sala in due locali; in questo locale si può mangiare molto bene per pochi soldi

mensa f [2]	*refectory, canteen* (of a factory, university, etc.)	la mensa aziendale/degli studenti; mangiamo alla mensa oggi?
pizzeria f [2]	*pizzeria, pizza place*	siamo andati al cinema e poi nella solita pizzeria; quando non ero ancora sposato ogni tanto mangiavo in pizzeria
ristorante m [2]	*restaurant*	un ristorante caro/modesto/di lusso; è un ristorante famoso per il pesce; ti porto al ristorante per il tuo compleanno
tavola calda f [2]	*restaurant* (implies a modest establishment)	fermiamoci alla tavola calda a mangiare qualcosa; quando eravamo studenti mangiavamo spesso alla tavola calda
trattoria f [2]	*(small) restaurant* (usually family run)	le trattorie sono più a buon mercato dei ristoranti; quando la mamma è in vacanza, il papà mangia spesso in trattoria
osteria f [2-1]	*(local) bar*	i nostri vecchi andavano a bere all'osteria; il vino di quell'osteria è ottimo; quest'osteria vende solo vino sfuso
bettola f [1]	*dive*	questo non è un bar, è una sporca bettola; sono stufo di buttar via il tempo in questa bettola

lontano   far (away/off)

discosto [3]	*(far) away/off, distant*	abita in un paesino un po' discosto dal mare; erano un po' discosti da noi e non ho sentito quello che dicevano
lungi [3]	*far away/off* (literary) (also figurative) (adverbial)	non andranno lungi da qui; lo ammiro da lungi da molto tempo; lungi da me pensare che non gli vuoi bene!
distaccato [3-2]	*(some way) away, detached* (also figurative)	la casa è un po' distaccata dal paese; quell'uomo ha dei modi freddi e distaccati
remoto [3-2]	*far away/off, remote* (in place or time)	abita in un luogo remoto sulle montagne; quelle sono le origini remote dell'avvenimento storico
distante [2]	*far away/off* (can also be used adverbially)	abito in un posto molto distante da qui; la chiesa è distante 10 chilometri; abita distante dalla scuola
lontano [2]	*far (away/off)* (adjective or adverb) (also figurative)	un paese lontano; una regione lontana; la mia casa non è lontana da via Risorgimento; vivono lontano dal lavoro; non siamo andati molto lontano; vede lontano nel tempo; è un mio lontano parente; ero lontano dall'immaginare la verità

lotta

fight, struggle

ostilità fpl 3	*hostilities, war* (for singular use, see **ostilità**)		il governo ha annunciato la cessazione delle ostilità
scaramuccia f 3	*skirmish, clash* (usually military) (for figurative use, see **lite**)		nel settore orientale del fronte c'è stata qualche scaramuccia tra le pattuglie nemiche
tafferuglio m 3	*brawl, fight*		dopo la festa è nato un tafferuglio; mi sono trovato in un tafferuglio in città; la polizia ha sedato i tafferugli in città
conflitto m 3-2	*conflict* (for figurative use, see **divisione**) (see also **lite**)		il primo/il secondo conflitto mondiale; tra le due bande armate c'è stato un conflitto a fuoco
mischia f 3-2	*fight, scuffle*		una mischia accanita/feroce; buttarsi/gettarsi nella mischia; molti soldati morirono nel furore della mischia
battaglia f 2	*battle*		qui ebbe luogo una delle battaglie del Risorgimento; quella battaglia fu combattuta tra i francesi e gli austriaci
combattimento m 2	*battle, fight, boxing match*		un combattimento aspro/decisivo/improvviso; alla fine del combattimento tutti e due i pugili erano sfiniti
guerra f 2	*war* (also figurative)		la prima/la seconda guerra mondiale; una guerra nucleare/di attacco/di difesa; gli zii si sono conosciuti durante la guerra; non finirà mai la guerra tra te e tuo fratello?
lotta f 2	*fight, struggle* (literal or figurative)		c'è stata una lotta fra due gruppi di ragazzi; i due eserciti hanno combattuto una lotta accanita; una lotta civile/politica/religiosa/sindacale/sociale; la lotta contro il cancro/la corruzione/la droga/le zanzare
rissa f 2	*brawl, fight*		la lite è degenerata in una rissa; la polizia intervenne per porre fine alla rissa
zuffa f 2	*scuffle, tussle, brawl, fight*		una zuffa tra cani/gatti; un uomo è stato ucciso nella zuffa; la zuffa iniziò durante la festa di Carnevale
baruffa f 1	*scuffle, squabble, brawl* (see also **lite**)		hanno fatto baruffa per soldi; ragazzi, finite la baruffa!

luce

light

lanterna f 3-2	*lantern, lamp* (literary)		la lanterna del faro/di palcoscenico/da segnalazione; la fanciulla accese la lanterna
lume m 3-2	*light, lamp*		un lume a olio/a petrolio; un lume squarciò le tenebre; il lume di una candela si intravedeva appena nel buio

abat-jour m 2	*(table-) lamp*	ho comprato un abat-jour per la camera da letto
fanale m 2	*light* (usually of vehicle), *street-lamp*	il fanale dell'aereo/dell'auto/della carrozza; la strada era illuminata da numerosi fanali
faretto m 2	*spotlight*	per l'illuminazione in cucina ho messo un paio di faretti
faro m 2	*headlight* (also figurative)	i fari dell'auto/del treno; Alessandria era il faro della civiltà nel mondo antico
lampada f 2	*lamp*	una lampada a stelo/di sicurezza/da tavolo; mi piacciono queste lampade; Artemide è una marca italiana di lampade
lampadario m 2	*chandelier*	un lampadario a gocce/di cristallo; devo comprare un lampadario per il salotto; quella ditta fabbrica lampadari
lampadina f 2	*bulb*	la lampadina è saltata; ricordati di comprare la lampadina per il corridoio
lampione m 2	*street-lamp, lamp-post*	i lampioni in strada vengono accesi al tramonto; ti aspetto sotto il lampione
luce f 2	*light, lamp* (also figurative)	una luce debole/forte; accendere/spegnere la luce; oggi c'è una luce strana; i suoi quadri sono pieni di luce

luogo place

località f 3-2	*locality, place* (see also **dintorni** and **zona**)	una località balneare/elegante/sciistica/alla moda/di villeggiatura; abbiamo passato anni in questa località
luogo m 2	*place* (also figurative) (see also **locale**)	un luogo privato/pubblico; siamo arrivati di notte in un luogo deserto; il ristorante era un luogo piacevole
posto m 2	*place, space, room* (see also **locale** and **posto**)	in che posto mi hai portato?; in questo posto si mangia bene; questi libri occupano troppo posto; in quell'albergo non c'era posto; c'è posto in questo scompartimento?
punto m 2	*point, place*	da questo punto si vede tutta la città; il nostro punto di vendita si trova nel centro della città
spazio m 2	*space, room* (also figurative)	in quest'armadio non c'è più spazio; stai attenta a parcheggiare, non c'è tanto spazio; nella nostra relazione devi lasciarmi più spazio

lusingare
to flatter

blandire 3	*to blandish, to flatter* *(literary)*	blandisce sempre il marito con parole e moine
adulare 3-2	*to adulate, to flatter*	a quella donna vanitosa piace essere adulata; lei adula il capufficio in una maniera ributtante
lusingare 2	*to flatter*	non lusingare quella povera ragazza con falsi complimenti; l'editore lusingò lo scrittore dicendo che avrebbe vinto il Nobel; le tue parole mi lusingano!
lisciare 2-1	*to suck up to*	lui liscia persone importanti per ottenere fondi di ricerca; sta lisciando il padre per farsi comprare l'automobile
leccare 1	*to toady (to), to suck up (to)* *(also in the expression* **leccare i piedi**)	lei pensa che leccando il capo riuscirà a far carriera; ha leccato a destra e a sinistra e adesso è diventata l'assistente del professore; io non lecco i piedi a nessuno

lussuoso
luxurious

sfarzoso 3	*sumptuous, luxurious (usually* *with a negative* *connotation)*	adesso che sono ricchi vivono in un lusso sfarzoso; il loro matrimonio è stato una cerimonia sfarzosa
sontuoso 3	*sumptuous*	un appartamento/un arredamento/un palazzo/un pranzo sontuoso
fastoso 3-2	*sumptuous, ostentatious* *(usually with a negative* *connotation)*	fa una vita fastosa; questo arredamento è troppo fastoso; i palazzi dei principi del Rinascimento erano spesso fastosi
lussuoso 2	*luxurious*	hanno un lussuoso appartamento a Manhattan; questa è una macchina veramente lussuosa; che lussuoso vestito!
vistoso 2	*showy, garish, gaudy, flashy*	un abito/un gioiello/un trucco vistoso; indossa sempre colori vistosi

ma
but

bensì 3	*but, rather (sometimes* *preceded by* **ma**)	ha venduto tutto non per beneficenza, bensì per profitto; la polizia non voleva minacciare la folla, ma bensì ristabilire l'ordine
senonché/ **se non che** 3	*however*	avrei finito il lavoro ieri, senonché un'improvvisa difficoltà me l'ha impedito; stavo per cadere dall'albero, senonché riuscii ad aggrapparmi a un ramo
ciò nondimeno 3-2	*nevertheless, but still*	l'operazione è riuscita bene, ciò nondimeno è rimasto a lungo in ospedale; non sta male, ciò nondimeno non può uscire

ciò nonostante 3-2	*(but) nevertheless, (but) in spite of this/that*	ciò nonostante hai torto; non era lui il colpevole, ciò nonostante è andato in prigione
tuttavia 3-2	*yet, however, still*	è un apparecchio vecchio, tuttavia funziona ancora bene; non te lo meriti, tuttavia farò il possibile
comunque 2	*however, still, and yet (see also **comunque**)*	non so cosa mi aspetta, comunque verrò; è quasi impossibile, comunque si può provare; comunque è tuo fratello
eppure 2	*(and) yet, nevertheless*	non si decide a muoversi, eppure sa che è tardi; so che è difficile, eppure lo devi fare
invece 2	*but, however, instead, on the other hand (sometimes preceded by **ma**)*	intendevo venire, invece non sono potuto uscire; credi di avere ragione e invece hai torto; vorrei stare in casa, ma invece devo uscire
ma 2	*but*	pensavo di averlo visto, ma mi ero sbagliato; non è azzurro ma verde; queste penna è molto bella, ma non scrive; è molto ricco ma porta sempre vestiti vecchi
però 2	*but, however (often the second element in a clause or sentence)*	quel quadro costa molto, però non è molto bello; io, però, ho deciso di non venire; sono stanco, non tanto però da non finire il lavoro
solo che 2-1	*but, except that*	vorrei andarci, solo che non mi bastano i soldi; certo che sei libero di andare dove vuoi, solo che potevi anche avvertirmi

macchia   stain

chiazza f 3-2	*stain, spot, mark (often on the body)*	c'è una chiazza d'olio sulla tovaglia; aveva tutto il corpo coperto di chiazze
macchia f 2	*stain, spot, blot (for figurative use, see **difetto**)*	quei pantaloni sono pieni di macchie di vino; ho delle macchie gialle sulla pelle; è un cane bianco con macchie nere
schizzo m 2	*splash, stain*	mi sono scottato la mano con uno schizzo di olio bollente; è difficile far andare via dai vestiti gli schizzi di inchiostro
segno m 2	*mark (see also **segno**)*	quei segni sono stati fatti da mani sporche
baffo m/**sbaffo** m 2-1	*smear, smudge, (ink-)spot, stain*	c'era un baffo d'inchiostro sul quaderno; ti sei fatta uno sbaffo con il rossetto
scarabocchio m 2-1	*scribble, squiggle*	quel bambino ha coperto di scarabocchi il mio libro; questa non è un'opera artistica, è uno scarabocchio; perché firmi sempre con uno scarabocchio?
sgorbio m 2-1	*blot, ink-spot, ink-stain*	quella lettera è piena di sgorbi; non devi fare sgorbi sul quaderno

frittella f/ **patacca** f [1]	*grease spot/stain*	la sua camicia è piena di frittelle; ti sei fatto una bella fritella sulla giacca; vedo una patacca sulla tua cravatta; levati quel vestito, è tutto pieno di patacche!

macchina (a) (see also strumento)

machine

apparato m [3]	*apparatus, equipment* (often figurative)	quest'apparato elettrico costituisce una nuova invenzione; l'apparato burocratico è troppo complicato; questo libro usufruisce di un dettagliato apparato critico
congegno m [3]	*device, mechanism, instrument*	quell'accendino ha un congegno complicato; hanno inventato un congegno di grande precisione
dispositivo m [3-2]	*device, apparatus*	hanno installato un dispositivo di chiusura/di controllo/di sicurezza
macchinario m [3-2]	*machinery, machines*	mi hanno spiegato come funziona il macchinario dello stabilimento
marchingegno m [3-2]	*device, contraption*	a cosa serve quel marchingegno che hai in cucina?
apparecchio m [2]	*apparatus, instrument, appliance*	ho controllato l'apparecchio elettrico/meccanico/ortodontico
macchina f [2]	*machine* (in a variety of senses)	una macchina agricola/elettrica/fotografica/idraulica/da cucire/da guerra/da scrivere/per il caffè; viviamo nella civiltà delle macchine; mettiamo in moto la macchina della giustizia

macchina (b)

car

veicolo m [3]	*vehicle*	i due veicoli si sono scontrati frontalmente; è un veicolo di grande potenza; in quella zona è vietata la sosta dei veicoli
auto(mobile) f [2]	*(motor-)car*	posso guidare l'auto?; facciamo un giro in automobile
macchina f [2]	*(motor-)car*	la macchina è l'invenzione più importante dell'età moderna; abbiamo comprato una macchina usata; sono saliti in macchina; siamo scesi dalla macchina
mezzo m [2]	*vehicle, means of transport*	c'è un mezzo pubblico per arrivare in centro; hai un mezzo per accompagnarci alla stazione?
bagnarola m [1]	*banger, heap, old crock*	mi sono comprato una bagnarola per girare in città

madre   mother

madre f 2	*mother*	sua madre è morta a 90 anni; la loro madre apparteneva a una ricca famiglia
mamma f 2-1	*mum, mummy, mam, mammy, ma*	la mamma è andata a fare la spesa; sua mamma lavora in quell'ufficio
mammà f 2-1R	*mum, mummy, mam, mammy, ma* (used without article) (regional Southern usage)	vieni da mammà tua; dove sta mammà?
mà f 1R	*ma, mum* (regional Southern usage)	mà, ti posso lasciare il pupo?

mafia   mafia

camorra f 2	*mafia* (from Naples)	a Napoli hanno arrestato alcuni boss della camorra
cosa nostra f 2	*mafia* (in Sicily)	Cosa Nostra ha molti legami con la criminalità negli Stati Uniti
mafia f 2	*mafia* (general term, also used for organised crime outside Italy)	mafia è il nome generale che si dà alle organizzazioni criminali nel Mezzogiorno; la mafia russa è diventata molto potente; dietro ogni uomo politico c'è una mafia di partito
'ndrangheta f 2	*mafia* (in Calabria)	l'ndrangheta ha preso controllo di quasi tutte le città calabresi

maglia   pullover

cardigan m 3-2	*v-neck pullover*	ho comprato un cardigan rosso per l'autunno; sotto il cardigan avevo una camicia bianca
golf m 2	*jersey* (usually of the cardigan type)	sotto la giacca ho messo un golf
jersey m 2	*jersey, pullover, sweater* (usually soft and made of wool or silk)	quel negozio si specializza in jersey molto alla moda
maglia f/ **maglietta** f 2	*pullover, sweater, jersey, jumper*	una maglia leggera/pesante/con le maniche/senza maniche; è meglio portare una maglia di lana che di cotone oggi; oggi non fa freddo, porto una maglietta estiva
maglione m 2	*sweater, pullover, jersey* (usually thick) (also in diminutive **maglioncino**)	metti il maglione, fa molto freddo oggi; conviene portare il maglioncino, perché più tardi farà un po' freddo
pullover m/**pull** m 2	*pullover, sweater, jumper*	mi sono infilato il pullover prima di uscire

magro

thin, slim

emaciato 3	*emaciated, wasted, drawn*	ha il corpo tutto emaciato; aveva il volto emaciato
esile 3	*slender, slight, slim*	aveva una corportura esile; è una ragazza molto esile
gracile 3	*delicate, slender*	è un bambino gracile e malaticcio; quei fiori hanno uno stelo molto gracile
macilento 3	*emaciated, skinny*	qui ci sono tanti bambini macilenti per la malnutrizione
mingherlino 3	*thin, slim*	è un ragazzo mingherlino; quel tipo è mingherlino e malaticcio
sparuto 3	*emaciated, gaunt, haggard*	un corpo/un ragazzetto/un viso sparuto; abbiamo visto un ragazzo così magro e sparuto da far paura
allampanato 3-2	*gaunt, skinny*	è un ragazzo allampanato, cresciuto troppo in fretta; hai visto com'è allampanato?
asciutto 3-2	*lean, thin*	aveva un viso asciutto ed espressivo; è un giovane asciutto, tutto muscoli e nervi; la ragazza ha le mani molto asciutte
fino 3-2	*fine, thin* (of materials)	si tratta di un tessuto molto fino; la gonna aveva fili di oro proprio fini
scarno 3-2	*thin, skinny*	le sue mani sono proprio scarne; quel vecchio è alto e scarno
smilzo 3-2	*slim, slender, slight* (usually of males)	quella donna ha due ragazzi molto smilzi; aveva una corporatura smilza ma gradevole
magro 2	*thin, lean, slim*	mangia molto, ma rimane sempre magra; quella donna è troppo magra; mangio solo carne magra
slanciato 2	*slender, tall and slim*	è una donna slanciata; ha una figura slanciata
snello 2	*slender, slim*	aveva una figura snella; da giovane ero molto più snella di adesso; lei si mantiene snella facendo ginnastica
sottile 2	*thin, fine, slender* (for figurative use, see **furbo**)	ha le caviglie molto sottili; è una ragazza alta e sottile; questa parete è molto sottile; scendeva una polvere sottile
secco 2-1	*thin, skinny*	è lungo e secco come uno stecco; quella ragazza ha le gambe troppo secche

NB some of these words (**esile**, **gracile**, **mingherlino**, **sparuto**, **smilzo**, **magro**) are also used in the figurative sense of *slight*, *meagre*, etc. (e.g. aveva una voce esile; la trama del racconto è piuttosto gracile; la sua tesi è proprio mingherlina; aveva uno sparuto gruppo di seguaci; scrive con uno stile troppo smilzo; ho solo una tenue speranza; quel saggio critico è un po' scarno; abbiamo fatto magri guadagni quest'anno (see also **leggero**)) (see also **piccolo**).

maiale   pig, pork

verro m [3]	*boar, (uncastrated) pig*	in questa fattoria tengono un gruppo di verri per la riproduzione
suino m [3-2]	*pig, swine* (also used adjectivally)	compriamo e vendiamo i suini; qui si vende carne suina
cinghiale m [2]	*wild boar, pigskin* (see also **pelle**)	questa foresta è piena di cinghiali; indossa guanti di cinghiale
maiale m [2]	*pig, pork* (also used as a form of abuse)	non ci sono maiali qui, solo mucche; mi piacciono le braciole di maiale; mangi come un maiale; sei grasso come un maiale
porcellino/a mf [2]	*young pig, piglet* (also used to chide children affectionately)	stiamo allevando porcellini da latte; la carne di porcellino è molto succulenta; guarda che mani sporche, sei un porcellino
porco m [2]	*pig, swine* (most commonly pejorative to refer to people)	ho visto un porco selvatico; lui è grasso come un porco; fa la vita del beato porco; non ti voglio più vedere, sei un porco
scrofa f [2]	*sow* (also used to mean *loose woman*) (see also **prostituta**)	quella scrofa è incinta; la scrofa ha avuto otto maialetti; non uscirei mai con quella ragazza, è una scrofa
maiale m [2-1]	*pig* (term of abuse)	se trovo quel maiale che ha fatto la spia . . .; brutto maiale, vattene!
porcello/a f [1*]	*pig, swine, sow* (term of abuse)	ha trattato malissimo quella ragazza, è un vero porcello; non esce più con quella porcella di Paola

malato   ill, sick

degente [3]	*ill in bed, bedridden* (also used as a noun)	è stato degente in questa clinica; il prete viene ogni giorno per parlare con i degenti dell'ospedale
disabile mf [3-2]	*disabled/handicapped person*	nella nostra società non ci sono molte facilitazioni per i disabili; ho sempre assistito i disabili
indisposto [3-2]	*indisposed, unwell*	non posso lavorare oggi, mi sento indisposto
infermo [3-2]	*ill, infirm, sick, invalid* (also used as a noun)	infermo di corpo/di mente; è rimasto infermo dopo un infortunio sul lavoro; è mio dovere aiutare gli infermi
sofferente [3-2]	*sick, suffering* (also used as a noun)	un bambino/una donna/un uomo sofferente; è sofferente di reumatismi; bisogna soccorrere tutti i sofferenti
ammalato [2]	*ill, sick* (also used as a noun)	mio padre è gravemente ammalato; quel bambino è ammalato di polmonite; cerchiamo di curare gli ammalati

handicappato [2]	*handicapped* (also used as a noun)	un bambino/un ragazzo handicappato; si specializza nella riabilitazione degli handicappati
invalido [2]	*disabled, invalid* (also used as a noun)	ho il padre invalido; questi posti sono per gli invalidi di guerra
malaticcio [2]	*sickly, in poor health* (usually by constitution)	è un ragazzo debole e malaticcio; quella ragazza è malaticcia e mangia poco
malato [2]	*ill, sick, unwell* (often with reference to a specific illness) (also figurative) (also used as a noun)	è malato al fegato/agli occhi/allo stomaco/di mente; non esco stasera, sono malato; ho una gamba malata; quella ragazza è malata di gelosia; viviamo in una società malata; i malati di questo ospedale sono trattati molto bene
paziente mf [2]	*patient*	quel dottore ha più pazienti di tutti gli altri; il paziente è ancora sotto anestesia
ricoverato/a mf [2]	*(hospital) patient*	quando l'ospedale ha preso fuoco, tutti i ricoverati sono stati trasferiti altrove
malandato/ ridotto male [2-1]	*poorly, in poor health, run down*	quella signora dovrebbe andare dal medico, è proprio malandata; com'è ridotta male quella povera donna!

malattia   illness, sickness

infermità f [3]	*infirmity*	un'infermità fisica/mentale/permanente/ temporanea/alla colonna vertebrale
morbo m [3]	*disease* (a specific medical condition) (also figurative)	è stato colpito da un morbo crudele; il morbo di Addison/di Hodgkin/di Parkinson; la povertà è un morbo sociale
indisposizione f [3-2]	*indisposition, (slight) illness, ailment*	sono trattenuto a casa da un'indisposizione
malessere m [3-2]	*malaise, discomfort* (also figurative)	si è svegliato con un leggero malessere; ho provato uno strano malessere; in questo paese c'è un senso di malessere
disturbo m [2]	*disturbance, upset* (physical or mental) (usually plural) (see also **disturbo**)	aveva forti disturbi allo stomaco; è soggetta a disturbi intestinali; soffre di disturbi psichici
malanno m [2]	*ailment, illness, sickness*	quando si è vecchi, si è pieni di malanni; c'è da prendersi un malanno con questo freddo
malattia f [2]	*illness, sickness* (also figurative)	una malattia cardiaca/ereditaria/fisica/ infantile/mentale; il morbillo è una malattia contagiosa; hai un'assicurazione contro le malattie?; l'avarizia è una malattia sociale
male m [2]	*illness* (see also **dolore** (a))	ha un male ereditario/inguaribile; il suo male non gli dà tregua

| **malore** m ⬚2 | *attack, (sudden) illness, fainting fit* | è stato colto da malore; ha avuto un malore per la strada |
| **acciacco** m ⬚2-1 | *infirmity, discomfort (of old age) (usually plural)* | ormai sento anch'io gli acciacchi della vecchiaia; quel povero vecchio è pieno di acciacchi |

---

fare male (see also **rovinare**) to hurt, to harm

ledere ⬚3	*to injure, to harm, to damage*	non vogliono ledere la tua reputazione; durante l'operazione hanno leso un organo vitale
pregiudicare ⬚3	*to jeopardise, to harm, to prejudice*	non voglio pregiudicare l'esito dell'indagine; se si beve troppo, si pregiudica la propria chiarezza di mente
danneggiare ⬚3-2	*to harm, to injure, to damage*	puoi farlo senza danneggiare nessuno; le chiacchiere hanno danneggiato il suo nome; mi hanno danneggiato la macchina al parcheggio
nuocere (a) ⬚3-2	*to harm, to do harm, to damage*	hanno nociuto al suo prestigio; il fumo nuoce alla salute; non tutti i mali vengono per nuocere
ferire ⬚2	*to injure, to hurt, to wound (for figurative use, see* **offendere***)*	è stato gravemente ferito nella battaglia; ha ferito l'avversario con una coltellata; la lepre che ho ferito durante la caccia è riuscita a fuggire
fare male (a) ⬚2	*to hurt, to harm, to upset, to be bad (for) (in a range of senses) (also used reflexively) (see also* **dolore** *(a))*	le ha dato un pugno e le ha fatto male; mi fai male quando mi torci il naso; mi ha fatto molto male sentirti dire quelle cose; questo cibo fa male alla salute; un po' di alcol non fa male; mi sono fatto male col martello

---

maleducato (see also **ignorante** and **volgare**) rude, impolite

ineducato ⬚3	*impolite, ill-mannered*	è una persona proprio ineducata; ha lasciato che i suoi figli crescessero ineducati
screanzato ⬚3	*rude, impolite, unmannerly (also used as a noun)*	è una ragazza screanzata; ha risposto in modo screanzato; tratta tutti male, è uno screanzato
incivile ⬚3-2	*uncivil, impolite, rude*	non mi piacciono quei modi incivili; ha avuto un comportamento incivile
villano ⬚3-2	*rude, ill-mannered, boorish, uncouth (also used as a noun)*	quei modi villani sono proprio offensivi; quella gente è villana; mio nipote si comporta come un villano
zotico ⬚3-2	*uncouth, boorish, loutish (also used as a noun)*	è una persona zotica; ha modi zotici; lo so che mio cugino ti ha offeso, è sempre stato uno zotico

maleducato [2]	*rude, impolite, ill-mannered* (also used as a noun) (see also **sfacciato**)	è un ragazzo molto maleducato; sei la persona più maleducata che io abbia mai incontrato; è sempre stato un grandissimo maleducato
scorretto [2]	*impolite, rude*	è stata scorretta nel modo di agire; ha fatto un gesto scorretto; le sue parole erano veramente scorrette
scortese [2]	*impolite, rude, discourteous*	sei una persona scortese; ha detto delle parole scortesi; quell'impiegato è sempre scortese con tutti
sgarbato [2]	*rude, ill-mannered*	si è mostrato sgarbato nei miei confronti; ho parlato con un funzionario sgarbato; mi ha dato una risposta sgarbata
burino/a mf [1]	*peasant, lout*	chi è quel burino?; quei burini fanno un sacco di rumore anche di notte quando la gente vuole dormire
cafone/a mf [1]	*peasant, pleb*	non faccia il cafone per favore; perché ti comporti da cafone?; parlando così hai dimostrato di essere una cafona

NB some of the adjectives (**screanzato**, **incivile**, **villano**, **zotico**, **maleducato**, **sgarbato**) are also used as nouns (e.g. non fare lo screanzato; è proprio un incivile quel tuo amico; ti stai comportando da perfetto villano; si sta comportando come uno zotico; sei un maleducato; non fare lo sgarbato come al solito!).

---

malgrado　　　　　　　　　　　　　　　　　　　　　　despite, in spite of

a dispetto di [3]	*in spite of, regardless of*	andrò al cinema a dispetto del tuo divieto; a dispetto di tutto amo ancora quell'uomo
malgrado [2]	*despite, in spite of*	malgrado tutto voglio continuare ad aiutarlo; malgrado le difficoltà ha superato le prove
nonostante [2]	*despite, in spite of*	ci sono riuscito nonostante tutti gli ostacoli; nonostante il freddo è uscito senza cappotto; nonostante tutto ce l'ho fatta

---

maltrattare (see also **tormentare**)　　　　　　　　　　　　　　　　to ill-treat

bistrattare [3]	*to mistreat, to ill-treat*	lo bistrattano sempre perché non la pensa come loro
vessare [3]	*to oppress, to torment, to harass*	il governo vessa il popolo con eccessive tassazioni; lo vessano con continue provocazioni
malmenare [3-2]	*to ill-treat, to mistreat* (usually physical) (see also **colpire**)	quell'uomo malmena la moglie; smetti di malmenare quel libro!
opprimere [3-2]	*to oppress, to treat badly*	quell'uomo opprime i figli con troppa disciplina; quel tiranno opprime la popolazione

maltrattare/ trattare male 2	*to ill-treat, to mistreat, to misuse* (in a variety of senses)	maltratta gli animali/i dipendenti/la famiglia; maltratti la lingua quando parli; perché tratti male le persone che ti amano?
seviziare 2-1	*to ill-treat, to abuse (jokingly) (see also* **tormentare**)	quel poveretto in casa è seviziato dalla moglie e dalla suocera
strapazzare 2-1	*to ill-treat, to mistreat, to bully (also verbally)*	quell'uomo strapazza la moglie e i figli; sta veramente strapazzando quell'automobile
tartassare 2-1	*to give a hard time (to), to put through it (figurative)*	all'esame orale il professore mi ha tartassato; il fisco lo ha proprio tartassato

mamma mia!　　　　　　　　　　　　　　　　　good heavens!

perbacco! 3	*goodness (me)!*	hai già finito quel lavoro? Perbacco!; perbacco! vai già all'università?
per carità! 3-2	*for goodness' sake!*	ci hanno invitato a un'altra festa di Capodanno? Per carità!; per carità, non invitarli più a casa nostra
caspita! 3-2	*goodness!*	tua figlia ha cinque bambini, caspita!; caspita, che bella pelliccia!
(che) diamine! 3-2	*for heaven's sake!*	che diamine! non sai fare la pasta in casa?; non hai soldi per comprarti il computer? Che diamine!
accidenti! 2	*good God!*	è scappato con la moglie del suo amico. Accidenti!; accidenti, hanno comprato una Ferrari!
capperi! 2	*good grief!*	capperi, che bella macchina!; a vent'anni è già sposato? Capperi!
cavolo! 2	*good grief!, hell!*	cavolo, tutti possono andare alla festa e io no!; tuo padre ti ha dato tutti quei soldi per la discoteca? Cavolo!
Dio (mio)! 2	*(my) God!, good God!*	Dio mio, come piove!; Dio, non ne posso più di lavorare!
madonna!/ madonna santa!/ madonna mia! 2	*good God!, for God's sake!*	madonna, guarda che incidente!; madonna, che gente sono!; madonna mia, che voglia di prenderla a schiaffi!
mamma mia! 2	*good heavens!, oh God!*	mamma mia, quanto lavoro stasera!; mamma mia, quant'è tardi!
santa pazienza! 2	*good grief!, for crying out loud!*	santa pazienza! devo cucinare anche per i tuoi amici adesso?
cacchio! 2-1	*bloody hell!*	cacchio, quel tizio se n'è andato senza pagare!; non mi ascolti mai, cacchio!

cribbio! `2-1`	*bloody hell!*	cribbio, non avrei mai pensato di vederti in questa situazione; cribbio, dove sei stato fino adesso?
Cristo! `1`	*Christ!, Jesus!, for Christ's sake!, damn!*	Cristo, non fare le solite scenate!; Cristo, non è vero che ti ho tradito
cazzo! `1*`	*shit!*	cazzo, ho perso tutti i miei libri!; cazzo, adesso mi dici che vuoi tornare a casa!
minchia! `1*R`	*shit!* (regional Southern usage)	sua moglie è scappata con una svedese? Minchia!
ostia! `1*`	*bloody hell!*	ostia, ti sei impasticcato un'altra volta!
porco dio! `1*`	*for fuck's sake!*	porco dio, questa volta sei andato troppo lontano!
porca madonna! `1*`	*fucking hell!*	porca madonna, ho perso il portafoglio!
porca puttana! `1*`	*fucking hell!*	porca puttana, non puoi fare sempre quello che vuoi tu!; quel disgraziato mi ha fregato un casino di soldi, porca puttana!
vaffanculo! `1*`	*fuck!* (a variation in regional Central and Southern usage is **affanculo!**)	vaffanculo! ho perso tutto il lavoro che avevo fatto sul computer; mi hanno rotto ancora il finestrino della macchina, affanculo!
va' a dar via il culo! `1*R`	*fuck!* (regional Northern usage)	va' a dar via il culo, mi hanno fregato la radio della macchina!; va' a dar via il culo, ho perso anche questo treno!

NB the vulgar expressions marked with an asterisk will tend to give particular offence if used by foreigners.

mancanza   lack

carenza f `3`	*shortage, dearth, scarcity, deficiency*	c'è una carenza di alloggi in questa città; soffri di carenza di vitamine; mi deprime la carenza di idee valide
assenza f `3-2`	*lack, absence*	in lui c'è una completa assenza di gusto; la sua assenza al matrimonio era strana
carestia f `3-2`	*famine* (most common use), *scarcity, shortage, dearth*	per via della guerra c'è carestia; c'è carestia di buoni scrittori/di denaro/di posti di lavoro
deficienza f `3-2`	*deficiency, shortage*	ho notato qualche deficienza nella sua preparazione; soffriamo di una deficienza di munizioni/di rifornimenti
difetto m `3-2`	*lack, want, shortage* (see also **difetto**) (for use with **fare**, see **mancare**)	qui c'è un difetto di memoria; il mio problema è il difetto di pratica; in questa azienda c'è un difetto di iniziativa

insufficienza f 3-2	*insufficiency, lack, want, failure, fail mark* (of exams in the last two senses)	l'hanno assolto per insufficienza di prove; l'insufficienza dello stipendio non consente una vita decorosa; ho preso un'insufficienza in matematica
penuria f 3-2	*shortage, scarcity, lack*	una penuria di acqua/di alloggi/di manodopera/di viveri
povertà f 3-2	*scarcity, shortage, dearth* (see also **povertà**)	c'è una povertà di risorse in questo paese; la povertà di vegetazione è allarmante; che povertà di idee in questo libro!
privazione f 3-2	*loss, deprivation* (see also **povertà**)	hanno sofferto la privazione dei diritti civili; non sopporterei la privazione della libertà personale
scarsezza f 3-2	*shortage, scarcity*	una scarsezza di intelligenza/di mezzi finanziari/di produzione/di volontà
mancanza f 2	*lack, want, shortage*	una mancanza di affetto/di alloggi/di denaro/di prove/di rispetto; per mancanza di tempo non ti ho telefonato
scarsità f 2	*shortage, scarcity* (usually to do with quantities or numbers)	una scarsità di aree fabbricabili/di manodopera/di personale

mancare
to lack, to be lacking, to miss

difettare 3	*to lack, to be lacking, to be defective*	la ragazza non difetta di buona volontà; è una bella casa ma difetta nei particolari; difettano nella pronuncia della lingua
fare difetto 3	*to lack, to fail* (see also **mancanza**)	non gli fa certo difetto la determinazione; mi fa difetto la memoria
fallire 3-2	*to miss* (for intransitive use, see **fallire**)	ha fallito il bersaglio/la palla/la preda
scarseggiare 3-2	*to run short/out, to get scarce, to be short, to be lacking*	i viveri cominciano a scarseggiare; questa stanza scarseggia di luce; non scarseggia di intelligenza
non bastare 2	*not to be enough, to be short* (auxiliary **essere**)	le provviste non bastano; non è bastata l'intelligenza per risolvere questo problema
essere insufficiente 2	*to be insufficient, not to be enough, to be a fail* (of exam marks in the last sense)	i viveri erano insufficienti; la spiegazione era insufficiente; il mio voto era insufficiente
mancare 2	*to lack, to be lacking/missing, not to be enough, to be short, to be absent* (intransitive with auxiliary **essere**), *to miss* (transitive) (see also **morire** and **sbagliare**)	per finire il lavoro manca il tempo; mi manca la forza di farlo; nel caffè manca lo zucchero; Giovanni non manca di intelligenza; manca poco alla fine dello spettacolo; mi manchi molto; ti prego di non mancare alla festa; manca da casa da due anni; ha mancato il bersaglio; l'attaccante ha mancato il gol

sbagliare 2	*to miss, to get wrong, to mistake* (for intransitive use, see **sbagliare**)	il giocatore ha sbagliato il tiro; hai sbagliato l'ortografia di quella parola; ha sbagliato indirizzo/mestiere/numero/strada; ho sbagliato tutto nella vita
scambiare 2	*to mistake* (see also **cambiare**)	ha scambiato il pepe per il sale; l'ho scambiato per il suo gemello

mandare to send

inoltrare 3	*to forward, to transmit* (often bureaucratic)	si inoltra la domanda all'ufficio competente; si prega di inoltrare la lettera; il pacco fu inoltrato al giusto destinatario
inviare 3-2	*to send (off), to dispatch*	vi inviamo il documento in plico separato; mi hanno inviato la lettera a giro di posta; hanno inviato un messaggero al re
imbucare/ **impostare** 2	*to post, to mail*	hai imbucato la lettera?; vado ad imbucare questa cartolina alla stazione; aspettami, ho una lettera da impostare
mandare 2	*to send*	ho mandato una lettera a mio marito; gli manderò un pacco domani; mi hanno mandato un messaggio; fu mandato come ambasciatore a Parigi
spedire 2	*to send* (slightly more formal than **mandare**)	ho spedito la lettera per espresso; spedisce la sua merce in tutto il mondo; ha spedito i figli dai nonni

mandare via to send away

accomiatare 3	*to send away, to take leave of* (with a positive connotation)	accomiatò gli invitati con parole gentili
destituire 3	*to dismiss, to discharge, to remove from office* (with a negative connotation)	hanno destituito quel funzionario per inefficienza; il direttore della banca è stato destituito
congedare 3-2	*to dismiss, to take leave of, to send away* (also military in the sense of *to give leave to*)	congedò il gruppo di amici con un sorriso; il colonnello ha congedato il soldato perché potesse assistere al funerale
dimettere 3-2	*to dismiss, to remove from office, to release, to discharge* (from hospital, prison, etc, in the last two senses)	hanno dimesso molti dipendenti dal ministero; dopo il processo lo hanno dimesso dal carcere; il dottore mi ha dimesso dall'ospedale
espellere 2	*to expel, to send away/out/off* (in sport in the last sense) (see also **cacciare** (a))	abbiamo espulso quel ragazzo dall'aula/dalla scuola; è stato espulso dal locale perché era ubriaco; il giocatore è stato espulso dall'arbitro per un fallo
licenziare 2	*to sack, to fire, to dismiss*	gli operai sono stati licenziati per scarso rendimento; hanno licenziato molti impiegati per risparmiare soldi

| **mandare via** [2] | to send away, to get rid of, to sack, to fire (see also **cacciare** (a)) | bisogna mandare via quel rompiscatole; mandalo via perché non lo voglio più vedere; la ditta l'ha mandato via perché rubava |

NB **accomiatare** and **congedare** are also used reflexively in the sense of *to take leave of* (e.g. si è accomiatata dai compagni; si congedò dalla padrona di casa e uscì). **Dimettere** and **licenziare** are used reflexively to mean *to resign* (e.g. il governo si è dimesso; la segretaria si è licenziata da quel brutto posto).

mangiare (see also **ingoiare** and **dare da mangiare**)   to eat

desinare [3]	to dine	mi hanno invitato a desinare con loro; domani desiniamo in ristorante
alimentarsi (di) [3-2]	to feed (oneself) (on), to live (on) (often figurative)	bisogna alimentarsi bene per vivere a lungo; si alimentano di speranze
cibarsi (di) [3-2]	to feed (on) (also figurative)	si cibava di pane e formaggio; quegli animali si cibano di frutta; si ciba di illusioni
saziarsi [3-2]	to fill oneself up, to eat one's fill (see also **soddisfare**)	è sempre affamato, non si sazia mai; non posso mangiare altro, mi sono saziato con la pastasciutta
cenare [2]	to have dinner, to dine, to have supper	ceniamo ogni sera alle nove; stasera si cena fuori
divorare [2]	to devour, to eat up, to gobble (up/down) (often figurative)	ha letteralmente divorato la cena; i bambini hanno divorato la merenda; il leone ha divorato la preda; le fiamme divorarono la casa; quel ragazzo divora i libri
mangiare [2]	to eat (up) (also figurative)	hai già mangiato?; vuoi mangiare qui stasera?; qui si mangia bene; questo piatto si mangia freddo; non mangio mai carne; ha mangiato tutta la torta; la ruggine mangia il ferro
nutrirsi di [2]	to feed on, to live on (also figurative)	le pecore si nutrono d'erba; quel bambino si nutre di cioccolato e patatine; si nutre di buona letteratura
pranzare [2]	to (have) lunch	noi pranziamo sempre presto; preferisco pranzare a casa che al ristorante
riempirsi di [2]	to fill oneself (up) with	si è riempito di lasagne e poi è stato male; i bambini si sono riempiti di pasticcini
sfamarsi [2]	to get enough to eat, to stay alive	non ha neanche da sfamarsi; per anni si è sfamato mangiando minestra e fagioli
rimpinzarsi (di) [2-1]	to stuff/cram/fill oneself up (with)	a quel ricevimento tutti si sono rimpinzati di dolci
pappare [1]	to wolf down, to gobble (up) (also figurative)	ha pappato due piattoni di spaghetti; il cane si è pappato tutto l'arrosto; ha pappato tutti i guadagni dei soci

dare da mangiare (see also mangiare) — to feed

cibare 3	*to feed* (usually of animals)	allo zoo cibano le scimmie con le banane; gli uccelli cibano i loro piccoli con insetti
alimentare 3	*to feed, to nourish* (often of animals) (also figurative)	alimento il bestiame organicamente; la terra alimenta le piante; la pioggia alimenta il torrente; non alimentare le sue speranze
nutrire 3-2	*to feed, to breast-feed* (also figurative)	bisogna nutrire i bambini con cibi sani; l'infermiera ha nutrito il malato; ha nutrito tutti quei bambini per anni; è meglio non nutrire troppe speranze
dare da mangiare 2	*to feed*	do sempre da mangiare a quel vagabondo; devo dar da mangiare ai bambini alle sei; cosa dai da mangiare ai cani?
sfamare 2	*to (manage) to feed, to give enough (food) to*	riesco con difficoltà a sfamare la mia famiglia; è difficile sfamare un ragazzo di quell'età

mania — mania, obsession

fissazione f 2	*fixation, mania*	quel ragazzo ha delle fissazioni; ha la fissazione della puntualità
mania f 2	*mania, obsession*	è pieno di manie; ha manie di persecuzione; ha la mania del calcio; sta diventando una mania, il computer!
ossessione f 2	*obsession, fixation*	il suo amore per l'ordine è diventato una vera ossessione; hai l'ossessione di esser malata; Giulia è un'ossessione per te
smania f 2	*mania, craving*	ha la smania del gioco; è una delle sue solite smanie; ora gli è presa la smania di sposarsi

manico — handle

ansa f 3	*handle* (of a vase)	l'anfora greca aveva due anse verticali; ha preso l'anfora per le anse
impugnatura f 3-2	*handle, hilt* (of a knife, racket or similar object)	l'impugnatura del coltello/della frusta/della racchetta/del remo
manetta f 3-2	*handle, lever* (usually metal) (*handcuffs* in plural use)	la manetta dell'aria/del carburatore/del gas; il carabiniere ha messo le manette al fuggitivo
leva f 2	*lever* (also figurative)	la leva del cambio/di comando/del freno; il denaro può essere una potente leva
manico m 2	*handle* (in a wide variety of senses)	il manico della brocca/del coltello/dell'ombrello/della tazza/della vanga/del vaso; la pentola aveva due manici; non mi piace quest'ombrello, perché ha il manico di plastica

maniglia f 2	*handle* (often of a door or drawer)	la maniglia del cassetto/della porta; non prendere quella valigia per la maniglia
manubrio m 2	*handlebar(s)* (of a cycle)	aggrappati al manubrio se hai paura di cadere dalla bicicletta
pomello m 2	*knob, handle*	il pomello del bastone/della leva di cambio; questo bastone ha un pomello di metallo

manifestazione   display

rassegna f 3-2	*exhibition, show* (see also **indagine**)	una rassegna artistica/cinematografica/dell'artigianato
sfoggio m 3-2	*show, display* (see also **ricchezza**)	la cerimonia è stata il pretesto per uno sfoggio di cattivo gusto; fa sempre sfoggio della sua erudizione
esibizione f 2	*display, exhibition, performance*	un'esibizione acrobatica/folkloristica; hai visto l'esibizione di quel famoso cantante?
esposizione f 2	*exhibition, display* (usually painting, sculpture, etc.)	un'esposizione nazionale/regionale/di opere d'arte/di quadri; il Presidente ha aperto un'esposizione di opere importanti
manifestazione f 2	*display, manifestation* (see also **ribellione**)	una manifestazione musicale/pirotecnica/sportiva; chi organizza queste manifestazioni culturali?
mostra f 2	*show, display, exhibition*	una mostra fotografica/d'arte/di attrezzature agricole; oggi comincia la più importante mostra nazionale di pittura
rappresentazione f 2	*performance* (see also **descrizione** and **immagine**)	in questo teatro si fanno rappresentazioni pomeridiane e serali; tutti i critici hanno assistito alla rappresentazione teatrale di quel famoso romanzo
spettacolo m 2	*show, display, spectacle, performance, showing* (of a film at the cinema in the last sense) (see also **vista**)	uno spettacolo bello/divertente/interessante/noioso/piacevole; bisogna arrivare all'inizio dello spettacolo; andiamo al cinema, ma al primo o secondo spettacolo?
show m 2	*show* (usually a variety show but also used ironically in other contexts)	molte figure famose hanno partecipato a quello show; hai visto lo show dei politici in TV ieri sera?

marinare la scuola   to play truant

marinare la scuola 2	*to play truant*	hanno marinato la scuola in molti oggi
bigiare (la scuola) 1R	*to bunk off, to skive, to play truant* (regional Northern usage)	bigia almeno due volte alla settimana
bucare 1R	*to bunk off, to skive, to play truant* (regional Piedmontese usage)	il mio amico oggi buca, ma io vado a scuola

disertare la scuola 1	*to bunk off, to skive, to play truant*	perché diserti la scuola così spesso?
fare forca 1R	*to bunk off, to skive, to play truant* (regional Tuscan usage)	facciamo forca oggi per andare alla spiaggia
salare la scuola 1R	*to bunk off, to skive, to play truant* (regional Tuscan usage)	ho voglia di salare la scuola oggi
fare sega/segare la scuola 1R	*to bunk off, to skive, to play truant* (regional Central Italian usage)	oggi fa troppo caldo per andare a scuola, così tutti fanno sega; da giovane non ho mai segato la scuola

marito/moglie (see also fidanzato/a)   husband/wife

consorte mf 3	*consort, spouse* (especially in official language)	ecco il signor Ministro con la sua consorte
coniuge mf 3-2	*spouse, consort* (often plural meaning *couple, husband and wife*)	il mio coniuge m'aspetta; l'amore tra coniugi spesso non dura; le presento i coniugi Bianchi
convivente mf 3-2	*partner, person one lives with*	quella non è sua moglie, è la sua convivente
sposo/a mf 3-2	*groom/bride, newly-weds* (in plural), *husband/wife, spouse* (especially recently married)	lo sposo è arrivato tardi al matrimonio; la sposa era vestita in bianco; gli sposi escono dalla chiesa; vi presento la mia sposa, siamo sposati da sei mesi
compagno/a mf 2	*partner, companion* (see also **amico**)	ti presento la mia compagna; il suo compagno è un politico molto bravo; vivo col mio compagno da dieci anni
coppia f 2	*(married) couple*	quella coppia è andata ad abitare nella nuova casa; fanno una bella coppia; è vero che la coppia non funziona più?
marito m/ **moglie** f 2	*husband/wife*	un buon/cattivo marito; un marito geloso; lei è la moglie del sindaco; sono marito e moglie da due anni
partner mf 2	*partner* (can suggest something illicit)	vivo col mio partner da tre anni; ha una partner che vede ogni tanto
signora f 2	*wife, (good) lady* (see also **donna**)	sono arrivati il professor Rossi e signora; mi saluti la sua signora; come sta la signora?
lui m/**lei** f 1	*man/woman, fellow/lady*	conosco molto bene il mio lui; la mia lei è molto indipendente
uomo m/**donna** f 1	*man/woman, husband/wife* (see also **donna** and **uomo**)	il suo uomo è più giovane di lei; la mia donna mi ha sempre amato

marrone   brown

bruno 2	brown, dark, dusky (of a person's general colouring, or of hair or eyes) (also used as a noun)	ha gli occhi bruni; ho visto una ragazza bruna; il rosso sta bene alle brune
castano 2	(chestnut-) brown (usually of hair or eyes)	quella ragazza ha occhi e capelli castani
marrone 2	brown (not usually of a person's colouring, hair, eyes, etc.) (usually invariable plural)	ho comprato un cappotto marrone; hanno messo una carta da parati marrone in quella stanza; questo libro ha una copertina marrone

massacro (see also omicidio)   massacre

eccidio m 3	slaughter, massacre	ho letto un libro sull'eccidio delle Fosse Ardeatine; solo adesso si viene a sapere degli eccidi di quella terribile guerra
scempio m 3	slaughter, massacre (see also **rovina**)	quella città ha subito lo scempio dei bombardamenti; hanno fatto scempio dei nemici
strazio m 3	tearing to pieces (especially in **fare strazio**) (in the sense of to ruin) (often figurative) (see also **dolore** (b))	l'esplosione ha fatto strazio di quei poveri corpi; l'orchestra ha proprio fatto strazio di quel brano musicale; fa strazio dei propri capelli tingendoli così
carneficina f 3-2	slaughter, massacre (for figurative use, see **disastro**)	i soldati fecero una carneficina; questo non è un combattimento, è una carneficina
genocidio m 2	genocide	la guerra può portare al genocidio; la conquista del West ebbe come risultato el genocidio degli indiani d'America
massacro m 2	massacre, slaughter (for figurative use, see **disastro**)	un massacro di animali/di prigionieri/di schiavi; gli invasori si sono macchiati di orrendi massacri; la caccia è un massacro di animali indifesi
sterminio m 2	extermination, wiping out	i nazisti volevano lo sterminio degli ebrei; i soldati hanno fatto uno sterminio
strage f 2	massacre, carnage, butchery (also figurative) (see also **disastro**)	i suoi ordini hanno provocato una strage; l'esplosione ha fatto strage di innocenti; quel giovanotto fa strage di ragazze!; quel bambino fa strage di giocattoli
macello m 2-1	slaughter (house), massacre, butchery (for figurative use, see **confusione** and **disastro**)	hanno portato il bue al macello; il comandante ha mandato al macello i suoi uomini; la macchina, piombando sulla folla a duecento chilometri all'ora, ha fatto un vero macello

matrimonio
wedding, marriage

connubio m 3	*marriage, marital union* *(literary) (also figurative)*	il connubio tra il re e la regina non è mai stato armonioso; si osserva il difficile connubio tra libertà e obbedienza
sponsali mpl 3	*wedding, nuptials (literary)*	sono stati celebrati gli sponsali del re
sposalizio m 3-2	*wedding (formal)*	lo sposalizio avrà luogo domenica mattina alle undici
unione f 3-2	*union, marriage* (see also **legame**)	l'unione reale servì ad avvicinare i due popoli; secondo me la loro unione non durerà
matrimonio m 2	*wedding, marriage*	hanno fatto un matrimonio semplice; siamo invitati al loro matrimonio; il nostro matrimonio è stato molto felice; il vincolo del matrimonio è importante
nozze fpl 2	*wedding*	le nozze si celebreranno il mese prossimo; siamo tutti invitati alle nozze; andiamo a Malta in viaggio di nozze

mattina
morning

aurora f 3	*dawn, daybreak (literary)*	giunse l'aurora dalle dita di rosa
alba f 3-2	*dawn (for figurative use,* see **inizio**)	si sveglia sempre all'alba; l'alba si avvicina
matinée f 3-2	*matinée, morning or afternoon* *performance*	non so se andare a teatro, fanno una matinée oggi
mattina f 2	*morning (more common* *than **mattino**)*	abbiamo avuto una mattina di sole; ci siamo incontrati in una fredda mattina di febbraio; lavoro dalla mattina alla sera; ci siamo visti ieri mattina; ci vediamo domani mattina
mattinata f 2	*morning (with reference to* *weather or with* *implication of length or* *duration), matinée*	è stata una mattinata fredda/piacevole/piovosa; c'è voluta tutta la mattinata per fare il lavoro; sarò da te in mattinata; abbiamo assistito alla mattinata cinematografica per bambini
mattino m 2	*morning*	il mattino è proprio luminoso; piange dal mattino alla sera; ho comprato l'edizione del mattino; è partito di buon mattino

matto
mad

alienato/a mf 3	*lunatic, insane person (also* *used as an adjective)*	è un giovane alienato che vive in manicomio; si tratta di un soggetto alienato

dissennato [3]	*mad, insane* (literary)	è un giovane dissennato; ha proposto un'idea dissennata
forsennato/a mf [3]	*madman/madwoman, lunatic* (also used as an adjective)	gridava come una forsennata; studia come un forsennato per prepararsi al concorso; era forsennato, quel poveretto, e l'hanno portato al manicomio
demente mf [3-2]	*madman/madwoman, crazy/ demented person* (also used as an adjective)	non le dare retta, è una demente; parla come un demente; aveva uno sguardo demente
folle [3-2]	*mad, insane, crazy* (also used as a noun)	sei stato folle a sperare una cosa simile; è stata un'idea proprio folle; mi ha preso un terrore folle; si è comportato da folle
frenetico [3-2]	*frantic, frenetic*	la vita frenetica della gente crea molti problemi sociali; questa musica ha un ritmo frenetico
insano [3-2]	*mad, insane, crazy* (literary) (usually with reference to things not people)	ha nutrito una passione insana per lei; queste sono parole insane
matto [2]	*mad, crazy, insane, lunatic* (also used as a noun)	sembra matto; sei matto da legare; avevo una paura matta; urlava come un matto; sei una povera matta
pazzesco [2]	*mad, wild, crazy, foolish*	la tua proposta è pazzesca; progetta un'impresa pazzesca; guida ad una velocità pazzesca
pazzo [2]	*mad, crazy, insane, lunatic* (also used as a noun)	è diventato pazzo; il dolore l'ha reso pazzo; sono pazzi di disperazione; sono pazzo d'amore per te; siete pazzi da legare; è corsa via come una pazza; sei un povero pazzo
picchiatello/ picchiato [1]	*nuts, nutty, screwy, touched* (also used as a noun)	sei picchiatello in testa; è una ragazza un po' picchiata; ho chiamato quel picchiatello del tuo amico
svitato [1]	*nutty, screwy, round the twist* (also used as a noun)	è un tipo svitato; si comporta come uno svitato; che famiglia di svitati!
tocco/toccato [1]	*touched, not all there, nutty, round the bend*	quel ragazzo è un po' tocco; sei toccato nel cervello

NB the verb **impazzire** (Register 2) (auxiliary **essere**) is used to mean *to go mad* in a variety of different contexts (e.g. è impazzito ed è stato ricoverato in una casa di cura; il dolore per la morte del figlio l'ha fatto impazzire; ho tanti guai che mi sembra di impazzire; quando ha saputo che suo marito era ancora vivo, è impazzita di felicità).

---

mattonella   tile

mattonella f [2]	*tile*	il pavimento è in mattonelle di ceramica bianca; si è staccata una mattonella dalla parete della cucina

| **piastrella** f
2 | *tile* | hanno rivestito la parete di piastrelle; le piastrelle che preferisco sono quelle quadrate a disegni blu |

medicina (see also **cura**)   medicine

farmaco m 3	*medicine, medication*	il dottore ha prescritto dei farmaci molto forti; hanno studiato l'azione di quel nuovo farmaco
medicamento m 3-2	*medicine, medication, drug*	i medicamenti che uso sono tutti omeopatici
medicinale m 3-2	*medicine, drug*	è un medicinale, usare con cautela; il chinino è il migliore medicinale contro la malaria
medicina f 2	*medicine, medication*	mi interesso alla medicina alternativa; bisogna praticare la medicina preventiva; devi prendere la tua medicina senza storie; hai comprato le medicine prescritte dal dottore?; la migliore medicina per te sarà una bella vacanza

melone   melon

anguria f 2R	*(water) melon* (mainly regional Northern usage)	compriamo dell'anguria al chiosco?
cocomero m 2	*(water) melon* (means *cucumber* in Southern Italy)	dammi una fetta di cocomero; ha mangiato mezzo cocomero
melone m 2	*melon* (any type)	ho mangiato un buon melone; vuoi melone e prosciutto stasera?
popone m 2R	*melon* (any type) (mainly regional Tuscan usage)	i poponi che vendono qui sono molto gustosi

membro   member

consociato/a mf 3	*member, associate* (also used as an adjective)	è un consociato di questo club; queste due società sono consociate
consocio/a mf 3	*partner, associate* (also used as an adjective)	è un consocio in affari; vorrei presentare ai consoci un nuovo affare; le nostre sono organizzazioni consocie
aderente mf 3-2	*member, adherent* (usually of a religious or political group)	conosco qualche aderente a quella setta; dobbiamo informare gli aderenti al partito
componenti mfpl 3-2	*members* (of a group or family) (also used as a verbal noun) (see also **elemento**)	i componenti della giuria avevano opinioni diverse; i componenti della famiglia si sono riuniti; ho visto i componenti la commissione esaminatrice

iscritto/a mf [2]	*member* (of political party, trade union, group, club, etc.), *person enrolled* (on course), *entrant* (in competition, etc.)	il sindacato ha mandato una lettera ad ogni iscritto; abbiamo registrato un notevole aumento degli iscritti; quanti iscritti ci sono al corso di lingua?; gli iscritti alla gara sono pochi
membro m [2]	*member* (in a variety of senses)	erano tutti membri del partito; tutti i membri della famiglia erano raggruppati; non volevo essere membro della giuria
socio m [2]	*member* (of club, association, etc.), *partner, associate* (in business)	quanti soci ha il circolo sportivo?; mi hanno eletto socio dell'Accademia; in quest'affare ho due soci; l'azienda ha convocato l'assemblea dei soci

mendicare · to beg

accattare [3]	*to beg, to go begging* (transitive or intransitive)	viene sempre qui ad accattare denaro; per vivere è costretto ad accattare; non compra mai i libri, li accatta dagli amici
questuare [3]	*to beg* (literary) (transitive or intransitive)	questua sempre raccomandazioni; l'ho visto questuare in questa strada
chiedere l'elemosina/ elemosinare [2]	*to beg, to ask for alms* (also figurative) (**elimosinare** can be transitive or intransitive) (see also **regalo**)	è ridotto a chiedere l'elemosina; elemosina il pane per vivere; va elemosinando tutti i giorni per la strada; viene sempre ad elemosinare la mia compagnia
mendicare [2]	*to beg (for)* (transitive or intransitive)	sono costretto a mendicare un aiuto/un lavoro/un piatto di minestra/un tozzo di pane; va mendicando di paese in paese
pitoccare [1]	*to beg* (pejorative) (transitive or intransitive)	pitocca sempre favori/raccomandazioni/ soldi; perché, invece di pitoccare, non lavori?
stendere la mano [1]	*to have/hold one's hand out, to beg* (pejorative)	non è povero, ma stende la mano ad ogni occasione; ormai si è ridotto a stendere la mano

mente · mind

animo m [3]	*mind, spirit, heart*	qual è il tuo stato d'animo?; ha un animo gentile
anima f [2]	*soul, spirit, heart* (see also **persona**)	prego per la sua anima; si dice che la concorrenza sia l'anima del commercio; mette tutta l'anima in quel lavoro; l'ho amato con tutta l'anima
cervello m [2]	*brain* (see also **intelligenza**)	il cervello è l'organo più importante del corpo; il computer è una specie di grande cervello

mente f 2	*mind* (in a variety of senses and expressions) (see also **intelligenza**)	fanno uno studio sulla mente umana; è sano di mente; ho la mente aperta sulla questione; non riesco a richiamarlo alla mente; che cosa ti è venuto in mente?
morale m 2	*morale, spirit*	il morale dei dipendenti è molto basso; i soldati erano giù di morale; come si fa a rialzare il loro morale?
spirito m 2	*spirit, soul* (see also **fantasma** and **umorismo**)	Dio è puro spirito; lo spirito è forte, ma la carne è debole; non riesco a sollevare il suo spirito; risponde così per spirito di contraddizione; agisce secondo lo spirito della legge; ha agito con spirito di sacrificio; che spirito gentile/gretto/nobile!
capo m 2-1	*mind, head* (see also **testa**)	cosa ti passa per il capo?; non so che cosa si è messo in capo
testa f 2	*mind, head* (see also **intelligenza** and **testa**)	si è messo in testa di uscire; che cosa ti passa per la testa?; ha la testa fra le nuvole

menzionare (see also **dire** (b))   to mention

alludere a 3-2	*to allude to, to refer to, to hint at*	non so a che cosa vuoi alludere; era chiaro che voleva alludere a me
accennare (a)/ fare cenno di 2	*to touch on, to mention, to refer to, to signal to*	ha accennato solo le questioni più importanti; a chi accennavi?; mi faceva cenno di tacere; ha fatto cenno all'argomento
menzionare/ fare menzione di 2	*to mention, to refer to*	hanno menzionato autori che non conosco; quel libro menziona molti personaggi storici; nel suo discorso ha fatto menzione dei problemi principali
nominare 2	*to name, to mention*	ha nominato due o tre dei presenti; certe cose non si nominano neanche; per carità non nominare quel furfante!
riferirsi a 2	*to mention, to refer to*	non capisco a che cosa vogliono riferirsi; il regista si riferisce a situazioni attuali

mescolare (see also **legare**)   to mix

frammischiare 3	*to mix, to (inter)mingle* (also used reflexively)	non si può frammischiare un arredo nuovo con mobili vecchi; frammischiava rimproveri con apprezzamenti; ci siamo frammischiati a un gruppo di turisti
amalgamare 3-2	*to mix, to amalgamate, to combine* (often of food), *to bring together, to merge* (also used reflexively)	ha amalgamato i vari ingredienti della salsa?; dovremo amalgamare le due aziende; i due partiti politici si sono amalgamati; gli invasori si amalgamarono con la popolazione

fondere 3-2	*to blend* (e.g. of colours and sounds), *to bring together, to merge* (also used reflexively)	quel musicista sa fondere i suoni più diversi; quelle due associazioni si sono fuse per motivi finanziari; i colori del quadro si fondevano armoniosamente
miscelare 3-2	*to mix, to blend*	ho miscelato lo sciroppo con l'acqua; hai miscelato tutti gli ingredienti?; per quel motore si miscelano carburanti diversi
rimestare 3-2	*to mix well, to stir well* (usually of food)	hai rimestato il condimento/la polenta/la zuppa?
mescolare/ **mischiare** 2	*to mix, to blend, to mingle, to stir* (in a variety of senses), *to shuffle* (of cards) (also used reflexively)	mescolo il vino con l'acqua; bisogna mescolare vari ingredienti; il pittore ha mescolato i colori; i matrimoni mescolano le razze; mescolo le carte; hai mischiato olio e aceto per il condimento?; mischia diverse lingue quando parla; qui le acque dei due fiumi si mescolano
rimescolare 2	*to mix well/again, to stir (well), to (re)shuffle*	ho rimescolato la polenta; ti rimescolo il caffè?; bisogna rimescolare le carte
unire 2	*to unite, to join, to bring together, to amalgamate* (also used reflexively) (see also **includere** and **legare**)	i due eserciti hanno unito le forze; uniremo due territori in un unico stato; le imprese si unirono per conquistare nuovi mercati; si sono uniti a un gruppo di turisti; questi colori si uniscono perfettamente

metodo   method

stratagemma m 3	*stratagem, ruse*	ha trovato uno stratagemma abile/fantasioso/ geniale; a quale stratagemma intendi ricorrere?
metodologia f/ **metodica** f 3	*methodology, method*	sto cercando di creare una nuova metodologia; per insegnare bene bisogna possedere una buona metodica
tattica f 3-2	*tactics*	la tattica di battiglia fa parte della strategia di guerra; hanno ideato una tattica elettorale; questa è la sua tattica usuale
metodo m 2	*method* (see also **modo**)	ho inventato un nuovo metodo; i metodi d'insegnamento non sono adeguati; ha dei metodi troppo bruschi con i bambini; le videocassette sono un buon metodo per l'apprendimento linguistico
sistema m 2	*system, method, way*	il sistema bancario/elettorale/fiscale/ politico/sociale/solare/di classificazione/di misura/di pagamento; che sistema segui per il totocalcio?; che sistemi sono questi?
strategia f 2	*strategy*	ha elaborato una sua strategia aziendale; adesso ho capito la strategia della squadra; capisco la strategia aerea dei nemici

mettere   to put, to place

collocare 3	*to place* (in various senses)	hanno collocato il nuovo mobile in salotto; bisogna collocare i libri in ordine sullo scaffale; questo romanzo lo colloca tra gli scrittori più promettenti
disporre 3	*to place, to set out, to arrange* (see also **preparare**)	bisogna disporre i fiori in vaso; ho disposto i mobili nella sala da pranzo
piazzare 3	*to place, to position* (often sporting or commercial)	sa piazzare la palla; ho piazzato la merce in modo soddisfacente
porre 3	*to place, to put* (also used in various expressions)	mi pose un foglio tra le mani; ha posto le basi di una società migliore; ponete fine alla discussione; bisogna porci mente
riporre 3	*to put back/again, to put away (for safety), to place* (also figurative)	ripose la spada nel fodero; ripone gli occhiali nell'astuccio; conviene riporre i gioielli in cassaforte; ripone tutte le speranze in me
depositare 3-2	*to put, to deposit, to leave*	ho depositato l'assegno in banca; ha depositato il pacco dal portiere
installare 3-2	*to install*	il tecnico ha installato l'antenna
imporre 2	*to impose* (see also **forzare** and **insistere**)	quel magistrato impone sempre condizioni molto dure ai colpevoli; il governo ha imposto nuove tasse
mettere 2	*to put, to place* (in a wide variety of senses) (see also **introdurre** and **vestire**)	metto la pentola sul fuoco; ha messo il libro sul tavolo; metti il vino nei bicchieri; hai messo il francobollo sulla lettera?; hanno messo un milione in banca; ha messo la mano in tasca; mise gli occhiali; mettiamo l'indirizzo sulla busta; metti l'elenco in ordine alfabetico; ha messo fine alle mie speranze
posare 2	*to put/set/lay (down), to place, to rest*	posò la borsa a terra; ho posato il cappello sulla panchina; ha posato la mano sulla mia spalla; ho posato la testa sul cuscino
sistemare 2	*to put away, to place, to fix up* (of accommodation or work in the last sense) (for reflexive use, see **abitare**) (see also **ordinare** (b))	ha sistemato gli ultimi acquisti; ho sistemato il frigo in cucina; lo hanno sistemato in una bella casa; l'ho sistemata in un'azienda privata
appoggiare/ **poggiare** 2-1	*to put, to lay, to rest*	appoggia i bicchieri sul tavolo; ho appoggiato la scala al muro; appoggia la testa sul cuscino; ha poggiato il cappello sulla sedia
cacciare 2-1	*to put, to stick*	non so dove ho cacciato gli occhiali; dove hai cacciato la mia penna?; ha cacciato tutto nel cassetto; ci hai cacciato in un bel pasticcio

| **ficcare** [1] | *to stick, to stuff* (also figurative) | dove hai ficcato le mie carte?; non ficcarti le dita nel naso; ficca sempre il naso nelle faccende degli altri |

NB some of these verbs (**collocare, piazzare, porre, installare, mettere, posare, cacciare, ficcare**) are also used reflexively (e.g. si è collocato sulla poltrona; si è piazzata su quella sedia; i commensali si posero a tavola; si è installata in una villa; mi sono messo a letto; si sono messi in fila; la neve si è posata per terra; ti sei cacciato in un mare di guai; si è ficcato sotto le coperte/in un bell'imbroglio).

microbo   germ, microbe

bacillo m [3]	*bacillus, germ*	il bacillo del tetano si sviluppa nel terreno; cercano di isolare il bacillo della nuova malattia
batteri mpl [3]	*bacteria*	questi batteri possono provocare infezioni
germe m [2]	*germ* (usually figurative)	un germe infettivo/dell'influenza/del tifo; questo è il germe del vizio; sono questi i germi di una nuova civiltà
microbo m [2]	*germ, microbe*	quella famiglia ha una paura patologica dei microbi
virus m [2]	*virus* (also figurative) (invariable plural)	questa infezione è stata causata da un virus; gli antibiotici non possono essere usati contro i virus; l'hard disk del mio computer è stato rovinato da un virus

migliorare   to improve

abbellire [3]	*to make (more) beautiful, to beautify* (also used reflexively)	è vero che il trucco abbellisce il viso della donna?; quella foto la abbellisce; crescendo si è molto abbellita
affinare [3]	*to sharpen, to refine* (also used reflexively)	si può sempre affinare l'ingegno; quell'autore ha affinato il suo stile; la sua intelligenza si è affinata
perfezionare [3-2]	*to perfect, to improve* (also used reflexively)	ho perfezionato il suo metodo; sono venuto in Inghilterra per perfezionare la lingua; voglio perfezionarmi in matematica
comportarsi meglio [2]	*to improve* (of behaviour), *to behave better*	si comporta meglio adesso; tutti mi dicono che mi comporto meglio adesso che ho cominciato a guadagnare soldi
migliorare [2]	*to improve* (transitive or intransitive), *to get better* (in a variety of senses) (auxiliary **essere** when intransitive)	volevo migliorare la mia situazione economica; ha migliorato molto il suo stile; hanno migliorato quella legge; le condizioni di vita, in questi ultimi anni, sono molto migliorate; l'ammalato migliora di giorno in giorno

rendere migliore 2	*to improve, to make better*	voglio rendere migliore il mio comportamento; ogni maestro vuole rendere migliori i propri allievi
stare meglio 2-1	*to feel better* (of health or state of mind)	sto meglio dopo la lunga malattia; ero proprio depresso ma adesso sto meglio

migliore   better

meglio 2	*better* (adverb except after certain impersonal verbs (e.g. **essere**, **sembrare**), when it is an invariable adjective)	cerca di comportarti meglio un'altra volta; i presbiti vedono meglio da lontano; i suoi affari vanno meglio adesso; ora sono meglio disposto ad ascoltarti; dopo quella cura sto meglio di prima; Maria sta meglio con quel vestito; la stanza sta meglio senza il divano; è meglio che tu ci vada
migliore 2	*better* (adjective) (used in a variety of contexts but not after impersonal forms of verbs like **essere** and **sembrare**)	bisogna seguire i consigli migliori; è stato il momento migliore dell'attore; ha offerto le parti migliori agli amici; sto aspettando tempi migliori; quel prezzo è senz'altro migliore
superiore 2	*superior, greater, better, above, high-quality* (also used as a noun in the sense of *person of higher rank*)	ha una volontà superiore alla mia; ha ottenuto un punteggio superiore alla media; guarda la parte superiore della pagina; abita al piano superiore; questo è un prodotto di qualità superiore; obbedisce sempre ai superiori
più buono 2-1	*better, nicer* (especially of food)	la pizza cotta in un forno a legna è più buona; questi spaghetti sono più buoni con il mio sugo speciale

minestra   soup

consommé m 3	*(clear) soup*	questo ristorante serve un consommé molto saporito
brodo m 2	*stock, (clear) soup, broth*	preparo un brodo lungo/magro/ristretto per la minestra; un brodo di manzo/di pesce/di pollo
minestra f 2	*soup (with rice or pasta in it)*	oggi si mangia una minestra speciale; per primo oggi c'è la minestra in brodo
minestrone m 2	*soup* (more substantial than **minestra**), *minestrone*	questo minestrone è veramente sostanzioso; oggi c'è un minestrone di riso e verdure
primo m 2	*first course*	cosa si mangia per primo oggi?; per primo ci sono i maccheroni
zuppa f 2	*soup* (usually thick and with vegetables)	una zuppa di fagioli/di pesce/di piselli/di verdura/di vongole

broda f/ **brodaglia** f 1	*watery soup, slops, dishwater*	non mi va di mangiare questa broda; questa brodaglia non la voglio, buttala!

NB some of these words (**brodo, minestra, minestrone, zuppa**) are also used figuratively to mean *mess, confusion, etc.* (e.g. è meglio lasciarlo cuocere nel suo brodo; è sempre la solita minestra; di tutte le spiegazioni ha fatto un gran minestrone; cosa ci capisci in questa zuppa?) (see also **confusione**).

miseria (see also **infelicità**)   misery

afflizione f 3	*affliction, distress*	vive nell'afflizione; si è abbandonato all'afflizione; vuole confortare l'amica che vive in uno stato di afflizione
sconforto m 3	*dejection, distress*	è caduto nel più cupo sconforto; l'ha preso lo sconforto dopo la grave notizia ricevuta
abbattimento m 3-2	*despondency, depression*	era in uno stato di profondo abbattimento; deve cercare di sollevarsi dall'abbattimento
depressione f 2	*dejection, depression*	è in un grave stato di depressione; in un momento di depressione ha tentato di uccidersi
disperazione f 2	*despair, desperation, hopelessness*	è in preda alla disperazione; è ridotta alla disperazione; si strappava i capelli per la disperazione
miseria f 2	*misery, (extreme) unhappiness* (often plural) (see also **povertà** and **sciocchezza** (b))	la miseria umana non ha limiti; ha confessato le proprie miserie; non voglio neanche pensare alle miserie del mondo

misura   size, measure

dimensione f 2	*size, dimension(s)* (often figurative)	le due stanze hanno le stesse dimensioni; il fatto ha assunto una notevole dimensione; capisci la dimensione politica del discorso?; vive in un'altra dimensione
misura f 2	*size, measure*	ho calcolato la misura del mobile/del pavimento/della stanza; il sarto deve prenderti le misure; possono scambiarsi i vestiti, hanno le stesse misure
numero m 2	*size* (of shoes) (see also **numero**)	che numero di scarpe porta?; per la signora ci vuole il numero 36
taglia f 2	*size* (usually of clothes)	una taglia grande/media/piccola; porta una giacca di taglia 48; questo cappotto non è della mia taglia

misurare — to measure

calibrare 3	*to gauge, to calibrate* (also figurative)	calibrare un cilindro/un foro/un pezzo meccanico; cerco di calibrare i pro e i contro della mia decisione
cronometrare 3-2	*to time, to measure*	nella gara devo cronometrare i passaggi dei concorrenti; ha cronometrato la durata del lavoro
calcolare 2	*to calculate, to reckon* (also figurative)	hai calcolato l'area del triangolo?; abbiamo calcolato una spesa di sei milioni; ha calcolato a occhio l'altezza del muro; hai calcolato le conseguenze della tua azione?
contare 2	*to count, to reckon*	mio figlio sa contare fino a cento; hai contato gli alunni?
misurare 2	*to measure, to gauge* (also figurative), *to try on* (of clothes) (often in reflexive form in the last sense)	ho misurato la capacità/la larghezza della bottiglia; hai misurato la distanza?; la torre misura cento metri; cercano di misurare l'efficienza di quell'automobile; devi misurare le tue parole; mi sono misurato le scarpe e mi vanno bene
pesare 2	*to weigh* (transitive or intransitive) (for figurative use, see **esaminare**)	pesare un bambino/una cassa/una partita di merce; come pesa il pacco!; quanto pesa questa valigia?; pesa sei chili

mite (see also **buono** and **gentile**) — mild

clemente 3	*mild, clement* (of weather), *merciful*	l'inverno è stato clemente; è un sovrano molto clemente; abbiamo assistito ad un giudizio clemente
indulgente 3	*indulgent, merciful, mild, lenient* (often of a teacher, judge, ruler, etc.)	i magistrati si sono mostrati indulgenti con i ladri; il suo maestro è stato troppo indulgente con lui
soave 3	*mild, gentle, sweet* (usually of sights, sounds or smells)	sento un odore soave; quei fiori emanano un profumo soave; riconosco quella voce soave
temperato 3	*temperate* (of climate), *moderate, mild*	vive nelle regioni temperate; è molto temperato nei suoi giudizi
misurato 3-2	*moderate, measured*	è molto misurato nello spendere; ha parlato con parole misurate
bonario 2	*good-natured*	è una persona semplice e bonaria; ha un aspetto proprio bonario
dolce 2	*mild, sweet, gentle, soft* (in a variety of senses)	mi piacciono i formaggi dolci; ha un carattere molto dolce; mi ha parlato con un tono dolce; soffiava una dolce brezza
mite 2	*mild, gentle, meek*	è la persona più mite che abbia mai conosciuto; ha un'indole troppo mite e lei lo domina; speriamo che sia un inverno mite; il giudice è stato molto mite con lui

| **moderato** [2] | *moderate, temperate* | è un uomo moderato nel mangiare; nella politica ha tendenze moderate; viviamo in un clima moderato |

NB most of these adjectives have abstract nouns associated with them rendering the same ideas: **clemenza** f, **indulgenza** f, **soavità** f, **temperanza** f, **bonarietà** f, **dolcezza** f, **mitezza** f, **moderatezza** f.

moderare (see also **calmare** and **reprimere** (b))   to moderate

addolcire [3]	*to alleviate, to assuage, to mitigate*	la sofferenza ha addolcito il suo carattere; cerca di addolcire la brutta notizia; sa addolcire una parola dura con un sorriso
attenuare [3]	*to attenuate, to tone down, to mitigate*	con i farmaci si può attenuare il dolore; cerca di attenuare il rumore; il giudice ha attenuato la pena
temperare [3]	*to temper, to mitigate, to moderate*	devi temperare le tua rabbia; è meglio temperare un rimprovero con un sorriso
frenare [3-2]	*to restrain, to curb* (see also **fermare**)	deve frenare la sua ira; ragazzi, frenate il vostro entusiasmo!; quando parli, frena la lingua e cerca di pensare
limitare [3-2]	*to limit, to moderate* (see also **limitare**)	in tali circostanze bisogna limitare certe espressioni; cerca di limitare l'uso di alcolici
contenere [2]	*to contain, to keep in* (see also **limitare**)	deve contenere la sua rabbia; contieni la tua gioia, per favore
mitigare [2]	*to lessen, to lighten, to mitigate*	ha mitigato la severità della pena; la primavera mitiga l'asprezza del clima
moderare [2]	*to moderate, to curb*	bisogna moderare gli eccessi/l'entusiasmo/le parole/il rigore delle pene/la velocità

NB all these verbs are also used reflexively (e.g. il clima si addolcisce con l'arrivo della primavera; il freddo si sta attenuando; sa temperarsi quando è necessario; deve imparare a frenarsi in certe occasioni; non sa limitarsi nel bere; contieniti per favore!; con il tempo il suo odio si è mitigato; cerco di moderarmi nel mangiare).

modesto (a)   modest, unassuming

verecondo [3]	*modest, reserved* (literary)	è una fanciulla vereconda; ha fatto un gesto verecondo; la dama guardò il cavaliere con uno sguardo verecondo
pudico [3-2]	*modest, chaste, demure* (of people or behaviour)	quella donna si è mostrata pudica; ha tenuto un comportamento pudico
discreto [2]	*discreet, reserved*	è un ospite discreto; si comporta in modo discreto; è molto discreto nelle sue richieste
mediocre [2]	*mediocre, modest, middling* (usually pejorative)	è un giocatore mediocre; abbiamo mangiato in un ristorante mediocre

| **modesto** [2] | modest, unassuming, unpretentious | ha un modo di agire gradevolmente modesto; vive in un'abitazione modesta; è di origini modeste |
| **umile** [2] | humble, unpretentious (positive), submissive, lowly (negative) | sei una persona umile; viene da una famiglia umile e onesta; vive in una umile stanza; è umile con i superiori; gli danno sempre i lavori più umili |

modesto (b)   modest, slight

frugale [3]	frugal, thrifty (usually with a positive connotation)	è un uomo frugale; abitudini/gusti/pasti frugali
modico [3-2]	modest, moderate, reasonable (of price)	qui si praticano prezzi modici; cerca un prestito modico
parco [3-2]	frugal	è molto parco nel mangiare e nel bere; è stata una parca cena
parsimonioso [3-2]	thrifty, frugal, parsimonious	spende poco, conduce una vita parsimoniosa
modesto [2]	modest, slight	ha aspirazioni modeste nel suo lavoro; ho avuto un modesto compenso; ha raggiunto risultati modesti

modo (see also **metodo**)   way, manner

modalità f [3]	manner, form, procedure (often plural) (see also **ordine**)	hanno cambiato le modalità del pagamento; bisogna seguire le modalità prescritte dalla legge; con questo prodotto non hanno incluso le modalità per l'uso
maniera f [3-2]	fashion, manner, way	mi piace la sua maniera di parlare; non tutti agiscono alla stessa maniera; parla in maniera brusca/piacevole/semplice; è una persona di buone maniere; che maniere sono queste?
mezzo m [2]	way, means (often plural)	agisce con mezzi illeciti/onesti; hai un mezzo di trasporto?; ho mandato il pacco per mezzo di un parente
modo m [2]	way, means, manner	agisce/parla/pensa/scrive in un certo modo; troveremo il modo di uscire di qui; il suo modo di vita è tipicamente americano; è un modo di dire toscano; che modi sono questi?; sono modi cortesi/garbati
stile m [2]	style, manner, way	non è nel suo stile non telefonare; non mi piace il suo stile manageriale; scrive con uno stile vigoroso; mi piace lo stile di vita italiano; costruirono il palazzo in stile gotico; quel negozio manca di stile

| via f [2] | *way, means* (see also **strada**) | bisogna affrontare la questione per le normali vie diplomatiche; si risolve il problema per via giudiziaria |

molto (a) (adjective or pronoun)   a lot (of), much, many

molteplice [3]	*manifold, numerous* (usually plural)	la spiegazione del fatto è molteplice; è un uomo dai molteplici interessi; la parola può avere significati molteplici
(un') abbondanza di [3-2]	*abundant, a large number of* (see also **ricchezza**)	ha raccontato la storia con abbondanza di particolari; hanno investito un'abbondanza di risorse in questo progetto
svariato [3-2]	*varied, many-sided, various, a number of* (usually plural)	abbiamo avuto un'interpretazione svariata; ho sentito svariate ipotesi sull'argomento; gli ho scritto svariate volte
un gran numero (di) [2]	*a large number (of), a great many* (followed by singular or plural verb) (see also **folla** and **numero**)	un gran numero di persone lo vuole conoscere; un gran numero di problemi sono irrisolvibili; ha comprato un gran numero di vestiti per andare in crociera; sono arrivati in gran numero
una (grande) quantità (di) [2]	*a lot (of), a large amount (of), a large number (of), a great many* (see also **numero**)	ha guadagnato una quantità di soldi; oggi c'è stata una grande quantità di turisti; mi è capitata una quantità di guai; sono affluiti in grande quantità
molto [2]	*a lot(of), much, many, a large amount/number (of)* (slightly more formal than **tanto**) (also used as absolute superlative)	sbrigati, non c'è molto tempo; è caduta molta pioggia; la tua visita mi ha fatto molto piacere; ha letto molti libri; ho molte cose da raccontarti; molti sono d'accordo con me; sono arrivati in molti; abbiamo moltissimi problemi
numeroso [2]	*numerous, many* (usually plural)	era una famiglia numerosa; hanno numerosi figli; ha fatto numerosi errori
parecchio [2]	*quite a bit/lot of, a fair amount of, quite a few, a good number of*	ci vorrà parecchio tempo; ci sono parecchi problemi da risolvere; ho visto parecchie amiche alla mostra; sono d'accordo con te, ma parecchi la pensano diversamente; tra le ragazze, parecchie hanno parlato; l'hanno visto in parecchi
tanto [2]	*a lot/load of, much, many* (more conversational than **molto** in these senses), *so much/many, such a lot of, all these* (sometimes preceded by **così** in these senses) (also used as absolute superlative)	ho tanto lavoro; c'è tanta miseria nel mondo; ho aspettato tanto tempo; hanno tanti problemi; tanti lo trovano simpatico; sono venuti in tanti; che ci fa qui tanta gente? perché mangi tanto formaggio?; a che gli servono tanti libri?; ha così tanta volontà che riesce in tutto; ha così tanti soldi che non sa come spenderli; gli ho dato tantissima roba
un mare di [2-1]	*loads of, lots of*	sono immerso in un mare di guai; ha versato un mare di lacrime

una caterva di 2-1	*a mass of, a load of*	mio fratello è tornato all'università con una caterva di libri; domani ho una caterva di lezioni
un fracasso di 1R	*a load of, piles of, tons of* (regional Northern usage)	in quella stanza c'era un fracasso di gente
una massa di 1	*heaps of, loads of* (see also **folla** and **mucchio**)	hanno lasciato qui una massa di libri; ha raccontato una massa di sciocchezze
un mondo di 1	*a whole load of*	hanno un mondo di preoccupazioni; ha raccontato un mondo di bugie
una montagna di 1	*a heap of, a pile of, loads of*	ho ricevuto una montagna di lettere; c'è una montagna di piatti da lavare
un mucchio di 1	*a pile of, loads of, tons of* (see also **mucchio**)	mi ha raccontato un mucchio di bugie; scrive un mucchio di sciocchezze; ha un mucchio di quattrini; ho un mucchio di cose da fare
un sacco di 1	*a load of, loads of, piles of, heaps of* (most common of the colloquial expressions)	c'è un sacco di gente che aspetta; guadagna un sacco di soldi; ho fatto un sacco di domande; ha preso un sacco di botte; ti voglio un sacco di bene
un casino di 1*	*a bloody lot/load of, a hell of a lot of*	quel disgraziato mi ha fregato un casino di soldi

molto (b) (adverb) — a lot, very, much

grandemente 3	*greatly, very much, highly*	ho grandemente apprezzato i tuoi sforzi; è un uomo grandemente stimato
tutto 3-2	*very, all* (agrees with the adjective or noun it goes with)	quando l'ho visto, era tutto contento; l'ho trovata tutta allegra; è tornato tutto bagnato; la zona è tutta prati e boschi
assai 2	*a lot, lots, very, much, very much, a great/good deal* (used especially in Southern Italy)	ho mangiato assai ieri sera; è un uomo che beve assai; ha fatto assai per i miei parenti; è stato uno spettacolo assai interessante; m'importa assai di tutto questo!
ben(e) 2	*well, very*	mi piace il cibo ben cotto; quando arrivò a casa, era ben stanco
così 2	*so, very* (see also **così**)	è così facile; ero così stanco che non riuscivo a studiare; legge così lentamente che mi fa dormire
molto 2	*a lot, lots, very, much, very much, a great/good deal* (slightly more formal than **tanto**) (also used an absolute superlative)	lavora molto; mi piaci molto; ho letto molto; hai pagato molto?; esci molto?; non ho molto da fare; tuo padre è molto più intelligente di te; scrive molto bene; sei molto amato da tutti; ti amo moltissimo
parecchio 2	*quite a lot, very much, very, really*	ho lavorato parecchio oggi; l'ho aspettato parecchio; mi sembri parecchio dimagrito; è parecchio generoso con te

proprio 2	*really, completely*	sono proprio sicuro di volere partire; ora sto proprio bene; è tornata proprio stanca
tanto 2	*a lot, lots, very, much, very much (more conversational than **molto** in these senses), so much, such a lot, all that (sometimes preceded by **così** in these senses) (also used as absolute superlative)*	è tanto vecchio adesso; ti ringrazio tanto; ho aspettato tanto; ho mangiato tanto; non è più tanto giovane; come fai a bere tanto?; camminai così tanto da stancarmi; ho studiato tantissimo quest'anno
veramente 2	*really (see also **infatti**)*	ti stimo veramente; sono veramente stufo delle tue lamentele; i tuoi amici sono veramente simpatici
un mondo 1	*an enormous amount, loads*	alla festa mi sono divertito un mondo
un sacco 1	*a lot, loads, tons*	quella ragazza gli piace un sacco; ogni volta che lo vedo, parla un sacco
troppo 1	*a lot, loads, really and truly (as well as its common meaning of too much/many)*	quel ragazzo mi piace troppo; quell'attore di cinema è troppo bello

momento   moment

baleno m 3-2	*flash, instant*	in un baleno ho capito; in un baleno sono pronto
batter d'occhio m 3-2	*twinkling of an eye*	in un batter d'occhio il messaggero era sparito; ha mangiato tutto in un batter d'occhio
istante m 3-2	*instant, moment*	il rumore durò solo un istante; sarò assente solo pochi istanti; torno fra un istante
attimo m 2	*second, moment (also in diminutive **attimino**)*	aspetta un attimo; è successo in un attimo; un attimo fa era ancora qui; mi dia un attimino per favore
lampo m 2	*flash, instant, split second*	tutto è accaduto in un lampo; la giovinezza è un lampo
minuto m 2	*minute, moment*	non ho mai un minuto di pace; non c'è un minuto da perdere; sarò da te fra un minuto; è affare di due minuti
momento m 2	*moment (in a variety of senses), second (also in diminutive **momentino**)*	aspetti un momento per favore; ha avuto un momento di esitazione; hanno passato dei bei momenti; per il momento tutto è come prima; basta solo un momentino di calma
punto m 2	point, moment, stage	a un certo punto ho capito le sue intenzioni; a quel punto ho deciso di uscire; è arrivato a un determinato punto di maturità

secondo m 2	*second, moment*	in un secondo sono pronto; quel bambino non riesce a stare fermo un secondo

mondo world

mondo m 2	*world* (also figurative)	mio figlio ha deciso che vuole fare il giro del mondo; qual è la popolazione del mondo?; il mondo antico/moderno; il mondo del lavoro/della moda/della televisione
terra f 2	*earth, ground* (see also **terra**)	la terra è un pianeta del sistema solare; è difficile immaginarsi la rotazione della terra

monello (see also **delinquente** (a)) urchin

discolo m 3-2	*daredevil, little rogue, young rascal, scamp* (also used as an adjective)	come al solito fa il discolo; qui c'è una classe di discoli; ha proprio un comportamento discolo
birba f 2	*scamp, rascal*	quel ragazzo è proprio una birba; che birbe, questi miei figlioli!
birbante mf 2	*scamp, scoundrel, rascal*	le combina tutte lui, è un birbante; ha certi occhi da birbante, quella bambina!
birichino/a mf 2	*scamp, little rascal* (also used as an adjective)	è un birichino, ma è buono di cuore; la piccola è una vera birichina; ha gli occhi birichini; lui si fa sempre più birichino
monello m 2	*urchin, little rogue, scamp* (also in the feminine form **monella** meaning *tomboy*)	è un monello, bisogna correggerlo; mi ha seguito una banda di monelli; è proprio un caro monello; a forza di stare sempre con quei ragazzi è diventata una monella
briccone/a mf 2-1	*rogue, knave, little devil* (also in suffixed form **bricconcello**)	è un briccone, ma a scuola si impegna con serietà; hai visto quel bricconcello di mio nipote?

morbido soft

cedevole 3	*soft, yielding* (also figurative)	il terreno è cedevole; ha un carattere cedevole
pastoso 3	*soft, doughy* (also figurative)	è una materia pastosa; ha la voce pastosa
fiacco 3-2	*limp, flabby* (usually figurative)	è una persona proprio fiacca; ha fatto un discorso fiacco
soffice 3-2	*soft*	dormo su un materasso soffice; questa lana è molto soffice; si è sdraiato sul soffice prato; ho un gatto col pelo molto soffice
molle 2	*soft, slack* (also figurative) (see also **bagnato**)	questi biscotti sono diventati molli; hanno operato sul tessuto molle; il governo è troppo molle

morbido [2]	soft (in a variety of senses)	cerco un letto morbido; hai una pelle molto morbida; ha i capelli morbidi; segue una politica morbida; ha dipinto un quadro dai toni morbidi
moscio [2-1]	soft, flabby, flaccid (also figurative)	le persone anziane hanno le carni mosce; parla con la erre moscia; è una persona moscia, non prende mai decisioni

mordere   to bite

addentare [3]	to bite into	ha addentato la mela; il cane gli addentò la gamba
azzannare [3]	to bite, to seize (with the teeth) (usually of animals)	il ladro fu azzannato dal grosso mastino; azzannò un pezzo di tacchina e se lo divorò in un secondo
mordere [2]	to bite (also figurative)	il cane lo ha morso; quel bambino graffia e morde come un gatto selvatico; come mordono questi insetti!; morse la mela con avidità; oggi il freddo morde
morsicare [2]	to nibble at, to gnaw at, to bite	sta morsicando quel tozzo di pane; è stata morsicata da un cane; mi sono morsicata la lingua
pungere [2]	to bite, to sting (of insects) (also figurative in the sense of to irritate)	mi ha punto un insetto; le vespe si difendono pungendo; il freddo punge
pizzicare [2-1]	to bite, to sting (of insects) (less serious effect than **pungere**) (also figurative in the sense of to irritate)	mi ha pizzicato una formica; questa lana ruvida pizzica la pelle
morsicchiare/ mordicchiare [1]	to nibble (at), to gnaw (at)	il leone stava morsicchiando la preda; Paolo si mordicchia le unghie

morire   to die

decedere [3]	to die, to decease (bureaucratic and journalistic) (auxiliary **essere**)	decedeva un anno fa; il ferito è deceduto dopo lunga agonia
perire [3]	to die, to perish (usually unnaturally) (also figurative) (auxiliary **essere**)	è perito in un disastro aereo; è una razza che perirà; la sua fama non perirà mai
soccombere [3]	to die, to succumb (compound forms not used)	preferì soccombere piuttosto che essere catturata
spegnersi [3]	to pass away, to die (see also **spegnere**)	si è spento serenamente tre giorni fa

spirare 3	*to expire, to breathe one's last* (auxiliary **essere**)	è vicino a spirare; è spirata dopo una lunga malattia; è spirato nel Signore
trapassare 3	*to die, to pass on* (literary) (auxiliary **essere**)	è trapassato serenamente all'alba
mancare 3-2	*to die, to pass away* (literary) (also figurative) (auxiliary **essere**) (see also **mancare**)	è mancato all'improvviso; se quell'uomo venisse a mancare, sarebbe un guaio per tutti; è mancata la discendenza in linea maschile
perdere la vita 3-2	*to lose one's life*	ha perso la vita in un grave incidente
scomparire 3-2	*to disappear, to die* (euphemistic) (auxiliary **essere**) (see also **sparire**)	è scomparso un amico carissimo; l'autore del quadro è scomparso da poco; il nostro amico è scomparso a 82 anni
dare la vita 2	*to give/lay down one's life*	ha dato la vita per la causa
morire 2	*to die* (in a variety of contexts) (auxiliary **essere**)	mio padre è morto giovane/in guerra/di polmonite/di vecchiaia; ha visto morire tutti i figli; il suo gatto è morto ieri; se non si annaffiano le piante, muoiono; sto morendo dal caldo; muoio dal desiderio di vederla
crepare 1	*to die, to peg out, to kick the bucket* (also figurative) (auxiliary **essere**)	voglio vederlo crepare, quel farabutto!; è crepato solo come un cane; crepa di dolore/di fatica/di invidia/di paura/di rabbia/dal ridere
lasciarci/ rimetterci la pelle 1	*to lose one's life*	è andato a combattere e ci ha lasciato la pelle; guidando come un pazzo ci ha rimesso la pelle
lasciarci le penne 1	*to lose one's life*	chi va a fare il mercenario rischia di lasciarci le penne
schiattare 1	*to drop dead, to snuff it* (also figurative) (auxiliary **essere**)	se continua a mangiare così, un giorno schiatterà; c'è da schiattare di impazienza/di rabbia/dall'invidia
tirare le cuoia 1	*to kick the bucket, to snuff it*	voglio tirare le cuoia a casa mia

mormorare to murmur, to whisper

frusciare 3	*to rustle* (implies movement as well as sound)	la lucertola fruscia tra le siepi; il vento fa frusciare le foglie
gorgogliare 3	*to gurgle*	il torrente passa gorgogliando sui sassi; il vino gorgoglia dalla bottiglia
stormire 3	*to rustle*	le foglie agitate dal vento stormivano sugli alberi; il vento stormiva tra i rami
bisbigliare 3-2	*to whisper* (transitive or intransitive)	mi bisbigliò qualcosa all'orecchio; bisbigliava col compagno di banco a scuola

sussurrare 3-2	to whisper, to murmur, to rustle (transitive or intransitive)	gli ho sussurrato un segreto all'orecchio; sussurrano certe cose su di te; sussurrava e così non ho sentito bene quello che diceva; le fronde sussurravano nel vento
vociferare 3-2	to whisper, to gossip	si vocifera che lui sarà il prossimo Presidente del Consiglio
balbettare 2	to stammer, to stutter, to babble, to mutter (transitive or intransitive)	il bambino balbettava già le prime parole; ha balbettato una scusa; il ragazzo balbettava per la paura
borbottare 2	to mutter, to mumble (transitive or intransitive)	cosa sta borbottando?; ha borbottato una bestemmia; borbotta invece di parlare chiaramente; l'uomo andò via borbottando
mormorare 2	to murmur, to whisper, to mutter, to babble (transitive or intransitive)	ha mormorato alcune cose indistinte; si mormora molto sul tuo conto; sentivo mormorare l'acqua del ruscello; il vento mormorava nella sera; la gente mormora contro di lui; "vattene," mormorò il vecchio
parlare a bassa voce/sottovoce/ parlottare 2	to whisper, to speak quietly/ in a low voice	parlando a bassa voce mi ha detto qualcosa; mi ha parlato sottovoce; stavano parlottando misteriosamente tra loro
soffiare 1	to whisper (usually pejorative), to sing, to squeal (criminal terminology)	il piano è fallito perché qualcuno aveva soffiato; è stato eliminato perché soffiava alla polizia

mortale   mortal, fatal

fatale 3-2	fatal, deadly, fateful (see also **inevitabile**)	quella febbre le è stata fatale; il viaggio in Africa gli fu fatale; ha preso la decisione fatale
letale 3-2	lethal, deadly, fatal	aveva un'arma letale; ha preso un veleno letale; ho visto subito che la sua ferita era letale
morente/ moribondo 3-2	dying, moribund (also figurative) (also used as nouns)	guardavo il sole morente; il morente ha confessato tutto; era già moribondo quando sono arrivato; questa è una tradizione ormai moribonda; sono le ultime parole di un moribondo
mortale 2	mortal, deadly, fatal, death-like (see also **provvisorio**)	un'arma/una decisione/una ferita/un incidente mortale; ha pronunciato un'offesa mortale; era di un pallore mortale
micidiale 1	lethal, deadly, death-dealing (often used jokily)	ha preso un veleno micidiale; gli ha dato un colpo micidiale; quel vino è proprio micidiale

morte death

decesso m 3	*death, decease* (bureaucratic and journalistic)	il decesso è avvenuto durante il trasporto in ospedale; hanno annunciato il decesso di quel noto scrittore
dipartita f 3	*passing away* (literary or euphemistic)	dopo la sua dipartita sono stati divisi i beni
trapasso m 3	*death, passing away*	l'ora del trapasso era venuta; il suo trapasso è stato sereno
scomparsa f 3-2	*disappearance, death*	la sua scomparsa ha colto tutti di sorpresa; la scomparsa di quell'uomo è un lutto per tutta la nazione
fine f 2	*end, death* (see also **fine**)	il malato sentiva avvicinarsi la fine; ha fatto una fine degna di lui
morte f 2	*death* (also figurative)	la morte del mio amico mi ha reso molto triste; davanti alla morte nessuno resta indifferente; ha avuto una morte gloriosa; l'hanno condannato a morte; questo secolo ha visto la morte di molte vecchie tradizioni

morto dead

deceduto 3	*deceased* (bureaucratic) (mainly used as a noun)	l'hanno trovato già deceduto; non hanno ancora identificato il deceduto
defunto 3	*late, deceased*	c'è una corona per il defunto signor Rossi; volevo ricordare i genitori defunti; al funerale vennero i parenti del defunto
esanime 3	*lifeless*	giaceva esanime a terra; è caduto esanime al suolo
estinto 3	*extinct, deceased* (also used as a noun in the last sense)	i dinosauri sono estinti; il caro estinto avrebbe voluto che lo si ricordasse in questa maniera
inanimato 3	*inanimate, lifeless*	ha visto il corpo inanimato del suo amico; cadde e restò inanimato al suolo
scomparso 3-2	*deceased*	il grande scienziato scomparso sarà commemorato con una solenne cerimonia
cadavere m 2	*dead (body)* (see also **corpo**)	i carabinieri lo trovarono già cadavere; quando arrivò l'ambulanza, era già cadavere
morto 2	*dead* (also figurative) (also used as a noun)	tutti i miei amici sono morti; l'hanno trovata morta in salotto; questa è una città morta; il latino è una lingua morta; non hanno contato i feriti e i morti

mostrare to show, to display

additare 3	*to point at/to, to show, to indicate*	vi addito questa possibilità come soluzione

denotare [3]	*to denote, to be a sign of* (see also **significare**)	la sua reazione denota paura; il suo modo di essere denota un senso d'inferiorità
ostentare [3]	*to make a show of, to flaunt, to show off* (often falsely)	ostenta sempre le proprie ricchezze; ostenta indifferenza alla propria situazione, ma in realtà è profondamente preoccupato
manifestare [3-2]	*to show, to display, to manifest*	manifesta sempre i propri sentimenti; mi ha manifestato la sua delusione
fare conoscere [2]	*to introduce, to make known* (see also **presentare**)	il governo cerca di far conoscere al pubblico la nuova normativa sulla vendita delle sigarette ai minori
dimostrare [2]	*to show, to display, to demonstrate*	il cane ha dimostrato la sua gioia scodinzolando; dimostrò molta buona volontà; dimostrerò la mia innocenza; mi può dimostare come funziona il meccanismo?; questo dimostra che non hai capito niente; ha ottant'anni ma non li dimostra
distinguere [2]	*to distinguish, to point to* (see also **separare**)	si possono distinguere due fasi nella vita di questo autore; nell'articolo il critico distingue due momenti narrativi
esibire [2]	*to show, to exhibit, to display*	si deve esibire la patente di guida
esporre [2]	*to (put on) show, to exhibit, to display* (see also **spiegare**)	espone i suoi quadri in città; ha esposto in tutte le migliori gallerie; bisogna esporre la merce in vetrina per venderla
fare vedere [2]	*to show* (the most common way of rendering this idea)	fammi vedere i tuoi regali; fammi vedere come funziona questo videoregistratore; ti farò vedere le bellezze della regione; fanno vedere un bel film al cinema
indicare [2]	*to show, to indicate, to point to* (see also **significare**)	indicami la tua casa; il barometro indica brutto tempo; la tua risposta indica la tua mancanza di interesse; le statistiche indicano che le nascite in Italia stanno diminuendo
mettere in mostra [2]	*to show (off), to display*	quel negozio mette in mostra gli ultimi modelli; le piace mettere in mostra le sue belle gambe
mostrare [2]	*to show, to display*	il medico mi ha chiesto di mostrargli la lingua; bisogna mostrare i documenti alla frontiera; mi può mostrare la strada, per favore?; ha mostrato una gran paura
presentare [2]	*to show, to display, to present* (see also **presentare**)	i Signori devono presentare i passaporti; il loro agente ci ha presentato il nuovo prodotto; la luna presenta sempre la stessa faccia

NB some of these verbs (**manifestare**, **dimostrare**, **esibire**, **esporre**, **mettere in mostra**, **mostrare**, **presentare**, **fare vedere**) are also used reflexively (e.g. la malattia si manifestò troppo tardi per essere curata (see also **risultare**); non perde mai l'occasione di esibirsi; non si espone mai alle critiche; quando esce si mette sempre in mostra; il problema si mostra in tutta la sua gravità (see also **risultare** and **sembrare**); la situazione non si presenta facile; si fa vedere diverso da com'è (see also **venire**)).

motociclo   motorcycle

lambretta f 2	*lambretta*	ho comprato una nuova lambretta
motocicletta f 2	*motorcycle, motorbike* (large)	una motocicletta di grande potenza/da corsa
motociclo m 2	*motorcycle, motorbike*	qui si vendono gli ultimi motocicli
motoretta f 2	*motor scooter* (small)	qui tutti i giovani hanno la motoretta
motorino m 2	*(small) motorbike* (smaller then **motoretta**)	i motorini fanno un terribile chiasso
scooter/scuter m 2	*(motor) scooter*	gli scooter vanno molto di moda adesso
vespa f 2	*vespa, (motor) scooter*	le vecchie vespe erano le motorette migliori
moto f 1	*motorbike* (invariable plural)	mi disturba il rumore di tutte le moto; adesso che hai la moto, puoi andare in giro quando vuoi

mucchio   pile, heap

catasta f 3	*pile, stack*	c'era una catasta di libri sul tavolo; c'è una catasta di legna fuori
ammasso m 3-2	*mass, heap, stockpiling*	rimase solo un ammasso di rovine; il governo ha ordinato l'ammasso di grano quest'anno
cumulo m 3-2	*heap, pile, accumulation* (also figurative)	c'era un cumulo di detriti in cortile; hanno lasciato un cumulo di macerie; c'è un cumulo di prove contro di lui
massa f 2	*mass* (also figurative) (see also **molto** (a))	ho visto solo una massa di fango; cerchiamo l'appoggio della massa degli studenti; siamo un partito di massa
mucchio m 2	*pile, heap, mass* (see also **molto** (a))	un mucchio di carte/di foglie/di libri/di paglia/di pietre/di rovine; ci siamo seduti su quel mucchio di sassi

multa

fine

ammenda f 3-2	*fine*	hanno dovuto pagare un'ammenda per avere costruito abusivamente
contravvenzione f 3-2	*fine*	fare/pagare una contravvenzione; il vigile mi ha dato la contravvenzione per eccesso di velocità
multa f 2	*fine*	gli hanno dato la multa per sosta vietata; se parcheggi qui, ti danno la multa

muovere

to move (transitive)

rimuovere 3-2	*to move, to clear away, to remove* (a large obstacle) (also figurative)	hanno rimosso dei massi dai binari; bisogna rimuovere quell'albero caduto; è un testardo, nessuno lo rimuove dalle sue opinioni; hanno cercato di rimuoverlo dal suo impiego
smuovere 3-2	*to move, to shift, to budge* (something heavy or difficult to move) (also figurative)	da solo non riesco a smuovere quel tronco; per smuovere la nave ci sono voluti due grossi rimorchiatori; da casa non mi smuove nessuno; bisogna smuovere l'opinione pubblica
muovere 2	*to move* (in a variety of senses) (also figurative)	non muovere le braccia; il vento muoveva le foglie; il vapore muove quella locomotiva; la fame lo mosse a rubare
spostare 2	*to move, to shift* (see also **rimandare**)	bisogna spostare l'armadio nell'angolo; non riesco a spostare il tavolo; la ditta lo ha spostato da Roma a Torino
trasferire/ **traslocare** 2	*to transfer, to move* (of employment)	la ditta ha trasferito i dipendenti in un'altra sede; hanno trasferito la sede del mio ufficio; il mio capo mi ha traslocato in un nuovo ufficio
trasportare 2	*to take, to transport*	trasportiamo il divano nell'altra casa; il ferito fu trasportato all'ospedale
scansare/scostare 2-1R	*to move, to shift* (regional Tuscan usage) (see also **evitare**)	per sistemare il tappeto, bisogna scansare il tavolo; può scansare la borsa?; scosta quel divano dalla parete

muoversi

to move (intransitive)

mettersi in cammino/in marcia 3	*to move/march off*	la donna finalmente si mise in cammino; i soldati si misero in marcia
smuoversi 3	*to move, to shift* (usually figurative)	ha deciso di sposarsi e non si smuove; non si smuove neanche di fronte alle prove
mettersi in movimento 3-2	*to start up, to get moving*	mi metto sempre in movimento la mattina presto

muoversi 2	*to move* (sometimes used non-reflexively)	il malato non poteva muoversi; muoviti, è già tardi; dopo due ore il treno si mosse; le truppe muovono verso la capitale
passare 2	*to pass, to go, to move* (also figurative) (auxiliary **essere**) (see also **andare**)	passavano regolarmente da una stanza all'altra; passiamo adesso alle conclusioni
scorrere 2	*to move, to slide, to run, to flow* (see also **scorrere**)	il pannello non scorre bene sulla guida; oggi il traffico non scorre
spostarsi 2	*to move, to shift* (used in a variety of ways)	spostati un po' in modo che veda anch'io; mi devo spostare continuamente per lavoro; l'interesse del pubblico si è spostato sulla crisi di governo
scansarsi/scostarsi 2-1R	*to move, to shift* (regional Tuscan usage)	se non si scansava in tempo, quel pazzo l'investiva!; scostati un po', per favore; se non ti scosti, non posso passare; scostatevi dal televisore!

muro   wall

muraglia f 2	*wall, barrier* (large) (suffixed form **muraglione** m suggests even greater size or bulk)	hai visitato la grande muraglia cinese?; hanno costruito un muraglione per arginare il mare
muro m 2	*wall* (often outside and has the plural form **le mura** when referring to city or castle walls) (also figurative)	hanno puntellato il muro della casa; metti il tavolo contro il muro; i soldati si sono accampati fuori le mura; sono stufo di parlare al muro; aveva le spalle al muro; venendo qui ci siamo imbattuti in un muro di nebbia
parete f 2	*wall* (usually inside the house or of any object)	appendi il quadro alla parete; buttiamo giù questa parete per ingrandire la stanza; le pareti della scatola sono molto lisce; mi hanno esaminato le pareti dello stomaco

nascondere   to hide, to conceal

camuffare 3	*to disguise* (also figurative) (also used reflexively)	la camuffarono da uomo, ma fu riconosciuta; tante parole camuffano spesso i veri sentimenti; a Carnevale Mario si è camuffato da donna
celare 3	*to conceal*	Maria ha celato ai parenti di essersi sposata all'estero; ha celato il testamento sotto altri documenti in cassaforte
occultare 3	*to conceal* (usually implies illegality) (also used reflexively)	la mafia aveva occultato il cadavere della vittima in un casolare; le armi furono occultate in una grotta; il colpevole si occultò all'estero

sottrarre alla vista 3	to remove from sight, to conceal	la polizia coprì il cadavere per sottrarlo alla vista dei curiosi
dissimulare 3-2	to dissimulate, to conceal	dissimulare l'ambizione/l'orgoglio/la paura; Caterina sa dissimulare bene i sentimenti
mascherare 2	to mask (also used reflexively)	cerca di mascherare il suo obbietivo; maschera il suo odio sotto l'affetto; hanno mascherato la verità; si è mascherato da pagliaccio; si maschera da persona generosa e onesta
nascondere 2	to hide, to conceal (also figurative) (also used reflexively)	nascondi i soldi sotto il materasso?; ha nascosto il viso tra le mani; mi hai nascosto la verità; la torre ci nasconde la vista del mare; si è nascosto in solaio
travestire 2	to disguise, to dress up (also used reflexively)	per la festa la mamma l'ha travestito da Zorro; ti travesti da mendicante per il ballo?; si traveste da democratico

nativo · native

autoctono 3	indigenous, native	il popolo indiano è autoctono delle Americhe; solo i Maori sono autoctoni della Nuova Zelanda
natio 3	native (literary version of **nativo**)	mio nonno avrebbe voluto tornare al suo paese natio; l'emigrato ricorda con nostalgia la sua terra natia
oriundo 3	native (also used as a noun)	suo zio era oriundo di Napoli; ci sono molti giocatori oriundi del Brasile nelle squadre di calcio italiane; negli Stati Uniti ci sono molti oriundi italiani
indigeno 3-2	indigenous, native (also used as a noun, usually in the plural)	la fauna/la flora/la popolazione indigena; il té è un prodotto indigeno sia in India che in Cina; quando Cortez arrivò in Messico, gli indigeni lo accolsero con entusiasmo
originario 3-2	native (see also **originale**)	la mia famiglia è originaria del Lazio; quella pianta è originaria delle Antille; i canarini sono originari delle Canarie
nativo 2	native (also used as a noun)	Franco è nativo di Siena; Luca ama il suo borgo nativo; continuano a parlare nel dialetto nativo; i nativi furono conquistati dagli invasori

naturale (see also **comune**) · natural

istintivo 3-2	instinctive	l'amore materno è una cosa istintiva; provo una repulsione istintiva verso lui; è istintivo che uno cerchi di difendersi

spontaneo 3-2	*spontaneous, instinctive*	una domanda/una risposta spontanea; Luca scrive in modo spontaneo; vedendolo mi è venuto spontaneo abbracciarlo
logico 2	*natural, normal, logical*	mi sembra logico che lui difenda il suo amico; se lui ha dato le dimissioni, è logico che se ne voglia andare
naturale 2	*natural*	un atteggiamento/una bellezza/una riserva naturale; il miele è un ricostituente naturale; quando recita, quell'attrice sembra molto naturale; è naturale che Giacomo voglia conoscere la tua famiglia
normale 2	*normal, natural*	per lui è una cosa normale lavorare di notte; ha studiato tutto l'anno, quindi è normale che si diverta adesso
semplice 2	*simple, straightforward* (see also **facile**)	amo i cibi semplici e poco piccanti; Giusi è una persona semplice ma intelligente; per il matrimonio mi metterò un semplice vestito blu; è una semplice domanda

naturalmente   of course, naturally

beninteso 3-2	*of course, naturally*	beninteso dovete andare dalla polizia, se vi ha minacciato; se hai fatto un'infrazione, beninteso devi pagare la multa
indubbiamente 3-2	*doubtless, undoubtedly*	indubbiamente lei ha ragione, però deve considerare altri fatti; ci sarai anche tu? Indubbiamente
va da sé che 3-2	*of course, it goes without saying that*	va da sé che sarà promosso agli esami; va da sé che seguirà la carriera del padre
assolutamente 2	*definitely, absolutely*	sei deciso ad andare fino in fondo? Assolutamente!; non puoi rifiutare? Assolutamente no!
certo/certamente 2	*certainly, definitely*	non sarà certo lui a farmi cambiare idea; vieni stasera? Certo!; hai certamente ragione; è certamente lui, lo riconosco dalla voce
decisamente 2	*definitely, undoubtedly*	decisamente la responsabilità dell'incidente è sua; credi che questa sia la soluzione migliore? Decisamente!
s'intende (che) 2	*obviously, of course, it goes without saying* (see also **capire**)	ne sei sicuro? S'intende!; s'intende che faremo una festa quando ti laurei; s'intende che verrai a casa mia se vieni in Italia; s'intende, io non volevo vederlo
naturalmente 2	*of course, naturally*	naturalmente Roberto sapeva già tutta la storia; io, naturalmente, non ho detto niente; naturalmente Diego ha superato l'esame con il massimo dei voti

senz'altro [2]	*definitely, of course*	dovrò senz'altro andare alla Fiera di Milano; vieni alla festa stasera? Senz'altro!
senza dubbio [2]	*undoubtedly, without doubt, definitely*	senza dubbio è una persona colta; Chiara sarà senza dubbio dalla zia Gisella a Natale
(di) sicuro/ sicuramente [2]	*certainly, definitely*	ma tu saresti disposto ad accompagnarmi? Sicuro!; verrà di sicuro anche lui; domani il tempo sarà sicuramente bello

neanche   neither, nor, not even

neppure [3-2]	*neither, nor, not even* (most common in the South)	non voglio che tu ti occupi di me e neppure dei miei figli; neppure se piangi ti darò la mia macchina
neanche [2]	*neither, nor, not even*	non sapevo che Paolo fosse con te e neanche che fosse in Italia; non mangiare salame e neanche cioccolato; neanche la morte di sua madre l'ha turbata
nemmeno [2]	*neither, nor, not even*	nemmeno io sapevo che l'avevano espulso da scuola; non vuole mangiare e nemmeno bere, perché si sente male

nebbia   fog

bruma f [3]	*fog, mist* (associated with cold weather)	la bruma dell'alba copriva ancora i colli; Venezia coperta della bruma di ottobre sembrava irreale
foschia f [2]	*mist* (associated with warm weather)	domani ci sarà foschia in Val Padana; di sera c'è sempre un po' di foschia; quando non c'è foschia si vede il mare
nebbia f [2]	*fog*	d'inverno a Milano c'è sempre la nebbia; accendi i fari perché c'è nebbia; la nebbia copriva le montagne

necessario   necessary

integrante [3]	*integral, essential, vital* (usually after the noun **parte**)	questa sezione è parte integrante del lavoro; quella clausola fa parte integrante del contratto
essenziale [3-2]	*essential*	un punto/un requisito essenziale; quell'articolo è essenziale per capire Calvino; è essenziale che tu vada dal medico; il suo appoggio è essenziale per avere quei fondi
vitale [3-2]	*vital* (see also **vivo**)	una forza/un'importanza/uno spazio vitale; una magistratura indipendente è vitale per lo stato democratico
indispensabile [2]	*indispensable*	il sale è indispensabile alla vita umana; era indispensabile che lei imparasse l'inglese

necessario [2]	*necessary*	per sopravvivere è necessario mangiare; è necessario che ti veda domani; faremo tutti i passi necessari; quel libro è necessario per l'esame; certe bugie sono necessarie

negare — to deny

confutare [3]	*to refute, to prove wrong*	è riuscito a confutare le tesi del suo rivale
ritrattare [3]	*to retract, to withdraw, to recant*	ritrattare un'accusa/una confessione/una tesi; Galileo fu costretto a ritrattare le sue teorie scientifiche
sconfessare [3]	*to deny, to retract*	l'assassino cercò di sconfessare il delitto; il terrorista adesso sconfessa le proprie idee politiche
smentire [3-2]	*to deny, to contradict*	il ministro ha smentito le voci di un'epidemia; l'attore ha smentito di essersi sposato; le tue previsioni sono state smentite dai fatti; dico la verità e nessuno può smentirmi
contraddire [2]	*to contradict, to deny* (also used reflexively)	tutti lo contraddicono su questo punto; non capisco perché devi contraddire tuo padre; le sue azioni contraddicono le sue affermazioni; perché ti contraddici sempre?
negare [2]	*to deny, to say no*	perché vuoi negare una verità lampante?; i miei mi negano il permesso di uscire stasera; non si può negare che lui sia un po' colpevole; l'assassino nega di conoscere la vittima; tutto mostra la sua colpevolezza, ma lui si ostina a negare
dire/rispondere di no [2-1]	*to say/answer no*	gli ho chiesto se vuole un regalo per Natale ma dice di no; quando il giudice gli ha chiesto se conosceva gli altri imputati, ha risposto di no

negligente — negligent

negligente [3-2]	*negligent, careless*	un alunno/un autista/un operaio negligente; è molto negligente nell'esprimersi
sventato [3-2]	*thoughtless, careless* (also used as a noun)	non pensa mai alle conseguenze delle sue azioni perché è sciocco e sventato; quella ragazza è proprio una sventata
trasandato [3-2]	*untidy, shabby*	non capisco perché lei che è ricca si vesta in modo così trasandato
trascurato [3-2]	*careless, negligent*	perché è così trascurata nel vestire?; tutti i suoi scritti sono molto trascurati in materia di note e bibliografia

disattento [2]	*careless*	i miei alunni oggi sono molto disattenti; la mia domestica continua a rompere le cose perché è molto disattenta
distratto [2]	*absent-minded, careless*	il nostro professore è molto distratto, ha sempre i calzini di due colori diversi; mi lanciò un'occhiata distratta
incosciente [2]	*careless, irresponsible* (also used as a noun)	soltanto un genitore incosciente poteva agire in quel modo; sei un bell'incosciente!
sbadato [2]	*careless, sloppy* (also used as a noun)	Carlo è così sbadato che dimentica sempre le chiavi di casa; è un'impiegata volenterosa ma un po' sbadata; quello sbadato ha lasciato aperto il rubinetto dell'acqua
sciatto [2]	*sloppy, untidy*	Giulietta si veste sempre in modo sciatto; il tuo tema era un lavoro molto sciatto, puoi fare di meglio

NB most of these adjectives have abstract nouns associated with them rendering the same ideas: **negligenza** f, **sventatezza** f, **trascuratezza** f, **disattenzione** f, **distrazione** f, **incoscienza** f, **sbadatezza** f, **sciattezza** f.

negozio   shop

esercizio m [3]	*establishment, shop, store* (see also **locale**)	abbiamo aperto questo esercizio l'anno scorso; stanno avviando un nuovo esercizio
rivendita f [3-2]	*shop* (usually small and selling food products)	una rivendita di generi alimentari/di pane
bottega f [2]	*shop, store* (small)	hanno una bottega di generi alimentari; è una bottega dove vendono prodotti artigianali
ipermarket m/ **ipermercato** m [2]	*hypermarket*	appena fuori dalla città c'è un ipermarket dove si può comprare di tutto; ho comprato questi mobili da giardino all'ipermercato; vado a vedere che tipo di cose hanno all'ipermercato
magazzino m [2]	*warehouse, storehouse, depot, stores*	hanno un magazzino ben fornito; ogni negozio deve avere il suo magazzino; signora, se non c'è quello che cerca, vado a cercarlo in magazzino
grande magazzino m [2]	*department store*	vieni con me al grande magazzino; la zia compra tutto al grande magazzino; ai grandi magazzini ci sono tanti prodotti scontati
negozio m [2]	*shop*	un negozio di alimentari/di fiori/di vestiti; hanno aperto un altro negozio di scarpe in centro; che bei negozi ci sono a Parma!
spaccio m [2]	*shop* (usually small and selling food)	hanno aperto uno spaccio di generi alimentari

supermercato m/ **supermarket** m [2]	*supermarket*	vado al supermercato, vuoi qualcosa?; faccio sempre la spesa al supermercato; le pesche del supermercato erano proprio buone; hanno costruito un nuovo supermarket dove vendono anche vestiti

nemico   enemy

avversario/a mf [3]	*rival, opponent, adversary (also used as an adjective)*	il pugile ha sconfitto il suo avversario; riesce sempre a demolire l'argomentazione dell'avversario; la squadra avversaria era più forte di noi
avverso [3]	*hostile, opposing*	sono avverso al loro progetto; la fortuna mi era avversa; erano divisi in due fazioni avverse
contendente mf [3]	*rival, adversary, opponent*	i contendenti scesero in campo; dobbiamo mettere pace fra i contendenti
antagonista mf [3-2]	*antagonist, rival*	gli antagonisti iniziarono una lotta all'ultimo sangue
competitore m/ **competitrice** f [3-2]	*competitor, rival*	quel cantante non ha competitori; ci sono pochi competitori in questa gara
oppositore m/ **oppositrice** f [3-2]	*opponent, opposition (also used as an adjective)*	è sempre stato un suo oppositore; i deputati oppositori hanno votato contro
opposto [3-2]	*opposite, hostile (see also* **contrario**)	l'amore è il sentimento opposto all'odio
concorrente mf [2]	*competitor, rival (in sport or business) (see also* **candidato**)	i concorrenti del gioco si presentano a coppie; la nostra ditta deve cercare di superare i concorrenti
contrario [2]	*against, hostile (see also* **contrario**)	il destino ci è stato contrario
nemico/a mf [2]	*enemy, foe, adversary (also used as an adjective)*	è un feroce nemico della repubblica; si è fatto molti nemici; leggo sempre il giornale nemico; è difficile capire la strategia nemica; non capisco perché mi sia nemico
ostile [2]	*hostile*	le sue parole erano decisamente ostili; si è sempre mostrata ostile alla nuora
rivale mf [2]	*rival (also used as an adjective)*	quegli atleti sono i nostri rivali; siamo rivali negli affari; nel suo campo non ha rivali; la squadra rivale non è venuta

nervoso   nervy, nervous

irrequieto [3-2]	*restless, uneasy*	l'incertezza mi rende irrequieto; gli animali, quando s'avvicina il temporale, sono irrequieti; è un ragazzo irrequieto, non sta mai fermo un minuto

agitato [2]	*nervous, nervy, upset* (of people), *rough* (of the sea)	era molto agitato prima dell'esame; i nonni sono molto agitati perché hanno sentito che diminuiranno le pensioni; il mare è un po' agitato oggi
innervosito [2]	*unnerved, nervous, irritable*	sei troppo innervosito per affrontarlo; era innervosito perché i ragazzi erano in ritardo
inquieto [2]	*restless* (see also **preoccupato**)	il bambino è stato inquieto tutta la notte; quello scrittore fu uno spirito inquieto; ho avuto un sonno inquieto
mosso [2]	*rough, choppy* (of the sea) (stronger than **agitato**)	il mare è sempre mosso vicino agli scogli; ti proibisco di andare a nuotare se l'acqua è mossa
nervoso [2]	*nervy, nervous, irritable, short-tempered* (see also **emozionato** and **sensibile**)	un carattere/un gesto/un uomo nervoso; eri così nervosa che non riuscivi neanche a parlare; da quando suo figlio ha avuto quell'incidente è molto nervosa

niente   nothing

nulla [3-2]	*nothing* (more literary than **niente** but also more used in conversation in the South)	tu non fai mai nulla; non ho nulla da dire; non ti è giunto nulla all'orecchio su di lui?; è un uomo che non vale nulla
niente [2]	*nothing, no* (invariable adjective in the last sense)	non so niente di quello che è capitato; questa medicina non mi ha fatto niente; si arrabbia per niente; non si preoccupi, è una cosa da niente; niente contorno per me, per favore

nocivo (see also pericoloso)   harmful

infesto [3]	*harmful, pernicious* (literary)	dovrebbero eliminare completamente il vizio infesto del fumo; tali passioni sono infeste alla serenità spirituale
pernicioso [3]	*pernicious, harmful*	una malattia perniciosa; l'anemia perniciosa è una forma di malaria; il suo è stato un consiglio pernicioso
pregiudizievole [3]	*prejudicial, detrimental*	quegli atti sono pregiudizievoli al buon esito delle trattative
rovinoso [3]	*ruinous* (usually economic)	ha perso tutto in speculazioni rovinose; fa un gioco economico rovinoso
deleterio [3-2]	*deleterious, harmful*	mangiare troppi grassi è deleterio alla salute; il cattivo esempio del padre è stato deleterio per il ragazzo
malefico [3-2]	*evil, harmful*	c'era un'aria malefica nella miniera; lui ha avuto un influsso malefico su mia figlia

malsano 3-2	*unhealthy, harmful*	è un clima malsano; tutte quelle salse piccanti sono cibi malsani; quel ragazzo ha sempre avuto idee malsane
tossico 3-2	*poisonous, toxic*	un gas tossico; una dose/una sostanza tossica; la stricnina è un veleno altamente tossico
dannoso 2	*harmful, damaging*	l'alcol è dannoso alla salute; la neve è dannosa per il raccolto; la sua inimicizia è stata dannosa alla mia carriera
nocivo 2	*harmful, damaging*	il fumo è nocivo alla salute; gli scarichi delle automobili sono nocivi; non c'è nulla di nocivo in quella sostanza

---

noioso (see also importuno)   boring

tedioso 3	*tedious*	un discorso/un giorno/un libro tedioso
uggioso 3	*tedious, wearisome*	questi sono discorsi stupidi e uggiosi; che giornata uggiosa!
monotono 3-2	*monotonous (see also* **piatto**)	una musica/una vita/una voce monotona; è monotono con i suoi soliti discorsi sulla sessualità
noioso 2	*boring, tedious*	è stato un giorno noioso; quella conferenza è stata molto noiosa; non ripetermi le stesse cose, diventi noioso
pesante 2	*heavy, tiresome*	smettila di predicare, sei proprio pesante; non sai com'è pesante il nostro professore con tutte le sue pignolerie!

---

nome   name

appellativo m 3	*name, nickname (usually pejorative)*	mi ha chiamato usando un appellativo scherzoso; non dovremmo usare quell'appellativo, è offensivo
nominativo m 3	*name (official)*	sull'elenco troverà i nominativi dei candidati al concorso; gli ho segnalato il nominativo del medico
pseudonimo m 3	*pseudonym, pen-name*	Italo Svevo è lo pseudonimo di Ettore Schmitz; Alberto Pincherle ha preso Alberto Moravia come pseudonimo
cognome m 2	*surname*	come ti chiami di cognome?; Roberto ha un cognome strano e difficile da ricordare
nome m 2	*name, first name (also figurative) (see also* **sostantivo**)	firma con il tuo nome, non con quello di tuo marito!; di nome si chiama Andrea; te lo chiedo in nome della nostra amicizia

soprannome m [2]	*nickname*	un soprannome ironico/scherzoso; qui in paese tutti lo chiamano con quel soprannome

non   not

affatto [3]	*not at all* (normally in combination with **non**)	non mi è affatto simpatica; questa torta non è affatto male!; non ci penso affatto
per niente/nulla [3-2]	*not at all*	non l'ho visto per niente; non è per niente bello; non mi sento per niente bene; non era vero per nulla
non [2]	*not*	non voglio ingrassare; non parlargli di me; non so cosa voglia; non possiamo aiutarti; non mi hanno creduto
mica [2-1]	*not at all* (often used with **non**)	mica ci vado, sai!; mica lo conosco, io!; non è mica vero!; non sono mica matto!; non la conosco mica

nonostante   although

quantunque [3]	*(al)though*	quantunque tu non gli creda, pare abbia detto la verità
benché [3-2]	*(al)though*	benché sia una ragazza viziata, non è cattiva; benché siano ricchi, vivono semplicemente
sebbene [3-2]	*(al)though*	sebbene Renato voglia bene al figlio, è più indulgente con la bambina
anche se [2]	*even if*	anche se non mi ascolterai, ti dirò quello che penso; quel ragazzo è proprio bello, anche se è molto sciocco
malgrado [2]	*(al)though*	malgrado voi non vogliate pagare così tanto, ne vale la pena; malgrado sia povero, è molto generoso
nonostante [2]	*(al)though*	nonostante sia laureato, mi sembra molto ignorante; nonostante se ne siano andati presto, si erano divertiti
per quanto [2]	*whatever, however much*	per quanto lui faccia, suo padre non lo perdona; per quanto studi adesso, sarai bocciato all'esame

NB all these conjunctions, apart from **anche se**, are followed by the subjunctive mood.

nord   North

nord m [2]	*North, northern* (also used as an adjective)	il nord dell'Europa/dell'Italia; Milano è una città del nord; la gente del nord non soffre il freddo; viviamo nella zona nord della città; stanno esplorando il polo nord

settentrionale [2]	*northern, north*	vengono dai paesi settentrionali; i francesi settentrionali rassomigliano molto agli italiani; c'è poco sole sul lato settentrionale della casa
settentrione m [2]	*North*	la bussola indica sempre il settentrione; questo vento freddo proviene dal settentrione; dopo l'unificazione molti italiani del Sud sono emigrati al settentrione

nota (see also **commento**)   note

chiosa f [3]	*gloss*	questa chiosa fornisce chiarimento al testo; i manoscritti antichi hanno spesso chiose a margine
glossa f [3]	*gloss, annotation*	ho letto le glosse al testo di Omero; prima non aveva studiato le glosse del Petrarca all'opera di Cicerone
postilla f [3]	*gloss, marginal note*	chi ha scritto le postille a questo documento?; le postille del libro sono più chiare del testo!
promemoria m [3]	*memo(randum)* (invariable plural)	si fa sempre un promemoria della cose più importanti da dire; fammi avere un breve promemoria dell'accaduto
annotazione f [3-2]	*note, annotation*	teneva un diario su cui faceva annotazioni ogni giorno; se leggo un libro, faccio sempre annotazioni al margine
appunto m [2]	*note*	dettare/prendere appunti; non ho più gli appunti delle lezioni; mi puoi dare i tuoi appunti di storia?; la segretaria ha preso molti appunti alla riunione
nota f [2]	*note* (see also **biglietto** and **conto**)	dov'è il mio quaderno con tutte le note?; quando scrivevo il libro, non sapevo se mettere le note in fondo alla pagina o no

notare (see also **guardare**)   to notice

discernere [3]	*to discern, to make out* (literary) (also figurative)	al buio non riusciva a discernere gli oggetti; non tutti discernono la verità
ravvisare [3]	*to recognise, to notice* (see also **riconoscere**)	appena ho visto tuo cugino, ho subito ravvisato la sua somiglianza con te
constatare [3-2]	*to note, to notice* (see also **controllare**)	ho constatato che hai finalmente comprato il libro; hanno constatato che non si presenta in ufficio da un mese
intravedere [3-2]	*to catch sight of, to notice*	l'ho intravisto tra la folla; ha intravisto qualcosa che si moveva in mezzo ai cespugli

rilevare [3-2]	to note, to notice	ha rilevato gli errori compiuti; il preside rilevò che i risultati degli esami erano eccellenti; ho rilevato il fatto che tu non sei venuta al matrimonio
scorgere [3-2]	to distinguish, to make out, to perceive, to notice	l'ho scorto tra la folla; il notaio scorse un errore nel documento; scorgendo una luce abbiamo cominciato a gridare; sta' attento a non farti scorgere
accorgersi (di) [2]	to notice, to realise (visually)	mi sono accorta che non eri a Messa; non si era accorto che sua sorella era arrabbiata; mi accorgo adesso che ho dimenticato gli occhiali
distinguere [2]	to make out, to distinguish (see also **mostrare** and **separare**)	ecco l'autobus, ma non riesco a distinguere il numero; sentivo parlare ma non distinguevo le parole
notare [2]	to notice, to note	hai notato che si è rifatta il naso?; noto con piacere che hai studiato; ho notato quello che hai detto
rendersi conto (di) [2]	to realise, to notice (mentally)	ci siamo subito rese conto dell'errore; si sono resi conto di averlo offeso; quand'ero in pizzeria, mi sono resa conto che non avevo soldi

nudo · bare, naked

ignudo [3]	nude, naked (also used as a noun)	il quadro raffigurava soprattutto corpi ignudi; bisogna vestire gli ignudi
brullo [3]	bare, barren (usually of nature)	una collina/una montagna brulla; quel terreno è brullo per la siccità; qui i pini sono tutti brulli per le piogge acide
spoglio [3-2]	bare, barren (usually of vegetation)	d'inverno gli alberi sono spogli; questa pianta ha rami spogli; vive in una stanza misera e spoglia
nudo [2]	bare, naked, nude (in a variety of contexts) (also used as a noun)	braccia/gambe nude; camminava a piedi nudi; al mare non puoi fare il bagno nuda; perché questa parete è così nuda?; questa è la nuda cronaca dei fatti; una costa/una spada/una terra nuda; quell'artista dipinge nudi
spogliato/svestito [2]	undressed, naked	gira sempre per casa mezza spogliata; quando è venuto alla porta era completamente svestito

numero · number

cifra f [2]	figure, sum	che cifra hai ottenuto come risultato del problema?; ti ricordi la cifra che hai pagato?

numero m 2	*number* (see also **misura** and **molto** (a))	un numero binario/cardinale/intero/ordinale/relativo; i numeri del lotto vanno da 1 a 90; ricordi il suo numero di telefono?; quel gangster è il nemico pubblico numero uno
quantità f 2	*quantity, amount* (see also **molto** (a))	è difficile stabilire la quantità di zucchero da usare; ci può informare sulla quantità di merce che intendete ordinare?

nuovo new

novello 3-2	*new, novice* (ecclesiastical in the last sense)	queste sono patate novelle; ecco il novello sposo; che buono questo vino novello!; è un sacerdote novello
fresco 2	*fresh, new* (also figurative)	acqua/carne/frutta/torta fresca; stai attento alla vernice fresca; è una sposa fresca; è un ricordo ancora fresco
nuovo 2	*new, fresh* (for adverbial use with **–mente** ending, see **di nuovo**)	hai un vestito nuovo?; dov'è il nuovo libro che hai letto?; c'è un nuovo programma in TV; quella crema è una nuova scoperta contro le rughe; finalmente una faccia nuova!
recente 2	*recent* (see also **passato**)	tutti questi edifici sono recenti; hai visto il film più recente di Nichetti?; la loro relazione è una cosa piuttosto recente

NB **recente** is also used as an adverb with **–mente** ending or in the form **di recente** (e.g. hai letto qualche bel libro recentemente?; l'ho visto di recente).

di nuovo again

nuovamente 3	*again*	è andata nuovamente dal dottore; piove nuovamente
ancora 2	*again*	cosa vuoi ancora?; è andato ancora all'ospedale; ha rifatto ancora il progetto dell'edificio; ti sei fatto ancora male?
di nuovo 2	*again*	vorrei parlarle di nuovo; ti sei sporcato di nuovo?; li vedrò di nuovo domani
un'altra volta 2	*(yet) again*	gli ho detto un'altra volta di non uscire con lei; è andato a Pisa un'altra volta; vuole andare un'altra volta sulla giostra

nuvola cloud

nembo m 3	*(rain/storm) cloud* (technical or figurative)	i nembi neri annunciano piogge persistenti; un nembo di dardi cadde sull'esercito
nube f 3-2	*cloud* (usually figurative)	una nube cosmica/radioattiva/tossica/vulcanica; i cavalli sollevarono una nube di polvere; hanno litigato ma è solo una nube passeggera

nugolo m 3-2	*cloud* (figurative)	un nugolo di cavallette/di frecce/di moscerini/di polvere
nuvola f 2	*cloud* (also figurative)	una nuvola alta/bassa/grigia; guarda che belle nuvole in cielo; le montagne erano nascoste dalle nuvole; è sparito in una nuvola di fumo; tu hai sempre la testa tra le nuvole
nuvolo m 2	*cloudy weather, cloud* (figurative in the last sense)	è nuvolo, non si possono fare fotografie; non verrò se c'è nuvolo; fuori c'è un nuvolo di moscerini

obiettivo (see also **giusto**)   objective, impartial

equanime 3	*impartial, even-handed*	questa mi sembra una soluzione equanime; il giudice ha dato una valutazione equanime del caso
spassionato 3-2	*dispassionate, impartial*	vorrei il tuo parere spassionato sull'incidente di oggi; ti do un consiglio spassionato, investi i soldi in un'altra ditta
imparziale 2	*impartial, unbiased*	Marco non si lascia influenzare da nessuna questione, è sempre imparziale; ci vuole un giudice imparziale
obiettivo 2	*objective, impartial*	un esaminatore/un racconto obiettivo; mi fido di Andrea perché è una persona obiettiva; Margherita ha fatto un resoconto della situazione completamente obiettivo
oggettivo 2	*objective* (see also **vero**)	non siamo in grado di dare un giudizio oggettivo; sto cercando di fare una critica oggettiva

occupare   to occupy

coprire 3-2	*to cover*	il quadro che ho comprato copre mezza parete; il tappeto che voglio comprare deve coprire tutto il pavimento
occupare 2	*to occupy, to fill* (also figurative)	questa credenza occupa troppo spazio; l'albero occupa tutto il giardino; gli operai hanno occupato la fabbrica; il contesto storico occupa tutta la prima parte del romanzo
riempire 2	*to fill* (see also **riempire**)	per riempire un po' quell'angolo ho comprato una pianta; quanti mobili dovranno comprare per riempire quella casa?
impegnare 2-1	*to occupy, to fill*	mio marito impegna sempre il tavolo con tutti i suoi libri; i ragazzi impegnano il nostro garage con le loro biciclette

occupato   busy, engaged

oberato 3	*overwhelmed, very busy* (with words like **impegni** or **lavoro**) (see also **pieno**)	non posso uscire stasera, sono oberato di lavoro; in quell'impiego è oberato di responsabilità
affaccendato 3-2	*busy* (suggests frantic activity to no great effect)	è sempre così affaccendato che non gli si può mai parlare
impegnato 3-2	*busy, engaged, involved*	non posso venire stasera, sono impegnato; mia madre è molto impegnata a lavorare in parrocchia; Elisabetta è impegnata a scrivere la sua tesi
indaffarato 2	*busy*	è sempre troppo indaffarato per occuparsi dei suoi figli; io non conterei di vedere Piero, è indaffarato per la partenza
occupato 2	*busy, engaged*	Simona è molto occupata per il suo lavoro; il direttore in questo momento è occupato e non può riceverla; non riesco a parlargli, il suo telefono è sempre occupato
preso 2	*busy, caught up, tied up*	sua moglie è molto presa dalla casa e dai figli; in ditta siamo molto presi perché facciamo l'inventario

odiare   to hate

aborrire 3	*to abhor, to loathe*	aborrisco quella persona da quando so come ha trattato i suoi figli; mio padre aborrisce l'odore dell'aglio
esecrare 3	*to loathe, to abhor*	mio nonno esecrava i fascisti; come puoi non esecrare quell'uomo sapendo che ha ucciso quella ragazza?
sprezzare 3	*to disdain, to scorn*	quello scrittore ha sempre sprezzato onori e ricchezze; chi sprezza le opinioni altrui non sempre ha torto
detestare 3-2	*to detest, to hate*	detesto il colore giallo; detestiamo lui e la sua famiglia perché ci hanno rovinato
sdegnare 3-2	*to disdain, to scorn*	bisogna sdegnare le adulazioni; Gino ha sempre sdegnato i nostri consigli; perché sdegni le opere di quell'autore?
disprezzare 2	*to despise, to disdain*	lui ci disprezza perché non siamo istruiti come lui; fino a poco tempo fa Clara lo disprezzava, adesso dice di amarlo
odiare/avere in odio 2	*to hate, to loathe*	odio quell'uomo perché è un ipocrita; la mamma odia le smancerie di mia sorella; ho sempre odiato la matematica; ho in odio tutti i miei parenti

odio (see also disgusto and ostilità)   hatred

disdegno m 3	*disdain, contempt* (literary)	rifiutò con disdegno qualsiasi compenso
esecrazione f 3	*abhorrence, execration*	quando apparve l'assassino, dalla folla si levò un grido di esecrazione; il re era oggetto dell'esecrazione generale
astio m 3-2	*hatred, rancour*	mi ha guardato con astio; da quando Pino gli ha portato via la fidanzata, Attilio prova un profondo astio contro di lui
disprezzo m 2	*contempt, scorn*	mi ha guardato con disprezzo; mostrava disprezzo per la famiglia della madre perché erano semplici operai
odio m 2	*hatred*	il mio odio per le lingue è famoso in tutta la scuola; il suo odio per il freddo lo porta a scegliere vacanze in paesi caldi

odore   smell, odour, scent

olezzo m 3	*fragrance, scent* (poetic)	un olezzo di gigli/di rose; l'olezzo dei fiori gli diede il benvenuto al suo arrivo
sentore m 3	*smell* (also figurative)	qui c'è un sentore di chiuso; non pensate ci sia sentore di truffa in questa situazione?
aroma m 3-2	*aroma, fragrance, bouquet*	aromi artificiali/naturali; un aroma delicato/forte/sottile; mi piace l'aroma del caffè macinato; che aroma questo vino!
fetore m 3-2	*stench, stink*	da dove viene questo fetore?; questo pesce è marcio, manda un fetore insopportabile
fragranza f 3-2	*fragrance*	la fragranza di questo profumo dura molto a lungo; si dice che la fragranza dei gerani tenga lontano le zanzare
lezzo m 3-2	*stink, stench*	senti che lezzo manda quel mucchi di rifiuti!; il lezzo della spazzatura col caldo diventa insopportabile
tanfo m 3-2	*stench, stink*	quando è entrata in cantina, c'era un brutto tanfo di muffa; quel cane deve essere lavato, senti che tanfo quando passa!
odore m 2	*smell, odour, scent* (also figurative)	che buon odore ha questo legno!; che strano odore c'è in questa casa?; c'è odore di complotto in questi avvenimenti
profumo m 2	*perfume, scent*	che profumo fantastico quel gelsomino!; il tuo profumo mi ricorda la mamma
puzza f/**puzzo** m 2-1	*stench, stink*	nel suo appartamento c'è sempre puzza di muffa; le mie scarpe da tennis hanno un puzzo orribile; non posso sopportare il puzzo dei tuoi piedi

offendere (see also **parlare male di**) to offend, to insult

vilipendere [3]	*to vilify, to disparage, to defame*	quei mascalzoni vilipendono le istituzioni pubbliche; sono stati condannati per aver vilipeso la nazione italiana
vituperare [3]	*to abuse, to berate*	vituperare la famiglia/la patria; non lasciamoci vituperare da gente come loro; ci hanno vituperati di fronte a tutti
ingiuriare [3-2]	*to insult, to offend*	li porterò in tribunale perchè mi hanno ingiuriato alla televisione; spiega le tue ragioni senza ingiuriare nessuno
oltraggiare [3-2]	*to offend, to desecrate, to violate* (usually honour, reputation, etc.)	oltraggiare l'onore di qualcuno; alcuni vandali hanno oltraggiato la tomba del milite ignoto
ferire [2]	*to wound, to offend* (for literal use, see **fare male**)	le tue parole mi hanno profondamente ferito; la sua ingratitudine mi ha ferito
insultare [2]	*to insult, to abuse*	oggi Mario ha insultato la sua segretaria; non capisco perchè continui ad accettare di essere insultato da tutti
offendere [2]	*to offend, to insult* (also used reflexively in the sense of *to take offence*)	tu mi offendi quando dici che sbaglio; volevo offenderla con quelle parole; hai offeso la mia fidanzata; le sue parole offendono la patria; quell'edificio offende il buon gusto; non sapevo che si sarebbe offesa perché avevo riso

offesa insult, offence

oltraggio m [3]	*insult, affront, outrage* (sometimes legal)	chiederle di lavorare è stato quasi un oltraggio alla sua dignità; l'assassino voleva vendicare l'oltraggio subito; l'hanno arrestato per oltraggio a pubblico ufficiale
onta f [3]	*offence, insult* (see also **scandalo**)	decise di vendicarsi dell'onta subita; si può cancellare l'onta solo col sangue
vilipendio m [3]	*insult* (legal)	il vilipendio alla bandiera nazionale è reato?
vituperio m [3]	*insult* (literary)	la folla ha coperto il ministro di vituperi; la condotta morale di quel papa recò vituperio alla Chiesa
affronto m [3-2]	*affront, insult*	non farmi questo affronto; non tollererò l'affronto; mi ha fatto l'affronto di mettere in dubbio la mia parola
ingiuria m [3-2]	*insult, abuse*	mi ha coperto di ingiurie; non ho mai sentito tante ingiurie; mi reca una grave ingiuria, se pensa che approfitterei di lui
insulto m [2]	*insult, abuse*	ha lasciato cadere la torta e sua sorella l'ha coperto di insulti; il tuo discorso è un insulto all'intelligenza
offesa f	*insult, offence*	perdonare/vendicare l'offesa; vuole sempre

2

recare offesa a qualcuno; andarsene senza salutare è un'offesa grave in alcuni paesi; capisci le sue continue offese verso la madre?

offuscare (see also **nascondere**) — to darken, to obscure

ottenebrare 3	to darken, to obscure (also figurative) (more common in reflexive use)	grosse nubi ottenebravano il cielo; l'alcol gli ha ottenebrato il cervello; il cielo si era improvvisamente ottenebrato; quando è eccitato, gli si ottenebra la mente
annebbiare 3-2	to cloud, to dim (usually figurative)	l'ira gli annebbiava la mente; tutti questi discorsi mi hanno annebbiato le idee
intorbidire 3-2	to cloud, to muddle, to muddy (also figurative) (also used reflexively)	la pioggia ha intorbidito l'acqua del torrente; l'alcol gli intorbidisce la mente; quelle letture intorbidiscono l'animo dei ragazzi; le acque si sono intorbidite
oscurare 3-2	to darken, to obscure, to dim (also figurative) (also used reflexively)	durante un'eclisse la luna oscura il sole; la fama di Giotto ha oscurato il suo maestro Cimabue; il cielo si oscurò improvvisamente; sentendo la notizia, si oscurò in volto
velare 3-2	to veil, to cover (up) (also figurative) (also used reflexively)	una sottile nebbia velava il sole; era talmente commosso che il pianto gli velava la vista; lei ha sempre velato l'identità del padre di suo figlio; il cielo si velò di nubi
appannare 2	to cloud up, to dim, to obscure (also figurative) (also used reflexively)	il caldo e l'umidità hanno appannato tutti i vetri; le lacrime gli appannavano gli occhi; il tempo appanna la memoria; nel frigorifero la bottiglia si è tutta appannata
offuscare 2	to darken, to obscure, to dim (also figurative) (also used reflexively)	l'oscurità del temporale offuscava il cielo; il fumo offusca l'aria; a volte la rabbia offusca la ragione; il vino gli ha offuscato le idee; il cielo si offuscò all'improvviso

oggi (see also **adesso**) — today, nowadays

oggidì 3	nowadays	oggidì non ci si può fidare a bere le uova fresche; oggidì ci aspettiamo che i medici possano farci vivere per sempre
oggigiorno 3-2	nowadays	oggigiorno è molto difficile trovare un lavoro permanente; oggigiorno la droga è un grave problema ovunque
attualmente 2	at present, currently	sulla montagna c'erano molti lupi, ma attualmente ce ne sono pochi; Paolo faceva il cuoco, ma cosa fa attualmente?
oggi 2	today, nowadays	cosa hai fatto oggi a scuola?; oggi alle donne sono aperte molte nuove carriere; la scuola oggi è meno severa di quella di ieri
al giorno d'oggi	nowadays, these days	al giorno d'oggi gli italiani non hanno molti

2		figli; al giorno d'oggi costa molto andare all'università
al presente 2-1	*at present, at the present time*	al presente non ti posso prestare quei soldi; al presente il mio lavoro mi piace, ma non so come sarà in futuro
quest'oggi 2-1	*today*	quest'oggi non ti posso vedere, sono proprio oberato di lavoro
oggi come oggi 2-1	*these days*	oggi come oggi non sono interessata ad andare in India; oggi come oggi gli studenti si impegnano molto

ombrello umbrella

parapioggia m 3	*umbrella*	il gentiluomo aprì il suo parapioggia per ripararsi dal brutto tempo
parasole m 3-2	*parasol, sunshade*	le dame dell'Ottocento in estate mantenevano la pelle bianca rifugiandosi sotto grandi parasoli
ombrello m 2	*umbrella*	piove, prendi l'ombrello; voglio comprarmi un bell'ombrello prima di andare in montagna
ombrellone m 2	*sunshade*	sulla spiaggia ci sono tantissimi ombrelloni; vieni sotto l'ombrellone, altrimenti ti scotti

omicidio (see also **massacro**) murder, killing

assassinio m 3-2	*murder*	è stato condannato per l'assassinio di quelle due donne, ma nessuno ha mai creduto alla sua colpevolezza
uccisione f 3-2	*killing, murder*	molti giornali hanno parlato dell'uccisione di quella povera prostituta
omicidio m 2	*murder, killing*	un omicidio colposo/intenzionale/ premeditato; l'hanno arrestato perché aveva commesso un omicidio anni fa

omosessuale homosexual

pederasta m 3	*pederast, homosexual*	Oscar Wilde fu accusato di essere un pederasta
sodomita m 3	*sodomite, homosexual*	Dante mette i sodomiti nel settimo girone dell'Inferno
omosex mf 3-2	*homosexual*	mi sembra che oggi si vedano più omosex di prima; amo i locali omosex dove si incontrano persone un po' strane
gay mf	*gay (also used as an*	questa è una discoteca dove si incontrano i

2	adjective)	gay; questi due ragazzi sono solo amici o sono gay?
lesbica f 2	*lesbian* (also used as an adjective)	in questa discoteca si vedono molte lesbiche; quell'attrice dice di essere lesbica
omosessuale m 2	*homosexual* (also used as an adjective)	gli omosessuali oggi sono molto più liberi di prima; ha voluto dire anche a sua madre di essere omossessuale; non ho mai avuto rapporti omossessuali con lui
finocchio m 2-1	*queer* (pejorative) (also used as an adjective)	sono tutti finocchi in quel bar; il nostro professore è un po' finocchio, ma è molto bravo a spiegare filosofia
checca m 1	*queer* (pejorative)	quello lì è una checca di prim'ordine, fa il filo a tutti i ragazzi sulla spiaggia
frocio m 1	*poof(ter)* (very pejorative)	il tizio che cerchi è un frocio che abita col suo amico a Trastevere

onda   wave

flutto m 3	*(small) wave* (poetic)	Venere nacque dai flutti del mare; sui flutti marini spirava una dolce brezza
increspatura f 3	*ripple*	sul mare blu si vedevano increspature bianche; il lago mostrava increspature di spuma
maroso m 3	*breaker, billow* (literary)	la nave scompariva a tratti fra i marosi
cavallone m 3-2	*(high) wave, breaker*	non faccio il bagno oggi perchè ci sono troppi cavalloni; stai attento con la barca quando ci sono i cavalloni
onda f 2	*wave* (also used in scientific senses)	le onde del mare erano a volte verdi, a volte blu; non voglio che i bambini vadano in mare perché le onde sono troppe alte; fanno esperimenti con onde elettromagnetiche
ondata f 2	*wave, surge* (usually figurative)	un'ondata di caldo/di criminalità/di entusiasmo/di freddo/di protesta/di scioperi; hanno attaccato a ondate successive; enormi ondate si abbattevano contro la diga

onesto   honest

integro 3	*honest, upright* (see also **completo**)	è sempre stato un uomo integro
probo 3	*honest, upright, righteous* (literary)	un cittadino/un uomo probo
dabbene 3-2	*respectable, decent, upright* (invariable)	gente/una ragazza/un uomo dabbene; si è fidanzata con un ragazzo dabbene

devoto 3-2	*devoted, dedicated* (for religious sense, see **religioso**)	per me è stato un amico proprio devoto
retto 3-2	*upright, straightforward, honest*	un uomo retto; una condotta retta; quel ragazzo è molto retto, ha detto subito di aver rotto la finestra
corretto 2	*correct, proper* (see also **preciso**)	ha sempre un comportamento corretto; è un avversario molto corretto
fedele 2	*faithful, loyal, true* (for religious sense, see **religioso**)	il popolo si mantenne fedele alla patria; mio marito mi è fedele, non mi ha mai tradito
franco 2	*frank, open, candid*	voglio essere franco con te; sii franca, dimmi che cosa ne pensi; in modo franco e aperto ha detto quello che pensava
leale 2	*loyal, sincere*	Carlo è un amico leale, mi è sempre accanto anche nei momenti più difficili; sono sempre stati alleati leali
onesto 2	*honest*	è gente onesta; secondo me, ha agito con intenzioni oneste, anche se poi tutto è andato male
rispettabile 2	*respectable*	una famiglia/una ragazza/una signora rispettabile
sincero 2	*sincere*	un amico/un uomo sincero; Alberto ha una sincera ammirazione per te; avevo il sincero proposito di studiare fino a tardi, ma mi sono addormentato

NB the adverbial forms **francamente**, **lealmente**, **onestamente** and **sinceramente** are also commonly used (e.g. ti parlerò francamente; anche tu, francamente, hai agito male; si è sempre comportato lealmente nei miei confronti; ha sempre vissuto onestamente; devo riconoscere, onestamente, che non hai tutti i torti; mi puoi rispondere sinceramente?; sinceramente, non so che cosa consigliarti).

---

opera (see also **libro**)   (creative) work

scrittura f 3	*writing*	alcuni critici sostengono che la scrittura femminile sia diversa da quella maschile
scritto m 3-2	*writing* (see also **studio**)	gli ultimi scritti di quell'autore sono ancora di proprietà della famiglia; hai letto gli scritti minori di Dante?
testo m 3-2	*text, work*	anche i film possono essere considerati testi culturali del nostro secolo
lavoro m 2	*work* (in a variety of creative senses) (see also **lavoro**)	il lavoro di questo autore è molto interessante ed originale; questo è uno splendido lavoro della scultura rinascimentale

| **opera** f [2] | *(creative) work(s)* (in a variety of senses) | un'opera d'arte; l'opera dantesca sarà ricordata nei secoli a venire; questo ponte è una grande opera di ingegneria |

operazione   (medical) operation

| **intervento** m [3-2] | *operation* | il chirurgo ha eseguito un urgente intervento ai polmoni; quel cantante ha subito un grave intervento al cuore |
| **operazione** f [2] | *operation* | sono andato in ospedale per un'operazione molto delicata; la sua operazione agli occhi è durata quattro ore; il medico ha eseguito una complicata operazione di chirurgia plastica |

opinione (see also **idea**)   opinion

avviso m [3-2]	*warning, opinion* (see also **informazione** and **pubblicità**)	segui il loro avviso e vai a parlare ai carabinieri; a mio avviso dovresti continuare a studiare
giudizio m [3-2]	*judgement, opinion* (for legal use, see **decisione**)	un giudizio buono/cattivo/favorevole/ sfavorevole; ci siamo fidati del suo giudizio quando abbiamo venduto la casa
consiglio m [2]	*(piece of) advice*	cercherò di darti un consiglio oggettivo; non sempre conviene ascoltare i consigli degli amici
opinione f [2]	*opinion, point of view*	l'opinione pubblica; è un uomo che non ha mai opinioni precise; sono dell'opinione che tu abbia fatto un grande sbaglio ad assumerlo come contabile
parere m [2]	*opinion, point of view*	un parere favorevole/negativo; dammi il tuo parere sulla questione; a mio parere, dovresti andare dalla polizia
punto di vista m [2]	*point of view, opinion*	Giuseppe ha sempre un punto di vista molto personale su tutto; ma non ti curi del punto di vista di tuo marito?; da questo punto di vista le sue azioni sembrano giustificate

opuscolo   booklet, pamphlet

prospetto m [3]	*prospectus*	hanno compilato un prospetto illustrativo della nuova macchina; il prospetto delle lezioni non lascia molto spazio per attività sportive
depliant m [3-2]	*leaflet, brochure, catalogue*	oggi vado all'agenzia di viaggi a prendere qualche depliant per scegliere dove andare in vacanza
opuscolo m [2]	*booklet, pamphlet, brochure*	hai visto gli opuscoli per i nuovi prodotti?; hanno pubblicato un opuscolo di informazioni turistiche

pieghevole 2	*leaflet* (usually for advertising)	la casa editrice ha distribuito un pieghevole di presentazione per la sua nuova enciclopedia
programma m 2	*programme* (for a show, concert, etc.) (see also **piano**)	hai comprato un programma per il concerto?; vendono il programma per lo spettacolo a teatro
volantino m 2	*leaflet, handbill, flyer* (usually for advertising)	quel negozio ha distribuito volantini per attirare i clienti; hanno lanciato un sacco di volantini da un aereo

orchestra orchestra

band f 2	*band* (modern pop music)	mi piacciono molto le nuove band americane
banda f 2	*band* (town, village, etc.)	mio nonno suona nella banda del paese; si sente la banda militare
complesso m 2	*group, company, ensemble* (see also **gruppo**)	un complesso corale/musicale/strumentale; stasera suona un famoso complesso rock
gruppo m 2	*group* (pop music) (see also **gruppo**)	ascolto ancora i grandi gruppi inglesi degli anni '60
orchestra f 2	*orchestra, band*	un'orchestra filarmonica/sinfonica/da ballo/da camera/di jazz; l'orchestra ha suonato magnificamente ieri sera
orchestrina f 2	*dance band*	abbiamo ballato alla musica dell'orchestrina

ordinare (a) to order, to command

ingiungere 3	*to impose, to command* (legal or administrative)	il giudice ha ingiunto il pagamento di un milione; il tribunale ingiunge ai testimoni di parlare
comandare 2	*to command, to order* (see also **dominare**)	il generale comandò che i soldati partissero; il direttore ha comandato a tutti di essere presenti alla riunione seguente
ordinare 2	*to order, to command, to direct* (see also **chiedere**)	il comandante ordinò ai suoi uomini di attaccare; la mamma mi ha ordinato di pulire la mia camera; il generale ha ordinato lo sgombro della caserma

ordinare (b) to put in order

| **assettare/rassettare** 3 | *to arrange, to put in order, to tidy* | quando la sala fu assettata, il ricevimento di nozze iniziò; ha rassettato la casa facendo pulizia |
| **acconciare** 3-2 | *to tidy (up), to arrange* (also of hair) (see also **vestire**) | bisogna acconciare questa stanza prima di partire; devo acconciarmi i capelli per il ballo stasera |

mettere a posto [2]	*to tidy, to put straight* (of things), *to put right, to deal with* (of things or people)	devo mettere a posto questa stanza prima del suo ritorno; la tua roba è in disordine, perché non la metti a posto?; adesso lo metto a posto io, quel mascalzone!
mettere in ordine [2]	*to put in order, to sort/ straighten out* (of things)	devo mettere in ordine i miei affari prima di andare in pensione
ordinare [2]	*to put in order, to arrange, to tidy* (also figurative)	ho ordinato i libri sullo scaffale; hai ordinato i tuoi conti?; è suo dovere ordinare l'amministrazione della giustizia
regolare [2]	*to regulate, to adjust, to put right* (also used reflexively)	regolare il calore della stufa/il traffico/il volume; adesso abbiamo regolato la questione; ti sei regolato nel bere?
sistemare [2]	*to put straight/right, to sort out, to settle, to see to, to deal with* (see also **mettere**)	ti sistemerò la casa, se vuoi, durante la tua assenza; abbiamo sistemato la questione; ora che è tutto sistemato, possiamo pensare al futuro; se non studi, ti sistemo io!

ordine (see also **regola**)   order

direttiva f [3]	*instruction, directive, direction* (usually plural)	ha dato delle direttive ai suoi dipendenti; il sistema non ha funzionato perché non ti sei attenuto alle direttive ufficiali
ingiunzione f [3]	*order, injunction* (legal)	ha ricevuto un'ingiunzione di pagamento; gli hanno consegnato l'ingiunzione di comparire in tribunale
ordinanza f [3]	*ordinance, order* (legal or administrative)	fu emessa un'ordinanza del sindaco; la polizia esegue l'ordinanza del giudice
disposizione f [3-2]	*instruction, direction, provision* (often plural)	il ministero non ha ancora dato disposizioni sullo svolgimento degli esami; bisogna osservare le disposizioni ricevute; per disposizione di legge è vietato detenere armi
ordinazione f [3-2]	*order* (usually commercial) (also in a restaurant)	ho ricevuto molte ordinazioni per quell'articolo; i compratori hanno annullato l'ordinazione; al ristorante abbiamo fatto le ordinazioni subito
comando m [2]	*order, command*	il generale ha dato un comando; l'esercito ha ricevuto il comando di mettersi in marcia
istruzione f [2]	*instruction, direction, order* (often plural) (see also **modo**)	aspetto istruzioni dal direttore; seguo le istruzioni del medico; hai letto le istruzioni per l'uso sulla confezione?
ordine m [2]	*order, command*	accettare/dare/eseguire/ricevere un ordine; mi hanno dato l'ordine di non far entrare nessuno; hanno emesso l'ordine di cattura; devi ubbidire agli ordini dei tuoi superiori

organismo (see also associazione and gruppo) — organisation, association

ente m 3-2	*institution, body, agency (officially recognised) (see also ditta)*	l'IRI era un ente statale costituito per favorire la ripresa economica; Claudio lavora per un ente di ricerca a Roma; mi può dire dove si trova l'ente del turismo?
istituto m 2	*institution, institute (see also scuola)*	hanno deciso di fondare un nuovo istituto bancario; lavora per l'Istituto centrale di statistica
organismo m 2	*organisation, association, institution*	i sindacati sono organismi istituiti a difesa dei lavoratori; lo stato è un organismo di cui tutti siamo parte
organizzazione f 2	*organisation*	un'organizzazione aziendale/politica/ sindacale; l'ONU è un'organizzazione internazionale

organizzare — to organise

dirigere 3-2	*to manage, to run, to direct*	abbiamo sempre diretto noi la ditta di famiglia; il preside dirige un gruppo di studio sulle lingue straniere
gestire 3-2	*to manage (usually commercial)*	è ormai lui che gestisce l'azienda; il negozio è gestito da una famiglia; devi imparare a gestire i tuoi soldi
guidare 2	*to guide, to lead (see also portare)*	guida molto bene l'organizzazione; guiderò io le ricerche su questa nuova sostanza; ha guidato il partito alla vittoria
organizzare 2	*to organise (also used reflexively)*	hanno organizzato una gita; finora non hanno organizzato molto bene quest'azienda; dobbiamo organizzare la nostra azione politica; se vogliono riuscire, devono organizzarsi

orgia — orgy

orgia f 3-2	*orgy (also figurative)*	quell'uomo si dà alle orge; è stata una notte di orgia; l'esposizione è un'orgia di suoni e colori
festino m 2	*orgy*	sarebbe meglio non parlare del festino di ieri sera; il giornale dice che quel deputato ha partecipato a vari festini
ammucchiata f 2-1	*orgy*	dicono che in quella casa facessero delle ammucchiate

orgoglioso — proud

altero 3	*proud, haughty*	un atteggiamento/un carattere altero; quell'uomo ha modi freddi ed alteri

borioso [3]	*arrogant*	ha sempre parole boriose per tutti; detesto il suo atteggiamento borioso
tracotante [3]	*arrogant, overbearing*	da quando è diventato direttore si è dimostrato molto tracotante con noi; ha sempre un atteggiamento tracotante e provocatorio
pretenzioso [3-2]	*pretentious*	è un uomo proprio pretenzioso; quei mobili moderni sembrano pretenziosi in quella casa così vecchia e sporca
sdegnoso [3-2]	*disdainful*	un rifiuto/uno sguardo sdegnoso; nonostante le abbiamo fatto molti piaceri, è molto sdegnosa in nostra compagnia
smargiasso m [3-2]	*braggart, boaster, boastful person*	suo marito fa lo smargiasso con tutti
sprezzante [3-2]	*scornful, disdainful*	un atteggiamento/una risposta sprezzante; perché è così sprezzante verso suo fratello?; mi tratta in modo sprezzante
arrogante [2]	*arrogant*	un'espressione/uno sguardo/un tono/una voce arrogante; non ammette mai di aver fatto errori, è molto arrogante
fanfarone/a mf [2]	*show-off, boastful individual*	quel tuo amico è un fanfarone insopportabile; che fanfarone sei!
fiero [2]	*proud* (in a positive way)	Anna è fiera di suo nonno bersagliere; è fiera di aver fatto bella figura agli esami; siamo un popolo fiero e coraggioso
orgoglioso [2]	*proud* (in a positive or negative way)	è orgogliosa che suo figlio sia così intelligente; sono orgoglioso di te; la città è orgogliosa di avere un cittadino così famoso; non lascerà che lo aiuti, è troppo orgoglioso
presuntuoso [2]	*presumptuous*	io trovo quel ragazzo molto presuntuoso; il suo atteggiamento presuntuoso l'ha reso antipatico a tutti
superbo [2]	*haughty, arrogant*	Luciana è sempre stata superba perché si ritiene un'aristocratica; aveva uno sguardo freddo e superbo
vanitoso [2]	*vain*	Simonetta è molto bella, ma anche molto vanitosa; spesso gli uomini sono più vanitosi delle donne

originale
original

primitivo [3]	*primitive, original* (see also **primitivo**)	hanno cercato di riportare l'affresco al suo stato primitivo; qual è il significato primitivo di questa parola?

| **originario** 3-2 | *original* (see also **nativo**) | questa è la cornice originaria del quadro; la città conserva il tessuto originario del centro storico medioevale |
| **originale** 2 | *original* | questa è una copia del quadro originale conservato nel museo della città; lui ha idee molto originali quando scrive |

origine origin

germe m 3	*germ, seed*	si vede qui il germe della rivoluzione; nel Duecento si possono già trovare i germi del Rinascimento
matrice f 3	*matrix, origin*	non so quale sia la matrice culturale di quel poeta
seme m 3-2	*seed, origin*	quel politico cerca di gettare il seme della discordia; il seme della violenza è rintracciabile in quegli anni difficili
sorgente f 3-2	*spring, source*	dov'è la sorgente di questo fiume?; l'egoismo è sorgente di tanti mali; bevo solo acqua di sorgente
fonte f 2	*source*	non conosci la fonte di questa informazione?; gli investimenti sono una fonte di ricchezza per molte persone; sto cercando fonti scritte di storia medievale
origine f 2	*origin*	non si risolverà mai il problema dell'origine del mondo; l'origine di quell'opera è abbastanza chiara; queste notizie sono di dubbia origine; quella famiglia è di origine italiana; i Romani, in origine, erano una piccola tribù di pastori
provenienza f 2	*origin, provenance, source*	è spesso difficile stabilire la provenienza di tutti i clandestini che arrivano in Italia; la provenienza della sua ricchezza non è mai stata chiara
radice f 2	*root, source*	avete identificato la radice del problema?; bisogna affrontare il male alla radice

oscurità darkness, obscurity

| **tenebre** fpl 3 | *dark(ness), obscurity* | le tenebre coprirono tutta la pianura in pochi minuti; le tenebre arrivarono presto quella sera |
| **buio** m 2 | *dark(ness), night* (for use as adjective, see **scuro**) | c'è troppo buio in questa stanza, non ci vedo; alcuni bambini hanno paura del buio; alcune volte è riposante stare un po' al buio la sera; è uscito prima del buio |

| **oscurità** f [2] | *dark(ness), obscurity* (also figurative) | l'oscurità della notte avvolse la città; il ladro, approfittando dell'oscurità, è riuscito a svignarsela; l'oscurità dei discorsi di quel filosofo è ben nota |

oscuro (see also vago)   obscure

astruso [3]	*abstruse*	non capisco tuo fratello, fa sempre ragionamenti astrusi; tu parli in modo astruso, cerca di essere più chiaro
enigmatico [3]	*enigmatic*	il suo comportamento è enigmatico, a volte è contento, a volte non parla con nessuno
ambiguo [2]	*ambiguous*	un'azione/una frase/una parola/una risposta ambigua; il suo comportamento è stato ambiguo
misterioso [2]	*mysterious, obscure*	le origini della sua malattia sono misteriose; quell'uomo ha un aspetto misterioso
oscuro [2]	*obscure, mysterious* (see also **scuro**)	è un fatto oscuro; è rimasto oscuro il perché non abbia finito gli studi; per oscure ragioni non vuole venire con noi

ospedale   hospital

casa di cura f [3]	*clinic, (small) hospital*	sono stato ricoverato in una casa di cura; per farsi operare in quella casa di cura si paga molto
clinica f [3-2]	*clinic* (often private or of a specialist nature)	si era fatta operare in una clinica privata; abbiamo dovuto ricoverare il papà in una clinica ortopedica; questa è una clinica neurologica
policlinico m [3-2]	*hospital* (more specialised than **ospedale**)	se il bambino non starà meglio domani mattina, lo porteremo al policlinico; lavora al policlinico di Roma
sanatorio m [3-2]	*sanatorium*	quando ha avuto la tubercolosi, ha passato alcuni mesi in un sanatorio sulle montagne
infermeria f [2]	*infirmary, sick bay* (in school, factory, prison, etc.)	ho mandato quello studente in infermeria perché non si sentiva bene
ospedale m [2]	*hospital*	non sono mai stata all'ospedale; hanno portato il nostro vicino all'ospedale militare; dov'è l'ospedale più vicino?
pronto soccorso m [2]	*casualty, accident unit*	quando mi sono tagliata la mano, mia sorella mi ha portata al pronto soccorso; c'erano tantissimi feriti al pronto soccorso ieri sera per via dell'incidente sull'autostrada

ospitare

to put up, to have as a guest

albergare
3

to house, to shelter, to lodge (also figurative in the sense of to harbour) (for intransitive use, see **rimanere**)

albergò i due pellegrini per alcune notti; nel nostro cuore dovremmo albergare solo la carità e la comprensione verso gli altri

accogliere
2

to welcome, to give hospitality to

hanno accolto quella ragazza nella famiglia come fosse loro figlia; quando rimasi solo, mi accolse cordialmente a casa sua; l'albergo può accogliere oltre 400 turisti

alloggiare
2

to house, to accommodate (for intransitive use, see **abitare**)

vive alloggiando gli studenti; vorrei alloggiare i miei genitori qui vicino; la popolazione ha alloggiato i rifugiati

ospitare
2

to put up, to have as a guest, to receive, to accommodate

ho offerto di ospitare quegli amici da noi; quella pensione ospita molti camionisti; l'Italia ospita ogni anno milioni di turisti; lo stadio ospita diecimila spettatori

ricevere
2

to receive, to welcome, to take in (see also **ricevere**)

la signora riceve le amiche ogni lunedì; ci hanno ricevuti come ospiti in casa loro

ostacolo (see also **difficoltà**)

obstacle

incaglio m
3

obstacle, hindrance, hitch (usually figurative)

abbiamo avuto incagli nel pagamento di quell'ordine; ci sono stati incagli nelle trattative di quell'affare

inciampo m
3

obstacle, hindrance (also figurative)

sta' attento, questo corridoio è pieno di inciampi; il direttore ha sempre creato inciampi in questo progetto

ingombro m
3-2

impediment, obstacle

questa stanza è piena di ingombri; togliete tutti gli ingombri in questo corridoio!; quel tavolo mi è d'ingombro

intoppo m
3-2

obstacle, obstruction (figurative)

siamo sicuri che la nuova amministrazione non creerà intoppi nella costruzione di un nuovo centro commerciale

intralcio m
3-2

hindrance, obstruction (also figurative)

le vetture in sosta creano un intralcio al traffico; mi sei più d'intralcio che di aiuto

impaccio m
2

impediment, obstacle

quando si viaggia in treno, i bagagli sono un bell'impaccio; sgombra il tavolo di ogni impaccio, perché devo lavorare

impedimento m
2

impediment, obstacle, drawback (usually figurative)

non ci saranno impedimenti al loro matrimonio, vero?; quali impedimenti vedete nel raggiungere i nostri obiettivi?

ostacolo m
2

obstacle, hindrance (also figurative)

l'albero creava un ostacolo sul suo cammino; la nebbia fitta era un ostacolo alla ricerca dei naufraghi; nella vita ci sono molti ostacoli da superare

ostilità (see also disgusto and odio) hostility

livore m 3	*spite, rancour*	nelle sue parole si sente livore per il successo del collega; gli ha lanciato delle occhiate piene di livore
malanimo m 3	*rancour, grudge, malevolence*	spiegami perchè provi tanto malanimo nei miei confronti; c'è sempre stato malanimo tra i due fratelli
animosità f 3-2	*animosity, spite*	agisce con animosità verso quelli che ritiene antipatici; lo tratti con animosità senza cercare di capirlo
antagonismo m 3-2	*antagonism, rivalry* (see also **competitizione**)	l'antagonismo tra di loro è proprio esasperato; tra il capo e gli operai c'è dell'antagonismo su questo punto
avversione f 3-2	*dislike, aversion*	non capisco perché mio padre provi una tale avversione per il pesce; sento solo avversione per la sua ideologia
contrarietà f 3-2	*aversion, (strong) dislike*	conosci la mia contrarietà per questo genere di scherzi; ho già dimostrato la mia contrarietà a questa iniziativa
ostilità f 3-2	*hostility, aversion* (for plural use, see **lotta**)	ho fatto di tutto per vincere l'ostilità del mio ambiente contro di lui; la sua ostilità nei miei confronti è molto chiara
antipatia f 2	*dislike, antipathy*	prova una forte antipatia per me; quell'uomo m'ispira solo antipatia; se si rivolge a me, provo un'antipatia istintiva
inimicizia f 2	*enmity, hostility*	tra le due famiglie c'era una vecchia inimicizia; con quel modo di fare si è procurato inimicizie dovunque
rancore m 2	*rancour, grudge, ill feeling*	ha sempre nutrito rancore contro di me; bisogna dimenticare i vecchi rancori

ostinato obstinate, stubborn

pertinace 3	*persistent, obstinate, dogged*	un'insistenza pertinace; Valentino ha un carattere pertinace, riesce sempre ad ottenere quello che vuole
pervicace 3	*stubborn, obstinate* (literary)	Cassandra è pervicace, si accanisce contro tutti con ostinazione; con una lotta pervicace ha eliminato i rivali
caparbio 3-2	*obstinate, headstrong, stubborn*	ha un carattere caparbio; Elisa è una persona caparbia, non ascolta mai i consigli di nessuno; il mulo è l'animale più caparbio in assoluto

intransigente 3-2	*uncompromising, intransigent*	il direttore è intransigente per quanto riguarda l'orario di lavoro; ha preso una posizione intransigente
persistente 3-2	*persistent*	soffro di mal di testa persistenti; tua figlia ha detto ancora che vuole il motorino, è veramente persistente
puntiglioso 3-2	*stubborn, obstinate*	non essere così puntigliosa, vieni con noi; lei è troppo puntiglioso e intransigente sul lavoro
ostinato 2	*obstinate, stubborn*	il medico gli ha detto di non fumare, ma è troppo ostinato per ascoltarlo; Gianni si è chiuso in un mutismo ostinato
testardo 2	*headstrong, obstinate*	un carattere/un ragazzo testardo; non capisco perchè non voglia andare a studiare a New York, è proprio testardo
cocciuto 2-1	*pig-headed, obstinate, stubborn*	quel bimbo è cocciuto come un mulo, se vuole qualcosa non si riesce a fargli cambiare idea

ottenere (see also prendere)   to obtain, to acquire

acquisire 3	*to acquire, to obtain*	ha acquisito la cittadinanza italiana; con l'esercizio acquisì un'agilità fuori del comune
procacciarsi 3	*to obtain, to get*	procacciarsi il cibo/il favore di qualcuno; quel politico cerca solo di procacciarsi voti
conseguire 3-2	*to attain, to obtain*	ha conseguito un grande successo; ha conseguito la laurea con il massimo dei voti; sposando Paolo ha conseguito il suo obiettivo di diventare ricca
acquistare 2	*to acquire, to purchase*	l'Italia ha acquistato quel territorio dopo la grande guerra; ho acquistato una bella bicicletta; quella teoria acquista sempre più terreno
comprare 2	*to buy* (see also **corrompere**)	comprare un appartamento/un'auto/un paio di scarpe/delle sigarette/un televisore/un terreno; mamma, mi compri le caramelle?; tutti sanno che quel politico compra i voti
ottenere 2	*to obtain, to acquire, to gain*	ottenere un aumento di stipendio/un premio/un successo; Rosa ha ottenuto il divorzio dal marito; hanno ottenuto metà dell'eredità; cosa credi di ottenere con la prepotenza?
procurare 2	*to get, to obtain* (often used reflexively) (see also **causare**)	ti ho procurato il testo di matematica che volevi; si è procurato quel posto di lavoro raccomandandosi a destra e sinistra; come ti sei procurato questa ferita?

raggiungere 2	*to reach, to obtain* (see also **venire**)	raggiungere uno scopo/il successo; studiando ha raggiunto un buon livello di conoscenza del problema
ricavare 2	*to get, to extract, to derive, to obtain*	mio zio ricava un largo reddito dalle sue terre; ricaviamo questo vino dalla nostra uva; dalla filosofia orientale possiamo ricavare preziosi insegnamenti
riportare 2	*to obtain, to gain, to get*	ha riportato un brillante successo/una dura sconfitta; agli esami ho riportato un voto mediocre; nell'incidente la macchina ha riportato gravi danni
accaparrare 2-1	*to get hold of, to make sure of, to get one's hands on* (also used in reflexive form)	ho accaparrato la sdraio sotto l'ombrellone; mi sono accaparrato un appartamento in quel palazzo; si è accaparrato i posti migliori a teatro

padre   father

padre m 2	*father*	mio padre lavora alla Fiat; nostro padre era di Como
babbo m 2-1R	*dad, daddy* (mainly regional Tuscan and Umbrian usage)	babbo, mi aiuti a riparare la macchina?; il suo babbo è amico del mio
papà m 2-1	*dad, daddy*	il mio papà era ingegnere; mio fratello è diventato papà

padrone   owner, employer, landlord

detentore m/ **detentrice** f 3	*holder* (of a record or title), *possessor, owner* (can imply unlawfulness)	è il detentore di parecchi primati; è un detentore di armi; è diventata detentrice di un immobile
possidente mf 3	*landowner, landlord, man/woman of property*	un grosso/piccolo/ricco possidente; di professione è possidente; è un possidente terriero
possessore m 3-2	*owner, holder*	cerchiamo il possessore del biglietto vincente; lui è il legittimo possessore di tutti questi edifici
signore m 3-2	*lord, master, ruler, gentleman* (of a house in the last sense) (see also **uomo**)	qui comanda il signore del castello; Dio è il signore dell'universo; mi spiace, il signore non è in casa; era il signore di una città rinascimentale
padrone/a mf 2	*owner, proprietor/proprietress, employer, boss, landlord/landlady, lord* (also used in the figurative sense of *in charge*) (see also **libero** (a))	è il padrone di una grossa fabbrica; gli operai hanno scioperato contro le decisioni del padrone; i padroni trattano male i lavoratori; scusi, la padrona è uscita; tocca ai padroni di casa di decidere; è ormai padrone di tutto il paese; sono padrone dei miei nervi; è rimasta padrona della situazione

proprietario/a mf 2	*owner, proprietor/ proprietress,* *landlord/ landlady, landowner*	il proprietario di una casa/di una macchina; un grosso/piccolo proprietario; dovrebbero restituire il terreno al legittimo proprietario; il proprietario dell'azienda firma tutte le lettere

paese   country

terra f 3-2	*land, territory* (see also **zona**)	vorrei esplorare le terre polari; si ha sempre voglia di tornare alla terra natale; molti italiani emigrarono in terra straniera
nazione f 2	*nation*	le nazioni sudamericane esportano molto caffè; l'unità della nazione dipende dalla politica del governo
paese m 2	*country, land* (see also **villaggio**)	qual è il tuo paese d'origine?; l'Italia è il mio paese adottivo; fra i paesi europei preferisco la Francia
patria f 2	*country, native land,* *motherland, fatherland*	abbandonare/amare/difendere/rinnegare/ tradire la patria; dopo dieci anni sono tornato in patria
stato m 2	*state*	lo stato paga un sussidio ai disoccupati; quella gente vuole distruggere lo stato; in Italia non c'è più una religione di stato

paga   pay

corresponsione f 3	*remuneration, payment* (bureaucratic)	non hanno offerto corresponsione per le ore di straordinario; la corresponsione degli stipendi si effettua ogni mese
diaria f 3	*daily allowance/expenses*	la diaria spetta a tutti quelli che devono viaggiare per motivi di lavoro
rimunerazione f 3	*remuneration, recompense*	spero che questa somma rappresenti un'adeguata rimunerazione; questo lavoro dà una buona rimunerazione
rendita f 3-2	*income, (financial) yield*	vive della rendita del suo capitale; le sue azioni gli forniscono una rendita discreta
retribuzione f 3-2	*reward, payment,* *remuneration, salary*	i dipendenti chiedono una migliore retribuzione; hanno fissato la retribuzione di questa categoria
ricompensa f 3-2	*recompense, remuneration,* *reward* (often figurative)	tutti vogliono ricevere una ricompensa adeguata alla fatica; la nostra ricompensa è la tua amicizia
utile m 3-2	*profit* (see also **bene**)	su questo foglio si vede l'utile lordo e netto della società per quest'anno; siamo sempre poveri, perché da quell'affare non ci è venuto nessun utile

compenso m [2]	*reward, compensation* (also figurative)	il lavoro è duro e il compenso è scarso; mi hanno dato una somma di denaro come compenso delle perdite; anche un semplice grazie sarà un compenso sufficiente
guadagno m [2]	*earnings, gain* (often plural) (see also **bene**)	un guadagno lecito/misero; per comprare la Mercedes ha usato tutti i guadagni di un anno intero; da tutte le ore di straordinario non ho ricevuto il minimo guadagno
paga f [2]	*pay, wage(s)*	una paga mensile/netta/settimanale; la paga oraria per questo lavoro è molto bassa; ho ricevuto la mia busta paga
pagamento m [2]	*payment*	ho inviato il pagamento; oggi devo effettuare quel pagamento; ha chiesto un pagamento in contanti
profitto m [2]	*profit*	abbiamo avuto un profitto molto alto dalle azioni che abbiamo comprato; come sono i profitti dell'azienda finora?
reddito m [2]	*income, revenue*	non so il reddito pro capite della popolazione; hai fatto la dichiarazione dei redditi?; il reddito nazionale è molto basso
salario m [2]	*wage(s), pay* (usually for manual workers)	ricevere un salario decente/fisso/mensile/ settimanale/da fame
stipendio m [2]	*salary, wages* (for non-manual workers)	ricevo uno stipendio di dieci milioni al mese; ha chiesto un aumento di stipendio; volevano ridurre gli stipendi

pagare   to pay

corrispondere [3]	*to pay, to give*	per questo incarico si corrisponde un lauto stipendio; corrispondeva una somma mensile al figlio
retribuire [3]	*to recompense, to reward, to pay*	qui si retribuisce la gente secondo i meriti; bisogna retribuire giustamente il lavoro
rimunerare [3]	*to reward, to recompense, to remunerate*	è essenziale rimunerare il suo impegno; per il lavoro sembra essere stato ben rimunerato; quel mestiere rimunera bene
saldare [3-2]	*to settle, to pay off, to close* (a bank account in the last sense)	il cliente non ha ancora saldato la fattura; sono andato in banca per saldare il mio conto
versare [3-2]	*to pay (in), to deposit* (bureaucratic)	ha versato la prima rata dei pagamenti; ho versato in banca due milioni in contanti
pagare [2]	*to pay (for)* (see also **caro**)	ho pagato l'affitto; quanto hai pagato quella giacca?; mi ha pagato il pranzo; non hanno ancora pagato gli stipendi; quanto si paga in questo ristorante?

premiare [2]	to reward, to recompense, to give a prize for/to	hanno premiato i vincitori della gara; bisogna premiare la sua onestà; dovrebbero premiare quell'autore per il suo lavoro
ripagare [2]	to pay for, to pay back, to repay (often figurative and ironic) (see also **rendere** (a))	ho perso il suo libro e glielo devo ripagare; mi hanno ripagato con l'ingratitudine; va là, che prima o poi ti ripago di quello che mi hai fatto
sborsare [1]	to pay (out), to fork out, to shell out	ho sborsato un sacco di soldi; quel tirchio non vuole sborsare una lira
scucire [1]	to fork out	quell'avaro non scuce mai una lira
sganciare [1]	to fork out	devi convincere tuo padre a sganciare un po' di soldi per la vacanza

pagina   page

facciata f [2]	side, page	ha scritto una lettera di tre facciate; bisogna scrivere un tema di due facciate
foglio m [2]	sheet (of paper), piece of paper, page	ha scritto gli appunti su un foglio; ha riempito due fogli di note
pagina f [2]	page (in a variety of contexts)	leggo solo la prima pagina del giornale; dov'è quella pagina di musica?; ha scritto un volume di circa cento pagine; l'istruzione diceva di voltare pagina

panino   roll, sandwich

focaccia f [2]	(flat) bun (usually with something on it) (also in diminutives **focaccetta** and **focaccina**)	ho comprato una focaccia al formaggio/al prosciutto/al rosmarino; per merenda ti ho preso una focaccina
panino m [2]	roll, sandwich	in panetteria abbiamo chiesto dieci panini all'olio; hanno ordinato due panini con salame
piadina f [2R]	sandwich (made with flat bread, usually with ham or cheese in it and toasted) (regional Northern usage)	mi fa scaldare una piadina, per piacere?; ho proprio voglia di mangiare una piadina al prosciutto
sandwich m [2]	sandwich	due sandwich al prosciutto, per favore
to(a)st m [2]	toasted sandwich	vorrei un toast al formaggio; mi dà un tost farcito, per favore?
tramezzino m [2]	sandwich (made with flat slices of bread)	mi piacciono molto i tramezzini di tonno che fanno qui

| **michetta** f
 ⬚1R | *roll, sandwich* (regional Northern usage) | prendiamo un paio di michette col formaggio |
| **rosetta** f
 ⬚1R | *roll, sandwich* (regional Central and Southern usage) | vorrei quattro rosette e del prosciutto |

---

pantaloni   trousers

calzoni mpl ⬚2	*trousers, pants, slacks*	calzoni corti/lunghi/con risvolto; portava dei calzoni ben tagliati/eleganti/molto aderenti
jeans m/ **blue-jeans** m ⬚2	*jeans* (sometimes plural)	oggigiorno si paga caro un bel jeans; quanto costa quel paio di jeans?; mi piacciono i tuoi jeans
pantaloni mpl ⬚2	*trousers, pants* (of various kinds) (also figurative)	pantaloni di cotone/di lana/di velluto/da donna/da sci; se l'è fatta nei pantaloni; quella donna porta i pantaloni
brache fpl ⬚1	*trousers, pants*	tirati su le brache

---

pantofola   slipper

babbuccia f ⬚2	*slipper* (usually of the sock type)	sai dove sono le mie babbucce, perché non le trovo?
ciabatta f ⬚2	*slipper*	stava in ciabatte quando sono passata a casa sua; ho comprato un bel paio di ciabatte
pantofola f ⬚2	*slipper*	pantofole da donna/da uomo; quando torno dal lavoro, mi metto in pantofole
pianella f ⬚2	*slipper, mule*	mi piacciono molto quelle pianelle che porti; dove hai comprato quelle pianelle?

---

papa   pope

pontefice m ⬚3	*pontiff, pope*	è diventato pontefice per via di un compromesso tra i cardinali; il pontefice ha esortato tutti a pregare
Sua Santità f ⬚3	*His Holiness, Holy Father*	Sua Santità si sta affacciando per salutare i fedeli
Santo Padre m ⬚3-2	*Holy Father*	Santo Padre, devo rivolgerle una preghiera
papa m ⬚2	*pope*	ci hanno messo dieci giorni a eleggere il papa; sto leggendo la biografia di Papa Clemente VII; il papa ha benedetto la folla in Piazza San Pietro

parente — relative

parentela f 3	relatives, relations	tutta la parentela era invitata al matrimonio; ho una parentela numerosa
congiunto/a mf 3-2	relative	piangono ancora la scomparsa del loro caro congiunto
familiare/ famigliare mf 3-2	family member, relative (often plural) (for use as an adjective, see **domestico**)	ti farò conoscere i miei familiari; a Natale vado sempre a trovare i miei famigliari
parente mf 2	relative, relation	quella ragazza è una mia lontana parente; arrivano i parenti di mia moglie; stasera usciamo con parenti e amici

parità — equality

uguaglianza f 3-2	equality	l'uguaglianza di tutti i cittadini è riconosciuta dalla costituzione italiana; non c'è uguaglianza di forze tra di loro
parità f 2	equality, parity	chiediamo la parità salariale tra uomini e donne; non c'è parità di trattamento tra i due gruppi

parlare — to speak, to talk

arringare 3	to harangue, to address	a Mussolini piaceva arringare la folla; il comandante arringò i soldati prima della battaglia
confabulare 3	to talk in secret, to chat, to pow-wow (usually ironic)	quei due stanno sempre in disparte a confabulare; è un'ora che stanno a confabulare in un angolo appartato
disputare di 3	to debate, to discuss	oggi si disputa di filosofia
dissertare 3	to discourse, to hold forth (often ironic)	disserta dottamente di letteratura; invece di dissertare sulle cause del problema cerchiamo di trovare i rimedi
indirizzare 3	to address	l'oratore ha indirizzato la folla; il presidente ha indirizzato un appello al popolo
conversare 3-2	to talk, to converse, to make conversation	abbiamo conversato tutto il pomeriggio; conversammo a lungo di arte
discorrere 3-2	to talk, to converse, to chat	è meglio non discorrerne; discorrevano di politica; sta sempre a discorrere con gli amici
rivolgersi a 3-2	to address, to speak to, to talk to	a chi ti rivolgi? Non a te!; si è rivolto alla folla che aspettava le sue parole; non so niente, lei deve rivolgersi al direttore

chiacchierare [2]	*to chat, to talk, to chatter, to gossip*	hanno chiacchierato per un paio di ore; è un buon amico ma chiacchiera troppo; stanno chiacchierando sul mio conto
discutere [2]	*to discuss, to debate, to talk* (transitive or intransitive)	stanno discutendo il progetto di legge; hanno discusso a lungo su come fare; mi piace discutere di arte con gli amici
esprimersi [2]	*to express oneself, to speak*	non riesce ad esprimersi chiaramente; sei italiana, ma ti esprimi molto bene in inglese
parlare [2]	*to speak, to talk* (in a variety of usages) (see also **trattare**)	pronto, chi parla?; vorrei parlare con il padrone; il ministro parlerà ai deputati; tutti parlano di lui; di quale incidente parli?; mi piace parlare di politica; parla molto bene il russo
blaterare [1]	*to chatter, to blether, to rabbit (on)*	chi sta blaterando in questo modo?; lasciali blaterare, sono scemi; blatera di ideali, ma pensa solo al proprio interesse
cianciare/ciarlare [1]	*to chatter, to prattle, to gossip* (see also **parlare male di**)	smettete di cianciare, mi date fastidio; qui si ciarla troppo e si lavora poco

parlare male di (see also **criticare** and **offendere**)   to speak ill of

denigrare [3]	*to denigrate, to disparage, to belittle*	ha denigrato l'avversario con false accuse; perché denigra il mio buon nome?; è troppo facile denigrare la religione
diffamare [3]	*to defame, to slander, to libel*	mi sta diffamando con tutti; perché mi diffamano con quelle insinuazioni?; li porto in tribunale se mi diffamano
calunniare [3-2]	*to slander*	l'hanno calunniato ingiustamente; stanno calunniando un innocente
parlare male di [2]	*to speak ill/badly of, to slander*	mio fratello parla male di me per gelosia; in questa città tutti parlano male di tutti; che motivo hai di parlare male di me?
sparlare di [2]	*to speak ill/badly of, to run down*	va in giro sparlando continuamente di te; quel tizio sparla di tutti
spettegolare [2-1]	*to gossip* (with negative implications) (see also **parlare**)	quelle malelingue non fanno che spettegolare tutto il giorno; sta sempre lì a spettegolare con le amiche

parola   word

lessico m [3]	*lexicon, vocabulary* (see also **dizionario**)	il lessico che lui usa è sempre molto forbito; il lessico dell'italiano è ricco di parole tecniche; non capisco bene il lessico dello sport
vocabolo m [3]	*word* (with specific reference to language study)	un vocabolo arcaico/moderno/straniero/tecnico; bisogna imparare tutti questi vocaboli; questo vocabolo deriva dal latino

termine m 3-2	*term, word*	un termine dotto/filosofico/letterario/ scientifico; questi sono termini specifici della pittura
vocabolario m 3-2	*vocabulary* (i.e. words) (see also **dizionario**)	Antonio ama usare un vocabolario erudito quando parla; sto studiando il vocabolario usato dagli scrittori medioevali
parola f 2	*word, (faculty of) speech* (see also **discorso** and **impegno**)	una parola breve/difficile/facile/lunga/ nuova/sporca; ho cercato quella parola nel dizionario; ascolta le mie parole; vorrei dire due parole; abbiamo tutti il dono della parola

partecipare   to participate, to take part

disputare 3	*to take part in, to contest*	ieri ha disputato una gara di atletica; disputano un incontro valido per il titolo europeo
aderire 3-2	*to join, to participate*	aderire a un partito politico; hanno aderito in massa all'iniziativa
appartenere a 3-2	*to belong to, to be part of*	non so a chi appartenga quest'ombrello; appartiene alla borghesia/al circolo del tennis/alla classe operaia/al sindacato; non appartengo alla sua famiglia
assistere (a) 3-2	*to attend, to be present at* (auxiliary **essere**) (see also **aiutare**)	ho assistito alla lezione/alla messa/alla partita/allo spettacolo; ha assistito a quel delitto e la polizia vuole parlargli
intervenire 3-2	*to take part, to participate, to attend, to intervene* (auxiliary **essere**)	è intervenuto alla cerimonia; alle celebrazioni sono intervenuti molti famosi personaggi; mi sono sentito costretto ad intervenire nella conversazione
arruolarsi 2	*to enrol* (specifically military)	Giovanni si è arruolato nei carabinieri; arruoliamoci nell'esercito; ha deciso di arruolarsi nella legione straniera
collaborare 2	*to co-operate , to contribute, to collaborate* (often in a professional capacity)	collabora con molto successo a un famoso giornale; ha collaborato al successo dell'impresa; ho collaborato con il mio amico alla stesura di quel libro
contribuire (a) 2	*to contribute, to co-operate, to (have a) share (in)*	ha contribuito al lancio del prodotto; questi fatti hanno contribuito a renderlo famoso; vorrei contribuire alle spese
frequentare 2	*to attend, to go to* (in an educational context)	oggi non ho frequentato le lezioni; all'università si è laureato bene anche se frequentava poco
essere iscritto (a) 2	*to be a member(of), to be enrolled (for/on)*	sono iscritto a un partito politico di sinistra; sei iscritta al torneo di tennis?

iscriversi (a) [2]	to join, to enrol (for/on)	mi sono iscritto allo stesso partito politico di mio padre; voglio iscrivermi a un corso d'inglese/alla facoltà d'ingegneria; ti sei iscritta alla gara di tennis?
fare parte di [2]	to be (to form) part of, to be a member of, to belong to	fa parte della commissione; Giovanni fa parte del gruppo socialista; faccio parte del comitato sindacale
prendere parte a [2]	to take part in, to participate in	hanno preso parte al dibattito/alla gara/alla manifestazione; abbiamo preso parte al funerale dei nostri amici
partecipare (a) [2]	to participate (in), to take part (in), to attend, to share in (also figurative)	ho partecipato alla partita di scacchi; parteciperai al convegno?; puoi partecipare alle spese?; abbiamo tutti partecipato alla sua felicità

particolare (a) (adjective)   particular

peculiare [3]	peculiar, particular	questo è un costrutto peculiare dell'italiano; la duttilità è la caratteristica peculiare di questo metallo
caratteristico [2]	typical, characteristic, typical of a place (see also **puro**)	i suoi sintomi erano caratteristici di quella malattia; a Roma mangiavamo sempre in posti caratteristici
certo [2]	certain, one, particular (often implying disapproval)	ha visto un certo signor Rossi; non devi usare certe espressioni; c'è una certa persona che voglio vedere
dato [2]	given, certain, particular (placed before the noun)	si può parlare così solo in date occasioni; ogni mese consegniamo una data quantità di materiali
determinato [2]	given, certain, particular (placed before the noun) (more common than **dato**)	in determinati casi è meglio non dire niente; c'è un determinato numero di problemi da risolvere; questa regola si applica solo in determinate circostanze
particolare [2]	particular, special, of one's/its own	tutto dipende dal suo particolare modo di vedere le cose; non ho visto nulla di particolare; ha un dono particolare per le lingue; questo vino ha un sapore particolare
proprio [2]	particular, special, (of) one's/its own (see also **personale**)	bisogna usare la razionalità propria dell'uomo; ha un metodo tutto proprio
speciale [2]	special, particular	questo è un numero speciale della rivista; beviamo un vino molto speciale; ho per lui uno speciale riguardo
specifico [2]	specific, particular	nel caso specifico io avrei taciuto; ci vuole una preparazione specifica per fare quel lavoro

| **tipico**
 2 | *typical (of a place)* | questo è un tipico caso di mancanza di educazione; portava un tipico berretto francese; c'è un negozio in questo paese in cui vendono prodotti tipici |

NB alternatives to **proprio** in the sense of *of one's/its own* are use of the possessive adjective (e.g. ha un metodo tutto suo; ho una macchina mia) or **stesso** (e.g. questo va contro i suoi stessi interessi).

---

particolare (b) (noun)   detail

sfumatura f 3-2	*hint, touch, tone, subtle detail, nuance* (see also **colore**)	ha parlato con una sfumatura di ironia; questo apparecchio stereofonico rende tutte le sfumature delle note; la sua è una prosa ricca di sfumature
dettaglio m 2	*detail, particular, retail* (commercial in the last sense)	ha narrato i dettagli dell'incidente; ricordo ogni dettaglio del film; compra all'ingrosso e vende al dettaglio
particolare m 2	*detail, particular* (more common than **dettaglio**)	quel particolare è molto importante; ha raccontato tutto fin nei minimi particolari; non entro nei particolari

---

passare (a) (transitive)   to spend (of time)

| **trascorrere**
 3-2 | *to spend, to pass* | ho trascorso le vacanze in montagna; trascorre il suo tempo leggendo i giornali; ha trascorso con me tutta la giornata |
| **passare**
 2 | *to spend, to pass* | passano l'estate al mare; ha passato due ore a giocare; ho passato un mese a letto ammalato |

---

passare (b) (intransitive)   to pass (by) (of time)

scorrere 3	*to pass (by), to roll by, to elapse* (auxiliary **essere**)	le ore scorrevano lente e monotone; come scorrono veloci gli anni!
trascorrere 3-2	*to pass (by), to go by, to elapse* (auxiliary **essere**)	i giorni trascorrono lentamente; è già trascorso più di un anno da quando ci siamo conosciuti
passare 2	*to pass (by), to go by* (auxiliary **essere**)	sono passati tre anni dalla sua morte; la gioventù passa in fretta; è passata un'altra estate

---

passato (see also **finale** and **prima** (a))   past, last

| **passato**
 2 | *past, last, former, bygone* (also used as a noun) (see also **vecchio**) | nei tempi passati la gente agiva diversamente; mi parla spesso di gioie ormai passate; l'estate passata è stata molto calda; l'ho visto la settimana passata; non parlerò del passato |
| **scorso**
 2 | *last, recent* (with reference to time) (see also **nuovo**) | l'anno scorso siamo andati in Italia; ci siamo visti la settimana scorsa; sono uscito con lui domenica scorsa; nei giorni scorsi è stato poco gentile con me |

passeggiata   walk

camminata f [2]	*walk, stroll* (suggests a fair distance)	abbiamo fatto una bella camminata; ho fatto una camminata fino al bosco
giro m [2]	*walk, stroll, drive, ride* (also has the diminutive forms **giretto** and **girettino**) (see also **camminare** and **viaggio**)	perché non vai a fare un giro nel parco?; abbiamo fatto un giro in bicicletta/in macchina/a cavallo; andiamo a fare un giretto a piedi
passeggiata f [2]	*walk, stroll, drive, ride* (see also **camminare**)	ho fatto una passeggiata solitaria in campagna; ogni sera c'è la passeggiata lungo la strada principale; si potrebbe fare una passeggiata in bicicletta/in macchina/a piedi

pasticca   pill, tablet

cachet m [3]	*pill, tablet*	ho la testa che mi fa proprio male ma non voglio prendere un cachet; il medico mi ha dato dei cachet per il mal di denti
analgesico m [3-2]	*pain-killer, headache pill*	gli analgesici che ho comprato in farmacia sono veramente efficaci per il mal di testa
pasticca f [2]	*pill, tablet, lozenge* (usually for the throat)	prendo delle pasticche per la tosse; queste pasticche sono per il mal di gola
pastiglia f [2]	*pill, tablet, capsule, lozenge* (most common of these words)	queste pastiglie sanno di menta; mi ha dato delle pastiglie all'anice
pillola f [2]	*pill* (often used to mean contraceptive pill)	prendo vitamine in pillole; è meglio non prendere pillole dimagranti; prendo la pillola da due anni

pasto   meal

banchetto m [3]	*banquet, feast*	abbiamo assistito al banchetto nuziale; gli hanno preparato un banchetto d'onore
cena f [2]	*dinner, supper, evening meal*	abbiamo mangiato una cena squisita; andiamo a cena alle otto; l'hanno mandato a letto senza cena
colazione f [2]	*breakfast* (sometimes **prima colazione**) (more formally, **colazione** can also be *lunch*)	faccio colazione alle otto; ci hanno servito una prima colazione molto abbondante; la colazione fu servita a mezzogiorno e mezzo
merenda f [2]	*afternoon snack*	l'ora della merenda non è ancora arrivata; i ragazzi hanno fatto merenda sul prato verso le quattro e mezzo
pasto m [2]	*meal*	il pasto di mezzogiorno si chiama pranzo; noi mangiamo due pasti al giorno; abbiamo consumato un pasto sostanzioso

pranzo m [2]	*lunch* (can also mean evening meal, especially in the North)	ieri mi hanno invitato a pranzo; abbiamo mangiato un pranzo eccellente; dopo pranzo andiamo sempre a passeggiare
spuntino m [2]	*snack*	dopo questa lezione faremo uno spuntino; in questo bar preparano degli ottimi spuntini
desinare m [1R]	*(main) meal (of the day)* *(regional Tuscan usage)*	oggi preparo un desinare semplice ma abbondante; quel giorno il desinare era molto magro

paura fear

apprensione f [3]	*apprehension, concern*	ho provato apprensione per la sua salute; il suo comportamento mi mette in apprensione
trepidazione f [3]	*trepidation, apprehension*	la sua trepidazione si vedeva sul viso; l'ho aspettato pieno di trepidazione; mi ha ascoltato con trepidazione
timore m [3-2]	*fear, panic*	vive in continuo timore per la salute della figlia; i tuoi timori sono illogici; è afflitto dal timore della morte
allarme m [2]	*alarm*	la notizia ha suscitato allarme; le sue parole mi hanno messo in allarme
panico m [2]	*panic*	il panico che aveva provato era ovvio; sono fuggiti in preda al panico; ho avuto una reazione di panico
paura f [2]	*fear, dread* (see also **avere paura**)	la mia paura è che lui non capirà; gli voglio incutere una gran paura; se tua madre ti vede così, morirà di paura
spavento m [2]	*fear, fright, scare*	ho provato/mi sono preso un grande spavento; è quasi morto di spavento; per lo spavento non riuscì a parlare
terrore m [2]	*terror*	quello spettacolo ci riempì di terrore; quella bambina ha terrore del buio; avevi occhi pieni di terrore; quel regime è basato sul terrore
fifa f [1]	*fear, funk* (see also **avere paura**)	quando esco di notte, ho sempre una gran fifa; gli esami, che fifa!; quando mi ha visto, è quasi morta di fifa
tremarella f [1]	*shivers*	ho la tremarella; quando ci penso, mi viene la tremarella

avere paura to be afraid, to fear

intimorirsi [3]	*to become afraid/frightened*	è un buon oratore ma si intimorisce alla vista del pubblico
impaurirsi [3-2]	*to be/get frightened, to be scared*	mi sono impaurita per il fracasso che si sentiva; tu ti impaurisci sempre per niente

temere 3-2	*to fear, to be afraid of*	temo le reazioni di mio padre; non temo la morte; non hai nulla da temere; temo sempre il peggio; temiamo di sbagliare; temo per la sua salute; non temere, ti aiuterò
avere paura (di) 2	*to be afraid, to fear*	voglio dirti tutto, ma ho paura; quella ragazza ha paura di suo padre; volevo venire con te ma avevo paura delle conseguenze; gli studenti hanno paura di parlare
spaventarsi 2	*to be frightened/scared, to take fright*	non ti spaventare, ti prego; si spaventa di tutto; si spaventa per un nonnulla; il cavallo si è spaventato
avere fifa (di) 1	*to be scared, to have/get the wind up*	ho fifa delle sue sgridate; agli esami ha sempre fifa

fare paura   to frighten

atterrire 3	*to frighten, to terrify*	lo ha atterrito minacciandolo di morte; quel pensiero mi atterisce
impaurire 3-2	*to frighten, to scare*	il buio lo impaurisce; ha cercato di spaurirci con le sue grida; smettila d'impaurire i bambini con storie di fantasmi
fare impressione (a)/ impressionare 3-2	*to frighten, to scare*	quell'incidente ci ha fatto proprio impressione; vederlo così dimagrito mi ha veramente impressionato
intimidire 3-2	*to make shy, to intimidate*	gli estranei lo intimidiscono; in tribunale intimidiva la gente con la sua presenza
intimorire 3-2	*to frighten*	il suo aspetto severo intimorisce i bambini; con queste storie intimoriscono i cittadini
fare paura (a) 2	*to frighten, to scare* (also figurative)	so che hai voluto farmi paura; la morte non mi fa paura; gli esami mi fanno proprio paura; quella vista gli fece paura
spaventare 2	*to frighten, to scare, to worry greatly*	quel rumore lo ha spaventato; l'idea di cambiare casa ci spaventa
terrorizzare 2	*to terrorise*	quei genitori sono troppo severi, terrorizzano i figli; terrorizza la gente semplice con le sue minacce; da tempo quella banda di fuorilegge terrorizzava la popolazione

NB the past participles of most of these verbs are used adjectivally to mean *frightened, terrified, scared, intimidated, terrorised* (e.g. erano atterriti quando l'uomo ha cominciato ad avvicinarsi; era così intimidito che non ha osato dire una parola; sembrava intimorito dopo le minacce che ha ricevuto; il bambino aveva un viso spaventato dopo l'incidente; la popolazione era troppo terrorizzata per uscire di casa). **Spaurito** (Register 3-2) is also used in the same way (e.g. quando l'ho visto, aveva una faccia tutta spaurita).

pausa   break, pause

tregua f 3	*pause, respite, truce*	dopo tutto quel viaggiare ha bisogno di un po' di tregua; quei pensieri non mi danno tregua; ha lavorato giorno e notte senza tregua; i due eserciti hanno concordato una tregua
intermezzo m 3-2	*break, interval* (in show or television programme)	un intermezzo musicale/pubblicitario
respiro m 3-2	*respite, pause, let-up* (see also **respiro**)	fa un lavoro che non lascia un minuto di respiro; ti renderò i soldi, ma dammi qualche giorno di respiro
sosta f 3-2	*pause, stop, break*	abbiamo fatto una sosta per il pranzo; non ti danno sosta in questo lavoro; ho studiato per otto ore senza sosta
interruzione f 2	*interruption, pause, break*	l'interruzione della corrente elettrica/delle ostilità/della partita; facciamo una breve interruzione per riprendere fiato
intervallo m 2	*interval, break* (also in the sense of *intermission* in a film, play or similar activity)	ha ripreso l'attività dopo un lungo intervallo; sono avvenute molte cose nell'intervallo tra le due guerre mondiali; ho approfittato dell'intervallo tra i due atti per bere qualcosa
pausa f 2	*break, pause, interval, intermission* (in a variety of contexts)	sono stanco, facciamo una pausa; c'è stata una pausa di dieci minuti; bisogna fare una pausa tra quelle due parole quando le pronunci; il lavoro ha subito una pausa; a scuola abbiamo mangiato qualcosa durante la pausa
riposo m 2	*rest, respite, time off* (see also **sonno**)	il riposo festivo/pomeridiano/settimanale; abbiamo lavorato senza riposo; oggi prendo il mio riposo settimanale
break m 1	*break, gap, interval*	facciamo un break e prendiamoci un caffè; tra un programma televisivo e l'altro c'è un break

peggiorare (a) (transitive)   to make worse

aggravare 3	*to aggravate, to make worse*	i cibi grassi aggravano la digestione; non voglio aggravare la situazione
esacerbare 3	*to exacerbate, to aggravate*	quella notizia ha esacerbato la sua malattia; non voglio esacerbare il tuo dolore
inasprire 3	*to exacerbate, to aggravate, to make worse/more severe* (see also **aumentare**)	il nuovo conflitto ha inasprito i vecchi odi; quell'ingiustizia ha inasprito il suo animo; il governo parla di inasprire le sanzioni per le infrazioni stradali
deteriorare 2	*to damage, to cause to deteriorate, to spoil*	l'umidità ha deteriorato la merce; la ruggine deteriora il metallo; il caldo deteriora il cibo

| **peggiorare** [2] | *to make worse, to worsen* | comportandoti così peggiorerai la situazione |

peggiorare (b) (intransitive)   to get worse

degenerare [3]	*to deteriorate, to degenerate* (auxiliary **essere** or **avere**)	è una nobile famiglia che è degenerata nel tempo; la discussione è degenerata in una lite; la bronchite ha degenerato in una polmonite
inasprirsi [3]	*to go/turn sour/bitter, to get worse*	il suo carattere, da quando vive solo, si è inasprito; il vino si è inasprito; il freddo si sta inasprendo; la crisi economica si va inasprendo
aggravarsi [2]	*to get/become/grow worse/ more serious, to worsen* (see also **sottolineare**)	la situazione si è nettamente aggravata; le condizioni del ferito si aggravarono; il paziente si è aggravato
deteriorarsi [2]	*to deteriorate, to get worse, to be/get damaged*	la situazione politica si sta deteriorando; i cibi si deteriorano con il caldo
peggiorare [2]	*to get/become/grow worse, to worsen* (auxiliary **essere**)	la situazione peggiora di minuto in minuto; le condizioni del malato sono peggiorate

pelle (see also **buccia**)   skin, leather

cute f [3]	*skin* (scientific and technical)	studio lo strato della cute che riveste il cranio; i nuovi prodotti detergenti irritano la cute
pellame m [3-2]	*hides, skins*	faccio il commerciante in pellami; vende pellami di prima scelta
carnagione f [2]	*complexion, skin*	una carnagione chiara/delicata/rosea/scura; malgrado la sua età quella donna ha ancora la carnagione fresca
cotenna f/**cotica** f [3]	*(pig)-skin, skin* (also figurative) (see also **maiale**)	la cotenna del maiale è grassa e dura; lui ha la cotenna dura, è del tutto insensibile
cuoio m [2]	*leather, hide* (plural form **cuoi**)	quella giacca è di vero cuoio; porto sempre scarpe di cuoio
pelle f [2]	*skin, leather, hide, fur*	ha la pelle bianca/delicata/ruvida/scura; hai una pelle bellissima, devi curarla; ha una borsa/una cintura/guanti di pelle; hai visto la pelle d'orso nel loro salotto?
pelo m [2]	*fur, coat* (of animals)	il pelo di quell'animale è molto morbido; il gatto ha arruffato il pelo quando ha visto il cane

pene

fallo m 3	*phallus*	il fallo veniva usato come simbolo di fecondità presso varie popolazioni antiche
membro m 3	*member, penis*	ha subito un intervento chirurgico al suo membro
sesso 3-2	*sexual organ*	ha ricevuto un colpo al sesso ed è svenuto; in alcune tribù gli uomini hanno il sesso scoperto
pene m 2	*penis*	il pene è l'organo principale che distingue l'uomo dalla donna
pisello m 2-1	*dick, dickie, willy* (children's language) (also with diminutive form **pisellino**)	smettila di toccarti il pisello; il mio bambino ha detto che gli fa male il pisellino
uccello m 1	*dick, dickie, willy*	ci ha fatto vedere il suo uccello senza il minimo imbarazzo
verga f 1	*prick, tool*	ho una specie di prurito alla verga; quel maniaco andava in giro con la verga in mano
cazzo m 1*	*prick, tool*	quando lei gli ha toccato il cazzo, si è sentito molto eccitato; quell'uomo ha un cazzo enorme
mazza f 1*	*prick, tool*	ha tirato fuori la mazza senza cerimonie
minchia f 1*R	*prick, tool* (regional Southern usage)	quel ragazzo ha la minchia più grossa che ho visto
pistolino m 1*	*prick, tool*	perché quel bambino va in giro a far vedere il pistolino a tutti?; quei due bimbi si misuravano il pistolino

penna

biro f 2	*biro, ballpoint pen* (invariable plural)	io scrivo sempre con la biro; gli ho comprato tante biro colorate
penna f 2	*pen* (of any kind) (also figurative)	una penna luminosa/rossa/stilografica/verde; ha la penna facile; quel giornalista è la migliore penna della stampa italiana
pennino m 2	*(pen) nib*	con le biro non c'è bisogno di cambiare pennino; questo pennino è molto fine
stilografica f 2	*fountain-pen*	da persona molto tradizionale non scrive mai con la biro, sempre con la stilografica; la tua stilografica è a cartuccia o a serbatoio?

pensare (see also **immaginare**)   to think

cogitare 3	to cogitate, to ponder, to meditate (literary or jokey)	che cosa cogiti?; sta sempre lì a cogitare ma non suggerisce mai niente
deliberare 3	to deliberate, to consider (literary)	deliberò a lungo prima di decidersi
elucubrare 3	to think up, to brew (usually ironic)	che diavolo stanno elucubrando?; ci domandiamo se sono riusciti a elucubrare un piano
opinare 3	to think, to consider, to opine (literary or jokey)	alcuni uomini politici opinano che la soluzione debba essere militare; opino che sia meglio svignarsela al più presto!
ponderare 3	to ponder, to weigh up (with **su** when intransitive)	devi ponderare bene ciò che conviene fare; è abituata a ponderare ogni sua azione; pondera sempre su ciò che fa
reputare 3	to think, to regard, to consider (less common than **ritenere**)	reputo necessaria una risposta chiara; la reputo perfettamente onesta; non reputo giusto agire in questo modo
rimuginare 3	to ponder (over), to mull over (with **su** when intransitive)	rimugina sempre il passato; rimuginava su quella frase; si perde a rimuginare
contemplare 3-2	to contemplate (religious or philosophical) (see also **considerare** and **guardare**)	il teologo contempla i misteri della fede; non si può contemplare la perfezione divina
meditare 3-2	to ponder (over), to meditate (on), to muse (with **su** when intransitive)	oggi mediteremo una pagina del Vangelo; sono parole su cui meditare; ha meditato a lungo il delitto; meditava in silenzio; devi meditare sui tuoi errori; medita sul mistero dell'infinito
stimare 3-2	to consider, to hold, to believe (also used reflexively)	tutti lo stimano un bravo impiegato; mi stimerei fortunato se riuscissi a ottenere quel posto
considerare 2	to consider, to regard (also used reflexively) (see also **considerare**)	considera bene prima di rispondere; lo considero un vero amico; puoi considerarti fortunato
credere 2	to believe, to think (followed by **a** or **in** when intransitive) (also used reflexively)	da quel momento ho smesso di credere; fa' come credi; non ci posso credere; non gli credo; credo in Dio; non credevo di dargli un dispiacere; non credo una parola di ciò che mi ha detto; credo che sia vero; credo di sì; ti credevo più furbo di così; credo opportuno parlargli; si crede proprio intelligente
giudicare 2	to judge, to consider	tutti lo giudicano una brava persona; lo giudicano maturo per l'incarico; tutti hanno giudicato eccessiva la tua reazione

avere l'impressione [2]	*to have the impression, to think*	aveva l'impressione di essere stato ingannato; ho l'impressione che ti vogliano prendere in giro; avevo l'impressione che dovesse succedere qualcosa di grave
parere [2]	*to think* (used impersonally with indirect object pronoun) (auxiliary **essere**) (see also **sembrare**)	mi pare di avere ragione; se ti pare giusto, fallo!; gli pareva di sognare; mi pare che abbiano bussato alla porta; gli pareva che fosse il momento giusto di agire; che ti pare di questa mia idea?; io faccio come mi pare
pensare [2]	*to think, to believe* (in a variety of senses and contexts) (followed by **a** when intransitive) (also used reflexively)	penso dunque sono; non ci aveva pensato; pensa a me non a lui; penso spesso alla mia gioventù; penso che tutto sia andato bene; cosa pensi di me?; non pensavo di darti fastidio; non penserei mai una cosa del genere; la penso diversamente da te; penso di no; si pensano superiori a tutti
riflettere [2]	*to reflect, to think*	rifletti prima di agire; ci hai riflettuto bene?; devi riflettere sulle conseguenze
ritenere [2]	*to think, to consider, to believe*	ritieni giusto trattarmi in questo modo?; lo ritengono una persona onesta; ritengo di avere sbagliato
sembrare [2]	*to think* (used impersonally with indirect object pronoun) (auxiliary **essere**) (see also **sembrare**)	mi sembra giusto tirare questa conclusione; mi sembra di averti già incontrato; vi sembra necessario rivelare la verità?; non mi sembra che si dovrebbe andare al ricevimento
trovare [2]	*to find, to consider* (see also **trovare**)	come trovi questo vino?; tutti la trovano molto bella; questo cappello mi sta bene, non trovi?
sapere [1]	*to think, to bet, to reckon* (used impersonally with **mi** in the sense of *I think, I reckon*)	mi sa che va a finire male; mi sa che sta per piovere

---

perché (a) because

giacché [3]	*since, as* (usually at the beginning of a sentence)	giacché lo sa, perché me lo chiede?; giacché nessuno mi vuole aiutare, farò da sola
in quanto [3]	*because, inasmuch as*	non sono venuto in quanto temevo di disturbarti
ammesso che/dal momento che/ posto che/visto che/considerato che [3-2]	*given that, accepting that, since, as* (usually at the beginning of a sentence)	ammesso che le cose non cambieranno, dovremo accettare la situazione; dal momento che sei venuto, cerchiamo di metterci d'accordo; posto che avete già deciso tutto tra voi, perché chiedete il mio parere?; visto che non saremo mai d'accordo, è inutile continuare a trattare; considerato che non hai soldi, come farai a pagare?

poiché 3-2	*since, as, because* (usually at the beginning of a sentence)	poiché avete già deciso, non ci resta che accettare; poiché è tardi, rimandiamo a domani la conclusione
dato che 2	*since, as, because* (at the beginning of a sentence) (most common conversational form)	dato che siamo tutti d'accordo, facciamo qualcosa subito; dato che non mi vuoi rispondere, non ti parlo più; dato che siamo pronti, partiamo subito
perché 2	*because, since* (not usually at the beginning of a sentence)	non sono venuto, perché era già tardi; non ho mangiato perché non avevo fame; va al mare perché gli piace nuotare
siccome 2	*since, as, because* (at the beginning of a sentence)	siccome insiste, non sarà facile dire di no; siccome l'anello mi piaceva, l'ho comprato

perché (b)   so that, in order that

affinché 3	*so that, in order that, to make sure that* (with subjunctive)	lo dico affinché si sappia; mi ha telefonato affinché non mi sbagliassi sulla questione
perché 3-2	*so that, in order that, to make sure that* (with subjunctive)	te lo ripeto perché tu non lo dimentichi; ho dato ordini specifici perché sapessero esattamente che fare
così che/cosicché 2	*so that* (consequential) (with indicative)	il tempo era brutto, così che siamo rimasti a casa; era impreparato, cosicché non riusciva a capire quello che dicevo
in modo che/ di modo che 2	*so that, in order that, to make sure that* (with subjunctive) (most common forms conversationally)	gli ho raccontato tutto in modo che capisse bene la faccenda; vi presto la macchina in modo che arriviate puntualmente; ho disposto le cose di modo che tutto vada per il meglio

perché (c)   why

perché mai? 3-2	*why ever?* (always followed by negative)	perché mai non mi hai detto che stavi male?; perché mai non mi lascia in pace?
come mai? 2	*why?* (most common of the question forms in conversation)	come mai non ti ho visto stamattina?; come mai hai deciso di non venire stasera?; come mai tuo fratello si è arrabbiato?
per quale motivo (?)/per quale ragione (?) 2	*why (?), for what reason (?)*	per quale motivo ti ostini a non darmi ragione?; per quale ragione non vuole uscire con noi?; non so per quale motivo rifiuti di parlarmi dei tuoi problemi
perché (?) 2	*why (?)*	perché fumi tanto?; perché corri?; perché non sei venuto ieri?; spiegami perché lo fai; vuol sapere perché non rispondi

perdere

to lose, to waste

dilapidare 3	*to squander, to dissipate*	ha dilapidato una fortuna al gioco; ha dilapidato in poco tempo un intero patrimonio
disorientarsi 3	*to lose one's bearings, to go astray* (also figurative)	mi disorientai nel labirinto di viuzze; in questa nebbia ci si disorienta facilmente; si disorientava quando studiava tutte quelle diverse teorie
dissipare 3	*to dissipate, to squander, to fritter away*	dissipa tutte le sue ricchezze; in pochi anni ha dissipato i beni suoi e della moglie; dissipa le sue energie
scialacquare 3	*to squander, to dissipate*	ha scialacquato il suo patrimonio; era ricco, ma a forza di scialacquare non ha più niente
scialare 3	*to squander, to dissipate*	ha scialato tutti i beni della famiglia; erano abituati a scialare, ma ora hanno dovuto stringere la cinghia
smarrire 3-2	*to lose, to mislay* (also used reflexively in the sense of *to lose one's way, to go astray*)	andando in ufficio ho smarrito il portafoglio; ieri ha smarrito la sua penna; si smarrì nella foresta; le lettere che ho spedito si sono smarrite
sperperare 3-2	*to squander, to dissipate*	ha sperperato tutta la sua eredità; sperpera tutte le sue forze
perdere 2	*to lose* (in a variety of senses), *to leak, to waste, to miss* (also used reflexively in the sense of *to get lost, to lose one's way*)	perde tutti i clienti; gli alberi perdono le foglie; ho perso l'orologio; la bottiglia perde (acqua); ho perduto la pazienza; ha perso tutta la mattinata a chiacchierare; hai perso l'occasione di vederla; se non mi sbrigo, perderò il treno; non voglio perdere il concerto; mi persi tra le piccole strade; la tua lettera si è persa
sciupare 2	*to lose, to waste, to miss* (see also **rovinare**)	ha sciupato una bella occasione; perché sciupi i soldi?; sciupi solo il fiato; è inutile sciupare la benzina, spegni il motore!
sprecare 2	*to waste, to fritter away* (also used reflexively in the ironic sense of *to strain oneself*)	spreca tutto il suo denaro; sa molto bene come sprecare il suo tempo; si è sprecato a dare mille lire di mancia

---

pericolo

danger

azzardo m 3	*chance, risk, hazard*	voglio sfidare l'azzardo; affrontare quel viaggio è stato un bell'azzardo; mi piacciono i giochi d'azzardo
pericolo m 2	*danger, hazard, peril*	ha evitato il pericolo; non c'è pericolo; sei fuori/in pericolo; sei un pericolo per la società; il pericolo è che lui riveli tutto

rischio m 2	*risk, danger*	sono disposto ad affrontare il rischio; è un rischio per l'ambiente; preferisco non correre un rischio inutile

pericoloso (see also **nocivo**)   dangerous

arrischiato 3	*risky, rash, hazardous*	è un'impresa arrischiata; ha fatto una previsione arrischiata
azzardato 3	*risky, hazardous*	ha fatto una manovra azzardata; sono giudizi azzardati
pericoloso 2	*dangerous*	la strada è diventata pericolosa; un tale viaggio sarebbe troppo pericoloso; quell'uomo è molto pericoloso; hai fatto una amicizia pericolosa; è pericoloso sporgersi dai finestrini
rischioso 2	*risky*	conduce una vita rischiosa; quel tentativo è molto rischioso; è troppo rischioso investire il denaro in un affare così incerto

permesso (see also **carta** (a))   permission, permit

aspettativa f 3	*leave (of absence)* (from work)	ho chiesto l'aspettativa per motivi personali; la ditta gli ha accordato un mese di aspettativa
autorizzazione f 3-2	*authorisation, permission, permit, licence*	il gestore del bar ha ottenuto l'autorizzazione per la vendita di alcolici; bisogna esporre in pubblico l'autorizzazione
congedo m 3-2	*leave (of absence)* (usually military)	il soldato chiede un congedo per motivi di salute; gli hanno concesso un congedo illimitato; è in congedo per due mesi
nullaosta m 3-2	*permission, authority* (formal) (invariable plural)	ci hanno dato il nullaosta per costruire
consenso m 2	*consent, permission*	non ha il consenso dei genitori; agisco con il consenso di tutti i soci; il capo ha dato il suo consenso all'acquisto?
lasciapassare m 2	*pass, permit* (usually military) (invariable plural)	per entrare nella zona militare ci vuole il lasciapassare; mi hanno concesso il lasciapassare per visitare la base navale
licenza f 2	*licence, permit, leave* (especially military)	la licenza di caccia/di pesca; il colonnello ha firmato una licenza di ventiquattro ore; i soldati sono andati in licenza; per aprire quel negozio ci vuole la licenza del comune
patente f 2	*licence* (usually for driving)	ha preso la patente (di guida) la settimana scorsa; dopo l'incidente la polizia ha chiesto di vedere la mia patente

| **permesso** m
2 | *permission, permit, licence, pass* (in a variety of contexts) | l'allievo ha chiesto il permesso di uscire; chi ti dà il permesso di parlare così?; hai ottenuto il permesso di caccia?; non gli hanno concesso il permesso di lavoro/di soggiorno |
| **tessera** f
2 | *pass, identity/membership card* | la tessera ferroviaria/universitaria/di abbonamento/di giornalista/del partito; ho fatto la tessera per l'autobus |

persiana   shutter, blind

avvolgibile m 2	*roller blind*	al giorno di oggi si possono comprare avvolgibili di tutti i colori
battente m 2	*shutter* (on window) (also used with **chiudere** to mean *to close down*)	in quella casa non aprono mai i battenti; quel negozio perdeva soldi, quindi hanno chiuso i battenti
imposta f 2	*shutter* (on window)	aprire/chiudere/socchiudere le imposte; il vento fa sbattere le imposte
persiana f 2	*shutter, blind*	abbiamo chiuso le persiane perché faceva già buio; una persiana avvolgibile/girevole/scorrevole
saracinesca f 2	*(rolling) shutter* (e.g. on a shop front or garage)	abbassare/alzare la saracinesca; saracinesche automatiche/a comando elettrico
serranda f 2	*shutter* (e.g. on a shop front or garage)	hanno aperto la serranda del garage per far uscire la macchina
tapparella f 2-1R	*roller shutter/blind* (regional Northern usage)	abbiamo tirato giù la tapparella in segno di lutto

persona   person

creatura f 3	*creature, being* (see also **bambino**)	siamo tutti creature di Dio; quella povera creatura è stata abbandonata da tutti; quel politico è una creatura del ministro
figura f 3	*figure, character* (often in a book, play, etc.) (see also **immagine**)	è stata una figura molto importante della Resistenza italiana; chi sono le figure principali del romanzo?; studiamo la figura di Amleto nel dramma di Shakespeare
personalità f 3	*famous person, personality*	ho studiato tutte le personalità della storia italiana; chi sono le personalità del mondo sportivo?
soggetto m 3	*person* (usually bureaucratic)	quello è un soggetto da evitare; dal sondaggio è risultato che due su tre soggetti avevano smesso di fumare recentemente
anima f 3-2	*soul, creature* (see also **mente**)	sei un'anima nobile; non c'era anima viva in paese; è un villaggio di cinquecento anime

essere m 3-2	*being, creature*	l'uomo è un essere razionale; sei un essere spregevole; non dovevi trattare un essere umano così; siamo tutti esseri umani
individuo m 2	*individual, fellow, character* (often pejorative)	non voglio parlare con quell'individuo; che vuole quell'individuo?; è un individuo pericoloso
persona f 2	*person, someone* (see also **gente**)	è una persona onesta; la mia famiglia è composta di cinque persone; il costo è diecimila lire per persona; c'è una persona che ti cerca; bisogna che parli con una persona di fiducia
personaggio m 2	*personality* (usually famous), *character* (often in a book, play, etc.) (see also **carattere**)	chi sono i grandi personaggi politici di oggi?; descrivimi il personaggio principale del romanzo; i personaggi di Shakespeare hanno risonanze universali
qualcuno/a mf 2	*someone*	qualcuno bussa alla porta; c'è qualcuno che ha una penna?; è venuto qualcun altro; si crede qualcuno adesso che è ricco
tale mf 2-1	*someone, fellow/woman, person* (often pejorative)	c'è un tale di là che ti aspetta; c'è una tale che vuol parlare con te; è tornato quel tale di ieri sera
tipo m 1	*character, fellow, chap, bloke* (often with a negative tone)	mi sa che sei un tipo curioso; è un tipo proprio difficile; mi è capitato un tipo oggi!; ti cercava un tipo con gli occhiali
tizio m 1	*person, fellow, chap, bloke, someone* (usually implies disapproval)	ti cercava un tizio che non conosco; ha sposato un tizio di Milano

personale   personal

clandestino 3-2	*clandestine, secret*	hanno un'attività clandestina; sono immigrati clandestini; c'era una lotta clandestina contro il regime fascista
riservato 3-2	*confidential, reserved*	sono notizie riservate; questa lettera è riservata; è molto riservato nelle amicizie
confidenziale 2	*confidential, intimate*	ti faccio una domanda confidenziale; hanno scambiato parole confidenziali
individuale 2	*individual, personal*	per me la libertà individuale è la cosa più importante; aveva un'interpretazione molto individuale del film
intimo 2	*close, intimate, personal* (see also **interno**)	la loro è un'amicizia molto intima; non ti posso rivelare i miei sentimenti intimi; quel sapone è studiato apposta per l'igiene intima; ha avuto una relazione intima col presidente

personale 2	*personal, private*	ha il suo aereo personale; la pulizia personale è molto importante per me; questa è un'interpretazione personale; ho rinunciato per motivi personali
privato 2	*private, personal*	quest'azienda è privata, non statale; queste sono faccende private; voglio un po' di vita privata
proprio/suo 2	*of one's own, personal* (see also **particolare** (a))	ha un sistema tutto proprio/tutto suo; ognuno fa il suo/il proprio interesse
segreto 2	*secret*	hanno fatto un matrimonio segreto; questa è una notizia segreta
soggettivo 2	*subjective*	la sua lettura del testo è per forza soggettiva; questo è un giudizio soggettivo

NB some of these words are also used adverbially with **–mente** ending (e.g. hanno stampato il giornale clandestinamente; gli ho parlato confidenzialmente; si occupa personalmente dei suoi affari; personalmente non sono d'accordo; ha agito segretamente; soggettivamente la cosa non m'interessa). An alternative to **segretamente** is **di nascosto** (Register 2-1) (e.g. si incontravano di nascosto).

peso — weight

fardello m 3	*burden, load* (often figurative)	aveva un pesante fardello di merci; bisogna sopportare il fardello delle preoccupazioni quotidiane
onere m 3	*onus, burden* (usually legal or financial)	si assunse un grosso onere finanziario; l'onere della prova toccava alla difesa
soma f 3	*pack, load, burden* (usually carried by an animal)	il mulo è una bestia da soma; bisogna togliergli la soma in modo che riposi
carico m 2	*load, cargo, burden, weight* (also figurative)	la nave trasportava un carico di legname; il camion procedeva con difficoltà per l'eccessivo carico; hanno aumentato il suo carico di responsabilità
peso m 2	*weight, burden* (in a variety of contexts)	il chilogrammo è un'unità di peso; voglio sapere il peso netto del prodotto; questa cassa è un bel peso; sei un peso enorme per tutta la famiglia; non bisogna dare peso alla sue parole; ho un peso sulla coscienza; si libererà del peso della famiglia

peste — plague

flagello m 3	*scourge, curse*	la grandine è un flagello per i vigneti; bisogna combattere il flagello della fame
pestilenza f 3	*plague, pestilence* (also figurative)	la pestilenza dilagò in Lombardia nel sedicesimo secolo; bisogna eliminare la pestilenza della corruzione

| **peste** f
[2] | *plague* (also figurative in the sense of *pest, nuisance*) (see also **importuno**) | in migliaia sono morti di peste; la peste bubbonica è stata debellata; l'ambizione è stata una peste che gli ha rovinato la vita; quel bambino è una vera peste |
| **piaga** f
[2] | *sore, scourge, plague, curse* (often figurative), *nuisance, pain in the neck* (see also **importuno**) | ha il corpo coperto di piaghe; la piaga della povertà deve essere debellata; non voglio riaprire una vecchia piaga; quella ragazza è da evitare, è una vera piaga |

petto   chest, breast

torace m [3]	*chest, thorax*	deve subire un'importante operazione al torace
mammella f [3-2]	*breast, udder*	la mucca ha le mammelle gonfie di latte; è morta di cancro alla mammella
petto m [2]	*chest* (male or female), *breast(s), bosom*	quell'uomo ha un petto ampio/gracile/ robusto/scarno; Paola è molto forte di petto; quella madre tiene il bimbo al petto
seno m [2]	*bosom, breast(s), bust, chest* (female)	un seno cadente/candido/sodo; Chiara ha poco seno; vedendolo Anna si è coperta il seno; allatta il neonato al seno
poppa f [1]	*breast, udder*	il neonato vuole la poppa; la mamma ha dato la poppa al bambino; quella mucca ha le poppe gonfie
tette fpl [1*]	*tits, boobs*	quella donna aveva un enorme paio di tette; la rivista era piena di donne con le tette nude
zinne fpl [1*R]	*tits* (regional Central and Southern usage)	guarda che zinne che ha quella!

pezzo   piece

appezzamento m [3]	*plot, piece (of land)*	c'erano vari appezzamenti dove crescevano pomodori e fave
brandello m [3]	*shred, scrap*	di quel vestito mi è rimasto solo un brandello di stoffa; la ferita era circondata da brandelli di carne
coccio m [3]	*fragment, piece* (pottery, etc.)	ho spazzato via i cocci del piatto rotto
frantume m [3]	*splinter, flake* (usually plural)	abbiamo raccolto i frantumi di vetro; il bicchiere è caduto ed è andato in frantumi; ha mandato in frantumi il vaso antico
scampolo m [3]	*remnant, oddment* (usually clothes or material but also sometimes figurative)	in questo negozio c'è una liquidazione di scampoli; se ho uno scampolo di tempo, ti vengo a trovare in giornata

segmento m 3	*segment, piece* (technical)	il vestito era fatto di segmenti di stoffa diversi; i botanici hanno esaminato i vari segmenti della foglia
brano m 3-2	*piece* (torn from something) (see also **brano**)	il cane gli ha morsicato via un brano di pelle; fammi vedere quel brano di stoffa
frammento m 3-2	*fragment* (see also **brano**)	abbiamo trovato qualche frammento di osso; hanno messo insieme i frammenti del vaso
scheggia f 3-2	*splinter, sliver, chip* (wood, bone, etc.)	una scheggia di cristallo/di ferro/di legno/di osso/di vetro; è stato ferito dalle schegge dei vetri della macchina
tratto m 3-2	*stretch* (distance), *segment, piece* (see also **elemento**)	abbiamo fatto insieme un bel tratto di strada; un tratto del cavo è da sostituire
fetta f 2	*slice, strip* (usually food) (also figurative)	una fetta di carne/formaggio/pane/salame/torta; quella fetta di terra mi appartiene
parte f 2	*part, share, piece* (also figurative) (see also **lato**)	ho tagliato la torta in sei parti; questa parte della città sarà demolita; a ognuno spetta la sua parte di preoccupazioni
pezzo m 2	*piece, bit, part* (in a variety of senses) (also in diminutives **pezzetto** and **pezzettino**) (see also **brano**)	un pezzo di carta/di ferro/di legno/di pane/di sapone/di stoffa; ha diviso la torta in tre pezzi; hanno tolto un pezzo del motore; è un bel pezzo che non ti vedo; ho mangiato un pezzetto di torta; dammi quel pezzettino di carta
porzione f 2	*share, portion, part*	il cameriere mi ha portato una porzione di dolce
spicchio f 2	*segment, slice, clove, piece* (usually fruit, etc.)	uno spicchio d'aglio/di arancia/di mela; ho mangiato uno spicchio di torta; si vede uno spicchio di luna stasera

piacere (see also **divertimento**) — pleasure

appagamento m 3	*satisfaction, gratification, fulfilment*	non so che cosa sia l'appagamento di un desiderio
delizia f 3	*delight, joy*	questo libro è una delizia; non hai mai provato le delizie della musica minimalista?; la bambina è la delizia dei genitori
diletto m 3	*delight, pleasure*	trae diletto dallo studio dell'arte; c'è un diletto spirituale nella musica; ho letto il libro con gran diletto
dolcezze fpl 3	*pleasures, delights*	non si possono sostituire le dolcezze dell'amore; come sono belle le dolcezze della vita!
godimento m 3	*enjoyment, pleasure, delight*	provo un vivo godimento nell'ascoltare quella musica; per me l'arte è un'importante fonte di godimento estetico

allegrezza f 3-2	*gaiety, cheer, merriment*	non riusciva a nascondere la sua allegrezza
allegria f 2	*cheerfulness, joy*	la sua allegria era veramente contagiosa; il vino mette allegria; vive in allegria senza una lira e senza preoccuparsi
contentezza f 3-2	*contentment, pleasure*	dimostrava apertamente la sua contentezza; quel premio è stato la sua contentezza
felicità f 2	*happiness*	ho provato un'intensa felicità; vi auguro ogni felicità; è una felicità avervi con noi
gioia f 2	*joy, delight*	non so descriverti la mia gioia; ho pianto lacrime di gioia; sei l'unica gioia che ho avuto nella vita; non conosci le gioie della maternità; quella ragazza è la gioia della famiglia
piacere m 2	*pleasure, enjoyment, treat* (see also **favore**)	sono solo dediti al piacere; apprezzo i piaceri della campagna; suona il pianoforte che è un piacere; è stato un vero piacere rivederti
soddisfazione f 2	*satisfaction, pleasure*	ho provato una grande soddisfazione; quel lavoro mi ha dato molte soddisfazioni; non c'è soddisfazione a discutere con te

piacere a to please

deliziare 3	*to delight, to charm* (also used reflexively)	quel bel panorama mi delizia gli occhi; ci ha sempre deliziati con la sua musica
dilettare 3	*to delight, to enchant* (also used reflexively)	diletta l'ingegno con buone letture; dilettava il pubblico con i suoi racconti; si diletta di pittura
gradire 3	*to appreciate, to enjoy, to like*	l'ammalato gradisce la compagnia degli amici; gradirei che tu non usassi certe parole; gradisce un'altra fetta di torta?; vogliate gradire i nostri più distinti saluti (letter ending)
affascinare 3-2	*to fascinate, to charm, to delight*	la sua bellezza mi affascinò; con il suo modo di parlare affascina tutti
allettare 3-2	*to allure, to entice, to attract*	lo hanno allettato con lusinghe e promesse; questa è una prospettiva che mi alletta
attrarre 3-2	*to attract*	la chiesa non riesce più ad attrarre molti giovani a diventare preti
adorare 2	*to adore, to worship*	adora i suoi figli; adoro la musica; adorare Dio/il sole; l'imperatore voleva essere adorato dai suoi sudditi
affezionarsi a 2	*to take a liking to, to get to like, to become fond of*	mi sono affezionato a lui; ha cominciato ad affezionarsi alla città in cui si è trasferito

amare 2	*to love*	ha sempre amato la sua famiglia; amo i miei genitori; prima lo amavo, ma adesso non lo amo più; amano lo studio; amo il potere; queste piante amano la luce
attirare 2	*to attract*	l'ha attirata con un sacco di promesse; il negoziante fa del suo meglio per attirare i clienti; questo film non mi attira; i rifiuti attirano le mosche; la luce attira le farfalle
innamorarsi (di) 2	*to fall in love (with)*	mi sono subito innamorato di lei; i due s'innamorarono a prima vista
essere innamorato (di) 2	*to be in love (with)* (see also **fidanzato/a**)	quei due sono proprio innamorati; sono innamorato di lei; dopo tanti anni di matrimonio, lei è ancora innamorata di suo marito; è innamorato del calcio
piacere a 2	*to please* (most common way of rendering the idea of *to like* or, where persons are involved, *to fancy*) (auxiliary **essere**)	Giovanni mi piace molto; Paola non gli piace per niente; mi piace la letteratura; non mi piace l'inverno; gli sono piaciuti i miei spaghetti; mi piacciono le tue idee; il nuovo libro è piaciuto molto alla critica; gli piace andare in aereo; non mi piace che ridano di me
essere simpatico a 2	*to like, to find nice* (see also **bello** and **gentile**)	quella ragazza mi è molto simpatica
volere bene a 2	*to like (a lot), to be (very) fond of*	ti ho sempre voluto bene; gli vuole bene come a un fratello; tutti gli vogliono bene; sono sposati da molti anni ma si vogliono bene come se fosse il primo giorno

piangere   to cry

gemere 3	*to moan, to groan*	sentivo il povero ferito che gemeva; il bambino caduto dal muro cominciò a gemere; nella notte si udiva gemere il mare
lacrimare 3	*to weep, to cry, to shed tears* (purely physical and without connection to any emotion)	mi lacrima un occhio, ho preso un colpo d'aria; il fumo mi fa lacrimare; guarda come lacrimo per avere tritato la cipolla
piagnucolare 3-2	*to whimper, to whine*	su, smettila di piagnucolare!; il bambino ha piagnucolato tutta la notte
piangere 2	*to cry, to weep, to shed tears* (transitive or intransitive)	le donne piangevano amaramente; per favore, non piangere!; quando ho sentito la notizia, ho pianto di gioia; sta sempre a piangere miseria; piangeva lacrime amare
singhiozzare 2	*to sob*	la signora singhiozzava disperatamente; vedi come singhiozza, cerca di calmarla

| **frignare** [1] | *to whimper, to whine* (often with reference to children) | il bambino ha frignato tutta la notte; sono stufo di sentirti frignare |

piano   plan

abbozzo m [3]	*outline, (rough) draft*	vi posso presentare un abbozzo del mio racconto; ho fatto un abbozzo del disegno
piano m [2]	*plan, project, scheme*	ti dico i miei piani per le vacanze; questo è il mio piano di studi; il governo ha presentato un piano di sviluppo economico; questa città non ha mai avuto un piano regolatore
progetto m [2]	*plan, project, design*	un progetto ambizioso/difficile/realistico; ha fatto troppi progetti e ha realizzato poco; che progetti hai per le vacanze?
programma m [2]	*programme, plan, syllabus, curriculum* (also used for radio and television programmes and computer programmes) (see also **opuscolo**)	dovete stabilire un programma annuale; non hanno ancora stabilito il programma teatrale per la prossima stagione; che programmi hai per domani?; qual è il vostro programma elettorale?; non hanno ancora pubblicato il programma scolastico per il nuovo esame di maturità; mi annoiano quasi tutti i programmi in tivù; scrive programmi per i computer
scaletta f [2]	*plan, outline, draft* (usually of a speech, book, etc.)	facciamo la scaletta delle attività che svolgeremo; non scrivo mai le mie conferenze per esteso, ne faccio solo una scaletta
schema m [2]	*plan, scheme, outline*	ho buttato giù lo schema per una novella; traccerà per noi lo schema del suo lavoro; voleva liberarsi dagli schemi classici

piatto (see also comune)   flat

incolore [3]	*colourless*	conduce una vita del tutto incolore; che stile incolore ha questo libro!
insipido [3]	*insipid, dull*	questo brodo è insipido; quella donna è bella ma insipida; ha raccontato delle storielle proprio insipide
scipito [3]	*insipid, flat*	questa minestra è troppo scipita, non mi va giù; le sue battute sono sempre scipite
scialbo [3-2]	*colourless, flat, dull*	un racconto/un uomo/un volto scialbo; il suo discorso era una scialba ripetizione di luoghi comuni
spianato [3-2]	*flat, flattened*	su quel terreno spianato hanno costruito una chiesa; su quel campo spianato è atterrato un aereo

monotono [2]	*monotonous, flat* (see also **noioso**)	parla con un tono monotono; questo paesaggio è proprio monotono
piatto [2]	*flat* (also figurative in the sense of *dull, lifeless*, etc.)	questa zona ha un paesaggio piatto; le zattere hanno un fondo piatto; ha una conversazione piatta; quel libro è proprio piatto
uniforme [2]	*uniform, flat* (see also **uguale**)	il terreno era tutto uniforme; conduce un'esistenza uniforme e monotona

piccolo   small, little

esiguo [3]	*meagre, small, slight* (usually financial) (see also **magro**)	ha fatto un guadagno esiguo; quest'anno il nostro profitto è stato esiguo
minuscolo [3-2]	*tiny, minuscule* (also used as a noun to mean *small/lower-case letter*)	questa casa è davvero minuscola; le ha mandato un minuscolo mazzo di fiori; quando scrive comincia le frasi con il minuscolo invece del maiuscolo
minuto [3-2]	*minute, tiny, delicate, fine*	il bicchiere si è rotto in pezzi minuti; una pioggia minuta scendeva; ha lineamenti minuti
basso [2]	*short, small* (of stature)	quella ragazza è molto bassa; tutta quella famiglia è di bassa statura
piccolo [2]	*small, little, short* (in a variety of contexts) (often placed before the noun) (also in diminutive **piccolino**) (for use as a noun, see **bambino**) (see also **breve** and **giovane**)	un piccolo appartamento/errore/negoziante/rumore; un bambino/un cervello/un esercito/un naso/un oggetto piccolo; ha ricevuto una piccola eredità; domani daremo una piccola festa; questa città è una piccola Venezia; questa macchina è un po' piccolina per me; da piccolo era molto bello
scarso [2]	*scanty, poor, meagre* (see also **debole, difettoso** and **magro**)	il raccolto è stato scarso quest'anno; abbiamo scarsi mezzi finanziari
piccino [2-1]	*little, (very) small, teeny, wee* (also figurative) (for use as a noun, see **bambino**)	è un bambino piccino; è ancora troppo piccina per capire; vive in una casetta piccina; ha una mente proprio piccina

piegare   to bend, to fold

flettere [3]	*to bend, to bow* (often of parts of the body) (also used reflexively)	flettere le braccia/le ginocchia; gli alberi si flettevano sotto la neve
inarcare [3]	*to arch* (also used reflexively)	il gatto inarca la schiena; i gatti per difendersi si inarcano
curvare/incurvare [3-2]	*to bend, to curve* (transitive or intransitive) (also figurative) (also used reflexively)	il monello ha incurvato il ramo; il padrone parla e ognuno curva il capo; il fiume curva verso la valle; il ramo s'incurva sotto il peso dei frutti; i binari dei treni si sono incurvati

piegare [2]	to bend, to fold (transitive or intransitive) (also figurative) (also used reflexively)	riesci a piegare quella sbarra di ferro?; il vento piegava le cime degli alberi; ho piegato il foglio in quattro; sai piegare le camicie?; l'ha piegato alla sua volontà; la strada piega a destra; si piegò alle mie richieste
ripiegare [2]	to fold (up)	ripiegare la carta geografica/il foglio di carta/il tavolo da giardino/il tovagliolo
torcere [2]	to bend, to wring, to twist (also used reflexively)	è riuscito a torcere il filo di ferro; sta torcendo i panni; mi sta torcendo il braccio; si torceva dal dolore

pieno   full

gravido [3]	pregnant, laden (see also **incinta**)	le sue parole erano gravide di significato
gremito [3]	crowded, packed	la sala era gremita; lo stadio era gremito di spettatori
oberato [3]	laden, overloaded (debts) (see also **occupato**)	quell'uomo è oberato da/di debiti; questi terreni sono oberati da ipoteche
pregno [3]	pregnant, full (see also **incinta**)	il futuro è pregno di incognite
rimpinzato [3]	stuffed, crammed	il discorso era rimpinzato di banalità; ho lo stomaco rimpinzato di torta
satollo [3]	sated, replete, satiated	spero che alla fine della cena i miei ospiti saranno satolli; ho mangiato molto ma ancora non mi sento satollo
saturo [3]	saturated	la stanza era satura di fumo; il suo organismo era saturo di medicinali; il mercato è completamente saturo
stipato [3]	packed, crammed, crowded	anche il corridoio era stipato di viaggiatori; i ragazzi erano stipati in un'aula troppo piccola
traboccante [3]	overflowing	viviamo in un paese traboccante di ricchezze; aveva l'anima traboccante di gioia
carico [3-2]	loaded, laden	la barca era carica di gitanti; il camion è carico di pietre; l'albero è carico di frutta; è carica di debiti; ha il fucile carico
colmo/ricolmo [3-2]	full (to the brim)	il vaso era colmo di terra; aveva l'anima colma di amarezza; ho il cuore ricolmo di gioia
imbevuto [3-2]	steeped in, imbued with	il legno era imbevuto di umidità; quel professore era imbevuto di pregiudizi
ricco [3-2]	abundant, full (see also **ricco**)	quella rivista è ricca di notizie; viviamo in un paese ricco di materie prime; è uno scrittore ricco di fantasia

sazio 3-2	*full up, sated*	ho mangiato bene e mi sento sazio; non sono mai sazi, questi ragazzi; siamo proprio sazi di divertimenti
completo 2	*full (up)* (see also **completo**)	tutti gli alberghi sono completi; è già il terzo autobus completo che passa
gonfio 2	*full, bloated* (often figurative)	mi sentivo lo stomaco gonfio; aveva il cuore gonfio di tristezza; ha un portafoglio gonfio di soldi
pieno 2	*full (up), filled* (see also **completo**)	aveva il portafoglio pieno; quell'armadio è pieno di vestiti; il treno era pieno quando è partito; la casa è piena di mosche; sono pieni di vita; dopo aver mangiato mi sento pieno
zeppo 2	*packed, crammed, bursting, chock-full* (also used with **pieno** to give extra emphasis)	la lettera è zeppa di errori; la casa era zeppa di gente; il teatro era pieno zeppo

pietra   stone

cippo m 3	*stone* (boundary or memorial)	stiamo cercando il cippo di confine; il tronco della colonna è un cippo in memoria dei caduti
lapide f 3-2	*(tomb/head/grave) stone, memorial stone*	dopo la guerra hanno messo una lapide in Via Mazzini per commemorare i caduti
macigno m 3-2	*boulder, rock* (large) (also figurative)	un macigno ostruiva il passaggio; questo cibo è pesante come un macigno
ciottolo m 2	*pebble, cobblestone*	si può camminare sui ciottoli del torrente; questa strada è fatta di ciottoli
ghiaia f 2	*gravel*	questa spiaggia è di ghiaia non di sabbia; sul viale hanno messo giù della ghiaia
masso m 2	*boulder, rock*	sulla strada di montagna c'era un segnale: 'Caduta massi'; la strada verso la baia passava tra enormi massi
pietra f 2	*stone* (in various senses)	ha gettato una pietra; la casa è di pietra, non di legno; mio marito mi comprerà una pietra preziosa; ha il cuore di pietra
sasso m 2	*stone, rock, boulder* (the material as well as the object) (also figurative)	hanno scavato nel sasso; i manifestanti hanno tirato sassi; faresti piangere/ridere i sassi; il tuo cuore è di sasso

pigro   lazy, idle

accidioso 3	*slothful, indolent* (also used as a noun)	questa è un'afa accidiosa; è una persona accidiosa; faresti parte degli accidiosi dell'inferno dantesco

ignavo 3	*indolent, slothful* (literary) (also used as a noun)	quella gente è ricca e ignava; da un ignavo come lui non ci si può aspettare aiuto
neghittoso 3	*indolent, slothful* (also used as a noun)	è un uomo neghittoso; i più neghittosi del gruppo non si mossero
ozioso 3	*idle, slothful* (literary) (also used as a noun)	è un uomo ozioso; fa una vita oziosa; quei giorni oziosi mi erano interminabili; gli oziosi non li ho mai potuti sopportare
apatico 3-2	*apathetic*	è apatico nei confronti di tutto e tutti; quell'individuo ha un temperamento apatico
indolente 3-2	*indolent, slothful* (also used as a noun)	un carattere/un modo di fare/uno scolaro/ un tipo indolente; muoviti, non fare l'indolente!
sfacccendato/a mf 3-2	*idler, lazybones*	non ha mai lavorato perché è uno sfaccendato; è una sfaccendata e hanno fatto bene a licenziarla
pigro 2	*lazy, idle* (also used as a noun, usually in the suffixed form **pigrone/a**)	è un ragazzo molto pigro nello studio; è così pigro che la mattina non si alzerebbe mai; tutti i suoi movimenti sono pigri; ha una mente molto pigra; sei proprio un pigrone!
svogliato 2	*lazy, idle, slack*	è svogliato in tutto quello che fa; dobbiamo licenziare quell'impiegato svogliato
fannullone/a mf 2-1	*idler, loafer, slacker, lazybones* (also used as an adjective)	smetti di dormire, fannullone che sei!; non ha mai voluto né studiare né lavorare, è proprio un fannullone; ha trovato una moglie fannullona che non pulisce mai la casa
scansafatiche mf 2-1	*loafer, idler, dodger, slacker* (invariable plural)	sei il peggior scansafatiche che abbia mai incontrato; Paola copia tutto da Internet, è veramente una scansafatiche
bighellone/a mf 1	*loafer, idler*	che bighellone sei!; è un bighellone che non ha voglia di fare niente
lavativo/a mf 1	*skiver*	quello studente è un lavativo; sei una gran lavativa
pelandrone/a mf 1R	*loafer, slacker, idler* (regional Northern usage)	quel mucchio di pelandroni va in giro a fare casino; su, alzati, pelandrona, sono quasi le dieci!
poltrone/a mf 1	*idler, lazybones, slacker*	svegliati, poltrona, che è tardi!; muoviti, non fare il poltrone
sfaticato 1	*idle, lazy* (also used as a noun)	quella gente sfaticata non dà nessun affidamento; è uno sfaticato che pensa soltanto a divertirsi
vagabondo m 1	*good-for-nothing, bum, tramp* (also used as an adjective) (for less pejorative use, see **vagabondo**)	è un vagabondo che vive di espedienti alla giornata; ha passato anni nei Caraibi senza far niente tranne il vagabondo; quel mio figlio vagabondo non ha mai lavorato

pioggia (see also temporale) rain

scroscio m 3	*downpour, deluge* (also figurative)	c'è stato uno scroscio di pioggia; ho sentito uno scroscio di applausi
acquazzone m 3-2	*heavy shower, downpour*	dopo l'acquazzone il cielo è tornato sereno; sono stati sorpresi da un acquazzone
diluvio m 3-2	*downpour*	non posso uscire con questo diluvio
rovescio m 3-2	*(heavy) shower, downpour*	oggi ci saranno alcuni rovesci ma la pioggia non sarà costante; venne giù un rovescio di grandine
spruzzata f 3-2	*(light) shower* (of rain or snow)	dopo una spruzzata il sole è uscito; sì, nevicava, ma era solo una spruzzata
pioggerella f/ **pioggerellina** f 2	*drizzle, fine rain*	te la senti di uscire sotto questa pioggerella?; non ci bagneremo tanto, è solo una pioggerellina; siamo abituati alla pioggerellina di marzo
pioggia f 2	*rain* (also used figuratively in the sense of *shower, hail*)	camminava sotto la pioggia; fuori c'è una pioggia fitta; è la stagione delle piogge; ha dovuto evitare una pioggia di sassi

pirata pirate

bucaniere m 3	*buccaneer*	i bucanieri operavano nel diciottesimo secolo e sono un interessante fenomeno storico
filibustiere m 3	*freebooter, adventurer*	i filibustieri infestavano i mari nei secoli precedenti
corsaro m 3-2	*privateer, corsair, pirate*	i corsari aggredirono le nave nemica; sembra incredibile, ma esistono ancora oggi corsari che attaccano navi per arricchirsi
pirata mf 2	*pirate, hi-jacker, road-hog, hacker* (also used as an adjective)	tutti hanno letto delle scorrerie dei pirati; i pirati del cielo provocano molto terrore; non si è fermato dopo l'incidente, è un pirata della strada; adesso bisogna preoccuparsi anche dei pirati informatici!; è uscita un'edizione pirata di quel libro

pisciare to piss

orinare 3	*to pass water, to urinate*	orina con moltà difficoltà; sta male, orina sangue
fare (la) pipì 2-1	*to pèe, to wee(-wee)* (of children or euphemistically of adults)	non si può costringere un bambino a fare pipì; devo fare pipì subito, sennò scoppio
pisciare 1*	*to piss* (also figurative)	hai pisciato oggi?; piscia a letto ogni notte; mi sto pisciando addosso; si è pisciata sotto dalla paura/dal ridere

fare una pisciata [1*]	*to have/do/take a piss*	aspetta un attimo, che faccio una pisciata; stamattina ho fatto una di quelle pisciate

pizzo   lace

trina f [3]	*lace* (fine quality)	una trina finissima/ricamata; abbiamo una tovaglia di trina; quelle tende all'uncinetto sembrano una trina
merletto m [2]	*lace*	è un abito fatto di merletto; questo è un antico merletto veneziano; tutti questi merletti vengono da Burano
pizzo m [2]	*lace*	il pizzo di questa camicetta è molto bello; ho una sottoveste con il pizzo; fare un pizzo è una cosa molto complicata

poesia   poem, poetry

cantico m [3]	*poem* (civic or religious)	San Francesco d'Assisi scrisse il Cantico delle Creature
canto m [3]	*lyric poem, canto*	sto studiando i *Canti* di Leopardi; questo poema epico ha ventiquattro canti
carme m [3]	*poem* (classical)	qualche volta leggo i carmi bucolici latini; i carmi dei poeti rinascimentali sono difficili da leggere
lirica f [2]	*lyric poem, lyric poetry*	c'è una lirica di Carducci che è molto bella; mi piace la lirica romantica
poema m [2]	*(long) poem*	ci vuole molto tempo per leggere un poema epico; i poemi di Virgilio ci rivelano molto sul mondo antico
poesia f [2]	*poem, poetry* (also figurative)	ha recitato una sua poesia; pubblicherò una raccolta di poesie; leggo volentieri la poesia spagnola; ti piace la poesia del Duecento?; ha un animo ricco di poesia
versi mpl [2]	*verse, poetry*	quei versi di Ungaretti sono proprio meravigliosi; i versi di Foscolo mi piacciono

poi   then

appresso [3]	*after(wards)* (see also **prossimo**)	poco appresso se n'è andato; il giorno appresso se ne andò
in seguito [3-2]	*later on, after(wards)*	vedremo in seguito quello che si potrà fare; ne riparleremo in seguito
successivamente [3-2]	*subsequently, after(wards)*	ora decidiamo le questioni più urgenti, successivamente decideremo anche le altre
dopo [2]	*then, after(wards), later (on), next* (see also **prossimo**)	ho sgridato mio figlio e dopo me ne sono pentito; vi vedremo dopo; bisogna prendere la strada che viene dopo

poi 2	*then, after(wards), later (on)* (see also **anche**)	voleva uscire, ma poi ha cambiato idea; adesso studia, poi uscirai; di questo parleremo poi; il resto te lo dico poi
quindi 2	*then* (often the last of a series of actions) (see also **così**)	gli scrisse, poi gli telefonò, quindi si recò personalmente da lui; rilesse la lettera, la piegò e quindi la chiuse nella busta
più tardi 2	*later (on), after(wards)*	ci vediamo più tardi; ne riparleremo più tardi

politico   politician

statista mf 3	*statesman/woman*	Nenni fu un grande statista italiano; l'illustre statista ha parlato con i giornalisti
parlamentare mf 3-2	*member of parliament* (either chamber)	i parlamentari presentarono le credenziali; tanto i deputati che i senatori sono dei parlamentari
politicante mf 3-2	*politician* (suggests pettiness or scheming)	non è un vero uomo politico, solo un politicante; non si può contare su quei politicanti; sono discorsi da politicante
deputato/a mf 2	*MP, member of parliament* (only lower chamber)	è stato eletto deputato; ha un posto nella Camera dei deputati
(uomo) politico m 2	*politician*	è un politico molto abile; il linguaggio dei politici è spesso molto astratto; i politici di tutti i partiti si sono radunati

polizia   police

agente (di polizia/ di pubblica sicurezza) m 3-2	*policeman, police officer*	il ruolo di agente di polizia non è sempre molto facile; lo stato sta cercando di reclutare più agenti di pubblica sicurezza
guardia (di pubblica sicurezza) f 2	*police officer*	bisogna rispettare le guardie di pubblica sicurezza; le guardie di pubblica sicurezza fanno un lavoro molto pericoloso; subito dopo il furto è arrivata una guardia in borghese che aveva sentito lo schiamazzo
carabiniere m 2	*carabiniere, (military)* *policemen* (also used figuratively to imply authoritarian behaviour)	da piccolo volevo diventare carabiniere; i carabinieri stanno indagando il delitto; i carabinieri sono tornati in caserma; perché fai sempre il carabiniere?
polizia f 2	*police (force)*	ha chiamato la polizia; ho denunciato il furto alla polizia; è ricercato dalla polizia; la polizia ferroviaria/segreta/stradale
poliziotto m/ **donna poliziotto** f 2	*policeman/police woman,* *police officer/constable*	hanno messo un poliziotto di guardia all'ingresso della banca; ha chiesto l'intervento dei poliziotti che passavano in macchina; due donne poliziotto erano di servizio

questura f [2]	*police*	è stato interrogato dalla questura
vigile (urbano/a) mf [2]	*(local/traffic) policeman/police woman*	il vigile dirigeva il traffico; non c'è mai un vigile quando se ne ha bisogno
piedipiatti m [2-1]	*cop, copper* (invariable plural)	non è uno di noi, è un piedipiatti; attenti, arrivano i piedipiatti
questurino m [1]	*cop*	scappa subito, c'è un questurino in giro; è un questurino in borghese, lo riconosco
sbirro m [1]	*cop, fuzz*	sbrighiamoci, sennò arrivano gli sbirri; quel tizio ha una faccia da sbirro; si vede lontano un miglio che è uno sbirro!
sgherro m [1]	*cop*	qualcuno ha cantato agli sgherri; il tiranno era sempre circondato da un branco di sgherri

NB **questura** is used most commonly to mean *police station* (e.g. si sono recati in questura per denunciare il fatto) and has as a less used synonym **commissariato** m (Register 3-2) (e.g. questo commissariato serve da base per una ventina di poliziotti).

pollo   chicken

cappone m [2]	*capon*	il cappone si mangia a Natale
galletto/pollastro m [2]	*young fowl, cockerel*	quel galletto canta tutte le mattine dall'alba; i pollastri che alleviamo qui sono tutti di prima qualità
gallina f [2]	*hen*	una gallina da carne/da uova; hai dato da mangiare alle galline?; le nostre galline non fanno mai molte uova
gallo m [2]	*cock, rooster*	mi alzo prima che il gallo canti
pollo m [2]	*chicken*	qui c'è un allevamento di polli; si mangia pollo arrosto stasera; ti piace il brodo di pollo?

ponte   bridge

coperta f [3]	*deck* (on boat or ship)	tutti in coperta!; hanno detto ai passeggeri di scendere sotto coperta
viadotto m [3-2]	*viaduct*	hanno costruito un viadotto ferroviario; quel viadotto è in cemento armato
cavalcavia m [2]	*flyover, overpass* (invariable plural)	il nuovo cavalcavia accorcia la strada che devo fare; per trovare la strada di Milano si gira a destra dopo il cavalcavia

passerella f [2]	*footbridge, gangway, gangplank, catwalk*	la piccola passerella di legno sta per crollare; l'ho visto sulla passerella mentre scendeva dal traghetto; le modelle hanno sfilato sulla passerella
ponte m [2]	*bridge, deck* (in a variety of contexts) (for figurative use, see **vacanza**)	un ponte aereo/ferroviario/stradale/di decollo/di legno/di pietra; abbiamo attraversato il ponte; hanno fatto un ponte di tronchi d'albero; il capitano della nave è salito sul ponte

porta   door

soglia f [3-2]	*threshold, entrance* (also figurative in the plural)	preferisco non varcare la soglia della casa; non vuole entrare, aspetta sulla soglia; sono alle soglie della vecchiaia
porta f [2]	*door* (in a variety of contexts), *gate* (of a city)	apri la porta; ho bussato alla porta; mi hanno accompagnato alla porta; la porta della cassaforte è molto solida; ho una macchina a tre porte; aprirono le porte della città al nemico
portiera f [2]	*(car/carriage) door*	questa macchina non ha portiere posteriori; chiudete bene la portiera prima che il treno parta
portone m [2]	*front/main door*	tutti gli inquilini hanno una chiave per il portone; il portinaio mi ha aperto il portone quando sono tornato senza chiave
sportello m [2]	*door* (of furniture, car, train, etc.), *booking office (window), counter*	provo ad aprire lo sportello della credenza; l'automobile ha quattro sportelli; il treno parte, stanno chiudendo gli sportelli; lo sportello per biglietti è aperto dalle nove alle dodici; si è presentato allo sportello delle informazioni
uscio m [2R]	*door, entrance* (especially in regional Tuscan usage)	stava sull'uscio della camera; ha raggiunto l'uscio di casa ma non è entrato

portafogli   wallet

borsellino m [2]	*purse*	quel borsellino di pelle mi piace moltissimo; oggi ho comperato un borsellino per gli spiccioli
portafogli m/ **portafoglio** m [2]	*wallet* (always **portafogli** in the plural)	ho dimenticato il portafoglio a casa; lo hanno allegerito del portafogli; ha il portafoglio gonfio/vuoto
portamonete m [2]	*purse* (invariable plural)	ho comprato un portamonete in cuoio/in plastica/in velluto; oggi ho perso il portamonete

portalettere

postman

| **portalettere** mf
2 | *postman/postwoman*
(invariable plural) | arriva il portalettere con il mio pacco; faccio il portalettere da sempre |
| **postino/a** mf
2 | *postman/postwoman* | aspetto una lettera. Hai visto il postino oggi?; ti presento il postino del paese |

portare

to take, to bring

condurre 3	*to take, to bring* (mainly of people) (see also **fare**)	ho condotto i bambini a scuola; ha condotto la barca in porto
orientare 3	*to orient, to guide* (also used reflexively)	abbiamo orientato la nostra barca verso est; dopo l'autostrada non siamo più riusciti ad orientarci
scortare 3	*to escort, to convoy, to accompany*	otto agenti in motocicletta scortavano il presidente; chi vuole scortare il prigioniero?
indirizzare 3-2	*to direct*	il professore ha indirizzato gli studenti verso l'ufficio; mi hanno indirizzato qui per l'iscrizione
recare 3-2	*to bear, to carry*	recare un dono/un'informazione/una notizia; la segretaria gli ha recato il documento in ufficio
accompagnare 2	*to go/come with, to accompany, to take* (of people)	accompagnami fino a casa mia; ogni mattina accompagno mio figlio all'asilo; mi ha accompagnato in macchina all'albergo
guidare 2	*to drive* (of a vehicle) (transitive or intransitive) (see also **organizzare**)	mamma, mi lasci guidare la macchina?; abbiamo guidato per ore, adesso siamo stanchi
menare 2R	*to take, to bring, to guide* (regional Tuscan usage)	meno i cavalli a abbeverarsi; ogni mattina menava i buoi al lavoro; qual buon vento ti mena?
portare 2	*to take, to bring* (of people or things), *to carry, to drive* (see also **vestire**)	portami qui l'uomo che mi ha insultato; portami una tazza di caffè; porta il giornale a tuo padre che sta a letto; il postino ha portato una lettera; porto le valigie al treno; se non mi porti alla stazione, dovrò chiamare un taxi

posto (see also lavoro and luogo)

place, seat

seggio m 3	*seat* (figurative and of some importance) (also electoral)	il seggio episcopale/papale/presidenziale/reale; il partito ha perso trenta seggi
banco m 2	*bench, seat* (in school or parliament)	ho passato dodici anni sui banchi di scuola; i banchi dei deputati erano pieni
panca f/ **panchina** f 2	*bench, pew, seat* (garden, park, church, etc.)	ho comprato una panca da giardino; a messa ci siamo seduti sulle panche; hanno messo delle panchine nei giardini pubblici

poltrona f/ **poltroncina** f [2]	*armchair, easy chair*	il papà dorme in poltrona; ho comperato una poltroncina blu per la camera di mia figlia
posto m [2]	*place, seat* (see also **luogo**)	questo è il mio posto; scusi, è libero questo posto?; quanti posti ci sono a tavola?; hanno costruito uno stadio con centomila posti; ragazzo, torna al tuo posto!
sedia f [2]	*chair*	sono stanco, ho bisogno di una sedia; mi piacciono le sedie che vendono qui; una sedia a dondolo/da giardino/di vimini
sedile m [2]	*seat* (usually in a vehicle)	i sedili in questa macchina sono molto comodi; mettiti sul sedile posteriore
seggiola f [2R]	*chair* (regional Tuscan usage)	queste sono le seggiole che appartenevano alla nonna
seggiolino m [2]	*chair, seat* (small, for a child or some other purpose)	abbiamo portato il seggiolino per la bambina; quell'autobus ha seggiolini ribaltabili
seggiolone m [2]	*highchair*	Giovanni è ancora troppo piccolo per mangiare a tavola, deve rimanere nel seggiolone

potere to be able to

essere in grado di [3-2]	*to be able to, to be in a position to*	non sono in grado di darti quell'informazione in questo momento; sei in grado di rispondere alle mie domande?
essere capace di [2]	*to be able to, to be capable of* (see also **capace**)	sei capace di farlo?; se non lo fermi, è capace di partire subito; per fare soldi sarebbe anche capace di rubare; non credevo che fosse capace di tanta malvagità
potere [2]	*to be able to* (including the ideas of *can, may, might*) (auxiliary **essere** or **avere** depending on the following infinitive)	posso fare questo lavoro; mi sono rotto il braccio, perciò non posso guidare la macchina; mi può indicare la strada per arrivare al municipio?; non sono potuto andare; non ho potuto vederlo ieri; puoi forse avere ragione; posso fumare?; non posso lamentarmi
riuscire (a) [2]	*to be able (to), to manage (to), to succeed (in)* (auxiliary **essere**) (also used impersonally followed by **di**) (see also **arrangiarsi**)	non tutti riescono a imparare le lingue; non riesco a superare gli esami; riusciremo a finire il lavoro presto; sei riuscito solo a stancarmi; non riesce a fare a meno delle sigarette; dovrei dirglielo, ma non (ci) riesco; non mi riesce di incontrarlo
sapere [2]	*to be able to, to know how to* (see also **sapere**)	non so guidare, perché non ho mai imparato; il bambino non sa ancora scrivere; ha saputo rispondere a tutte le domande

povero   poor

non abbiente [3]	*badly off, needy* (also used as a plural noun)	quella famiglia fa parte delle classi non abbienti; come si fa a risolvere il problema dei non abbienti?
disagiato [3]	*straightened, difficult*	vive in condizioni disagiate; conduce un'esistenza disagiata
indigente [3]	*poverty-stricken, indigent* (also used as a noun)	chi soccorrerà quella famiglia indigente?; gli indigenti vanno aiutati
tapino [3]	*wretched, miserable* (literary) (also used as a noun)	nessuno vorrebbe la sua tapina esistenza; quel tapino non riesce a concepire la vita in senso positivo
bisognoso [3-2]	*needy, in need* (also used as a noun)	viene da una famiglia bisognosa; il mio dovere è di aiutare i bisognosi
miserabile [3-2]	*wretched, miserable* (see also **triste**)	quella famiglia vive in condizioni miserabili; ricevo un salario miserabile
misero [2]	*poverty-stricken, wretched* (see also **triste**)	è gente misera che non ha di che sfamarsi; è la regione più misera del paese; vivono in una misera catapecchia
povero [2]	*poor* (in material or spiritual terms), *needy, wretched, miserable* (also used as a noun) (see also **triste**)	quella famiglia è diventata povera; vive in una povera casetta; ho mangiato una povera cena; sono terreni poveri; è un'alimentazione povera di proteine; è un tema povero di idee; il povero bambino piangeva; che povera gente!; povera me!; è un povero diavolo; cerchiamo di assistere i poveri
senza soldi/ senza un soldo [2]	*penniless*	essendo senza soldi non posso uscire; ero rimasto senza un soldo
in bolletta [1]	*hard up, broke*	non so come faranno a campare, sono proprio in bolletta
pulito [1]	*cleaned out, penniless*	questa spesa mi ha lasciato pulito; dopo il poker sono tornato a casa pulito/con le tasche pulite
senza una lira [1]	*penniless, broke*	non posso offrirti niente, sono senza una lira
spiantato [1]	*broke, skint, penniless* (also used as a noun)	ha perso tutto e adesso è spiantato; ha sposato uno spiantato
squattrinato [1]	*broke, hard up, penniless* (also used as a noun)	è un giovane squattrinato; non vorrai metterti con quello squattrinato
al verde [1]	*broke, penniless*	a metà del mese si è trovato al verde; quello studente è sempre al verde

NB the suffixed forms **poveraccio/a**, **poveretto/a** and **poverino/a** are often used as nouns (e.g. le cose vanno sempre male per quel poveraccio; quella poveretta è ridotta proprio male; il poverino è rimasto solo al mondo).

povertà   poverty

angustia f 3	*want, need* (often plural in this sense)	ci troviamo in gravi angustie finanziarie
indigenza f 3	*poverty, indigence*	sono caduti nell'indigenza; si sono ridotti all'estrema indigenza
privazione f 3	*privation, hardship* (usually plural) (see also **mancanza**)	abbiamo subito molte privazioni; si sono imposti tante privazioni per mantenere il figlio
stenti mpl 3-2	*privation, hardship*	è cresciuto fra gli stenti; faccio una vita di stenti; tu non sai gli stenti che ha sofferto nella sua gioventù
miseria f 2	*misery, wretchedness* (see also **miseria** and **sciocchezza** (b))	vive nella miseria più nera; da quando la ditta è fallita, si sono ridotti in miseria
povertà f 2	*poverty, misery* (see also **mancanza**)	è difficile credere alla loro povertà visto che avevano molti terreni; tutta la famiglia è caduta in povertà

pozza   puddle, pool

pozza f 2	*puddle, pool*	la strada era piena di pozze; ho visto una pozza di sangue per terra
pozzanghera f 2	*puddle* (usually rainwater and muddy)	la bambina è caduta in una pozzanghera; quando è piovuto, si sono formate delle pozzanghere

preciso   exact, precise

testuale 3	*exact, precise, very* (with reference to words)	queste sono le tue parole testuali
corretto 3-2	*correct* (see also **onesto**)	la sua analisi è assolutamente corretta; hai usato la parola corretta
esatto 2	*exact, accurate, precise, correct*	la radio trasmette l'ora esatta; mi ha dato un'informazione esatta; ho fatto un calcolo esatto; arrivammo alle dieci esatte
giusto 2	*correct, right* (see also **adatto** and **giusto**)	le sue risposte sono sempre giuste; sei sicuro di aver fatto un calcolo giusto?
preciso 2	*exact, precise, accurate* (see also **attento**)	fammi sapere il giorno preciso della tua partenza; queste sono le sue parole precise; dovrebbe arrivare alle sei precise; hai fatto un lavoro preciso; è un impiegato molto preciso

preda   loot, prey

spoglie fpl 3	*spoils, booty* (literary)	hanno tolto le spoglie al nemico vinto

bottino m 3-2	*booty, pickings*	hanno nascosto il bottino prima che la polizia arrivasse; quei ladri hanno fatto un magro bottino
preda f 2	*loot, prey*	le navi corsare erano cariche di preda; l'aquila teneva la preda tra gli artigli; la volpe abbandonò la preda e fuggì
malloppo m 1	*loot, swag*	lo scippatore è scappato con il malloppo; dove hanno nascosto il malloppo?

predetto above-mentioned

anzidetto 3	*aforesaid, above-mentioned*	gli anzidetti documenti venivano sequestrati dagli agenti
in oggetto/ in questione 3	*in question, aforesaid, above-mentioned*	il documento in oggetto sarà consegnato in tribunale
precitato/ succitato 3	*previously quoted, above-mentioned*	rilegga il brano precitato; mi riferisco al succitato articolo di legge
sunnominato 3	*above-mentioned, previously mentioned*	le persone sunnominate fanno parte del comitato ufficiale; i sunnominati documenti non sono più disponibili
di cui sopra 3-2	*above-mentioned*	il paziente di cui sopra è stato dimesso tre giorni fa
predetto 2	*above-mentioned, aforesaid*	cito un esempio dal predetto libro; per i predetti motivi mi iscrivo al partito; le predette cause mi impediscono di venire
sopraddetto/ suddetto 2	*above-mentioned, aforesaid*	per le suddette motivazioni è stato esonerato dall'incarico; i fatti sopraddetti non sono contestabili

predica sermon

omelia f 3	*homily, sermon*	l'omelia del prete ha toccato il cuore dei presenti
predicazione f 3	*preaching*	l'eremita si diede alla predicazione della religione cristiana
sermone m 3-2	*sermon* (biblical), *lecture* (implies length or boredom)	il prete ha citato il sermone della montagna; sono stanco dei suoi sermoni; di sermoni io gliene ho fatti tanti!
predica f 2	*sermon* (religious), *lecture* (usually with pejorative connotations) (see also **critica**)	a messa quella mattina il prete ha fatto una predica molto commovente; mi hai seccato con le tue prediche; finiscila con le prediche; non voglio farvi la predica
paternale f 2-1	*lecture, telling-off*	non è molto sensibile alle paternali che gli fai; invece di essere espulso, se l'è cavata con una paternale del preside

fervorino m [1]	*talking-to, lecture, pep-talk*	il preside ha fatto il solito fervorino di inizio d'anno; i soliti fervorini del maestro sono inutili per quei ragazzi
pistolotto m [1]	*lecture, talking-to*	ci ha fatto il solito pistolotto sulla morale; il suo discorso è diventato un pistolotto per tutti i ragazzi
predicozzo m [1]	*talking-to, telling-off* (with an implication of affection)	gli ho fatto un predicozzo quando è arrivato con due ore di ritardo

predominante — predominant

preminente [3]	*pre-eminent, prominent*	occupa una posizione preminente nel partito; è un preminente scienziato
preponderante [3-2]	*preponderant, predominant, prevailing*	non hanno superato le forze preponderanti del nemico; la sua voce ha avuto un peso preponderante nella decisione
predominante [2]	*predominant, prevalent* (see also **dominare**)	questa è la mia idea predominante; questa malattia è predominante in tutti i paesi sottosviluppati
prevalente [2]	*prevailing, prevalent*	i socialisti hanno un peso prevalente nell'assemblea; le piogge saranno prevalenti in montagna

preferenza — preference

optional m [3]	*optional extra*	con questa gonna si può anche prendere la camicetta come optional; è una automobile comoda e con molti optional
opzione f [3]	*option, choice* (often commercial)	ho deciso di esercitare le mie opzioni legali; il compratore ha l'opzione di chiedere un rimborso se non è soddisfatto
favoritismo m [3-2]	*favouritism*	è stato un favoritismo concedere l'esclusiva a quella ditta; siamo ai soliti favoritismi
parzialità f [3-2]	*favouritism, partiality*	è stato accusato di parzialità; la parzialità dei giudici sportivi è stata dimostrata
predilezione f [3]	*fondness, predilection*	non può nascondere la sua predilezione per te; ha una vera predilezione per la musica classica
priorità f [3-2]	*priority*	rivendica la priorità dei valori spirituali; le esigenze dei popoli poveri dovrebbero avere la priorità
spoglio m [3-2]	*selection, sorting out*	ha fatto lo spoglio della corrispondenza; la rivista contiene uno spoglio critico degli articoli pubblicati in questo campo
precedenza f [2]	*priority, precedence*	bisogna concedere la precedenza ai veicoli che arrivano dalla destra; si dà la precedenza ai problemi economici

preferenza f 2	*preference*	la sua preferenza per te è ovvia; ha una marcata preferenza per il maggiore dei figli; ha dato la preferenza a un suo amico
scelta f 2	*choice*	bisogna fare una scelta; la sua è stata una scelta matura; in questo negozio c'è molta scelta
selezione f 2	*selection*	bisogna fare una selezione dei candidati; stasera si sentirà una selezione delle migliori canzoni; l'evoluzione umana è avvenuta mediante la selezione naturale
simpatia f 2	*liking*	provo simpatia per lui; mi ispira una certa simpatia

preferire — to prefer

optare (per) 3	*to opt for, to select* (usually legal or commercial)	doveva optare fra le due cariche; ha optato per il senato non per la camera; opto per le azioni di quell'impresa
prediligere 3	*to prefer, to be (particularly) fond of*	tra i fiori prediligo la rosa; prediligo la musica lirica; Gesù prediligeva Giovanni
preporre 3	*to prefer, to put before*	prepone il dovere al piacere; bisogna preporre gli interessi della comunità ai propri
favorire 3-2	*to favour, to give preferential treatment to*	favorisco sempre gli studenti meritevoli; l'arbitro ha favorito la squadra di casa
selezionare 3-2	*to select, to pick*	la nuova azienda ha selezionato il personale; domani selezionano i calciatori per la nazionale
preferire 2	*to prefer, to like better/best, to choose*	preferisco l'estate all'inverno; preferirei quell'appartamento perché costa meno; preferisco andare a piedi piuttosto che in macchina; ho preferito andare in Italia e non in Spagna
scegliere 2	*to choose, to pick*	quale camicia scelgo oggi?; ha scelto un lavoro difficile; fra i due mali scelgo il minore; devi scegliere in fretta

pregiudizio — prejudice

preconcetto m 3	*preconception* (also used as an adjective)	bisogna lasciare da parte i preconcetti; giudichiamo senza preconcetti; operava senza idee preconcette
intolleranza f 2	*prejudice, intolerance*	quest'anno ci sono stati molti esempi di intolleranza razziale; ha compiuto un atto di intolleranza religiosa
pregiudizio m 2	*prejudice, bias*	molta gente è piena di pregiudizi; ha pregiudizi verso gli stranieri; il suo pregiudizio nei miei confronti era ovvio

prevenzione f 2	*prejudice, bias*	bisogna giudicare senza prevenzioni; questa è un'assurda prevenzione contro di me
superstizione f 2	*superstition*	noi non crediamo alle superstizioni; queste donne sono state suggestionate da una vecchia superstizione popolare
tabù m 2	*taboo* (also used as an adjective)	ci sono molti tabù morali e religiosi in quella società; certi argomenti sono tabù in ogni società

prematuro   premature

anzitempo 3	*early, in advance*	l'estate è giunta anzitempo quest'anno
precoce 3	*precocious* (of person), *early, premature* (of thing or concept)	è un bambino precoce; stiamo avendo un inverno precoce; la sua vecchiaia è arrivata precoce
in anticipo/ anticipatamente 2	*in advance, beforehand, early* (see also **prima**)	se arrivi in anticipo, ti fanno aspettare; scusi, sono in anticipo; ho pagato in anticipo; ti ringrazio anticipatamente; finiremo anticipatamente le lezioni
anticipato 2	*in advance, early*	ho pagato l'affitto anticipato; mi chiedono un pagamento anticipato; hanno indetto elezioni anticipate
prematuro 2	*premature, (too) early, before time*	la decisione è stata prematura; sono notizie premature; ha avuto un parto prematuro; sarebbe prematuro tirare quella conclusione
presto 2	*(too) early, (too) soon* (see also **presto**)	è (troppo) presto per sapere se la cosa funzionerà; sono arrivato presto all'appuntamento

NB the adjectives given here have adverbial forms in **–mente** (e.g. questi frutti sono maturati precocemente; è un genio immaturamente scomparso; la bambina è nata prematuramente). The idea of *too early* following a specific length of time is rendered by use of the noun **anticipo** m (Register 2) (e.g. siamo tornati con tre giorni di anticipo).

premere   to press

calcare 3	*to squeeze, to press, to tread (on)*	ha calcato la roba nella valigia; calca la penna quando scrive; molte figure storiche hanno calcato questi sentieri
pressare 3	*to press* (also figurative)	pressare la carta/la paglia/la stoffa; in autunno si pressano le olive; perché mi pressano con tutte queste domande?
torchiare 3	*to press* (usually of a technical process)	per ottenere l'olio si torchiano le olive
calpestare 3-2	*to trample (on), to tread on/underfoot*	è vietato calpestare le aiuole; mi sono sfilate le perle, sta' attento a non calpestarle; per la rabbia gettò il cappello per terra e lo calpestò

spremere 3-2	*to squeeze* (usually to extract liquid) (also figurative)	spremiamo i limoni; spremono l'olio dalle olive; spremono i cittadini con le tasse; mi hai spremuto molti soldi
pigiare 2	*to press, to crush, to squeeze* (also figurative) (also used reflexively)	ha pigiato il tabacco nella pipa; pigiavano i grappoli coi piedi; la folla mi pigiava da tutte le parti; se ci pigiamo un po', ci stiamo tutti
premere 2	*to press (on)* (transitive or intransitive) (for figurative use, see **spingere**)	bisogna premere il pedale; ho premuto il campanello; la folla lo premeva da ogni parte; senti dolore se premo sul tuo fianco?; queste scarpe sono strette, premono sul polpaccio
schiacciare 2	*to crush, to squash, to squeeze, to press, to push (down)* (for figurative use, see **reprimere** (a))	hai schiacciato tutta la torta sotto la spesa; attento a non schiacciare le uova; ha schiacciato un insetto con il piede; si schiaccia il bottone per entrare; per fermarsi bisognare schiacciare il pedale del freno
spingere 2	*to press, to push* (see also **spingere**)	ha spinto il pulsante; bisogna spingere il bottone di comando per fare funzionare quel macchinario
strizzare 2	*to squeeze (out)*	devo strizzare quest'asciugamano bagnato; strizza un po' di limone nel tè

prendere to take

accalappiare 3	*to catch, to ensnare, to trap* (for figurative use, see **ingannare**)	al comune tocca accalappiare i cani randagi; è riuscita ad accalappiare un marito
agguantare 3	*to catch (hold of), to seize* (also used reflexively)	hanno agguantato il ladro che scappava; ha agguantato un pesce che guizzava nell'acqua; lo agguantò per un braccio; si agguantò a me non appena mi ebbe visto
carpire 3	*to snatch, to seize* (often figurative)	l'uccello rapace carpì al volo la preda; mi ha carpito un segreto molto importante; ha cercato di carpirmi un bacio
ghermire 3	*to seize, to clutch, to grab*	il falco ghermisce la preda; le guardie hanno ghermito il ladro
impossessarsi di 3	*to take possession (of), to seize, to appropriate*	si impossessarono di tutti i suoi beni; i soldati si impossessarono della base nemica
assumere 3-2	*to assume, to take on* (see also **assumere**)	ha assunto un nuovo nome; assume sempre quell'espressione annoiata; ha assunto il comando della nave
cogliere 3-2	*to pick, to pluck, to grasp, to seize* (also figurative) (see also **capire**)	ha colto una mela dall'albero; hai colto dei fiori; ha colto l'occasione di parlargliene; colgo l'occasione per inviarVi distinti saluti (formal letter ending)

impadronirsi di 3-2	*to take possession of, to get hold of, to seize, to master* (also figurative)	i ribelli si impadronirono della città; il ladro si impadronì dei gioielli; si è impadronito di parecchie lingue straniere; la rabbia si è impadronì di lui e picchiò il bambino
accettare 2	*to accept, to take* (see also **essere d'accordo** and **ricevere**)	accettare un bicchierino/un invito/una proposta/un regalo; non riesco ad accettare soldi dal mio ex marito; non ti posso accettare come amico; come puoi accettare che tua madre ti dica quello che devi fare?
afferrare 2	*to grasp, to catch, to seize* (also figurative) (also used reflexively)	ha afferrato il coltello; mi ha afferrato per il braccio; non ho afferrato il concetto; ha afferrato il buon momento; si è afferrato a una fune
catturare 2	*to capture, to catch, to take (prisoner), to seize*	non sono riusciti a catturare i malfattori; la polizia ha catturato merce di contrabbando
prendere 2	*to take* (in a wide variety of contexts) *to seize, to catch, to collect, to pick up, to get* (see also **bere**, **ottenere** and **ricevere**)	ha preso in braccio la bimba; mi ha preso per un braccio; non ho preso l'ombrello perché non pioveva; prendi la prima strada a destra; prendo sempre l'autobus delle due; ha preso una decisione; hanno preso il ladro; la città fu presa dal nemico; andò a prendere le valigie alla stazione; hai preso una cattiva abitudine; prendi due litri di latte al negozio
acciuffare 2-1	*to seize, to catch*	la polizia lo inseguì e lo acciuffò; hanno acciuffato il malvivente
pigliare 2-1R	*to take* (familiar and regional Southern usage for **prendere**) (see also **ricevere**)	l'ha pigliato per le braccia; ha pigliato in spalla il bimbo; piglia i soldi che ti offro; bisogna pigliare quattro metri di stoffa in più; hanno pigliato il fuggitivo
acchiappare 1	*to grab, to catch*	mi ha acchiappato per il bavero; dopo un lungo inseguimento ce l'ho fatta ad acchiappare il fuggitivo

prenotare   to book, to reserve

fissare 3-2	*to book, to fix* (see also **stabilire**)	ho fissato una camera d'albergo per sabato sera; vorrei fissare un paio di giorni con una domestica per fare le pulizie
riservare 3-2	*to book* (less common in this sense than **prenotare**), *to reserve, to put aside*	ti abbiamo riservato un posto in prima fila/un tavolo in ristorante; ho riservato questa bottiglia per Natale; ho riservato per la conclusione gli argomenti più convincenti
prenotare 2	*to book, to reserve*	vorrei prenotare una camera con bagno per due persone; le ho prenotato il posto in treno

preoccupare (see also annoiare and disturbare)   to worry

affannare 3	*to worry, to trouble (also used reflexively) (see also* **provare**)	è un pensiero che da tempo mi affanna; è inutile che ti affanni per niente
angustiare 3	*to trouble (also used reflexively)*	una grave carestia angustiava il paese; si angustiava per la sventura del figlio
inquietare 3	*to worry, to alarm, to disquiet (also used reflexively)*	il vostro lungo silenzio ci inquieta; non inquietarti per così poco
stare/essere/ mettersi in ansia 3-2	*to worry, to be/get worried/ anxious*	sto in ansia per lui; era proprio in ansia quando l'ho visto; è meglio non mettersi in ansia per questa faccenda
impensierire 3-2	*to worry, to trouble (also used reflexively)*	il suo ritardo m'impensierisce; la situazione impensierisce molti cittadini; si è impensierito per la malattia della moglie
innervosire 2	*to get on the nerves of, to make nervy, to set on edge (also used reflexively)*	il tuo modo di fare lo innervosisce; questa pioggia continua mi innervosisce; ti innervosisci per un nonnulla
stare/essere in pensiero/darsi pensiero 2	*to worry, to be/get worried/ anxious*	quando mio figlio non è rientrato, stavo in pensiero; stava in pensiero per l'esito del controllo; non voglio farti stare in pensiero; non darti pensiero per quello
preoccupare 2	*to worry, to make anxious (also used reflexively)*	la sua assenza mi preoccupa; mi preoccupa il suo atteggiamento; non ti preoccupare, vengo subito; mi preoccupo per la sua salute
stressare 2	*to stress, to cause anxiety/ stress*	lo studio lo stressa molto; oggi i bambini ci hanno veramente stressato

preoccupato   worried

impensierito 3	*worried*	sono impensierito, ma cerco di rimanere calmo; era impensierita per il ritardo del marito
inquieto 3-2	*anxious, worried (see also* **nervoso**)	il suo comportamento mi rende inquieto; sono inquieto perché non ho sue notizie da più di una settimana
ansioso 2	*anxious, worried*	mi ha lanciato uno sguardo ansioso; è un individuo ansioso; sono in uno stato ansioso
preoccupato 2	*worried, troubled, anxious*	la ragazza mi è parsa molto preoccupata; sono preoccupata per il fatto che non risponda alle mie lettere
scosso 2	*shaken*	mi sentivo veramente scosso dopo averla vista con lui; è rimasto molto scosso dalla scomparsa del suo amico

stressato [2]	*stressed, strained*	è un uomo nervoso, stressato dal lavoro; ci sentiamo stressati al massimo

preoccupazione (see also disturbo) worry, anxiety

affanno m [3]	*anxiety, worry*	dare/provocare/recare affanno; il suo comportamento mi provoca affanno; non darti affanno per me
ansietà f [3]	*anxiety* (normally used after preposition **con**)	aspetta con ansietà la nascita del nipotino
angoscia f [3-2]	*anguish, anxiety* (stronger than **affanno** or **ansietà**)	tutte queste scadenze gli danno l'angoscia; ascoltare i suoi problemi mi mette l'angoscia
ansia f [3-2]	*anxiety* (see also **preoccupare**)	mio figlio è in pericolo e non puoi calmare la mia ansia; ho vissuto ore di ansia; aspetto con ansia la sua risposta
agitazione f [2]	*anxiety, nervousness*	è in agitazione, perché suo figlio non è ancora tornato
pensiero m [2]	*worry, care, trouble* (see also **idea** and **preoccupare**)	ho troppi pensieri per divertirmi; sono felice, non ho nessun pensiero
preoccupazione f [2]	*worry, anxiety* (see also **disturbo**)	mostra a tutti la sua preoccupazione; sua figlia è una vera preoccupazione per lui; ha molte preoccupazioni familiari

preparare to prepare, to get ready

ammanire [3]	*to prepare* (especially of food)	ho ammanito una cena saporita
apprestare [3]	*to get/make ready, to equip* (often military) (mostly used reflexively)	hanno apprestato le armi per la rivolta; mi sono apprestato a partire; i soldati si sono apprestati alla difesa
approntare [3]	*to prepare, to get/make ready*	ho approntato gli abiti da lavoro/la stanza per gli ospiti; il generale ha approntato la difesa
accingersi a [3-2]	*to get ready to, to prepare to*	mi sono accinto a partire; si accinge a una ricerca approfondita
allestire [3-2]	*to prepare, to get ready, to set up*	allestire un'esposizione/una festa/una nave/un pranzo/uno spettacolo
disporre [3-2]	*to arrange, to make ready* (also used reflexively) (see also **mettere**)	ha disposto ogni cosa per la partenza; devi disporre la mente allo studio; disponetevi a lavorare seriamente d'ora in poi
predisporre [3-2]	*to arrange, to prepare* (in advance)	avevo predisposto una cerimonia; voleva predisporlo alla sua partenza improvvisa; devi predisporre chi sarà il tuo erede

apparecchiare [2]	to prepare, to get ready (of table) (transitive), to lay the table (intransitive)	ho apparecchiato la tavola per la cena; apparecchiò in fretta; ho apparecchiato in giardino
preparare [2]	to prepare, to get ready (in a variety of contexts) (also used reflexively) (see also **cucinare**)	hai preparato la camera?; sta preparando una tesi di dottorato; il governo prepara la guerra; lo devo preparare alla notizia; preparano gli studenti per l'esame; preparatevi per l'atterraggio; mi preparo a un viaggio; si prepara a sostenere un esame; si preparano grandi eventi

presentare   to introduce, to present

accampare [3]	to advance, to put forward (of claims or rights which are false or unjustified)	non bisogna badare alle pretese che accampano; accampa sempre ragioni che non stanno in piedi
avanzare [3]	to advance, to put forward	i ricercatori hanno avanzato una nuova ipotesi
introdurre [3-2]	to introduce (often someone to something), to show in (someone) (see also **cominciare** and **introdurre**)	mi introdusse alla matematica; bisogna introdurre nuove tecniche; la segretaria lo introdusse dal direttore; ha introdotto gli ospiti in sala
fare conoscere [2]	to introduce (a person) (also used reflexively) (see also **mostrare**)	mi ha fatto conoscere sua sorella, perché voleva che uscissimo insieme; voleva farsi conoscere da tutti
presentare [2]	to introduce, to present (also used reflexively) (see also **mostrare** and **venire**)	vi presento la mia amica Giovanna; scusate se non vi ho ancora presentato; ha presentato la delegazione al ministro; il governo ha intenzione di presentare un nuovo disegno di legge in Parlamento; permetta prima che io mi presenti

presente   present

vigente [3]	(currently) in force (bureaucratic)	bisogna obbedire alle leggi vigenti; secondo le vigenti disposizioni è vietato licenziare quel funzionario
corrente [3-2]	current, present (often bureaucratic or commercial)	l'opinione corrente è che darà le dimissioni; questa parola è d'uso corrente; ha aperto un conto corrente in banca; questi sono i prezzi correnti; il 10 del corrente mese
odierno [3-2]	today's, present(-day), current	la lezione odierna è stata interessante; bisogna cercare di risolvere i problemi odierni
aggiornato [2]	up to date	questo manuale è aggiornato; non mi sembri molto aggiornato in questo campo

attuale [2]	*present, existing, current*	qual è la situazione attuale?; sono questioni sempre molto attuali; chi è l'attuale Presidente del Consiglio?
contemporaneo [2]	*contemporary, present-day* (see also **insieme**)	è difficile valutare gli scrittori contemporanei
moderno [2]	*modern, up to date*	la letteratura/la poesia/la storia/la vita moderna; questa è l'automobile più moderna che ci sia
presente [2]	*present(-day), current, existing*	nella presente situazione non posso offrirle un consiglio

NB **attuale** is also used as an adverb with **–mente** ending to mean *at present, at the moment* (e.g. attualmente il teatro è chiuso, ma aprirà il mese prossimo).

prestare   to lend

prestare [2]	*to lend, to loan* (also used reflexively)	prestami il tuo ombrello; mi puoi prestare un po' di soldi?; la nuova fibra si presta a molti usi
farsi prestare [2]	*to borrow*	mi sono fatto prestare un dizionario per l'esame; si è fatto prestare una bicicletta per andare a trovare la sua ragazza
dare in prestito [2]	*to lend, to loan*	mi puoi dare in prestito i tuoi appunti fino a domani?; gli ho dato in prestito i miei sci
prendere in prestito [2]	*to borrow*	ho preso in prestito una macchina perché la mia è rotta; devo prendere in prestito un tosaerba per tagliare l'erba nel mio giardino
imprestare [1]	*to lend*	imprestami la penna, per favore; gli ho imprestato ventimila lire

prestito   loan

ipoteca f [3]	*mortgage, (financial) obligation* (also figurative)	hanno cancellato la mia ipoteca; questa proprietà è libera da ipoteca; ha messo una grave ipoteca sulla mia promessa
mutuo m [3-2]	*loan, mortgage* (financial or commercial)	la banca mi ha concesso un mutuo per comprare una casa; ho ricevuto un mutuo da quell'istituto di credito
prestito m [2]	*loan* (in a variety of contexts) (see also **prestare**)	mi fai un prestito?; ho chiesto un prestito di dieci milioni; questa parola è un prestito linguistico

presto   early, soon, quickly

| celermente [3] | *rapidly, swiftly* | chi vuole un rimborso deve presentarsi celermente ai nostri sportelli; con questi treni si viaggia molto celermente |

sollecitamente [3]	*promptly* (see also **attento**)	hanno risposto sollecitamente alla mia richiesta; il malato ha reagito sollecitamente alle cure del medico
tosto [3]	*soon, before long, quickly* (literary)	ci andrò tosto; lo sapremo ben tosto
fra/tra breve/ fra/tra non molto [3-2]	*shortly, soon* (with reference to the future)	arriverà tra breve; ha detto che fra breve sarà in grado di darci la risposta
prossimamente [3-2]	*in the near future, shortly, coming soon* (in cinema notices in the last sense)	prossimamente verremo a farti visita; si sposeranno prossimamente ma non hanno ancora fissato il giorno; prossimamente su questo schermo . . .
fra/tra poco [2]	*soon, shortly* (with reference to the future)	ci vediamo fra poco; ti scriverò tra poco
in fretta [2]	*in a hurry, hurriedly, quickly*	quando l'ho visto, camminava in fretta; leggo molto in fretta; si vede che è un lavoro fatto in fretta
di buon mattino [2]	*early* (in the morning)	mi alzo sempre di buon mattino; di buon mattino si è messo in cammino verso la città
di buon'ora [2]	*early*	comincia di buon'ora per poter lavorare tutta la giornata; arrivi sempre di buon'ora, cosa insolita per un italiano
presto [2]	*early, soon, before long, shortly, quick(ly)* (see also **prematuro**)	stamattina mi sono alzato presto; ritorneremo presto; torna il più presto possibile; ha fatto il lavoro molto presto; presto, sennò saremo in ritardo!; si fa presto a criticare
rapidamente [2]	*quickly, fast, rapidly*	si rese rapidamente conto della situazione; si sposta molto rapidamente; se n'è andata rapidamente
sbrigativamente [2]	*hurriedly, hastily*	è stata una decisione presa troppo sbrigativamente; dobbiamo concludere sbrigativamente questo affare
alla svelta [2]	*quickly, in a hurry*	vestiti alla svelta, è tardi; lui fa tutto alla svelta
veloce(mente) [2]	*quickly, fast, rapidly*	parla molto velocemente; corre più velocemente di me; gli anni scorrono veloci; il tempo è trascorso veloce
prima [1]	*(more) quickly* (also in the expression **quanto prima** meaning *as soon/quickly as possible*) (see also **prima** (a))	facendo così credevo di fare prima; ti scriverò quanto prima

prevedere
to foresee, to forecast

preconizzare 3	to foretell, to forecast	preconizzo un brillante avvenire per lui; ha sempre preconizzato una nuova guerra mondiale
presagire 3	to foretell, to predict, to have a presentiment of	si poteva presagire la crisi; quella signora aveva presagito la sventura che si è poi prodotta
pronosticare 3	to foretell, to predict, to prognosticate	è un segno che pronostica molte cose; i terremoti fanno pronosticare una prossima eruzione vulcanica
vaticinare 3	to foretell, to predict (literary)	solo i profeti hanno il potere di vaticinare il futuro
preannunziare 3	to forecast, to herald	le nuvole preannunziavano la pioggia; il discorso del ministro preannunzia una crisi
predire 3-2	to foretell, to predict, to foresee	aveva predetto la nascita di una figlia; non si può predire il futuro; si è comportato come avevi predetto
presentire 3-2	to have a presentiment of	aveva presentito la disgrazia che è poi successa
profetizzare/ profetare 3-2	to prophesy (often religious) (**profetizzare** is more usual)	girava per il mondo profetizzando il regno del vero Dio; il nostro capo profetizza la vittoria
anticipare 2	to disclose, to divulge (in advance)	ti anticipo la notizia del mio matrimonio; ci ha anticipato la sua intenzione di andare in pensione
indovinare 2	to guess, to foresee	indovina cosa mi ha detto!; indovina chi ho incontrato oggi; ha indovinato il futuro; questa non l'avrei indovinata
prevedere 2	to foresee, to forecast (see also **considerare**)	è una situazione difficile da prevedere; avevo previsto il suo successo; come'era previsto, ieri è nevicato

previsione
forecast

presagio m 3	omen, presage, presentiment	traeva i presagi dal volo degli uccelli; c'erano tristi presagi di guerra; aveva il cuore colmo di cattivi presagi
presentimento m 3	presentiment, premonition, foreboding	ho un presentimento di vittoria; aveva presentimenti di sciagure imminenti
pronostico m 3	prediction, presage	non voglio fare pronostici sugli esami; il mio pronostico non si è realizzato
vaticinio m 3	prediction, foretelling, vaticination (literary)	il vaticinio veniva considerato una vera scienza nel Medioevo; il suo vaticinio non si è avverato

profezia f 3-2	*prophecy*	chi può credere oggi alle profezie dell'Antico Testamento?; fa sempre delle facili profezie; ha il dono della profezia
aspettativa f 2	*expectation* (often plural)	la verità non corrispondeva all'aspettativa; l'esito ha superato tutte le aspettative; le nostre aspettative non coincidono
predizione f 2	*prediction*	vorrei verificare l'esattezza della sua predizione; ascolta le mie predizioni!
previsione f 2	*forecast, expectation* (often plural)	quali sono le previsioni economiche?; le mie previsioni non sono state esatte; il risultato ha superato ogni previsione; hai sentito le previsioni del tempo?
speranza f 2	*hope, expectation*	una debole/forte/segreta/vana speranza; non c'è più speranza; è un giovane di belle speranze

prigione   prison

carcerazione f 3	*imprisonment*	la carcerazione lo fa molto soffrire; il giudice ha emesso un ordine di carcerazione
penitenziario m 3	*prison, penitentiary*	è uno di quei nuovi penitenziari con tutte le comodità
carcere m 3-2	*prison, jail/gaol, imprisonment* (plural form **le carceri**) (see also **imprigionare**)	il ladro è evaso dal carcere; il direttore delle carceri era un uomo molto duro; lo hanno messo in un carcere di massima sicurezza; l'hanno condannato a dieci anni di carcere
detenzione f 3-2	*imprisonment, custody, detention*	il reato prevede una detenzione da uno a tre mesi; è rimasto in detenzione preventiva
ergastolo m 3-2	*life imprisonment/sentence*	è stato condannato all'ergastolo; l'unica sentenza possibile era l'ergastolo
prigionia f 3-2	*imprisonment, captivity* (also figurative)	la sua prigionia è durata due anni; è tornato dopo due anni di prigionia; conosco la prigionia della droga
reclusione f 3-2	*imprisonment, confinement*	è stato condannato a un anno di reclusione; non sopporto questa ingiustificata reclusione
prigione f 2	*prison, jail/gaol, imprisonment* (see also **imprigionare**)	quella prigione è troppo vecchia oggi; ho scontato due anni di prigione; il collegio per lui era una prigione
ergastolo m 2	*prison, jail/gaol*	quei delinquenti sono evasi dall'ergastolo
dentro 2	*inside, in prison* (see also **imprigionare**)	è dentro già da cinque anni; dopo il furto mi hanno messo dentro
gattabuia f 2-1	*clink, stir, prison* (jokey and used only in the singular)	finirai in gattabuia; questa casa sembra una vera gattabuia

galera f [1]	*clink, stir* (also figurative) (see also **imprigionare**)	è andato in galera; fu condannato a cinque anni di galera; questa casa è diventata una galera; ha una faccia da galera

prima (a)   before

antecedente [3]	*preceding, previous*	mi riferisco alla Sua lettera del mese antecedente
anteriore a [3]	*preceding, prior to*	stanno studiando gli avvenimenti anteriori alla rivoluzione francese
avanti (di) [3]	*before, previously* (adverb or preposition)	perché non ha provveduto avanti?; avanti di decidersi ha chiesto il nostro consiglio
precedente [3-2]	*previous, preceding, former* (adverbial form **precedentemente** is used in the sense of *previously, formerly*) (see also **passato**)	hai letto il capitolo precedente?; questo non era successo la volta precedente; si è ammalato il giorno precedente alla sua partenza; precedentemente non mi avrebbe mai trattato così
in/nel passato [2]	*previously, in the past*	nel passato mi alzavo presto ogni giorno; non voglio parlare della vita vissuta in passato
prima (di) [2]	*before, previously* (adverb or preposition) (see also **prematuro** and **presto**)	prima non lo conoscevo bene; era meglio pensarci prima; allora, amici come prima!; ha fatto una passeggiata prima del pranzo; mi ha salutato prima di partire

prima (b)   first

dapprima [3-2]	*(at) first*	dapprima non capivo; dapprima ha detto che sarebbe venuto, ma poi ci ha ripensato
inizialmente [3-2]	*initially, at the start*	inizialmente volevo vederlo ma poi ho cambiato idea
dapprincipio/in principio [3-2]	*at first, at the start*	dapprincipio non capivo, poi tutto mi fu chiaro; in principio le cose sono andate bene tra noi, ma adesso tutto è cambiato
all'inizio [2]	*at first, at the start*	all'inizio degli studi capivo poco; all'inizio avevo preso la decisione di non dire niente a nessuno
prima/in primo luogo [2]	*(at) first, firstly, in the first place*	prima non sapevo cosa dirgli; prima c'è un giardino poi la mia casa; prima bisogna pensare poi agire; non ti parlo, in primo luogo perché ti odio

primato   record

primato m [2]	*record*	abbassare/detenere/stabilire un primato; ha battuto il primato europeo; ha corso a tempo di primato

| **record** m
 2 | *record* (also used as an adjective) | il record italiano/mondiale/olimpico; ha battuto il record; ha raggiunto una cifra record; ha corso a velocità record |

primitivo (see also **vecchio**) primitive

arcaico 3	*archaic*	i miti arcaici persistono ancora; non si sa esattamente come fosse il latino arcaico
primordiale 3	*primordial, primeval, very early* (also figurative)	abbiamo studiato la fase primordiale di quella civiltà; tutti gli istinti degli uccelli sono primordiali; quelle ricerche sono ancora allo stato primordiale
preistorico 2	*prehistoric* (also figurative)	l'uomo preistorico viveva nelle caverne; qui ci sono stati dei ritrovamenti preistorici; le tue idee sono preistoriche
primitivo 2	*primitive* (also figurative) (see also **originale**)	esistono ancora le tribù primitive del Sud America; mi piace molto l'arte primitiva; stai usando tecniche primitive; non bisogna fidarsi di lui, è un ragazzo primitivo!

principio (see also **regola**) principle

etica f 3	*ethic(s)*	l'etica professionale non ci permette di agire così; io seguo l'etica cristiana; ha un'etica molto severa
moralità f 3-2	*morality, morals*	non metto in dubbio la moralità di quel film; la sua moralità lascia certo a desiderare
morale f 2	*morals, morality*	la morale collettiva proibisce certe azioni; bisogna adeguarsi alla morale corrente; non si può vivere senza morale
principio m 2	*principle* (see also **idea**)	capisci i principi della fisica?; quali sono i principi fondamentali del cristianesimo?; partendo da quel principio si può risolvere tutto; sei una persona senza principi morali

probabile probable, likely

verosimile 3	*likely, probable*	è un racconto molto verosimile; per rendere la cosa più verosimile ha inventato qualche dettaglio
plausibile 3-2	*plausible*	giustificazioni/scuse plausibili
facile 2	*probable, likely* (after impersonal forms of **essere**) (see also **facile**)	è facile che piova; è facile che sia in casa; è facile che io non torni stasera

| **probabile** [2] | *probable, likely* | ha dato una spiegazione probabile; è probabile che domani faccia bel tempo; è probabile che ci vedremo presto |

processione   procession

teoria f [3]	*train, procession* (literary) (only used in the singular)	una lunga teoria di soldati aspettava l'ordine del comandante
parata f [3-2]	*parade* (military)	una parata aerea/navale/terrestre; le truppe si schierarono in parata per ricevere il capo dello stato
corteo m [2]	*train, procession, cortège*	un corteo funebre/nuziale; il corteo dei dimostranti è stato sciolto dalla polizia; c'era un lungo corteo di automobili
processione f [2]	*procession*	c'era una processione in piazza; una lunga processione di persone rendeva omaggio alla salma; la processione di formiche avanzava
sfilata f [2]	*parade, procession, march past* (also figurative)	c'era la sfilata degli atleti prima della gara; abbiamo visto la sfilata dei modelli

processo   process, trial

procedura f [3]	*procedure, proceedings*	abbiamo seguito la procedura normale; la procedura legale è molto semplice; c'è stato un errore di procedura
procedimento m [3-2]	*procedure* (usually technical or legal)	i procedimenti scientifici sono spesso lenti; sei soggetto a un procedimento disciplinare
processo m [2]	*process, trial* (see also **protesta**)	bisogna capire il processo storico; il processo di fabbricazione è molto complesso; il giudice ha aperto il processo; si tratta di un processo civile

progettare   to plan

concepire [3]	*to devise, to conceive*	ha concepito un piano; il prigioniero aveva concepito un geniale piano di fuga
ideare [3]	*to think out/up, to conceive, to devise*	quando era solo, ha ideato un altro piano; hanno ideato uno stratagemma; ho ideato un viaggio molto esotico
prefiggersi [3]	*to plan, to aim for*	si è prefisso di lavorare altri due mesi; si prefigge un determinato traguardo
mirare [3-2]	*to aim*	mira a una buona posizione in quella ditta; quel politico mira al potere
pianificare [3-2]	*to plan (out)* (often economic)	bisogna pianificare la produzione industriale; questo governo non riesce a pianificare l'economia

progettare [2]	*to plan, to design*	abbiamo progettato una gita; progetta già di andarsene; progettare la costruzione di una diga/un palazzo/un ponte
programmare [2]	*to plan, to program(me), to put on* (of film, show, etc. in the last sense)	bisogna programmare lo sviluppo dell'azienda; sai programmare i computer?; quale spettacolo stanno programmando?

progresso   progress

avanzamento m [3]	*progress* (usually in building), *advancement, promotion* (in career)	sono venuti per controllare lo stato di avanzamento dei lavori; il suo avanzamento in quel mestiere è stato molto lento; ha ottenuto un avanzamento di grado
svolgimento m [3]	*progress, development*	non ho capito lo svolgimento degli eventi; lo svolgimento del suo tema è stato interessante
avanzata f [3-2]	*advance* (military)	il professore ha parlato della drammatica avanzata di Napoleone in Russia
evoluzione f [3-2]	*evolution, development*	l'evoluzione linguistica/umana/di un'idea/della società/della specie/della tecnica
andamento m [2]	*progress, development*	ho sorvegliato l'andamento del lavoro; segui l'andamento del mercato?; l'economia ha avuto un andamento prevedibile
azione f [2]	*action, development* (of book, play, film, etc.) (see also **comportamento**)	l'azione del romanzo si svolge in Africa; sei riuscito a seguire l'azione del dramma?
corso m [2]	*course, progress*	non ho seguito il corso degli eventi; la malattia sta seguendo il suo corso; hanno scoperto poco nel corso dell'indagine
miglioramento m [2]	*improvement*	c'è stato un sensibile miglioramento della situazione
progresso m [2]	*progress, advance, spread* (often plural)	il progresso ha reso meno difficili molti lavori; il progresso della tecnologia è stato enorme; ci sono stati molti progressi nella medicina; faccio molti progressi in matematica; il progresso della malattia è stato graduale
promozione f [2]	*promotion* (in work or career)	la sua promozione a capufficio è stata confermata; ha conseguito la promozione a ispettore generale
sviluppo m [2]	*development* (see also **aumento** and **formazione**)	secondo voi che tipo di sviluppo economico è necessario?; devono controllare lo sviluppo fisico e psichico di mio figlio; lo sviluppo di quel racconto è stato molto inaspettato

andazzo m [1]	*state of affairs, turn* (with a negative connotation)	hai capito l'andazzo?; non mi va quest'andazzo; le cose hanno preso un brutto andazzo

proporre   to suggest, to propose

raccomandare [3-2]	*to recommend, to advise* (see also **aiutare**)	mi ha raccomandato un bel libro; ti raccomando la massima segretezza; vi raccomando di portare un maglione stasera
consigliare [2]	*to advise* (also used reflexively with **con** in the sense of *to take advice from*)	consigliami come devo fare; il medico mi ha consigliato il riposo; ti consiglio quel negozio; ti consiglio di non partire; prima di decidere si consigliò con l'avvocato
proporre [2]	*to suggest, to propose, to put forward* (also used reflexively)	vorrei proporre la mia candidatura; propongo una gita al mare; hai un rimedio da proporre?; propongo di andare al cinema; si era proposto uno scopo preciso
suggerire [2]	*to suggest, to whisper, to prompt*	mi puoi suggerire un'attività interessante?; mi suggerì di aiutarti; il paesaggio mi suggerisce tristi pensieri; non parla, suggeriscigli una risposta; il maestro proibisce di suggerire

prossimo   next

appresso [3]	*next, after, following* (adverb) (see also **poi**)	l'anno/la mattina appresso
successivo [3-2]	*following, subsequent*	partiremo sabato prossimo e torneremo il sabato successivo; penseremo a quello in un momento successivo
venturo [3-2]	*coming, next* (**prossimo venturo** in bureaucratic and commercial language)	ci vedremo la settimana ventura; l'anno venturo andremo in Spagna; la riunione è stabilita per il mese prossimo venturo
dopo [2]	*after, next, following* (adverb) (see also **poi**)	il giorno dopo ho deciso di partire; sono partiti la mattina dopo; l'ho visto solo sei anni dopo
futuro [2]	*future, to come, coming* (for use as a noun, see **futuro**)	gli anni futuri saranno molto interessanti; ha parlato il futuro presidente della società; vi presento la mia futura moglie
prossimo [2]	*next, near, close at hand* (in space or time)	scendo alla prossima fermata; ci vediamo sabato prossimo; usciamo insieme la settimana prossima; in un prossimo futuro saremo insieme; l'inverno è ormai prossimo
seguente [2]	*following, next*	nel capitolo seguente si vede un grosso cambiamento; l'anno seguente è stato molto diverso; bisogna rispondere alle domande seguenti; vedo le cose nel modo seguente

prostituta   prostitute

meretrice f [3]	*whore, harlot* (literary)	per lei fare la meretrice simboleggiava affermare la sua libertà
mondana f [3]	*prostitute* (especially in journalistic language)	tutte le mondane che avevano assistito al delitto tacevano
lucciola f [3-2]	*whore, prostitute*	dove girano le lucciole in questa città?
passeggiatrice f [3-2]	*street-walker, prostitute*	il centro era pieno di passeggiatrici quella sera
peripatetica f [3-2]	*street-walker, prostitute*	il suo unico modo di sfamarsi è di fare la peripatetica
donnaccia f [2]	*whore, prostitute*	quella donnaccia è qui ogni sera a vendere il suo corpo
prostituta f [2]	*prostitute*	ci sono sempre state prostitute; cosa spinge una donna a fare la prostituta?; ho visto un sacco di prostitute in giro
sgualdrina f [2-1]	*tart, slut*	non vorrai sposare quella sgualdrina!; qui accanto c'è una casa di sgualdrine; tu fai la sgualdrina con tutti
bagascia f [1]	*whore*	mio marito esce ogni sera a cercare una di quelle bagascie
baldracca f [1]	*whore, slut*	per vivere, fa la baldracca; è la baldracca più indegna che io abbia mai visto
battona f [1R]	*prostitute, street-walker* (especially in regional Central Italian usage)	da quanto tempo fai la battona?
squillo f [1]	*call-girl, prostitute* (invariable plural)	sono scomparse le squillo che si vedono normalmente in questa zona
mignotta f [1*R]	*tart, prostitute* (especially in regional Central Italian usage)	mignotta, quant'è?; l'ho visto con una mignotta ieri sera
puttana f [1*]	*whore, slut*	mi dà fastidio come quella puttana batte sempre sotto la mia finestra; ogni sabato va a puttane; ascoltami, puttana che sei!
troia f [1*]	*slag, whore* (see also **maiale**)	quella troia di Paola è andata a letto con un sacco di uomini; è andato con quella troia che batte sempre in questa strada
vacca f [1*]	*slag, easy lay*	quella vacca va con tutti; sua madre è proprio una vacca
zoccola f [1*]	*whore* (extremely pejorative)	le zoccole che battono qui sono veramente le peggiori che ci siano

protesta

protest

querela f 3	*action, lawsuit* (see also **processo**)	l'attrice ha presentato una querela per diffamazione contro il giornale
lagnanza f 3-2	*complaint*	ha esposto le sue lagnanze intorno a quella faccenda; bisogna prendere sul serio le lagnanze del pubblico
lamento m 3-2	*lament, moaning, groaning*	l'animale ferito emetteva un lamento straziante; i suoi lamenti ingiustificati danno fastidio a tutti
causa f 2	*(law)suit, (legal) action, case* (see also **causa** and **processo**)	ha fatto causa contro il suo datore di lavoro; è probabile che perdano la causa contro il comune
contestazione f 2	*protest, challenge* (often social or political)	oggigiorno c'è poca contestazione studentesca; per istituire delle vere riforme ci vuole una contestazione globale
lamentela f 2	*complaint, complaining*	non riesco a sopportare le sue lamentele; basta con queste lamentele
lite f 2	*lawsuit, (legal) action, (legal) dispute* (see also **lite** and **processo**)	ha iniziato una lite civile; c'è una lite pendente; sono in lite con il comune
protesta f 2	*protest, complaint, protestation*	gli ho mandato una protesta scritta; negli anni sessanta la protesta giovanile era molto forte; ci vuole una protesta di massa; le ho fatto mille proteste di fedeltà
reclamo m 2	*complaint*	ho presentato un reclamo alla posta; dovrei fare un reclamo; ogni reclamo è stato inutile
lagna f 1	*whine, whining, moan*	quel pigrone non lavora mai ma fa sempre la lagna; smettila con queste lagne
piagnisteo m 1	*wailing, whining, whimpering*	basta con questi piagnistei; non sopporto i suoi continui piagnistei

provare

to try

affannarsi 3	*to go to a lot of trouble, to strive* (see also **preoccupare**)	ho dovuto affannarmi per finire il lavoro in tempo; se non capisce, è inutile che mi affanni tanto a spiegargli
penare a/per 3	*to try hard to, to strive to* (see also **fare fatica**)	penarono molto a risolvere il problema; ho dovuto penare per convincerlo
cercare di 2	*to try to, to attempt to*	cerca di fare presto; ha cercato di persuadermi; i prigionieri hanno cercato di fuggire; cercano di farsi capire
fare del/il proprio meglio per 2	*to try one's hardest/best to, to do one's best/utmost to*	ho fatto del mio meglio per persuaderlo ad accompagnarmi; fa del suo meglio per sfamare la famiglia

provare [2]	to try, to attempt (followed by preposition **a** before infinitive) (also used reflexively, usually with preposition **ci**, in the sense of to have a go) (see also **controllare**)	ha provato una nuova medicina; perché non provi questa salsa?; ho provato il nuovo materasso; provai a bussare alla porta ma non rispose nessuno; dovresti provare a fare un altro mestiere; prova ad entrare se sei capace; vorrei provarmici anch'io
tentare [2]	to try, to attempt (followed by preposition **di** before infinitive with implication of failure)	chi vuole tentare l'impresa?; è inutile tentare se non ci sono possibilità di successo; hanno tentato di corromperla; non conviene tentare di persuaderlo
sforzarsi (di/per) [2-1]	to try hard, to exert/strain oneself, to make an effort (sometimes used ironically) (see also **fare fatica**)	sforzati di rimanere calmo; mi sono sforzato di studiare; ho dovuto sforzarmi per non ridere; si è proprio sforzata per vincere la paura; hai lavorato mezz'ora, attento a non sforzarti troppo

provvisorio (see also **breve**)   temporary

caduco [3]	short-lived, ephemeral, fleeting, transient	la bellezza è un bene caduco; è meglio non illudersi in caduche speranze
effimero [3]	ephemeral, transient	bisogna cogliere le gioie effimere della vita; il suo successo è stato solo effimero
fugace [3]	fleeting, short-lived, transient	la gioventù è un'età fugace; ho nutrito la speranza fugace di avere vinto la lotteria
fuggevole [3]	fleeting, short-lived, transient	un istante/uno sguardo fuggevole; ha provato fuggevoli momenti di felicità
labile [3]	fleeting, ephemeral, transient (literary)	la salute e la giovinezza son beni labili; ho un labile ricordo di quell'evento
transitorio [3]	transitory, transient, fleeting, transitional	le nuove disposizioni sono transitorie; questo appartamento è solo una sistemazione transitoria
momentaneo [3-2]	momentary, short-lived, brief, passing	l'incidente è capitato per una distrazione momentanea dell'autista; la mia gioia è stata solo momentanea
mortale [3-2]	earthly, transient (see also **mortale**)	l'uomo è una creatura mortale; non bisogna badare ai beni mortali
temporaneo [3-2]	temporary, provisional, passing	queste sono le norme temporanee; ha avuto un incarico temporaneo; la temperatura è in temporanea diminuzione
passeggero [2]	passing, temporary, short-lived	delle nuvole passeggere hanno coperto il sole; ho avuto un malessere passeggero
provvisorio [2]	temporary, provisional	ti offro questo lavoro provvisorio; ho trovato una soluzione provvisoria; hanno stipulato un accordo provvisorio

NB some of these words are used as adverbs with **–mente** ending in the sense of *temporarily* (e.g. ha detto che l'esercito avrebbe preso il potere transitoriamente; il capufficio era momentaneamente assente; si sono temporaneamente trasferiti in campagna; hanno trovato una soluzione che avrebbe funzionato provvisoriamente).

pubblicità advertising, publicity

affisso m 3	*bill, poster*	abbiamo letto gli affissi sul muro; quell'affisso mi offende, strappiamolo
avviso m 3-2	*notice, advert(isement)* (see also **informazione** and **opinione**)	guardo sempre gli avvisi commerciali su quella rivista; hai consultato la pagina degli avvisi?
bando m 3-2	*announcement, proclamation, notice* (official or legal)	un bando d'asta/di concorso/di vendita; hanno pubblicato il bando di concorso sulla Gazzetta Ufficiale
inserzione f 3-2	*(small) ad, advert, advertisement*	ha messo un'inserzione sul giornale; ho deciso di rispondere a un'inserzione che avevo letto
promozione f 3-2	*promotion, publicity*	la promozione del nuovo detersivo non è stata un gran successo
propaganda f 3-2	*advertising, promotion, propaganda*	la propaganda commerciale/elettorale/radiofonica/televisiva; dobbiamo incrementare la propaganda se vogliamo vendere il prodotto; fa sempre propaganda per il suo partito politico
(piccolo) annuncio m 2	*advert(isement)*	ho letto gli annunci sul giornale; ci sono troppi annunci pubblicitari in tivù
cartello(ne) (pubblicitario) m 2	*poster, placard*	su questa strada si vede una lunga fila di cartelli pubblicitari; in questa città ci sono cartelloni su tutti i muri
locandina f 2	*notice, small poster* (usually for show or cultural event)	c'è una locandina appesa nella libreria che annuncia la nuova mostra al museo
manifesto m 2	*poster, bill, placard*	ha attaccato i manifesti al muro; hanno incollato dappertutto manifesti per quel grande magazzino
poster m 2	*poster* (usually at home)	la sua camera è piena di poster; ho molti poster di cantanti rock
piccola pubblicità f 2	*small ads, classified ads*	potresti cercare di vendere l'automobile nella piccola pubblicità; hai letto la piccola pubblicità oggi?
pubblicità f 2	*advertising, publicity*	quell'azienda spende milioni per la pubblicità; gli abbiamo fatto molta pubblicità; la pubblicità di massa è un fenomeno dell'epoca moderna; lavoro per un'agenzia di pubblicità

| **réclame** f
 2 | *advertising, publicity, advertisement* (of various kinds) (invariable plural) | sta organizzando la réclame del suo prodotto; hanno fatto la réclame del negozio alla televisione; ha affisso una réclame al muro; hanno pagato una grande réclame sul giornale |
| **spot (televisivo)** m
 2 | *television advert, commercial, television advertising* | hai visto quello spot per i cereali?; c'è stata una disputa sull'effettto dello spot televisivo |

pubblico (see also folla and gente) audience, spectators

astanti mp 3	*bystanders, onlookers*	gli astanti applaudirono/tacquero; chiese il consenso degli astanti
presenti mp 2	*people/those present, audience*	i presenti possono intervenire al dibattito; tutti i presenti sono d'accordo; si è rivolto ai presenti
pubblico m 2	*audience, spectators, crowd* (see also **società**)	al dibattito i politici hanno risposto alle domande del pubblico; il teatro era affollato da un pubblico di appassionati; il pubblico gremiva lo stadio di calcio
spettatori m 2	*audience, spectators, viewers*	gli applausi degli spettatori risuonarono in tutta la sala; la trasmissione televisiva fu seguita da milioni di spettatori

pulire to clean

depurare 3	*to purify, to cleanse* (also used reflexively)	questo filtro serve a depurare le acque nere; l'acqua oligominerale depura l'organismo
ripulire 3-2	*to clean up/out* (also figurative) (also used reflexively)	ho ripulito il vecchio vassoio d'argento; hai ripulito la tua stanza?; quel ragazzo ha fame, ha ripulito il frigorifero; certi magistrati cercano di ripulire l'Italia dalla corruzione; devo ripulirmi prima di uscire
lavare 2	*to wash* (also used reflexively)	devo lavare la mia camicetta; mi aiuti a lavare i piatti?; mi sono lavato le mani; ti sei lavato i denti?; dovresti lavarti ogni mattina
pulire 2	*to clean* (in a variety of senses)	pulire la casa/il giardino/una stanza/i vetri; ho pulito le tue scarpe; pulisci il tavolo!; sto pulendo il pavimento
sciacquare/ risciacquare 2	*to rinse*	hai sciacquato i piatti?; sciacqua le padelle dal sapone; sto sciacquando i capelli; risciacqua bene le mani dal sapone
nettare 2-1R	*to clean* (regional Tuscan usage)	hai nettato l'insalata?; netta quelle mani prima di toccare il pane; nettati il grembiule, che è sporco

pulito   clean

mondo 3	*clean, pure* (literary) (often figurative)	ho la coscienza monda; le anime monde dal peccato andranno in paradiso
lindo 3-2	*(neat and) tidy, spick and span*	il suo quaderno è lindo e ben tenuto; ha una casa linda; porta un vestito lindo
netto 2R	*clean, pure* (regional Tuscan usage) (see also **chiaro**))	ha messo una tovaglia netta; ho la coscienza netta; hanno le mani nette
pulito 2	*clean* (also figurative) (see also **povero**)	tengo la casa pulita; mi sono messa una gonna pulita; il gatto è più pulito del cane; ho la coscienza pulita; è un ambiente poco pulito

punire   to punish

| **castigare** 3 | *to punish, to chastise, to castigate* | ha fatto male alla sorella e la mamma lo ha castigato; la maestra castigò l'alunno indisciplinato; Dio castiga i malvagi |
| **punire** 2 | *to punish* | meriti di essere punito; dobbiamo punire i traditori; l'hanno punito con dieci anni di carcere; suo padre lo punisce spesso; come si punisce questo delitto?; vorrei punire la sua slealtà |

punizione   punishment

correzione f 3	*correction, punishment*	secondo me i suoi metodi di correzione sono sbagliati; l'hanno mandato in una casa di correzione
sanzione f 3	*sanction, penalty* (legal or commercial)	hanno deciso di inasprire le sanzioni per chi non rispetti le regole della strada; se non paghi subito, subirai sanzioni fiscali; hanno imposto sanzioni economiche a quella nazione
castigo m 3-2	*punishment, chastisement*	merita un duro castigo; ha dato un castigo a suo figlio; hai letto *Delitto e castigo*?
pena f 2	*punishment, penalty* (usually legal)	il giudice ha mitigato la pena; hanno abolito la pena di morte; mi hanno inflitto la massima pena per il reato
punizione f 2	*punishment* (in a variety of contexts)	mi hanno inflitto una punizione ingiusta; meriti una severa punizione; sono contro ogni punizione fisica

puro   pure

| **pretto** 3 | *pure, true* (adverbial form **prettamente** is used in the sense of *typically*) (see also **particolare** (a)) | pronuncia con pretto accento fiorentino; questo è un pretto esempio di bontà; ha usato un'espressione prettamente romanesca |

schietto 3-2	*genuine, straightforward, pure*	è una persona diretta e molto schietta; la nostra è un'amicizia schietta e profonda; ha avuto una schietta ispirazione artistica; questo anello è di oro schietto
autentico 2	*authentic, genuine*	ha scoperto un autentico Raffaello; questo è un documento autentico; era necessaria la sua firma autentica; quell'uomo è un siciliano autentico; è un autentico imbroglio
genuino 2	*genuine, natural, authentic* (often of foodstuffs)	vendo solo prodotti genuini; qui si beve solo vino genuino; è una ragazza genuina; ha sentito una testimonianza genuina
puro 2	*pure, genuine* (see also **completo**)	l'acqua/l'aria/la matematica/la seta pura; non si può parlare di una razza pura; il loro è stato un amore puro; ti dico la pura verità; parlava in puro milanese

purtroppo   unfortunately

sciaguratamente/ per sciagura 3	*unfortunately, unluckily, unhappily*	ha sparato e sciaguratamente ha colpito l'amico; al momento dell'incidente, per sciagura non c'era nessuno che potesse soccorrerlo
disgraziatamente/ per disgrazia 3-2	*unfortunately, unluckily*	disgraziatamente il medico è intervenuto troppo tardi; è scivolata e, per disgrazia, ha battuto la testa
purtroppo 2	*unfortunately*	purtroppo è accaduto quello che temevamo; purtroppo non c'è stato niente da fare; purtroppo è così
sfortunatamente/ per sfortuna 2	*unfortunately, unluckily*	sfortunatamente non sono riusciti ad arrivare all'ospedale prima che morisse; i soccorsi, per sfortuna, sono arrivati troppo tardi

quaderno   notebook

carnet m 3	*notebook* (for purposes such as engagements or orders)	ha un carnet su cui annota tutti i suoi impegni ufficiali; per rispondere alla domanda devo consultare il carnet di ordini
notes m 3	*notebook*	ho comprato un notes per il viaggio; scrive molti appunti nel suo notes
rubrica f 3-2	*notebook* (for addresses or phone numbers)	teniamo una rubrica dei nominativi dei nostri clienti; ha copiato un nome dalla rubrica telefonica
taccuino m 3-2	*notebook* (usually pocket size)	ho segnato il suo nome sul mio taccuino; non smette mai di prendere appunti sul suo taccuino
agenda f 2	*diary, notebook*	devo consultare la mia agenda; porto sempre con me l'agenda tascabile

diario m 2	*(personal) diary*	nel mio diario ho copiato le canzoni di Guccini; la mamma mi ha detto di non scrivere scemenze sul mio diario di scuola
libretto m 2	*book* (for purposes such as keeping records, driving a vehicle, cheques, savings, etc.)	il libretto ferroviario/universitario/degli assegni/di circolazione/delle istruzioni/di risparmio; la nostra famiglia ha molto sul libretto (di risparmio)
quaderno m 2	*notebook, exercise book* (often for school use)	il quaderno degli appunti/dei compiti/di francese/di latino/di scuola/a righe; mamma, ho bisogno di un quaderno nuovo; ha segnato le spese sul quaderno dei conti

qualche   some, a few

più 3	*several, a few*	mi fermerò per più giorni; te l'ho detto più volte
alcuni/e 2	*some* (also used as a pronoun)	sono venuti alcuni amici; mi ha rivolto alcune domande; alcuni erano d'accordo, altri no; hai qualche caramella? Sì, ne ho alcune
del/della/dei/delle 2	*some*	vuoi del tè o del caffè?; hai della cipolla per il sugo?; ho delle domande da farti; ci sono dei fagiolini pronti da mangiare
diversi/e/vari/varie 2	*various, quite a few, a (fair) number of* (see also **diverso**)	per diversi motivi non posso venire; sono diversi giorni che non la vedo; c'erano varie persone alla festa; ho varie cose da fare
poco/a/pochi/e 2	*little, not much, few, not many* (also used as a pronoun and adverb)	bevi poco vino; ho comprato poco pane; spendono poco denaro; ha accettato con poco entusiasmo; ieri sera a teatro c'erano pochi spettatori; pochi sono venuti alla festa; mi sono divertito poco; le tue storie mi interessano poco
qualche 2	*some, a few* (invariable and always with a singular noun) (normally used before countable nouns)	ho scritto qualche cartolina agli amici; mi spiegherò con qualche esempio; mi fermo qualche giorno a Roma; metto sempre qualche soldo da parte; per qualche tempo sarà meglio non farti vedere
un po' di/ **un poco di** 2	*a little, a few, some* (**un po' di** is the more common form) (for use of **un po'** as an adverb, see **abbastanza** (b))	vorrei un po' di acqua, per favore; passami un po' di pane; non hai un po' di educazione?; abbiamo incontrato un po' di difficoltà; devo andare a comprare un po' di libri; vorrei da te solo un poco di comprensione

quotidiano   daily

diurno 3	*day(time)*	questo tram fa solo servizio diurno, non funziona di notte; siamo andati alla rappresentazione diurna dello spettacolo; ci si potrebbe fare la doccia in un albergo diurno

giornaliero 3-2	*daily, everyday*	da questo aeroporto ci sono voli giornalieri per Roma; quella donna fa acquisti giornalieri in questo negozio
quotidiano 2	*daily, everyday* (see also **comune**) (for use as a noun, see **giornale**)	facciamo la passeggiata quotidiana; siamo tutti coinvolti nella quotidiana lotta per la vita; dacci oggi il nostro pane quotidiano; abbiamo assistito a una scena di vita quotidiana

NB **quotidiano** is also used adverbially with **–mente** ending (Register 3-2) in the sense of **ogni giorno**, **tutti i giorni** (e.g. leggo il giornale quotidianamente; i ragazzi quotidianamente si recano a scuola). **Giornalmente** (Register 3) has the same meaning (e.g. esce di casa alle nove giornalmente).

rabbia   anger

furia f 3	*fury, rage* (usually of the natural elements) (see also **arrabbiarsi**)	la furia delle acque/delle fiamme/del vento
sdegno m 3	*indignation, resentment*	ciò che ha fatto mi ha fatto provare uno sdegno profondo; il suo comportamento ha suscitato lo sdegno di tutti
stizza f 3	*irritation, vexation*	lui è pieno di stizza nei confronti di tutti; il Dottor Rossi prova molta stizza quando non viene consultato in ditta
disappunto m 3-2	*vexation, annoyance*	non ha celato il suo disappunto per il ritardo; ho appreso con vivo disappunto che la gita è rimandata
furore m 3-2	*rage, fury, wrath*	l'uomo era in preda al furore; il furore delle acque travolse l'intero villaggio
indignazione f 3-2	*indignation*	il delitto ha suscitato indignazione in città; ha provato molta indignazione quando l'amico l'ha accusato di avere rubato
ira f 3-2	*anger, wrath*	ardere/infiammarsi d'ira; l'ira dello zio verso di lui è stata tremenda; abbiamo cercato di placare la sua ira
collera f 2	*anger, rage* (see also **arrabbiarsi** and **arrabbiato**)	una collera improvvisa si impadronì di lui; la sua collera repressa esplose di fronte a tutti
irritazione f 2	*irritation, vexation*	non sono riuscito a calmare la sua irritazione; sentendo la notizia ha provato una viva irritazione
rabbia f 2	*anger, rage*	la sua rabbia è stata incontrollabile; ha pronunciato le parole con rabbia

raccogliere (see also **ammucchiare**)   to collect, to gather

censire 3	*to gather/bring together* (in speech or writing)	numerosi scrittori hanno censito i vizi degli italiani
radunare 3-2	*to assemble, to gather (together)* (a body of people) (also used reflexively)	abbiamo radunato tutti gli amici per festeggiare il nostro anniversario; hanno radunato gli studenti in aula magna; i dimostranti si erano radunati nella piazza principale
raggruppare 3-2	*to group (together), to put/ bring/gather together* (also used reflexively)	hanno raggruppato gli atleti per specialità; i manifestanti si stanno raggruppando per la strada
collezionare/fare collezione di 2	*to collect, to be a collector of* (**collezionare** can also be used jokily or ironically)	collezionare cartoline/francobolli/monete/ stampe antiche; il mio amico fa collezione di vecchi orologi; quel ragazzo colleziona brutti voti a scuola
raccogliere 2	*to collect, to gather* (of things including fruit, flowers, etc.) (also used reflexively of people)	raccogliere notizie/informazioni; ho raccolto tutti i miei appunti in una cartelletta; raccoglierò del denaro per lui; raccogliere fiori/frutta; i fedeli si sono raccolti in chiesa per pregare
riunire 2	*to gather, to bring together* (of people or things) (also used reflexively of people)	ha riunito i suoi alunni per parlare a tutti; ho riunito i miei libri; in quel programma televisivo riuniscono le famiglie disperse; il parlamento si è riunito per discutere la mozione
mettere insieme 2-1	*to put together*	ho messo insieme tutte le foto di famiglia in un album; mettiamo insieme i nostri soldi e compriamoci una pizza; non è capace di mettere insieme due idee
raccattare 2-1	*to pick up, to scrape together* (of money in the last sense) (also used jokily)	tu raccatti sempre roba a destra e sinistra; raccattò i pochi soldi che aveva e se ne andò; ma dove ha raccattato quel suo fidanzato?

raccolta   collection

messe f 3	*harvest* (literary) (also figurative)	una messe abbondante/scarsa; le messi biondeggiavano al sole; il concertista ha raccolto una messe di applausi
antologia f 3-2	*anthology, collection*	un'antologia dantesca/della narrativa europea/della poesia francese; la mostra è un'antologia della scultura moderna
collana f 3-2	*collection* (of a book series)	quell'editore ha pubblicato una collana di narratori stranieri; questa collana di libri d'arte è molto bella

collezione f 2	*collection* (see also **raccogliere**)	una collezione di cartoline/di documenti/di francobolli/di libri/di monete; ha una ricca collezione di arte moderna; la casa editrice pubblica una collezione di classici italiani
raccolta f 2	*collection, harvesting*	una raccolta di francobolli/di libri/di monete/di quadri; abbiamo iniziato la raccolta del materiale per la nostra ricerca; la raccolta delle mele comincia a settembre
raccolto m 2	*harvest*	il raccolto di frumento/di grano; quest'anno il raccolto è stato buono; la pioggia ha rovinato il raccolto
vendemmia f 2	*grape harvest*	quest'anno la vendemmia è andata bene; la vendemmia sarà a settembre; vieni per la vendemmia?

racconto   story, tale

narrativa f 3	*narrative, (literary) fiction* (type of writing)	la narrativa francese ha influenzato molti autori italiani; all'università seguo un corso sulla narrativa ottocentesca
narrazione f 3	*narrative, narration*	una narrazione dettagliata/precisa; non interrompere la sua narrazione; le sue narrazioni sono sempre esagerate
prosa f 3	*prose, prose work/composition*	una prosa agile/elaborata/semplice; mi piace la prosa semplice; ho letto una scelta di prose manzoniane
fiaba f 3-2	*fable, fairy tale* (often used in book titles)	la fiaba di Biancaneve e i sette nani/di Cappuccetto Rosso; da piccolo ho letto tutte le fiabe dei fratelli Grimm
novella f 3-2	*(short) story*	quella novella che abbiamo studiato a scuola è molto complicata; le novelle di Boccaccio sono molto divertenti
favola f 2	*fable, story, tale* (suggests magic) (also figurative)	una bella favola; le favole di Esopo hanno sempre una morale chiara; se vuoi, ti racconto una favola; con quella storia d'amore è diventato la favola del paese
racconto m 2	*story, tale* (also in diminutive **raccontino**)	un racconto fantastico/inventato; scrive racconti per bambini; ha pubblicato un volume di racconti; il suo è stato un racconto confuso; mi piacciono i raccontini che scrive
romanzo m 2	*novel*	un romanzo breve/lungo/psicologico/storico; mi piacciono i romanzi russi; per l'esame leggo i romanzi di Moravia

storia f 2	*story, tale* (also the normal word for *history*) (see also **bugia** and **capriccio**)	una storia breve/lunga/triste/vera; mamma, raccontami una storia!; cos'è questa storia che te ne vuoi andare di casa?; tuo fratello mi ha raccontato tutta la storia; è la solita storia; la storia medievale/moderna/dell'arte/della filosofia
storiella f 2-1	*tale* (usually amusing or hard to believe)	è una storiella divertente ma incredibile; ne ho abbastanza delle sue storielle!; a chi vuol darla a bere, questa storiella?

ragazza (see also giovane) girl

fanciulla f 3	*girl* (literary)	la fanciulla coglieva rose e viole; è una graziosa fanciulla; la fanciulla comparve improvvisamente davanti a lui
ragazzina f 2	*little girl*	che bella ragazzina, tua figlia!; insegno a ragazzine di 13 e 14 anni; ha due figli ed una ragazzina
ragazza f 2	*girl* (see also **fidanzato/a**)	una ragazza bella/bionda/bruna/brutta/ intelligente; Anna è una ragazza alta e bruna; chi è quella ragazza con Mario?
ragazzaccia f 2	*bad girl* (used ironically most of the time)	non voglio che tu esca con quelle ragazzacce; hai cambiato ancora fidanzato? Ma che ragazzaccia sei!

ragazzo (see also giovane) boy

fanciullo m 3	*boy* (literary)	il fanciullo era vestito a festa, ma era scalzo; bisogna rispettare la sensibilità dei fanciulli
adolescente mf 3-2	*adolescent, teenager* (also used as an adjective)	questi sono i problemi degli adolescenti; da adolescente era bruttino; i ragazzi adolescenti a volte sono timidi
mozzo m 3-2	*cabin-boy*	il capitano ordinò al mozzo di lavare il ponte
ragazzaccio m 2	*bad boy, villain*	quel ragazzaccio è andato ancora a ballare; un ragazzaccio le ha rubato il portafoglio
ragazzino m 2	*little boy*	suo figlio è quel ragazzino bruno; il ragazzino è andato fuori con il cane; quanti ragazzini in questa famiglia!
ragazzo m 2	*boy* (see also **fidanzato/a**)	quel ragazzo lavora con me; hanno una figlia ed un ragazzo di 20 anni
teen-ager/ teenager mf 2	*teenager*	i teenager hanno il loro modo di capire il mondo; questa è una moda da teenager

| **garzone** m
 2-1 | *(shop) boy* | il garzone del lattaio ha portato la spesa; chiederò al mio garzone di aiutarla con i pacchi, Signora Rossi |
| **ragazzotto** m
 2-1 | *(young) lad* | l'idraulico è venuto con un ragazzotto per fare il lavoro; dovrai pagare qualche ragozzotto perché ti spali la neve |

ragione   reason, common sense

raziocinio f 3	*reason, rationality*	la facoltà del raziocinio ci distingue dagli animali; a volte sembra che a lui manchi di raziocinio
logica f 3-2	*logic*	la logica formale/materiale; la sua è una logica stringente; non ho capito la logica del tuo ragionamento
razionalità f 3-2	*rationale, rationality*	mi può spiegare la razionalità di questo principio?; bisogna procedere con razionalità
buonsenso m 2	*common sense*	cerca di usare buonsenso nei rapporti con le persone; è una persona molto buona, ma non ha molto buonsenso
ragione f 2	*reason, common sense* (see also **causa**)	un animale non ha la ragione; la ragione deve controllare gli istinti; bisogna sempre ascoltare la voce della ragione

raro   rare

infrequente 3-2	*infrequent*	un caso infrequente; durante le sue visite infrequenti mi ha detto che andava qualche volta a Londra
sporadico 3-2	*sporadic, isolated*	i nostri incontri si sono fatti sempre più sporadici; ci sono stati alcuni casi sporadici di epatite virale
eccezionale 2	*exceptional* (see also **eccezionale**)	è una cosa eccezionale che a quest'ora Giovanna non sia ancora tornata a casa
raro 2	*rare, infrequent, uncommon* (see also **strano**)	un avvenimento/un gioiello/un libro raro; è raro che quello scrittore venga studiato; è raro vederla in giro
saltuario 2	*occasional, odd*	ricevo delle visite saltuarie da lui; ho attacchi saltuari di asma; trova solo lavoro saltuario

NB **raro** is also used adverbially with **-mente** ending (e.g. esco raramente di sera; mi sbaglio raramente nel giudicare le persone), as is the alternative form **di rado** (Register 3) (e.g. qui capita di rado di trovare il mare mosso). For **sporadicamente** and **saltuariamente**, see (**qualche**) **volta**.

ravvivare (see also **svegliare**) — to revive

rinvigorire 3	*to invigorate, to strengthen*	questa sostanza rinvigorirà la pianta; la nascita dei nipotini ha rinvigorito lo zio Renzo
risuscitare 3-2	*to resuscitate, to revive* (also figurative) (also intransitive with auxiliary **essere**)	risuscitare una moda/i morti/un'usanza; Lazzaro fu risuscitato da Gesù; Cristo è risuscitato dopo tre giorni dalla morte
ravvivare 2	*to revive, to brighten up* (see also **accendere**)	i medici hanno ravvivato il malato con un'iniezione; ho cercato di ravvivare la conversazione
rianimare 2	*to bring up, to revive, to cheer*	Caroline è stata rianimata con i sali; quel sonnellino mi ha rianimato completamente; le vostre parole mi rianimano
rinfrescare 2	*to refresh* (in a number of senses including *to do up* by painting or decoration), *to brush up*	il temporale ha rinfrescato l'aria; quel colore rinfresca la parete; dobbiamo rinfrescare questa stanza; devo rinfrescare il mio inglese

NB most of these verbs are also used reflexively (e.g. con il sole quella pianta si è rinvigorita; a quella notizia il suo viso si ravvivò; verso sera la vie della città si rianimano; vorrei rinfrescarmi un po', dov'è il bagno?).

reciproco — mutual, reciprocal

vicendevole 3	*mutual, reciprocal* (literary)	si sono scambiati vicendevoli promesse d'amore e di fedeltà
mutuo 3-2	*mutual*	una società di mutuo soccorso; io e mio fratello di mutuo accordo abbiamo unito i nostri giardini
scambievole 3-2	*mutual, reciprocal*	si sono dati un aiuto scambievole quando sono morti i loro nipoti; sono sempre stati legati da uno scambievole affetto
reciproco 2	*mutual, reciprocal*	hanno una stima reciproca l'uno dell'altro; si scambiarono un saluto reciproco

regalo — present, gift

donazione f 3	*donation, gift* (legal)	i nonni hanno lasciato quel terreno come donazione alla chiesa
presente m 3	*gift, present*	questo è un piccolo presente per ringraziarla; dovrai fargli un presente perché lui è stato gentile con te
dono m 3-2	*gift, present* (also figurative)	la zia mi ha fatto dono di un vecchio gioiello di famiglia; per loro quella bambina è stata un dono divino

elemosina f [2]	*charity, alms* (see also **mendicare**)	chiedere/dare/fare l'elemosina; hanno rubato la cassetta dell'elemosina in chiesa; mi ha restituito i miei soldi come se mi facesse l'elemosina
offerta f [2]	*offering, donation*	hai fatto un'offerta in chiesa?; la sua è stata un'offerta generosa; raccolgono le offerte per i terremotati
omaggio m [2]	*free gift, complimentary copy*	la direzione ha offerto un omaggio a tutte le signore presenti; ogni lunedì il giornale offre un libro in omaggio
regalo m [2]	*present, gift*	un regalo di compleanno/di Natale; grazie per il bel regalo che mi hai comprato; lei fa sempre regali inutili
strenna f [2]	*present* (for Christmas)	non faccio strenne quest'anno; il mio capufficio mi ha regalato una stilografica come strenna di Natale

regola (see also ordine and principio)   rule

normativa f [3]	*rules* (bureaucratic)	bisogna che la normativa sia molto chiara; tutti sono tenuti ad attenersi alla normativa vigente
prescrizione f [3]	*rule, prescription*	bisogna seguire le prescrizioni del codice della strada; si può comprare questa medicina solo su prescrizione medica
canone m [3-2]	*canon, criterion*	secondo i canoni tradizionali, quell'attrice non è bella; i canoni della ricerca scientifica devono essere chiari a tutti
criterio m [3-2]	*criterion*	scegliere/stabilire un criterio; quel critico giudica secondo criteri estetici; quali criteri ha seguito per valutare l'opera?
precetto m [3-2]	*precept*	i precetti civili/morali/religiosi; dovremmo seguire il vecchio precetto di non far violenza alla natura
provvedimento m [3-2]	*measure, action, step* (often plural)	la polizia ha preso un provvedimento d'urgenza; il governo ha varato provvedimenti per risolvere il problema
controllo m [2]	*check, control*	non hanno ancora effettuato il controllo dei biglietti; ci vogliono più controlli per i giovani che guidano
misura f [2]	*measure, step* (often plural)	questa misura non ha avuto nessun effetto; ora si parla di misure da prendere per il futuro

norma f 2	*rule, norm*	una norma giuridica/grammaticale; bisogna rispettare le norme del codice stradale; conosci le norme da seguire in caso di incendio?; quali sono le norme per essere ammessi a questo concorso?; smettila di dettare norme per tutti!
regola f 2	*rule, regulation* (often plural)	le regole linguistiche/matematiche; sai le regole del gioco?; è sempre meglio rispettare le regole; per vivere bene ci vogliono delle regole morali; tu vuoi sempre essere un'eccezione alla regola!
regolamento m 2	*regulation, (set of) regulations*	se studierai qui, dovrai osservare il regolamento scolastico; il regolamento prevede che tu giochi con questo numero

religioso   religious

osservante 3-2	*observant*	lui è un cattolico osservante; tutti i cattolici osservanti dovrebbero andare a messa la domenica
pio 3-2	*devout, pious*	proviene da una famiglia povera ma molto pia; è un uomo pio; le pie donne seguivano Gesù nelle sue predicazioni
praticante 3-2	*practising, church-going*	appartengo ad una famiglia cattolica praticante; siamo cattolici anche se non praticanti
credente 2	*believing, believer* (also used as a noun)	sono credenti, ma non vanno molto spesso in chiesa; i credenti seguivano l'omelia del papa con attenzione
devoto 2	*devout, religious* (also used as a noun to mean *church-goer, worshipper*) (for non-religious sense, see **onesto**)	lo zio era un uomo devoto; è un musulmano molto devoto; alcuni devoti della Madonna vanno a Lourdes tutti gli anni; quella donna è una devota di Santa Lucia
divino 2	*divine* (for non-religious use, see **eccellente**)	è stato un miracolo divino; qui c'è l'intervento divino; i fedeli hanno invocato la protezione divina
fedeli mfpl 2	*faithful* (for non-religious use, see **onesto**)	i fedeli di Cristo/di Maometto; la cattedrale era piena di fedeli; tutti i fedeli erano riuniti in chiesa per la messa
religioso 2	*religious* (also used as a noun)	in quella casa sono tutti molto religiosi; queste sono pratiche religiose molto strane; è un religioso dell'ordine dei Cappuccini
sacro 2	*sacred, holy*	l'olio/il vino sacro; la Bibbia è un libro sacro anche per i musulmani; l'amicizia per me è sacra

| santo [2] | holy (also used as a noun to mean saint) | il santo padre; l'acqua/la settimana santa; la santa Chiesa; ha condotto una vita veramente santa; voglio fare un viaggio in Terra santa; San Francesco è il santo protettore degli animali; la nonna era devota a Santa Chiara; la chiesa cattolica ha eliminato molti santi dal calendario |

rendere (a)   to give back, to return

risarcire [3]	to reimburse, to compensate (for), to pay compensation for/to (see also **pagare**)	l'azienda risarcisce le spese di trasferta; il governo risarcirà i terremotati dei danni subiti
rimettere [3]	to return (legal)	ho rimesso la fattura alla banca; abbiamo rimesso tutti i documenti al notaio
riconsegnare [3-2]	to return, to send back	l'impiegato mi ha riconsegnato i moduli; ho riconsegnato i libri in biblioteca; riconsegno le chiavi al padrone di casa
rendere [2]	to give back, to return (also figurative)	mi puoi rendere la cartella dei documenti?; gli ho dato il libro e non me l'ha mai reso; quel caffè mi ha reso le forze
restituire [2]	to return, to give back (also figurative)	quando restituirai il giocattolo a tuo fratello?; quell'operazione gli ha restituito l'uso del braccio
ridare [2]	to give back/again (also figurative)	finalmente Giovanna mi ha ridato il maglione; ridammi il tuo numero di telefono; un'operazione gli ridarà la vista
rimborsare [2]	to reimburse, to refund, to repay, to pay back (see also **pagare**)	mi hanno rimborsato le spese; gli ha rimborsato la somma dovuta; dopo aver cancellato lo spettacolo hanno rimborsato gli spettatori
dare indietro [2-1]	to give back	gli ho dato indietro il suo martello; vorrei dare indietro tutti i soldi che ho vinto alla lotteria

rendere (b)   to make, to render

fare [2]	to make (see also **fare**)	ha fatto bella la casa con i fiori del giardino; hai fatto felice tuo padre
fare diventare [2]	to make (become)	mi hai fatto diventare nervoso con questa storia di fantasmi; non farmi diventare cattivo, dai!
rendere [2]	to make, to render	la sua cattiveria l'ha resa ignorante; quell'uomo mi rende la vita impossibile; tutto questo lavoro mi ha reso nervoso

rendimento

performance

performance f 3	*performance* (often with a sporting or sexual connotation)	la performance della Ferrari quest'anno è stata ottima; dice di essere un grande amante, ma qualcuno ha detto che la sua performance lascia molto a desiderare
prestazione f 3-2	*performance, service(s)* (sometimes plural)	la prestazione di quest'atleta in gara non è mai molto soddisfacente; l'ho pagato benissimo per la sua prestazione professionale; è una macchina che dà ottime prestazioni
produttività f 2	*productivity*	bisogna aumentare la produttività dell'azienda; il livello di produttività è molto alto
rendimento m 2	*performance, output, yield*	un alto/un basso rendimento; il rendimento di questo terreno non è molto alto; il rendimento dei nostri operai in questa stagione è stato piuttosto deludente

reparto

department

dipartimento m 2	*department* (academic or administrative)	studio nel dipartimento di italiano di questa università; amministrativamente la Francia è divisa in dipartimenti
reparto m 2	*department* (usually in shops or public establishments)	il reparto giocattoli di questo supermercato è al piano terra; questo è il reparto chirurgico del nostro ospedale
sezione f 2	*section, department, stream* (in a school in the last sense)	la sezione estera della ditta è gestita dal Dottor Rea; lavoro nella sezione civile della corte; in che sezione eri a scuola?

reprimere (a)

to repress, to put down

sedare 3	*to put down* (see also **calmare**)	il governo ha sedato la rivolta
reprimere 3-2	*to repress, to put down, to quell* (also figurative)	la polizia segreta reprime ogni manifestazione contro il regime; il governo ha cercato di reprimere l'insurrezione
sottomettere 3-2	*to subdue, to put down, to subject* (also used reflexively)	il governo ha sottomesso i ribelli; vuole sottomettere i compagni alla sua volontà; i patrioti, piuttosto che sottomettersi al tiranno, preferirono lottare fino alla morte
stroncare 3-2	*to put a stop to, to put down, to crush, to dash* (see also **criticare** and **uccidere**)	la polizia stroncò le attiva di quei criminali; bisogna stroncare il raffredore dall'inizio; l'esercito ha stroncato la rivolta; hai stroncato le mie speranze

domare 2	to put down	la rivolta è stata domata dall'esercito; i soldati domarono la resistenza del nemico; i pompieri hanno domato l'incendio
schiacciare 2	to crush (also figurative) (see also **premere**)	ha schiacciato tutti gli avversari; la ribellione fu schiacciata definitivamente; la squadra avversaria ci ha schiacciato; il nostro insegnante ci schiaccia con il peso della sua cultura
soffocare 2	to suppress, to suffocate (see also **soffocare**)	in quel paese si soffoca la libertà; nel 1799 a Napoli re Ferdinando soffocò la rivoluzione nel sangue

---

reprimere (b) (see also **moderare**)   to hold back, to overcome

padroneggiare 3-2	to control, to master (also used reflexively)	bisogna saper padroneggiare i propri sentimenti; ero così arrabbiato che non sono riuscito a padroneggiarmi
trattenere 3-2	to hold/keep back (also used reflexively) (see also **impedire** and **tenere** (b))	non riusciva a trattenere le lacrime; quando l'ha visto, ha trattenuto il fiato; volevo prenderlo a schiaffi, ma mi sono trattenuto; non mi sono potuto trattenere dal dirgli la verità
reprimere 2	to hold back, to overcome, to suppress	non può reprimere il suo odio contro di lui; devi reprimere quei terribili pensieri; ha cercato di reprimere le lacrime

---

resistere (see also **affrontare**)   to resist

contestare 3	to contradict, to contest (see also **lamentarsi**)	non sto contestando quanto hai detto, solo come l'hai detto; contesto l'esattezza della tua interpretazione; ho deciso di contestare quel giudizio
contrariare 3	to oppose (see also **annoiare**)	perché mi devi sempre contrariare in tutto?
contrastare 3	to oppose, to stand against	lui contrasta tutto quello che propongo; nessuno ti contrasterà, se vuoi andartene
reggere (a) 3-2	to stand up (to), to resist (see also **durare** and **tenere** (a))	il vecchio edificio non regge al tempo; il prigioniero non ha retto alla tortura; l'ipotesi non regge a un attento esame; il suo alibi non regge; non reggo più dalla fame/dalla fatica
tenere testa a 3-2	to stand up to	il poliziotto ha tenuto testa a un gruppo di ladri; i nostri soldati hanno tenuto testa al nemico
opporsi a 2	to oppose, to be opposed to	mi opporrò a lui con tutte le mie forze; i genitori si sono opposti al loro fidanzamento; ci opponiamo ad investire tutto il capitale in una sola operazione finanziaria

resistere (a) 2	*to resist* (see also **rifiutare**)	resistere ai colpi/al nemico/alla pressione; ho resistito alle sue offerte di denaro; non ha resistito a quella donna affascinante; è una pianta che resiste al freddo; voleva convincermi ma ho resistito
tenere duro 2-1	*to hold out, to resist*	finora abbiamo tenuto duro contro il freddo senza riscaldamento; so che ti fa male il dente, ma tieni duro fino a domani; ho tenuto duro fino a che ho potuto, poi mi sono licenziata

respiro   breath

sbuffo m 3	*puff*	la locomotiva si fermò con grandi sbuffi di fumo nero
soffio m 3	*breath, puff*	non c'era un soffio d'aria; un soffio di vento spense la candela; con un soffio ha spento la candela
alito m 3-2	*breath* (also figurative)	hai l'alito pesante; a lui puzza sempre l'alito; non c'era un alito di vento
fiato m 2	*breath* (often figurative)	fermiamoci, voglio prendere fiato; c'era una puzza che mozzava il fiato; butti via il fiato a parlare con lui, perché non ti ascolta
respiro m 2	*breath* (also figurative) (for other figurative use, see **pausa**)	aveva il respiro affannoso/leggero/pesante; voglio riprendere il respiro dopo la corsa; ti amerò fino all'ultimo respiro; ho trattenuto il respiro per la paura; questa è un'opera letteraria di ampio respiro

rete   goal

gol m 2	*goal* (in football, hockey, etc.)	quel giocatore ha segnato due gol; la partita si è chiusa con un bel gol; ci sono stati tre gol in mezz'ora
porta f 2	*goal* (physical space between the goalposts)	il centravanti ha tirato in porta; ho mandato la palla in porta
rete f 2	*goal*	abbiamo vinto per due reti a zero; hanno fatto molte reti in quella partita

riassunto   summary

compendio m 3	*outline, summary, digest* (usually academic)	questo è un compendio delle opere di Aristotele; mi sono comprata un compendio di storia per l'esame
estratto m 3	*abstract, summary* (see also **brano**)	su quella rivista si possono leggere estratti di tutti gli articoli pubblicati

sunto m 3	*resumé, summary*	l'autore presenta un sunto storico all'inizio del suo libro; non riesco a fare un sunto della conferenza che ho sentito
ricapitolazione f/ **riepilogo** m 3-2	*recapitulation, summary*	l'avvocato ha fatto una ricapitolazione di quanto dovevamo dire in tribunale; il giornalista fece un riepilogo dei fatti a cui aveva assistito
sintesi f 3-2	*synthesis*	il programma presenta una sintesi degli eventi politici della settimana; il suo è stato più che altro un lavoro di sintesi
sommario m 2	*summary* (usually academic)	quel sommario di storia latina mi è utilissimo; all'inizio di queste edizioni c'è sempre un sommario del contenuto
riassunto m 2	*summary, précis*	un riassunto fedele/intelligente/scorretto; devo fare il riassunto di un capitolo del libro; per la tesi ho usato i suoi riassunti di quegli articoli critici

ribellarsi   to rebel

ammutinarsi 3	*to mutiny*	i marinai si ammutinarono per le tremende condizioni sulla nave
insorgere 3-2	*to rise (up)* (auxiliary **essere**)	la popolazione è insorta contro il dittatore; nel 1848 i milanesi insorsero contro gli austriaci
rivoltarsi 3-2	*to rebel, to revolt*	rivoltarsi alle autorità; la popolazione si rivoltò quando vide che i nazisti avevano impiccato i partigiani
ribellarsi 2	*to rebel*	Luca si è ribellato alla prepotenza di suo fratello; i contadini si ribellarono per le tasse sul grano
sollevarsi 2	*to rise (up), to rebel* (see also **alzarsi**)	la popolazione si sollevò in massa contro le prepotenze degli invasori

ribelle   rebellious

rivoltoso 3	*rebellious, insurgent, rebel* (also used as a noun)	il governo ha processato i militari rivoltosi; i rivoltosi si sono impadroniti del palazzo del governo
sedizioso 3	*seditious, rebellious* (also used a noun)	una propaganda sediziosa; manifestanti/scritti sediziosi; i sediziosi furono tutti arrestati
sovversivo 3	*subversive* (also used as a noun)	discorsi/movimenti sovversivi; la rivoluzione cominciò come un moto sovversivo contro il governo; ci trattano come un gruppo di sovversivi

agitatore m 3-2	*agitator*	prima della rivoluzione c'erano in giro molti agitatori che cercavano di fomentare l'odio contro il governo
ribelle 2	*rebellious, rebel* (in political and other senses) (also used as a noun)	un carattere/un temperamento ribelle; mia sorella è un po' ribelle; la corte marziale condannò i soldati ribelli; quel giovanotto è diventato un ribelle
rivoluzionario 2	*revolutionary* (in political and other senses) (also used as a noun)	un gruppo/un movimento rivoluzionario; idee/lotte rivoluzionarie; ha fatto una scoperta rivoluzionaria; molti hanno dimenticato i rivoluzionari dell'ultimo secolo

ribellione   rebellion, revolt

sedizione f 3	*sedition, rebellion*	domare/placare la sedizione; la sedizione ebbe luogo dopo che la polizia ebbe caricato i manifestanti
sommossa f 3	*rebellion, riot*	guidare/provocare/reprimere una sommossa; la sommossa scoppiò improvvisamente
agitazione f 3-2	*agitation* (usually of political or industrial action)	i lavoratori hanno proclamato lo stato di agitazione; le agitazioni dei contadini crearono problemi per il governo
insurrezione f 3-2	*insurrection, rising, revolt*	in Italia le insurrezioni del 1821 furono represse nel sangue
tumulto m 3-2	*riot, tumult* (also figurative)	dalla casa si sentiva il tumulto della folla; è scoppiato un tumulto popolare; aveva la mente in tumulto
dimostrazione f 2	*demonstration*	gli studenti faranno una dimostrazione contro il caroscuola; i sindacati organizzano una dimostrazione per le pensioni
manifestazione f 2	*demonstration* (see also **manifestazione**)	siamo arrivati in ritardo oggi perché c'era una manifestazione a favore della liberalizzazione della droga
ribellione f 2	*rebellion, revolt*	la ribellione alla disciplina/all'ingiustizia; all'inizio del secolo ci furono molte ribellioni dei ceti più poveri
rivolta f 2	*revolt, uprising*	la rivolta degli studenti iniziò le rivoluzioni del 1848; all'inizio del secolo vi furono molte rivolte contadine in Italia
rivoluzione f 2	*revolution*	la rivoluzione cinese/cubana/francese/russa; nel 1848 ci furono rivoluzioni ovunque in Europa

ricchezza   wealth

agiatezza f [3]	*affluence, prosperity*	vive nell'agiatezza; la sua agiatezza gli permette una vita tranquilla
fasto m [3]	*pomp, splendour*	ho sempre odiato il fasto; quello che ho visto rassomigliava al fasto delle corti orientali
opulenza f [3]	*opulence* (also figurative)	tutti gli antichi re vivevano nell'opulenza; ho notato l'opulenza stilistica di quell'autore
sfarzo m/ **sfarzosità** f [3]	*magnificence, splendour, pomp*	il salone era addobbato con grande sfarzo; ho assistito a un ricevimento di uno sfarzo eccessivo e ostentato; la festa era semplice ed elegante, senza sfarzosità inutile
sfoggio m [3]	*show, pomp* (see also **manifestazione**)	il ricevimento si è risolto nel solito sfoggio di vestiti e di gioielli; c'è stato un grande sfoggio di oggetti in oro
sontuosità m [3]	*sumptuousness*	la sontuosità del ricevimento mi ha sbalordita
abbondanza f [3-2]	*abundance, plenty* (see also **molto** (a))	vive nell'abbondanza; è una regione che ha abbondanza di acqua; in quella casa c'è abbondanza di tutto
magnificenza f [3-2]	*magnificence, grandeur, splendour*	non riesci ad apprezzare la magnificenza della natura; il conferenziere ha parlato della magnificenza dei principi rinascimentali; che magnificenza questo quadro!
benessere m [2]	*well-being, wealth, affluence* (see also **salute**)	si ammazza di lavoro per assicurare un certo benessere alla famiglia; la politica economica del governo mira a creare un benessere generale per il popolo
lusso m [2]	*luxury*	vivono nel lusso; quel signore è abituato al lusso; viaggiare in aereo non è più un lusso; abbiamo pernottato in un albergo di lusso; sono lussi che non ci possiamo permettere
ricchezza f [2]	*wealth, riches* (sometimes plural) (also figurative)	ha ereditato grandi ricchezze; è un paese di eccezionale ricchezza; ci vuole una più equa distribuzione della ricchezza; la ricchezza non porta la felicità; i figli sono la sua unica ricchezza; è una lingua con ricchezza di vocaboli

ricco   rich, wealthy

| **abbiente** [3] | *well off* | i ceti abbienti; i Manzoni erano una famiglia abbiente e ben conosciuta a Milano |
| **facoltoso** [3] | *wealthy* | David appartiene ad una facoltosa famiglia statunitense; le famiglie facoltose un tempo mandavano i figli in collegio |

opulento 3	*opulent, rich* (literary) (of areas, societies, etc.)	una regione/una società/una terra opulenta
agiato 3-2	*well to do*	vive una vita agiata; Serena appartiene ad una famiglia molto agiata
danaroso 2	*moneyed, rich*	che Cassandra sia danarosa si vede solo dai vestiti che porta
benestante 2	*well off, comfortably off*	tutti quelli che si lamentavano di pagare troppe tasse erano persone benestanti; i tuoi amici sembrano gente benestante
miliardario 2	*millionaire*	ha ereditato da una parente miliardaria; ha fatto tantissimi soldi vendendo dischi, ormai è miliardario
milionario 2	*millionaire, very wealthy* (in past times with old currency)	sono passati i tempi in cui essere milionari voleva dire essere molto ricchi
ricco 2	*rich, wealthy* (for figurative use, see **pieno**)	sono la famiglia più ricca della città; noi non siamo poveri, ma non siamo ricchi come loro; un'azienda/una nazione/una provincia/una regione ricca

NB these words are also used as nouns, especially in the plural (e.g. a quel tempo gli abbienti erano pochi; i benestanti non hanno da preoccuparsi delle nuove tasse; sposò una milionaria; un miliardario non ha bisogno di portare soldi in tasca; vedrai che lei sposerà un ricco; i ricchi vanno in vacanza quando vogliono).

ricevere (see also **ottenere** and **prendere**)   to receive, to get

percepire 3	*to receive, to collect*	ho percepito un compenso per l'aiuto dato; percepisco uno stipendio modesto
riscuotere 3	*to collect, to draw*	riscuoto l'affitto per la casa ogni mese; ho riscosso gli arretrati della pensione
guadagnare 2	*to earn*	guadagna dieci milioni al mese; quella signora ha un marito che guadagna; guadagna poco per il lavoro che fa; con la sua prestazione ha guadagnato una medaglia d'oro
prendere 2	*to earn, to get* (see also **prendere**)	quanto prendi all'ora?; prende solo centomila lire al giorno; la stanza prende luce dal corridoio
ricevere 2	*to receive, to get* (see also **ospitare**)	tutti i bambini riceveranno un regalo; ha ricevuto un messaggio dalla regina; ho ricevuto un gran conforto dalle tue parole; ricevi un generoso stipendio
beccare 2-1	*to get, to pick up, to catch* (also used in reflexive form)	ha beccato due schiaffi dal padre; ha beccato una polmonite; lavora poco ma becca cinque milioni al mese; si è beccato il primo premio

buscare 2-1	*to get, to pick up* (often used in reflexive form)	ho buscato una bella mancia; ha buscato una multa ieri; si sono buscati un premio; mi sono buscato un bel raffreddore
pigliare 2-1R	*to get, to earn* (familiar and regional Southern usage for **prendere**) (see also **prendere**)	quanto pigli al mese per questo lavoro?; piglia uno stipendio misero

ricevuta   receipt

coupon m 3	*voucher, coupon*	una volta i turisti che venivano in Italia potevano procurarsi coupon per la benzina; se porti questi coupon al supermercato ti faranno uno sconto sulla birra
quietanza f 3	*receipt*	il Signor Rossi rilasciò una quietanza per aver ricevuto il pagamento del debito
cedola f 3-2	*receipt, slip* (in banking transactions)	bisogna firmare le cedole dei titoli bancari?; per incassare gli interessi devi presentare la cedola
talloncino m 3-2	*(tear-off) slip*	signore, deve conservare il talloncino come riscontro del versamento in banca; questo talloncino staccato dal biglietto vi permette di entrare nello stadio
buono m 2	*voucher, coupon*	un buono mensa/postale/sconto; con venti buoni quella casa dolciaria ti regala una giacca a vento
ricevuta f 2	*receipt*	una ricevuta fiscale; esigere/fare/perdere la ricevuta; se non hai la ricevuta, non ti rimborsano la merce
scontrino m 2	*receipt* (for items in shops, etc.), *chit* (for drinks in bars)	signora, se non ha lo scontrino non possiamo cambiarle l'articolo; il barman vuole lo scontrino per il cappuccino
tagliando m 2	*(tear-off) coupon*	questo è il tagliando di garanzia; per lo sconto deve presentare il tagliando alla cassa

richiesta   request, application

pretesa f 3	*demand, claim*	avanza delle pretese irragionevoli; si è rovinato per soddisfare le pretese della moglie
esigenza f 3-2	*requirement, necessity*	la signora ha molte esigenze; la ditta non ha soddisfatto le mie esigenze; queste sono le esigenze della società
domanda f 2	*application* (for job, etc), *demand* (in economics)	ha fatto parecchie domande di lavoro; mi sono procurato il modulo per la domanda; c'è stato un aumento della domanda per quel prodotto

richiesta f 2	*request, application, demand* (less common than **domanda** in the economic sense)	il negozio ha respinto la mia richiesta di un rimborso; la ditta ha accolto la sua richiesta di trasferimento; c'è una grande richiesta di automobili straniere

riconoscere to recognise, to acknowledge

ammettere 2	*to admit, to acknowledge* (see also **lasciare**)	non vuole ammettere i suoi errori; il bambino ha ammesso di aver rotto il vaso; devi ammettere che avevo ragione io
confessare 2	*to confess, to admit* (also used reflexively in the religious sense of *to confess*)	l'imputato ha confessato il delitto; l'omicida ha confessato di aver ucciso la ragazza; devo confessare di non credere mai a quello che dice Ivano; mi confesso una volta al mese
identificare 2	*to identify* (see also **trovare**)	i testimoni hanno identificato il ladro; ha dovuto identificare le salme delle vittime del disastro aereo
riconoscere 2	*to recognise, to acknowledge* (see also **notare**)	sei tanto dimagrito che non ti riconosco; ho riconosciuto la macchina rubata; devi riconoscere il tuo errore; riconosce che si sono sbagliati; riconosco di essere meno intelligente di lui; l'esercito ha riconosciuto il nuovo governo

ricordo memory

rimembranza f 3	*remembrance, memory, recollection* (poetic)	il parco della rimembranza; la rimembranza dei morti è parte importante di quasi ogni religione
commemorazione f 3-2	*commemoration*	alla commemorazione della Liberazione parteciperanno molti capi di stato; il suo migliore amico ha fatto il discorso di commemorazione
reminiscenza m 3-2	*reminiscence, recollection*	ho vaghe reminiscenze di averla incontrata con suo padre; le sue reminiscenze letterarie sono piuttosto noiose
memoria f 2	*memory*	richiamare alla memoria; è un posto ricco di memorie per me; sua moglie ha ormai perso la memoria
ricordo m 2	*memory, souvenir* (more common than **memoria** in most senses)	un brutto/un buon ricordo; ho solo un pallido ricordo di ciò che è successo; quel braccialetto è un ricordo della nonna; la sua cicatrice è un ricordo di quell'orribile incidente
souvenir m 2	*souvenir*	mia zia ha comprato come souvenir di Roma la statuetta della lupa coi gemelli; lui ha molti souvenir di quando viaggiava per il mondo

ridere to laugh

ghignare [3]	*to sneer, to laugh sarcastically*	quando ha ghignato, mi sono reso conto del tipo di persona che era
sogghignare [3]	*to sneer, to grin (sarcastically)*	che hai da sogghignare?; sogghigni? Questo può capitare anche a te, sai!
ridacchiare [2]	*to titter, to giggle, to snigger*	che avete da ridacchiare, voi due?; quando è arrivato, tutti hanno cominciato a ridacchiare
ridere [2]	*to laugh* (see also **scherzare**)	solo l'uomo ha la facoltà di ridere; sono scoppiati a ridere; il pubblico rideva apertamente; è una scena molto triste, non so perché ridi; quell'uomo mi fa sempre ridere
sghignazzare [2]	*to sneer, to laugh scornfully, to guffaw*	che avete da sghignazzare, ce l'avete con me?; guardavano verso di me e sghignazzavano
sbellicarsi dal ridere/dalle risa [2-1]	*to laugh out loud, to split one's sides*	al vederlo vestito così c'era da sbellicarsi dalle risa
scompisciarsi dalle risa [1]	*to split one's sides, to kill oneself laughing*	tutti si sono scompisciati dalle risa

ridurre to reduce, to lower

decrescere [3]	*to fall, to go down* (intransitive) (often of water) (auxiliary **essere**)	adesso che il temporale è passato, l'acqua del fiume sta decrescendo
decurtare [3]	*to reduce, to dock* (financial)	quelle entrate serviranno a decurtare il debito; hanno decurtato gli stipendi del dieci per cento
abbreviare [3-2]	*to shorten, to abbreviate* (also used reflexively)	abbrevia la tua tesi perché è troppo lunga; se facciamo questo sentiero abbreviamo la strada; dopo l'intervento del curatore questo libro si è abbreviato
calare [3-2]	*to go down, to fall* (auxiliary **essere**) (see also **scendere**)	il livello delle acque è calato; la febbre non accenna a calare; in Italia i matrimoni calano; i prezzi stanno calando
scontare [3-2]	*to discount, to reduce (the price of)*	in quel negozio scontano molti articoli; ma scusi, non mi sconta proprio nulla?
abbassare [2]	*to lower* (also used reflexively)	per favore, abbassa la temperatura del calorifero; non gridare così, abbassa la voce; alla fine della stagione i prezzi si abbassano
accorciare [2]	*to shorten, to cut short, to reduce* (also used reflexively)	devo accorciare il vestito; ho deciso di accorciare la mia visita; in inverno le giornate si accorciano

diminuire [2]	*to decrease, to diminish, to lower, to go down* (transitive or intransitive) (auxiliary **essere** when intransitive)	bisogna cercare di diminuire il rischio; in questo negozio hanno diminuito tutti i prezzi; non devi cercare di diminuire le sue qualità ai nostri occhi; il prezzo del pane è diminuito; il caldo sta diminuendo; la febbre è diminuita
ridurre [2]	*to reduce, to lower* (also used reflexively)	al supermercato riducono sempre i prezzi; dobbiamo ridurre le spese; in Italia il numero delle nascite si è ridotto
scendere [2]	*to go down, to fall* (auxiliary **essere**) (see also **scendere**)	in questo negozio i prezzi scendono sempre più; il numero degli iscritti all'università è sceso quest'anno; la temperatura scende ogni giorno
tagliare [2]	*to cut, to shorten*	la censura ha tagliato il film in parecchi punti; dato che l'articolo era troppo lungo, sono stato costretto a tagliarlo

riduzione   reduction

abbuono m [3-2]	*reduction, allowance*	negoziando con il fornitore ha ottenuto un abbuono di diecimila lire
calo m [3-2]	*fall, drop, decrease* (especially in price)	il calo dei prezzi continua; l'olio ha avuto un calo di mille lire al litro
diminuzione f [3-2]	*diminution, reduction, decrease, lowering*	c'è stata una diminuzione della produttività; la diminuzione di temperatura ha sorpreso tutti; gli incidenti stradali sono in diminuzione
liquidazione f [2]	*clearance (sale), sale*	una liquidazione di scarpe/di vestiti; c'è una liquidazione nella pelletteria sotto casa
ribasso m [2]	*reduction, discount* (of prices)	vendere a ribasso; fare un ribasso; in quei negozi ci sono molti ribassi su tutta la merce
riduzione f [2]	*reduction, discount*	una riduzione del 5%; ottenere una riduzione; il governo ha registrato una riduzione sulle entrate
saldo m [2]	*sale* (often in plural)	mi comprerò della biancheria in gennaio quando ci sono i saldi; abbiamo preso in saldo molte cose per i bambini
sconto m [2]	*discount, reduction*	un bello sconto; fare uno sconto; ho avuto uno sconto del 10% sulla borsa che ho comprato
svendita f [2]	*sale* (end of season or closing down)	ha comprato la sua borsa alla svendita autunnale; qui si fa una svendita per la chiusura del negozio

riempire   to fill

gremire [3]	*to pack* (also used reflexively)	la folla gremiva il teatro; la spiaggia già comincia a gremirsi di bagnanti
inzeppare [3]	*to stuff, to cram* (also used reflexively)	ha inzeppato la valigia di vestiti; ha l'abitudine d'inzeppare i suoi saggi di citazioni; si è inzeppato di ravioli
colmare [3-2]	*to fill (up)* (also figurative)	colmare una lacuna/un vuoto; ha colmato il bicchiere fino a farlo traboccare; colmare di favori/di gioia/di rimproveri
imbottire [3-2]	*to stuff, to fill* (of materials or food) (also figurative)	hanno imbottito il materasso; per favore, può imbottire questo panino?; gli hanno imbottito la testa di sciocchezze
farcire [2]	*to stuff* (culinary)	hanno farcito il pollo coi carciofi
riempire [2]	*to fill (up)* (also figurative) (for reflexive use, see **mangiare**) (see also **occupare** and **scrivere**)	riempire un bicchiere/un piatto/lo stomaco; hai riempito la brocca dell'acqua?; i dimostranti riempivano la piazza; la mamma riempie sempre i miei bambini di risotto; quella notizia mi ha riempito di gioia

rifiutare   to refuse, to reject

ricusare [3]	*to decline, to turn down*	ricusare una carica/un invito/un onore; la difesa ha accusato il giudice di pregiudizio e l'ha ricusato
declinare [3-2]	*to decline, to refuse*	declinare un aiuto/un invito; ha declinato di venire a cena con noi; la direzione declina ogni responsabilità
ripudiare [3-2]	*to repudiate, to reject, to disown*	ripudiare la propria fede/il marito/la moglie/la nazionalità; pure riconoscendo di aver scritto quel libro l'ha ripudiato
respingere [2]	*to reject, to refuse, to ward off* (see also **resistere**)	respingere le accuse/l'offerta; ha respinto la sua proposta di matrimonio; lui le fa la corte da anni, ma lei l'ha sempre respinto; la ragazza riuscì a respingere il suo aggressore
rifiutare [2]	*to refuse, to reject* (also used reflexively)	rifiutare un compromesso/un consiglio/una proposta; il padre rifiutò il consenso al matrimonio della figlia; Anna ha rifiutato di venire alla festa di Paolo; si rifiuta di parlarti

rifugio (see also **caverna**)   shelter

| **covo** m [3-2] | *lair, den* | il covo della lepre/della volpe; un covo di briganti/di cospiratori/di ladri; i terroristi hanno lasciato molti documenti ed armi nel loro covo |

nascondiglio m 2	*hiding place, den*	il bambino ha un nascondiglio in giardino sotto i cespugli; i carabinieri cercavano il nascondiglio del bottino dei ladri
rifugio m 2	*shelter, refuge, hiding place*	un rifugio alpino/antiaereo; i partigiani uscirono dal loro rifugio; durante il temporale quella capanna ci è servita da rifugio; quella famiglia ha fornito un rifugio a molti ebrei durante la guerra
tana f 2	*den, lair, burrow, hideout* (see also **capanna**)	la tana del coniglio/del lupo/della volpe; la polizia cerca la tana dei banditi; lui sta nella sua stanza come in una tana
cuccia f 1	*kennel, dog's bed*	il cane è scappato dalla cuccia; per favore, rifa' il tuo letto, sembra la cuccia del cane!

rimandare (see also **interrompere**)   to postpone, to put off

differire 3	*to defer, to postpone*	differire il pagamento/la partenza; hai sentito che Lucia e Marino hanno differito di sei mesi le loro nozze?
dilazionare 3	*to defer, to delay* (usually commercial)	dilazionare la consegna/la firma di un contratto/un pagamento
procrastinare 3	*to postpone, to delay* (literary)	il direttore non può più procrastinare questa decisione così importante; evita di procrastinare ancora la tua partenza
prorogare 3	*to postpone*	la ditta ha prorogato la scadenza del contratto; il governo prorogherà la consegna del modulo fino a settembre
rimettere 3	*to defer, to postpone*	abbiamo deciso di rimettere il nostro viaggio a Natale
posporre 3-2	*to postpone*	ha posposto la riunione a lunedì; se lei non può venire, si dovrà posporre la decisione fino a quando sarà disponibile
posticipare 3-2	*to postpone, to defer, to put off*	posticipare un appuntamento/un incontro/una riunione; i delegati hanno posticipato di un giorno il loro arrivo
rimandare 2	*to postpone, to put off/back*	rimando la riunione a domani; è troppo tardi per rimandare lo spettacolo; hanno deciso di rimandare le elezioni
rinviare 2	*to adjourn, to postpone, to put back*	hanno rinviato il processo; Rai Uno ha rinviato il programma ad un'altra data
ritardare 2	*to delay*	ritardare la consegna/il pagamento; la preghiamo di non ritardare a mandare la foto per il passaporto
spostare 2	*to shift, to move* (see also **muovere**)	hanno spostato la data della partenza; si doveva fare l'esame domani ma l'hanno spostato

rimanere

to stay, to remain

albergare 3	*to stay, to put up* (for transitive use, see **ospitare**)	durante la sua permanenza nella capitale, il presidente e la sua consorte albergheranno al Grand Hotel
soggiornare 3	*to stay, to sojourn*	soggiornai in quel paese per un mese molti anni fa; si può soggiornare un po' in questa città ma non viverci sempre
sostare 3	*to stop, to pause, to halt* (always for a short time)	dopo due ore di camminata abbiamo sostato per riprendere fiato; sostano in albergo per una notte sola
soffermarsi (su) 3-2	*to stop, to pause, to dwell* (on a subject)	soffermarsi sui particolari; vorrei soffermarmi su questo brano del romanzo
trattenersi 3-2	*to stay* (usually a short time) (also figurative)	ti trattieni ancora molto?; mi tratterrò al mare per qualche giorno; voglio trattenermi su questo argomento
fermarsi 2	*to stop, to stay*	quanto ti fermi da tua madre?; mi fermo da lui stasera perché non sta bene; se ti fermi da noi a cena, ci fai piacere
restare 2	*to stay, to remain* (auxiliary **essere**) (see also **essere**)	restare a casa/a letto; dove resti a dormire quando vai a Salerno?; restiamo ancora un po' a farti compagnia
rimanere 2	*to stay, to remain* (auxiliary **essere**) (see also **essere**)	rimanere a casa; sono rimasta da loro per un mese; sono rimasti due ore ad aspettarlo; la nonna è stanca, è rimasta in piedi sull'autobus; il suo ricordo rimarrà nel mio cuore
stare 2	*to stay* (auxiliary **essere**) (see also **essere**)	vengo, ma sto fuori poco; sta' con lui oggi, non lo lasciare solo; è andata a stare un po' con la figlia a Torino; stai troppo tempo a chiacchierare

rinunciare

to give up

astenersi (da) 3	*to abstain (from), to refrain (from)*	astenersi dal gioco/dal vino/dal voto; mi astengo dal pronunciare un giudizio su di lui perché non lo conosco; uno dei giudici si è astenuto dal giudizio
desistere da 3	*to stop, to refrain from*	ha desistito dal tentativo di suicidio; se non desiste dal calunniarmi, dovrò denunciarlo
allentare 3-2	*to loosen, to slacken, to relax*	allentare la presa/la pressione; il ciclista ha allentato la presa sul manubrio ed è caduto; il governo ha allentato i controlli sulle frontiere
cessare 3-2	*to stop, to cease* (transitive or intransitive) (auxiliary **essere** when intransitive)	ha cessato di piovere finalmente; improvvisamente il preside ha cessato di parlare ai docenti; quell'attore cesserà presto di recitare in teatro; il temporale è cessato da poco

abbandonare 2	*to abandon, to give up, to leave, to forsake*	ho già abbandonato la speranza; ha abbandonato gli studi a 16 anni; sto per abbandonare la patria per sempre; ha abbandonato marito e figli e se n'è andata in Tibet
arrendersi 2	*to surrender, to give up* (also figurative)	arrendetevi adesso, non avete speranza di scappare!; il loro esercito non si arrenderà mai; mi sono arresa al fatto che mio figlio non vuole studiare
cedere 2	*to give (up), to hand over, to surrender* (see also **dare**)	ha ceduto tutta la sua eredità ai cugini e si è fatto frate; devo cedere il mio biglietto per l'opera, lo vuoi tu?; hanno ceduto le armi al nemico
fare a meno di 2	*to do/manage without*	faremo a meno del gelato oggi, non abbiamo soldi; farò a meno di parlare con lui, se è così occupato
rinunciare (a) 2	*to give up, to renounce, to relinquish, to stop*	basta, non ne posso più, rinuncio; rinunciare alla corona/all'eredità; non mi puoi chiedere di rinunciare ai miei diritti; rinuncio a mangiare la torta perchè sono sazio
smettere (di) 2	*to stop, to finish, to cease* (see also **finire**)	Sara, smetti di lamentarti!; è da un po' che ho smesso di fumare; smettila! sono stufo di sentire le tue lamentele oggi
finirla 2-1	*to stop* (see also **finire**)	quando comincia a parlare, non la finisce più; finiamola con questi scherzi!; se non la finisci di gridare, me ne vado
mollare 2-1	*to give in/up* (intransitive)	ho resistito finché ho potuto, poi ho mollato; sono deciso a non mollare; voleva un prezzo alto, ma ha dovuto mollare

ripetere

to repeat

reiterare 3	*to reiterate*	vorrei reiterare quello che ho già detto in precedenza; il direttore ha reiterato che non ci saranno licenziamenti
replicare 3	*to repeat* (see also **rispondere**)	replicare un esperimento/una richiesta; la cantante ha replicato lo stesso repertorio di arie verdiane
ribadire 3-2	*to repeat (forcefully), to confirm, to reinforce*	ho intenzione di ribadire l'accusa con ulteriori prove; ha ribadito la sua convinzione
ripetere 2	*to repeat* (also used reflexively)	ripetere una classe/un esame/una parola; ripetimi ciò che hai detto; perché ripeti sempre le stesse cose?; la squadra ha ripetuto il successo dell'anno scorso; questo autore si ripete troppo; una cosa del genere non deve ripetersi più

riposare   to rest, to relax

distendersi 3	*to rest, to relax* (see also **stendersi**)	vedo che sei stanco, distenditi un po'; per distendersi lui gioca col computer
rilassarsi 2	*to relax*	rilassatevi un po' adesso che siete in vacanza; quell'uomo non sa proprio rilassarsi, lavora sempre
riposare/riposarsi 2	*to (have a) rest, to relax* (non-reflexive form suggests a short rest)	vado a riposare per un'oretta dopo il viaggio; sono stanchissima, a Natale voglio solo riposarmi; vi siete riposati in vacanza?; com'è che non ti riposi mai tu?

riprendere   to recover, to start again

recuperare 3-2	*to recover, to regain*	recuperare le forze; sono stato malata, ma adesso devo recuperare il tempo perduto; ha cercato di recuperare i beni di famiglia
riacquistare 3-2	*to regain, to recover*	riacquistare la libertà/il tempo perduto; i soldati combatterono per riacquistare il terreno perduto
riattaccare 3-2	*to resume, to carry on*	riattaccare il discorso/il lavoro; dopo una breve pausa riattaccò a cantare; s'interruppe un momento, poi riattaccò
ricominciare 2	*to start/begin again, to recommence* (auxiliary usually **essere** when intransitive)	ricominciare il discorso/il lavoro; l'inverno è ricominciato; ho ricominciato a studiare; pensavo che quella storia fosse finita, ma adesso ricomincia
riprendere 2	*to recover, to start again, to resume*	riprendere il fiato/il filo del discorso/la lezione/i sensi/il vigore; ha ripreso ad andare a messa dopo anni
ritrovare 2	*to find (again), to recover* (see also **trovare**)	ritrovare la pace/la salute; ho ritrovato le chiavi dell'auto; devi ritrovare il coraggio di vivere anche se sei solo
ripigliare 2-1R	*to get back, to start again* (familiar and regional Southern usage for **riprendere**)	ripigliare il discorso/il fiato; hai sentito che ha ripigliato a rubare?; quel bambino ha ripigliato a fare i capricci

riso   laugh

ghigno m 3	*grimace, sneer, sneering laugh*	mi ha risposto con un ghigno; ci ha fatto un ghigno proprio diabolico
sogghigno m 3	*sneer, (mocking) grin*	ha fatto un sogghigno quando il giudice l'ha dichiarato colpevole
sghignazzata f 3-2	*sneer, mocking laugh*	per tutta risposta m'ha fatto una sghignazzata in faccia

risata f [2]	*laugh, (burst of) laughter*	si sono fatti una risata; siamo scoppiati in una risata
riso m [2]	*laugh, laughter* (plural **le risa**) (often plural)	un riso amaro/leggero/sarcastico/di felicità/di gioia; il riso è una facoltà esclusiva all'uomo; non riuscivo a frenare le risa; si moriva dalle risa
risolino m [2]	*laugh, laughter* (slight and with mockery or negativity)	un risolino amaro/forzato/ironico; fu accolto con un risolino

risparmiare   to save

lesinare [3]	*to be stingy (with)* (transitive or intransitive)	Ruggero lesina il centesimo anche se è ricco; ti prego, non lesinare col mangiare quando abbiamo ospiti
serbare [3-2]	*to save, to keep* (see also **tenere** (b))	aveva serbato per lei i gioielli di famiglia; serbali questi soldi, un giorno ti serviranno
economizzare [2]	*to economise, to save* (transitive or intransitive)	economizzare le forze/il tempo; ha economizzato per tutta la vita e adesso suo figlio ha perso tutto al gioco
mettere da parte [2]	*to put/lay by/aside, to save*	metterai da parte un po' di soldi per la vecchiaia?; ti metterò da parte un po' di torta se non vieni alla festa
risparmiare [2]	*to save, to spare* (of money, time, energy, etc.) (transitive or intransitive)	risparmiare denaro/fatica/tempo; voglio andare a Londra e quindi devo risparmiare; non parlargli, risparmia il fiato
sparagnare [1]	*to save up, to economise*	quel tizio passa il tempo a sparagnare per lasciare un'eredità ai suoi nipoti

rispecchiare   to reflect

specchiarsi [3-2]	*to look at oneself in the mirror, to be reflected*	è molto vanitosa, passa ore e ore a specchiarsi; la luna si specchiava nella laguna
riflettere [2]	*to reflect, to mirror* (literal and figurative)	lo specchio rifletteva l'immagine di sua moglie; le tue parole riflettono chiaramente ciò che pensi della questione
rispecchiare [2]	*to reflect, to mirror* (figurative)	i miei esami non rispecchiano mai tutto lo studiare che ho fatto; le tue azioni rispecchiano il tuo carattere

rispettare (see also **essere d'accordo**)   to obey, to respect

attenersi a [3]	*to comply with, to conform to/with*	qui bisogna attenersi al regolamento; non si sono attenuti alle mie istruzioni
conformarsi a [3]	*to conform to/with, to comply with, to abide by*	in una società democratica bisogna conformarsi alle decisioni della maggioranza

osservare 3-2	to respect, to follow, to observe, to keep to	osservare un accordo/un digiuno/una norma/un patto; cerco di osservare le prescrizioni del medico
rispettare 2	to obey, to respect, to keep to	rispettare le regole della grammatica/della strada; in genere la gente rispetta la legge
seguire 2	to follow, to go along with, to keep to (see also **seguire**)	non è sempre bene seguire i propri impulsi; stai seguendo i suggerimenti del tuo avvocato?; bisogna seguire gli ordini; non sono comunista, perciò non seguo la dottrina di Marx
ubbidire/obbedire 2	to obey (usually followed by **a**) (**ubbidire** more common) (also figurative)	bisogna sempre ubbidire ai genitori; lui non vuole ubbidire agli ordini del superiore; quel cane ubbidisce solo al padrone; voglio essere ubbidito; perché non ubbidisci mai?; l'autotreno non obbediva più ai freni

rispetto a   compared to

a paragone di 3	in comparison with	a paragone d'oggi, la tecnologia del passato era primitiva; ha fatto poco a paragone di quello che avrebbe potuto fare
in confronto a/a **confronto con** 2	in comparison with, compared to/with	in confronto al clima dell'Inghilterra, l'Italia è molto calda; a confronto con te io non so niente di storia
rispetto a 2	compared to/with, in comparison with	rispetto a loro siamo veramente ricchi; rispetto a come studiavo io a scuola, i miei figli non fanno niente

rispettoso (see also gentile)   respectful

cerimonioso 3	ceremonious, formal (usually has negative implications)	quell'individuo è troppo cerimonioso, non mi piace; ci hanno fatto un'accoglienza tutta cerimoniosa
deferente 3	deferential	in questo ufficio i dipendenti si mostrano sempre deferenti; è sempre molto deferente verso il suo vecchio maestro
riverente 3	reverent, respectful	un atteggiamento/un comportamento riverente; è una persona riverente verso tutte le pratiche religiose
ossequioso 3-2	ceremonious, respectful (also used in the sense of obsequious)	un discorso/un gesto/un individuo ossequioso; alcune volte suo cognato è proprio buffo, è così ossequioso
riguardoso 3-2	considerate, respectful	è molto riguardoso verso le persone anziane; Anna non sparla mai del marito perché è riguardosa verso i suoceri

rispettoso 2	*respectful*	un atteggiamento/un comportamento rispettoso; è un uomo rispettoso di tutte le leggi; Luciano è troppo rispettoso verso il suo capo

rispondere   to reply, to answer

replicare 3	*to respond* (see also **ripetere**)	di fronte a quegli argomenti non ha potuto replicare niente
ribattere 3-2	*to respond (to), to rebut, to retort*	la difesa ha ribattuto tutte le obiezioni; ha ribattuto tutte le loro critiche; 'Ma sei stato tu a colpire per primo,' ribatté
rispondere 2	*to reply, to answer, to respond*	quando gli ho parlato, non mi ha risposto; puoi rispondere alle mie domande?; non ti vergogni a rispondere così a tua madre?; ha risposto alle loro critiche

risposta   reply

replica f 3	*response, retort*	durante il dibattito c'erano molte repliche e controrepliche; dopo il discorso del ministro, si ha diritto alla replica; vi do la mia risposta, ma dopo non ammetto repliche
risposta f 2	*reply, answer, response*	ha ascoltato la mia risposta; ho letto la tua risposta; la sua risposta è stata negativa; la mia offerta è rimasta senza risposta

risultare   to turn out

dimostrarsi 3-2	*to show oneself (to be), to prove (to be)* (see also **mostrare**)	in quell'occasione ti sei dimostrata proprio ingenua; questo investimento si è dimostrato redditizio
emergere 3-2	*to emerge, to come out, to result* (auxiliary **essere**)	dall'indagine non è emerso nessun fatto nuovo; un ricordo emergeva nella sua mente
rivelarsi 3-2	*to show/reveal oneself, to turn out (to be)*	si è rivelato un vero mascalzone; le capacità dell'autore si rivelano nel suo ultimo romanzo
mostrarsi 2	*to show oneself (to be), to prove oneself (to be)* (see also **mostrare** and **sembrare**)	ti devi mostrare degno della nostra fiducia; si è mostrato all'altezza della situazione
risultare 2	*to turn out (to be), to come out, to prove (to be)* (auxiliary **essere**) (see also **derivare**)	è risultato vincitore; i nostri tentativi sono risultati inutili; la nostra ipotesi è risultata falsa; la questione risulta piuttosto complicata; sul suo conto non risulta nulla di male

venire a galla [2]	*to come out, to emerge, to come to the surface*	la verità venne a galla al processo

risultato result

frutto m [3]	*fruit, outcome (positive or negative) (see also* **bene***)*	rivelò il frutto delle sue ricerche; gode il frutto delle proprie fatiche; ecco i frutti di un'educazione sbagliata
esito m [3-2]	*outcome, result*	sai l'esito delle sue analisi mediche?; vedremo se questa storia avrà un esito felice
risultato m [2]	*result*	un bel/un buon/un cattivo risultato; il risultato degli esami di maturità uscirà a fine luglio; i risultati delle elezioni si avranno solo più tardi

risuonare to echo, to resound

echeggiare [3]	*to echo*	un grido echeggiò nella notte; hai sentito echeggiare uno sparo?
rimbombare [3-2]	*to resound, to boom*	il rumore dell'esplosione rimbombò per tutta la città; la sua voce rimbombava nel corridoio
risuonare [2]	*to echo, to resound*	le urla dei prigionieri risuonavano nel castello; le sue parole mi risuonano ancora nella mente

riunione meeting

adunanza f [3]	*assembly, meeting*	un'adunanza collegiale/plenaria; tenere un'adunanza; oggi all'oratorio c'è l'adunanza delle Figlie di Maria
meeting m [3]	*meeting (cultural, political or sporting event) (see also* **gara***)*	dobbiamo andare ad un meeting dei tifosi della mia squadra; sei andato al meeting dei simpatizzanti del nuovo candidato?
simposio m [3]	*symposium (scholarly)*	il simposio degli astrofisici quest'anno si terrà a Boston; ho incontrato il professor Luzi ad un simposio su Leopardi
conferenza f [3-2]	*conference (often used in official titles of events) (see also* **lezione***)*	devo andare a una conferenza a Milano; ho assistito alla Conferenza Mondiale dell'Alimentazione; dopo la riunione c'è stata una conferenza stampa
convegno m [3-2]	*conference, meeting, meeting place, rendez-vous (often cultural)*	un convegno di letterati/di scienziati; alla nostra università c'è un convegno di biologi; devo preparare il mio intervento per il convegno; quel bar è un convegno di intellettuali
assemblea f [2]	*meeting, assembly (larger than* **adunanza***)*	l'assemblea generale/dei soci; convocare un'assemblea; all'assemblea di condominio non si risolve mai niente

comizio m 2	*meeting* (usually political)	un comizio elettorale; indire/tenere un comizio; ho sentito parlare quell'uomo politico ad un comizio anni fa
congresso m 2	*conference, congress*	un congresso di letterati/di matematici/di storici; il congresso del partito si terrà a Roma; al Congresso di Vienna l'Italia fu divisa in diversi stati
incontro m 2	*meeting*	c'è un incontro tra i sindacati per decidere la strategia da seguire; ci sarà un incontro al vertice tra le superpotenze
raduno m 2	*gathering, rally* (usually for sports or special occasions)	un raduno sportivo/dei reduci della guerra; tutti gli anni il nonno si ubriaca al raduno degli alpini
riunione f 2	*meeting, gathering, reunion*	una riunione aziendale/mensile/di classe/di famiglia; abbiamo appena avuto un'accesa riunione all'università; sono andato alla riunione dei miei compagni di leva
seduta f 2	*session*	aprire/chiudere/rimandare una seduta; il pittore ci mise parecchie sedute a finire il ritratto; ho assistito ad una seduta del Parlamento europeo

riva — bank, shore

litorale m 3	*coastline*	il litorale ligure è famoso per la sua bellezza; ci sono molte ville costruite sul litorale toscano
lido m 3-2	*sea shore, shore, beach*	il Lido di Venezia; la tempesta ha gettato sul lido i rottami della sua barca
costa f 2	*(sea-)coast, (sea) shore, seaboard*	la nave naufragò sulla costa atlantica; abbiamo fatto un giro lungo la costa; vado in vacanza sulla Costa Azzurra
riva f 2	*bank, shore*	le rive dell'Adriatico/del Tirreno; facciamo una passeggiata sulla riva del fiume?; siamo stati in barca tutto il giorno, adesso voglio tornare a riva
spiaggia f 2	*beach, shore*	una spiaggia affollata/elegante/popolare/sabbiosa; andare/stare in spiaggia; bambini, giocate sulla spiaggia
sponda f 2	*bank, edge, shore*	la sponda del fiume/del lago/del mare; sediamoci qui sulla sponda a riposarci; la sponda orientale del lago è bellissima

roba — stuff, things

avere m 3	*possessions, property* (often plural)	ha dato tutti i suoi averi in beneficenza; ha sperperato tutti i suoi averi

possedimenti mpl 3	*possessions* (usually refers to land)	è un ricco proprietario che ha grandi possedimenti nell'America meridionale; il conferenziere ha parlato degli antichi possedimenti olandesi delle Indie
patrimonio m 3-2	*heritage, inheritance, estate* (also figurative)	il patrimonio artistico/culturale; il suo patrimonio ammonta a qualche miliardo; il nostro patrimonio è costituito dalla nostra istruzione
possessi mpl 2	*possessions, property, belongings*	perdere i propri possessi; avevano molti possessi in Brianza; tutti i suoi possessi si riducevano a pochi gioielli
beni mpl 2	*goods, possessions* (for singular use, see **bene**)	i beni immobili/mobili; tutti i suoi beni sono stati messi all'asta; statue e quadri nei musei sono beni che appartengono allo stato
mercanzia f 2	*merchandise, goods, wares* (usually implies little value)	quel magazzino è pieno di mercanzia varia; è venuto qui tuo fratello con la mercanzia che ha comprato in India
merce f 2	*goods, merchandise*	merce estera/nazionale/scadente/di valore; un carro/un treno merci; la merce sarà spedita domani; quella ditta ha sempre merce di ottima qualità
proprietà f 2	*property, possessions* (see also **elemento**)	una proprietà artistica/immobiliare/privata/pubblica; tutto quello che vedi è di mia proprietà
cianfrusaglia f 2-1	*junk* (often used in plural form)	hanno la soffitta piena di cianfrusaglia inutile; questi non sono mobili antichi, sono solo cianfrusaglie
roba f 2-1	*stuff, things* (see also **cosa**)	questa roba appartiene a Paola; ha la casa piena di roba vecchia; hai preso la tua roba dall'armadio?; ho mangiato roba buona al ristorante; lascerà la sua roba ai poveri

rompere (see also distruggere)   to break, to smash

infrangere 3	*to break, to smash* (also figurative)	il vento ha infranto i vetri della finestra; con un gesto d'ira ha infranto tutti i bicchieri; Gino infrange le sue promesse
schiantare 3	*to smash*	l'urto ha schiantato l'automobile; la bufera di questa notte ha schiantato molti alberi
sconquassare 3	*to smash (up), to crush*	l'uragano ha sconquassato tutte le barche al porto; il terremoto ha sconquassato l'intero paese
trasgredire 3	*to transgress, to violate*	trasgredire la legge/un ordine/il regolamento; lui ha trasgredito le norme stabilite dal nostro codice legale

frammentare 3-2	*to smash, to fragment* (also figurative)	questo schiacciasassi frammenta pietre e rocce; perché hai frammentato la tua tesi in tutti questi capitoli?
frantumare 3-2	*to smash* (also figurative)	hanno frantumato la pietra; ha frantumato il vetro con un pugno; hai frantumato le mie ultime speranze
spezzettare 3-2	*to break up (into pieces), to fragment* (also figurative)	non spezzettare il pane!; è un peccato come abbiano spezzettato quell'eredità; per studiare questo periodo, bisogna spezzettarlo
violare 3-2	*to violate, to break, to infringe* (see also **violentare**)	comportandoti così hai violato le norme della decenza; quel prete ha violato il segreto della confessione; quella nave straniera ha violato le acque territoriali dello Stato
rompere 2	*to break, to smash*	rompere un braccio/una gamba; chi ha rotto il vaso blu?; non rompere lo specchio; quel bambino rompe tutto
smozzicare 2	*to break up (into pieces)* (usually of food)	smettila di smozzicare il pane; chi è che ha smozzicato così il formaggio?
spaccare 2	*to break, to smash* (usually with violence)	spaccare una cosa in due/in tre; Paolo ha spaccato il vaso della nonna quando litigavamo; è così antipatico che gli spaccherei la faccia
spezzare 2	*to break, to shatter* (also figurative)	spezzare un braccio/una gamba; come hai fatto a spezzare il ramo della pianta?; alla comunione il prete spezza il pane; quell'uomo le ha spezzato il cuore
scassare 2-1	*to smash (up)*	Roberto ha scassato il tuo orologio; ho scassato la macchina fotografica lasciandola cadere a terra
sfasciare 2-1	*to shatter, to ruin*	mio cugino ha sfasciato la macchina perché guidava ubriaco
fracassare 1	*to smash to pieces*	quel bambino ha già fracassato tutti i giocattoli che ha ricevuto a Natale

NB many of these verbs are also used reflexively in the sense of *to break, to smash, to get broken/smashed, to break down* (e.g. l'aereo si infranse contro la montagna; l'automobile si è schiantata contro un albero; durante il terremoto tutti i piatti si sono frantumati; la macchina si è rotta per l'ennesima volta; i rami dell'albero si sono spezzati; questa macchina si scassa facilmente; la mia borsa si è sfasciata; l'auto si è fracassata contro il muro).

rotondo round

tondo 3-2	*round*	sulla tavola c'era un oggetto tondo; passami quella scatola tonda
circolare 2	*circular*	c'è una fontana circolare in giardino; originariamente questa era una piazza circolare

rotondo [2]	*round*	ho comprato un tavolo rotondo; quel bambino ha una testa proprio rotonda; devi passare il filo nell'apertura rotonda

rotto   broken

in panne [3-2]	*broken down* (usually of vehicles)	ho la macchina in panne; sono rimasto in panne sulla Roma–Firenze
guasto [2]	*out of order, broken, not working*	un ascensore/un orologio guasto; non ho visto il film perché il mio televisore è guasto
rotto [2]	*broken, damaged*	la pompa dell'acqua è rotta, cambiamola; oggi non ho la macchina, è rotta; il braccio di Dario è rotto in due punti

rottura (see also buco)   break

frammentazione f [3]	*fragmentation, break(ing) up* (usually figurative)	la frammentazione dell'impero romano iniziò prima delle invasioni barbariche
frantumazione f [3]	*smashing, shattering* (usually of natural materials) (also figurative)	la frantumazione di minerali/di pietre/di rocce; le sue parole rappresentarono la frantumazione delle mie speranze
spaccatura f [3]	*breaking, splitting, split*	ho assistito alla spaccatura della legna; guarda che spaccature ho sulle mani per il gelo
frattura f [3-2]	*break, fracture* (for figurative use, see **divisione**)	la frattura della mano/dell'osso/del piede; c'è una frattura tra il primo ed il secondo atto del dramma
spacco m [3-2]	*split*	in quella piastrella c'è uno spacco; il vaso ha uno spacco da cima a fondo; ho comprato una gonna con lo spacco
squarcio m [3-2]	*gash, tear* (implies something large and usually brought about with force)	il vandalo ha fatto uno squarcio nella tela del quadro; la nave aveva un enorme squarcio e stava per affondare
rottura f [2]	*break, breaking, fracture* (for figurative use, see **divisione**)	pagherai per la rottura del vetro; la rottura degli argini del fiume ha causato molti danni; ha riportato la rottura di un braccio
strappo m [2]	*tear*	hai uno strappo nella manica; guarda che strappo hai fatto nella camicia

rovesciare   to spill, to overturn

ribaltare [3]	*to upset, to knock over/down* (also figurative), *to turn over* (transitive or intransitive in this sense) (auxiliary **essere** when intransitive) (also used reflexively)	scivolando ribaltò il secchio; ho ribaltato il suo ragionamento; l'automobile ha sbandato ed è ribaltata; si sono ribaltati molti veicoli

capovolgere `3-2`	to overturn, to turn over/ upside down, to reverse (also figurative) (also used reflexively)	la tempesta capovolse la barca; perché capovolgi il tuo bicchiere?; Marx ha capovolto il sistema di Hegel; è riuscito a capovolgere la situazione; ha frenato di colpo e la macchina si è capovolta
rivoltare `2`	to turn over (also used reflexively)	ha rivoltato la frittata nella padella; bisogna rivoltare questo materasso; rivoltare il fieno/la paglia/la terra; la barca si rivoltò e affondò in pochi secondi
rovesciare `2`	to spill, to overturn, to drop, to knock down, to turn inside out/upside down, to bring down, to overthrow, to reverse (also figurative) (also used reflexively)	ho rovesciato il caffè sulla tovaglia; dicono che rovesciare un po' di vino porti fortuna; ha rovesciato il bicchiere e ha macchiato la tovaglia; il governo è stato rovesciato; non riuscirai mai a rovesciare la situazione; il fiasco si rovesciò sulla tovaglia; a un colpo di vento più forte la barca si rovesciò; la situazione si è rovesciata a mio vantaggio
fare cadere `2-1`	to drop, to knock/push over, to bring down (figurative in the last sense)	chi ha fatto cadere il vaso?; stai attento a non far cadere la bottiglia; non far cadere la tua sorellina!; l'esercito ha fatto cadere il governo

rovina   ruin

rudere m `3`	ruin, remains, wreck (usually plural) (also figurative)	i ruderi di un castello/di un'antica città/di un tempio; quell'uomo è un rudere, eppure pensa di piacere alle donne
scempio m `3`	ruination (see also **massacro**)	qui si è effettuato lo scempio del paesaggio; quel grattacielo in mezzo al centro storico è un vero scempio
tracollo m `3`	collapse, breakdown, crash	la sua salute ha avuto un tracollo; i titoli azionari hanno subito un tracollo
crollo m `3-2`	collapse, downfall, crash (literal or figurative)	il crollo di un albero/di un edificio/di un muro/di un ponte; questo è il crollo delle nostre speranze; c'è stato un crollo in borsa; dopo la malattia ha avuto un crollo improvviso
devastazione f `3-2`	devastation	la guerra porta sempre con sé devastazione e lutti
macerie fpl `3-2`	ruins	la città, dopo il terremoto, era ridotta a un cumulo di macerie; molte persone restarono sepolte sotto le macerie
caduta f `2`	fall, collapse (literal or figurative)	ha fatto una brutta caduta e si è fratturata la gamba; la caduta di una città/di una fortezza/di un governo; la caduta dell'Impero Romano è successa nel quinto secolo
distruzione f `2`	destruction	i romani causarono la distruzione di Cartagine; la guerra ha provocato molta distruzione

rovina f [2]	*ruin* (literal or figurative)	dopo il bombardamento la città era un ammasso di rovine; ho visitato le rovine di Troia; adesso devono far fronte alla rovina finanziaria; quell'uomo è stato la rovina dei figli
sfacelo m [2]	*decay, ruin, collapse*	quella vecchia casa è andata in sfacelo; le invasioni barbariche accelerarono lo sfacelo dell'Impero Romano; che sfacelo quella famiglia, sono tutti malati!

rovinare (see also **fare male**)   to ruin

guastare [3-2]	*to ruin, to spoil* (also used reflexively)	mangiare troppi dolci ti ha guastato i denti; il temporale ha guastato la festa; quel grattacielo guasta il paesaggio; la sua educazione gli ha guastato il carattere; il latte si guasta facilmente; non possiamo uscire, il tempo si è guastato
andare a male [2]	*to go off/bad, to be/get ruined* (of food) (auxiliary **essere**)	non si può mangiare quella carne, è andata a male; il frigorifero non ha funzionato e tutto è andato a male
marcire [2]	*to rot, to go bad* (intransitive) (auxiliary **essere**)	la pioggia ha fatto marcire tutta l'erba; col caldo la frutta marcisce; le uova sono marcite
rovinare [2]	*to ruin, to spoil* (also used reflexively) (see also **massacro**)	la pioggia ha rovinato il raccolto; questa notizia mi ha rovinato la giornata; voleva rovinare la mia reputazione; le sue speculazioni lo hanno rovinato; si è rovinato col gioco
sciupare [2]	*to spoil, to ruin* (also used reflexively) (see also **perdere**)	come hai fatto a sciupare così il vestito?; tu devi sempre sciupare tutto!; la roba di seta va lavata a mano, altrimenti si sciupa; come ti sei sciupata! sei stata malata?

rubare   to steal

depredare [3]	*to loot, to plunder, to rob*	i vichinghi depredavano i villaggi; i banditi lo hanno depredato di tutti i suoi averi
trafugare [3]	*to filch, to steal*	i ladri trafugarono quei documenti segreti; qualcuno è riuscito a trafugare il quadro dalla chiesa
derubare [3-2]	*to rob, to steal from* (people)	un ladro ha derubato quella povera donna; in quella città ci hanno derubato due volte; in autobus mi hanno derubato
razziare [3-2]	*to raid* (often of food, livestock, etc.)	hanno razziato il bestiame durante la notte; razziano i territori dei popoli confinanti

saccheggiare 3-2	to *plunder, to sack, to loot, to pillage*	il nemico ha saccheggiato la città; la folla sta saccheggiando i negozi del quartiere; quella banda di ladri ha saccheggiato parecchie banche
sequestrare 3-2	to *kidnap, to confiscate*	dei delinquenti hanno sequestrato un ricco industriale; la polizia ha sequestrato la merce ai contrabbandieri
sottrarre 3-2	to *steal, to remove (illicitly)* (see also **togliere**)	qualcuno ha sottratto i documenti dall'archivio; hanno sottratto dei soldi dalla cassa
spogliare 3-2	to *strip, to divest* (see also **spogliarsi**)	i soldati hanno spogliato la città di tutti i suoi tesori; lo spogliarono di ogni ricchezza
rapinare 2	to *rob* (establishments)	hanno rapinato la banca; i ladri hanno rapinato il negozio; gli amministratori hanno rapinato l'azienda di vari milioni
rapire 2	to *kidnap*	gli hanno rapito la figlia per chiedere un riscatto; hanno rapito il capo del partito politico
rubare 2	to *steal* (in a variety of contexts)	le hanno rubato la borsetta; avevo lasciato la macchina in sosta e me l'hanno rubata; ho rubato qualche pacchetto di sigarette; quel ragazzaccio ruba per vivere; quella donna mi ha rubato il marito; un altro esperto gli ha rubato tutte le sue idee; scusami se ti rubo un po' del tuo tempo prezioso
scippare 2	to *mug, to rob, to snatch*	un tizio ha scippato la zia; perché esci così tardi? Vuoi farti scippare?; un ladro in motorino le ha scippato la borsa
svaligiare 2	to *burgle, to clean out*	svaligiare un appartamento/una banca/un'oreficeria
arraffare 2-1	to *snatch, to pinch*	i soldati nemici arraffavano dovunque; il ladro arraffò una manciata di biglietti da centomila e scappò
borseggiare 2-1	to *pickpocket*	è stata borseggiata sull'autobus; un ladro mi ha borseggiato sul treno
rubacchiare 2-1	to *pilfer, to steal* (suggests on a small scale or occasionally)	è un vagabondo che vive rubacchiando un po' dappertutto
fregare 1	to *rip off, to pinch*	al mercato ci hanno fregato con queste penne che non scrivono!; ieri in autobus mi hanno fregato il portafoglio; all'aereoporto ti fregano ventimila lire di tasse
grattare 1	to *lift, to steal, to pinch*	mi hanno grattato la penna d'oro sulla metropolitana; quei balordi si mantengono grattando un po' di qua un po' di là

sgraffignare [1]	*to pinch, to pilfer*	chi ha sgraffignato il mio cioccolato?; al bar mi hanno sgraffignato l'ombrello
soffiare [1]	*to steal, to pinch* (not usually money)	gli ha soffiato la ragazza; ha soffiato la palla all'avversario; cerca di soffiare il posto al collega
spennare [1]	*to fleece, to rip off, to clean out*	se vai in quel negozio, ti spennano; ieri sera a poker mi hanno spennato

rumore (see also confusione) noise

fragore m [3]	*roar, crash*	il fragore degli applausi/della cascata/di uno scoppio/di un tuono; il treno passò sul ponte con gran fragore
strepito m [3]	*hubbub, racket* (see also **scandalo**)	da qui si sente lo strepito delle macchine in fabbrica; in quel luogo affollato c'era un grande strepito di voci
clamore m [3-2]	*clamour, noise* (see also **scandalo**)	si sentiva un gran clamore proveniente dalla piazza
frastuono m [3-2]	*din, racket*	che è questo frastuono?; mi ha svegliato il frastuono del traffico
gazzarra f [3-2]	*uproar, hubbub*	che è questa gazzarra?; i ragazzi fanno una gran gazzarra
chiasso m [2]	*noise, din* (see also **scandalo**)	il chiasso del centro di Roma è insopportabile; ragazzi, smettete di far chiasso!
rumore m [2]	*noise, sound* (usually unpleasant)	un rumore assordante/continuo/sgradevole; un rumore strano mi ha svegliato; non fate più rumore, per piacere
schiamazzo m [2]	*uproar, racket, din* (often plural)	smettetela con quello schiamazzo!; non ne posso più degli schiamazzi in questa strada
suono m [2]	*sound, noise* (usually pleasant or harmonious)	un suono acuto/argentino/armonioso; il suono della chitarra/del pianoforte; loro ballavano al suono delle fisarmoniche; di notte tutti i suoni sembrano strani
baccano m [2-1]	*din, hubbub, row*	chi sono queste persone che fanno tanto baccano?; in discoteca c'era un baccano infernale
baraonda m [2-1]	*hubbub, bustle* (of people)	che baraonda in centro nei giorni di festa!; in mezzo a quella baraonda mi sentivo svenire
cagnara f [2-1]	*uproar, hubbub*	nei giorni di mercato c'è una cagnara assordante in piazza
fracasso m [2-1]	*din, row, uproar* (see also **scandalo**)	che fracasso queste motociclette!; ragazzi, smettetela di fare tanto fracasso!
bordello m [1]	*row, racket*	smettetela di fare bordello, ragazzi!; non ti sento, c'è troppo bordello in questa stanza

casino m 1	*row, racket*	non c'è bisogno di far casino per divertirsi; ragazzi, non fate troppo casino alla festa!
casotto m 1	*row, racket*	cos'è questo casotto? State zitti!

rurale   rural, country

agreste 3	*rustic, rural*	quelle tradizioni agresti sono molto antiche; ha studiato le divinità agresti del paganesimo
bucolico 3	*bucolic*	conosco bene la poesia bucolica latina; stiamo studiando la fortuna del genere bucolico in Italia
agrario 3-2	*agrarian, agricultural, land* (often legal or commercial)	ho studiato il diritto agrario del Medioevo; fa parte di una cooperativa agraria; la questione agraria non è stata risolta
campestre 3-2	*rural, country*	sabato c'è una festa campestre; alcuni fiori campestri sono specie protette
rustico 3-2	*rustic, country*	abbiamo una casetta rustica in campagna; ai miei figli piace il pane rustico con un po' d'olio sopra
agricolo 2	*agricultural, farm*	sono proprietari di una grossa azienda agricola; in quel capannone ci sono gli attrezzi agricoli
campagnolo 2	*country, rural, rustic*	non mi sono mai abituata alle usanze campagnole; il nonno ci manda sempre un ottimo salame campagnolo
contadino 2	*peasant, country, rural* (for use as a noun, see **agricoltore**)	provengo da una famiglia contadina; queste abitudini contadine durano da secoli
paesano 2	*country, peasant, rustic, rural* (for use as a noun, see **agricoltore**)	il formaggio/il vino paesano; questa è un'usanza paesana; è rimasto un po' paesano, anche se vive da molti anni in città; hai la ricetta della torta paesana?
rurale 2	*rural, country*	all'inizio del secolo la popolazione rurale viveva in miseria; il contadino chiese un prestito alla cassa rurale

ruvido   rough

aspro 3-2	*rough, raw* (for figurative use, see **severo**)	la superficie del terreno è molto aspra; quel pittore ama i paesaggi aspri e selvaggi
greggio/grezzo 3-2	*raw* (of materials in their unrefined state) (for use as a noun, see **carburante**)	questa è lana greggia; non ho mai visto un diamante allo stato grezzo
scabro 3-2	*rough*	le pareti esterne della mia casa sono scabre; se tocchi questa superficie, sentirai che è scabra

rozzo [2]	*rough* (for figurative use, see **volgare**)	questa statua è ancora rozza, poi verrà rifinita
ruvido [2]	*rough, coarse* (also figurative)	hai le mani ruvide perché non ti metti i guanti; questa pera ha la buccia molto ruvida; la iuta è un tessuto ruvido; è un uomo dalle maniere ruvide

salire (a) (transitive)   to go up, to climb

montare [3-2]	*to climb, to ride, to mount* (of a horse in the last two senses)	ha montato un gradino più in su; il cavaliere montava uno splendido cavallo bianco
scalare [3-2]	*to climb, to scale, to ascend*	ha scalato il muro del giardino; pochi alpinisti hanno scalato l'Everest
salire [2]	*to go/come up, to climb*	devo salire le scale; per salire quella montagna ci vogliono delle tecniche specializzate

salire (b) (intransitive)   to go up, to rise

inerpicarsi su/per [3]	*to climb (up), to clamber up*	la strada si inerpica sul monte; ci inerpicammo su per la montagna; si inerpicò su un albero
innalzarsi [3]	*to rise, to arise*	dal rogo s'innalzava una colonna di fumo; il suo scopo era d'innalzarsi al di sopra degli altri
levarsi [3]	*to rise up, to arise* (of sun or building) (see also **alzarsi**)	il sole si leva alto all'orizzonte; nella valle si leva un'antica torre
montare [3-2]	*to climb, to get up, to mount* (auxiliary **essere**)	montare sul campanile/su una sedia/a cavallo/in bicicletta/in cattedra/in sella/in treno
sorgere [3-2]	*to rise (up), to spring up, to crop up* (auxiliary **essere**)	il sole sorge alle sei ogni mattina; sulla montagna sorge una bellissima chiesa; dalle rovine sorse una nuova città; il centro di ricerche è sorto per iniziativa del comune; sorgono sempre delle difficoltà
spuntare [3-2]	*to rise* (of the sun, moon, etc.) (auxiliary **essere**)	all'orizzonte è spuntato il sole; stanno spuntando la luna e le prime stelle
arrampicarsi [2]	*to climb (up), to clamber (up)*	mi sono arrampicato sull'albero; il gatto si è arrampicato sul tetto; quella pianta si arrampica sul muro
salire [2]	*to go/come/get up, to get in* (of vehicle), *to climb (up), to rise* (auxiliary **essere**)	perché non sali un momento?; sono salito (su) per le scale; è salito su una sedia; saliamo sull'autobus; sono saliti in macchina; vogliamo salire su quella montagna; l'autobus sale lentamente verso il paese; la nebbia saliva dalla valle; si vede salire la luna; la strada sale dolcemente

essere in salita [2]	*to be/go uphill, to rise*	quel sentiero è in salita; tutta questa strada è in salita
andare/venire su [2-1]	*to go/come up(stairs)*	vado su in casa un momento; andate su e aspettatemi di sopra!; vieni su, ti devo parlare

salotto (see also stanza)   living room

salone m [3-2]	*(large) sitting room, lounge*	è un appartamento signorile con due saloni
salotto m [2]	*living/sitting room* (also used to mean the furniture for the room)	hanno ricevuto gli ospiti in salotto; abbiamo deciso di comprare un salotto nuovo
soggiorno m [2]	*living room* (shortened form of **stanza di soggiorno**)	avevano un soggiorno ben arredato; dopo pranzo sono passati in soggiorno

salsa   sauce

condimento m [2]	*dressing, sauce* (usually for salad)	l'olio è un condimento essenziale per l'insalata; ho preparato un condimento speciale per l'insalata di pomodori
intingolo m [2]	*sauce, gravy* (in which a dish is cooked), *tasty dish*	questa carne si cuoce con un intingolo molto piccante; quella signora prepara dei buoni intingoli per gli ospiti
ragù m [2]	*(pasta) sauce* (made with meat)	questo ragù è veramente speciale; che carne metti nel tuo ragù?
salsa f [2]	*sauce, gravy* (usually for main dish)	ci vuole una salsa bianca per questo pesce; la salsa verde è essenziale con questo piatto
sugo m [2]	*sauce* (usually for pasta dishes) (also figurative in the sense of *essence*) (also in diminutives **sughetto** and **sughino**)	queste tagliatelle si mangiano col sugo di pomodoro; per la pasta asciutta ci vuole sempre poco sugo; ho capito il sugo del discorso; senti che buon sughetto!; com'è buono questo sughino di funghi!

saltare   to jump

sobbalzare [3]	*to jolt, to jerk, to (give a) start/jump*	la corriera sobbalzava a ogni curva; ho sobbalzato di sorpresa; il cuore gli sobbalzò dalla gioia
sussultare [3]	*to (give a) start/jump*	udendo quel grido tutti sussultarono; ha sussultato di paura
trasalire [3]	*to (give a) start/jump, to be startled* (auxiliary **essere** or **avere**)	trasalì per lo spavento; l'esplosione lo fece trasalire
balzare [3-2]	*to leap, to spring, to jump (out)* (also figurative) (auxiliary **essere**)	la tigre è balzata sulla preda; il cane è balzato sul tavolo; è balzato sul treno in corsa; sono balzato giù dal letto; la differenza balza subito agli occhi

balzellare/ **ballonzolare** 3-2	*to hop, to skip, to jump about*	i bambini balzellavano intorno giocando; il cane gli ballonzola sempre fra i piedi
saltare 2	*to jump (over), to leap (over)* *(transitive or intransitive)* *(also figurative) (when* *intransitive, auxiliary* *usually* **essere**) *(see also* **tralasciare**)	con un balzo ha saltato il muro; ho saltato il fosso; è saltata nell'acqua; sono saltato giù dal muro; sono saltati al di là del fiume; quando ha sentito la notizia, è saltata dalla gioia; al mio arrivo è saltato in piedi; saltiamo a pagina dieci; saltava da un'idea all'altra; dalle indagini saltò fuori la verità
saltellare/salterellare 2	*to skip, to hop, to jump about*	il ranocchio saltellava sulla riva; i bambini salterellano in giardino
tuffarsi 2	*to dive, to plunge*	tuffarsi in mare/in una piscina/nel vuoto

salute   health

sanità f 3-2	*health, healthiness* (mental or physical)	la sua sanità mentale è stata rovinata dai figli; mi sono rivolto al Ministero della Sanità
benessere m 2	*well-being* (for economic sense, see **ricchezza**)	provo un senso di benessere; devo badare al mio benessere fisico
igiene f 2	*hygiene, health*	l'igiene alimentare è molto importante; bisogna fare attenzione all'igiene dentale; quali sono le norme d'igiene in questa fabbrica?
salute f 2	*health*	gode ottima salute; ho chiesto notizie sulla sua salute; l'alcol è nocivo alla salute; com'è la sua salute mentale?
salvezza f 2	*safety, salvation* (material or spiritual)	ognuno pensa alla propria salvezza; c'è speranza di salvezza dopo la morte?; il tuo intervento è stato la mia salvezza

sano   healthy, well

salubre 3	*healthy, wholesome, salubrious*	viviamo in un ambiente molto salubre; in montagna l'aria è molto salubre
salutare 3-2	*healthy, wholesome, salutary*	vive una vita veramente salutare; gli ho dato una lezione salutare
sanitario 3-2	*sanitary, medical, health*	dobbiamo indagare le condizioni sanitarie; hanno eseguito un controllo sanitario; qui mancano materiali sanitari
bene 2	*well* (after **stare**)	ho avuto un raffreddore ma adesso sto bene; sta molto bene dopo la sua malattia
igienico 2	*hygienic, sanitary, healthy* (see also **carta**)	le norme igieniche in questo ospedale sono molto severe; non è igienico andare a tavola senza lavarsi le mani

in buona salute [2]	*healthy, in good health*	i ragazzi sono in buona salute; si vede che è in buona salute dal suo colorito
sano [2]	*healthy, well, sound, wholesome* (in a variety of senses)	è una persona sana e robusta; si mantiene sano; è sempre stata sana di mente; ha un colorito sano; qui il clima e il cibo sono molto sani; ho denti bianchi e sani; fanno una vita sana

sapere   to know

apprendere [3]	*to learn, to find out*	ho appreso la notizia ieri dal giornale
venire a conoscenza [3-2]	*to learn, to be informed*	la polizia venne a conoscenza di un piano per rapinare la banca
documentarsi [3-2]	*to find out*	mi documenterò sulla questione; voglio documentarmi su quanto è accaduto
capire [2]	*to find out* (see also **capire**)	ha sentito rumori ed è andata giù a vedere cosa stava succedendo
conoscere [2]	*to know, to be acquainted / familiar with* (of people and sometimes of things) (also used reflexively) (see also **incontrare**)	non conosce tuo padre; voglio farti conoscere mio fratello; non conosco il romanzo di cui parli; conosci lo spagnolo?; ho conosciuto la miseria e il dolore; deve imparare a conoscersi meglio; ci conosciamo da tanti anni
imparare [2]	*to learn, to get to know* (of facts or things)	il bambino sta imparando a camminare; non riesco a imparare le lingue straniere; ha imparato quella poesia a memoria; dove si impara come funziona questa macchina?
informarsi [2]	*to find out* (usually followed by **di** or **su**)	non so i risultati ma mi informerò; mi sono informato sulla sua salute; ci siamo informati su di lui
intendersi di [2]	*to know a lot about, to be an expert on* (see also **esperto**)	non m'intendo di queste cose; è un giovane che s'intende di musica e pittura
sapere [2]	*to know* (of facts or things) (see also **consapevole**, **potere** and **sentire** (b))	sai il suo indirizzo?; non sapevo che cosa fare; sapeva che io sarei venuto; so bene il motivo della tua decisione; chi sa come andranno le cose?; non si sa mai cosa succederà
sentire [2]	*to hear, to find out* (see also **sentire** (b))	hai sentito la notizia?; ho sentito che hai deciso di non venire
(venire) a sapere [2-1]	*to get to know, to hear*	vengo sempre a sapere tutto da suo fratello; ho saputo da Giovanni che arrivavi oggi; ha saputo le notizie dal giornale

458

sarcasmo   sarcasm

irrisione f 3	*derision, mockery* (literary)	tutti sono oggetto della sua irrisione; ha sempre un'atteggiamento d'irrisione
scherno m 3-2	*scorn, mockery, derision*	ha fatto un gesto di scherno e se n'è andata; le tue parole di scherno riescono solo a renderti meno credibile
ironia f 2	*irony*	mi piace la sottile ironia di quello scrittore; mi ha risposto con ironia; si diverte a fare dell'ironia su tutti e su tutto
sarcasmo f 2	*sarcasm*	le sue parole erano piene di sarcasmo; perché rispondi con sarcasmo?; il tuo sarcasmo non mi tocca

sarcastico   sarcastic

beffardo 3	*mocking, scoffing*	aveva un'aria beffarda; ha fatto un sorriso beffardo; è un individuo insolente e beffardo
mordace 3	*biting, cutting, pungent*	sei un critico veramente mordace; le ha dato una risposta volutamente mordace
sardonico 3-2	*sardonic*	mi ha fatto una smorfia sardonica; le sue parole sardoniche mi davano fastidio
ironico 2	*ironic(al)*	parla sempre in tono ironico; mi ha lanciato uno sguardo ironico; quelle parole ironiche lo hanno sconvolto
sarcastico 2	*sarcastic*	le sue frasi sarcastiche erano del tutto fuori posto; ha risposto in tono sarcastico; perché assumi un'aria sarcastica?

sbagliare   to go wrong, to make a mistake

errare/essere in errore 3	*to be mistaken/wrong, to err* (see also **errore**)	se non erro, tu già lo sapevi; se erro, ditemelo; chiedo perdono a Dio per avere errato
mancare 3	*to do/go wrong, to be lacking* (see also **mancare**)	ho mancato nei suoi riguardi; tutti possiamo mancare
peccare 3	*to sin, to go wrong* (usually but not always religious)	non ha peccato consapevolmente; pecca di superbia; quel libro pecca di superficialità; la tua idea pecca nelle premesse
ingannarsi 3-2	*to be mistaken/wrong, to deceive oneself*	mi ero ingannato sul tuo conto; mi sono ingannato fidandomi della tua amicizia
prendere per 2	*to take/mistake for*	scusa, ti ho preso per mio fratello
sbagliare 2	*to make a mistake, to be/do/ go wrong* (also used reflexively) (for transitive	ognuno può sbagliare; se sbaglio, correggimi; non hai mai sbagliato nella vita?; il cuore non sbaglia mai; avevo sbagliato a rifiutare la sua

	use, see **errore** and **mancare**)	offerta; sbagliando s'impara; mi sono sbagliato e pagherò; se non mi sbaglio, ti conoscevo già
scambiare per 2	*to mistake/take for* (see also **cambiare**)	ho scambiato il pepe per il sale; l'ho scambiato per il suo gemello
sgarrare 1	*to be/go wrong, to boob*	quell' impiegato non sgarra mai; bada a non sgarrare; il mio orologio non sgarra di un minuto

sbucciare   to peel

escoriare 3	*to graze, to take the skin off* (usually in reflexive form)	cadendo si è escoriato un ginocchio; nell'urto si è escoriato al braccio
sbucciare 2	*to peel* (usually of fruit or vegetables), *to scrape*	ho sbucciato un'arancia/una castagna/una mela/una patata/una pera; il ramo mi ha sbucciato un ginocchio
spellare 2	*to skin, to scrape, to graze* (also figurative in the sense of *to fleece*)	hanno spellato il coniglio; ho spellato un braccio; certi negozi spellano la gente
spennare 2	*to pluck* (for figurative use, see **rubare**)	hanno spennato il pollo e l'anatra
pelare 2-1	*to skin, to scrape* (also figurative in the sense of *to clean out, to fleece*)	hanno pelato un coniglio/un pollo; scivolando sull'asfalto mi sono pelato un braccio; ieri sera, al poker, l'hanno pelato; in quel ristorante pelano i clienti

scaffale   shelf

scansia f 3	*(set of) shelves*	su quella scansia si mettono oggetti vari; la sua casa è piena di vecchie scansie molto elaborate
libreria f 2	*(set of) book-shelves, bookcase*	in salotto ha una libreria di noce; i ripiani della sua libreria sono molto profondi
mensola f 2	*shelf*	a che serve questa mensola?; metti quel soprammobile sulla mensola; le tazze non vanno poste sulla mensola
ripiano m 2	*shelf* (in cupboard, wardrobe, bookcase, etc.)	in questo armadio ci sono molti ripiani su cui mettere i maglioni; il primo ripiano dello scaffale è ingombro di libri
scaffale m 2	*shelf, set of shelves, bookcase*	su questi scaffali metterò tutti i miei libri preferiti; ho deciso di comprare uno scaffale metallico per il mio studio

scala   steps, staircase

scalinata f 3	*stairway, (flight of) steps* (usually external and of architectural significance)	hai visto la scalinata di Trinità dei Monti a Roma?

gradinata f 2	*(flight of) steps* (usually external), *terracing* (for sports spectators to stand or sit down) (also figurative referring to the spectators themselves)	la gradinata della chiesa era molto ampia e splendida; sulla gradinata tutti i tifosi applaudivano; tutta la gradinata era in piedi e applaudiva
gradino m 2	*step, rung* (of a ladder in the last sense) (also figurative)	attento! C'è un gradino; i gradini dell'autobus erano molto stretti; questa scala ha venti gradini; il primo gradino della carriera è molto importante
scala f 2	*stairs, staircase, stairway, ladder, steps* (sometimes plural) (also figurative in the sense of *scale*)	una scala esterna/interna/larga/pericolosa/ripida/stretta/di marmo/di pietra; è caduta giù per le scale; c'è una scala di emergenza dietro l'edificio; conosci la scala dei colori?; la carta ha una scala di uno a cinquemila
scalino m 2	*step, stair* (also figurative)	questi scalini sono di ferro/di legno/di marmo; attenzione a quello scalino, è molto scivoloso
scala (a piolo)	*(step) ladder*	ci vuole una scala (a pioli) per dipingere la casa

scandalo scandal

infamia f 3	*disgrace, shame, infamy*	si è macchiato di infamia; il tuo atto è un'infamia; non dire infamie; questo spettacolo è un'infamia
onta f 3	*shame, disgrace* (see also **offesa**)	il suo delitto è un'onta che pesa su tutta la famiglia; hanno subito l'onta della sconfitta; la confessione lava tutte le onte
scalpore m 3	*sensation, stir, scandal*	la sua rinuncia ha fatto scalpore; quell'evento desta scalpore
strepito m 3	*stir* (in the expression **fare strepito**) (see also **rumore**)	quella notizia farà molto strepito; quel film ha fatto strepito
fracasso m 3-2	*stir* (in the expression **fare fracasso**) (see also **rumore**)	quel libro ha fatto un gran fracasso fra i critici
sensazione f 3-2	*sensation, stir* (see also **senso**)	quell'avvenimento ha fatto sensazione; la notizia ha suscitato grande sensazione in tutta la città
clamore m 2	*outcry, sensation* (not always negative) (see also **rumore**)	l'avvenimento ha suscitato molto clamore; quel film sta suscitando molto clamore
scandalo m 2	*scandal, outrage*	quel film è un vero scandalo; indagano sullo scandalo dell'azienda fallita; devi evitare gli scandali; il loro matrimonio ha fatto scandalo

| **vergogna** f
2 | *shame, disgrace* (see also **imbarazzare**) | meglio la morte che la vergogna; provo vergogna per il mio atto; è una vergogna trattare così la gente; sei la vergogna della famiglia; ho vergogna di te; è arrossito di vergogna |
| **chiasso** m
2-1 | *stir, sensation* (in the expression **fare chiasso**) (see also **rumore**) | quella commedia di costume ha fatto molto chiasso; quell'avvenimento sta proprio facendo chiasso |

scandaloso   scandalous

indecoroso 3-2	*disgraceful*	il modo in cui quell'uomo tradisce sua moglie è indecoroso
clamoroso 2	*sensational, much talked about* (not always negative)	tutti si sono interessati a quel processo clamoroso; la clamorosa sconfitta della Juve ha sconvolto tutti i tifosi
scandaloso 2	*scandalous, outrageous, shocking*	la sua condotta è del tutto scandalosa; il tuo vestito è semplicemente scandaloso; quel negozio ha dei prezzi scandalosi
vergognoso 2	*shameful, disgraceful*	le tue azioni sono vergognose; ha mantenuto un vergognoso silenzio; la tua camera è di un disordine vergognoso

scatola   box, tin

baule m 2	*trunk*	cerchiamo uno di quei bauli di legno rinforzato di metallo; abbiamo fatto il baule per spedirlo all'estero
cassa f 2	*box, case, crate*	una cassa di cartone/di legno/di metallo; una cassa di libri/di stoviglie; la cassa che è arrivata ieri è piena di vestiti
scatola f 2	*box, tin* (often in diminutive form **scatoletta** to refer to tins of food)	una scatola di cartone/di latta/di legno/di plastica; una scatola di cioccolatini/di sigari; ho buttato via la scatola delle scarpe; mi piace quella carne in scatola; apri una scatoletta di sardine

scendere   to go down, to get down

| **calare**
3-2 | *to descend, to come/go down, to swoop* (auxiliary **essere**) (see also **ridurre**) | il sole cala all'orizzonte; i barbari invasori calarono in Italia; l'uccello da preda calò sulla lepre |
| **scendere**
2 | *to go/come down, to get down/off/out* (of vehicles, etc. in the last sense), *to descend* (auxiliary **essere**) (see also **affondare** and **ridurre**) | scendere da un albero/da un colle/dal letto/da una scala; scendi, ti aspetto qui giù; scendiamo dal treno alla prossima stazione; siamo scesi subito dalla macchina; il sentiero scendeva ripido verso la valle; il fiume è sceso sotto il livello normale; i Longobardi scesero in Italia; è scesa la sera |

andare/venire giù 2-1	to go/come down (auxiliary **essere**) (see also **affondare**)	vieni giù, c'è Giovanni che t'aspetta; non ho voglia di andare giù, preferisco stare qui in camera

scherzare

to joke

beffeggiare 3	to mock, to scoff at (with venom)	beffeggia tutto e tutti, le cose sacre e quelle profane
celiare 3	to joke, to jest	smettila di celiare su quell'argomento; non te la prendere, ho celiato
dileggiare 3	to mock, to scoff at	è spregevole dileggiare gli anziani; una folla arrabbiata lo dileggiava
motteggiare 3	to mock, to tease, to jest (literary) (also intransitive)	lo motteggiavano di continuo; perché motteggi sempre su quel mio amico?
beffare/beffarsi di/ farsi beffe di 3-2	to make fun of, to mock, not to care/give a damn about (see also **importare** and **ingannare**)	si è lasciato beffare come uno sciocco; beffa il fratello per la sua timidezza; si beffava di me per la mia balbuzie; si è fatto beffe di loro; si beffa di tutto e di tutti
burlare/burlarsi di 3-2	to make fun of, to mock, to tease, to laugh at	mi burlano per la mia sensibilità; tutti si burlano di lui perché non capisce la matematica; si è sempre burlato della legge; si burla delle mie parole
deridere 3-2	to laugh at, to mock, to ridicule	a scuola lo deridevano perché aveva i capelli rossi; secondo me si fa bene a deridere i suoi atteggiamenti pretenziosi
schernire 3-2	to scoff/sneer at, to mock	gli scolari schernivano quel ragazzo un po' strano; perché schernisci la gente che ha ideali?
prendersi gioco di 2	to laugh at, to make fun of	non voglio che tu ti prenda gioco di quella donna; tutti si sono sempre presi gioco di lui
prendere in giro 2	to make fun of, to tease, to pull (someone's) leg	mi prendi in giro perché non so nuotare; mi prendono in giro per il mio accento straniero; sono stufo di essere preso in giro
ridere (di) 2	to laugh at, to joke (see also **ridere**)	perché ridi di me?; dopo quell'infortunio amoroso tutti ridono di lui in ufficio; non arrabbiarti, facevo per ridere
scherzare 2	to joke, to jest, to play around (also figurative)	i bambini scherzano tra loro; quel tipo scherza su tutto; bada che non scherzo; c'è poco da scherzare; con l'amore non si scherza
canzonare 2-1	to pull (someone's) leg, to take the mickey out of	tutti lo canzonano per la sua pronuncia; l'hanno canzonata per il modo buffo in cui era vestita
punzecchiare 1	to tease, to get at	non fa che punzecchiare la sorella; sta tutto il giorno a punzecchiarmi

prendere per il culo 1*	*to take the piss out of*	come mai tutti mi prendono per il culo?; mi hai preso per il culo per un anno intero; chi pensi di prendere per il culo?
sfottere 1*	*to take the piss (out of)*	non fa che sfottermi; smettila di sfottere, cretino!

scherzo
joke

celia f 3	*joke, jest (in word or action)*	l'ho detto per celia
facezia f 3	*jest, witticism, pleasantry (in words)*	ha detto una facezia molto pungente; questa è solo una facezia
lazzo m 3	*joke, jest, quip (in word or action)*	gli attori si sono scambiati lazzi arguti; in questi casi bisogna lasciar perdere lazzi e burle
beffa f 3-2	*jest, hoax, (practical) joke (in actions)*	mi hanno fatto una beffa; ha subito la beffa e il danno
buffonata f 3-2	*jest, buffoonery, tomfoolery (usually in actions)*	è poco serio fare sempre buffonate, come fai tu; basta con le buffonate, ora facciamo sul serio
burla f 3-2	*trick, prank, (practical) joke, jest (in word or action)*	è stata una burla gustosissima; non dirlo neppure per burla
canzonatura f 3-2	*joke, jest, teasing (in words)*	ha dovuto sopportare una feroce canzonatura; questa è una canzonatura bell'e buona
farsa f 3-2	*farce, joke*	la cerimonia si ridusse a una farsa; il discorso è stato una vera e propria farsa; spesso la vita è una farsa
barzelletta f 2	*joke, funny story (in words)*	una barzelletta divertente/spinta/stupida; quell'uomo conosceva molte barzellette ma non sapeva raccontarle
scherzo m 2	*(practical) joke, trick, prank (usually in actions) (also figurative)*	non ho apprezzato il tuo scherzo; mi hai fatto un brutto scherzo; l'ha fatto per scherzo; il vino fa scherzi imprevidibili; le forme sul muro sono scherzi di luce
presa in giro f 2-1	*trick, joke (in word or action) (see also **imbroglio**)*	ha scoperto che era stato tutto una presa in giro

sciarpa
scarf

fascia f 3-2	*sash, band*	tutti gli ufficiali portavano la fascia tricolore; portava una fascia nera al braccio in segno di lutto
foulard m 3-2	*scarf, head-scarf*	ci vuole un foulard per proteggere i capelli dal vento

fazzoletto m [2]	*head-scarf, head-square*	portava il fazzoletto annodato sotto il mento
scialle m [2]	*shawl*	porto sempre uno scialle di lana quando fa freddo fuori; si è messa lo scialle sulle spalle
sciarpa f [2]	*scarf, sash*	fa fresco oggi, conviene mettere la sciarpa; si è messa una sciarpa di seta; il sindaco portava la sciarpa cerimoniale

sciocchezza (a)   foolishness, nonsense

balordaggine f [3]	*stupidity, foolish action, stupid act*	è una balordaggine poco credibile; le sue balordaggini sono del tutto inaccettabili
scempiaggine f [3]	*stupidity, foolishness, nonsense*	non dire scempiaggini; non so come si possano dire certe scempiaggini
stoltezza f [3]	*foolishness, stupidity, silly action, nonsense, stupid talk*	si è comportato con una stoltezza poco comune; quante stoltezze in questo articolo!
assurdità f [3-2]	*absurdity, absurd/ludicrous thing*	è un'assurdità quello che stai dicendo
corbelleria f [3-2]	*stupid thing*	perché dici sempre corbellerie?; il tuo amico ha fatto delle grandi corbellerie
cretineria f [3-2]	*idiocy, stupidity, foolishness*	quel ragazzo è di una cretineria incredibile; ho sentito le solite cretinerie
imbecillaggine f/ **imbecillità** f [3-2]	*imbecility, stupidity, stupid action*	alcune persone, parlando, dimostrano la loro imbecillaggine; si vede subito l'imbecillità di quell'uomo; hanno fatto una grossa imbecillità
idiozia f [2]	*idiocy, nonsense*	la sua idiozia mi sorprende; non dire idiozie; è stata un'idiozia accettare di venire qui
sciocchezza f [2]	*foolishness, silliness, foolish action, silly talk, nonsense, rubbish*	la sua sciocchezza è ben nota; è stata una sciocchezza non accettare quell'offerta; finirà col commettere qualche sciocchezza; ha detto un sacco di sciocchezze
stupidaggine f [2]	*stupidity, stupid thing/talk, nonsense*	smetti di dire stupidaggini; che stupidaggine quel libro!
stupidità f [2]	*stupidity*	quel ragazzo è di una stupidità incredibile
cretinata f [2-1]	*idiocy, foolish talk, stupid act*	non dire cretinate, per favore; hai fatto una vera cretinata
scemenza f [2-1]	*stupidity, foolishness, stupid act, rubbish*	la scemenza di quella persona è impressionante; ti consiglio di non badare alle sue scemenze
baggianata f [1]	*rubbish, tomfoolery*	che baggianata è questa?; non dire baggianate

castronaggine f/ **castroneria** f ☐1	*stupidity, rubbish, bullshit*	quello che racconti sono castronerie; le castronerie gli escono da bocca molto facilmente
fesseria f ☐1	*foolishness, silly action, foolish talk, rubbish*	dice delle fesserie incredibili; non badare alle sue fesserie; hai fatto una gran fesseria
cazzata f ☐1*	*bloody nonsense, bloody stupid thing, shit, crap*	hai detto una pura cazzata; quel film è una vera cazzata; non sopporto cazzate di questo genere
stronzaggine f ☐1*	*(bloody) idiocy, crap, bullshit*	hai sentito la stronzaggine del suo discorso?; non riesco a ridere alle sue stronzaggini
stronzata f ☐1*	*stupid thing, idiocy, crap, bullshit*	ho fatto una vera stronzata ieri sera; continua a dire delle grosse stronzate

sciocchezza (b)   small thing, trifle

bagattella f ☐3	*trifle, bagatelle*	non pensarci, è una bagattella; ti pare una bagattella perdere in un colpo venti milioni?
inezia f ☐3	*trifle, mere nothing*	hanno litigato per un'inezia; l'esame è stato un'inezia per lui; non vorrei litigare per un'inezia come questa
minuzia f ☐3	*trifle, petty detail (often plural)*	hai fatto un errore, ma è una minuzia; se ti soffermi sulle minuzie, rischi di perdere la visione d'insieme
quisquilia f ☐3	*trifle*	non badare a simili quisquilie; per quella gente un milione di lire è una quisquilia
bazzecola f ☐3-2	*trifle, small thing*	questo problema non è niente, è una bazzecola per me; per gente ricca come loro un milione è una bazzecola
miseria f ☐3-2	*pittance, mere nothing* (money or possessions) (see also **miseria** and **povertà**)	il mio salario è una vera miseria; li fanno lavorare tutto il giorno e gli danno una miseria; per quel mobile mi hanno offerto una miseria
nonnulla m ☐3-2	*mere nothing, slightest thing* (invariable plural)	un nonnulla basta a farlo contento; si è arrabbiato per un nonnulla
piccolezza f ☐3-2	*mere nothing, small thing*	sono piccolezze a cui non bisogna dare peso; ti mando questa piccolezza per ringraziarti
cosa da nulla f ☐2	*small(est) thing, nothing at all*	aiutarti è una cosa da nulla per me; non preoccuparti, è una cosa da nulla
sciocchezza f ☐2	*small thing, mere nothing, trifle*	non preoccupparti per questa sciocchezza; il mio regalo è una sciocchezza ma spero che ti piacerà lo stesso
stupidaggine f ☐2-1	*small thing*	ti ho comprato una stupidaggine; quell'operazione ormai è una stupidaggine

| **fesseria** f [1] | *nothing at all, damn all* | si è inquietata per una fesseria; è una fesseria, non te la prendere! |

scivolare to slide, to slip

guizzare (via) [3]	*to slide/slither (around)* (auxiliary **avere**), *to slip away* (auxiliary **essere**)	un pesce guizzava nell'acqua; la serpe guizzò via nell'acqua della palude; il malvivente è guizzato (via) dalle mani degli agenti
sdrucciolare [3]	*to slip, to slide, to skid* (auxiliary **essere** or **avere**)	sono sdrucciolato su una buccia di banana; ha sdrucciolato sul sapone; è sdrucciolata giù sull'erba
perdere l'equilibrio [2]	*to slip (up/over), to lose one's balance*	tutti perdono l'equilibrio sul ghiaccio; su questa superficie irregolare si perde l'equilibrio facilmente se non si fa attenzione
sbandare [2]	*to skid (of vehicles)*	la macchina andava troppo forte e ha sbandato in curva; la strada è scivolosa, sta' attento a non sbandare
scivolare [2]	*to slide, to glide, to slip* (auxiliary **essere**) (for figurative use, see **evitare**)	la barca scivolava sulle onde; sulle strade bagnate si scivola facilmente; gli è scivolato il vaso dalle mani; l'anguilla è scivolata via
slittare [2]	*to slide, to slip* (also figurative with auxiliary **essere**)	la macchina ha slittato sul terreno bagnato; le ruote slittano sulla neve; l'economia continua a slittare; il partito slitta verso destra; la data della riunione è slittata a fine mese

scomodo (see also **difficile** (a) and (b)) uncomfortable

disagevole [3]	*uncomfortable, awkward*	hanno viaggiato in condizioni disagevoli; è una casa disagevole; è un sentiero disagevole
malagevole [3]	*inconvenient, uncomfortable*	ho trovato il cammino proprio malagevole; è un lavoro malagevole quello che stiamo facendo
disagiato [3-2]	*uncomfortable, difficult*	un appartamento/un luogo disagiato; viviamo in condizioni economiche disagiate; conduce una vita disagiata
incomodo [3-2]	*uncomfortable, awkward, unwelcome*	ho fatto un viaggio incomodo; sono in una posizione incomoda; arrivi a un'ora incomoda
scomodo [2]	*uncomfortable, inconvenient, awkward*	questa sedia è proprio scomoda; sono scomodo su questa poltrona; è un'automobile decisamente scomoda; è un'ora scomoda per partire; è scomodo per me venire qui tutti i giorni; è sempre stato uno scrittore scomodo per i critici
sconveniente [2]	*inconvenient, disadvantageous* (see also **indegno**)	questo è un prezzo sconveniente; le tue proposte sono troppo sconvenienti per me

| **sfavorevole** 2 | *unfavourable* | ha espresso un giudizio sfavorevole; perché sceglie un momento così sfavorevole?; il vento sfavorevole ha ostacolato la navigazione |
| **svantaggioso** 2 | *disadvantageous* | ti trovi in una posizione svantaggiosa; sono stati costretti ad accettare condizioni svantaggiose |

scontento (see also **triste**) — unhappy

malcontento 3	*displeased, dissatisfied* (also used as a noun)	al mondo c'è molta gente malcontenta; i malcontenti sono difficili da trattare
insoddisfatto 2	*dissatisfied*	non capisco perché sia insoddisfatto del figlio; nonostante sia ricca, è insoddisfatta della sua vita
scontento 2	*unhappy, discontented*	il direttore era scontento dei risultati della produzione; aveva un'aria scontenta; sembra sempre scontenta

scopare — to screw, to fuck

avere rapporti (sessuali) 3-2	*to have (sexual) intercourse*	il medico mi ha chiesto quando è stata l'ultima volta che ho avuto rapporti sessuali
fare l'amore 2	*to make love*	io e mia moglie facciamo l'amore molto spesso; mi piace far l'amore ascoltando la musica; hai già fatto l'amore con lei?
fare sesso 2-1	*to have sex*	tu usi le ragazze solo per far sesso
chiavare 1*	*to screw, to fuck*	ha chiavato tutte le donne del paese
fottere 1*	*to fuck* (often used figuratively in expletive expressions) (see also **ingannare**)	perché dice a tutti chi vuole fottere?; va a farti fottere!; mandalo a farsi fottere!
scopare 1*	*to screw, to fuck* (transitive or intransitive)	l'ha scopata alcune volte, poi l'ha piantata; ieri ha scopato con l'amica di tua sorella

scoperta — discovery

| **inventiva** f 3-2 | *inventiveness, innovativeness* | ha una mente ricca d'inventiva; ha trovato una soluzione che mostra molta inventiva da parte sua |
| **ritrovamento** m 3 | *invention, discovery, find* (conceptual or practical) | quel ritrovamento scientifico è stato molto importante per i malati; durante questo scavo archeologico abbiamo avuto molti ritrovamenti |

innovazione f [2]	*innovation* (conceptual or practical)	l'innovazione non è sempre un miglioramento; il preside ha deciso di introdurre delle innovazioni nella scuola
invenzione f [2]	*invention* (conceptual or practical) (see also **bugia**)	l'invenzione della radio ha rivoluzionato il mondo; il telefono è stato un'invenzione molto importante
scoperta f [2]	*discovery* (conceptual or practical)	una scoperta interessante/letteraria/militare/scientifica; chi ha fatto la scoperta di quella tomba etrusca?; hai studiato le grandi scoperte dei navigatori portoghesi?

scoppiare   to burst, to explode

erompere [3]	*to burst/break out* (no past participle or compound tenses)	un torrente di lava eruppe dal vulcano; la gioia erompe dal suo cuore
prorompere [3]	*to burst/break out* (no past participle or compound tenses)	le acque proruppero dagli argini; l'ira del popolo prorompe senza preavviso
sbottare [3-2]	*to burst out, to explode* (usually figurative) (auxiliary **essere**)	è sbottata a ridere; ha provato a tacere ma poi è sbottato
scatenarsi [3-2]	*to break out, to go wild* (often of the elements)	si è scatenata la furia del vento; la folla esasperata si sta scatenando; quando beve, si scatena e ne dice di tutti i colori
esplodere [2]	*to explode, to go off* (also figurative) (auxiliary **essere**)	la bomba esplose vicino a noi; "basta," esplose, "non ti sopporto più"; è esploso in un grido di rabbia
scoppiare [2]	*to burst, to explode, to blow up, to break out* (in a wider variety of senses than **esplodere**) (auxiliary **essere**)	la bomba/il pallone scoppiò; è scoppiato un incendio; dei disordini sono scoppiati in piazza; sono scoppiato in lacrime/in pianto/in singhiozzi/a ridere; se non parlo, scoppio; scoppio dal caldo/dalla rabbia/dalle risa
svilupparsi [2]	*to break out, to develop* (slower than **scoppiare**) (see also **crescere**)	si è sviluppato un incendio; bisogna evitare che si sviluppi un'epidemia

scoprire   to find out, to discover

svelare [3]	*to reveal, to disclose, to unveil*	svelare un segreto; il testimone non osava svelare il nome dell'assassino; non svelargli le tue intenzioni
rivelare [3-2]	*to reveal, to disclose* (for reflexive use, see **risultare**)	mi ha rivelato che non sapeva chi fosse suo padre; è stato condannato per aver rivelato segreti di stato

| inventare
2 | *to invent* (see also **fingere**) | ho inventato un nuovo gioco; furono i Fenici ad inventare l'alfabeto; ha inventato una nuova tecnica di produzione |
| scoprire
2 | *to find out, to discover, to uncover* (see also **trovare**) | scoprire la verità; la polizia non ha scoperto chi abbia rubato il quadro; ha scoperto importanti leggi fisiche |

scorrere · to flow

defluire 3	*to flow, to run down, to stream* (of water) (also figurative) (auxiliary **essere**)	i fiumi defluivano a valle; l'acqua defluisce dalle condutture; gli spettatori defluivano lentamente dallo stadio
(ri)versarsi 3	*to overflow, to flow (over), to pour* (also figurative)	il liquido si riversò sulla tavola; gli affluenti si versano nel fiume; con la bella stagione i turisti si riverseranno in Italia
fluire 3-2	*to flow* (of liquid) (auxiliary **essere**)	le acque del ruscello fluivano lentamente tra i sassi; il sangue fluisce dalla ferita
gettarsi in 2	*to flow/pour into* (of water) (see also **buttare**)	a quel punto il torrente si getta nel lago; il fiume, prima di gettarsi nel mare, forma una cascata
sfociare in 2	*to flow/empty into* (of water), *to end up, to result in* (figurative) (auxiliary **essere**)	l'Arno sfocia nel mare a Pisa; i disordini sfociarono in una rivolta
sboccare (in) 2	*to flow into* (of water), *to open on/on to, to lead into, to come out in/into/on* (auxiliary **essere**)	il Tevere sbocca nel Tirreno; questa via sbocca nella strada principale; il corteo sboccherà in Piazza Duomo
scaricarsi in 2	*to flow/pour/empty into* (of water)	il canale si scarica nel lago; queste fognature si scaricano direttamente in mare
scorrere 2	*to flow, to run* (of liquid) (auxiliary **essere**) (see also **muoversi**)	il torrente scorreva rapido e turbinoso; le lacrime le scorrevano sul viso; il sangue scorreva dalla ferita

scrittore · writer

compositore m 3	*composer* (usually of music)	siamo andati a sentire la musica di quel compositore; ha fatto un discorso sui grandi compositori dell'Ottocento
novelliere/a mf novellista mf 3	*short-story writer*	hai letto i novellieri medievali?; è uscito un volume di racconti scritti da diversi novellisti
prosatore m/ prosatrice f 3	*prose writer*	mi piacciono i prosatori inglesi del Settecento; preferisci Manzoni prosatore o Manzoni poeta?

letterato/a mf 3-2	scholar, man/woman of letters, writer	mio fratello scrive cose proprio colte, è un vero letterato; alcuni letterati si sono radunati in un convegno
autore m/ **autrice** f 2	writer, author (in a variety of contexts in the last sense)	un autore conosciuto/giovane/impegnato/ promettente; è autore di due libri; non leggi mai gli autori classici; chi è l'autore di quel quadro?; chi sono gli autori di questo progetto di legge?; l'autore del furto è rimasto sconosciuto
romanziere m 2	novellist	Moravia è il più grande romanziere del secolo; non leggo mai i romanzieri stranieri, solo quelli italiani
scrittore m/ **scrittrice** f 2	writer, author	uno scrittore celebre/geniale/mediocre/di commedie/di poesie/di romanzi; non mi piacciono gli scrittori moderni; gli ho regalato un'antologia di scrittrici contemporanee

scrivania   desk

scrittoio m 3-2	(writing) desk	ha posato le carte sullo scrittoio; ho comprato uno scrittoio dell'Ottocento
banco m 2	(school) desk/bench (includes seat and desk)	gli alunni erano seduti ai banchi
scrivania f 2	(writing) desk, bureau (more substantial than **scrittoio**)	ho comprato una scrivania di noce; sta sempre alla scrivania a studiare
tavolino m 2	(writing) desk/table (see also **tavolo**)	metteremo un tavolino nella camera di Giovanni in modo che possa studiare

scrivere   to write

redigere 3	to write (up) (often journalistic), to draw up	devo redigere un rapporto per il mio direttore entro domani; ha redatto l'articolo in due ore; il notaio redigerà gli atti
stendere 3	to draw up, to draft	sta stendendo l'ultimo capitolo del suo libro; adesso stendiamo il contratto; ha steso il suo testamento
compilare 3-2	to compile, to fill in, to draw up	compilare una lista/un modulo/un questionario
comporre 3-2	to compose, to write (usually of music)	Beethoven compose delle grandi sinfonie; ho composto una poesia in suo onore
scarabocchiare 3-2	to scribble (on), to scrawl (on), to doodle (on)	ha scarabocchiato tutto il quaderno; ha scarabocchiato una lettera ai genitori
scribacchiare 3-2	to scribble	non scrive, scribacchia; scribacchia novelle quando non ha nient'altro da fare

annotare/ **prendere nota di** [2]	*to note down, to make a note* *of, to write down*	ha annotato qualcosa sull'agenda; bisogna annotare le spese; hai annotato il suo numero di telefono?; signorina, prenda nota di quello che dico
riempire [2]	*to fill in, to complete* (see also **riempire**)	tutti devono riempire lo stesso modulo
scrivere [2]	*to write* (in a variety of contexts)	ha scritto una lettera; vorrei scrivere un romanzo; non puoi scrivergli questo; come si scrive questa parola?; ho scritto bene il tuo nome?; non ci scrive da molto tempo; scrive proprio con eleganza; scrive sempre con la matita; vuole insegnarti a scrivere; scrivo per una rivista politica

scrupoloso   scrupulous

cavilloso [3]	*quibbling, pedantic*	è un individuo cavilloso; il dibattito a cui ho assistito è stato troppo cavilloso
meticoloso [3]	*meticulous, painstaking*	è un impiegato meticoloso di cui ci si può fidare; ha fatto una pulizia meticolosa
minuzioso [3-2]	*meticulous, scrupulous, (very) careful, (very) detailed*	è sempre stato un ricercatore minuzioso; ha fatto un esame minuzioso del luogo; le sue descrizioni sono minuziose
pedante [3-2]	*pedantic* (also used as a noun)	abbiamo un professore troppo pedante; è un pedante del tutto privo di originalità
pignolo [2]	*fussy, pedantic, fastidious* (also used as a noun)	sei troppo pignolo nel tuo modo di fare; sono proprio pignoli nelle loro aspettative; ti prego di non fare la pignola
scrupoloso [2]	*scrupulous, meticulous, painstaking*	quel funzionario è attivo e scrupoloso; mi ha fatto un rapporto scrupoloso; il lavoro che fa è sempre scrupoloso

NB some of these adjectives are also used adverbially with **–mente** ending (e.g. tiene meticolosamente in ordine le sue carte; ho indagato il caso minuziosamente; stai criticando pedantemente quel libro; lavora sempre molto scrupolosamente).

scuola   school

istituto m [3-2]	*institution, college, school* (see also **organismo**)	il capo di quest'istituto vuole un livello scolastico più alto; ho intenzione di frequentare un istituto tecnico
asilo m/**scuola materna** f [2]	*nursery school, kindergarten*	si può cominciare l'asilo a tre anni; non voglio che mia figlia vada alla scuola materna, preferisco che stia a casa con me; c'è un asilo nido per i bambini di meno di tre anni

collegio m [2]	*(boarding) school, college, hall of residence*	non vuole tenere sua figlia a casa, perciò la manda in collegio; ha cominciato la carriera in un collegio militare
liceo m [2]	*secondary school* (after 14 and with humanistic rather than technical curricula)	frequenta il liceo artistico/classico/linguistico/scientifico
scuola f [2]	*school* (in a broad variety of senses)	vado a scuola alle otto ogni mattina; a mio parere i bambini cominciano la scuola troppo presto; la scuola italiana non funziona molto bene; dopo la scuola si va al cinema?; la scuola si trova a due chilometri da casa mia; quale scuola hai frequentato?; non so se iscrivermi a una scuola interpreti o no; quale scuola guida hai scelto?; Giovanni era un mio compagno di scuola; mi piace molto quella scuola di pittori
scuola elementare f [2]	*primary/elementary school* (often in the plural form **le elementari**)	dov'è la scuola elementare di questa zona?; c'è gente che pensa che le elementari siano il periodo scolastico più importante; dopo le elementari viene la scuola media
scuola media (inferiore) f [2]	*secondary school* (obligatory: 11 to 14) (also in the plural form **le medie**)	dopo la scuola media si può entrare nel mondo del lavoro; ho fatto le medie a Monza; insegna matematica alle medie
scuola (media) superiore f [2]	*secondary school* (all types after 16) (also in the plural form **le superiori**)	una buona parte degli studenti di scuola superiore aspirano a frequentare l'università; le superiori dovrebbero prepararti per studi più avanzati
scuola dell'obbligo f [2]	*(period of) compulsory schooling/education*	in Italia la scuola dell'obbligo dura adesso fino a sedici anni

scuotere   to shake

sconquassare [3]	*to shake (up)* (also figurative)	il vento ha sconquassato tutte le case; il viaggio mi ha sconquassato
scrollare [3]	*to shake* (also used reflexively in the sense of *to shake oneself, to rouse oneself*)	ha scrollato l'albero con forza; ha scrollato la testa quando gli ho chiesto di accompagnarmi; non si scrolla nemmeno se casca il mondo
squassare [3]	*to shake (violently)*	l'uragano squassò tutti gli edifici della città; il mare in tempesta squassava la nave
dimenare [3-2]	*to wag* (of dog's tail), *to waggle/wiggle around* (of parts of the body) (also used reflexively in the sense of *to fling oneself around, to toss and turn*)	quel cane dimena sempre la coda; quando cammina, dimena sempre i fianchi; il pazzo si dimenava per la stanza; non è riuscita a dormire, anzi si è dimenata tutta la notte

sballottare 3-2	to toss (about/around), to jerk, to jolt, to shake	il mare agitato sballottava la nave; il treno in corsa sballottava i passeggeri; è stato sballottato dalla folla; non si dovrebbe sballottare un bimbo per farlo smettere di piangere
agitare 2	to shake (up), to wave (around) (for figurative use, see **disturbare**)	bisogna agitare il succo di frutta prima di versarlo; agitava la mano in segno d'addio
scuotere 2	to shake (also figurative) (also used reflexively)	i ragazzi hanno scosso i rami dell'albero; enormi onde scuotevano la nave; bisogna scuotere quel tappeto; la notizia della sua morte mi ha scosso; devi scuoterti dalla pigrizia; è un tipo tranquillo che non si scuote per nessun motivo

scuro   dark

cupo 3	dark, gloomy, sombre (also figurative)	si nascose in una caverna cupa; si trova nella più cupa disperazione; ha un carattere molto cupo
fosco 3	dark, dull, overcast (also figurative)	guarda che nubi fosche; c'è un cielo molto fosco stasera; aveva un aspetto proprio fosco
oscuro 3-2	dark, dim, gloomy (for figurative use, see **oscuro**)	sono arrivati a una selva oscura; camminava lungo una viuzza stretta e oscura
tenebroso 3-2	dark, dim, gloomy (also used as a noun figuratively)	venne la notte tenebrosa; si sono trovati davanti a un abisso tenebroso; chi è quel bel tenebroso con cui esce?
buio 2	dark, gloomy (for use as noun, see **oscurità**)	è una stanza molto buia; era una notte buia
scuro 2	dark (also figurative)	si sono incontrati in una notte scura; li metteranno in una scura prigione; aveva capelli ed occhi scuri; indossa una giacca scura; perché hai la faccia scura?

scusa   excuse, apology

discolpa f 3	justification, defence, exculpation (usually legal)	la sua discolpa non è stata accettata dal tribunale; dico questo a mia discolpa
alibi m 3-2	alibi	non può essere lui l'assassino, ha un alibi di ferro
attenuante f 3-2	extenuating circumstance (usually plural)	non ci sono attenuanti per spiegare le sue azioni; bisogna concedere le attenuanti
scusante f 3-2	excuse	non hai scusanti per quello che hai fatto; non c'è alcuna scusante per una simile azione

giustificazione f [2]	*justification*	non ha dato una giustificazione plausibile; come giustificazione addusse la malattia
perdono m [2]	*pardon, forgiveness*	le chiedo perdono per il disturbo; vengo per implorare e spero di ottenere il tuo perdono
pretesto m [2]	*pretext, excuse*	ha trovato un pretesto un po' ridicolo; con un pretesto declinò il nostro invito; cerca tutti i pretesti per criticarmi
scusa f [2]	*excuse, apology, pardon, forgiveness*	ha sempre una scusa pronta; sta cercando una scusa per non studiare; ha scritto una lettera di scuse; la prego di accettare le mie scuse; mi ha chiesto scusa per quello che aveva detto

scusare   to excuse

discolpare/scolpare [3]	*to clear, to exculpate* (usually legal) (also used reflexively)	cercò di discolpare l'amico; lo scolparono dall'accusa; l'ignoranza non ti discolpa; si discolpò di avere disobbedito
scagionare [3]	*to exonerate, to exculpate* (also used reflexively)	ha fatto del suo meglio per scagionare il fratello; si scagionò dall'accusa di avere rubato
giustificare [2]	*to justify* (also used reflexively)	sei d'accordo che il fine giustifica i mezzi?; puoi giustificare la tua assenza?; mi sono giustificato agli occhi di tutti
perdonare [2]	*to forgive, to pardon*	ti perdono perché sei stato sincero; ti perdono il male che mi hai fatto; non perdoneranno il suo errore; è una malattia che non perdona
scusare [2]	*to excuse, to pardon* (also used reflexively in the sense of *to apologise*)	mi scusi, sa dirmi dov'è la stazione?; scusa il disturbo!; non possiamo scusare la tua negligenza; non è possibile scusarlo ancora; mi scuso per il ritardo; si è scusato con l'amico; mi sono scusato di non essere intervenuto

se   if

eventualmente [3]	*in case* (followed by subjunctive)	eventualmente dovessi partire, ti telefonerò
qualora [3]	*if, in case* (followed by subjunctive)	qualora non potessimo venire, vi avviseremo; qualora vi si rappresenti l'occasione, non lasciatevela sfuggire
quando [3]	*if, in case* (followed by subjunctive)	quando ci ripensassi, fammi una telefonata; quando avessimo bisogno di aiuto, ci rivolgeremo a lui
nel caso (che) [3-2]	*in case* (followed by subjunctive)	nel caso volesse accompagnarci, dagli il nostro indirizzo

se 2	*if* (usually followed by subjunctive in the past and by indicative in present and future)	se mi avesse detto la verità, lo avrei rispettato; se ho tempo, verrò volentieri; se non sbaglio, è martedì; se leggo troppo, mi affatico gli occhi; perché dovrei uscire se non ne ho voglia?

secchio — bucket

secchia f 2R	*bucket* (regional Tuscan usage)	abbiamo tirato su la secchia dal pozzo; hanno portato una secchia di acqua
secchiello 2	*(small) bucket*	quando portiamo i bambini in spiaggia, non dobbiamo dimenticare la paletta e il secchiello; metti quella bottiglia di spumante nel secchiello con del ghiaccio
secchio 2	*bucket, pail*	un secchio di ferro/di legno/di plastica/per l'acqua/per il latte/per la spazzatura; per farlo rinvenire gli versarono addosso un secchio d'acqua

secco (see also asciugare) — dry

arido 3-2	*arid* (also figurative)	un deserto/un terreno arido; una pianura/una terra arida; ha un cuore arido, non ama neanche i suoi figli
asciutto 2	*dry* (also figurative)	malgrado la pioggia ho i piedi asciutti; sta cercando un luogo asciutto; ogni giorno mangia pane asciutto; era sconvolta ma aveva gli occhi asciutti; mi ha dato una risposta asciutta
secco 2	*dry* (in a variety of senses), *dried*	vivono in un clima secco; la terra è secca in questa zona; questo pozzo è sempre secco; ho le labbra secche per la sete; non si può mangiare pane secco; mi piacciono i fiori secchi; ha risposto con un rifiuto secco; scrive con uno stile secco

sedere (a) noun — behind, bottom

deretano m 3	*bottom, buttocks*	quella gonna mette in risalto il suo deretano; gli ho dato un calcio nel deretano
natiche fpl 3	*buttocks*	le natiche carnose/magre/rotonde; aveva un costume che le copriva appena le natiche
posteriore m 3-2	*buttocks, behind, posterior* (usually jokey)	il posteriore di certe persone ha bisogno di essere ben coperto; s'è preso un calcio nel posteriore
sederino m 2	*bottom*	quei pantaloni ti fanno un bel sederino; quella ragazza ha un bel sederino rotondo

sedere m 2	*behind, bottom, seat*	lo abbiamo preso a calci nel sedere; ha battuto il sedere per terra
culetto m/ **culaccino** m 2-1	*bottom, botty* (with reference to children)	stai qui che ti pulisco il culetto; ma che bel culaccino questo bimbo
chiappe fpl 1	*bum*	guarda che chiappe quella ragazza!; belle chiappe!
didietro m 1	*behind, backside, rear*	certa gente sarebbe da prendere a calci nel didietro
culo m 1*	*arse, bum*	abbassando i pantaloni ha scoperto il culo; quella ragazza aveva un bel culo; lei ha belle gambe ma un brutto culo

sedere (b) verb to sit

accomodarsi 3	*to take a seat, to make oneself comfortable*	avanti, si accomodi!; accomodatevi in salotto, gli altri arrivano fra poco; si è accomodato in soggiorno ad aspettarli
mettersi a sedere 2	*to sit down, to take a seat*	sapevo che avrei dovuto aspettare, e perciò mi sono messo a sedere
sedere 2	*to sit (down)* (with place specified) (also figurative)	sedeva sui gradini/sul letto/su una sedia; ho seduto a tavola; siedi qui un momento; il comitato sedette a lungo
sedersi 2	*to sit down* (without place specified)	mi siedo perché sono stanco; non stare in piedi, siediti!; dove ci sediamo?; quando si è seduta, la sedia si è rotta
essere/rimanere/ stare seduto 2	*to be seated/sitting, to sit*	ero seduto nell'angolo della stanza; sono rimasto seduto ad aspettarlo; stavano seduti in cucina ad aspettare i genitori

segno sign

allusione f 3	*allusion*	sono stufo di queste tue continue allusioni; ha fatto allusione a quella brutta esperienza
avvisaglie fpl 3	*signs, symptoms* (normally used with **prime**)	si vedevano le prime avvisaglie della malattia; sono presenti le prime avvisaglie di una crisi
contrassegno m 3	*mark, sign*	ha fatto un contrassegno sul pacco per poterlo riconoscere più tardi; la viltà è un contrassegno dei deboli
indizio m 3	*sign, indication, evidence* (plural in the last sense)	il fumo è un indizio del fuoco; non c'è indizio di miglioramento; gli indizi sono molto difficili da valutare
vestigio m 3	*trace, vestige* (often in plural form **le vestigia**)	hanno trovato le vestigia di un'antica civiltà; queste sono le uniche vestigia della mia famiglia

accenno m [3-2]	*sign, indication, allusion*	c'è un accenno di miglioramento nella sua condizione; evita qualsiasi accenno alla sua disgrazia
indice m [3-2]	*sign, indication*	quel gesto è indice di una grande sensibilità; quel pallore è un indice di malattia
manifestazione [3-2]	*show, manifestation* (see also **manifestazione**)	una manifestazione di amicizia/di gioia/di lealtà; qui si vedono le manifestazioni di una grave malattia
spia f [3-2]	*indication, sign, (piece of) evidence*	il costo della benzina è una spia della crisi economica; la sonnolenza dopo i pasti è una spia della cattiva digestione
cenno m [2]	*sign, nod, wave, wink, hint, signal*	non dà cenni di vita; ha fatto cenno di no; gli feci cenno di tacere; lo ha salutato con un cenno della mano; mi ha fatto un cenno con gli occhi; ho avvertito i primi cenni di stanchezza; a un tuo cenno verrò
gesto m [2]	*gesture, sign, signal*	un gesto involontario/volontario; ha fatto un gesto di minaccia; faceva gesti con le braccia; ha fatto un gesto di approvazione; mi salutò con un gesto della mano
impronta f [2]	*(foot)print, mark, impression, sign* (also figurative)	lasciava l'impronta dei suoi passi sulla sabbia; la ragazza ha l'impronta del genio; ha dato la propria impronta all'impresa
indicazione f [2]	*sign, indication, direction* (see also **informazione**)	abbiamo sbagliato strada perché al bivio non c'era nessuna indicazione
orma f [2]	*footmark/print, track* (usually plural) (also figurative)	le tigri hanno lasciato le orme sulla neve; segue le orme di suo padre; ha lasciato la sua orma su questa casa; le orme dell'antica Grecia sono ancora visibili
segnale m [2]	*signal, sign*	al segnale hanno sparato; ha sentito il segnale di partenza del treno; quando vedi il segnale giallo sulla strada, gira a destra
segno m [2]	*sign, mark, trace* (see also **macchia**)	ha fatto un segno sulla carta; sulla neve si vedono i segni dei suoi passi; nel suo sguardo si vede un segno di commozione; il pubblico dà segni d'impazienza; se taci, è segno che sei d'accordo; gli feci segno di tacere; ha fatto il segno della croce; conosci i segni dello zodiaco?; qui si vedono i segni dell'antica Roma
sintomo m [2]	*symptom, sign*	qui ci sono i sintomi di una brutta malattia; si vedevano dappertutto i sintomi di una profonda insoddisfazione

traccia f 2	*track, trail, trace*	ha seguito le tracce dell'animale; la polizia è sulle tracce dei rapinatori; c'era una lunga traccia di polvere; hanno trovato tracce di sangue; abbiamo scoperto tracce di antiche civiltà; è scomparso senza lasciar traccia di sé

seguire   to follow

incalzare 3	*to pursue (hotly), to be (hard) on the heels of* (also used intransitively in the sense of *to be pressing/imminent*)	hanno incalzato il nemico in fuga; i cani incalzavano la volpe; la necessità/il pericolo/il tempo incalza
inseguire 3	*to pursue, to chase* (also figurative)	la polizia ha inseguito il ladro; inseguivano la selvaggina con i cani; insegue un sogno impossibile
pedinare 2	*to tail, to shadow*	i carabinieri lo hanno pedinato a lungo; ha fatto pedinare la moglie
seguire 2	*to follow* (in a variety of senses) (auxiliary **essere** when intransitive) (see also **derivare** and **rispettare**)	seguimi a una certa distanza; il cane mi seguì fino alla porta; seguite questa strada fino alla piazza; è la calma che segue la tempesta; non seguo il tuo ragionamento; al testo seguiva una lunga bibliografia

selvaggio   wild, savage

brado 3	*wild* (of horses)	quei cavalli vivono allo stato brado; nella Camargue ci sono molti cavalli bradi
selvatico 3	*wild* (of plants or animals), *shy, unsociable* (also used as a noun to mean *smell/flavour of game*)	queste sono rose selvatiche; lo scoiattolo è un animale selvatico; a volte i gatti sono selvatici; è un uomo selvatico ma buono; i tuoi vestiti puzzano di selvatico
selvaggio 2	*wild* (of plants or animals), *savage* (in a variety of senses) (also used as a noun in the last sense)	questa foresta è piena di bestie selvagge; quella ragazza è proprio selvaggia; hanno incontrato una tribù selvaggia; in questa zona selvaggia non vive nessuno; sta studiando i selvaggi del Borneo; vivono come i selvaggi; sei proprio un selvaggio a comportarti così

sembrare   to seem

apparire 3	*to appear* (auxiliary **essere**) (see also **venire**)	voleva apparire elegante; il medico mi è apparso ansioso; dalle testimonianze appare chiara la sua responsabilità
mostrarsi 3-2	*to look, to appear* (see also **mostrare** and **risultare**)	non si mostra mai felice; si è mostrato ansioso quando ha sentito la notizia
parere 3-2	*to appear, to seem* (usually visual) (auxiliary **essere**) (see also **pensare**)	quei fiori sono così perfetti che paiono finti; pare una persona onesta; vestito così, pare un vagabondo; lei pareva voler dire qualcosa; pare che ci sarà una crisi di governo

assomigliare a/ somigliare a [2]	*to resemble, to look/be like, to be similar to*	questo ritratto non assomiglia all'originale; somiglia al padre; la politica di questo governo somiglia a quella del precedente; sono fratelli ma non si somigliano affatto
avere l'aria/un'aria [2]	*to look, to seem* (see also **aspetto**)	ha l'aria di una brava persona/di un mascalzone; aveva l'aria di voler parlare; aveva l'aria di aspettare qualcuno; avere un'aria depressa/intelligente/preoccupata/ semplice/umile
rassomigliare a [2]	*to look/be like, to be similar to*	il bambino più piccolo rassomiglia al padre; rassomiglia molto alla madre nel carattere
sembrare [2]	*to seem/look (like)* (relating to any of the senses) (auxiliary **essere**) (see also **pensare**)	da lontano le nuvole sembravano montagne; sembra un vero signore; sembri molto ricco; quel giardino sembrava bello; ci sembra incredibile ciò che ci dici; questo vino sembra miele; questo coltello mi sembra molto tagliente; il progetto sembra procedere bene; sembra che Paolo non venga stasera

sensibile (see also **difficile** (b) and **nervoso**)   sensitive

irascibile [3]	*irascible, quick-tempered*	perché sei sempre così irascibile?; ha un temperamento molto irascibile
ombroso [3]	*peevish, skittish* (of horses in the last sense)	è difficile vivere con lui con quel suo temperamento ombroso; i purosangue sono spesso ombrosi di natura
eccitabile [3-2]	*excitable*	ha un carattere eccitabile; quel ragazzo è troppo eccitabile
emotivo [3-2]	*emotional, excitable*	questi sono argomenti emotivi; è sempre stata una persona emotiva
impressionabile [3-2]	*impressionable, sensitive*	ha un temperamento impressionabile; è troppo impressionabile per sopportare certe scene
schifiltoso [3-2]	*fussy, fastidious, squeamish* (also used as a noun)	non essere troppo schifiltoso!; perché fai sempre la schifiltosa a tavola?
suscettibile [3-2]	*susceptible, over-sensitive, touchy*	questo lavoro è suscettibile di miglioramento; state attenti, è molto suscettibile; non credevo che fosse così suscettibile
delicato [2]	*delicate, sensitive, touchy* (see also **instabile**)	è un argomento molto delicato; non gli piacciono certi discorsi, com'è delicato!; il meccanismo è molto delicato; ha lo stomaco molto delicato; i suoi nervi sono delicati
irritabile [2]	*irritable, easily annoyed* (also medical)	è un tipo irritabile; ha un carattere irritabile; le mucose sono facilmente irritabili
permaloso [2]	*touchy, thin-skinned, huffy*	bada a come gli parli, è molto permaloso

schizzinoso [2]	*fussy, pernickety* (also used as a noun)	sono sempre stato schizzinoso nel mangiare; non sopporti il minimo disordine, sei un vero schizzinoso
sensibile [2]	*sensitive, susceptible, touchy* (see also **importante**)	l'occhio è sensibile ai colori; ho un termometro molto sensibile; è sensibile alle ingiustizie sociali; tua sorella è una ragazza molto sensibile; è troppo sensibile nelle sue reazioni

senso   sense, feeling

percezione f [3]	*perception*	ebbe l'esatta percezione del pericolo; la sua percezione dei colori era molto acuta
coscienza f [3-2]	*consciousness, conscience* (see also **conoscenza**)	ha perso coscienza; una coscienza collettiva guida la gente; mi rimorde la coscienza; devi fare l'esame di coscienza
sensibilità f [3-2]	*sensitivity, feelings*	ha perso tutta la sensibilità; è un uomo di grande sensibilità; suona il violino con sensibilità; ho offeso la sua sensibilità
effetto m [2]	*effect, impression*	mi ha fatto uno strano effetto rivederlo dopo tanto tempo; la notizia ha suscitato grande effetto
emozione f [2]	*emotion, feeling, excitement*	la paura può essere un'emozione molto forte; va in cerca di emozioni
impressione f [2]	*impression, effect, sensation* (see also **pensare**)	le sue parole mi hanno fatto un'impressione strana; all'inizio ho avuto una impressione di caldo
sensazione f [2]	*sensation, impression, thrill* (see also **scandalo**)	la sua prossimità mi ha dato una sensazione piacevole; avevo la sensazione di cadere; ho la sensazione che quel ragazzo finirà male; lui è sempre in cerca di nuove sensazioni
senso m [2]	*sense* (in a variety of senses), *feeling* (see also **significato**)	un senso di delusione/di nostalgia/di responsabilità/di vuoto; ha perso il senso della decenza/della giustizia/dell'onore; il senso dell'odorato è importante per gli animali; quando è caduto, ha perso i sensi; non ha il minimo senso critico
sentimento m [2]	*feeling, sentiment, emotion*	nasconde bene il suo sentimento di odio; il sentimento della famiglia è forte in lui; segue il sentimento e non la ragione; è un uomo di sentimenti onesti; canta bene ma senza sentimento
feeling m [2-1]	*(fellow) feeling, empathy*	ci siamo amati, ma non c'è più feeling tra di noi

sensualità sensuality

concupiscenza f 3	*lust*	peccano di concupiscenza; l'ho visto guardare con concupiscenza molte donne
impudicizia f 3	*indecency, impropriety*	quel libro è di un'impudicizia riprovevole
lascivia f 3	*lasciviousness, lust*	in quel libro, i protagonisti sono mossi solo dalla lascivia; si sono abbandonati alla pura lascivia
libidine f 3	*lechery, lust* (also figurative)	è stato arrestato per atti di libidine in luogo pubblico; la libidine del denaro/del potere
voluttà f 3	*voluptuousness, (sensual) pleasure*	ha goduto un momento di voluttà; l'ha guardata con occhi pieni di voluttà
lussuria f 3-2	*lust, lechery*	nell'*Inferno* di Dante i peccati di lussuria vengono puniti nel primo cerchio
sensualità f 2	*sensuality, sensuousness*	in lei ho trovato una sensualità che non avevo mai provato; quel quadro ha un'eccessiva sensualità
voglie fpl 2-1	*desires, will, wicked way* (sexual)	lui pensa solo a soddisfare le sue voglie; l'ha costretta alle sue voglie

sentiero (see also strada) path

mulattiera f 3-2	*(mule) track*	la mulattiera era stretta e ripida e consentiva solo il passaggio di animali da soma
pista f 3-2	*path, track, runway*	gli esploratori hanno trovato una pista nella giungla; la polizia è sulla pista dei ladri; la carovana ha smarrito la pista nella neve; prima delle corse automobilistiche hanno fatto due giri della pista; l'aereo si avvicina alla pista di decollo
circuito m 2	*track, course, circuit* (in cycling or motor sport)	abbiamo provato il circuito prima della corsa ciclistica; per i motociclisti il circuito di Monza è uno dei più difficili
corsia f 2	*lane* (on road)	quest'autostrada ha tre corsie; non c'è una corsia di emergenza su queste strade
sentiero m 2	*path, track, way* (also figurative)	nel bosco ci sono molti sentieri; ha scelto il sentiero della virtù non del guadagno
stradicciola f 2	*(narrow) path, lane*	la stradicciola che abbiamo preso era troppo stretta per i carri
viottolo m 2	*track, (foot)path, lane*	un viottolo in terra battuta ci portava su per la montagna; un viottolo correva tra i campi in mezzo ai boschi

sentimentale

sentimental

espansivo 3	demonstrative, expansive, effusive	un bambino/un carattere espansivo
passionale 3	passionate	un film/una persona/un romanzo passionale; ha un temperamento passionale
affettuoso 2	affectionate, tender, loving	è un ragazzo proprio affettuoso; gli ha rivolto parole affettuose; ho ricevuto un'affettuosa accoglienza
affezionato 2	attached, fond, loving	sono affezionato a tutti i miei amici; è proprio affezionato alla sua famiglia; è un amico molto affezionato
romantico 2	romantic (also used as a noun)	sei un uomo romantico; hanno fatto una passeggiata romantica; non è molto romantico presentarsi al fidanzato tutta disordinata; sei una romantica, vivi di fantasie
sentimentale 2	sentimental (in a positive sense, or negatively as in sloppy, mawkish), love (adjective) (also used as a noun)	non rivelo i particolari della mia vita sentimentale; quel film è una commedia sentimentale; per me sei troppo sentimentale; preferisco che tu non faccia il sentimentale
tenero 2	tender, loving (also used as an abstract noun)	è un padre tenero; ha un cuore proprio tenero; le ha detto parole tenere; tra di loro c'è del tenero

sentire (a)

to sense, to feel, to smell

intuire 3	to sense, to intuit, to guess at	lei intuisce sempre il pericolo prima di tutti; ha intuito la soluzione del problema
odorare 3	to smell, to scent, to sense (transitive), to smell (of) (intransitive) (also figurative)	ha odorato una buona occasione; questo cibo odora di aglio; l'armadio odorava di muffa; quest'affare odora d'imbroglio
percepire 3	to perceive	percepisci la natura del problema?; ho percepito un suono molto tenue
avvertire 3-2	to sense	nel suo comportamento avverto dell'ostilità nei miei riguardi; avverto nell'aria qualcosa di strano
fiutare 3-2	to smell, to sniff, to scent (also figurative)	il cane fiutava la preda; ho fiutato il pericolo; quella signora fiuta sempre i buoni affari
risentire (di) 3-2	to feel (the effects of), to suffer from (also used reflexively in the sense of to be resentful, to take offence)	una persona emotiva risente maggiormente i colpi della fortuna; risente ancora dell'incidente dell'anno scorso; risento della mancanza di compagnia; quel ragazzo si risente per un nonnulla

| **provare** [2] | *to feel, to experience* | provare compassione/dolore/piacere/vergogna; che cosa hai provato quando hai visto tuo padre dopo trent'anni?; ho provato la fame e la sete |
| **sentire** [2] | *to sense, to feel* (in a variety of senses), *to smell* (also used reflexively in the sense of *to feel*, usually followed by *bene, male* or an adjective) | sento il pericolo; senti la bellezza di questa poesia?; nel suo sorriso si sente la gioia della gioventù; sento ogni cambiamento di temperatura; senti com'è morbido questo velluto; sento la mancanza di Paolo; sentivo che sarebbe successo qualcosa; senti il profumo dei fiori?; sento l'odore del cibo; oggi mi sento bene/felice/male/perduto |

sentire (b)   to hear

udire [3]	*to hear*	udire una persona/un rumore; ha udito una voce; odo le sue parole ma non le ascolto; hai udito l'ultima novità?
ascoltare [2]	*to listen (to), to heed*	ho ascoltato la canzone/il discorso/la messa/il professore/la radio; bisogna ascoltare i consigli dei genitori
sentire [2]	*to hear* (see also **sapere**)	parla più forte, non sento; hai sentito il campanello?; non ti ho sentito arrivare; devo sentire il medico; senti come piove?; senti, ho qualcosa da dirti; vorrei sentire il tuo parere

senza (see also **libero** (b))   without

sprovvisto di [3]	*without, having no, devoid of*	questa casa è sprovvista di mobili; siamo rimasti sprovvisti di sale; quell'artista non è sprovvisto d'ingegno
privo di [3-2]	*without, having no, devoid of*	è un uomo privo di carattere; sono privi di notizie; è un uomo non privo di intelligenza; è uno studente privo d'iniziativa
senza [2]	*without* (wider contexts than the others)	sono rimasti senza pane; è rimasta senza padre né madre; è stata una giornata senza sole; non posso venire senza il permesso dei genitori; non puoi andare senza di me; stava lì fermo senza parlare; è stata un'attesa senza fine

separare   to separate

| **appartare** [3] | *to set apart* (also used reflexively) | ho appartato alcuni oggetti per portarli con me; si è appartato dalla vita politica |

scindere [3]	*to separate, to split (up), to break up* (usually figurative) (also used reflexively)	non puoi scindere le tue responsabilità da quelle dei tuoi soci; la discussione ha scisso l'opinione pubblica; il partito si è scisso in due fazioni
segregare [3]	*to segregate, to isolate, to set apart* (also used reflexively)	bisogna segregare gli ammalati contagiosi per evitare l'epidemia; quel prigioniero è pericoloso, conviene segregarlo; non vuole vedere nessuno, e si segrega in casa
differenziare [3-2]	*to differentiate, to distinguish* (also used reflexively)	le sue idee lo differenziano da tutti gli altri; il suo stile si differenzia sempre più da quello del maestro
distaccare [3-2]	*to detach, to separate* (also used reflexively)	non riesco a distaccarlo dai libri; le due parti del meccanismo si distaccano facilmente; si è distaccato dal mondo
distinguere [2]	*to distinguish, to differentiate, to divide* (see also **mostrare** and **notare**)	bisogna distinguere il bene dal male; una tendenza al realismo distingue i suoi quadri; è la bontà che lo distingue dagli altri; si possono distinguere le sue opere in due gruppi
dividere [2]	*to divide, to separate* (see also **dividere**)	il rancore ha diviso quella coppia; con il suo discorso è riuscito a dividere la maggioranza parlamentare
isolare [2]	*to isolate, to cut off* (also used reflexively)	isoleranno la città per proteggerla dal contagio; hanno isolato il virus di quella malattia; si è isolato nella sua casa al mare
separare [2]	*to separate, to divide* (also used reflexively)	le Alpi separano l'Italia dalla Francia; la politica separa anche gli amici; non mi piace l'idea di separarmi dalla famiglia; si sono separati dal gruppo e sono tornati dopo; dopo pochi anni di matrimonio si sono separati
staccare [2]	*to separate, to divide, to detach* (also used reflexively) (see also **togliere**)	hanno staccato una vettura ferroviaria dal treno; non si può staccare questa provincia dal resto del paese; la vernice si stacca dal muro

seppellire to bury

inumare [3]	*to bury*	inumarono la salma della donna
tumulare [3]	*to bury, to inter, to entomb*	lo hanno tumulato nella cappella di famiglia; un tempo si tumulavano i defunti in chiesa
sotterrare [2]	*to bury, to lay underground* (also in the sense of *to see off*)	il pirata ha sotterrato il tesoro; bisogna sotterrare il cavo elettrico; ha sotterrato tutti gli amici più giovani

| **seppellire** [2] | *to bury* (also figurative) (also in the sense of *to see off*) (also used reflexively in figurative senses) | gli ebrei seppelliscono subito i morti; hanno sepolto la roba rubata; la valanga ha seppellito tutto il villaggio; bisogna seppellire il passato; la nonna è così robusta che ci seppellirà tutti; si è sepolto in casa e non usciva più; appena può, si seppellisce nella lettura |

sera   evening

vespero m [3]	*evening* (literary)	il vespero giungeva tra sussurri e preghiere
crepuscolo m [3-2]	*twilight, dusk* (usually figurative)	al crepuscolo non si distinguono bene i colori; il libro tratta del crepuscolo della cultura classica
imbrunire m [3-2]	*dusk*	all'imbrunire la pioggia cessò; all'imbrunire la nostalgia è struggente
sera f [2]	*evening, night*	ho passato tutta la sera da Carlo; domani sera vado a teatro; l'ho visto la sera dopo; lavora dalla mattina alla sera
serata f [2]	*evening* (with reference to weather or duration), *evening party/performance*	una serata calda/fredda/fresca/piovosa; abbiamo trascorso insieme una piacevole serata; ci hanno invitati a una serata a teatro
tramonto [2]	*sunset, dusk, nightfall* (also figurative)	c'era stato un tramonto bellissimo quel giorno; hai visto i colori del tramonto?; quell'attore è ormai giunto al tramonto; questo è il tramonto di un mito

NB the hours of night after midnight are usually rendered by **notte** (e.g. ho passato tutta la notte senza dormire; mi ha chiamato durante la notte ma dormivo; mi sono svegliato ieri notte verso le tre).

servire   to be useful

giovare (a) [3]	*to be useful/of help (to), to benefit* (auxiliary **avere** or **essere**) (for reflexive use, see **usare**)	questo clima giova alla salute; le vacanze mi hanno giovato enormemente; a nulla gli è giovato il mio aiuto; non giova a niente dirlo ora
valere [3]	*to be of use, to be good, to be a/of help* (auxiliary **essere**)	i tuoi consigli mi sono valsi a qualcosa; che mi è valso l'aver taciuto?
servire (a) [2]	*to be useful/of help (to), to serve a purpose* (auxiliary **essere** when intransitive) (see also **bisognare**)	penso che fare il militare serva; serve sempre ascoltare i consigli dei genitori; a che serve darmi la colpa?; a che serve questo aggeggio?; le accuse non sono servite a nulla; in che cosa posso servirla?; questa scatola servirà da sedia

essere utile (a) [2]	*to be useful/of help (to)* (auxiliary **essere**) (see also **utile**)	le posso essere utile?; ho cercato di esserti utile per quanto mi era possibile; mi sei stato molto utile

severo   harsh, severe

arcigno [3]	*frowning, sullen*	ha modi arcigni; hai visto che viso arcigno?
austero [3]	*austere, stern, severe*	aveva un aspetto austero; ho visto un funzionario austero; hanno costruito un edificio molto austero
inflessibile [3]	*inflexible, unbending, unyielding*	è un insegnante inflessibile; ha un carattere inflessibile; le regole di questa scuola sono inflessibili
stoico [3]	*stoical (also used as a noun)*	affronta i problemi con stoica fermezza; ho una concezione stoica della vita; si comporta sempre da stoico
aspro [3-2]	*harsh, severe, rough* (see also **ruvido**)	parlava con una voce molto aspra; un inverno così aspro non si vedeva da anni; sei stato troppo aspro con lui; gli ha fatto un aspro rimprovero
solenne [3-2]	*solemn, grave*	l'anno scolastico si è chiuso con una cerimonia solenne; aveva un'aria solenne; ha parlato con tono solenne
duro [2]	*hard, harsh* (see also **duro**)	quel capufficio è molto duro con i subalterni; perché sei così duro con i tuoi figli?; le ha rivolto parole dure
rigido [2]	*harsh, strict, rigid* (see also **duro** and **freddo**)	praticava una rigida disciplina; il regolamento è molto rigido
rigoroso [2]	*rigorous, severe, strict*	ha un metodo di lavoro molto rigoroso; quei genitori sono stati rigorosi con i figli; impongono una disciplina rigorosa
severo [2]	*harsh, severe, strict, stern* (see also **grave**)	sei molto severo nel giudicare; quel professore è troppo severo; mi ha rivolto una severa critica; i monaci conducevano una vita severa
stretto [2]	*strict, close* (see also **stretto**)	l'hanno tenuto sotto stretta sorveglianza; si è attenuto allo stretto significato della parola

NB most of these adjectives are used adverbially with **–mente** ending (e.g. il governo pratica inflessibilmente una politica di riduzione delle spese; ha ricevuto stoicamente la notizia; ci hanno rimproverato aspramente; gliel'ho promesso solennemente; è stato duramente provato dalla sorte; hanno applicato il metodo troppo rigidamente; l'inchiesta fu condotta rigorosamente; lo hanno trattato molto severamente).

sfacciato (see also **maleducato**) cheeky

impudente 3	*impudent* (also used as a noun)	le tue domande sono impudenti; sei un impudente!
spudorato 3	*shameless, brazen, barefaced* (also used as a noun)	quell'uomo è spudorato; che menzogna spudorata!; hai visto quel ragazzo? Che spudorato!
impertinente 3-2	*impertinent* (also used as a noun)	ha dato una risposta impertinente; che impertinente sei!
svergognato 3-2	*shameless, impudent, brazen* (also used as a noun)	quel ragazzo è troppo svergognato nei rapporti con gli adulti; che svergognata sei!
insolente 2	*insolent*	è uno scolaro insolente; ha maniere proprio insolenti
sfacciato 2	*cheeky, insolent* (also used as a noun)	sei stato sfacciato a parlare così a tuo padre; è una ragazza sfacciata che non ha paura di niente; si comporta in modo troppo sfacciato; quei ragazzi sono proprio degli sfacciati
sfrontato 2	*cheeky, impudent* (also used as a noun)	quel giovane è sfrontato, non ha soggezione di nessuno; ha sempre atteggiamenti sfrontati; sei un vero sfrontato
faccia tosta f 1	*cheek, nerve*	ha avuto la faccia tosta di negarlo; che faccia tosta quell'individuo!

NB most of the adjectives here are also used adverbially with **–mente** ending (e.g. si comporta spudoratamente nei confronti degli amici; ha risposto insolentemente al direttore; sfacciatamente ha continuato a chiacchierare). They also have abstract nouns associated with them meaning *impudence, impertinence, insolence, cheek*: **impudenza, spudoratezza, impertinenza, svergognatezza, insolenza, sfacciataggine, sfrontatezza**.

sfortuna bad luck, misfortune

sventura f 3	*misfortune*	la sua morte è stata una sventura per tutti; la sventura sembra seguirlo dappertutto; per nostra sventura la guerra è scoppiata in quel momento
disavventura f 3-2	*mishap, misadventure, misfortune*	ci raccontò le sue disavventure; sono disavventure che capitano a tutti
disdetta f 3-2	*bad luck, misfortune*	è pura disdetta che mi abbia visto con lei; che disdetta, ho perso al gioco!
disgrazia f 2	*accident, mishap, misfortune* (see also **incidente** and **difficoltà**)	è accaduta una disgrazia; non l'ho fatto apposta, è stata una disgrazia; ha la disgrazia di essere cieco
malocchio m 2	*evil eye*	quella donna ha gettato il malocchio su di me; non crederai al malocchio, vero?; perché mi guardi di malocchio?

sfortuna f 2	*(piece of) bad luck, misfortune*	sono perseguitato dalla sfortuna; ha sempre sfortuna con le donne; che sfortuna ho avuto!
iella f 1R	*bad luck, jinx (especially regional Central Italian usage)*	ho avuto iella; quella ragazza porta iella; sono perseguitato dalla iella
iettatura f 1	*evil eye, bad luck*	credi nella iettatura?; quella poverina sembra avere la iettatura addosso
scalogna f 1	*bad luck, misfortune (also very colloquially as **scarogna** f)*	quell'anello porta scalogna; che scalogna, è la terza partita di seguito che perdo
sfiga f 1*	*bad luck (mainly young people's language)*	che sfiga ho avuto!; quella lì mi porta sfiga

sfuso   loose

non confezionato 2	*without wrapping/packaging*	quei gelati non confezionati sono sempre più genuini
non impacchettato 2	*unwrapped, loose*	il sapone non impacchettato costa sempre di meno; qui si trovano le lamette da barba non impacchettate
sciolto 2	*loose (of certain items of food)*	devo comprare delle caramelle sciolte al mercato; non si vendono più le sigarette sciolte
sfuso 2	*loose, in bulk (food or drink) (of house wine in restaurants)*	compro sempre olio sfuso, mai in bottiglia; qui si vendono le caramelle sfuse; abbiamo ordinato una caraffa di vino sfuso

sguardo   look

occhiata f 2	*(quick) look, glance (for use with **dare**, see **guardare**)*	mi ha lanciato un'occhiata furiosa; hanno scambiato un'occhiata d'intesa
sguardo m 2	*look, glance (for use with **dare**, see **guardare**)*	aveva uno sguardo penetrante; abbassa sempre lo sguardo quando ti parla; evitava il mio sguardo; mi ha gettato uno sguardo di odio

sia . . . che   both . . . and

così . . . come 3	*both . . . and*	è stato male così di giorno come di notte
tanto . . . che 3-2	*both . . . and, as well as*	tanto mio figlio che mia figlia studiano ingegneria; tanto la nonna che gli zii verranno per Natale
tanto . . . quanto 3-2	*both . . . and, as . . . as*	tanto io quanto mio fratello siamo molto legati alla mamma; quella ragazza è tanto bella quanto intelligente

sia . . . che 2	*both . . . and, as well as*	sia io che il mio ragazzo verremo alla festa; vuole andare sia negli Stati Uniti che in Canada
sia . . . sia 2	*both . . . and, as well as*	sono disponibile sia il lunedì sia il martedì; puoi chiamare sia di giorno sia di notte

significare   to mean

intendere 2	*to mean* (see also **capire** and **intendere**)	non hai capito, intendevo un'altra cosa; per letteratura non s'intende solo la narrativa; cosa intendi con questa parola?
significare 2	*to mean, to signify* (see also **mostrare**)	non ricordi che cosa signifíchi questa parola?; il cielo nuvoloso significa che pioverà; per me tutto questo non significa proprio niente
volere dire 2	*to mean*	che cosa vuol dire questa parola?; guarda quella casa, voglio dire quella villa; il suo rifiuto non vuol dire niente

significato   meaning

accezione f 3	*meaning*	l'idea è implicita in tutte le accezioni del termine; questa parola ha varie accezioni
valore m 3-2	*meaning, function, value* (see also **valore**)	quel vocabolo è usato con un valore figurato; non capisco i valori delle note musicali; questo è un participio con valore di aggettivo
senso m 2	*meaning, sense* (see also **senso**)	intendi il senso della frase?; i sinonimi sono termini che hanno quasi lo stesso senso; il termine va interpretato in senso figurato; questa frase non ha senso; fare così adesso non avrebbe senso
significato m 2	*meaning, significance*	capisci il significato del termine?; ora capisco il significato del suo ritardo; che significato attribuisci a quel fatto?

silenzioso (see also **calmo**)   quiet, silent

silente 3	*silent* (literary)	cadde la notte oscura e silente
tacito 3	*silent, tacit, unspoken*	avevano una tacita intesa; il suo sguardo esprime un tacito rimprovero
taciturno 3	*taciturn, silent*	perché sei così taciturno?; dopo la discussione rimase taciturno tutta la sera; ha un carattere chiuso e taciturno
muto 2	*mute, silent*	rimase muto tutto il tempo; lei non parla mai, sta lì muta ad ascoltare
piano 2	*quietly* (adverb) (see also **lento**)	se parli così piano, non ti sento; giocate piano, bambini, il babbo dorme

di poche parole [2]	*of few words, quiet*	è un uomo di poche parole
silenzioso [2]	*quiet, silent*	un appartamento/un tipo silenzioso; una casa/una notte/una strada silenziosa; se ne stava silenziosa in un angolo; non è detto che la maggioranza silenziosa gli darà l'appoggio
zitto [2]	*quiet, silent* (usually as a part, implied or otherwise, of the expression **stare zitto** meaning *to be quiet, to hush, to shut up*)	zitto! Qui si dorme; avete parlato troppo. Adesso state zitti!; di fronte a un torto così grande uno non può stare zitto; non c'è modo di farlo stare zitto

NB less colloquial synonyms for **stare zitto** are **ammutolire** (Register 3), **tacere** (Register 3-2) and **fare silenzio** (Register 2) (e.g. dopo la sua apparizione il pubblico ammutolì; non sa mai tacere; acconsentì e poi tacque; siccome voglio riposare, dovete fare silenzio). **Tacito** and **silenzioso** have adverbial forms with **-mente** ending (e.g. mi rimprovera tacitamente; mi ha ascoltato silenziosamente).

simile   similar

affine [3]	*similar, allied, kindred*	qui si vendono pelletteria e generi affini; questa teoria è affine a un'altra molto nota; siamo anime affini
siffatto [3]	*such, similar, like this/that*	con siffatta gente non conviene discutere; a siffatte domande non rispondo
analogo [3-2]	*analogous, similar*	mi trovo in una situazione analoga alla tua; questo cambiamento linguistico è analogo ad altri che già sappiamo
paragonabile [3-2]	*comparable*	queste sono cose paragonabili tra loro; la sua intelligenza non è assolutamente paragonabile alla tua
somigliante [3-2]	*similar*	è molto somigliante alla nonna; i due sono molto somiglianti tra di loro
simile [2]	*similar, like, like this/that* (also used as a noun in the sense of *fellow man*)	noi due abbiamo gusti simili; questi due libri sono simili nel contenuto; la copia del ritratto è molto simile all'originale; una disgrazia simile è successa l'anno scorso; con gente simile non si può parlare; bisogna amare i propri simili
tale [2]	*such, of this/that/such a kind, like this/that*	tali discorsi sono inaccettabili; non vorrai approfittare di tale situazione; le sue lettere sono tali che non meritano risposta; non l'avrei creduta capace di una tale azione; era molto magra ma non è più tale

società (see also gente) society

collettività f ③	*community, collectivity, public*	il politico ha detto che lavorava per la collettività; è una decisione della collettività
comunità f ②	*community*	c'è una piccola comunità islamica in questa città; l'edificio sarà costruito a spese della comunità
pubblico m ②	*(general) public* (see also **pubblico**)	i giardini sono aperti al pubblico; il governo se n'infischia del pubblico
società f ②	*society, community* (see also **associazione** and **ditta**)	viviamo in una società tecnologica; bisogna lavorare per una società più giusta; quell'uomo è un pericolo per la società
tribù f ②	*tribe, group* (for ironic use, see **gruppo**)	sta studiando le tribù nomadi dell'Asia; le tribù africane avevano ognuna il proprio capo

soddisfare to satisfy

adempiere ③	*to comply with, to satisfy* (see also **fare**)	adempiere il proprio dovere; ha adempito la sua promessa
appagare ③	*to satisfy, to gratify, to fulfil* (also used reflexively)	cerca di appagare le sue aspirazioni; non è riuscita ad appagare la fame che aveva; si appaga di poco
compiacere (a) ③	*to please, to satisfy, to cater for* (also used reflexively with **di** in the sense of *to take pleasure/delight in*) (see also **congratularsi**)	cerco di compiacere ai miei amici in tutto; quel negoziante compiace sempre i clienti; quella donna si compiace del suo successo
esaudire ③	*to grant, to answer, to satisfy*	Dio ha esaudito le mie preghiere; mi ha chiesto di esaudire il suo desiderio
saziare ③-②	*to satisfy, to sate* (of hunger but also figurative) (for reflexive use, see **mangiare**)	ho saziato la fame; quel dolce mi ha saziato; non si riesce a saziare tutti gli affamati; un cibo pesante sazia in fretta; quell'uomo non ha ancora saziato l'ambizione
soddisfare a ③-②	*to satisfy, comply with, to fulfil*	non ho soddisfatto alla sua richiesta; cerco sempre di soddisfare ai miei impegni; quel fenomeno soddisfa a una legge fisica
accontentare/ contentare ②	*to satisfy, to please* (also used reflexively)	ci ha accontentato in tutto; tornerò a casa presto per contentarti; spero di contentare tutti i loro desideri; io mi accontento di poco; quel ragazzo non sa contentarsi
bastare ②	*to be enough/sufficient, to suffice* (auxiliary **essere**) (see also **abbastanza** (a))	non so se la stoffa che hai comprato basterà; lo stipendio non gli basta; mi è bastato un secondo per capire tutto; basta, non ne voglio più; per informarsi basta rivolgersi a un poliziotto; ti presto il libro, basta che tu me lo renda presto

soddisfare [2]	to satisfy, to please	quell'attore riesce sempre a soddisfare il pubblico; i miei voti non soddisfano i miei genitori; la risposta non mi soddisfa

soffiare — to blow

alitare [3]	to stir, to blow gently (also figurative)	un lieve venticello alitava fra gli alberi; nell'opera alita uno spirito guerresco
ansare/ansimare [3]	to pant, to puff, to gasp (for breath)	era appena a metà salita e già ansava; correva ansando e asciugandosi il sudore; il vecchio ansimava su per la salita
spirare [3]	to blow (also figurative implying unwelcome situations)	non spira un alito di vento; spirava una leggera brezza; non spira aria buona
affannare [3-2]	to pant, to gasp	nel salire le scale affanava
sbuffare [2]	to puff, to pant	sbuffa per l'irritazione; sbuffo per il caldo; è appena arrivata e già sbuffa per andarsene; i cavalli sbuffavano per la fatica
soffiare [2]	to blow, to puff (transitive or intransitive)	ha soffiato sulla minestra bollente; Paolo soffiava fuori il fumo della sigaretta; ho soffiato il naso; il vento soffia forte; saliva le scale soffiando
tirare vento [2]	to blow (of wind)	tira vento; non tirava neanche un po' di vento

soffitta — attic

abbaino m [3]	attic (room), garret	è una vecchia casa con un abbaino molto spazioso
attico m [3-2]	attic (floor)	il nuovo palazzo ha otto piani e un attico
sottotetto m [3-2]	loft	dal progetto sembrava una mansarda, in realtà è un sottotetto
mansarda f [2]	attic (room)	nel sottotetto di questa casa c'è una mansarda enorme; il mio amico abita in una mansarda
soffitta f [2]	attic, loft, garret (often with a negative connotation)	abbiamo messo i vecchi mobili in soffitta; viveva in una soffitta buia; questa soffitta è infestata di topi
solaio m [2]	loft, eaves	tutte queste vecchie case contadine hanno un solaio sotto il tetto; suo figlio va sempre a nascondersi in solaio

soffocare
to suffocate

asfissiare
3

*to asphyxiate, to suffocate (transitive or intransitive) (auxiliary **essere** when intransitive) (also used reflexively)*

questo colletto così stretto mi sta asfissiando; quel puzzo asfissia tutto il paese; ha lasciato aperto il gas e quasi asfissiava; sto asfissiando con questo terribile odore; si è asfissiato lasciando aperto il rubinetto del gas

strozzare
3-2

to strangle, to choke, to throttle (also used reflexively in the sense of to choke)

quei malviventi strozzano le loro vittime; quando sei arrivato con due ore di ritardo, per poco non ti ho strozzato; se mangi così in fretta, ti strozzi

soffocare
2

*to suffocate, to smother, to choke (transitive or intransitive) (auxiliary **essere** when intransitive) (for figurative use, see **reprimere** (b))*

l'assassino la soffocò con un cuscino; non stringerlo così alla gola, lo stai soffocando; mi ha soffocato di baci; questo caldo mi soffoca; con questo fumo si soffoca; la stanza si è riempita di gas e sono quasi soffocato

strangolare
2

to strangle, to throttle, to choke (often jokey) (also used reflexively)

la vittima è stata strangolata con una sciarpa; questa cravatta mi strangola; rimase impigliato nelle corde e si strangolò

soffrire
to suffer

patire
3

*to suffer, to endure (also used with **di** in the sense of to suffer from/with)*

ha patito una grave ingiustizia; abbiamo patito la fame; ho patito molto per dare una vita decente ai figli; patiamo le pene dell'inferno; patisce di fegato/di gelosia/di vertigini

penare
3

*to suffer (intransitive) (see also **fare fatica**)*

pena in carcere da cinque anni; suo figlio lo fa molto penare

tollerare
3-2

*to put up with, to stand, to bear, to tolerate (often in the negative) (see also **lasciare**)*

lui non tollera ritardi; non posso tollerare la sua scortesia; chi riesce a tollerare quello stupidotto?; non tollero che tu mi risponda così; non tollero di vedere i miei figli ubriachi

soffrire
2

*to suffer (from/with), (transitive or intransitive) (see also **lasciare**)*

ha sofferto dolori atroci per la gamba rotta; molti soffrono la fame; non posso soffrire quel rumore; ha sofferto in silenzio; gli alberi soffrono per la siccità; soffre di cuore/di gelosia

sopportare
2

*to bear, to stand, to suffer (often in the negative) (see also **lasciare**)*

quanti problemi devi sopportare!; deve sopportare un grande dolore; non sopporto il freddo; non sopporta la presunzione; non sopportiamo gli arroganti; non sopporto che tu bestemmi

subire
2

to undergo, to suffer

hai subito un grave torto; devo subire un'operazione; hanno subito un danno enorme; devi subire le conseguenze delle tue azioni

reggere [2-1]	*to (be able to) put up with, to (be able to) stand*	non ti reggo più!; quello scemo del capufficio, io non lo reggo più

colpo di sole sunburn

insolazione f [3]	*sunburn, sunstroke*	ha preso un'insolazione molto grave
colpo di sole m [2]	*sunburn, sunstroke*	se rimani troppo in spiaggia, prenderai un colpo di sole

soggiorno stay

dimora f [3]	*stay, sojourn, residence (see also **casa**)*	dopo una lunga dimora a Roma si trasferì a Firenze
permanenza f [3-2]	*stay, sojourn*	la mia permanenza qui è durata troppo a lungo; partendo ci ha augurato buona permanenza
soggiorno m [2]	*stay*	è stato un soggiorno interessante; si sono concessi un soggiorno in montagna

solo (a) (adjective) alone, lonely

solingo [3]	*solitary, lonely (literary)*	conduce una vita solinga; errava solingo per le vie del paese
sperduto [3]	*isolated, out-of-the-way*	in quell'ambiente mi sentivo sperduto; la sua casa si trovava in un paese sperduto
appartato [3-2]	*alone, isolated*	è rimasto appartato in un angolo per tutta la serata
solitario [3-2]	*solitary, lone, lonely (of person or thing)*	c'era un passeggero solitario sulla barca; questa è una strada solitaria
isolato [2]	*lonely, isolated*	vive in un luogo isolato; il tuo è un caso isolato
solo [2]	*alone, lonely, by oneself (also used after **da** in the sense of by one's self, on one's own)*	stavo lì solo; era solo come un cane; mi sento molto solo; ceniamo soli; meglio soli che male accompagnati; l'ho fatto da solo; sono uscito da solo ieri sera; voglio vederti da sola

solo (b) (adjective) only, single

solo [2]	*only, single, sole*	sei la sola persona che io abbia visto oggi; ha un solo figlio; di uomini come lui ce n'è uno solo; non un solo amico si è ricordato di noi; crede in un solo dio; i due torrenti diventano un solo fiume

unico 2	*only, single, sole, unique*	leggere è il mio unico divertimento; sei l'unica ragazza che amo; Giovanni è figlio unico; c'è tutto in un unico volume; sei l'unica a saperlo; Venezia è una città unica

solo (c) (adverb)   only

non . . . che 3-2	*only, nothing but*	non è che un impiegato
soltanto 3-2	*only, just*	voglio soltanto vederlo; soltanto lui mi può soddisfare; è soltanto pronto a ricevere, mai a dare
unicamente 3-2	*only, just, merely*	chiedo unicamente una risposta; l'ho fatto unicamente per te
semplicemente 2	*simply, only, just*	ciò che dice è semplicemente assurdo; dico semplicemente questo
solamente 2	*only, just*	solamente il padre mancava; non è solamente intelligente ma anche diligente
solo 2	*only, just*	mangio solo pane; non l'ho visto, l'ho solo sentito; me l'hanno detto solo ieri; è bello, solo un po' caro; non solo Paolo ma anche Maria si sono congratulati con me

sonno (see also **dormire**)   sleep

sopore m 3	*drowsiness*	era in uno stato di sopore; era immerso in un sopore profondo
torpore m 3	*torpor, sluggishness*	la digestione difficile gli provoca il torpore; questo mio torpore è causato dal caldo
rilassamento m 3-2	*relaxation*	non puoi sempre fare sport, anche un po' di rilassamento fisico è importante
distensione f 2	*relaxation*	in questo lavoro non c'è un momento di distensione; tutti hanno bisogno di un po' di distensione
dormita f 2	*(sound) sleep*	mi sono fatto una bella dormita oggi pomeriggio; da tempo non mi facevo una dormita così
dormitina f 2	*nap, snooze, doze*	fa sempre una dormitina verso le quattro
riposo m 2	*rest* (see also **pausa**)	il medico gli ha consigliato il riposo assoluto; bambini, non disturbate il riposo del papà; il suo riposo è la lettura
siesta f 2	*(afternoon) nap, siesta*	ho da fare dopo pranzo, per cui non posso fare la siesta

sonno m [2]	*sleep, sleepiness* (used with the verb **avere** in the sense of *to be sleepy*)	un sonno agitato/leggero/pesante/tranquillo; per il caldo perdo sempre molto sonno; la città era immersa nel sonno; devo cercare di vincere il sonno; ho molto sonno oggi
relax m [2-1]	*relaxation, rest*	queste vacanze mi prendo un po' di relax; devo fare un'ora di relax; il relax è indispensabile al benessere di una persona
pisolino m [1]	*nap, doze* (see also **dormire**)	sono molto stanco, voglio schiacciare un pisolino in poltrona

---

sopprimere   to cancel

abrogare [3]	*to cancel, to repeal* (often legal)	volevano abrogare la legge sul divorzio; una legge non può essere abrogata se non per virtù di altra legge
depennare [3]	*to strike/cross out*	avevano depennato il mio nome dalla lista; ha deciso di depennare quella frase dal suo scritto
estinguere [3]	*to cancel* (often legal or financial)	la decisione del giudice è stata di estinguere il reato; abbiamo deciso di estinguere il debito
obliterare [3]	*to cancel/block (out), to obliterate* (also figurative)	ha obliterato molte frasi nell'articolo che aveva scritto; ho obliterato ogni ricordo d'infanzia
revocare [3]	*to revoke, to repeal* (often legal)	il governo ha revocato il decreto; hanno revocato la sua sentenza
abolire [2]	*to abolish*	si pensa di abolire le tasse sulle automobili; hanno abolito la pena di morte in molti paesi
annullare [2]	*to cancel, to annul*	hanno annullato il contratto con noi; la sua emozione annullò ogni rancore
cancellare [2]	*to cross/rub out, to cancel* (of bookings or appointments in the last sense)	aveva cancellato molte parole nel suo saggio; ho cancellato gli errori ortografici; puoi cancellare il mio nome dall'elenco?; ha dovuto cancellare l'appuntamento
disdire [2]	*to cancel* (usually of bookings or appointments)	abbiamo disdetto la prenotazione per motivi di malattia; ha disdetto l'appuntamento
sopprimere [2]	*to cancel, to cut out, to suppress, to delete* (see also **uccidere**)	la gara è stata soppressa; quella rivista è stata soppressa durante il fascismo; il censore ha soppresso alcune scene di quel film; sopprimiamo la seconda clausola del contratto

---

soprattutto   above all, especially

| **anzitutto** [3] | *above all, first of all* | si preoccupa anzitutto di te; consideriamo anzitutto le difficoltà |

in particolare/ particolarmente [2]	*particularly, especially*	voglio parlargli in particolare sulla questione dei soldi; sono arrabbiato particolarmente perché non ha mantenuto la sua promessa
più che altro [2]	*mainly, above all*	quel tuo amico è più che altro un debole
prima di tutto [2]	*first of all, above all*	sono venuto qui prima di tutto per chiarire i problemi più importanti
principalmente [2]	*mainly, principally, chiefly*	non te ne ho parlato ancora, principalmente perché non volevo deluderti
soprattutto [2]	*above all, especially*	ciò che conta soprattutto è l'onestà; desidero soprattutto che siate felici; cerca soprattutto di non fare rumore quando torni
specialmente [2]	*(e)specially*	bada a non fare rumore, specialmente quando torni a casa la sera; il clima qui è molto buono, specialmente d'inverno

sorprendente — surprising

sbalorditivo [2]	*amazing, astonishing, astounding*	hai una memoria sbalorditiva; sono prezzi sbalorditivi; andava a una velocità sbalorditiva
sorprendente [2]	*surprising, astonishing*	è stato un avvenimento sorprendente; non c'è nulla di sorprendente in queste rivelazioni
stupefacente [2]	*astonishing, amazing, astounding*	ho visto uno spettacolo stupefacente; è stata una rivelazione stupefacente; ha dimostrato un coraggio stupefacente

sorprendere — to surprise

allibire [3]	*to be shocked/dumbfounded*	a quelle parole allibì; lessi il telegramma e allibii; sono cose che fanno allibire
sbalordire [3-2]	*to stagger, to startle, to astound, to astonish*	la notizia della disgrazia sbalordì tutti; il giovane calciatore ha sbalordito il pubblico; il suo coraggio sbalordisce
sbigottire [3-2]	*to stun, to dumbfound, to astound (also used reflexively)*	la sua scomparsa improvvisa ha sbigottito tutti; le sue parole sbigottirono gli amici; si sbigottì per quello che vide
scioccare [3-2]	*to shock (also in the forms* **shoccare** *and* **schockare**) *(also used reflexively)*	il suo comportamento ci ha scioccati profondamente; mi ha scioccato il fatto che suo marito abbia quarant'anni più di lei; la nonna non si sciocca molto facilmente
meravigliare [2]	*to surprise, to astonish, to amaze (also used reflexively)*	le tue parole mi hanno meravigliato; mi meraviglio di te; mi meraviglio di sentirti dire questo
sorprendere [2]	*to surprise, to catch/take by surprise (also used reflexively)*	la pioggia ci ha sorpresi; l'ho sorpreso a fumare; il tuo comportamento mi sorprende; a volte mi sorprendo a pensare a lei; non mi sorprendo più di niente

stordire [2]	*to daze, to bewilder, to dumbfound*	la grandezza del posto ci stordì; è una vicenda che mi stordisce
stupefare [2]	*to astound, to amaze* (also used reflexively)	le sue rivelazioni hanno stupefatto tutti; mi sono stupefatto delle sue azioni
stupire [2]	*to amaze, to astonish* (also used reflexively)	le tue parole mi stupiscono; non c'è da stupirsi; di questi tempi non bisogna mai stupirsi di nulla

NB all these verbs have past participles used adjectivally to mean *surprised, amazed, astonished, astounded, dumfounded*, etc., which often follow the verbs **restare** or **rimanere** (e.g. tutti i presenti sono rimasti meravigliati/sorpresi/stupefatti; mi ha lanciato uno sguardo stupefatto; ero stordito per la bellezza del luogo). **Attonito** (Register 3), **esterefatto** (Register 3-2) and **impietrito** (Register 3-2) are used in a similar way (e.g. sono rimasto attonito per il suo comportamento; aveva un'espressione attonita; è rimasto impietrito dalla spavento).

sorpresa   surprise

sbalordimento m [3]	*astonishment, amazement*	per lo sbalordimento non riusciva neppure a parlare
stordimento m [3]	*bewilderment*	sentendo la notizia ha impiegato molto tempo per riprendersi dallo stordimento
stupefazione f [3]	*amazement, astonishment*	dovevi vedere la stupefazione del direttore quando lei gli ha detto che era un'impiegata e non una schiava
stupore m [3-2]	*amazement, astonishment, wonder*	vederla mi ha riempito di stupore; con mio grande stupore il mago è scomparso; ho provato un profondo stupore
meraviglia f [2]	*amazement, astonishment, surprise, wonder, marvel* (also used in a concrete sense in the last two meanings)	il suo racconto ha provocato meraviglia; mi ha guardato con meraviglia; non si possono capire tutte le meraviglie della natura; crede proprio di avere fatto meraviglie; ho visto le sette meraviglie del mondo
sorpresa f [2]	*surprise*	è stata una grossa sorpresa per me; gli ho fatto una sorpresa; che bella sorpresa ho avuto!; la sorpresa è un elemento importante nella tattica militare; con sua grande sorpresa sono arrivati tutti gli amici; ha fatto un gesto di sorpresa

sospettare   to suspect

insospettirsi [3]	*to get/become suspicious*	sentendo degli strani rumori, s'insospettì; mi sono insospettito per quelle telefonate anonime
diffidare di [3-2]	*to be suspicious/distrustful of, to mistrust*	diffido delle sue promesse; quell'uomo diffida di tutti; diffido sempre delle generalizzazioni
dubitare (di) [3-2]	*to mistrust, to distrust, to doubt*	dubita di tutto e di tutti; dubito delle mie forze; bisogna dubitare dell'esistenza di Dio; dubito che possano riuscire

| **sospettare** 2 | *to suspect, to have suspicions* | ti sospettano di quel furto; sospetto un inganno; sospetto che possa essere un imbroglio; non avrei mai sospettato tanto coraggio in lei; devo dire che sospetto di tutti |

sostantivo   noun

| **nome** m 2 | *noun (when type is specified) (see also* **nome**) | sai la differenza tra i nomi comuni e i nomi propri? |
| **sostantivo** m 2 | *noun* | la parola 'vocabolario' è un sostantivo; ci sono due sostantivi in questa frase |

sostenitore (see also **benefattore** and **tifoso**)   supporter

fiancheggiatore m/ **fiancheggiatrice** f 3	*supporter, ally, fellow traveller (usually political)*	sono tutti fiancheggiatori del partito estremista; i fiancheggiatori di quel politico sono poco informati
fautore m/**fautrice** f 3	*supporter, upholder, champion*	è un noto fautore della libertà individuale; è un acceso fautore della monarchia; è un grande fautore dell'importanza delle belle arti
propugnatore m/ **propugnatrice** f 3	*champion, advocate (often political)*	è propugnatore del diritto al voto dappertutto nel mondo; sono propugnatori dell'idea di un mondo senza frontiere
simpatizzante mf 3-2	*sympathiser, supporter (often political)*	il partito ha rivolto un appello ai simpatizzanti; è sempre stata una simpatizzante comunista
partigiano/a mf 3-2	*advocate, champion (often social or political)*	sono partigiani di grosse riforme sociali; si è fatta partigiana dei poveri
alleato/a mf 2	*ally (often political)*	il governo francese è sempre stato un nostro alleato; non si può considerare quell'uomo un alleato
ammiratore m/ **ammiratrice** f 2	*admirer, fan*	dopo lo spettacolo molti ammiratori sono saliti sul palcoscenico; sono un ammiratore della danza classica
appassionato/a mf 2	*fan, lover, enthusiast*	un appassionato di calcio/di musica classica; il nuovo canale televisivo piacerà agli appassionati di sport
difensore m 2	*defender, upholder (also used legally)*	è uno strenuo difensore della democrazia; si considera difensore dei deboli; l'hanno nominato difensore d'ufficio per l'imputato
entusiasta mf 2	*enthusiast, fan, buff*	una folla di entusiasti è rimasta dopo il concerto; gli entusiasti del cinema accoglieranno con piacere il nuovo film
protettore m/ **protettrice** f 2	*protector, defender (see also* **intermediario**)	sono protettori dei poveri; è un protettore delle arti

| sostenitore m/
sostenitrice f
☐2☐ | *supporter, advocate, backer* | siamo tutti sostenitori della riforma; sono sostenitore del principio dell'uguaglianza; tra i sostenitori dell'iniziativa si contano molti giovani |

NB some of these words can also be used adjectivally in the same general sense as the nouns (e.g. mi ha rivolto parole appassionate; chi è l'avvocato difensore in questo caso?; hai un temperamento entusiasta; lavora per una società protettrice degli animali; paga un abbonamento sostenitore alla rivista). The adjectival form **entusiastico** is also used, though not with reference to people (e.g. la commedia ha avuto applausi entusiastici).

sostituire (see also cambiare)   to replace

surrogare ☐3☐	*to replace, to substitute*	cerco di surrogare il caffè con l'orzo; non si può semplicemente surrogare un operaio con un altro
rimpiazzare ☐3-2☐	*to replace, to substitute*	quell'impiegato rende poco, bisogna rimpiazzarlo; questi pneumatici vanno rimpiazzati con dei nuovi
sostituire ☐2☐	*to replace, to substitute, to stand in for* (used in constructions with **con** or **a**) (also used reflexively)	bisogna sostituire il motore di questa macchina; non si può sostituire l'amore materno; hanno sostituito il divano con due poltrone; ho sostituito un collega malato; quando l'abuso si sostuisce alla legalità, la democrazia è in pericolo

sotto   under, below

al di sotto di ☐3☐	*below, beneath* (preposition) (usually figurative)	i risultati sono al di sotto della media
da basso ☐2☐	*below, down, downstairs* (adverb)	puoi venire da basso?
in basso/in giù ☐2☐	*down, below, low* (adverb)	bisogna guardare in basso; come sei caduto in basso!; il bottone è attaccato troppo in giù
giù ☐2☐	*down, downstairs, below, underneath* (adverb)	è caduto giù; tira giù la borsa; ti butto giù le chiavi; vieni giù un momento; da giù non si vede niente; scendi giù dal muro!
sotto ☐2☐	*under(neath), below, beneath* (preposition or adverb) (also figurative)	la penna è sotto la lettera; si nascose sotto il letto; aveva un giornale sotto il braccio; la temperatura è sotto zero; qui ci sono tre ragazzi sotto i dieci anni; ho venti dipendenti sotto di me; ha parlato sotto l'effetto della droga; cammina sotto la pioggia; sotto si vede il mare; hai un vestito leggero e niente sotto; guarda la riga sotto; Paolo ti aspetta sotto; non capisco questa faccenda, forse c'è qualcosa sotto

di sotto [2]	*underneath, below, beneath, downstairs* (adverb)	la merce nuova è di sotto; guarda nel cassetto di sotto; i miei amici abitano di sotto; sta di sotto ad aspettarti

sottolineare — to underline

enfatizzare [3]	*to emphasise, to give emphasis to*	parlando ha enfatizzato quella frase
accentuare [3-2]	*to stress, to emphasise, to bring out, to heighten* (also used reflexively in the sense of *to become (more) marked, to get worse*) (see also **peggiorare** (b))	vorrei accentuare questa parola in particolare; ha accentuato certi aspetti del progetto; l'abito nero accentuava il pallore del suo viso; col tempo la sua pigrizia si accentuò; il dolore si è accentuato
evidenziare/ mettere in evidenza [3-2]	*to bring out, to highlight* (**evidenziare** is also used to mean *to pick out with a highlighting pen*)	il professore ha evidenziato lo stile narrativo dell'autore; il libro mette in evidenza i difetti della sua teoria; ha evidenziato in giallo le parti più importanti del testo
dare rilievo/risalto a/mettere in rilievo/in risalto [3-2]	*to make stand out, to give importance to, to emphasise, to stress*	il telegiornale ha dato rilievo a quella notizia; l'artista ha voluto dare risalto alla figura della madre; bisogna mettere in rilievo questo aspetto del problema; dovevi mettere in risalto quel particolare
mettere/porre l'accento su [2]	*to emphasise, to stress*	quando gli parli, bisogna mettere l'accento su questo punto; poniamo l'accento su questa questione
sottolineare [2]	*to underline* (literal as well as figurative), *to stress, to emphasise*	ho sottolineato la parte del testo che mi interessa; vorrei sottolineare l'importanza dell'iniziativa; il taglio dell'abito sottolinea la sua figura slanciata

sparire (see also **fuggire**) — to disappear, to vanish

sottrarsi alla vista [3]	*to disappear*	sentendo arrivare la polizia i ladri si sottrassero alla vista
sfumare [3-2]	*to dissolve, to fade away* (of weather) (also figurative) (auxiliary **essere**)	la nebbia sfuma lentamente; i profili dei monti sfumavano nella foschia; tutte le nostre speranze sono sfumate
svanire [3-2]	*to disappear, to vanish, to fade away* (usually figurative) (auxiliary **essere**)	il sole svanì tra le nuvole; la nave svanisce all'orizzonte; se lasci aperta la bottiglia il profumo svanisce; tutte le sue illusioni sono svanite; il suo ricordo non svanirà
scomparire [2]	*to disappear, to vanish* (see also **morire**) (auxiliary **essere**)	la luna è scomparsa dietro le nuvole; il fuggitivo è scomparso due mesi fa; un ladro ha fatto scomparire la mia borsa

sparire [2]	to disappear, to vanish (auxiliary **essere**)	il mio libro è sparito; sono spariti in mezzo alla folla; la nave è sparita all'orizzonte; i segni dell'operazione sono spariti; hanno fatto sparire il cadavere; sparisci, non farti più vedere!
andarsene [2-1]	to vanish, to go away (see also **andare**)	ho preso una pillola e il mal di testa se n'è andato

spazzatura (see also sporcizia)   rubbish

immondizia f [2]	rubbish, garbage (often plural)	dov'è il bidone dell'immondizia?; ha gettato il mio anello tra le immondizie; è vietato lo scarico delle immondizie
rifiuti fpl [2]	rubbish, garbage, refuse (also figurative)	c'è un cestino per i rifiuti qui in salotto?; devo sbarazzarmi di questi rifiuti; queste persone sono i rifiuti della società
spazzatura f [2]	rubbish, garbage, trash (also figurative)	puoi buttare tutto nella spazzatura; qui c'è la spazzatura di tutto il quartiere; mi tratta come se fossi spazzatura
pattume m [1R]	rubbish, garbage, trash (regional Tuscan usage)	il suo mestiere è di raccogliere il pattume; hai messo fuori il pattume?

spegnere   to put out, to turn off

smorzare [3]	to deaden, to muffle (also used reflexively in the sense of to die down)	la distanza smorza i suoni e le luci; smorzare il desiderio/la fame; l'entusiasmo per la nuova scoperta si è smorzato
estinguere [3-2]	to put out, to extinguish (also figurative) (also used reflexively)	hanno estinto l'incendio; ho cercato di estinguere il ricordo di te; ho estinto tutti i miei debiti; l'incendio si estinse da sé; quella specie si è estinta molti secoli fa
smorzare [2R]	to put out, to extinguish (regional Tuscan usage)	hanno smorzato l'incendio con secchi d'acqua
spegnere [2]	to put out, to extinguish, to turn/switch off, to deaden (also figurative) (also used reflexively) (see also **morire**)	abbiamo spento il fuoco; spegni la candela, per favore; hai spento la radio?; spegnete la luce prima di partire; il tempo spegnerà le sue ambizioni; la neve spegne i rumori; il mio entusiasmo/il fuoco/il gas/il motore si è spento

sperare   to hope

auspicare [3]	to wish (for), to hope for	auspichiamo la felice conclusione dell'impresa; ti auspico una brillante carriera
augurarsi [3-2]	to hope, to wish	mi auguro che tutto finisca presto; auguriamoci di non dover più soffrire la fame

sperare 2	*to hope (for), to trust*	spera una bella accoglienza; che cosa si può sperare?; spero di rivederti presto; speriamo che tutto vada bene; ho cessato di sperare; speriamo in Dio; spero presto in una promozione

spesso

often

non di rado 3	*often (literary)*	si parlavano non di rado
sovente 3	*often (literary)*	gli accade sovente di commettere degli errori; sono cose che non succedono sovente
spesse volte 3	*often, frequently*	spesse volte mi ha raccontato delle bugie
frequentemente 3-2	*frequently, often*	viene frequentemente a trovarmi; è frequentemente assente dal lavoro; ti prego di scrivermi più frequentemente
di frequente 2	*frequently, often*	di frequente mi chiedo se ho scelto bene; questi errori, li fai troppo di frequente
spesso 2	*often, frequently*	si vedono spesso; spesso sono fuori casa; ci vediamo meno spesso di prima; vado a teatro molto spesso
molte/tante volte 2	*many times, often*	molte volte ho avuto voglia di andarmene; tante volte succede così; tante volte mi ha raccontato delle bugie

spiegare (see also dire (b))

to explain

delucidare 3	*to elucidate, to explain*	intendo delucidare un passo molto difficile in questo testo
dettagliare 3	*to detail, to give details of, to explain in detail*	favorite dettagliare le merci inviate; dovete dettagliare la storia con tutti i particolari
esplicare 3	*to explain, to explicate (literary)*	si mise ad esplicare la dottrina taoista
particolareggiare 3	*to give details, to explain in detail*	quel ragazzo ha perso molto tempo particolareggiando sulla descrizione del tempo; non particolareggiare troppo, basta riassumere la storia
esporre 3-2	*to explain, to expound (see also* **mostrare***)*	vi ho esposto i fatti come si sono svolti; ha esposto la sua opinione; sa esporre le sacre scritture
specificare 3-2	*to specify, to state precisely*	gli hanno chiesto di specificare le circostanze del delitto; bisogna specificare i dati tecnici
fare capire 2	*to make clear, to explain (also used reflexively)*	mi ha fatto capire che era inutile aspettare; non parlava la lingua ma cercava di farsi capire lo stesso

chiarire [2]	to clarify, to make clear, to clear up	ha chiarito il dubbio; il professore ha chiarito un punto che non avevo capito; ho chiarito la mia posizione a tutti
definire [2]	to define, to make clear (see also **stabilire**)	puoi definire quel concetto?; ha definito la parola molto bene; si può definire quello scrittore come romantico
esprimere [2]	to express, to utter, to state, to voice (also used reflexively)	sta esprimendo le sue idee; questa frase non esprime nulla; è così che lo scrittore esprime la sua tristezza; non riesce ad esprimersi con chiarezza; cercherò di esprimermi in italiano
illustrare [2]	to illustrate, to explain (see also **designare**)	illustrava la sua teoria con esempi chiari; ha illustrato un canto del poema di Dante
spiegare [2]	to explain (also used reflexively)	ha spiegato il senso della frase; mi puoi spiegare quell'enigma?; spiegami cosa devo fare; come spieghi la differenza fra queste due cose?; spiegami un po' cosa ti è successo; non so se mi sono spiegato bene

---

spingere (see also **convincere** and **svegliare**)   to push, to urge

esortare [3]	to urge, to exhort	vi esorto a dire la verità; li hanno esortati ad essere prudenti
incentivare [3]	to boost, to encourage (usually in a business context)	cerchiamo di incentivare la produzione; quel giornale incentiva le vendite con premi
invogliare [3]	to tempt, to urge	la pubblicità invoglia i clienti a comprare; questo sole invoglia a uscire
incitare [3-2]	to urge, to spur (on)	mi ha incitato a continuare; lo abbiamo sempre incitato al bene; i tifosi incitavano la loro squadra
indurre [3-2]	to induce, to persuade	ho indotto il mio amico a partire con me; i miei amici mi hanno indotto al male
istigare [3-2]	to incite, to induce	i suoi amici l'hanno istigato al furto; l'hai istigato a mentire
sfidare [3-2]	to challenge, to defy (see also **affrontare**)	vi sfido tutti a provare che quello che ho detto è falso; mi ha sfidato a una lotta con il coltello
spronare [3-2]	to spur (on), to urge (on)	ha spronato il cavallo; ha poca iniziativa, ha sempre bisogno di essere spronato; devi spronare tuo figlio allo studio
eccitare [2]	to stimulate, to provoke, to arouse, to excite (for reflexive use, see **emozionato**)	sono letture che eccitano la fantasia; ha eccitato la folla con il discorso; non voglio eccitare i giovani alla violenza
incoraggiare [2]	to encourage, to boost	mi hanno incoraggiato a studiare; bisogna fare tutto per incoraggiare la produzione

premere [2]	to press, to put pressure on (see also **premere**)	ho premuto su di lui perché parlasse; bisogna premere sul governo per approvare la riforma
fare pressione su [2]	to press, to put pressure on	ho fatto pressione su di lui perché lui accettasse l'accordo
provocare [2]	to provoke	smettila di provocarmi; sei stato tu a provocarlo; è una che si diverte a provocare gli uomini
spingere [2]	to push (in a wide variety of senses), to drive, to urge (see also **premere** and **svegliare**)	spingeva il carro; aiutami a spingere la macchina; la corrente spingeva la barca fuori rotta; il martello ha spinto il chiodo nel muro; mi ha spinto alla disperazione; il professore spinge gli studenti a studiare; hai spinto le cose troppo in là
stimolare [2]	to stimulate, to stir (see also **spingere**)	dobbiamo stimolarlo a studiare; la passeggiata ha stimolato il mio appetito; ha stimolato la curiosità di tutti
stuzzicare [2]	to excite, to arouse	hai stuzzicato la mia curiosità; prendete due olive, tanto per stuzzicare l'appetito

spogliarsi   to take off one's clothes, to undress

denudarsi [3]	to strip, to undress	si è denudato in pubblico mettendo tutti in imbarazzo; qui bisogna denudarsi completamente per fare il bagno
svestirsi [3-2]	to undress, to get undressed (also figurative in the sense of to strip oneself)	si svestì, poi fece il bagno; mi sto svestendo per andare a letto; si svestì del potere
spogliarsi [2]	to take off one's clothes, to undress, to strip off (also figurative)	si è spogliato per andare a letto; mi sono spogliato in camicia; d'inverno gli alberi si spogliano; si spogliò di tutto a favore del figlio

NB these verbs are also used non-reflexively (e.g. i ladri l'hanno denudato e abbandonato sulla strada; la bambina sveste e riveste la bambola; spoglia i bambini e mettili a letto (for figurative use, see **rubare**)).

sporcare   to dirty

insudiciare [3]	to soil, to stain, to sully, to tarnish (also figurative) (also used reflexively)	il cane ha insudiciato il sofà; Giovanni si è insudiciato la camicia; hanno insudiciato il mio buon nome; non vale la pena di insudiciarti per così poco
lordare [3]	to soil, to stain, to sully (also figurative) (also used reflexively)	ho lordato la mia nuova giacca; hai voluto lordare la memoria di mio padre; ti sei lordato di un atto imperdonabile mentendo per lui

contaminare [3-2]	*to contaminate, to pollute, to sully* (also figurative)	il fumo delle fabbriche contamina l'aria della città; ha cercato di contaminare il tuo buon nome
imbrattare [3-2]	*to soil, to dirty, to smear, to stain* (also used reflexively)	quel bambino ha imbrattato i muri; hai imbrattato l'abito di gelato; mi sono imbrattato di fango
insozzare [3-2]	*to dirty, to soil, to stain, to sully* (also figurative) (also used reflexively)	hanno insozzato il pavimento; hai insozzato la mia reputazione; i bambini si sono insozzati in giardino
inquinare [2]	*to pollute, to contaminate* (also figurative)	la tecnologia sta inquinando l'ambiente; dei veleni industriali hanno inquinato l'acqua; l'abuso di parole straniere inquina la lingua
macchiare [2]	*to stain* (in a variety of senses) (also used reflexively)	l'inchiostro macchia; ho macchiato la tovaglia di sugo; hai macchiato l'onore della famiglia; ti macchi sempre quando mangi; si è macchiato di un terribile delitto
sporcare [2]	*to (make) dirty* (in a variety of senses) (also used reflexively)	gli animali in casa sporcano sempre; hai sporcato il tappeto; hai sporcato il mio nome; quando mangia, si sporca sempre; si è sporcato per pochi soldi; non mi sporco a discutere con te

sporcizia (see also **spazzatura**)   dirt

luridezza f/ **luridume** m [3]	*filth, filthiness, squalor* (also figurative)	la luridezza della sua casa mi ha stupito; il luridume morale dell'ambiente in cui vivono i tossicomani è impressionante
sudiceria f/ **sudiciume** m [3]	*dirtiness, filthiness, foul thing* (also figurative)	togli quella sudiceria dal tavolo; è impossibile descrivere il sudiciume che c'è in casa sua; il suo licenziamento è stato una sudiceria
sporcizia f [2]	*dirt, dirtiness, mess, dirty thing*	vivono nella sporcizia; quella casa è di una sporcizia incredibile; hai tolto quella sporcizia da terra?; questo libro è pieno di sporcizie
sporco m [2]	*dirt, mess* (used only in the singular)	quello sporco è sempre lì sul pavimento; in quella casa vivono nello sporco
schifezza f [2-1]	*filth, muck, mess* (usually figurative)	perché ti escono sempre di bocca tante schifezze?; questo film è una vera schifezza
porcheria f [1]	*filth, dirt, muck, mess, dirty thing* (in a variety of senses)	nel cortile c'è molta porcheria; raccogli questa porcheria da terra; questo cibo è una porcheria; non fa altro che dire e fare porcherie; che porcheria questo libro!
schifo m [1]	*filth, lousy/rotten/disgusting thing, mess, pigsty* (for **fare schifo**, see **disgustare**) (see also **disgusto**)	che schifo quello spettacolo!; non vorrai mica mangiare quello schifo; è proprio uno schifo approfittare così del lavoro degli altri; questa casa è uno schifo

porcata f 1*	*dirty mess, filth, crap*	hai fatto proprio una gran porcata; smettila di dire porcate

sporco (see also corrotto and erotico) dirty

immondo 3	*filthy, foul* (also figurative)	non riesco ad entrare in quel luogo immondo; devi smettere quel tuo vizio immondo
lordo 3	*filthy, soiled, stained* (also figurative)	la macchina è lorda di fango; quell'uomo ha la coscienza lorda
lurido 3	*filthy* (also figurative)	indossava un vestito lurido; non voglio coinvolgermi con gente così lurida
turpe 3	*filthy* (morally), *improper, indecent* (see also **cattivo**)	questa è una turpe calunnia; è un turpe individuo
impuro 3-2	*impure, foul*	quell'acqua è impura; ho confessato pensieri impuri; ho spesso desideri impuri
sozzo 3-2	*filthy, foul* (in a variety of senses)	ho le mani sozze di grasso; è coinvolto in un sozzo affare; va sempre a vedere quei film sozzi
indecente 2	*indecent, improper* (also used ironically about prices)	ha detto parole indecenti; sei proprio indecente con quel costume da bagno; i prezzi in quel negozio sono indecenti
osceno 2	*obscene, indecent* (also used figuratively in the sense of *ugly, grotesque*)	ha fatto delle proposte oscene; ha commesso atti osceni; l'architettura di questo palazzo è proprio oscena
sconcio 2	*indecent, obscene, lewd, smutty*	mi disgustano le parole sconce di quelle ragazze; gli atti sconci che abbiamo visto sono pornografia pura
spinto 2	*indecent, obscene, blue*	il censore ha tagliato una scena troppo spinta; racconta sempre barzellette molto spinte
sporco 2	*dirty* (in a variety of senses)	la mia camicia è sporca; i piatti sono sporchi; hai le orecchie sporche; il bambino è sporco, bisogna cambiarlo; è una faccenda sporca; gli piace raccontare barzellette sporche
sudicio 2	*dirty, filthy* (also figurative)	questo cappotto è sudicio; le tue scarpe sono sudice di fango; sono stufo di quei discorsi sudici; sei un sudicio ricattatore
lercio 2-1	*filthy, foul* (also figurative)	questo è un posto proprio lercio; non ho mai visto un individuo così moralmente lercio
schifoso 1	*dirty, filthy, foul* (see also **disgustoso**)	quell'individuo è moralmente e fisicamente schifoso; quel libro è di un'oscenità schifosa; che tempo schifoso oggi!

sposare   to marry

prendere per marito [3]	to take as one's husband, to marry (transitive)	non conosceva bene l'uomo che aveva preso per marito
stringersi/unirsi in matrimonio [3]	to get married, to enter into wedlock (see also **legare** and **mescolare**)	il principe e la contessa si sono uniti in matrimonio in una grande cerimonia
prendere in moglie [3]	to take as one's wife, to marry (transitive)	l'ha presa in moglie perché l'amava
accasarsi [3-2]	to set up home, to settle down	quel ragazzo pensa già di accasarsi; ci siamo accasati un anno fa
ammogliarsi [3-2]	to find a wife, to get married	non ho voglia di ammogliarmi ancora; il giovane si ammogliò con sua cugina
maritarsi [3-2]	to get married	è raro oggi che la gente si mariti presto
prendere marito/moglie [3-2]	to get married, to take a husband/a wife	ha preso marito perché aveva paura di stare sola; a vent'anni ha deciso di prendere moglie
unire in matrimonio [3-2]	to join in wedlock, to marry	Don Giuseppe ha unito in matrimonio Paolo e Chiara
sposare [2]	to marry (transitive) (also figurative in the sense of to espouse, to embrace)	sposerà la sua ragazza l'anno prossimo; ho sposato la donna che amo; sposa un uomo molto più anziano di lei; ha sposato la causa del nazionalismo
sposarsi (con) [2]	to get married (to)	mi sono sposato molto giovane; ci siamo sposati per amore; si è sposato con mia sorella
sistemarsi [2-1]	to set oneself up, to settle down (see also **abitare**)	finalmente la loro figlia si è sistemata dopo anni di fidanzamento; si è sistemato con una bella ragazza
mettere su casa [1]	to set up home, to settle down	mettiamo su casa adesso

stabilire   to settle, to fix

delimitare [3]	to define, to establish, to set down (see also **limitare**)	la legge delimita i poteri dei ministri
pattuire [3]	to agree on, to settle	abbiamo pattuito il prezzo della merce
prefiggere [3]	to settle (in advance), to fix (in advance) (mainly used in reflexive form)	hanno prefisso i termini del pagamento; mi sono prefisso un determinato scopo
concordare [3-2]	to agree, to settle (see also **essere d'accordo**)	abbiamo concordato il prezzo; avete concordato i tempi di consegna?
determinare [3-2]	to set, to fix, to determine (see also **causare** and **decidere**)	abbiamo determinato il programma del viaggio?; la legge determina le norme per l'acquisto

definire [2]	*to define, to settle, to establish* (see also **spiegare**)	dobbiamo definire la nostra posizione; hanno definito una politica comune; devono definire i poteri della commissione
fissare [2]	*to fix, to settle, to establish* (see also **decidere** and **prenotare**)	abbiamo fissato le date del viaggio; avete fissato i prezzi per quella merce?; questi esempi ci permettono di fissare una regola grammaticale
precisare [2]	*to specify, to state precisely* (see also **spiegare**)	ti preciso l'ora del mio arrivo; sarebbe bene precisare i termini della controversia; mi ha precisato i dettagli del suo piano
stabilire [2]	*to settle, to fix, to establish, to set* (for reflexive use, see **abitare**) (see also **decidere**)	dobbiamo stabilire il prezzo della casa prima di venderla; avete stabilito i turni di lavoro per domani?; non hanno ancora stabilito le condizioni dell'accordo; abbiamo stabilito di non vederci più; hanno stabilito la loro sede a Milano

stancare to tire

estenuare [3]	*to exhaust, to wear out* (also used reflexively)	questo lavoro mi estenua; la malattia lo ha estenuato; con quella lunga fatica si è estenuato
fiaccare [3]	*to weary, to tire*	le molte amarezze lo hanno fiaccato; i dolori hanno fiaccato il suo spirito
straccare [3]	*to weary, to exhaust, to wear out* (also used reflexively)	la preoccupazione mi ha straccato; cercando di fare tutto da solo si è straccato
affaticare [3-2]	*to tire, to weary, to fatigue, to strain* (often of a part of the body) (also used reflexively in the sense of *to work hard, to strain oneself*)	se corri troppo, affaticherai il cuore; ho affaticato le braccia con quel lavoro; ti affaticherai gli occhi a lavorare al buio; non affaticarti a studiare troppo; ci si affatica sempre per i figli
sfinire [3-2]	*to exhaust, to wear out* (also used reflexively)	fare questo lavoro mi ha sfinito; la lunga attesa lo sta sfinendo; a forza di studiare si è sfinita
spossare [3-2]	*to exhaust, to tire/wear out* (also used reflexively)	questo lavoro sposserebbe chiunque; il gran caldo mi spossa; è un'attesa che spossa; lavorando troppo mi sono spossato
stremare [3-2]	*to exhaust, to tire/wear out*	tutte le domande lo hanno stremato; la lunga marcia aveva stremato i soldati
stancare [2]	*to tire, to weary* (also used reflexively) (see also **annoiare**)	queste ansie mi hanno stancato; sta tentando di stancare l'avversario; leggere troppo può stancare gli occhi; cerca di non stancarti troppo; mi sono stancato di quella musica
sfiancare [1]	*to wear out, to exhaust* (also used reflexively)	la salita sotto il sole mi ha sfiancato; il lavoro l'ha sfiancato; facendo otto piani a piedi mi sono sfiancato

stanco   tired

esausto [3]	*exhausted, worn/tired out*	mi sento esausto per il troppo lavoro; ho la mente esausta
estenuato [3]	*exhausted, worn out*	è estenuato per la malattia di cui soffre
affaticato [3-2]	*weary, strained*	hai gli occhi affaticati; è affaticato dagli anni
spossato [3-2]	*weary, exhausted, worn out*	mi sento spossato dopo quella nuotata; è spossata per il gran caldo
stremato [3-2]	*exhausted, worn out*	sono arrivato stremato in cima alla salita
sfinito [2]	*worn out, exhausted*	non posso continuare, sono proprio sfinito; quando l'ho vista, pareva sfinita
stanco [2]	*tired, weary* (in a variety of contexts)	ero stanco per il lungo viaggio; sono proprio stanco della vita; siamo stanchi delle tue lamentele; quello scrittore ha la fantasia stanca; il mercato è un po' stanco in questo momento
stufo [2-1]	*fed up, sick and tired* (see also **annoiare**)	sono stufo del mio lavoro; è stufa di studiare; siamo stufi da morire
distrutto [1]	*exhausted, all in*	non posso continuare a studiare, sono distrutto; dopo quella camminata, sono distrutta
sfiancato [1]	*worn out, done in*	sono sfiancata per la passeggiata che abbiamo fatto; possediamo un vecchio cavallo sfiancato
stracco [1]	*tired, worn out, done in*	mi sento stracco per il lungo viaggio; era stracco morto

stanza   room

vano m [3-2]	*room* (legal)	compriamo un appartamento di otto vani
aula f [2]	*classroom, lecture room, hall, courtroom*	gli studenti sono entrati in aula; questa è l'aula per le lezioni di fisica; il giudice ha fatto sgombrare l'aula
camera f [2]	*room* (especially *bedroom* or *one's own room*)	la sua camera è sempre in ordine; vai subito in camera tua!; a casa nostra c'è una camera per gli ospiti; abbiamo prenotato una camera in albergo
locale m [2]	*room* (see also **locale**)	quest'appartamento ha quattro locali; in questa casa ci sono locali spaziosi e pieni di sole

sala f 2	*room, hall* (for a specific purpose and usually large), *dining room* (shortened form of **sala da pranzo**)	l'ho visto nella sala d'aspetto della stazione; quest'albergo ha una sala da ballo; dov'è la sala per le riunioni?; in questa biblioteca c'è una sala di lettura; sono entrato nella sala di consultazione; tutti sono in sala pronti a mangiare
stanza f 2	*room* (in a variety of contexts) (see also **salotto**)	una stanza buia/grande/luminosa/piccola/spaziosa; stiamo cercando una stanza in affitto; l'appartamento ha tre stanze

stendersi (see also **dormire**)   to lie down

distendersi 3	*to lie down, to stretch out* (see also **riposare**)	vado a distendermi sul letto per qualche minuto
allungarsi 3-2	*to stretch out, to lie down*	vorrei allungarmi un po' se non ti dispiace; mi sono allungato sulla sabbia ad aspettarlo
sdraiarsi 2	*to lie down, to stretch out*	faceva molto caldo e ci siamo sdraiati sulla spiaggia
stendersi 2	*to lie down, to stretch out*	stenditi sul divano; ho bisogno di stendermi per una mezz'ora

stomaco   stomach

addome m 3	*abdomen*	l'addome umano è situato tra il torace e il bacino
grembo m 3	*womb* (literary)	portava un figlio in grembo
ventre m 3-2	*belly, stomach*	avere il ventre duro/gonfio/molle; era sdraiato sul ventre; ero ferito al ventre; sa solo riempirsi il ventre
pancia f 2	*stomach, belly, tummy*	ho mal di pancia; stai mettendo su pancia; dormo sempre sulla pancia
stomaco m 2	*stomach, tummy*	uno stomaco debole/delicato/forte/di ferro; se non stai attento a quel che mangi, ti rovinerai lo stomaco; ho mal di stomaco
interiora fpl 2-1	*innards*	hai tolto le interiora del coniglio?; cosa ne facciamo delle interiora del pollo?
budella fpl 1	*belly, gut* (also figurative)	stai sempre a riempirti le budella; mi tremevano le budella dalla paura
buzzo m 1	*belly, paunch*	aveva il buzzo pieno; non voglio mettere su il buzzo
trippa f 1	*paunch, pot belly*	hai messo su trippa; guarda che trippa ha tuo fratello!; pensa solo a riempirsi la trippa

straccio

rag, cloth

cencio m [2]	*rag, duster, (floor) cloth* (also figurative referring to persons)	va in giro vestito di cenci; dammi un cencio, che devo spolverare un po'; le fatiche lo riducono un cencio
straccio m [2]	*rag, duster, (floor) cloth* (also figurative referring to persons)	sei vestito di stracci; ha passato lo straccio per terra; mi sento uno straccio; che povero straccio di marito!
strofinaccio m [2]	*duster, floor/dish cloth, tea towel*	ci servono degli strofinacci per le faccende di casa; ha preso lo strofinaccio per asciugare i piatti

strada

street, road

autostrada f [2]	*motorway*	abbiamo preso l'autostrada per andare a Roma; non si paga per usare quest'autostrada; l'autostrada ha tre corsie
corso m [2]	*main/high street, avenue* (sometimes in street names)	l'abbiamo visto per il corso mentre facevamo la passeggiata; ho parlato con lui in Corso Mazzini ieri sera
strada f [2]	*street, road, way, path* (also figurative) (see also **sentiero**)	questa finestra dà sulla strada; qual è la strada per andare al mercato?; ho segnato la strada sulla carta; ci sono due ore di strada per arrivare lì; non so cosa penserà l'uomo della strada; si è messo sulla buona strada; ha fatto strada nella vita
stradone m [2]	*(wide) road, boulevard, avenue*	abitiamo su quello stradone che porta alle zone periferiche della città
via f [2]	*way, road* (common in street names) (also figurative), *means* (see also **modo**)	conosco la via dove abiti; ci siamo incontrati in Via Rossini; l'abbiamo messo sulla giusta via; questa medicina si prende per via orale; il malato è in via di guarigione
viale m [2]	*avenue, boulevard, drive* (often in street names)	abbiamo viaggiato lungo i viali della periferia; questo parco ha dei bei viali alberati; ci siamo incontrati in Viale Piceno
vicolo m [2]	*(narrow) street, lane*	in questo vicolo ci sono tanti gatti; la nostra casa è in fondo al vicolo

strano (see also estraneo)

strange

bislacco [3]	*eccentric, outlandish*	che persona bislacca sei!; ha sempre un comportamento bislacco
estroso [3]	*whimsical, capricious*	quel politico è troppo estroso per essere preso sul serio
inusitato [3]	*unusual, unaccustomed*	ho citato degli esempi inusitati; ama fare uso di parole inusitate

inconsueto [3]	*unusual*	ho assistito a una ceremonia inconsueta; è un'ora inconsueta per fare una visita
bizzarro [3-2]	*strange, bizarre*	lui ha sempre avuto idee bizzarre; che tipo bizzarro!
eccentrico [3-2]	*eccentric, odd, peculiar* (also used as a noun)	che ragazza eccentrica!; porta un abito eccentrico; sei una vera eccentrica
singolare [3-2]	*peculiar, particular*	quel professore è un tipo singolare; ha un modo singolare di parlare; porta sempre vestiti singolari; che tu non voglia neanche vedere tuo fratello mi sembra molto singolare
curioso [2]	*curious, odd, peculiar, funny*	è un tipo curioso; mi è successo un fatto proprio curioso; è curioso, credevo che fosse partito
insolito [2]	*unusual, odd* (see also **raro**)	è stato un avvenimento insolito; ha fatto un discorso insolito; è stata un'estate di afa insolita
strambo [2]	*odd, strange, peculiar*	è un tipo strambo; è una testa stramba; ha delle idee strambe
strano [2]	*strange, odd, weird*	è un ragazzo molto strano; parla una lingua strana; ho sentito uno strano rumore; mi sembra strano che non abbia telefonato; mi ha fatto una strana impressione
stravagante [2]	*unconventional, peculiar, cranky* (also used as a noun)	è una persona stravagante; è cosa nota che gli artisti sono un po' stravaganti; che idea stravagante!; si è mostrato un vero stravagante

strappare   to tear, to rip

sbrindellare [3]	*to tear/rip to shreds*	ero stufo di quella giacca, e perciò l'ho sbrindellata
dilaniare [3-2]	*to tear to pieces* (often of animals) (for figurative use, see **tormentare**)	è stato dilaniato da una tigre; i cani, raggiunta la lepre, l'hanno dilaniata; l'esplosione dilaniò il suo corpo
lacerare [3-2]	*to tear (up), to rip* (for figurative use, see **tormentare**)	ha lacerato il foglio di carta; ero così arrabbiata che ho lacerato tutto il vestito; il chiodo gli ha lacerato il braccio; è caduto su un mucchio di vetri e ha lacerato il viso
sbranare [3-2]	*to tear to pieces* (especially of animals)	il leone sbranò la pecora; per poco le tigri non sbranavano il domatore
squarciare [3-2]	*to tear, to rend, to rip* (also figurative)	il proiettile gli ha squarciato il petto; un fulmine ha squarciato quel tronco; un urlo squarciò il silenzio
straziare [3-2]	*to tear apart/to pieces* (often figurative) (for other figurative uses, see **tormentare**)	la bomba ha straziato i corpi delle vittime; quella cantante strazia sempre la musica di Donizetti

stracciare [2]	*to tear (up)/(to pieces)* (also figurative in sport)	ha stracciato il giornale in cento pezzi; ho stracciato tutte le lettere di Paolo; attraversando il bosco ha stracciato la giacca a vento; ha stracciato l'avversario nella partita di tennis
strappare [2]	*to tear, to rip* (accidentally or deliberately) (see also **togliere**)	ha strappato i pantaloni mentre si arrampicava sull'albero; ho strappato il foglio dal quaderno; arrabbiatissimo ha strappato quella vecchia fotografia

stretto   tight, narrow

angusto [3]	*narrow*	ci trovammo su un sentiero angusto; sotto c'era una valle molto angusta
attillato [3-2]	*tight, tight-/close-fitting* (of clothes)	in questo negozio quasi tutti i vestiti sono attillati; quella maglia è un po' attillata
aderente [2]	*tight, tight-/close-fitting* (of clothes)	quella ragazza porta pantaloni molto aderenti; le camicie aderenti vanno di moda quest'anno
stretto [2]	*tight, narrow* (in a variety of senses), *close* (also used as an adverb in the sense of *close* or *tight*) (see also **severo**)	il vestito è molto stretto; ha le scarpe strette; ho fatto un nodo ben stretto; hanno preso una strada molto stretta; siamo parenti stretti; camminava stretto al muro; lo abbracciò stretto; tenevo il foglio stretto tra le mani

strumento (see also macchina (a))   instrument, tool

attrezzo m [3-2]	*implement, utensil*	gli attrezzi agricoli/da cucina/da falegname/da giardinaggio
arnese m [2]	*tool, implement, device*	ho tutti gli arnesi necessari per questo lavoro; l'elettricista non ha portato gli arnesi; a che serve quest'arnese?
attrezzatura f [2]	*equipment, facilities*	l'attrezzatura del laboratorio sarebbe difficile da sostituire; ho tutta l'attrezzatura da falegname, ma non riesco a trovare lavoro; abbiamo tutte le necessarie attrezzature turistiche
strumento m [2]	*instrument, tool* (also figurative)	strumenti chirurgici/musicali/nautici/ottici/di misura/di precisione/di tortura; per analizzare questo libro ci vogliono certi strumenti critici; sei lo strumento della provvidenza
utensile m [2]	*utensil, tool, implement*	un utensile meccanico/moderno/primitivo/di metallo/di pietra; utensili da elettricista/da falegname/da meccanico; ho comprato tutti gli utensili di cucina
affare m [2-1]	*thingy* (see also **cosa**)	come funziona quell'affare?; che cos'è quest'affare?

aggeggio m <u>2-1</u>	*gadget, contraption*	aveva in mano uno strano aggeggio; cos'è questo aggeggio?; quella stanza era piena di mille aggeggi

studente

student, pupil

discepolo/a mf <u>3</u>	*disciple, follower*	ci sono i maestri e i discepoli; Michelangelo ha avuto molti discepoli; chi erano i discepoli di Cristo?
seguace mf <u>3</u>	*follower, disciple*	i seguaci di Mark sono numerosi; mi conto tra i seguaci del cristianesimo
allievo/a mf <u>2</u>	*pupil, schoolboy/girl*	è il migliore allievo della scuola; è stato mio allievo alle elementari; Raffaello fu allievo del Perugino
alunno/a mf <u>2</u>	*pupil, schoolboy/girl*	ho degli alunni molto diligenti; questi sono gli alunni della terza (classe)
scolaro/a mf <u>2</u>	*pupil, schoolboy/girl*	è un bravo scolaro; gli scolari delle elementari sono meno difficili di quelli delle medie
studente mf <u>2</u>	*student, pupil* (also with additional feminine form **studentessa**)	è uno studente universitario/di legge/di liceo/di lingue/di medicina; hai la tua tessera da studente?; tutte le studentesse hanno ringraziato il professore

studio (see also **esame** and **opera**)

study

componimento m/ **composizione** f <u>3</u>	*composition, essay* (in school)	oggi hanno fatto il componimento in classe d'italiano; prima dell'esame dobbiamo fare esercizi di composizione italiana e latina
dissertazione f <u>3</u>	*dissertation*	ha fatto una dissertazione sul movimento delle stelle nella nostra galassia
monografia f <u>3</u>	*monograph, study*	il professore di francese ha scritto una monografia su Gide; quell'editore pubblica una collana di monografie storiche
profilo m <u>3-2</u>	*profile, (brief) study* (see also **descrizione**)	ha pubblicato un profilo critico del poeta Leopardi
saggio m <u>3-2</u>	*essay* (usually academic)	ho mandato un saggio su Picasso a quella rivista; quei saggi critici sono importantissimi nella storia della letteratura
tesi f <u>3-2</u>	*thesis* (usually written at the end of a degree course) (invariable plural)	una tesi di laurea; ho scritto la mia tesi su Virginia Woolf; Francesco ha finito gli esami, deve solo fare la tesi
articolo m <u>2</u>	*article* (see also **articolo**)	scrive molti articoli in riviste letterarie e storiche; il suo articolo sulla resistenza in Italia mi è piaciuto tantissimo

| **studio** m
2 | *study, studying* | uno studio critico/scientifico/storico; quella rivista pubblica studi su autori moderni; lo studio di civiltà antiche è molto interessante; abbandonare/cominciare/finire gli studi |
| **tema** m
2 | *essay, dissertation* (usually in school) (see also **argomento**) | il tema di italiano era facile all'esame; non dirmi che hai copiato il mio tema, il professore se ne accorgerà; voglio che consegniate il tema la settimana prossima |

stupido   stupid

fatuo 3	*fatuous, inane*	fa sempre discorsi fatui; è proprio una persona fatua; mi ha detto cose fatue e poi mi ha mandato via
insensato 3	*foolish, senseless* (also used as a noun)	sono parole insensate; è un giovane insensato; la tua è una passione insensata; non parlare da insensata
insulso 3	*inane, fatuous*	ha fatto un sorriso insulso; perché fai questi discorsi insulsi?
stolido/stolto 3	*stupid, foolish, silly* (also used as a noun)	sono stato così stolto da credergli; che domanda stolida mi ha fatto!; si comporta sempre da stolto
interdetto/a mf 3-2	*fool*	cosa vuoi da lui, è un povero interdetto!
cretino 2	*idiotic, dim-witted* (also used as a noun)	quel ragazzo è proprio cretino; ha dato una risposta cretina; perché parli sempre da cretino?; che cretino sei!
deficiente mf 2	*idiot, stupid fool, dim-wit*	non dargli retta, è un povero deficiente; sta' zitta tu, deficiente!
idiota 2	*idiotic, foolish, stupid* (also used as a noun)	ha dato una risposta idiota; sei un perfetto idiota
imbecille 2	*stupid, foolish* (also used as a noun)	ti sei rivelato assolutamente imbecille; fa sempre la figura dell'imbecille
scemo 2	*stupid, silly, dim-witted, idiotic* (also used as a noun)	che ragazza scema sei!; non perderti con amici scemi; la tua idea è proprio scema; che libro scemo ho letto!; sei un povero scemo; è lo scemo del villaggio
sciocco 2	*silly, foolish* (also used as a noun)	quel ragazzo è proprio sciocco; è stata una decisione sciocca; è stato uno sciocco a non approfittarne
semplicione/a mf/ **sempliciotto/a** mf 2	*simpleton, sucker*	non si può mai contare su un semplicione; non hai capito nulla, che sempliciotto sei!
stupido 2	*stupid, foolish* (also used as a noun and in the diminutive noun forms **stupidino/a**	non è affatto stupido come tutti credono; ha dato una risposta stupida; ho fatto un discorso stupido; perché devi sempre fare lo

	mf and **stupidotto/a** mf)	stupido?; perché fai sempre la stupidina con lui?; nessuno riesce a sopportare quella stupidotta
balordo [2-1]	*stupid, slow-witted, foolish* (also used as a noun)	è un tipo balordo; hai sentito le sue idee balorde?; ha preso una decisione balorda; sei un perfetto balordo
mentecatto [2-1]	*idiotic, stupid, half-witted* (also used as a noun)	si è sposata con un ragazzo un po' mentecatto; sei una povera mentecatta!
babbeo [1]	*stupid, idiotic* (also used as a noun)	sei proprio babbeo; hai fatto la figura del babbeo
baggiano [1]	*stupid, foolish* (also used as a noun)	baggiano che sei!; non è capace di non agire da baggiano
citrullo [1]	*stupid, foolish, daft* (also used as a noun)	sei stato proprio citrullo a lasciar perdere quel lavoro; non comportarti da citrullo
fessacchiotto/a mf [1]	*fool, nitwit*	sei un fessacchiotto e basta; questi sono discorsi da fessacchiotto
fesso [1]	*silly, stupid, foolish, idiotic* (also used as a noun)	guarda come sei fessa!; più fesso di lui non c'è nessuno; che discorso fesso!; bisogna essere dei fessi per agire così
gonzo [1]	*foolish, silly* (also used as a noun)	sei la persona più gonza che conosco; gabbare i gonzi è facile
grullo [1]	*silly, foolish* (also used as a noun)	quanto sei grullo!; non fare il grullo
scimunito [1]	*foolish, silly, idiotic* (also used as a noun)	sei anche più scimunito di lui; che guaio ha combinato quello scimunito!
tonto [1]	*daft, silly, dumb, thick* (also used as a noun) (see also **fingere**)	sei proprio tonto se non capisci questo; quello è un tonto!; bisogna pagare, non fare il finto tonto
coglione m [1*]	*idiot, moron, jerk*	sei stato un vero coglione a non fermarlo; che povero coglione sei!

su (a)   on, up

al di sopra di [3]	*above (not touching)* (preposition) (also figurative)	l'aereo volava al di sopra delle nuvole; è al di sopra di ogni sospetto
in alto [2]	*(high) up* (adverb) (also figurative)	ho guardato in alto; mani in alto!; arriverà molto in alto
sopra/di sopra [2]	*above, over, on, on top (of), upstairs* (either without contact or touching) (preposition or adverb) (also figurative)	sopra il fiume c'è un ponte; l'aereo vola sopra Parigi; il libro è sopra la scrivania; il gatto saltò sopra il tavolo; ha la casa sopra il negozio; il re dominava sopra tutta la regione; vieni sopra; faccio una torta con panna sopra; abitano (di) sopra; vado al piano di sopra; mettiamoci una pietra sopra; scrivendo questo, mi riferisco a quanto sopra

su 2	on, upon (usually touching) (preposition) (also figurative), up, upstairs (adverb)	la penna è sulla scrivania; metti il giornale sulla sedia; il cane si gettò sul ladro; Firenze è sull'Arno; regna su mezzo mondo; la finestra dà sul giardino; sono andato su per la collina; digli che sto su

su (b)   on, about

in fatto di 3	*concerning, regarding, on the* *subject of*	è un esperto in fatto di musica; in fatto di eleganza sei imbattibile; in fatto di donne non ha rivali
intorno a 3	*about, concerning (after a* *verb or an expression with* *a verb)*	fece un discorso intorno alle istituzioni pubbliche; ho letto un saggio intorno alle origini della lingua italiana
in materia di 3	*concerning, regarding, on the* *subject of*	in materia di legge il mio amico è molto competente; in materia di disciplina mio padre non era molto severo
in merito a 3	*concerning, with regard to*	vorrei parlarle in merito a quanto successo ieri
in relazione a/ **in rapporto a** 3	*in relation to, with reference to,* *regarding (often in formal* *correspondence)*	in relazione alla Vostra richiesta, Vi comunichiamo che . . .; in rapporto alla vostra prima obiezione, devo rilevare che . . .
con/in **riferimento a** 3	*with/in reference to (usually* *in correspondence)*	con riferimento alla vostra lettera del 18, . . .
in tema di 3	*concerning, as far as . . . is* *concerned, when it comes to*	ne sa molto in tema di cinema; in tema di conversazione lui lascia molto a desiderare; è inflessibile in tema di soldi
sul conto di 3-2	*about, regarding (of a person)*	non possono dire nulla di male sul nostro conto; ha messo in giro pettegolezzi sul tuo conto
a proposito di 3-2	*as regards, talking about, on* *the subject of, regarding*	a proposito di viaggi, quando parti?; vorrei parlarti a proposito del tuo ruolo in questa faccenda
(in) quanto a 3-2	*as for, as regards (usually at* *the beginning of a* *sentence)*	quanto a me preferisco rimanere anonimo; quanto alle mie intenzioni, non è cosa che ti riguardi; in quanto al denaro che vi devo, vi spedirò un assegno
riguardo a 3-2	*regarding, with regard to*	riguardo alla tua proposta non mi sono ancora deciso; non ha detto niente il direttore riguardo a quella faccenda?
per quanto **riguarda/concerne/** **per ciò che/quel(lo)** **che riguarda/** **concerne** 3-2	*as regards, regarding,* *concerning*	per quanto riguarda la mia famiglia, non è cambiato niente; per ciò che riguarda la tua lettera sono rimasto proprio scioccato; per quel che mi riguarda non lo vedrò; per quanto mi concerne sono d'accordo; per quel che concerne la nostra partenza, ti saprò dire la data

circa 2	*about, concerning, regarding, as regards*	non so nulla circa la sua partenza; circa le origini del genere umano si può sapere relativamente poco
di 2	*of, about* (after verbs such as **parlare** and **discutere**)	mi hanno parlato di te; non avevo voglia di discutere di politica
a livello di 2	*as regards*	a livello di insegnanti questa scuola è ottima; a livello di programma questo corso è molto impegnativo
su 2	*on, about, regarding*	su questo argomento ci sono diverse opinioni; preferisco non discutere sulla situazione politica; ho assistito a una conferenza sull'arte moderna

subito   immediately, at once

lì per lì 3	*there and then, on the spur of the moment*	lì per lì non avevo capito; lì per lì non seppi cosa rispondergli
all'istante 3-2	*immediately, instantly*	arrivo all'istante
adesso/ora 2	*immediately, right now, in a minute* (see also **adesso**)	non ti preoccupare, vengo adesso; dovrebbero arrivare adesso; il mio amico si dovrebbe far vivo proprio ora
immediatamente 2	*immediately, at once* (of time or place)	i soccorsi arrivarono immediatamente; sono partito immediatamente dopo l'avvenimento; abito immediatamente prima della piazza
subito 2	*right away, immediately, at once* (of time or place)	quella luce appare e sparisce subito; vieni qui subito!; torno subito; si paga subito o dopo?; ci siamo visti subito dopo la partita; quel negozio si trova subito dopo l'angolo
mo' 1R	*right now, right away, this minute* (regional Southern usage) (see also **adesso**)	sono stufo di aspettare, vieni mo'; non ti faccio più aspettare, arrivo mo'

succedere   to happen

sopraggiungere 3	*to arise, to turn up* (auxiliary **essere**) (see also **venire**)	se non sopraggiungono altre difficoltà, arriveremo domani
sopravvenire 3	*to come about, to occur (suddenly)* (auxiliary **essere**) (see also **venire**)	sono sopravvenute complicazioni; stava bene all'ospedale, ma poi è sopravvenuto un infarto
svolgersi 3	*to occur, to come about, to take place*	ecco come si svolsero i fatti; la vita si svolge monotona; il primo atto della commedia si svolge in Turchia
verificarsi 3	*to occur, to take place, to come true*	si è verificato un fatto nuovo; se si verificano altri incidenti, me lo faccia sapere; le mie previsioni si sono tutte verificate

accadere 3-2	to happen, to occur, to take place (auxiliary **essere**)	accadono cose strane; che cosa ti è accaduto?; sono cose che accadono qualche volta; accadeva spesso che litigassero
avvenire 3-2	to happen, to occur, to take place (auxiliary **essere**)	l'episodio avvenne molto tempo fa; molti incidenti stradali avvengono nella notte; come spesso avviene, si sono riconciliati
avere luogo 3-2	to take place (of an event such as a meeting)	l'incontro avrà luogo domani; durante la manifestazione hanno avuto luogo gravi incidenti
capitare 2	to happen (auxiliary **essere**) (see also **venire**)	cosa ti è capitato?; mi è capitato un grosso guaio; queste cose capitano spesso; capita qualche volta che mi venga a trovare; mi capita spesso di vederlo con lei
succedere 2	to happen, to take place, to occur (auxiliary **essere**)	questo fatto successe molti anni fa; è successa una catastrofe; che cosa gli è successo?; sono cose che succedono

sud   south

meridionale mf 2	southerner, southern Italian (also used adjectivally)	molti meridionali sono venuti a lavorare in Nord Italia; ha un viso tipicamente meridionale; viene dall'Asia meridionale
meridione m 2	south, Southern Italy	il meridione della Francia è molto caldo durante l'estate; è cresciuto nel Meridione
mezzogiorno m 2	south, Southern Italy	la nostra casa è esposta a mezzogiorno; la questione del Mezzogiorno non è ancora risolta
sud m 2	south (also used as an adjective)	abita nel sud della Francia; sono gente del sud; la città è a sud di Roma; si è avviato verso sud; viviamo nell'emisfero sud

suonare   to ring, to sound

rintoccare 3	to toll, to strike	la campana rintoccava nella notte; il pendolo rintoccherà tra poco
tintinnare 3	to tinkle, to jingle, to clink	ha fatto tintinnare il campanello; il campanello tintinnava con un suono argentino
trillare 3	to trill, to ring	il campanello ha trillato a lungo prima che qualcuno andasse ad aprire
squillare 3-2	to ring (out), to peal	il telefono ha squillato molte volte oggi; ho sentito squillare il campanello; quando parla, la sua voce squilla in tutta la casa
suonare 2	to ring, to sound, to chime (transitive or intransitive), to play (an instrument or	suona il campanello; gli autisti suonavano i clackson; il telefono ha suonato a lungo; la sveglia non ha suonato; le campane suonano

	musically) (auxiliary **avere** or **essere** when intransitive)	a festa; una chitarra ha suonato nella notte; questa frase suona bene/male; queste parole suonano strane; lui suona molto bene il violino; ha suonato una sinfonia di Bach; suona in un quartetto

suora — nun, sister

religiosa f [3]	*nun*	le religiose si radunarono nel cortile del convento
sorella f [3-2]	*nun, sister* (used especially as an appellative)	buongiorno sorella, le posso chiedere un aiuto?
monaca f [2]	*nun*	si è fatta monaca; è monaca benedettina; vive in un convento di monache
suora f [2]	*nun, sister* (often involved in social assistance)	ho parlato con suor Maria; è suora infermiera; è andata a stare dalle suore

superare — to exceed, to get through, to overtake

eccedere [3]	*to exceed, to go beyond* (figurative)	quella donna eccede sempre i limiti; non bisogna eccedere la spesa prevista; eccede sempre nel mangiare e bere
sormontare [3]	*to rise above, to surmount, to overcome* (also figurative)	le acque sormontavano gli argini; ha sormontato gravi ostacoli
varcare [3]	*to cross, to go beyond, to overstep* (also figurative)	qui non si deve varcare la soglia; gli esploratori hanno varcato il fiume; ha già varcato la soglia dei sessant'anni; non bisogna varcare i limiti della decenza
oltrepassare [3-2]	*to go beyond, to cross* (also figurative)	abbiamo oltrepassato la frontiera; l'acqua oltrepassa i livelli normali; oltrepassi tutti i limiti
passare [2]	*to pass, to overtake* (less common than **sorpassare** or **superare** in the last sense)	nella corsa ha passato tutti gli altri corridori; ho passato ormai la cinquantina
essere promosso [2]	*to get through, to pass* (of an exam)	tutti gli allievi sono stati promossi; sono promosso o bocciato?
sorpassare [2]	*to go beyond, to exceed, to surpass, to outdo, to pass, to overtake* (see also **vincere**)	l'acqua sorpassa il livello normale; il figlio sorpassa il padre di dieci centimetri; lo sorpassa in abilità; hai proprio sorpassato i limiti ormai; abbiamo sorpassato tutte le macchine sulla strada
superare [2]	*to exceed, to surpass, to go beyond, to get through, to overcome, to pass, to overtake* (see also **vincere**)	il risultato supera le mie aspettative; poche persone superano le venti sigarette al giorno; stai superando la velocità consentita; ha superato la quarantina ormai; penso che supererà l'ostacolo della malattia; devo

| | | superare un momento di stanchezza; ha superato l'esame; quella macchina è molto lenta, la puoi superare? |
| **seminare** 2-1 | to overtake, to leave standing (also figurative) | quella Ferrari ci ha seminato per la strada; all'università lui è talmente bravo che ha seminato tutti gli altri studenti |

supporre (see also pensare) — to suppose

congetturare 3	to conjecture, to hypothesise	si può solo congetturare il movente del delitto
ipotizzare 3	to hypothesise	bisogna ipotizzare che l'uomo che cerchiamo sia già morto
assumere 3-2	to assume	si deve assumere che abbia voluto togliersi la vita
presumere 3-2	to presume, to imagine	presumo che adesso userai un nuovo sistema; lui presume di sapere tutto
concludere 2	to conclude (see also **finire**)	abbiamo concluso che era meglio partire subito; da ciò si conclude che hanno sbagliato
dedurre 2	to infer, to deduce, to conclude	cosa si deduce dalle tue parole?; dalle nubi dedusse che il temporale si avvicinava
immaginare 2	to imagine, to suppose (see also **immaginare**)	la casa era più piccola di quanto avessi immaginato; non è difficile immaginare da chi sia partita questa accusa; Dante immagina di trovarsi sperduto in una selva
supporre 2	to suppose, to imagine	supponiamo che tu abbia ragione; se si suppone che sia vero, come si fa a dimostrarlo?; tutto lascia supporre che il colpevole sia lui

svegliare (see also ravvivare and spingere) — to wake, to awaken

destare 3	to awaken, to rouse, to stir (usually figurative) (also used reflexively)	ho lasciato detto di destarmi alle sette; l'arrivo del circo destò il paese dal torpore; cercai invano di destare la sua curiosità; quell'avvenimento ha destato scalpore; tali immagini si destano inconsciamente nella mente
ridestare 3	to (re)awaken, to rouse, to stir (less common than **destare**) (usually figurative) (also used reflexively)	una voce che chiamava lo ridestò dal sonno; questa canzone ridesta in me tanti ricordi; il vecchio entusiasmo si è ridestato in lui
sensibilizzare 3	to awaken, to sensitise	si cerca di sensibilizzare la gente al rispetto della legge; si deve sensibilizzare l'opinione pubblica su questo problema

| **risvegliare** 3-2 | *to wake (up), to (re)awaken, to (a)rouse (also figurative) (also used reflexively)* | risvegliare l'appetito/l'entusiasmo/l'interesse; alle sei mi ha risvegliato il telefono; risvegli vecchi ricordi in me; si è risvegliato dall'inerzia; il vulcano si è risvegliato dopo un lungo periodo d'inattività |
| **svegliare** 2 | *to wake (up), to awaken, to (a)rouse (also figurative) (also used reflexively)* | svegliami alle otto; mi ha svegliato lo squillare del telefono; vivere in città lo ha svegliato; oggi mi sono svegliato molto tardi; si vede che con l'età si è svegliato |

tabella   (notice) board

albo m 3	*notice board (see also **lista**)*	hai consultato l'albo del municipio?; ci sono i risultati degli esami sull'albo universitario
bacheca f 2	*notice board*	la lista dei corsi per quest'anno si trova sulla bacheca; hanno affisso in bacheca i nomi dei promossi
tabella f 2	*(notice) board (also in augmentative **tabellone** suggesting larger size)*	la tabella della misure/dei prezzi; l'elenco dei candidati è affisso in tabella; ci vedremo alla stazione davanti al tabellone degli orari dei treni; hanno esposto i risultati sul tabellone della Facoltà

tagliare   to cut

rasare 3	*to shave, to cut, to mow (also used in reflexive form)*	per cominciare a mettere in ordine il giardino hanno rasato il prato; mi sono rasato la barba
tranciare 3	*to slice, to cut, to shear (often of metal)*	abbiamo tranciato il pesce surgelato in parecchi pezzi; bisogna tranciare quel blocco di metallo
radere 3-2	*to shave, to raze (also used reflexively)*	ho deciso di radere la barba; vado dal barbiere a farmi radere; preferisco radermi con un rasoio elettrico; hanno raso al suolo quel gruppo di vecchie case
tosare 3-2	*to crop, to shear, to mow*	abbiamo fatto tosare il nostro cane; il pastore ha tosato le pecore; bisogna tosare l'erba di questo prato
affettare 2	*to slice, to cut into slices*	affettare il pane/il prosciutto/il salame; preferisci affettare a mano o con l'affettatrice?
farsi la barba 2	*to (have a) shave*	quante volte alla settimana ti fai la barba?; mi faccio la barba ogni mattina
segare 2	*to saw (off/through)*	segare un albero/un osso/un ramo/una tavola/un tronco; bisogna segare questa tavola di legno
tagliare 2	*to cut (up/off/down) (also figurative) (also used reflexively) (see also **ridurre**)*	taglio il pane con il coltello; taglia un pezzo di formaggio; ha tagliato due metri di stoffa; mi sono fatto tagliare i capelli; hanno tagliato l'albero; il coltello non taglia bene; questa

		strada taglia la statale; una macchina mi ha tagliato la strada; si è tagliato col temperino
tagliuzzare 2-1	*to cut up/to bits/into pieces, to chop up*	ha tagliuzzato un foglio di carta; abbiamo tagliuzzato la carne in pezzi molto fini

tappeto   carpet, rug

guida f 3	*(red/VIP) carpet*	hanno steso una guida di velluto rosso per la visita del vescovo
passatoia f 3	*runner, hall carpet*	le passatoie in quell'edificio erano vecchie e lacere
moquette f 2	*(fitted) carpet (invariable plural)*	nella mansarda abbiamo messo una moquette blu; non mi piace la moquette, preferisco le piastrelle
scendiletto m 2	*bedside carpet/rug (invariable plural)*	abbiamo bisogno di alcuni scendiletto per le camere
stuoia f 2	*mat (with reference to the material it is made of)*	una stuoia di bambù/di canne/di giunchi/di paglia
tappetino m 2	*(small) carpet, rug, mat*	la nonna ha lavorato questo tappetino all'uncinetto; vado a pulire i tappetini della macchina
tappeto m 2	*carpet, rug*	un tappeto cinese/persiano; hanno comprato un bellissimo tappeto antico per il salotto
zerbino m 2	*(door)mat*	bambini, pulitevi le scarpe sullo zerbino; devo comprare uno zerbino da mettere fuori del mio appartamento
stoino m 2-1	*mat, rug (usually to protect a specific area)*	pulisciti i piedi sullo stoino; ho comprato uno stoino per la cucina; ci vuole uno stoino da mettere vicino all'acquaio

tappo   cork, plug

turacciolo m 3	*stopper, cork*	non si riesce a togliere il turacciolo a questo fiasco; per aprire la bottiglia bisogna girare il turacciolo di plastica
zaffo m 3	*bung, stopper*	uno zaffo è un tappo di legno usato per turare botti o tini
sughero m 2	*cork*	come si fa a togliere il sughero a questa bottiglia?; non si riesce a rimettere il sughero in questa bottiglia
tappo m 2	*cork, top, plug*	un tappo di metallo/di plastica/di sughero/di vetro; bisogna togliere il tappo a questa bottiglia di vino; abbiamo bisogno di un nuovo tappo per la vasca da bagno

tardi late

tardivo 3	*late, backward*	abbiamo avuto una primavera tardiva quest'anno; le tue scuse sono tardive; quel ragazzo è un po' tardivo, non segue tanto bene le lezioni
in ritardo 2	*late* (later than expected)	Michele è in ritardo di un'ora; Paola arriva sempre in ritardo
tardi 2	*late*	andiamo a casa, è tardi; siamo arrivati a casa tardi ieri sera; hai fatto tardi ieri sera; adesso non ho tempo, ci vedremo più tardi; il medico è arrivato troppo tardi

tassa tax

imposta f 3	*tax, duty* (imposed by the state) (often plural)	le imposte dirette/locali/personali/reali; le imposte da pagare per quella vecchia casa mi sembrano troppo alte
onere m 3	*burden, charge* (see also **peso**)	l'onere fiscale; il contratto impone alla nostra società degli oneri finanziari molto gravosi
contributo m 2	*contribution, tax, dues*	il governo ci impone contributi molto alti; quella ditta non ha pagato al fisco i contributi degli operai; non tutti pagano il contributo sindacale
tassa f 2	*tax* (often plural) (see also **costo**)	aumentare/imporre/pagare le tasse; io le tasse le ho sempre pagate; oggi in ufficio sono venuti gli esattori delle tasse

tavolo table

mensa f 3	*table* (usually ceremonial) (see also **locale**)	la mensa eucaristica/sacra; il gruppo degli ufficiali si è seduto a mensa; la mensa era lussuosamente imbandita
tavola f 2	*table* (for dining)	apparecchiare/preparare/sparecchiare la tavola; sedersi a tavola; c'è l'acqua in tavola?; è pronto in tavola
tavolino m 2	*(small) table* (see also **scrivania**)	hanno comperato un tavolino moderno per il salotto
tavolo m 2	*table* (of various different types)	il tavolo operatorio/da cucina/da gioco/da ping-pong; cosa hai rovesciato sul tavolo?; mettiamo la spesa sul tavolo per il momento; ho lasciato il libro sul tavolo in biblioteca

tazza cup

boccale m 3-2	*jug, tankard*	un boccale d'argento/di ceramica/di cristallo/di terracotta; il cavaliere prese il boccale di vino che la dama gli offriva

ciotola f 2	*bowl*	la ciotola del cane/del gatto; uso questa ciotola ogni mattina per il caffelatte; mi sono comprata una ciotola di terracotta per metterci tutte le graffette
coppa f 2	*cup* (usually metal and either ceremonial or for eating or drinking)	una coppa d'argento/d'oro/per lo champagne; chi ha vinto la coppa del mondo del calcio l'ultima volta?
scodella f 2	*bowl*	una scodella di ceramica/di porcellana; ha versato il caffelatte nelle scodelle
tazza f 2	*cup*	ho bevuto una tazza di tè; abbiamo comprato delle tazze da caffè e da tè; sto male, stasera bevo solo una tazza di brodo
tazzina 2	*cup* (small and usually for coffee)	vuole una tazzina di caffè?; sono rimaste solo due tazzine, quante ne hai rotte?
chicchera f 2-1	*cup* (usually without handles)	noi ci beviamo una bella chicchera di caffelatte al mattino per colazione; ho preso queste chicchere in Sardegna

telefonare — to (tele)phone

chiamare 2	*to (tele)phone, to call, to ring* (see also **chiamare**)	chiama questo numero; chiamami domani alle dieci; con i telefonini i giovani chiamano i loro amici molto spesso
telefonare (a) 2	*to (tele)phone, to call, to ring*	ti telefonerò appena possibile; non ha telefonato nessuno oggi; appena puoi, telefonami il risultato dell'esame
fare uno squillo (a) 1	*to give a ring/bell/buzz*	appena arrivo, ti faccio uno squillo; ti facciamo uno squillo se andiamo al cinema

telefonata — (tele)phone call

chiamata f 2	*(tele)phone call*	una chiamata interurbana/locale/telefonica/urbana; abbiamo avuto una chiamata da Roma; c'è stata una chiamata per te
telefonata f 2	*(tele)phone call*	una telefonata internazionale/interurbana/locale; fai una telefonata alla nonna ogni tanto; aspetto una telefonata stasera; il centralino ha interrotto la mia telefonata
colpo di telefono m 2-1	*(tele)phone call, ring*	quando arrivi, dammi un colpo di telefono; ti faccio un colpo di telefono per vedere se vuoi venire in discoteca?

telefono — telephone

| **telefonino** m
 2 | *mobile phone* | il telefonino è diventato un simbolo di prestigio molto importante |

telefono m [2]	*(tele)phone*	il telefono è libero/occupato; devo rispondere al telefono; è arrivata la bolletta del telefono
cellulare m [2-1]	*mobile (phone)*	quasi tutti gli italiani possiedono almeno un cellulare

televisione

television

televisione f [2]	*television*	ieri sera abbiamo visto un film alla televisione; alla televisione italiana ci sono troppi giochi stupidi
tivù/TV f [2]	*television, TV (set), television set*	hanno parlato di questa storia anche alla tivù; guardiamo la tivù stasera?; devo far riparare la TV
televisore m [2]	*television (set), TV (set)* (only used to mean the set)	il mio televisore è nuovisssimo; dove hai preso quel vecchio televisore in bianco e nero?
tele f [1]	*telly, box*	accendi la tele; cosa c'è stasera alla tele?; dove hai comprato la tua tele nuova?

tempo (a)

time

ora f [2]	*hour*	l'ora locale/solare/di punta; quante ore lavori al giorno?; non riusciamo a concentrarci per molte ore; che ora è?
orario m [2]	*timetable* (in various senses)	fare un orario part-time; il mio orario a scuola è molto complicato quest'anno; sai gli orari dei treni per andare a Roma?; ho acquistato un orario tascabile per gli autobus
tempo m [2]	*time*	non ho tempo adesso, chiami più tardi; puoi dedicare un po' di tempo a quel lavoro?; il tempo di cottura è molto lungo; d'estate in montagna il tempo non passava mai; un tempo quella famiglia era molto numerosa
volta f [2]	*time, occasion*	la prossima/scorsa/terza volta; due/cento volte; tre volte all'anno; una volta era una persona famosa; ho conosciuto Leonardo quella volta che sono venuta a casa tua

tempo (b)

time, period

era f [3-2]	*era, epoch*	l'era atomica/fascista/feudale; nella geologia il tempo viene diviso in ere
epoca f [2]	*age*	l'epoca classica/moderna/risorgimentale/ romantica; è uno studioso dell'epoca vittoriana; questi sono costumi d'epoca

età f 2	*age* (of people), *age, era, period* (see also **anno**)	sono andata a scuola all'età di 6 anni; quella signora aveva la mia stessa età; era difficile indovinare la sua età; l'età classica/romantica/di Dante
fase f 2	*phase*	ci sono diverse fasi nella vita di ognuno; com'è andata la prima fase del processo?
periodo m 2	*period*	il periodo bellico/postbellico/storico; c'è stato un periodo in cui non mi interessava la letteratura; in quale periodo è vissuto quello scrittore?; è stato un periodo brutto per lei
tempo m 2	*time, period* (with less of a sense of historical precision when plural)	il tempo futuro/passato/presente; da quel tempo hanno cominciato ad amarsi; è passato il tempo della discussione; ai tempi degli Etruschi la vita era molto primitiva; i tempi antichi/mitici/moderni; quelli erano bei tempi!

temporale (see also **pioggia**) storm

nubifragio m 3	*cloudburst, storm* (usually in summer)	nel nubifragio ci sono state forti raffiche di vento e grandinate
ciclone m 3-2	*cyclone*	quel ciclone tropicale ha rovinato le piantagioni di tabacco
tormenta f 3-2	*snow-storm*	l'uomo fu sorpreso dalla tormenta sulla montagna
uragano m 3-2	*hurricane, gale*	l'uragano ha fatto moltissimi disastri negli Stati Uniti; l'uragano ha fatto cadere molte linee telefoniche
bufera f 2	*blizzard* (also figurative)	la bufera ha fatto disastri nelle piantagioni di banane; la bufera della rivoluzione sconvolse la vita di molte famiglie
burrasca f 2	*storm* (usually at sea) (also figurative)	la burrasca ha distrutto la barca del nonno; la burrasca finanziaria ha rovinato molte persone
tempesta f 2	*tempest, storm*	la tempesta si sta avvicinando; la tempesta ha rovinato tutti i raccolti
temporale m 2	*(thunder)storm, gale*	quando c'è il temporale, qui di solito va via la luce; c'è stato un temporale fortissimo ieri sera
tromba d'aria f 2	*tornado*	la tromba d'aria ha scoperchiato parte del tetto

tenda curtain

cortina f 3	*curtain* (often figurative)	la cortina di bambù/di ferro; una cortina di fumo/di nebbia/di polvere; il letto era nascosto da pesanti cortine

sipario m `3-2`	*(stage) curtain*	alzare/calare il sipario; alla fine della commedia, il sipario si abbassò
tenda f `2`	*curtain* (usually household)	la mamma ha comprato delle bellissime tende per il salotto; hanno messo una tenda alla porta per tener fuori il freddo
tendina f `2`	*curtain* (small)	dobbiamo comprare delle tendine da cucina; abbiamo tirato le tendine della carrozza ferroviaria

tendenza (see also impulso)   tendency

propensione f `3`	*inclination, bent, propensity* (see also **capacità**)	mio fratello ha propensione per la matematica; con la sua propensione per le bionde, come mai ha sposato una bruna?
corrente f `3-2`	*current (of opinion), trend*	una corrente artistica/filosofica/letteraria/ religiosa; il partito è diviso in tre correnti
indirizzo m `3-2`	*direction*	quei genitori hanno dato un buon indirizzo ai loro figli; dopo la scuola ho seguito un indirizzo sbagliato; dovresti andare a una scuola di indirizzo tecnico
inclinazione f `2`	*inclination, bent* (see also **capacità**)	quel ragazzo ha un'inclinazione per il disegno; ho l'inclinazione alla vita solitaria
istinto m `2`	*instinct*	l'istinto materno/sessuale/di difesa/di sopravvivenza; non bisogna reprimere i propri istinti
tendenza f `2`	*tendency, inclination, trend* (see also **capacità**)	ha una tendenza alla malinconia; la tendenza della moda è per le gonne corte; questa è la tendenza del mercato; il partito è diviso in tre tendenze politiche; lui ha tendenza a perdere un sacco di tempo
trend m `2-1`	*trend*	non capisco affatto i trend del settore dell'abbigliamento; il trend di quest'anno è per la musica spagnola

NB the verb **tendere** is often used as a synonym for **avere (la) tendenza**, especially when followed by an infinitive (e.g. tendo ad ingrassare; questo materiale tende a deteriorarsi; quello scrittore tende al socialismo).

tenere (a)   to hold

stringere `2`	*to hold tight(ly), to clasp, to clutch, to squeeze* (also used reflexively)	stringeva tra le mani un coltello; la madre stringeva il figlio al seno; queste scarpe stringono i piedi; mi strinse la mano; il bambino si stringeva alla mamma
tenere `2`	*to hold, to keep* (see also **avere**)	Pierino, tieni la forchetta nella mano sinistra!; teneva il bambino in braccio; tieni la scala mentre salgo; tiene la giacca sul braccio; bisogna tenere i cani al guinzaglio

reggere 2-1	to hold, to hold up (also used reflexively) (see also **resistere**)	reggimi, mi sento svenire; reggeva il bambino tra le braccia; reggimi i libri un momento; non riesco a reggere da solo la trave; questo scaffale non può reggere tanti libri; quel castello si regge ancora; dammi una mano che non mi reggo più

tenere (b)   to keep

custodire 3	to keep, to guard	custodisce i soldi nella cassaforte; ha custodito per anni quel terribile segreto
ritenere 3	to keep, to retain	ho ritenuto a lungo il ricordo di lui nella memoria; ha ritenuto molte cose che appartenevano alla sua famiglia
serbare 3	to keep, to preserve (see also **risparmiare**)	serbare una promessa/un segreto; ho serbato molti souvenir del mio viaggio in Giappone
trattenere 3-2	to keep (see also **impedire** and **reprimere** (a))	per favore, se il pacco arriva, lo trattenga qui; l'ospedale ha trattenuto il paziente in osservazione
conservare 2	to keep, to maintain, to preserve	devi conservare questo documento perché è molto importante; come conservi i tuoi mobili così lucidi?; la nonna conserva in solaio le nostre mele per l'inverno
mantenere 2	to maintain, to keep (also used reflexively)	mantenere una donna/la famiglia; mantenere un impegno/la parola; quella donna si è sempre mantenuta da sola; quella signora si mantiene giovane e snella
tenere 2	to keep (see also **avere**)	sai che ho tenuto l'anello che ho trovato in giardino?; vedo che hai tenuto la macchina vecchia invece di cambiarla; tiene la giacca sbottonata; tengo la porta chiusa perché fa freddo; quella malattia l'ha tenuto a letto per due settimane

teoria   theory

presupposto m 3	presumption, presupposition, assumption	siamo partiti da un presupposto sbagliato; bisogna mettere alla prova i presupposti di questa teoria
congettura f 3-2	conjecture, supposition, guess	vorrei azzardare una congettura; le mie sono solo congetture; ci si basa su congetture poco attendibili
deduzione f 3-2	deduction, inference	le tue deduzioni non mi sembrano molto coerenti
ipotesi f 2	hypothesis, conjecture	un'ipotesi falsa/fondata/infondata/valida; questa è un'ipotesi da verificare; faccio solo un'ipotesi

supposizione f 2	*supposition, assumption*	una supposizione arbitraria/assurda/lecita/ offensiva; date le circostanze ogni supposizione appare ingiustificata
teoria f 2	*theory, principle* (see also **idea** and **opinione**)	oggi quasi tutti accettano la teoria della selezione naturale; queste tue teorie mi lasciano perplesso; in teoria molti sistemi possono essere validi

terra earth, ground

terriccio m 3	*earth, soil, compost*	ci vuole un terriccio molto ricco per fare crescere queste piante
suolo m 3-2	*ground, soil*	il suolo in questo giardino è alcalino; i rododendri crescono bene nel suolo acido
terra f 2	*earth, ground* (see also **mondo**)	com'è la terra di questo giardino?; puoi riempire questo sacchetto di terra?; guadagna da vivere lavorando la terra; si è fatto male quando è caduto per terra
terreno m 2	*earth, land* (for figurative use, see **argomento**)	un terreno agricolo/paludoso/sabbioso; il terreno qui è molto fertile; ha dei terreni in campagna

terribile (see also **brutto** and **cattivo**) terrible, awful, dreadful

grottesco 3	*grotesque*	quel ritratto che si è fatto fare è grottesco; il mio amico ha idee grottesche; si e trovata in una situazione grottesca
impressionante 3	*awful, frightening, shocking*	è successa una sciagura impressionante; quell'uomo è di una magrezza impressionante
orripilante 3	*horrible, hair-raising*	quel film era una sequenza di scene orripilanti; la bruttezza della loro casa è orripilante
atroce 3-2	*atrocious, horrible*	una cosa/un delitto/una morte/una scena atroce; è stato un periodo proprio atroce per lei; quando ho avuto l'infarto, ho sentito un dolore atroce; quell'attore recita in modo atroce
mostruoso 3-2	*monstrous*	quando sono andati a vedere la statua, l'hanno trovata mostruosa; quella donna è di una bruttezza mostruosa
orrido 3-2	*horrid, dreadful, frightful*	un luogo/uno spettacolo orrido; l'albergo era orrido e la spiaggia tutta sporca, sono state vacanze terribili
pauroso 3-2	*fearful, frightful, dreadful, frightening* (see also **timido**)	siamo state vittime di un pauroso incidente; ho avuto incubi paurosi; era di un'ignoranza paurosa

allucinante 2	*terrifying, frightening, ghastly*	dopo il terremoto il paesaggio offriva uno spettacolo allucinante; chi dimenticherà quell'immagine allucinante?
orrendo 2	*horrible, dreadful, appalling*	mi ha raccontato una storia orrenda; è stata la strage più orrenda della guerra; gli piace quella musica orrenda
orribile 2	*horrible, dreadful*	un film/un quadro orribile; ci aveva preparato una cena orribile; questa città è orribile
spaventoso 2	*frightful, dreadful, terrible, frightening*	un fatto/un rumore/un sogno spaventoso; ho visto una cosa spaventosa oggi; è stato un incidente spaventoso
terribile 2	*terrible, awful, dreadful*	mio figlio è terribile, rompe tutto; il tempo è stato terribile, pioveva sempre; che cosa terribile perdere un figlio!
tremendo 2	*awful, terrible*	faceva un caldo tremendo; è un insegnante di una severità tremenda; ieri avevo un tremendo mal di pancia
bestiale 1	*awful, terrible*	fa un freddo bestiale; ho una fame bestiale; ho sentito un male bestiale

testa   head

| **capo** m 3-2 | *head (for figurative use, see* **mente**) | dal balcone si vedevano i capi biondi dei bambini; si è messo in capo un cappello strano |
| **testa** f 2 | *head (for figurative use, see* **intelligenza** and **mente**) | la testa di un animale/di un cavallo/di un leone/di una persona; quel bambino ha proprio una testa rotonda |

testicoli   testicles

testicoli mpl 2	*testicles*	il bambino ha dovuto essere operato ai testicoli perché gli facevano male
coglioni mpl 1*	*balls, cobblers (also figurative)* (see also **annoiare**)	prima che potesse muoversi, gli ho dato un tremendo calcio nei coglioni; che stronzo sei, levati dai coglioni; smetti di starmi sui coglioni!
palle fpl 1*	*balls, cobblers, bollocks (see* also **annoiare**)	per difendermi ho dovuto dargli un calcio nelle palle

tifoso (see also **sostenitore**)   supporter, fan

| **aficionado** m 3 | *aficionado, devotee (sport)* | è un aficionado accanito della squadra locale |

esaltato/a mf 3	*fanatic, hot-head*	è un esaltato, non si può ragionare con lui; mio fratello è stato coinvolto in una banda di esaltati
supporter mf 3-2	*supporter* (usually in sport)	i supporter della squadra avversaria stanno arrivando
fan mf 2	*fan, supporter* (in sport or entertainment)	sono un grande fan di Robert De Niro; qui tutti sono fan della squadra locale
fanatico/a mf 2	*fan* (positive), *fanatic* (negative)	è un fanatico della letteratura/dello sport; non si può parlare con lui, è un fanatico; appartiene a una setta di fanatici religiosi
tifoso/a mf 2	*supporter, fan* (usually in sport)	è un tifoso della Juve; un gruppo di tifosi ha cominciato ad applaudire

timbro   stamp

affrancatura f 3	*stamping, franking* (of a letter)	l'affrancatura di una lettera raccomandata viene fatta in ufficio postale; l'affrancatura è insufficiente per questa lettera
carta bollata/ carta da bollo f 2	*(officially) stamped paper*	bisogna fare la domanda in carta bollata; di solito la carta da ballo consiste in fogli a quattro facciate già bollate
francobollo m 2	*(postage-)stamp*	in Italia i francobolli si possono comprare anche nelle tabaccherie; da bambino faceva la raccolta di francobolli
marca da bollo f 2	*revenue stamp* (on documents, etc.)	quanto costa adesso una marca da bollo?; bisogna avere una marca da bollo su questo documento
marchio m 2	*brand (mark)*	il marchio brevettato/di fabbrica/d'origine; il marchio di quella fabbrica di dolci è un mulino bianco; questo è il marchio che usiamo per gli animali nella nostra fattoria
timbro m 2	*stamp*	hai messo il timbro sul documento?; il timbro che hai fatto non è leggibile
bollo m 2-1	*stamp* (often tax disc for vehicles)	il bollo di circolazione/della macchina; in Italia la tassa di registrazione è rappresentata da un bollo

timido   shy, timid

pavido 3	*fearful, cowardly* (literary)	aveva uno sguardo pavido; era di animo pavido
timoroso 3	*timorous, fearful*	un atteggiamento/uno sguardo timoroso; è sempre stata timorosa di offendere
pauroso 2	*fearful* (see also **terribile**)	è un tipo proprio pauroso; se ne stava tutto pauroso in un angolo

| **timido** [2] | *shy, timid* (also used as a noun) | quella ragazza è timida, arrosisce per niente; mi ha rivolto un timido sorriso; è un timido, non parla mai |

tipo — type, kind

sorta f [3-2]	*sort, kind, variety*	ogni sorta di persona si è presentata a protestare per gli aumenti telefonici; non capisco che sorta di lavoro possa trovare adesso che è uscito di prigione
genere m [2]	*kind, sort, type* (see also **uomo**)	non mi piace questo genere di vita; portami un'aranciata o qualcosa del genere; nel suo genere è un grande genio
specie f [2]	*species, kind, sort*	la specie umana; è una nuova specie di pianta; ogni specie di animale può estinguersi in queste condizioni
tipo m [2]	*type, sort, kind* (see also **persona**)	questo è un nuovo tipo di detersivo; che tipo di persona è il suo fidanzato?; non mi fido di quel tipo d'uomo
varietà f [2]	*variety*	qui si vendono molte varietà di rose; quella frutta è di una varietà pregiata; quella varietà di piante è molto rara
razza f [2-1]	*kind, sort, type* (with negative connotation)	vive con una donna, che razza di prete è?; non voglio più aver niente a che fare con quella razza di imbecilli

tirare — to pull, to drag, to draw

trainare [3]	*to drag*	hanno trainato la macchina fuori dal fiume usando un camion; il carro attrezzi ha trainato la sua auto fino a casa
trarre [3]	*to draw, to drag* (usually figurative)	trarre le conclusioni; devi trarre un significato da quello che leggi; il colpevole fu tratto in prigione
rimorchiare [2]	*to drag, to haul, to tow*	hanno dovuto rimorchiare la nave in porto; abbiamo dovuto far rimorchiare a casa la macchina perché non andava
tirare [2]	*to pull, to drag, to draw, to tug* (also used with **fuori** in the sense of *to get/pull out*) (see also **togliere**)	con la gomma a terra, ho dovuto tirare la bicicletta fino a casa ; tirare i capelli a qualcuno; non tirare la coda al gatto!; perché mi tiri per la manica?; l'hanno ucciso prima che avesse il tempo di tirare fuori la pistola; ha tirato fuori un sacco di banconote dal portafoglio

| **trascinare**
 2 | *to drag* (also figurative) | non trascinare i piedi; il soldato trascinava la gamba ferita; mi trascina sempre a teatro a vedere cose noiosissime; quell'uomo mi ha trascinato nel fango |
| **cacciare (fuori)**
 2-1 | *to get/pull/take out* (implies rapidity) | caccia i soldi, sennò ti ammazzo; ha cacciato fuori la pistola quando mi ha visto |

toccare   to touch

sfiorare 3-2	*to touch (lightly), to graze, to rub against* (also figurative)	la pallottola gli ha sfiorato la testa; il vaso è caduto appena l'ho sfiorato; il papà sfiorò la fronte del bambino con un bacio; sfiorare un argomento/un tema
palpare 3-2	*to feel, to touch* (often for medical reasons)	palpa la tasca del mio cappotto per cercare le chiavi; il medico palpò lo stomaco del paziente
toccare 2	*to touch, to feel, to handle* (for figurative use, see **influenzare**)	non toccare la merce esposta; gli toccò la spalla; la porta si è aperta appena l'ho toccata
palpeggiare 2-1	*to touch (up), to feel* (usually of flesh)	il fantino palpeggiò il cavallo per vedere se si era ferito; tieniti lontana da lui perché gli piace palpeggiare le ragazze
tastare 1	*to frisk, to feel*	la polizia tastò il ladro per assicurarsi che non fosse armato; ho tastato la parete al buio per trovare l'interruttore

toccare a   to be the turn of

spettare a 3-2	*to be the duty/business of, to be up to, to be for*	la decisione spetta a voi; spettava a te salutare per primo; non spetta a te decidere
essere il turno/la volta (di) 3-2	*to be the turn (of)*	oggi è il tuo turno di lavare i piatti; lo farai quando sarà il tuo turno; se saprai aspettare, sarà la tua volta
toccare a 2	*to be the turn of, to be the duty/business of, to be up*	a chi tocca ora? Tocca a te; tocca a lui fare la pulizia questa settimana; tocca a te prendere questa decisione; tocca ai genitori mantenere i figli

togliere   to remove, to take away, to take off

| **estrarre**
 3 | *to pull/take/draw out, to extract* (see also **tirare**) | l'infermiera ha estratto una spina dal mio piede; puoi estrarre quel chiodo dal muro? |
| **prelevare**
 3 | *to take (away), to withdraw* | gli hanno prelevato un po' di sangue; ha prelevato una grossa somma di denaro in banca; i carabinieri hanno prelevato un uomo per interrogarlo sul furto |

rimuovere	*to remove*	le auto in divieto di sosta saranno rimosse
3		dalla polizia; abbiamo rimosso quell'orribile carta da parati
sottrarre	*to remove, to take away* (often	alcune importanti opere artistiche sono state
3	illicitly) (see also **nascondere** and **rubare**)	sottratte ai musei italiani; l'intervento dei vigili del fuoco l'ha sottratto ad una morte sicura
allontanare	*to move/take/send away, to*	è meglio allontanare la sedia dalla stufa;
3-2	*remove* (for figurative use, see **cacciare** (a))	hanno voluto allontanare i figli dalle cattive compagnie; mi hanno allontanato dalla scuola
eliminare	*to eliminate, to remove* (see	cerchiamo di eliminare tutti gli errori dal
2	also **uccidere**)	nostro manoscritto; biosgna eliminare le cause di questo male
levare	*to remove, to take away, to*	levare un dente; levare il disturbo/la fame/la
2	*take off*	sete; levati il cappotto e fermati un po' con noi
ritirare	*to draw, to collect, to withdraw*	ritirare i soldi/lo stipendio; chi ha ritirato la
2		posta oggi?; quando ritireranno le truppe?
staccare	*to pull off, to remove* (see also	staccare una spina/un tagliando; chi ha
2	**separare**)	staccato i petali alle mie margherite?
strappare	*to tear away/out, to snatch*	strappo le erbacce in giardino; mi strappò la
2	*away* (see also **strappare**)	lettera; gli strappai il coltello di mano; mi hanno strappato dalla famiglia
togliere	*to remove, to take away/off*	ho tolto i libri dalla scrivania per spolverare;
2	(also figurative)	togli i gomiti dal tavolo; ho tolto la giacca prima di sedermi; bisogna toglierle dalla testa quelle idee strambe
prelevare	*to take away, to remove* (of	passo io a prelevarti in albergo, così non
1	persons) (jokey)	vieni in ritardo come al solito

tomba   grave, tomb

sepolcro m	*tomb, grave*	il Santo Sepolcro di Cristo; questo è il
3		sepolcro dedicato al milite ignoto
tumulo m	*tomb, grave* (literary)	i tumuli etruschi sono molto interessanti da
3		visitare e da studiare
tomba f	*grave, tomb*	la nostra tomba di famiglia è a Bergamo;
2		devo andare a mettere i fiori sulla tomba di mio padre
fossa f	*grave* (also figurative)	sono sepolti in una fossa comune; il soldato
2-1		fu sepolto in una fossa al fronte; avere il piede nella fossa

tormentare (see also **maltrattare**)   to torment

affliggere 3	*to afflict, to trouble* (also used reflexively)	smettila di affliggermi con le tue fissazioni!; si affligge sempre per i problemi degli altri
dilaniare 3	*to tear apart* (mentally) (see also **strappare**)	l'angoscia lo dilaniava; il suo animo era dilaniato dal rimorso
martirizzare 3	*to martyr, to torture* (can also be jokey)	quel santo fu martirizzato nel 258; quelle scarpe mi martirizzano; quel bambino terribile martirizza la madre
straziare 3	*to tear apart, to torment* (mentally) (see also **strappare**)	mi ha straziato il cuore vederlo piangere cosí; adesso che il suo amico è morto, lo strazia il rimorso
lacerare 3-2	*to rend, to tear apart* (mentally) (see also **strappare**)	il rimorso lo lacerava; il dolore mi lacera il cuore
molestare 3-2	*to ill-treat, to molest* (physically) (see also **annoiare**)	hanno arrestato quel tizio perché molestava i bambini; non posso soffrire le persone che molestano gli animali
seviziare 3-2	*to torture, to abuse* (physically and sometimes sexually) (see also **violentare**)	hanno seviziato il prigioniero per costringerlo a parlare; la donna, prima di morire, era stata seviziata
crucciare 2R	*to torment, to distress* (most often used reflexively) (mainly regional Central and Southern usage)	cos'è che ti cruccia?; non ti crucciare, vedrai che tutto si accomoderà; si cruciava al pensiero di quello che era successo
tormentare 2	*to torment, to plague, to pester, to harass* (mentally) (also used reflexively)	lo tormenta il pensiero di non poter far studiare i figli; tua cugina mi ha tormentato tutto il giorno perché voleva andare in piscina; non devi tormentarti adesso, è finito tutto
torturare 2	*to torture, to torment* (physically or mentally) (also used reflexively)	il prigioniero fu torturato fino a perdere i sensi; il mal di testa mi tortura da due giorni; la gelosia lo tortura; si torturava pensando al passato
martoriare 2-1	*to torture, to torment* (jokey)	smettetela di martoriarmi con le vostre recriminazioni!

tornare   to return, to come back, to go back

rincasare 3	*to return/go home* (auxiliary **essere**)	rincasa ogni sera alle dieci; a che ora è rincasata tua sorella ieri sera?
rientrare 3-2	*to return home, to come back* (home) (auxiliary **essere**)	sono rientrata alla solita ora, ma lui non c'era; voglio che tu prepari la tavola per quando il papà rientra

essere di ritorno 2	*to be back* (auxiliary **essere**)	eccomi, sono di ritorno; sarò di ritorno fra poco; non sarò di ritorno prima di sabato
tornare/ritornare 2	*to return, to come/go/get back* (auxiliary **essere**) (**tornare** is slightly more common)	quando torni in Italia?; finirò il progetto quando tornerò dal Cile; quando sei ritornata dalle vacanze?

tortuoso   tortuous, winding

sinuoso 3	*sinuous, winding*	il corso del fiume era lungo e sinuoso; i suoi quadri sono pieni di figure sinuose
serpeggiante 3-2	*winding*	la strada era ripida e serpeggiante su per il monte; le radici dei rododendri si trovano a volte serpeggianti sul terreno
tortuoso 2	*tortuous, winding* (often figurative)	una strada tortuosa; a volte fa dei ragionamenti tortuosi; che modo tortuoso di arrivare alla soluzione del problema!

tra   between, among, in

entro 2	*within, in the course of, by* (of time)	ti scriverò entro un mese; devi decidere entro l'anno cosa vuoi fare all'università; consegnerò il compito entro domani
tra/fra 2	*between, among* (of space) (also figurative), *in, at the end of* (of time, with reference to the future)	la macchina era parcheggiata tra via Garibaldi e via Mazzini; si sono rifugiati tra gli alberi; tra me e mio fratello ci sono due anni di differenza; cosa c'è tra voi due?; tra due giorni sarò in Italia; aspettami, torno fra un'ora
in 2	*in, in the space of* (of time) (see also **in**)	questo lavoro si può fare in due ore; non puoi scrivere la tesi di laurea in un mese!

tralasciare   to omit, to leave out

ignorare 3	*to ignore, to overlook, to pass over*	non si possono ignorare certi fatti; ignorò la mia domanda; continuò il suo discorso, ignorando le interruzioni
omettere 3	*to omit, to leave out*	omettere una clausola da un contratto; il giudice non ha omesso di constatare che l'accaduto era stato un incidente
trascurare 2	*to neglect, to overlook, to disregard* (also used reflexively)	trascurare gli amici/la casa/il dovere/la famiglia; non possiamo trascurare il suo contributo; si è trascurato per anni e ha finito con l'ammalarsi seriamente
tralasciare 2	*to leave out, to fail, to neglect*	hai tralasciato alcuni particolari importanti; ha tralasciato di dirti che ha visto Paolo ad una festa

| **lasciare da parte** [2] | *to leave aside/out* | bisogna lasciare da parte i preconcetti; vi lasceranno da parte se non vi farete sentire |
| **saltare** [2] | *to skip, to leave out* (see also **saltare**) | ho tendenza a saltare le descrizioni quando leggo un libro; nell'elenco hanno saltato il suo nome |

trappola   trap

imboscata f [3]	*ambush*	fare/tendere un'imboscata; i soldati caddero in un'imboscata; i partigiani prepararono un'imboscata per i nazisti
insidia f [3]	*snare, trap, deceit* (figurative)	eludere/schivare un'insidia; le insidie della società moderna; ragazze, state attente alle insidie tese dalle persone che vogliono approfittare di voi!
laccio m [3]	*trap, snare* (hunting) (also figurative)	i cacciatori hanno preso al laccio il coniglio; non si sposa, perché considera il matrimonio un vero laccio; sono caduti nel laccio del truffatore
tagliola f [3]	*trap, snare* (made of metal to catch animals)	i cacciatori hanno disposto una tagliola; una faina è stata presa alla tagliola
agguato m [3-2]	*ambush*	i banditi hanno teso un agguato; siamo caduti in un agguato; il gatto stava in agguato aspettando il topo
tranello m [2]	*trap, pitfall* (also figurative)	tendere un tranello; cadere in un tranello; la polizia l'attirò in un tranello; nel compito d'esame c'erano molti tranelli
trappola f [2]	*trap* (also figurative)	una trappola per i topi; tendere una trappola; cadere in trappola; quel matrimonio è stato una vera trappola per lui

traslocare   to move house

trasferirsi [2]	*to move (house), to transfer*	trasferirsi all'estero; sai che ci siamo trasferiti in via Bezzola?; l'azienda si è trasferita in un'altra città
traslocare [2]	*to move (house)*	abbiamo traslocato un paio di anni fa; Piera e Pino hanno traslocato in centro; abbiamo deciso di traslocare a Milano
cambiare casa [2-1]	*to move (house)*	ho dovuto cambiare casa perché hanno demolito il palazzo dove abitavo; ho cambiato casa quando sono morti i miei

trattare to deal with, to discuss

svolgere 3-2	*to develop* (see also **fare**)	svolgere un'idea/una tesi; ha affrontato un argomento già trattato per svolgerlo più a fondo
parlare di 2	*to talk about, to deal with* (see also **parlare**)	quel libro parla soprattutto dei problemi degli emigrati; tutti i giornali parlano di quell'evento
sviluppare 2	*to develop, to take further* (see also **aumentare**)	sviluppare un argomento/un pensiero/un tema; hai sviluppato bene la tua tesi; questa è un'idea da sviluppare
trattare (di) 2	*to deal with, to discuss, to treat, to be about* (transitive or intransitive)	ha trattato a fondo quel tema scottante; molti scrittori hanno trattato della questione della lingua; non voglio trattare con lui; questo volume tratta di filosofia

tremare to tremble

fluttuare 3	*to sway, to fluctuate* (also figurative)	i relitti della barca fluttuavano sul mare in tempesta; le sue opinioni fluttuano con quelle di suo marito
fremere 3	*to quiver, to shudder, to tremble* (usually with anger or impatience)	fremevo dall'impazienza/dalla rabbia; fremevo per sapere se avevo vinto il premio
tentennare 3	*to wobble, to waver, to vacillate* (also figurative)	il tavolo tentenna, non ha le gambe in piano; tentenna sempre di fronte a una decisione e non si decide mai
dondolare 3-2	*to rock, to swing, to sway* (also used reflexively with reference to people)	la barca dondolava sulle onde; il ramo dondola al vento; Giovanna si dondolava sulla sedia
tremolare 3-2	*to tremble, to quiver, to flicker*	la candela tremolava al vento; la sua immagine tremola nell'acqua del ruscello: le stelle tremolavano in cielo
vacillare 3-2	*to sway, to totter, to wobble, to flicker*	era così ubriaco che vacillava; questo tavolo è pericoloso, vacilla; la fiamma vacillava alla brezza
ondeggiare 2	*to sway, to roll*	la barca ondeggiava al vento; i fiori ondeggiavano nella brezza; la lunga gonna le ondeggiava attorno alle caviglie
oscillare 2	*to fluctuate, to oscillate, to swing*	i prezzi oscillano; il valore del terreno oscillava dipendendo dalle circostanze; il pendolo oscillava segnando il tempo
rabbrividire 2	*to shudder, to shiver, to quiver* (usually from cold or fear)	appena arrivati in montagna, i bambini cominciarono a rabbrividire dal freddo; quando ho saputo cos'era successo a Caterina, ho rabbrividito

| **tremare** [2] | to tremble, to shudder, to shiver | tremare di freddo/per la paura; la terra ha tremato per il terremoto; tremava quando pensava a quel che era successo |

triste (see also scontento) sad

lugubre [3]	mournful, gloomy	nel buio si sentì un suono lugubre; che cerimonia lugubre quella Messa per i morti!
mesto [3]	sad, dejected	aveva un atteggiamento mesto; questa è una canzone mesta; la ragazza era mesta ed addolorata per quello che aveva fatto
miserabile [3]	miserable, wretched (see also **povero**)	che aspetto miserabile ha quel poveretto!; si è ridotta in uno stato miserabile
funebre [3-2]	funereal, gloomy	perché hai quell'aria così funebre?
misero [3-2]	miserable, wretched (also used as a noun) (see also **povero**)	come sono miseri i mortali!; che misera vita fa quella poveretta!; anche se quell'uomo è ricco, si comporta de misero
infelice [2]	unhappy, miserable (also used as a noun)	ha avuto una vita infelice; da quando lei mi ha lasciato, mi sento infelice; senza la moglie è un infelice
triste [2]	sad, unhappy	che poesia triste!; quel ragazzo mi sembra sempre triste; una stanza senza luce è molto triste; ha una vita molto triste; è triste che tutto sia finito tra noi; che triste esperienza è stata!

trovare to find

localizzare [3]	to locate	hanno localizzato il posto dove è caduto l'aereo; con il radar si possono localizzare tutti gli ostacoli
reperire [3]	to find, to track down	cerchiamo di reperire finanziamenti per un investimento importante; gli archeologi hanno reperito nuovi resti fossili
rintracciare [3]	to track down, to trace	la polizia è riuscita a rintracciare i rapinatori; ho rintracciato il documento che volevo tra quelle vecchie carte
individuare [3-2]	to pick out, to identify, to locate	non sarà facile individuarla tra la folla; i biologi hanno individuato una nuova specie di insetti; si riesce ad individuare la posizione di quella stella?
identificare [3-2]	to identify (see also **riconoscere**)	stanno cercando d'identificare il virus di quella malattia; si riesce ad identificare le cause del guasto?

542

scoprire [2]	*to discover, to find* (see also **scoprire**)	la polizia non ha ancora scoperto il colpevole; se scopro che mi hai fatto questo brutto tiro, te lo faccio pagare; ho scoperto una trattoria dove si mangia bene e si spende poco
trovare [2]	*to find* (see also **pensare** and **riprendere**) (also used reflexively) (for other reflexive use, see **essere**)	ho trovato il libro che cercavo; questa rivista la trovi in tutte le edicole; non sono riuscito a trovare lavoro; hai trovato la soluzione di quel problema?; trovo molte difficoltà nei miei studi; la polizia ha trovato il ladro; l'ho trovato ingrassato; si è trovato in una situazione imbarazzante
scovare [2-1]	*to find, to track down, to flush out*	finalmente hanno scovato il ladro; dove si scova un medico di domenica?; ho scovato un posticino dove si mangia proprio bene; il cane ha scovato una lepre

truccarsi   to make up

farsi il maquillage [3]	*to make up*	le modelle devono farsi il maquillage prima di essere fotografate; per Capodanno mia sorella si è fatta un maquillage tutto d'argento
truccarsi [2]	*to make (oneself) up, to put make-up on*	è una ragazza che sa truccarsi molto bene; quella donna si trucca troppo; non mi piace come ti trucchi
darsi/farsi il trucco [2]	*to make up*	Maria arriva subito, si sta dando il trucco; quella ragazza si fa il trucco ma in modo leggero e discreto
dipingersi/pitturarsi [2-1]	*to make up, to paint oneself* (usually ironical) (see also **dipingere**)	come mai ti sei dipinta così tanto?; quella ragazza si dipinge, ma lo fa bene; la signora si dipinge per sembrare più giovane; sta sempre davanti allo specchio a pitturarsi
imbellettarsi [2-1]	*to make up, to put make-up on* (usually pejorative)	è una bella ragazza ma s'imbelletta troppo; ti devi imbellettare prima di andare in centro?

tutti e due   both

ambedue [3]	*both* (adjective or pronoun) (referring to people only)	ambedue i fratelli sono morti; ambedue sono ritornati qui; i ladri sono stati ambedue arrestati
entrambi/e [3-2]	*both* (adjective or pronoun)	ha dovuto essere operata a entrambi gli occhi; entrambe le sorelle mi aiutarono; hanno torto entrambi
tutti/e e due [2]	*both* (adjective or pronoun)	tutti e due i libri sono molto interessanti; tutte e due le ragazze erano ubriache; tutti e due hanno voluto aiutarmi; vi ho visti tutti e due ieri sera

tutto

all

ciascuno ③	*each, every* (adjective)	ciascuno scrittore vorrebbe pubblicare i suoi libri; ciascuna specie di animali viene descritta in questo catalogo
ciascuno/a ③	*everyone, everybody* (pronoun)	ciascuno di noi potrebbe essere vittima di quel maniaco; ciascuno ha diritto alle proprie opinioni
ognuno/a ③-②	*everyone, everybody, each one* (pronoun)	ognuno è libero di fare quello che vuole; ognuno ha esposto il proprio caso; ognuna delle donne sapeva la verità
ogni ②	*each, every* (invariable adjective)	mi telefona ogni giorno; ogni uomo e ogni donna hanno il diritto di scelta; nel quadro viene rappresentata gente d'ogni razza
tutti/e ②	*everyone, everybody, all* (pronoun)	tutti possono sbagliare; tutti sono andati al ricevimento di nozze; noi donne sappiamo tutte che gli uomini hanno molti vantaggi nella vita; la pace è un problema che riguarda tutti
tutto ②	*all, the whole* (adjective) (see also **completo**)	ha girato tutto il mondo; l'ho cercata per tutta la città; è tutto il giorno che sono in viaggio; voglio tutta la torta; tutti i colleghi mi hanno ringraziato; perché guardi tutte le ragazze?; mi parla tutte le volte che mi vede
tutto ②	*everything* (pronoun)	vi ho raccontato tutto; tutto va bene?; mi ha detto che voleva darmi tutto

NB for use of **tutto** as an adverb, see **molto** (b).

---

ubriacarsi

to get drunk

inebriarsi ③	*to become inebriated/ intoxicated* (mainly figurative)	s'inebria sempre alla vista di quel quadro; quando seppe la notizia, s'inebriò di gioia
ubriacarsi ②	*to get drunk* (also figurative)	non regge l'alcol e si ubriaca con niente; si ubriacava tutte le sere all'osteria; quei soldati si sono ubriacati di sangue
sbronzarsi ②-①	*to get drunk*	fa il giro delle osterie ogni sera e si sbronza
prendere/prendersi una sbornia ①	*to get drunk/plastered*	mi sono preso una bella sbornia ieri sera; che sbornia solenne abbiamo preso a casa di Giovanni!
sborniarsi ①	*to get drunk/plastered*	è un po' di tempo che ti sborni ogni sera
prendere la ciucca ①	*to get plastered*	perché prendi la ciucca ogni volta che usciamo insieme?

ubriaco   drunk

ebbro 3	*intoxicated, inebriated* *(mainly figurative)*	ebbro di amore/di gioia/di gloria
allegro 2	*merry (see also* **contento***)*	dopo aver bevuto un po' mi è sembrato piuttosto allegro
brillo 2	*tipsy, tight*	alla fine della festa eravamo tutti un po' brilli; non mi ricordo niente di ieri sera, dovevo essere un po' brillo
ubriaco 2	*drunk (also figurative)*	è ubriaco dalla mattina alla sera; era ubriaco di passione per quella donna; sono ubriaco di stanchezza
ubriacone/a mf 2	*drunkard*	quel bar è il ritrovo di tutti gli ubriaconi del quartiere
beone/a mf 2-1	*boozer, heavy drinker, soak*	è diventato un vero beone
alticcio 1	*tipsy, tight*	non mi meraviglia che tu stia male oggi, già alle sei ieri sera eri alticcio; aveva un po' bevuto e si vedeva che era alticcio
ciucco 1	*plastered, legless*	sono tutti ciucchi in quella casa
sbornione/a mf 1	*drunkard, boozer, soak*	non smetti mai di bere, sei uno sbornione e basta; che sborniona quella ragazza!
sbronzo 1	*plastered, legless*	la sera del mio compleanno ero così sbronzo che sono svenuto; è tornato a casa sbronzo ieri sera

uccidere   to kill

giustiziare 3	*to execute, to put to death*	i condannati furono giustiziati all'alba
dare la morte a 3	*to put to death*	hanno dato la morte agli ostaggi
sopprimere 3	*to eliminate, to liquidate (see* *also* **sopprimere***)*	i mafiosi sopprimono i propri nemici; tutti i testimoni sono stati soppressi dall'assassino
trucidare 3	*to slaughter, to slay, to* *massacre (with ferocity)*	tutti i prigionieri furono trucidati; hanno trucidato gli ostaggi
abbattere 3-2	*to kill, to slaughter, to shoot* *(down) (usually of animals)* *(see also* **distruggere***)*	a caccia hanno abbattuto tre lepri; dobbiamo abbattere tre pecore per mangiarle; i carabinieri hanno abbattuto il cane rabbioso
macellare 3-2	*to butcher, to slaughter* *(usually of animals)*	faranno macellare il vitello per Natale; quel generale ha fatto macellare inutilmente migliaia di soldati
mettere a morte 3-2	*to put to death (usually* *judicial)*	la corte ha deciso di mettere a morte i prigionieri

stroncare 3-2	*to kill, to strike down (prematurely through illness) (see also* **reprimere** (a))	un infarto lo stroncò improvvisamente; fu stroncata da un malattia inguaribile
togliere la vita a 3-2	*to take (someone's) life*	non so come si fa a togliere la vita a una persona
ammazzare 2	*to kill, to murder* (implies violence) (also figurative) (sometimes intransitive)	ammazza tutti i suoi nemici; l'hanno ammazzato a colpi di pistola; dobbiamo ammazzare il maiale; il professionismo ha ammazzato lo sport; questo freddo ammazza
assassinare 2	*to murder, to assassinate*	l'hanno assassinato per motivi politici; Giulio Cesare è stato assassinato a pugnalate
massacrare 2	*to massacre, to slaughter, to do in* (also figurative)	i missionari furono massacrati dagli indigeni; il viaggio mi ha massacrato
fare morire 2	*to kill* (usually figurative or jokey)	mi farai morire con le tue sciocchezze; mi fa morire dal ridere
sterminare 2	*to exterminate, to wipe out* (see also **distruggere**)	i nazisti hanno cercato di sterminare gli ebrei; questo insetticida stermina tutti gli insetti
uccidere 2	*to kill* (sometimes intransitive)	fu ucciso in guerra; questa polvere uccide i topi; l'hanno ucciso col veleno; a caccia ho ucciso due starne; il cancro ne uccide molti; è un caldo che uccide
eliminare 2-1	*to do away with, to bump off* (see also **togliere**)	ha eliminato i suoi avversari; purtroppo la mafia è riuscita ad eliminare quel giudice
liquidare 2-1	*to kill, to eliminate, to get rid of*	la banda criminale ha liquidato quel testimone scomodo; è stato liquidato con una scarica di mitra
accoppare 1	*to do in, to bump off*	l'hanno accoppato a bastonate/a mazzate in testa/a pugni/con una coltellata
fare fuori 1	*to do in, to bump off, to do for*	l'hanno fatto fuori prima che avesse il tempo di difendersi
fare la festa a 1	*to bump off, to do for*	il malvivente ha detto che se l'avesse trovato, gli avrebbe fatto la festa; lo hanno minacciato di fargli la festa se parlerà
fare la pelle a 1	*to knock/bump off*	se torni qui, ti facciamo la pelle!

uccidersi   to kill oneself

darsi la morte 3	*to take one's (own) life*	lo scrittore si è dato la morte perché era molto depresso
suicidarsi 3-2	*to commit suicide*	si è suicidato con un colpo di rivoltella; correre in auto a quella velocità significa suicidarsi; fumando cosí ti stai suicidando

togliersi la vita [3-2]	*to take one's (own) life*	si è tolto la vita con un colpo di fucile
ammazzarsi [2-1]	*to kill oneself (not always deliberately) (also figurative)*	per il dispiacere si è ammazzato; si è ammazzato scivolando in un burrone; si sta ammazzando col troppo studio
uccidersi [2]	*to kill oneself, to do away with oneself (deliberately)*	ha tentato di uccidersi; si è ucciso per disperazione; si è ucciso con un colpo di pistola
accopparsi [1]	*to do oneself in (deliberately or accidentally)*	ha tentato di accopparsi gettandosi dalla finestra; è caduto così malamente che per poco non s'accoppava

uguale   equal, same

sinonimo [3]	*synonymous (also used as a noun to mean synonym)*	stiamo studiando i termini sinonimi; 'primato' e 'record' sono sostanzialmente dei sinonimi
uniforme [3]	*uniform (see also **piatto**)*	camminavano con passo uniforme; il suo comportamento è sempre uniforme; oggi i modi di vita sono tutti uniformi
equivalente [3-2]	*equivalent, tantamount (also used as a noun)*	questa risposta è equivalente a un rifiuto; hanno titoli equivalenti; mi diede l'equivalente in merce
medesimo [3-2]	*same (less common than **stesso**)*	siamo nella medesima situazione; quei due fratelli hanno i medesimi difetti; siamo della medesima statura
identico [2]	*identical, the same*	quei due gemelli sono identici; sono due parole di significato identico; la tua macchina è identica alla mia
indifferente [2]	*all the same*	uscire o rimanere a casa per me è indifferente; mi è indifferente che voi accettiate o rifiutate
pari [2]	*equal, equivalent, even (invariable) (also used as a noun in the sense of peer)*	i due alberi sono di pari altezza; hanno pari diritti e pari doveri; la sterlina è pari a tremila lire; dopo questo pagamento siamo pari; bisogna avere la stima dei propri pari
stesso [2]	*same (more common than **medesimo**) (also used as a singular noun to mean same person or same thing and in the plural to mean same people) (see also **comunque** and **particolare** (a))*	ho lo stesso insegnante dell'anno scorso; abbiamo gli stessi gusti; siamo partiti con lo stesso treno; è sempre la stessa storia; che tu lo faccia o no è lo stesso per me; la padrona è la stessa di una volta; lui pensa così e io penso lo stesso; sono sempre gli stessi a protestare

uguale [2]	*equal, alike, like, the same, all the same (also used as an adverb with **-mente** ending to mean the same, equally) (see also* **comunque***)*	queste due penne sono uguali; i due casi erano uguali; voglio un cappotto uguale al tuo; la legge è uguale per tutti; fa' quello che vuoi, per me è uguale; tratto tutti ugualmente
spiccicato [1]	*spitting image, dead spit*	sei spiccicato a tua madre
stessissimo [1]	*same, very same, exactly the same*	è la stessissima cosa che ti dicevo; abbiamo le stessissime idee
uguale [1]	*the same, equally (adverb) (alternative to* **ugualmente***)*	non posso venire alla tua festa, ma ti faccio gli auguri uguale; io la penso uguale

umorismo   humour

arguzia f [3]	*wit*	si esprime con molta arguzia; ha uno sguardo pieno di arguzia
comicità f [3]	*comic quality/effect, comedy, comicality, funny side*	quel film ha una comicità tutta sua; la comicità dell'attore si vede in ogni momento; la comicità della situazione è ovvia
humour m [3]	*(sense of) humour*	quell'uomo manca completamente di humour; lo humour inglese è diverso da quello italiano
spirito m [3-2]	*wit, spirit (see also* **mente***)*	è un uomo ricco di spirito; manca completamente di spirito; fa molte battute di spirito
umorismo m [2]	*humour*	quell'opera era ricca di umorismo; Pirandello ha scritto un saggio sull'umorismo
senso dell'umorismo m [2]	*sense of humour*	è sempre meglio avere il senso dell'umorismo

università   university

ateneo m [3]	*university*	gli atenei italiani sono tutti in sciopero oggi; in ateneo tutti si preparano per gli esami
facoltà f [2]	*faculty, department, institute*	non sono andato in facoltà oggi; insegno alla Facoltà di Lettere; la Facoltà di Medicina ha una sua sede in Via Roma
università f [2]	*university*	si è iscritto all'università; ci vuole una riforma dell'università; in Italia ci sono parecchie università private; frequento l'Università di Roma

uomo

man

gentiluomo m [3]	gentleman	è un vero gentiluomo; si è comportato da gentiluomo
umanità f/genere umano m/razza umana f [3-2]	humanity, humankind, human race	in molte parti del mondo si vede un'umanità sofferente; il genere umano fa parte del regno animale; perché la razza umana non riesce ad abolire la guerra?
maschio m [2]	male (also used as an adjective)	nella nostra famiglia ci sono molti maschi; i maschi degli uccelli hanno un piumaggio più colorito; ha due figli maschi
signore [2]	gentleman, man, sir (see also **padrone**)	è venuto un signore a cercarti; viene da un ambiente povero, ma è un vero signore; buona sera, Signore!
uomo m [2]	man (can also be used in the singular or plural in the sense of humanity, human beings) (see also **marito/ moglie**)	un uomo alto/basso/giovane/grande/ robusto/vecchio; ormai è diventato un uomo; c'è un uomo alla porta; ho studiato l'uomo preistorico; l'uomo moderno manca di spiritualità; voglio sapere qualcosa sull'evoluzione dell'uomo; gli uomini sono tutti fratelli

usare

to use

avvalersi/valersi di [3]	to make use of, to avail oneself of	mi avvalgo sempre della collaborazione di esperti; bisogna avvalersi dei propri diritti; il presidente si è valso della sua autorità; si sono valsi di me come mediatore
fare uso di [3]	to make use of	il governo ha minacciato di fare uso delle armi; qui molti ragazzi fanno uso di narcotici
giovarsi di [3]	to take advantage of	si è giovata di quell'opportunità favorevole; mi sono giovato dell'aiuto di un vip
usufruire di [3]	to benefit/profit from, to take advantage of (often commercial)	si può usufruire di forti sconti in questo negozio; se si usufruisce delle concessioni, si paga poco
impiegare [3-2]	to make use of, to employ (see also **assumere** and **bisognare**)	in questo lavoro bisogna impiegare molta diligenza; abbiamo impiegato materiali molto resistenti; impiega bene il suo tempo; hai impiegato male il tuo denaro
trarre profitto da [3-2]	to profit/benefit from	ha tratto profitto da quella cura
servirsi di [3-2]	to use, to make use of (sometimes negative)	mi servo del dizionario quando non so il significato di una parola; per illustrare questo punto mi servirò di un esempio; mi sono servito di un mediatore per concludere l'affare; si è servito di te per i suoi brutti fini

adoperare [2]	*to use, to put to use*	sai adoperare quell'attrezzo?; si può adoperare l'ascensore per salire; in queste faccende si deve adoperare il cervello
approfittare/ profittare di [2]	*to take advantage of* (**approfittare** is more common and sometimes reflexive)	abbiamo approfittato dell'occasione; perché non approfitti della mia offerta?; ho profittato del suo consiglio; quel truffatore si approfittava della buona fede della gente
sfruttare [2]	*to make use of, to exploit* (positive or negative)	quella società ha sfruttato le risorse naturali della regione; devi sfruttare il tuo talento; quella ditta sfrutta troppo i suoi dipendenti; quel tizio vive sfruttando donne
usare [2]	*to use*	usare una bicicletta/un coltello/un diritto; userò la scala per salire sul tetto; sai usare il computer?; usa la tua intelligenza
utilizzare [2]	*to use, to make use of, to utilise*	utilizzo un pezzo di stoffa per pulire le scarpe; quel satellite utilizza l'energia solare; in cucina so utilizzare molto bene gli avanzi

utile (see also adatto and comodo)   useful

giovevole [3]	*advantageous, beneficial*	questi esercizi sono giovevoli alla salute
proficuo [3]	*profitable, beneficial*	vendere macchine usate è un'attività proprio proficua; stanno svolgendo studi molto proficui sulle cellule
favorevole [3-2]	*favourable, advantageous* (see also **disposto**)	adesso si presentano circostanze favorevoli; spira un vento favorevole
prezioso [3-2]	*precious, invaluable* (see also **caro**)	l'ho ringraziato per quei consigli preziosi; il tuo aiuto mi è stato prezioso; ho perduto del tempo prezioso in chiacchiere; la libertà è un bene prezioso
servizievole [2]	*helpful, obliging*	quel ragazzo mi aiuta sempre, è molto servizievole; le mie amiche sono servizievoli se ho bisogno di una baby sitter
utile [2]	*useful, helpful, handy* (see also **servire** and **valido**)	un consiglio/un libro/uno strumento utile; è molto utile imparare le lingue straniere; mi ha comprato un regalo utile
vantaggioso [2]	*advantageous, favourable*	ci hanno offerto condizioni vantaggiose; nello stadio ci siamo seduti in una posizione vantaggiosa

vacanza   holiday

festività f [3]	*holiday, feast day* (religious or civil)	quali sono le festività civili in Italia?; domani c'è la festività dell'Ascensione

ferie fpl [2]	holidays	quando hai le ferie quest'anno?; è andato in ferie ai Caraibi; andrò in ferie il mese di agosto; ho ancora tre giorni di ferie
festa f [2]	holiday, day/time off work (see also **festa**)	la festa di Capodanno/di Natale; che festa è oggi?; venerdì faccio festa; lui fa festa quando c'è troppo lavoro in ufficio
ponte m [2]	holiday (extra period off work bridging two holidays)	meno male che a Natale faremo il ponte fino a Capodanno!; chissà se si farà il ponte al primo maggio; hanno passato il ponte di ferragosto in montagna
vacanza [2]	holiday	come sono andate le tue vacanze?; ha fatto una bellissima vacanza in Africa; dove andiamo in vacanza quest'anno?

vagabondo   wandering, roving

ramingo [3]	wandering, roaming (literary)	l'uomo cammina ramingo per le vie del mondo
errante [3-2]	wandering, errant (literary)	hai sentito la storia dell'ebreo errante?; i vecchi racconti sono pieni di cavalieri erranti
giramondo mf [3-2]	tramp, wanderer (invariable plural)	quel giramondo vive di guadagni occasionali e non si sistemerà mai
girellone/a mf [3-2]	wanderer	questa città è piena di girelloni che non lavorano e vivono alla giornata
girovago [3-2]	wandering, wanderer (also used as a noun)	un musicista/un venditore girovago; quel ragazzo è un po' girovago; la città è piena di hippies e di girovaghi
nomade [2]	nomadic, nomad (also used as a noun)	una popolazione/una tribù/una vita nomade; i Tuareg del Sahara sono nomadi; fuori città c'è un campo di nomadi
randagio [2]	stray, wandering (usually of animals)	fuori c'è un cane randagio; mio figlio è andato prima in Perù, poi in Cile, ora è in Cina: è veramente un ragazzo randagio
vagabondo [2]	wandering, roving (also used as a noun in the sense of tramp, wanderer) (for more pejorative use, see **pigro**)	conduce una vita vagabonda; quella è gente vagabonda che non ha voglia di mettere su casa; quel tizio ha lasciato la famiglia anni fa e adesso è un vagabondo

vagina   vagina

vulva f [3]	vulva	la vulva è l'insieme degli organi genitali esterni
sesso m [3-2]	sexual organ, genitals	si è eccitata quando lui le ha toccato il sesso
vagina f [2]	vagina	la vagina è una parte dell'apparato genitale femminile

patatina f `2-1`	*fanny*	mamma, mi fa male la patatina
fica f/**figa** f `1*`	*fanny, cunt, twat* (see also **donna**)	le ha messo la mano sulla fica
fregna f `1*R`	*fanny, cunt, twat* (regional Central Italian usage)	vai in giro a farti toccare la fregna, cagna che sei!
passera f/**passerina** f `1*`	*fanny, cunt, twat*	non ti lascerò mai più toccare la mia passera; ho provato la passerina di quella ragazza

---

vago (see also **oscuro**) vague

nebuloso `3`	*foggy, hazy, nebulous*	ha idee vaghe e nebulose; ho un ricordo molto nebuloso di quei tempi
indeterminato `3-2`	*indeterminate, indefinite*	ha idee indeterminate sulla professione che vuole fare; hanno una posizione indeterminata su questo problema legale
indistinto `3-2`	*indistinct* (usually of sound or colour)	quella notte ho udito un suono indistinto; portava un vestito di colore indistinto
indefinito `2`	*indefinite*	un aggettivo/un pronome indefinito; ha sempre progetti indefiniti; ha idee indefinite su tutto
poco chiaro `2`	*unclear*	il suo discorso è stato poco chiaro; è poco chiaro perché lei abbia voluto andarsene dall'Italia
vago `2`	*vague*	notizie/sensazioni/speranze vaghe; ha fatto un vago accenno alle bambine; ho memorie vaghe della mia infanzia; ho il vago sospetto che tua figlia non sia andata a scuola oggi; noto una vaga somiglianza tra te e tua cugina

---

valido (see also **utile**) valid, effective

valevole `3`	*valid* (in official language)	il biglietto è valevole per tre giorni; l'invito è valevole per due persone; la partita è valevole per il campionato
efficace `2`	*effective, efficacious* (of a thing)	un aiuto/un argomento/un rimedio efficace; la candeggina è efficace per togliere le macchie dalla biancheria; ha avuto parole efficaci per convincerla
efficiente `2`	*efficient* (of a thing or person)	un motore/un organismo efficiente; la mia segretaria è molto efficiente; io trovo difficile essere efficiente la mattina presto
valido `2`	*valid, sound, effective*	una critica/una ragione valida; un giudizio/un principio valido; quel biglietto non è più valido; dare/offrire un valido aiuto; il suo sarà un valido contributo

valore
value, worth

pregio m 3-2	*worth, distinction*	il pregio artistico/estetico/stilistico; è un mobile di gran pregio; il pregio di questa casa è la luminosità
validità f 3-2	*validity*	la validità di un biglietto/di una tessera; la validità della sua tesi non è stata provata; la validità del suo matrimonio non è mai stata messa in discussione
merito m 2	*merit*	il suo unico merito è di essere onesto; tutto il merito della vittoria va a lui
qualità f 2	*quality* (see also **elemento**)	una cosa di buona/cattiva/eccellente/ottima qualità; hanno vestiti di ogni qualità; è un uomo pieno di qualità
valore m 2	*value, worth* (see also **costo** and **significato**)	acquistare/perdere valore; il valore di questo testo sta nell'interpretazione della società; questa è un'opera di grande valore artistico; è un uomo di cui conosci il valore

vandalo
vandal

ultrà m 3-2	*(football) hooligan* (implies racist and extreme right-wing ideas) (usually plural) (also used as an adjective)	tornando dalla partita gli ultrà hanno distrutto il treno; alla partita la polizia non è riuscita ad impedire gli ultrà dall'esibire scritte razziste; c'è stato un attentato ultrà al cimitero ebraico
hooligan mf 2	*hooligan*	dopo la partita la polizia ha arrestato alcuni hooligan; gli hooligan hanno bruciato delle macchine in centro
vandalo m 2	*vandal*	un vandalo ha rovinato quella statua; alcuni vandali hanno scritto sul muro
teppista mf 2-1	*vandal, ruffian*	alcuni teppisti mi hanno graffiato la macchina; la vetrina è stata rotta da teppisti

NB **vandalo** and **teppista** also have associated with them the abstract nouns **vandalismo** (Register 2) and **teppismo** (Register 3-2) (e.g. scrivere sui monumenti è un atto di vandalismo; la polizia cerca di eliminare il teppismo in questa zona).

vecchio (see also **primitivo**)
old

obsoleto 3	*obsolete*	tutte queste tradizioni sono obsolete; lui usa sempre termini ormai obsoleti
secolare 3	*ancient, age-old*	alberi/odi/piante/tradizioni secolari; quel popolo cerca di liberarsi da una secolare oppressione
senile 3	*old, aged, senile*	è un uomo ancora giovane ma d'aspetto già senile; questo è un problema dell'età senile; sua madre soffre di demenza senile

vetusto [3]	*ancient, antique*	in questo paese hanno tradizioni vetuste; la mia vetusta memoria ricorda ancora la guerra
attempato [3-2]	*aged, elderly*	era un signore un po' attempato; è venuto a cercarvi un tizio attempato
decrepito [2]	*decrepit, ancient* (often preceded by **vecchio**)	hanno una casa decrepita; tu hai gusti decrepiti in fatto di musica; è vecchia decrepita e vuole andare a ballare
antico [2]	*ancient, old, former* (for the last sense, see also **passato**)	l'arte/l'età/la storia antica; hanno riportato il Duomo al suo antico splendore; secondo un costume antico si mangiano le lenticchie a Capodanno; conosco bene l'Antico Testamento
anziano [2]	*old, aged, elderly* (of people) (also used as a noun)	una donna/una persona anziana; sono ormai troppo anziana per andare in discoteca; io sono il più anziano dei miei fratelli; due anziani hanno vinto la gara di liscio
vecchio [2]	*old* (in a variety of contexts), *aged, former* (for the last sense, see also **passato**) (also used as a noun)	un cane/un cavallo/un film/un uomo vecchio; sei più vecchio di me; sono troppo vecchio per giocare a calcio; ha un viso vecchio e stanco; viviamo nella zona vecchia della città; è una vecchia storia; compro molti libri vecchi; hanno deciso di tornare al vecchio sistema; ho incontrato il mio vecchio professore; quel vecchio e sua moglie sono sempre in giro; curiamo i vecchi quando si ammalano

veloce   quick, fast

sollecito [3]	*prompt, quick* (see also **attento**)	non è mai molto sollecito nei pagamenti; in questo ristorante sono abbastanza solleciti nel servire
spicciativo [3]	*quick, hurried*	metodi/modi spicciativi; aveva maniere spicciative
celere [3]	*fast, rapid, quick* (often of means of transport)	un autobus/una comunicazione/una nave/un treno celere; ho fatto un corso celere di inglese
fulmineo [3-2]	*lightning, swift*	con un movimento fulmineo si liberò dall'aggressore
lesto [3-2]	*quick, fast, swift*	lesto a capire/a mangiare/a rispondere; ha preso una decisione troppo lesta; su, lesti, andiamo!
rapido [2]	*fast, rapid, quick*	qui la corrente del fiume è molto rapida; è stato un incidente così rapido che non ricordo niente; ho dato una rapida occhiata ai vostri esami; dopo un rapido esame il dentista ha estratto il dente

sbrigativo [2]	*quick, hasty, hurried* (often with a negative connotation)	è una persona sbrigativa, non ti farà perdere tempo; quell'avvocato usa metodi sbrigativi; ha dato un giudizio sbrigativo; è stata una visita troppo sbrigativa
svelto [2]	*quick, fast, brisk, smart* (also mentally)	quel cameriere è molto svelto; sono molto svelti nel lavoro; ha la lingua proprio svelta; è molto svelto per la sua età
veloce [2]	*quick, fast*	un cavallo/una macchina/un nuotatore/un operaio veloce; è un atleta veloce come il vento; ha preso una decisione veloce

NB for adverbial use of these words, see **presto**.

---

velocità   speed

sollecitudine f [3]	*promptness* (see also **attenzione**)	la sua sollecitudine nell'aiutare la nonna mi ha commosso; risponde sempre con sollecitudine ai nostri appelli
prontezza f [3-2]	*promptness*	ha prontezza di riflessi; vi preghiamo di risponderci con prontezza
fretta f [2]	*haste, hurry* (see also **correre**)	dimmi, che fretta c'è?; non c'è fretta; per la fretta ho lasciato il portafoglio a casa
premura f [2]	*haste, hurry* (see also **correre**)	tutta questa premura non la capisco
rapidità f [2]	*speed, rapidity*	la rapidità della corrente l'ha trascinato via; la rapidità con cui ha risposto alla mia lettera mi ha fatto piacere
velocità f [2]	*speed*	la velocità di un aereo/di un'auto/di una moto/di un treno; la velocità della luce/del suono; i cartelli stradali dicevano di moderare la velocità

---

venire   to come

giungere [3-2]	*to arrive, to come* (auxiliary **essere**)	come siete giunti qui?; sono giunti troppo presto al ricevimento; mi è giunta notizia del tuo arrivo
provenire (da) [3-2]	*to come (from), to originate (from)* (auxiliary **essere**) (see also **derivare**)	questa merce proviene dal Giappone; molte delle persone emigrate a New York provenivano dall'Irlanda; questo treno proviene da Firenze
raggiungere [3-2]	*to reach, to arrive at, to get to* (see also **ottenere**)	ho raggiunto la stazione quando il treno già partiva; hanno raggiunto Milano nella tarda notte
sopraggiungere [3-2]	*to arrive* (auxiliary **essere**) (see also **succedere**)	prima è venuto il nonno, poi è sopraggiunto il papà; la notizia della sua vittoria è sopraggiunta solo più tardi

sopravvenire 3-2	*to arrive (suddenly)* (auxiliary **essere**) (see also **succedere**)	è sopravvenuto il preside e tutti siamo stati zitti
apparire 2	*to appear, to arrive* (auxiliary **essere**)	il sole è apparso all'orizzonte; improvvisamente è apparsa mia sorella
arrivare 2	*to arrive* (also figurative) (auxiliary **essere**)	arrivare in anticipo/in macchina/in orario/in ritardo/in treno; Gino è arrivato adesso; il tuo regalo è arrivato per posta; non pensavo che si potesse arrivare ad una tale stupidità
capitare 2	*to (happen to) arrive, to find oneself* (auxiliary **essere**) (see also **succedere**)	sono capitato in una città sconosciuta; per fortuna i bambini sono capitati fra brava gente; scusami se sono capitato in un momento inopportuno
presentarsi 2	*to appear, to show up* (see also **presentare**)	il soldato si è presentato al suo comando; si è presentato inaspettatamente
farsi vedere 2	*to appear, to show/turn up* (see also **mostrare**)	non si è fatto vedere alla festa ieri sera; non si fa mai vedere prima delle dieci
farsi vivo 2	*to appear, to show up*	non ti fai mai vivo qui; fatti vivo a casa di Giovanni stasera
venire 2	*to come* (auxiliary **essere**) (see also **derivare**)	venire a piedi/in macchina/in treno; lui non viene mai qui; vieni a giocare?; venga a prendere un caffè da noi; è venuto il momento di agire; questo problema viene dal fatto che sono stupidi
piombare 2-1	*to turn up* (auxiliary **essere**)	Giovanni è piombato qui all'improvviso ieri sera

vero real, true

verace 3	*real* (literary)	è un resoconto verace; Milly è una napoletana verace; questi sono valori veraci
oggettivo 3-2	*concrete, objective* (see also **obbiettivo**)	per risolvere questo problema, bisogna prima avere i dati oggettivi; abbiamo i fatti oggettivi da studiare?
veritiero 3-2	*truthful*	una informazione/una notizia veritiera; lo si può ritenere un teste veritiero; è un racconto veritiero ed esatto
concreto 2	*concrete, real*	vorrei fare una proposta concreta; questo film è basato su un fatto concreto; la parola 'cane' è un nome concreto
effettivo 2	*real, effective*	la medicina mi ha procurato un effettivo miglioramento; tu non dai alle parole il loro effettivo significato
pratico 2	*real, practical* (see also **capace** and **comodo**)	nella vita pratica non si può non tenere conto di certe cose

reale [2]	*real, true*	hanno basato il documentario su un fatto reale; non badi mai alla sostanza reale delle cose
vero [2]	*real, true*	lui era un vero artista/criminale/delinquente/poeta; questa collana è di perle vere; lui è dotato di intelligenza vera; chi sarà il suo vero padre?; quella ragazza è una vera bellezza mediterranea; non sono bugie, è tutto vero!; sei un vero egoista; non mi sembra vero che sia tornato così presto

verso   towards

nei riguardi di [3-2]	*in respect of, towards, for*	hanno un profondo amore nei riguardi degli animali; non hanno una grande simpatia nei riguardi di Giovanni
nei confronti di [2]	*towards, for*	i figli dovrebbero avere rispetto nei confronti dei genitori; non so che cosa provo nei confronti di Silvio
verso [2]	*towards, for*	mio figlio ha un grande affetto verso gli zii; non devi avere un atteggiamento di superiorità verso nessuno

vestire   to dress

abbigliare [3-2]	*to dress (up)* (usually of women) (also used reflexively)	la madre abbigliava la bambina per la festa; quel sarto abbiglia molte ricche signore; quel cappotto abbiglia molto bene; adesso la signora si deve abbigliare per il ricevimento
acconciare [3-2]	*to dress up* (usually of women) (see also **ordinare** (b))	stiamo acconciando la sposa per il matrimonio
indossare [3-2]	*to wear, to put on*	indossa sempre vestiti elegantissimi; indossava una pelliccia di volpe rossa; molti giovani non indossano cinture di sicurezza; ha indossato la giacca ed è uscito
infilare [2]	*to put/slip on* (see also **introdurre**)	Anna ha infilato una maglia ed un paio di jeans; le modelle infilavano i vestiti in fretta; infila la giacca a vento e usciamo
mettere [2]	*to put on*	cosa metti stasera per la festa?; io metterò una cosa nera; cosa ha messo addosso quel ragazzo?
portare [2]	*to wear* (see also **portare**)	portava uno splendido paio di pantaloni; lei sa veramente portare i vestiti!

vestire 2	*to dress (up)* (transitive or intransitive) (also used reflexively)	vesti il bambino e usciamo; sono povera e ho tre figli da vestire; quella sarta mi veste da dieci anni; quella donna ha sempre vestito con gusto; mi sto vestendo, aspetta un momento; lei si veste molto elegantemente; non vengo a teatro, non ho voglia di vestirmi

vestito — dress, garment

veste f 3	*garment, dress* (historical or formal)	alla mostra c'era una preziosa veste antica; la bimba aveva una lunga veste rosa; il sacerdote si mise la veste talare
indumento m 3-2	*garment*	un indumento leggero/pesante; qui si vendono indumenti usati; le mutande ed il reggiseno sono indumenti intimi
tailleur m 3-2	*suit* (female)	quella donna porta sempre un tailleur elegante per il lavoro; ho bisogno di un tailleur da viaggio
abbigliamento m 2	*clothes, clothing*	un abbigliamento casual/elegante/invernale/sportivo; lavora in una ditta di abbigliamento; aveva un abbigliamento strano
abito m 2	*dress, garment, suit* (male or female)	un abito corto/largo/lungo/stretto; un abito da cerimonia/da cocktail/da mattina/da sera; dove hai comprato quell'abito?; un abito blu è sempre elegante
vestiario 2	*clothes, wardrobe, clothing*	quella signora rinnova il vestiario ogni primavera; quali capi di vestiario vi servono per la commedia?
vestito m 2	*dress, garment, suit* (male or female), *clothes* (in plural usage) (more common than **abito**)	un vestito leggero/pesante; un vestito da donna/da mezza stagione/da sera/da uomo; mi sono sporcata tutto il vestito; se il papà va al funerale, digli di mettere il vestito blu; lei compera solo vestiti firmati
panni mpl 2-1	*clothes* (often in a washing context)	lavare i panni; ha steso i panni al sole ad asciugare; ho buttato un sacco di panni vecchi

viaggiatore — passenger, traveller

viandante mf 3	*traveller, wayfarer* (literary)	il povero viandante ha bussato alla porta per chiedere un bicchiere d'acqua; può dare asilo a un viandante stanco?
passeggero/a mf 2	*passenger*	si pregano i passeggeri di spegnere le sigarette; quel passaggero ci crea molti problemi

viaggiatore m/ **viaggiatrice** f [2]	*passenger, traveller*	un viaggiatore di prima/di seconda classe; quella viaggiatrice ha chiesto se può fumare; i signori viaggiatori sono pregati di non abbandonare il loro bagaglio

viaggio   journey

iter m [3]	*journey, passage, course (usually figurative)*	abbiamo assistito all'iter parlamentare di quella legge; ha avuto un iter medico molto travagliato
raid m [3]	*(long-distance) rally/race*	ha partecipato al raid Parigi–Dakkar
escursione f [3-2]	*trip, outing, excursion*	sono andati a fare un'escursione in montagna; con la parrocchia fanno escursioni ovunque
itinerario m [3-2]	*itinerary, route, guide book*	la maggior parte della gente segue itinerari turistici; l'itinerario di questo viaggio non mi convince; per andare in Spagna papà ha studiato un itinerario molto interessante
cammino m [2]	*journey (on foot) (also figurative)*	il cammino verso la casa è tutto in salita; sono stanco per il lungo cammino; ci vogliono quattro ore di cammino; tuo fratello si è perso lungo il cammino
giro m [2]	*trip round, round (see also* **passeggiata***)*	mi piacerebbe fare il giro della città; hai voglia di fare il giro dei negozi?; il postino ha iniziato il suo giro
gita f [2]	*trip, excursion*	una gita organizzata/scolastica/turistica; una gita al lago/al mare/ai monti; vuoi fare una gita con me?
percorso m [2]	*journey, route (usually implies difficulty)*	è un percorso lungo passare per il bosco; durante il percorso mi si è rotta la scarpa; è il percorso seguito dagli alpinisti
scampagnata f [2]	*trip, outing (usually in the country)*	sono anni che non facciamo una bella scampagnata con i nostri amici
tragitto m [2]	*journey, trip*	il tragitto per andare al campeggio è stato molto difficoltoso; i bambini sono stati male durante il tragitto in macchina
traversata [2]	*crossing*	la traversata del lago è molto piacevole se fa bel tempo; la traversata della Manica durava circa due ore con la nave
viaggio m [2]	*journey, trip*	un viaggio d'affari/d'esplorazione/in automobile/in treno; abbiamo fatto un viaggio in Germania; è stato un viaggio di una settimana; sto scrivendo un libro sui miei viaggi; sono in viaggio da ieri mattina

vicino (a) adverb

near

appresso 3	*near(by), close by, with oneself* (literary)	non venirmi sempre appresso!; stammi appresso; portati appresso i tuoi appunti
accanto 3-2	*near(by), close(by), next door*	il bar è qui accanto; loro abitano nella casa accanto; quel bambino ha sempre qualche animale accanto; nel negozio accanto c'è una buona scelta di stoffe
vicino 2	*near(by), close by, near at hand*	abito qui vicino; mia mamma abita vicino; da vicino non è poi così bella; prendo la macchina ma vado qui vicino

vicino (b) adjective

nearby, close

adiacente 3	*adjoining, adjacent*	questa casa è adiacente alla chiesa; abbiamo comprato la villa con i campi adiacenti
contiguo 3	*adjacent, neighbouring*	abbiamo prenotato due camere contigue; quelle regioni sono contigue; la sala da pranzo è contigua alla cucina
attiguo 3-2	*adjacent, adjoining, next*	ho comprato due appartamenti attigui; ho bussato alla stanza attigua
vicino 2	*nearby, near, neighbouring, close* (also used as a noun to mean *neighbour*)	vado a fare la spesa in una città vicina; questi quadri sono troppo vicini; Natale è vicino; lui non è un parente vicino; gli è stata vicina fino alla morte; parlerò con la vicina (di casa)

vicino a

near (to)

appresso a 3	*next to, after* (literary)	le disgrazie vengono sempre una appresso all'altra
accanto a 3-2	*next to*	siediti accanto a me; sono stato accanto a lui per tutta la sera; mi sono seduto accanto alla finestra
presso 3-2	*near/close (to), at the house/ office of, c/o, with* (sometimes followed by **a** or **di**)	vive in un paese presso Firenze; sedeva presso la porta; ha vissuto per anni presso di noi; la mia casa è presso alla chiesa; vive presso parenti; mandami la posta presso l'università; lavora presso un avvocato; presso gli ebrei l'idolatria era vietata
vicino a 2	*near (to)* (sometimes used without **a** before place names)	abito vicino a Giovanni; la nostra casa è vicino al cinema; le tue idee sono molto vicino alle mie; quello che dici è vicino al vero; mi sono sistemato vicino Firenze

vietare (see also impedire)   to forbid, to prohibit

interdire 3	to forbid, to prohibit	il comune ha interdetto il transito su questa strada; hanno interdetto l'accesso al pubblico
precludere 3	to prohibit, to preclude	la sua azione ha precluso ogni possibilità d'intesa; avere una carriera non preclude avere una vita famigliare soddisfacente
bandire 3-2	to banish, to expel (also figurative)	la città di Firenze bandì Dante; mio fratello mi ha bandito da casa sua; ho bandito la malinconia e stasera esco
proibire 3-2	to forbid, to prohibit	il papà mi ha proibito di uscire; la mamma proibisce a tutti di fumare in casa; sua moglie gli ha proibito di parlarmi
vietare 2	to forbid, to prohibit	la nonna mi ha vietato di cogliere le rose in giardino; ti vieto di scrivere sui muri; ci vietano di entrare in quel bar

vietato   forbidden, prohibited

interdetto 3	prohibited	è interdetto dai pubblici uffici per aver rubato
precluso 3	prohibited, forbidden, debarred	il cammino qui è precluso; gli è preclusa la carriera legale
bandito 3-2	forbidden, prohibited	molti additivi sono banditi in Italia; lo zucchero è bandito ai diabetici
proibito 3-2	prohibited, forbidden	il cioccolato è un cibo proibito per me; è proibito sporgersi dai finestrini; qui è proibito fumare
vietato 2	forbidden, prohibited	questo film è vietato ai minori di 18 anni; vietato l'ingresso ai non addetti ai lavori; è vietato calpestare le aiuole

vigliacco   cowardly

codardo/a mf 3	cowardly (also used as a noun)	quando si tratta di parlare ai superiori, lui diventa codardo; come fa ad avere un comportamento così codardo?; si è dimostata una codarda denunciando i compagni
vile 3-2	vile, cowardly (also used as a noun) (see also cattivo)	è vile arrendersi prima di lottare; era un individuo egoista e vile; non fare il vile!
vigliacco 2	cowardly (also used as a noun)	è un individuo spregevole e vigliacco; Mario è stato proprio un vigliacco ad abbandonare la moglie perché era malata

villaggio

village

borgo m 2	*(small) village*	vivono in un antico borgo montano; questo è un borgo di mille anime
paese m 2	*village, place of origin* (see also **paese**)	un paese di contadini/di montagna/di pastori/di pianura; ne parla tutto il paese; il mio paese ha cinquemila abitanti
paesino m 2	*small village, hamlet*	in questo paesino non succede mai niente; questa regione è pieno di paesini
villaggio m 2	*village* (in a variety of senses)	un villaggio africano/alpino/di montagna; abita in un villaggio sperduto nella campagna; la pianura è popolata di villaggi; ormai il mondo è un villaggio globale; un villaggio residenziale/satellite/turistico/universitario

villeggiante

holidaymaker

vacanziere m 3-2	*holidaymaker* (usually ironical)	la tivù ha detto che sull'autostrada c'è un esercito di vacanzieri; è già cominciato l'esodo dei vacanzieri
villeggiante mf 3-2	*holidaymaker*	luglio è il mese che vede l'arrivo di molti villeggianti; in spiaggia c'era un gruppo di villeggianti
turista mf 2	*tourist*	quando ero in città ho incontrato una turista francese; Firenze è sempre affollata di turisti stranieri

vincere (see also **superare**)

to win

sconfiggere 3-2	*to defeat, to overcome, to vanquish*	hanno sconfitto il nemico; li abbiamo sconfitti nelle elezioni; non si può mai sconfiggere completamente il male
sopraffare 3-2	*to defeat, to overcome* (normally used in the passive)	l'esercito cartaginese fu sopraffatto da quello romano; i piccoli commercianti vengono sopraffatti dai supermercati
battere 2	*to beat, to defeat*	quell'atleta ha battuto avversari più forti di lui; mi hai battuto ancora alle carte
vincere 2	*to win* (transitive or intransitive)	vincere una gara/la lotteria/una scommessa/al lotto/al totocalcio; chi ha vinto il Giro d'Italia l'anno scorso?; sei stato alla partita? Chi ha vinto?

violentare (see also **tormentare**)

to rape

abusare di 3	*to abuse* (sexually)	ha abusato della propria figlia per molti anni; ha chiuso la donna in camera e ha abusato di lei

stuprare [3]	to rape	l'uomo fu accusato di avere stuprato molte donne; quella ragazza ha sofferto molto per essere stata stuprata
violare [3]	to rape, to assault (sexually) (for figurative use, see **rompere**)	ha violato parecchie ragazze prima che la polizia lo prendesse
violentare [2]	to rape, to assault (sexually)	due anni fa è stata violentata da uno sconosciuto; quell'uomo è stato accusato di aver violentato una donna

violento violent

bruto [3]	brute	quell'uomo conosce solo la forza bruta; non è usando la violenza bruta che ti farai rispettare
facinoroso [3]	violent, lawless (also used as a noun in the sense of ruffian)	mio padre era un uomo facinoroso; è stato aggredito da un gruppo di facinorosi
brutale [3-2]	brutal	suo padre era stato brutale coi figli; il suo modo di fare è sempre stato brutale
manesco [3-2]	rough, free with one's hands/fists	quel ragazzo è prepotente e manesco; è una madre manesca che educa i figli a suon di schiaffi
aggressivo [2]	aggressive	non capisco perché quel bambino sia così aggressivo; i cani di quella razza sembrano molto aggressivi
violento [2]	violent	una morte/una passione violenta; non avrebbe dovuto sposarlo, è un uomo violento

visitare to visit

frequentare [3-2]	to attend, to go to, to be part of	frequentare le lezioni/la scuola/l'università; non li conosco perché non frequento il loro ambiente
passare da [3-2]	to call on, to go and see, to visit (a person) (auxiliary **essere**) (see also **andare**)	sei passato dalla mamma?; devo passare da Giovanni oggi per salutarlo; ti daremo il libro quando passerai da noi
fare visita a [3-2]	to visit (usually a person)	oggi abbiamo fatto visita ai nonni; ti faremo visita a Natale; l'arcivescovo ha fatto visita alla nostra chiesa parrocchiale
visitare [2]	to visit, to go to, to go and see (a place) (see also **esaminare**)	ho visitato Torino molte volte; a Roma abbiamo visitato un grande magazzino; ho portato Gianni a visitare i musei etruschi; quando era a Milano ha visitato il Duomo

andare/venire a trovare	to come/go and see, to visit, to call on (a person)	siamo andati a trovare Lucio in ufficio; domani andrò a trovare la nonna; Marina è venuta a trovarmi perché non stavo bene
[2-1]		

vista   sight, view

prospettiva f [3]	view, prospect	quella cima offre una larga prospettiva della vallata
quadro m [3-2]	scene, picture (see also **descrizione** and **immagine**)	quando raggiunse il luogo del disastro, ai suoi occhi si presentò un quadro terrificante
scena f [3-2]	scene (see also **lite**)	dal balcone si gode una scena indimenticabile; ha deciso di ritirarsi dalla scena politica
visione f [3-2]	vision (see also **fantasma**)	lui ha sempre una visione chiara dei problemi; la visione dantesca del mondo è molto medievale
panorama m [2]	view, panorama, landscape (often figurative)	il panorama politico/sociale/storico; da qui si gode un bel panorama; dalla stanza si vede uno splendido panorama del lago; questo pittore ha dipinto molti panorami
spettacolo m [2]	sight, view (see also **manifestazione**)	abbiamo visto il grandioso spettacolo delle Alpi; ai primi soccorritori si presentò uno spettacolo veramente terrificante
veduta f [2]	view	una veduta panoramica; questo quadro rappresenta una veduta di Roma; è una persona di larghe vedute
vista f [2]	view, sight (in a variety of senses)	cerchiamo una camera con vista; a prima vista questo libro sembra interessante; la vista è uno dei cinque sensi; devo andare a farmi controllare la vista

vivace   lively

brioso [3]	lively, spirited, vivacious	è un attore molto brioso; quell'autore scrive con uno stile proprio brioso
animato [3-2]	lively, animated, full of life	queste sono le vie più animate della città; siamo andati a una festa molto animata; hanno partecipato a un dibattito animato
esuberante [3-2]	exuberant, lively	una fantasia/un temperamento esuberante; quella ragazza è troppo esuberante, ha bisogno di essere frenata
vivido [3-2]	lively, vivid	è un uomo di vivido ingegno; quel pittore usa colori molto vividi
fantasioso [2]	imaginative	gli italiani sono un popolo proprio fantasioso; è un uomo fantasioso e originale

movimentato [2]	*animated, eventful*	l'assemblea è stata un po' movimentata; la mamma si è lamentata perché la nostra festa è stata un po' movimentata
vivace [2]	*lively, vivacious*	Paolo è un bambino vivace; Anna ha un carattere vivace; mi piace tua nipote perché ha un'intelligenza molto vivace
vivo [2]	*lively, bright* (see also **brillante**)	una descrizione/una discussione/una rappresentazione molto viva

vivo
alive, living

esistente [3-2]	*existent, in existence*	non ci sono molti documenti esistenti su quel periodo storico; questi fiori sono gli unici esemplari della specie esistenti in questa zona
vivente [3-2]	*living*	è uno dei più grandi artisti viventi; è l'ultima persona vivente di quella antica famiglia
vitale [3-2]	*vital, living* (see also **necessario**)	questi sono gli organi vitali del corpo; il fegato è un organo vitale
in vita [2]	*alive*	tutti i fratelli del papà sono ancora in vita; i medici si sono prodigati per tenerlo in vita
vivo [2]	*alive, living*	non sapevo che quel critico fosse ancora vivo; sono ancora vivi i suoi genitori?

volere
to want, to wish

desiderare [3-2]	*to wish, to desire*	che cosa desidera, signore?; desidero parlare con lei; desideriamo comprare una nuova casa
pretendere [3-2]	*to expect, to require* (see also **aspettare**)	pretendi un prezzo esagerato per quel libro; non puoi pretendere di fare quello che ti pare; pretende di superare l'esame senza aver studiato
volere [2]	*to want, to wish*	dimmi che cosa vuoi; Daniela voleva studiare, ma invece è andata a lavorare; perché Renzo voleva vederti?; fa' come vuoi; cosa vuoi ancora da lui?
avere voglia (di) [2-1]	*to want (to)* (see also **volontà**)	ho voglia di mangiare un bel gelato; ho voglia di andare a teatro stasera; mi ha chiesto di uscire ma non avevo voglia

volgare (see also maleducato)
vulgar

| **triviale** [3] | *vulgar, coarse* | un gesto/un uomo triviale; ha un modo di fare molto triviale; non capisco come un uomo così intelligente abbia potuto sposare una donna così triviale |

sguaiato 3-2	*coarse, gross, unrefined*	una risata sguaiata; Francesca si veste in un modo sguaiato; quell'attrice si trucca sempre in una maniera sguaiata
grossolano 2	*coarse, gross, rough*	una mentalità grossolana; uno sbaglio grossolano; ma come fai a sopportare quell'uomo così grossolano?
rozzo 2	*rough, uncouth* (see also **ruvido**)	Pietro ha un aspetto rozzo, ma è gentilissimo; loro parlano in modo rozzo, ma si vede che sono intelligenti
volgare 2	*vulgar, common, coarse*	un comportamento/una concezione/una persona volgare; non usare quei modi di fare volgari quando sei con noi; quella ragazza è molto bella, ma anche molto volgare

volontà   will, wish

brama f 3	*desire* (with a negative connotation) (see also **sensualità**)	una brama di onori/di ricchezze; la sua brama di soldi ha causato attrito nella nostra famiglia; la sua brama è quella di diventare direttore generale della nostra banca
volere m 3-2	*will, wish*	la gente si piega sempre al volere dei più forti; sia fatto il volere di Dio; pretende che tutti si adeguino ai suoi voleri
desiderio m 2	*wish, desire*	il loro desiderio di avere un figlio li ha spinti a fare cose molto sciocche; il desiderio della nonna era di ricomprare la villa di famiglia; se esprimi un desiderio, forse si realizzerà
voglia f 2	*wish, desire* (for **avere voglia (di)**, see **volere**) (see also **sensualità**)	mi viene voglia di ridere; morivo dalla voglia di baciarla
volontà f 2	*will, wish*	tua sorella ha molta buona volontà; lui non ha una grande volontà di riuscire nel suo lavoro; che forza di volontà!

qualche volta   sometimes

di quando in quando 3	*from time to time, at times, occasionally*	ha un figlio che la va a trovare di quando in quando
talora 3	*sometimes, at times*	il rimedio è talora peggiore del male
saltuariamente 3-2	*on and off, at intervals*	mio fratello lavora saltuariamente; usciamo insieme saltuariamente e solo quando tutti e due ne abbiamo voglia
sporadicamente 3-2	*sporadically, occasionally*	ci vediamo sporadicamente; per fortuna cose come queste succedono solo sporadicamente

talvolta [3-2]	*sometimes, at times, now and then*	come talvolta avviene, l'attore ha dimenticato le parole; nel giudicare le persone, talvolta ci si sbaglia
di tanto in tanto [2]	*from time to time, now and then*	ci vediamo di tanto in tanto per fare due chiacchierate
ogni tanto [2]	*now and then, every so often*	ci vediamo ogni tanto; lo incontro ogni tanto in autobus; ci telefona ogni tanto
qualche volta [2]	*sometimes*	qualche volta mi viene voglia di gridare; Giovanni viene a trovarmi qualche volta; qualche volta gli telefono per fare una chiacchierata
a/alle volte [2]	*at times, sometimes, now and then*	a volte mi prendono dei dolori improvvisi al ginocchio; alle volte mi viene la voglia di lasciare perdere tutto
alcune/delle volte [2]	*sometimes, at times*	alcune volte mi parla, altre volte no; delle volte i miei studenti mi sorprendono
una volta tanto [2-1]	*every so often, now and then, once in a while*	una volta tanto potresti almeno telefonarmi

vomitare   to be sick, to vomit

rigettare [3]	*to bring up, to vomit (transitive or intransitive) (also figurative)*	quando mangia, rigetta il cibo; ho voglia di rigettare; è roba da far rigettare
rimettere [3-2]	*to bring/throw up (transitive or intransitive)*	ha rimesso tutto quello che aveva mangiato; non s'è sentito bene e ha rimesso; dopo aver rimesso si è sentito meglio
vomitare [2]	*to be sick, to vomit, to retch, to throw/bring up (transitive or intransitive) (also figurative)*	ha vomitato per tutta la notte; ho sofferto il mal di mare ma senza vomitare; ha vomitato tutto il pranzo; sta vomitando sangue; mi viene da vomitare solo a vederlo; il vulcano continua a vomitare lava

voto   vote

ballottaggio m [3]	*(second) ballot, run off (in an eliminatory voting system)*	dopo il primo voto, c'è stato un ballottaggio tra i due primi candidati; in Francia usano il ballottaggio per eleggere il presidente
scrutinio m [3]	*poll, ballot, count*	uno scrutinio segreto/uninominale/di lista; hanno fatto lo scrutinio dei voti; oggi devo assistere agli scrutini per l'elezione del sindaco
suffragio m [3-2]	*suffrage*	il suffragio universale; sai quando è stato introdotto il suffragio femminile in Italia?
elezione f [2]	*election*	le elezioni amministrative/locali/politiche; tra poco introdurranno le elezioni per la presidenza della repubblica

referendum m [2]	*referendum*	sono stati i Radicali che hanno promosso il referendum sul divorzio e sull'aborto in Italia
urne fpl [2]	*ballot box(es), poll*	domenica gli italiani andranno alle urne; dopo questo evento dovremo ricorrere alle urne; il pubblico ha disertato le urne
votazione f [2]	*election, vote* (often plural)	come sono andate le votazioni per eleggere il nuovo presidente?; la votazione è stata contraria alla proposta
voto m [2]	*vote, voting*	il voto del giugno 1946 stabilì la repubblica in Italia; penso che questa volta darò il mio voto ai verdi; tutti i diciottenni possono esercitare il diritto di voto

vuotare — to empty

sbarazzare [3-2]	*to clear* (also used reflexively in the sense of *to get rid of*)	per favore, sbarazza la tavola; quella persona mi dà fastidio, me ne devo sbarazzare; voglio sbarazzarmi di quel vecchio mobile
sgombrare [3-2]	*to clear (out/away)*	ho trovato la tua slitta quando sgombravo il garage; il vento ha sgombrato la nebbia dalla campagna
scaricare [2]	*to unload, to empty* (also figurative)	il camionista scarica l'autotreno; l'assassino gli ha scaricato addosso il fucile; non scaricare su di me le tue responsabilità!
svuotare [2]	*to empty (completely), to drain* (also figurative) (also used reflexively)	i ladri hanno svuotato il mio appartamento; insieme hanno svuotato una bottiglia di cognac; questa fatica mi ha svuotato di ogni energia; la vasca impiega dieci minuti a svuotarsi; senza quelle scene, il film si svuota di ogni significato
vuotare [2]	*to empty* (also used reflexively)	adesso devo vuotare la pattumiera; è arrivato nostro figlio e mi ha vuotato il frigo; come hai fatto a vuotarti addosso tutta la marmellata?; la città, per ferragosto, si è vuotata

vuoto — empty

gratuito [3]	*gratuitous*	basta con la violenza gratuita alla TV!; quella tua osservazione è completamente gratuita
vacante [3]	*vacant*	una carica/un posto/un ufficio vacante; la cattedra di storia è vacante in questo momento
vacuo [3]	*vacuous, empty*	un discorso vacuo; parole vacue; non credo più al mio capo, fa sempre promesse vacue
disabitato [3-2]	*uninhabited, empty*	è una casa da tempo disabitata; quelle regioni sono completamente disabitate

disponibile 2	*available, empty* (property) (see also **libero** (a))	l'appartamento era disponibile e l'ho affittato; abbiamo molti uffici disponibili per la vendita
sgombro 2	*clear, empty, free*	l'appartamento sarà sgombro tra qualche giorno; non si può passare, perché le strade non sono ancora sgombre di neve; finalmente ho l'animo sgombro da ogni preoccupazione
vuoto 2	*empty*	una casa/una stanza vuota; Carlo ha proprio la testa vuota; non prendere l'aspirina a stomaco vuoto

zona   area, district, region

circoscrizione f 3	*area, (electoral) constituency*	una circoscrizione elettorale/medica; questa circoscrizione voterà il mese prossimo
contrada f 3-2	*district (of a town)* (literary)	ci sono belle contrade in questa città; quest'anno la Contrada dell'Oca ha vinto il Palio di Siena
distretto m 3-2	*district* (in administrative contexts)	il distretto ferroviario/postale/telefonico; Marco si è presentato al distretto militare
area f 2	*area* (also figurative)	quell'area della Sardegna è bellissima; questo parco copre una vasta area; queste sono tutte aree in via di sviluppo; quel deputato appartiene ad un'area politica di centrodestra
borgata f 2	*district* (usually on the edge of a town or city and lower class)	le borgate sono quartieri popolari; Pasolini amava le borgate romane
comune m 2	*(administrative) area, municipality* (division of **provincia**)	il mio comune si trova in provincia di Lecco; in Italia le province sono divise in comuni; i miei sono originari di un comune piemontese
frazione f 2	*(country) district*	abito in una frazione di quel grosso comune; i comuni rurali in Italia sono divisi in frazioni
periferia f 2	*suburb(s), outskirts*	la periferia di Milano è molto squallida; non mi piace la periferia, preferisco il centro città; la periferia della città si ingrandisce di giorno in giorno
provincia f 2	*province* (administrative units into which **regione** is divide)	le regioni d'Italia sono divise in provincie; Bardi è in provincia di Parma; Bevilacqua è un autore che conosce bene la vita di provincia
quartiere m 2	*district, area* (of a town)	un quartiere elegante/malfamato/povero/ricco; non voglio abitare in quel quartiere; mi sono trasferita in questo quartiere per te

regione f ☐2	*region, county* (administrative)	in Italia ci sono venti regioni; la Sardegna è una regione bellissima; la Lombardia è una regione molto industrializzata
rione m ☐2	*district* (of a town, especially with reference to Rome)	un rione centrale/periferico/popolare; Roma è divisa in rioni; Trastevere era un rione popolare di Roma
sobborgo m ☐2	*suburb*	molti lavoratori vivono nei sobborghi di grandi città; questo sobborgo è ben collegato con il centro
territorio m ☐2	*territory* (see also **paese**)	il territorio nazionale; il territorio italiano è prevalentemente montuoso; parti delle Alpi sono territorio elvetico e francese
zona f ☐2	*area, district, region* (see also **dintorni** and **luogo**)	una zona agraria/collinosa/rurale/urbana; quale zona d'Italia ti piace di più?; non andare in quella zona della città di sera; in questa cittadina ci sono molte zone verdi, cioè dove le macchine sono vietate; lavorano nella zona industriale della città; questo è un reportage dalla zona di guerra

Index of Italian items with frame titles

divorare	**mangiare**	droga	**droga**
divulgare	**diffondere**	drogato/a	**drogato**
dizionario	**dizionario**	dubbio, senza	**naturalmente**
docente	**insegnante**	dubbioso	**incerto**
docile	**docile**	dubitare	**sospettare**
documentarsi	**sapere**	due, tutti/e e	**tutti e due**
documento	**carta (a)**	dunque	**così**
doglie	**dolore (a)**	duomo	**chiesa**
dogma	**fede**	durante	**in**
dolce	**mite**	durare	**durare**
dolcezza	**mite**	duro	**difficile (a), duro, severo**
dolcezze	**piacere**	duro, tenere	**resistere**
dolore	**dolore (a), dolore (b)**	dì	**giorno**
doloroso	**doloroso**		
domanda	**domanda, richiesta**	ebbro	**ubriaco**
domandare	**chiedere**	ebraico	**ebreo**
domani	**futuro**	ebreo/a	**ebreo**
domare	**reprimere (a)**	eccedere	**superare**
domestico (*adj.*)	**domestico (b)**	eccellente	**eccellente**
domestico/a (*n.*)	**domestico (a)**	eccentrico	**strano**
domicilio	**casa**	eccetto	**eccetto**
dominare	**dominare**	eccezionale	**eccezionale, raro**
donare	**dare**	eccezione di, ad	**eccetto**
donazione	**regalo**	ecchimosi	**livido**
dondolare	**tremare**	eccidio	**massacro**
donna	**donna, marito/moglie**	eccitabile	**sensibile**
donna di casa	**casalinga**	eccitante	**emozionante, erotico**
donna di servizio	**domestico (a)**	eccitare	**spingere**
donna poliziotto	**polizia**	eccitato	**emozionato**
donnaccia	**prostituta**	ecclesiastico	**ecclesiastico**
donnetta	**donna**	echeggiare	**risuonare**
donnone	**donna**	eclissarsi	**fuggire**
dono	**regalo**	economizzare	**risparmiare**
dopo	**poi, prossimo**	edicola	**banco**
dopo tutto	**insomma**	edificare	**costruire**
dopotutto	**insomma**	edificio	**edificio**
dormicchiare	**dormire**	editoriale	**articolo**
dormire	**dormire**	editto	**legge**
dormire, andare a	**dormire**	edizione	**edizione**
dormita	**sonno**	educare	**allevare**
dormitina	**sonno**	educato	**gentile**
dotare	**fornire**	educazione	**formazione, gentile**
dotato	**capace**	effetti, in	**infatti**
dotto	**esperto**	effettivo	**vero**
dottore	**dottore**	effetto	**senso**
dottoressa	**dottore**	effettuare	**fare**
dovere (*n.*)	**impegno**	efficace	**valido**
dovere (*v.*)	**bisognare**	efficiente	**valido**
dovunque	**dappertutto**	effimero	**provvisorio**
dramma	**dramma**	elaboratore	**calcolatore**
drammaticità	**dramma**	elegante	**elegante**
drink	**bevanda**	elementare	**facile, fondamentale**

freddoloso	**freddo**	fuorché	**eccetto**
freezer	**frigorifero**	fuori (da/di)	**davanti a**
fregare	**ingannare, rubare**	fuori, fare	**uccidere**
fregarsene	**importare**	fuorilegge	**delinquente (b)**
fregatura	**imbroglio**	fuoriuscito/a	**emigrato**
fregna	**vagina**	furberia	**furbo**
fremere	**tremare**	furbizia	**furbo**
frenare	**fermare, moderare**	furbo	**furbo**
frenetico	**matto**	furfante	**delinquente (a)**
frequentare	**partecipare, visitare**	furgoncino	**autocarro**
frequente, di	**spesso**	furgone	**autocarro**
frequentemente	**spesso**	furia	**rabbia**
fresco	**nuovo**	furia di, a	**attraverso**
fretta	**velocità**	furibondo	**arrabbiato**
fretta, andare di	**correre**	furie, andare su tutte	**arrabbiarsi**
fretta, avere	**correre**	furie, montare su tutte	**arrabbiarsi**
fretta, in	**presto**	furioso	**arrabbiato**
fretta, senza	**lento**	furore	**rabbia**
frigido	**freddo**	fustigare	**frustare**
frignare	**piangere**	futile	**inutile**
frigo	**frigorifero**	futuro	**futuro, prossimo**
frigo, borsa	**frigorifero**		
frigorifero	**frigorifero**	gabbare	**ingannare**
frittella	**macchia**	gabinetto	**bagno**
frivolo	**inutile**	gaffe	**errore**
frocio	**omosessuale**	gagliardia	**coraggioso**
frodare	**ingannare**	gagliardo	**coraggioso**
frode	**imbroglio**	gaglioffo/a	**delinquente (a)**
fronte a, di	**davanti a**	galera	**prigione**
fronte a, fare	**affrontare**	galla, venire a	**risultare**
fronteggiare	**affrontare**	galletto	**pollo**
frontiera	**limite**	gallina	**pollo**
frottola	**bugia**	gallo	**pollo**
frugale	**modesto (b)**	gamba, in	**buono**
frugare	**cercare**	gambe, darsela a	**fuggire**
frusciare	**mormorare**	gang	**banda**
frustare	**frustare**	gangster	**delinquente (b)**
frutto	**bene, risultato**	ganzo	**buono**
fucile	**arma**	gara	**gara**
fugace	**provvisorio**	garage	**garage**
fuggevole	**provvisorio**	garantire	**assicurare**
fuggire	**fuggire**	garbare a	**andare a**
fulmineo	**veloce**	garbatezza	**gentile**
fumaiolo	**camino**	garbato	**gentile**
fune	**corda**	garrulo	**chiacchierone**
funebre	**triste**	garzone	**ragazzo**
funerale	**funerale**	gasolio	**carburante**
funzionare	**funzionare**	gattabuia	**prigione**
funzione	**funzione, lavoro**	gay	**omosessuale**
fuoco	**fuoco**	gazzarra	**rumore**
fuoco a, dare	**bruciare**	gazzettiere	**giornalista**
fuoco, prendere	**bruciare**	gelato	**freddo**

gelido	**freddo**	giorno d'oggi, al	**oggi**
gemere	**piangere**	giovane	**giovane**
generale	**comune**	giovanetto/a	**giovane**
generale, in	**comune**	giovanile	**giovane**
generare	**fare**	giovanotto	**giovane**
generazione	**famiglia**	giovare	**servire**
genere	**tipo**	giovarsi di	**usare**
genere umano	**uomo**	giovevole	**utile**
generoso	**generoso**	gioviale	**contento**
genesi	**inizio**	giovinetto/a	**giovane**
geniale	**intelligente**	giramondo	**vagabondo**
genio	**intelligenza**	girare	**camminare, girare**
genio a, andare a	**andare a**	girellare	**camminare**
genocidio	**massacro**	girellone/a	**vagabondo**
gente	**gente**	giro	**passeggiata, viaggio**
gentile	**gentile**	giro, andare in	**camminare**
gentilezza	**favore**	giro, prendere in	**scherzare**
gentiluomo	**uomo**	giro, presa in	**imbroglio, scherzo**
genuflettersi	**inginocchiarsi**	gironzolare	**camminare**
genuino	**puro**	girovagare	**camminare**
gergo	**lingua**	girovago	**vagabondo**
germe	**microbo, origine**	gita	**viaggio**
gestante	**incinta**	giù, andare	**affondare**
gestione	**amministrazione**	giù, buttare	**disturbare**
gestire	**organizzare**	giù, in	**sotto**
gesto	**segno**	giù, mandare	**ingoiare**
gettare	**buttare**	giubba	**cappotto**
gettarsi in	**scorrere**	giubotto	**cappotto**
ghermire	**prendere**	giudaico	**ebreo**
ghiacciaia	**frigorifero**	giudeo	**ebreo**
ghiacciato	**freddo**	giudicare	**pensare**
ghiaccio, di	**freddo**	giudice	**avvocato**
ghiaia	**pietra**	giudizio	**decisione, opinione**
ghignare	**ridere**	giudizioso	**intelligente**
ghigno	**riso**	giumenta	**cavallo**
ghiotto	**goloso**	giungere	**venire**
giacca	**cappotto**	giurisprudenza	**legge**
giacca a vento	**cappotto**	giustificare	**scusare**
giacché	**perché (a)**	giustificazione	**scusa**
gigantesco	**grande**	giustiziare	**uccidere**
ginocchio, mettersi in	**inginocchiarsi**	giusto	**adatto, giusto, preciso**
gioco di, prendersi	**scherzare**	giù	**disperato, sotto**
giocoso	**buffo**	globalmente	**insomma**
gioia	**piacere**	glorificare	**apprezzare**
gioioso	**contento**	glossa	**nota**
giornale	**giornale**	glossario	**dizionario**
giornale radio	**informazione**	godere	**avere**
giornaliero	**quotidiano**	godersi	**divertirsi**
giornalista	**giornalista**	godimento	**piacere**
giornalmente	**quotidiano**	goffo	**goffo**
giornata	**giorno**	gol	**rete**
giorno	**giorno**	gola	**collo**

inventare	**fingere, scoprire**	istruttore	**insegnante**
inventiva	**scoperta**	istruttrice	**insegnante**
invenzione	**bugia, scoperta**	istruzione	**formazione, ordine**
inverecondo	**erotico**	iter	**viaggio**
invero	**infatti**	itinerario	**viaggio**
inverosimile	**improbabile**		
inverso	**contrario**	jeans	**pantaloni**
investigare	**indagare**	jersey	**maglia**
investigazione	**indagine**		
investire	**investire**	killer	**assassino**
inviare	**mandare**		
inviato/a	**giornalista**	labile	**provvisorio**
invocare	**chiedere**	laborioso	**attivo**
invogliare	**spingere**	laccio	**laccio, trappola**
inzeppare	**riempire**	lacerare	**strappare, tormentare**
inzuppato	**bagnato**	lacero	**lacero**
ipermarket	**negozio**	lacrimare	**piangere**
ipermercato	**negozio**	lacunoso	**difettoso**
ipoteca	**prestito**	ladro/a	**ladro**
ipotesi	**teoria**	ladrone/a	**ladro**
ipotizzare	**supporre**	ladruncolo/a	**ladro**
ira	**rabbia**	lagna	**protesta**
irascibile	**sensibile**	lagnanza	**protesta**
ironia	**sarcasmo**	lagnarsi	**lamentarsi**
ironico	**sarcastico**	lambretta	**motociclo**
irragionevole	**assurdo**	lamentarsi	**lamentarsi**
irrazionale	**assurdo**	lamentela	**protesta**
irrefutabile	**certo**	lamento	**protesta**
irrequieto	**nervoso**	lampada	**luce**
irresoluto	**incerto**	lampadario	**luce**
irretire	**ingannare**	lampadina	**luce**
irrisione	**sarcasmo**	lampante	**chiaro (a)**
irritabile	**sensibile**	lampione	**luce**
irritante	**importuno**	lampo	**momento**
irritare	**annoiare**	lanciare	**buttare**
irritazione	**rabbia**	languido	**debole**
iscritto/a	**membro**	lanterna	**luce**
iscriversi	**partecipare**	lapide	**pietra**
isolare	**separare**	lapsus	**errore**
isolato	**solo (a)**	largo	**generoso, largo**
israeliano	**ebreo**	lasciapassare	**permesso**
israelita	**ebreo**	lasciarci la pelle	**morire**
issare	**alzare**	lasciarci le penne	**morire**
istante, all'	**subito**	lasciare	**andare, dimenticare, lasciare**
istigare	**spingere**	lasciare da parte	**tralasciare**
istintivo	**naturale**	lascivia	**sensualità**
istinto	**tendenza**	lascivo	**erotico**
istituire	**creare**	lato	**aspetto, lato**
istituto	**organismo, scuola**	latrina	**bagno**
istitutore	**insegnante**	lavabo	**lavandino**
istruire	**allevare**	lavandino	**lavandino**
istruito	**intelligente**	lavare	**pulire**

lavativo a	**pigro**	licenziare	**mandare via**
lavello	**lavandino**	licenzioso	**erotico**
lavorare	**lavorare**	liceo	**scuola**
lavoratore	**lavoratore**	lido	**riva**
lavoratrice	**lavoratore**	lieto	**contento**
lavoro	**lavoro, opera**	lieve	**leggero**
lavoro (posto di)	**lavoro**	lignaggio	**famiglia**
lazzarone/a	**delinquente (a)**	limitare	**limitare, moderare**
lazzo	**scherzo**	limitazione	**limite**
leader	**capo**	limite	**limite**
leale	**onesto**	limo	**fango**
leccare	**lusingare**	limpido	**chiaro (b)**
lecito	**giusto**	lindo	**pulito**
ledere	**fare male**	linea	**linea**
legaccio	**laccio**	lineamenti	**elemento, faccia**
legale	**avvocato**	lingua	**lingua**
legame	**legame**	linguaggio	**lingua**
legare	**legare**	liquidare	**uccidere**
legge	**legge**	liquidazione	**riduzione**
leggero	**leggero**	lira	**denaro**
leggiadro	**bello**	lira, senza una	**povero**
legittimo	**giusto**	lirica	**poesia**
legnata	**colpo**	lisciare	**lusingare**
lei	**marito/moglie**	liscio	**liscio**
lemme lemme	**lento**	lista	**lista**
lenire	**calmare**	listino	**lista**
lento	**lento**	lite	**lite, protesta**
lercio	**sporco**	litigare	**litigare**
lesbica	**omosessuale**	litigio	**lite**
lesinare	**risparmiare**	litorale	**riva**
lessico	**dizionario, parola**	livello di, a	**su (b)**
lesto	**veloce**	livido	**livido**
letale	**mortale**	livore	**ostilità**
letterato/a	**scrittore**	lo stesso	**comunque**
letto, andare a	**dormire**	locale	**locale, stanza**
lettore	**insegnante**	località	**luogo**
lettrice	**insegnante**	localizzare	**trovare**
leva	**manico**	locanda	**albergo**
levare	**alzare, togliere**	locandina	**pubblicità**
levarsi	**alzarsi, salire (b)**	locuzione	**espressione**
lezione	**lezione**	lodare	**apprezzare**
lezzo	**odore**	logica	**ragione**
lì per lì	**subito**	logico	**naturale**
liberare	**liberare**	lontano	**lontano**
liberarsi	**cacare**	look	**aspetto**
libero	**libero (a), libero (b)**	loquace	**chiacchierone**
libidine	**sensualità**	lordare	**sporcare**
libidinoso	**erotico**	lordo	**sporco**
libreria	**scaffale**	lotta	**lotta**
libretto	**quaderno**	lottare	**battersi**
libro	**libro**	luccicare	**brillare**
licenza	**permesso**	lucciola	**prostituta**

mangiare (n.)	**cibo**	massa	**folla, mucchio**
mangiare (v.)	**mangiare**	massa di, una	**molto (a)**
mangiare, dare da	**dare da mangiare**	massacrare	**uccidere**
mangiare, fare da	**cucinare**	massacro	**disastro, massacro**
mangione/a	**goloso**	massaia	**casalinga**
mania	**mania**	massiccio	**grosso**
manico	**manico**	massima	**detto**
maniera	**modo**	masso	**pietra**
manifattura	**fabbrica**	match	**gara**
manifestare	**mostrare**	materia	**argomento**
manifestazione	**manifestazione,**	materia di, in	**su (b)**
	ribellione, segno	materna, scuola	**scuola**
manifesto (adj.)	**chiaro (a)**	matinée	**mattina**
manifesto (n.)	**pubblicità**	matrice	**origine**
maniglia	**manico**	matrimonio	**matrimonio**
manigoldo/a	**delinquente (a)**	matrimonio, stringersi in	**sposare**
mano a, dare una	**aiutare**	matrimonio, unire in	**sposare**
mano, alla	**buono**	matrimonio, unirsi in	**sposare**
mano, stendere la	**mendicare**	mattina	**mattina**
manodopera	**lavoratore**	mattinata	**mattina**
manovale	**lavoratore**	mattino	**mattina**
mansarda	**soffitta**	mattino, di buon	**presto**
mansioni	**lavoro**	matto	**matto**
mansueto	**docile**	mattone	**libro**
mantello	**cappotto**	mattonella	**mattonella**
mantenere	**tenere (b)**	mazza	**pene**
manuale	**libro**	mazzata	**colpo**
manubrio	**manico**	mazzetta	**corruzione**
marca da bollo	**timbro**	meccanico	**garage**
marchingegno	**macchina**	mecenate	**benefattore**
marchio	**timbro**	medesimo	**uguale**
marcia, mettersi in	**muoversi**	media, scuola	**scuola**
marciare	**funzionare**	mediante	**attraverso**
marcire	**rovinare**	mediatore	**intermediario**
mare di, un	**molto (a)**	mediatrice	**intermediario**
margine	**bordo**	medicamento	**medicina**
marinare la scuola	**marinare la scuola**	medicare	**curare**
marionetta	**fantoccio**	medicina	**medicina**
maritarsi	**sposare**	medicinale	**medicina**
marito	**marito/moglie**	medico	**dottore**
marito, prendere	**sposare**	mediocre	**modesto (a)**
marito, prendere per	**sposare**	meditare	**pensare**
marmocchio	**bambino**	meeting	**gara, riunione**
maroso	**onda**	meglio	**migliore**
marrone	**marrone**	meglio per, fare del suo	**provare**
martirio	**dolore (a)**	meglio per, fare il suo	**provare**
martirizzare	**tormentare**	meglio, comportarsi	**migliorare**
martoriare	**tormentare**	meglio, stare	**migliorare**
mascalzone/a	**delinquente (a)**	melma	**fango**
mascherare	**nascondere**	melodia	**canzone**
maschietto	**figlio/figlia**	melone	**melone**
maschio	**uomo**	membro	**membro, pene**

sfarzoso	**lussuoso**	sgridare	**criticare**
sfasciare	**rompere**	sgridata	**critica**
sfaticato	**pigro**	sguaiato	**volgare**
sfavillare	**brillare**	sgualdrina	**prostituta**
sfavorevole	**scomodo**	sguardo	**sguardo**
sfera	**campo (b)**	sguardo su, fissare lo	**guardare**
sferzare	**frustare**	sguardo, dare uno	**guardare**
sfiancare	**stancare**	sguattera	**domestico (a)**
sfiancato	**stanco**	shopping	**acquisti**
sfidare	**affrontare, spingere**	show	**manifestazione**
sfiga	**sfortuna**	sia . . . che	**sia . . . che**
sfilata	**processione**	sia . . . sia	**sia . . . che**
sfinire	**stancare**	sicario	**assassino**
sfinito	**stanco**	siccome	**perché (a)**
sfiorare	**toccare**	sicuramente	**naturalmente**
sfociare in	**scorrere**	sicuro	**certo**
sfoggio	**manifestazione, ricchezza**	siesta	**sonno**
sfondare	**distruggere**	siffatto	**simile**
sfondo	**fondo**	significare	**significare**
sfortuna	**sfortuna**	significativo	**importante**
sfortuna, per	**purtroppo**	significato	**significato**
sfortunatamente	**purtroppo**	signora	**donna, marito/moglie**
sforzare	**forzare**	signore	**padrone, uomo**
sforzarsi di	**provare**	signoreggiare	**dominare**
sforzarsi per	**provare**	signorina	**celibe/nubile, donna**
sfottere	**scherzare**	silente	**silenzioso**
sfrisare	**graffiare**	silenzio, fare	**silenzioso**
sfrontatezza	**sfacciato**	silenzioso	**silenzioso**
sfrontato	**sfacciato**	simile	**simile**
sfruttare	**usare**	simpatia	**preferenza**
sfruttatore (di donne)	**intermediario**	simpatico	**bello, gentile**
sfuggire	**evitare, fuggire**	simpatico a, essere	**piacere a**
sfumare	**sparire**	simpatizzante	**sostenitore**
sfumatura	**colore, particolare**	simposio	**riunione**
sfuso	**sfuso**	simulare	**fingere**
sganciare	**pagare**	simulatore	**bugiardo**
sgarbato	**maleducato**	simultaneamente	**insieme**
sgarrare	**sbagliare**	sinagoga	**chiesa**
sgherro	**polizia**	sincero	**onesto**
sghignazzare	**ridere**	singhiozzare	**piangere**
sghignazzata	**riso**	single	**celibe/nubile**
sgobbare	**lavorare**	singolare	**strano**
sgobbone/a	**lavoratore**	sinistro	**incidente**
sgombrare	**vuotare**	sinonimo	**uguale**
sgombro	**vuoto**	sintesi	**riassunto**
sgomentare	**disturbare**	sintomo	**segno**
sgorbio	**macchia**	sinuoso	**tortuoso**
sgradevole	**brutto**	sipario	**tenda**
sgradito	**brutto**	sistema	**metodo**
sgraffiare	**graffiare**	sistemare	**mettere, ordinare (b)**
sgraffignare	**rubare**	sistemarsi	**abitare, sposare**
sgraziato	**goffo**	situato, essere	**essere**

svariato	**molto (a)**	tanfo	**odore**
svegliare	**svegliare**	tangente	**corruzione**
sveglio	**furbo**	tante volte	**spesso**
svelare	**scoprire**	tanto	**molto (a), molto (b)**
svelta, alla	**presto**	tanto . . . che	**sia . . . che**
svelto	**veloce**	tanto . . . quanto	**sia . . . che**
svendita	**riduzione**	tanto in tanto, di	**qualche volta**
sventare	**impedire**	tanto, ogni	**qualche volta**
sventatezza	**negligente**	tapino	**povero**
sventato	**negligente**	tapparella	**persiana**
sventura	**sfortuna**	tappetino	**tappeto**
svergognatezza	**sfacciato**	tappeto	**tappeto**
svergognato	**sfacciato**	tappezzare	**decorare**
svestirsi	**spogliarsi**	tappo	**tappo**
svestito	**nudo**	tara	**difetto**
svignarsela	**fuggire**	tarchiato	**grosso**
sviluppare	**aumentare, trattare**	tardi	**tardi**
svilupparsi	**crescere, scoppiare**	tardi, più	**poi**
sviluppo	**aumento, progresso**	tardivo	**tardi**
svincolare	**liberare**	tardona	**donna**
svista	**errore**	tariffa	**costo**
svitato	**matto**	tartassare	**maltrattare**
svogliato	**pigro**	tassa	**costo, tassa**
svolgere	**fare, trattare**	tastare	**toccare**
svolgersi	**succedere**	tattica	**metodo**
svolgimento	**progresso**	tavola	**tavolo**
svuotare	**vuotare**	tavola calda	**locale**
		tavolino	**scrivania, tavolo**
tabarro	**cappotto**	tavolo	**tavolo**
tabella	**tabella**	tazza	**tazza**
tabellone	**tabella**	tazzina	**tazza**
tabù	**pregiudizio**	team	**gruppo**
taccagno	**avaro**	teatro	**dramma**
taccuino	**quaderno**	tecnico	**allenatore**
tacito	**silenzioso**	tedioso	**noioso**
taciturno	**silenzioso**	teen-ager	**ragazzo**
tafferuglio	**lotta**	teenager	**ragazzo**
taglia	**misura**	tela	**immagine**
tagliaborse	**ladro**	tele	**televisione**
tagliando	**ricevuta**	telefonare	**telefonare**
tagliare	**ridurre, tagliare**	telefonata	**telefonata**
tagliare la corda	**fuggire**	telefonino	**telefono**
tagliola	**trappola**	telefono	**telefono**
tagliuzzare	**tagliare**	telefono, colpo di	**telefonata**
tailleur	**vestito**	telegiornale	**informazione**
tale	**persona, simile**	televisione	**televisione**
talento	**capacità, intelligenza**	televisore	**televisione**
talloncino	**ricevuta**	tema	**argomento, studio**
talora	**qualche volta**	tema di, in	**su (b)**
talvolta	**qualche volta**	temerarietà	**imprudente**
tamponamento	**incidente**	temerario	**imprudente**
tana	**capanna, rifugio**	temere	**avere paura**

Index of English items with frame titles

blow	**colpo**	borrow, to	**prestare**
blow (gently), to	**soffiare**	bosom	**petto**
blow up, to	**aumentare, scoppiare**	boss	**capo, padrone**
blue	**blu, sporco**	both	**sia . . . che, tutti e due**
blue, dark	**blu**	bother	**disturbo, importuno**
blue, light	**blu**	bother, to	**annoiare, disturbare**
blue, out of the	**improvvisamente**	bothersome	**importuno**
blue, sky	**blu**	bottom	**fondo, sedere (a)**
blunder	**errore**	bottom, at	**insomma**
blurt out, to	**dire (b)**	bottom, to go to the	**affondare**
boar	**maiale**	botty	**sedere (a)**
boar, wild	**maiale**	boulder	**pietra**
board	**cibo, tabella**	boulevard	**strada**
board, notice	**tabella**	bound	**costretto**
boarding school	**scuola**	boundless	**completo, grande**
boast (about/of), to	**apprezzare**	bountiful	**generoso**
boaster	**orgoglioso**	bouquet	**odore**
boastful individual	**orgoglioso**	bow, to	**piegare**
boastful person	**orgoglioso**	bowed	**curvo**
boat	**barca**	bowl	**tazza**
body	**corpo, organismo**	bow-legged	**curvo**
body, dead	**corpo**	box	**scatola, televisione**
bog	**bagno**	box, ballot	**voto**
boiling hot	**caldo (a)**	boxing match	**lotta**
bold	**coraggioso**	boy	**figlio/figlia, ragazzo**
bollocks	**testicoli**	boy friend	**fidanzato/a**
bolt, to	**chiudere**	boy, bad	**ragazzo**
bolt down, to	**ingoiare**	boy, little	**ragazzo**
bomber jacket	**cappotto**	boy, shop	**ragazzo**
bond	**legame**	brag, to	**apprezzare**
bonfire	**fuoco**	braggart	**orgoglioso**
boob, to	**sbagliare**	brain	**intelligenza, mente**
boobs	**petto**	brake, to	**fermare**
book	**libro, quaderno**	branch	**campo (b)**
book, exercise	**quaderno**	branching off	**incrocio**
book, text	**libro**	brand (mark)	**timbro**
book, to	**prenotare**	brat	**bambino**
bookcase	**scaffale**	brave	**coraggioso**
booking office (window)	**porta**	brave, to	**affrontare**
booklet	**opuscolo**	brawl	**lotta**
book-shelves	**scaffale**	brazen	**sfacciato**
book-shelves, set of	**scaffale**	breach	**delitto**
boom	**aumento**	bread basket	**cesto**
boom, to	**risuonare**	break	**divisione, paura, pausa, rottura**
boorish	**maleducato**	break, lucky	**caso**
boost	**aumento, impulso**	break, to	**interrompere, rompere**
boost, to	**aumentare, spingere**	break down, to	**rompere**
booty	**preda**	break off, to	**finire, interrompere**
boozer	**ubriaco**	break out	**scoppiare**
border	**bordo, limite**	break up	**divisione**
bored, to get	**annoiare**	break up, to	**rompere, separare**
boring	**noioso**	break up into pieces, to	**rompere**

cloudburst	temporale	come and see, to	visitare
cloudy weather	nuvola	come across, to	incontrare
clout	colpo	come back (home), to	tornare
clove	pezzo	come between, to	intervenire
clownish	buffo	come down, to	cadere, scendere
club	associazione, bastone	come from, to	venire
clumsy	goffo	come near (to), to	avvicinarsi
clutch, to	prendere, tenere (a)	come on foot, to	camminare
clutter (up), to	impedire	come out, to	risultare
coach	allenatore, autobus, carro	come out in/into/on , to	scorrere
coach, football	allenatore	come out with, to	dire (b)
coarse	ruvido, volgare	come to, to	costare
coast	riva	come to an agreement, to	essere
coast, sea–	riva		d'accordo
coastline	riva	come to the surface, to	risultare
coat hanger	attaccapanni	come true, to	succedere
coat stand	attaccapanni	come up/upstairs, to	salire (b)
coat	cappotto, pelle	come with, to	portare
coat, casual	cappotto	comedy	dramma, umorismo
coat, warm	cappotto	comfortable	comodo
cobblers	testicoli	comfortable, to make oneself	sedere (b)
cobblestone	pietra	comfortably off	ricco
cock	pollo	comforting	comodo
cockerel	pollo	comic	buffo
coerce, to	forzare	comic effect/quality	umorismo
coffee-shop	locale	comical	buffo
cogitate, to	immaginare	comicality	umorismo
coin	denaro	coming	prossimo
coincidence	caso	coming soon	presto
cold	freddo	command	ordine
cold, ice	freddo	command, to	dominare, ordinare (b)
collaborate, to	partecipare	commemoration	ricordo
collapse	rovina	commence, to	cominciare
collapse, to	cadere	commend, to	apprezzare
collect, to	prendere, raccogliere,	comment	commento
	ricevere, togliere	commercial	pubblicità
collection	raccolta	commit, to	fare
collectivity	società	commit suicide, to	uccidersi
collector of, to be a	raccogliere	commitment	impegno
college	scuola	common	comune, volgare
collide (with), to	investire	common people	gente
collision	incidente	common sense	ragione
colossal	grande	commonly	comune
colour	colore	commonplace	comune
colour, to	dipingere	communicate, to	diffondere, dire (b)
colouring	colore	communication	informazione
colourless	piatto	communiqué	informazione
column	articolo	community	società
columnist	giornalista	companion	marito/moglie
combine, to	legare, mescolare	company	ditta, gruppo, orchestra
come, to	venire	comparable	simile
come about, to	succedere	compare, to	confrontare

deduce, to	**supporre**	demonstrate, to	**mostrare**
deduction	**teoria**	demonstration	**ribellione**
deed	**comportamento**	demonstrative	**sentimentale**
deep frozen	**freddo**	demoralised	**disperato**
defame, to	**offendere, parlare male di**	demure	**modesto (a)**
defeat	**insuccesso**	den	**caverna, rifugio**
defeat, to	**vincere**	denigrate, to	**parlare male di**
defecate, to	**cacare**	denote, to	**mostrare**
defect	**difetto**	dense	**denso**
defective	**difettoso**	deny, to	**negare**
defective, to be	**mancare**	depart, to	**andare**
defence	**difesa, scusa**	department	**reparto, università**
defend, to	**difendere**	department store	**negozio**
defender	**sostenitore**	department,	
defer, to	**rimandare**	administrative	**amministrazione**
deferential	**rispettoso**	depend (on), to	**dipendere**
deficiency	**mancanza**	depict, to	**descrivere**
defile, to	**corrompere**	depiction	**immagine**
define, to	**spiegare, stabilire**	deplore, to	**criticare**
definite	**certo**	deposit, to	**mettere, pagare**
definitely	**naturalmente**	depot	**negozio**
definitive	**finale**	deprave, to	**corrompere**
defraud, to	**ingannare**	depraved	**erotico**
defy, to	**affrontare, spingere**	depressed	**disperato**
degenerate, to	**peggiorare (b)**	depression	**crisi, infelicità**
dejected	**disperato, triste**	deprivation	**mancanza**
dejection	**infelicità**	derision	**sarcasmo**
delay, to	**rimandare**	derive, to	**derivare, ottenere**
delete, to	**sopprimere**	descend, to	**scendere**
deleterious	**nocivo**	descendant	**famiglia**
deliberate, to	**immaginare**	descent	**discesa, famiglia**
deliberately	**apposta**	describe, to	**descrivere**
delicate	**elegante, magro, piccolo,**	description	**descrizione**
	sensibile	desecrate, to	**offendere**
delicious	**eccellente**	design	**intenzione, piano**
delight	**piacere**	design, to	**progettare**
delight, to	**piacere a**	desire	**volontà**
delightful	**bello**	desire, to	**volere**
delimit, to	**limitare**	desires	**sensualità**
delineate, to	**disegnare**	desk	**scrivania**
delinquent	**delinquente (b)**	desk, school	**scrivania**
deliver, to	**dare, liberare**	desk, writing	**scrivania**
delivery van	**autocarro**	despair	**miseria**
delude, to	**ingannare**	despair, in	**disperato**
deluge	**inondazione, pioggia**	desperate	**disperato**
demand	**richiesta**	desperation	**infelicità**
demand, to	**chiedere, insistere**	despicable	**cattivo**
demanding	**difficile (b)**	despise, to	**odiare**
demarcation	**limite**	despite	**malgrado**
demeanour	**aspetto, comportamento**	despondency	**infelicità**
demented person	**matto**	destiny	**caso**
demolish, to	**distruggere**	destroy, to	**distruggere**

destruction	**rovina**	dim	**debole, scuro**
detach, to	**separare**	dim, to	**offuscare**
detached	**lontano**	dimension	**misura**
detached house	**casa**	diminish, to	**ridurre**
detail	**informazione, particolare (b)**	diminution	**riduzione**
detail, petty	**sciocchezza (b)**	dimwit	**stupido**
detail, subtle	**particolare (b)**	dim-witted	**stupido**
detail, to	**spiegare**	din	**rumore**
detail, to explain in	**spiegare**	din, to make a	**gridare**
detailed	**scrupoloso**	dine, to	**mangiare**
details (of), to give	**spiegare**	dinghy	**barca**
detention	**prigione**	dining room	**stanza**
deteriorate, to	**peggiorare (b)**	dinner	**pasto**
deteriorate, to cause to	**peggiorare (a)**	dinner, to have	**mangiare**
determine, to	**decidere, stabilire**	dint of, by	**attraverso**
detest, to	**odiare**	dip, to	**affondare**
devastate, to	**distruggere**	direct, to	**ordinare (a), organizzare,**
devastation	**rovina**		**portare**
develop, to	**aumentare, crescere,**	direction	**informazione, direzione,**
	scoppiare, trattare		**ordine, segno, tendenza**
development	**aumento, formazione,**	directive	**ordine**
	progresso	director	**direttore**
device	**macchina (a), strumento**	directory, telephone	**lista**
devil, little	**monello**	dirt/dirtiness	**sporcizia**
devise, to	**progettare**	dirty	**escremento, sporco**
devoid of	**senza**	dirty mess	**sporcizia**
devote, to	**dare**	dirty thing	**sporcizia**
devoted	**onesto**	dirty, to (make)	**sporcare**
devotee	**tifoso**	disability	**difetto**
devour, to	**mangiare**	disabled	**malato**
devout	**religioso**	disabled person	**malato**
dexterity	**capacità**	disadvantage	**difficoltà**
dialogue	**conversazione**	disadvantageous	**scomodo**
diary	**quaderno**	disgraceful	**scandaloso**
diary, personal	**quaderno**	disagreeable	**brutto**
dick/dickie	**pene**	disagreement	**divisione**
dictionary	**dizionario**	disappear, to	**fuggire, morire, sparire**
die, to	**morire**	disappearance	**morte**
diesel (oil)	**carburante**	disappointed, to be	**disturbare**
diet	**cibo**	disappointment	**delusione**
difference	**differenza, divisione**	disapproval	**critica**
different	**diverso**	disapprove (of), to	**criticare**
differentiate, to	**separare**	disaster	**disastro**
difficult	**difficile (a), difficile (b),**	discern, to	**notare**
	povero, scomodo	discharge, to	**mandare via**
difficult to please	**difficile (b)**	disciple	**studente**
difficult to, to find it	**fare fatica**	disclose, to	**prevedere, scoprire**
difficulty	**difficoltà**	discomfort	**malattia**
difficulty in, to have	**fare fatica**	disconcert, to	**disturbare**
digest	**riassunto**	disconcerted	**confuso**
dilate, to	**aumentare, crescere**	disconsolate	**disperato**
diligent	**attento, attivo**	discontent	**infelicità**

divulge, to	**diffondere, prevedere**	down (*adv.*)	**sotto**
do, to	**fare, ingannare**	downcast	**disperato**
do away with, to	**uccidere**	downfall	**rovina**
do away with oneself, to	**uccidersi**	downhill run/stretch	**discesa**
do for, to	**uccidere**	downpour	**pioggia**
do harm, to	**fare male**	downstairs	**sotto**
do in, to	**uccidere**	doze	**sonno**
do one's best to, to	**provare**	doze (off), to	**dormire**
do one's business, to	**cacare**	draft	**piano**
do oneself in, to	**uccidersi**	draft, rough	**piano**
do one's utmost to, to	**provare**	draft, to	**scrivere**
do out of, to	**ingannare**	drag	**disturbo, importuno**
do a piss, to	**pisciare**	drag, to	**tirare**
do up, to	**ravvivare**	drain, to	**asciugare, vuotare**
do wrong, to	**sbagliare**	drama	**dramma**
do without, to	**rinunciare**	dramatic force	**dramma**
docile	**docile**	draw, to	**disegnare, ricevere,**
dock, to	**ridurre**		**tirare, togliere**
dockyard	**fabbrica**	draw near, to	**avvicinarsi**
doctor	**dottore**	draw out, to	**crescere, togliere**
doctor, to	**copiare**	draw to the attention of, to	**dire (b)**
document	**carta (a)**	draw up, to	**scrivere**
document, identity	**carta (a)**	drawback	**difficoltà, ostacolo**
dodge, to	**evitare**	drawn	**magro**
dodger	**pigro**	dread	**paura**
dogged	**ostinato**	dreadful	**brutto, cattivo, terribile**
dogma	**fede**	drenched	**bagnato**
dog's bed	**rifugio**	dress, to	**vestire**
doll, rag	**fantoccio**	dress up, to	**nascondere, vestire**
domestic (*adj.*)	**domestico (b)**	dress	**vestito**
domestic (servant) (*n.*)	**domestico (a)**	dressing	**salsa**
domicile	**casa**	dressing-down	**critica**
dominate, to	**dominare**	dried	**secco**
donate, to	**dare**	drill	**esercizio**
donation	**regalo**	drink	**bevanda**
done in	**stanco**	drink, to	**bere**
doodle (on), to	**scrivere**	drinker, heavy	**ubriaco**
door	**porta**	dripping	**bagnato**
door, car	**porta**	drive	**passeggiata, strada**
door, carriage	**porta**	drive, to	**portare, spingere**
door, front	**porta**	drive away, to	**cacciare (a)**
door, main	**porta**	drizzle	**pioggia**
door, to knock on someone's	**colpire**	drop	**riduzione**
doorkeeper	**guardiano**	drop, to	**cadere, rovesciare**
dope	**droga**	drop dead, to	**morire**
doubt, to	**sospettare**	droppings	**escremento**
doubt, without	**naturalmente**	drove	**gregge**
doubtful	**incerto**	drown, to	**affogare**
doubtless	**naturalmente**	drowned, to be	**affogare**
dough	**denaro**	drowse, to	**dormire**
doughy	**morbido**	drowsiness	**sonno**
down (*adj.*)	**disperato**	drug	**droga, medicina**

expert on, to be an	**sapere**	fade away, to	**sparire**
expire, to	**morire**	faeces	**escremento**
explain, to	**dire (b), spiegare**	fail mark	**mancanza**
explain in detail, to	**spiegare**	fail, to	**fallire, mancare, tralasciare**
explicate, to	**spiegare**	fail, to be a	**mancare**
explode, to	**scoppiare**	fail, to cause to	**impedire**
exploit, to	**usare**	failure	**insuccesso, mancanza**
exploration	**indagine**	faint	**debole**
explore, to	**esaminare**	fainting fit	**malattia**
expound, to	**spiegare**	fair amount of, a	**molto (a)**
express, to	**spiegare**	fair number of, a	**qualche**
express oneself, to	**parlare**	fair	**discreto, giusto**
expression	**aspetto, espressione**	fairly	**abbastanza (b)**
exquisite	**eccellente**	fairly big	**discreto**
extend, to	**aumentare, durare**	fairly good	**discreto**
extensive	**grande**	fairly large	**importante**
extenuating circumstance	**scusa**	fairly well	**abbastanza (b)**
exterminate, to	**uccidere**	fairy tale	**racconto**
extermination	**massacro**	faith	**fede**
extinct	**morto**	faith (in), to have	**dipendere**
extinguish, to	**spegnere**	faithful	**onesto, religioso**
extol, to	**apprezzare**	fake	**bugiardo, falso**
extortion	**corruzione**	fake, to	**copiare**
extra, optional	**preferenza**	fall	**riduzione, rovina**
extract	**brano**	fall, to	**affondare, cadere, ridurre**
extract, to	**ottenere, togliere**	fall asleep, to	**dormire**
extraordinary	**eccezionale**	fall down, to	**cadere**
extravagant	**generoso**	fall headlong, to	**cadere**
extreme unhappiness	**infelicità**	fall in love (with), to	**piacere a**
extremity	**fondo**	fall quickly, to	**cadere**
exuberant	**vivace**	fallacious	**falso**
eye, to	**guardare**	false	**bugiardo, falso**
eye, twinkling of an	**momento**	falsehood	**bugia**
eye on, to have one's	**guardare**	falseness	**bugia**
eye (on), to keep an	**guardare**	falsify, to	**copiare**
		faltering	**incerto**
fable	**racconto**	familiar with, to be	**sapere**
fabulous	**eccellente**	family (*adj.*)	**domestico (b)**
face	**faccia**	family (*n.*)	**famiglia**
face, to	**affrontare**	family member	**parente**
face of, in the	**davanti a**	famine	**mancanza**
face up to, to	**affrontare**	famous	**famoso**
facetious	**buffo**	famous person	**persona**
facilitate, to	**aiutare**	fan	**sostenitore, tifoso**
facilities	**facilitazioni, strumento**	fanatic	**tifoso**
facing	**davanti a**	fancy	**immaginazione**
fact	**cosa, elemento**	fancy, to	**piacere a**
fact, as a matter of	**infatti**	fanny	**vagina**
fact, in	**infatti**	fantastic	**eccellente, eccezionale**
factory	**fabbrica**	fantasy	**immaginazione**
faculty	**università**	far (away/off)	**lontano**
faculty of speech	**parola**	far, to go too	**aumentare**

farce	**scherzo**	feed, to	**dare da mangiare, mangiare**
fare	**costo**	feed, to manage to	**dare da mangiare**
farm (*adj.*)	**rurale**	feed (oneself) on, to	**mangiare**
farm (*n.*)	**fattoria**	feeding	**cibo**
farm, large	**fattoria**	feel, to	**sentire (a), toccare**
farmer	**agricoltore**	feel better, to	**migliorare**
farmer, peasant/tenant	**agricoltore**	feel the effects of, to	**sentire (a)**
farmhouse	**casa**	feel sorry, to	**dispiacere**
farthing	**denaro**	feeling	**senso**
fascinate, to	**piacere a**	feeling, fellow	**senso**
fascinating	**bello**	feeling, ill	**ostilità**
fashion	**modo**	feelings	**senso**
fashion, in	**elegante**	fell, to	**distruggere**
fashionable	**elegante**	fellow	**marito/moglie, persona**
fast	**presto, veloce**	fellow feeling	**senso**
fast, to go/travel	**correre**	fellow-traveller	**sostenitore**
fasten, (together), to	**legare**	felony	**delitto**
fastidious	**scrupoloso, sensibile**	female	**donna**
fat	**grosso**	female child	**figlio/figlia**
fat, to make (look)	**aumentare**	fence	**barriera**
fatal	**mortale**	ferry (-boat)	**barca**
fate	**caso**	festival	**festa**
fateful	**mortale**	few	**qualche**
father	**padre**	few, a	**qualche**
Father	**ecclesiastico**	few, quite a	**molto (a), qualche**
Father, Holy	**papa**	fiancé/fiancée	**fidanzato/a**
fatherland	**paese**	fiasco	**insuccesso**
fatigue	**stancare**	fib	**bugia**
fatuous	**stupido**	fickle	**instabile**
fault with, to find	**criticare**	fiction	**bugia**
faulty	**difettoso**	field	**campo (a), campo (b)**
faux pas	**errore**	fiery	**caldo (a)**
favour	**favore**	fight	**lotta**
favour, to	**preferire**	fight, to	**battersi**
favour of, in	**disposto**	figure	**immagine, numero, persona**
favourable	**adatto, comodo, utile**	filch, to	**rubare**
favourable to	**disposto**	fill, to	**occupare, riempire**
favouritism	**preferenza**	fill in, to	**scrivere**
fear	**paura**	fill oneself (up), to	**mangiare**
fear, to	**avere paura**	fill oneself up (with), to	**mangiare**
fearful	**terribile, timido**	fill up, to	**riempire**
fearless	**coraggioso**	filled	**pieno**
feast	**festa, pasto**	filth	**sporcizia**
feast day	**vacanza**	filthiness	**sporcizia**
feature	**elemento**	filthy	**sporco**
feature, distinctive	**elemento**	final (*adj.*)	**finale**
feature, main	**elemento**	final (*n.*)	**fine**
features	**elemento, faccia**	final analysis, in the	**insomma**
fed up	**stanco**	finale	**fine**
fed up, to get/make	**annoiare**	finally	**finalmente**
fee	**conto**	financial obligation	**prestito**
feeble	**debole**	financial yield	**paga**

frigid	**freddo**	future, in the near	**presto**
frisk, to	**toccare**	fuzz	**polizia**
fritter away, to	**perdere**		
fritter away one's time, to	**divertirsi**	gadget	**strumento**
frivolous	**inutile**	gaiety	**piacere**
from time to time	**qualche volta**	gain	**bene, denaro, paga**
front door	**porta**	gain, to	**ottenere**
frontier	**limite**	gale	**temporale**
frowning	**severo**	game	**gara, imbroglio**
frozen	**freddo**	gang	**banda**
frozen, deep	**freddo**	gangplank	**ponte**
frugal	**modesto (b)**	gangster	**delinquente (b)**
fruit	**bene, risultato**	gangway	**ponte**
fruitless	**inutile**	gaol	**prigione**
fuck!	**mamma mia!**	gaol, to	**imprigionare**
fuck, not to give a	**importare**	gap	**buco, pausa**
fuck, to	**scopare**	gaps, full of	**difettoso**
fucking hell!	**mamma mia!**	garage	**garage**
fuck's sake!, for	**mamma mia!**	garage, lock-up	**garage**
fuel	**carburante**	garage mechanic	**garage**
fuel oil	**carburante**	garbage	**spazzatura**
fulfil, to	**fare, soddisfare**	garish	**lussuoso**
fulfilment	**piacere**	garment	**vestito**
full	**completo, pieno**	garret	**soffitta**
full of gaps	**difettoso**	garrulous	**chiacchierone**
full of life	**vivace**	gash	**rottura**
full to the brim	**pieno**	gasp (for breath), to	**soffiare**
full up	**pieno**	gate	**barriera, porta**
fun	**divertimento**	gather (together), to	**raccogliere**
fun, to have	**divertirsi**	gathering	**riunione**
fun of, to make	**scherzare**	gaudy	**lussuoso**
function	**lavoro, significato**	gauge, to	**misurare**
function, to	**funzionare**	gaunt	**magro**
fundamental	**fondamentale**	gay	**omosessuale**
fundamentally	**insomma**	gaze at, to	**guardare**
funeral (ceremony)	**funerale**	general public	**società**
funeral pile	**fuoco**	general	**comune**
funereal	**triste**	generally	**comune**
funk	**paura**	generate, to	**fare**
funnel	**camino**	generation	**famiglia**
funny	**buffo, strano**	generous	**generoso**
funny side	**umorismo**	genesis	**inizio**
funny story	**scherzo**	genitals	**vagina**
fur	**pelle**	genius	**intelligenza**
furious	**arrabbiato**	genocide	**massacro**
furrow, to	**graffiare**	gentle	**mite**
further, to take	**trattare**	gentleman	**padrone, uomo**
fury	**rabbia**	gently	**lento**
fuss	**capriccio**	genuflect, to	**inginocchiarsi**
fussy	**difficile (b), scrupoloso, sensibile**	genuine	**puro**
futile	**inutile**	germ	**microbo, origine**
future	**futuro, prossimo**	gesture	**segno**

get, to	**avere, capire, diventare, ottenere, prendere, ricevere**
get at, to	**criticare, scherzare**
get away, to	**fuggire**
get away from, to	**evitare**
get by, to	**arrangiarsi**
get down, to	**ingoiare**
get down/off/out, to	**scendere**
get down on one's knees, to	**inginocchiarsi**
get in, to	**salire (b)**
get off with, to	**fare la corte**
get on, to	**essere**
get out, to	**andare, tirare**
get out of it, to	**fuggire**
get over, to	**guarire**
get round, to	**girare**
get through, to	**arrangiarsi, superare**
get to, to	**venire**
get up, to	**alzarsi, salire (b)**
ghastly	**terribile**
ghost	**fantasma**
gibe	**freccia**
gift	**intelligenza, regalo**
gift, free	**regalo**
gifted	**capace, intelligente**
gigantic	**grande**
giggle, to	**ridere**
girl	**figlio/figlia, ragazza**
girl friend	**fidanzato/a**
girl, bad	**ragazza**
girl, little	**ragazza**
give, to	**dare, pagare**
give again, to	**rendere (a)**
give away, to	**dare**
give back, to	**rendere (a)**
give a bell/buzz, to	**telefonare**
give a bugger/damn/ fuck/shit, not to	**importare**
give cheaply, to	**dare**
give a damn about, not to	**scherzare**
give details (of), to	**spiegare**
give emphasis to, to	**sottolineare**
give enough (food) to, to	**dare da mangiare**
give evidence, to	**assicurare**
give a (good) hiding (to), to	**colpire**
give a hand (to), to	**aiutare**
give a hard time (to), to	**maltrattare**
give hospitality to, to	**ospitare**
give in, to	**dare, rinunciare**
give importance to, to	**sottolineare**
give a jump, to	**saltare**
give leave to, to	**mandare via**

give off/out, to.	**diffondere**
give one's life, to	**morire**
give over, to	**dare**
give preferential treatment to, to	**preferire**
give as a present, to	**dare**
give a prize for/to, to	**pagare**
give a (quick) glance, to	**guardare**
give a recommendation (to), to	**aiutare**
give a ring, to	**telefonare**
give a start, to	**saltare**
give rise to, to	**causare**
give up, to	**dare, rinunciare**
give way, to	**cadere**
given	**particolare (a)**
given that	**perché (a)**
given to	**disposto**
given off, to be	**derivare**
glad	**contento**
glance	**sguardo**
glance, to	**guardare**
glance, to give/have a (quick)	**guardare**
glass	**finestra**
glass, pane of	**finestra**
glide, to	**scivolare**
glitter, to	**brillare**
gloomy	**scuro, triste**
glorify, to	**apprezzare**
gloss	**nota**
gloss over, to	**evitare**
glossary	**dizionario**
glossy magazine	**giornale**
glow, to	**brillare**
glutton	**goloso**
gluttonous	**goloso**
gnaw (at), to	**mordere**
go, to	**andare, correre, funzionare, muoversi**
go about/around (together), to	**fare la corte**
go ahead, to	**andare avanti**
go along, to	**andare**
go along with, to	**rispettare**
go and see, to	**visitare**
go around, to	**camminare, fare la corte**
go astray, to	**perdere**
go away, to	**andare, sparire**
go back, to	**tornare**
go bad, to	**rovinare**
go bankrupt, to	**fallire**
go begging, to	**mendicare**
go beyond, to	**superare**
go bitter, to	**peggiorare (b)**
go by, to	**andare, passare (b)**

harlot	**prostituta**	have the impression, to	**pensare**
harm, to	**fare male**	have inside, to	**avere**
harm, to do	**fare male**	have it in for, to	**arrabbiarsi**
harmful	**nocivo**	have lunch, to	**mangiare**
harmony	**accordo, calma**	have some relaxation, to	**divertirsi**
harrowing	**doloroso**	have sex, to	**scopare**
harsh	**freddo, severo**	have supper, to	**mangiare**
harvest	**raccolta**	have suspicions, to	**sospettare**
harvest, grape	**raccolta**	have to, to	**bisognare**
harvesting	**raccolta**	have trouble in, to	**fare fatica**
haste	**velocità**	have the wind up, to	**avere paura**
haste, without	**lento**	having no	**senza**
hasten, to	**correre**	hazard	**pericolo**
hastily	**presto**	hazardous	**pericoloso**
hasty	**imprudente, veloce**	hazy	**vago**
hat	**cappello**	head	**capo, mente, testa**
hatchet	**ascia**	head stone	**pietra**
hate, to	**odiare**	head, to get into one's	**capire, insistere**
hatred	**odio**	headache	**disturbo**
haughty	**orgoglioso**	headache pill	**pasticca**
haul, to	**tirare**	head-gear	**cappello**
have, to	**avere, bere**	headlight	**luce**
have available, to	**avere**	headlong, to fall	**cadere**
have at one's disposal, to	**avere**	headmaster	**direttore**
have an effect on, to	**influenzare**	head-scarf	**sciarpa**
have a glance, to	**guardare**	head-square	**sciarpa**
have a go, to	**provare**	headstrong	**ostinato**
have a good time, to	**divertirsi**	heal, to	**curare, guarire**
have as a guest, to	**ospitare**	health	**salute, sano**
have at heart, to	**importare**	health, in good	**sano**
have a high opinion of, to	**apprezzare**	health, in poor	**malato**
have (an) influence (on), to	**influenzare**	healthiness	**salute**
have a (little) taste of, to	**gustare**	healthy	**sano**
have a look (over), to	**guardare**	heap	**macchina (b), mucchio**
have a nap, to	**dormire**	heap of, a	**molto (a)**
have a narrow escape, to	**fuggire**	heap (up), to	**ammucchiare**
have a piss, to	**pisciare**	heaps of	**molto (a)**
have a poo, to	**cacare**	hear, to	**sapere, sentire (b)**
have a presentiment of, to	**prevedere**	hearsay	**conversazione**
have a quick look over, to	**guardare**	heart	**mente**
have a rest, to	**riposare**	heart, to have at	**importare**
have (sexual) intercourse, to	**scopare**	hearth	**camino**
have a share (in), to	**partecipare**	heartless	**crudele**
have a shave, to	**tagliare**	heart-rending	**doloroso**
have (something) to do with, to	**importare**	heat	**caldo (b)**
have confidence (in), to	**dipendere**	heat wave	**caldo (b), fuoco**
have difficulty in, to	**fare fatica**	heave, to	**alzare**
have dinner, to	**mangiare**	heavens!, good	**mamma mia!**
have one's eye on, to	**guardare**	heaven's sake!, for	**mamma mia!**
have faith (in), to	**dipendere**	heavy	**noioso**
have fun, to	**divertirsi**	heavy drinker	**ubriaco**
have one's hand out, to	**mendicare**	heavy shower	**pioggia**

kill oneself laughing, to	**ridere**	ladder	**scala**
killer	**assassino**	laden	**pieno**
killing	**omicidio**	lady	**donna, marito/moglie**
killjoy	**importuno**	lady, good	**marito/moglie**
kind (*adj.*)	**gentile**	lady, young	**donna**
kind (*n.*)	**tipo**	laid back	**buono**
kindergarten	**scuola**	lair	**rifugio**
kindly	**per favore, gentile**	lambretta	**motociclo**
kindness	**favore**	lament	**protesta**
kindred	**simile**	lamp	**luce**
kiosk	**banco**	lamp, street-	**luce**
kiosk, newspaper	**banco**	lamp, table	**luce**
knapsack	**borsa**	lamp-post	**luce**
knave	**delinquente (a), monello**	lance	**bastone, freccia**
kneel (down), to	**inginocchiarsi**	land (*adj.*)	**rurale**
knees, to get/		land (*n.*)	**paese, terra**
go down on one's	**inginocchiarsi**	land, native	**paese**
knob	**manico**	land, piece of	**pezzo**
knock	**colpo**	landlady	**padrone**
knock, to	**colpire**	landlord	**capo, padrone**
knock back, to	**bere**	landowner	**padrone**
knock down, to	**distruggere, investire,**	landscape	**vista**
	rovesciare	lane	**sentiero, strada**
knock off, to	**uccidere**	language	**lingua**
knock on someone's door, to	**colpire**	languid	**debole**
knock over, to	**rovesciare**	lantern	**luce**
knoll	**collina**	lapse	**errore**
knotty	**difficile (a)**	large	**grande, grosso, importante**
know, to	**sapere**	large amount (of), a	**molto (a)**
know, to get to	**incontrare, sapere**	large farm	**fattoria**
know a lot about, to	**sapere**	large number (of), a	**molto (a)**
know how to, to	**potere**	large sitting room	**salotto**
know-all	**intelligente**	larger, to become/get/grow	**crescere**
knowledge	**conoscenza**	large, fairly	**importante**
known	**famoso**	lascivious	**erotico**
known, to make	**diffondere, dire (b),**	lasciviousness	**sensualità**
	mostrare	lash (out at), to	**frustare**
		last	**finale, passato**
laboratory	**fabbrica**	last part	**fine**
laborious	**attivo**	last, to	**durare**
labour	**dolore (a), lavoratore**	last, at (long)	**finalmente**
labour pains	**dolore (a)**	late	**morto, tardi**
labour, to	**lavorare**	later (on)	**poi**
lace	**laccio, pizzo**	latest	**finale**
lace, shoe	**laccio**	laugh	**riso**
lace, to	**legare**	laugh, to	**ridere**
lack	**mancanza**	laugh at, to	**scherzare**
lack, to	**mancare**	laugh out loud, to	**ridere**
lacking	**difettoso**	laugh sarcastically/scornfully, to	**ridere**
lacking, to be	**mancare, sbagliare**	laughing, to kill oneself	**ridere**
lad	**ragazzo**	lav/lavatory	**bagno**
lad, young	**ragazzo**	lavish	**generoso**

lots	**molto (b)**	Madam	**donna**
lots of	**molto (a)**	made up of, to be	**consistere**
loud, to laugh out	**ridere**	madman	**matto**
loudly, to talk	**gridare**	madwoman	**matto**
lounge	**salotto**	maestro	**esperto**
lousy	**disgustoso**	mafia	**mafia**
lousy thing	**sporcizia**	mafia group/ring	**banda**
lout	**delinquente (a), maleducato**	magazine	**giornale**
loutish	**maleducato**	magazine, glossy	**giornale**
love	**sentimentale**	magazine, monthly/weekly	**giornale**
love, to	**piacere a**	magistrate	**avvocato**
love to, to make	**scopare**	magistrate, investigating	**avvocato**
love (with), to be/fall in	**piacere a**	magnanimous	**generoso**
lovely	**bello**	magnificence	**ricchezza**
lover	**fidanzato/a, sostenitore**	magnificent	**eccellente**
loving	**sentimentale**	magnify, to	**aumentare**
low	**disperato, sotto**	maid	**domestico (a)**
low hill	**collina**	maid, old	**celibe/nubile**
low life	**delinquente (a)**	mail	**mandare**
low mountain	**collina**	main door	**porta**
lower	**ridurre**	main feature	**elemento**
lower-case letter	**piccolo**	main meal (of the day)	**pasto**
lowering	**riduzione**	main street	**strada**
lowly	**modesto (a)**	mainly	**soprattutto**
loyal	**onesto**	maintain, to	**dire (a), tenere (b)**
lozenge	**pasticca**	make, to	**costruire, creare, cucinare,**
luck	**caso**		**fare, forzare, rendere (b)**
luck, bad	**sfortuna**	make the acquaintance of, to	**incontrare**
luck, piece of bad	**sfortuna**	make anxious, to	**preoccupare**
lucky	**contento**	make awkward, to	**imbarazzare**
lucky break	**caso**	make beautiful, to	**migliorare**
lucre	**denaro**	make become, to	**rendere (b)**
ludicrous thing	**sciocchezza (a)**	make better, to	**migliorare**
luminous	**brillante**	make clear, to	**spiegare**
lunatic	**matto**	make oneself comfortable, to	**sedere (b)**
lunch	**pasto**	make a complaint, to	**lamentarsi**
lunch, to	**mangiare**	make a complaint about, to	**denunciare**
lunch, to have	**mangiare**	make contact with, to	**prendere**
lure, to	**ingannare**		**contatto con**
lust	**sensualità**	make conversation, to	**parlare**
lustful	**erotico, goloso**	make a din, to	**gridare**
luxurious	**lussuoso**	make to eat, to	**cucinare**
luxury	**ricchezza**	make one's debut, to	**cominciare**
lying	**bugiardo**	make dirty, to	**sporcare**
lyric poem/poetry	**poesia**	make an effort, to	**provare**
		make fat, to	**aumentare**
ma	**madre**	make fed up, to	**annoiare**
machine	**macchina (a)**	make feel awkward, to	**imbarazzare**
machine gun	**arma**	make feel uncomfortable, to	**imbarazzare**
machinery/machines	**macchina (a)**	make food, to	**cucinare**
mad	**arrabbiato, matto**	make for, to	**andare**
mad, to go	**arrabbiarsi**	make fun of, to	**scherzare**

point, at this	**adesso**	post	**lavoro**
point at/to, to	**mostrare**	post, to	**mandare**
point out, to	**dire (b)**	postage-stamp	**timbro**
pointless	**inutile**	postcard	**biglietto**
poison, to	**avvelenare**	poster	**pubblicità**
poison oneself, to	**avvelenare**	posterior	**sedere (a)**
poisoned, to get	**avvelenare**	postman	**portalettere**
poisonous	**nocivo**	postpone, to	**rimandare**
pole	**bastone**	postwoman	**portalettere**
police (force)	**polizia**	pot belly	**stomaco**
police constable/officer	**polizia**	pot, chimney	**camino**
police station	**polizia**	potion	**bevanda**
policeman, local/military/traffic	**polizia**	pour (into), to	**scorrere**
policewoman	**polizia**	poverty	**povertà**
policewoman, local/traffic	**polizia**	poverty-stricken	**povero**
polite	**gentile**	powerful	**forte**
politician	**politico**	pow-wow, to	**parlare**
poll	**indagine, voto**	practical	**capace, comodo, vero**
pollute, to	**avvelenare, sporcare**	practical joke	**scherzo**
pomp	**ricchezza**	practice	**abitudine, esercizio**
ponce	**intermediario**	practise, to	**addestrare**
ponder (over), to	**pensare**	practising	**religioso**
pontiff	**papa**	praise, to	**apprezzare**
poo	**escremento**	pram	**carro**
poo, to	**cacare**	prank	**scherzo**
poo, to go for/have/take a	**cacare**	prattle, to	**parlare**
poof	**omosessuale**	pray, to	**chiedere**
poofter	**omosessuale**	preaching	**predica**
pool	**pozza**	preamble	**introduzione**
poor	**difettoso, piccolo, povero**	precedence	**preferenza**
poor health, in	**malato**	preceding	**prima (a)**
poorly	**malato**	precept	**regola**
pope	**papa**	precious	**caro, utile**
popular	**comune**	précis	**riassunto**
popular song	**canzone**	precise	**attento, preciso**
popularise, to	**diffondere**	precisely, to state	**spiegare, stabilire**
population	**gente**	preclude, to	**vietare**
pork	**maiale**	precocious	**prematuro**
porno(graphic)	**erotico**	preconception	**pregiudizio**
porter	**domestico (a), guardiano**	predecessor	**antenato**
portion	**pezzo**	predicament	**affare**
portrait	**immagine**	predict, to	**prevedere**
portray, to	**descrivere, dipingere**	prediction	**previsione**
portrayal	**descrizione**	predilection	**preferenza**
position	**condizione, lavoro**	predominant	**predominante**
position, to	**mettere**	pre-eminent	**predominante**
position to, (to be) in a	**potere**	preface	**introduzione**
possess, to	**avere**	prefer, to	**preferire**
possession (of), to take	**prendere**	preference	**preferenza**
possessions	**roba**	preferential treatment to, to give	**preferire**
possessor	**padrone**	pregnant	**incinta, pieno**
possibly	**forse**	pregnant woman	**incinta**

same	**uguale**	scarf	**sciarpa**
same, all the	**comunque, uguale**	scarce, to make oneself	**fuggire**
same, exactly the	**uguale**	scatter, to	**diffondere**
same time, at the	**insieme, intanto**	scene	**lite, vista**
sample, to	**gustare**	scent	**odore**
sampling	**indagine**	scent, to	**sentire (a)**
sanatorium	**ospedale**	scheme	**piano**
sanction	**punizione**	scheming	**complotto**
sanction, to	**essere d'accordo**	schism	**divisione**
sanctuary	**chiesa**	scholar	**esperto, scrittore**
sandwich	**panino**	scholarly	**esperto**
sandwich, toasted	**panino**	school	**scuola**
sanitary	**sano**	school bench/desk	**scrivania**
sarcasm	**sarcasmo**	school, boarding	**scuola**
sarcastic	**sarcastico**	school, elementary/primary/secondary	
sarcastically, to laugh	**ridere**		**scuola**
sardonic	**sarcastico**	schoolboy	**studente**
sash	**sciarpa**	school-friend,	**amico**
sate, to	**soddisfare**	schoolgirl	**studente**
sated	**pieno**	schoolteacher	**insegnante**
satiated	**pieno**	schooling, (period of) compulsory	**scuola**
satisfaction	**piacere**	scoff at, to	**scherzare**
satisfactory	**discreto**	scoffing	**sarcastico**
satisfied	**contento**	scold, to	**criticare**
satisfy, to	**soddisfare**	scooter	**motociclo**
saturated	**pieno**	scooter, motor	**motociclo**
sauce	**salsa**	scope	**campo (b)**
sauce, pasta	**salsa**	scorch, to	**bruciare**
saunter (around), to	**camminare**	scorching	**caldo (a)**
savage	**selvaggio**	scorching, to be	**bruciare**
save	**eccetto**	score, to	**graffiare**
save, to	**difendere, risparmiare**	scorn	**odio, sarcasmo**
save up, to	**risparmiare**	scorn, to	**odiare**
savour, to	**gustare**	scornful	**orgoglioso**
savoury	**gustoso**	scornfully, to laugh	**ridere**
saw (off/through), to	**tagliare**	scoundrel	**delinquente (a), monello**
say, to	**dire (a)**	scourge	**peste**
say no, to	**negare**	scourge, to	**frustare**
saying	**detto**	scrap	**pezzo**
scald, to	**bruciare**	scrape, to	**graffiare, sbucciare**
scalding	**caldo (a)**	scrape together, to	**raccogliere**
scale, to	**salire (a)**	scratch, to	**graffiare**
scamp	**delinquente (a), monello**	scrawl (on), to	**scrivere**
scandal	**scandalo**	scream	**grido**
scandalous	**scandaloso**	scream, to	**gridare**
scanty	**piccolo**	screech, to	**gridare**
scarce, to get	**mancare**	screw, to	**scopare**
scarcity	**mancanza**	screwy	**matto**
scare	**paura**	scribble	**macchia**
scare, to	**fare paura**	scribble (on), to	**scrivere**
scared	**fare paura**	scribbler	**giornalista**
scared, to be	**avere paura**	scruff of the neck	**collo**

scrupulous	**scrupoloso**	sense, common	**ragione**
scrutinise, to	**guardare**	sense, to	**sentire (a)**
scuffle	**lotta**	senseless	**stupido**
scum	**delinquente (a)**	sensible	**intelligente**
seaboard	**riva**	sensible, not	**assurdo**
sea-coast	**riva**	sensitise, to	**svegliare**
seal off, to	**impedire**	sensitive to the cold	**freddo**
search for, to	**cercare, indagare**	sensitive, (over-)	**sensibile**
search thoroughly, to	**cercare**	sensitivity	**senso**
sea-shore	**riva**	sensual	**erotico**
seat	**posto, sedere (a)**	sensual pleasure	**sensualità**
seated, to be	**sedere (b)**	sensuality	**sensualità**
seat, to take a	**sedere (b)**	sensuous	**erotico**
second	**momento**	sensuousness	**sensualità**
second ballot	**voto**	sentence	**decisione, espressione**
second, split	**momento**	sentence, life	**prigione**
secondary school	**scuola**	sentiment	**senso**
secret	**personale**	sentimental	**sentimentale**
secret, to talk in	**parlare**	sentry	**guardiano**
section	**reparto**	separate, to	**separare**
sector	**campo (b)**	separation	**divisione**
secure, to	**difendere**	sequence	**fila**
sedition	**ribellione**	serene	**chiaro (b)**
seditious	**ribelle**	serenity	**calma**
seductive	**bello**	series	**fila**
see, to	**guardare**	serious	**grave**
see, to come/go and	**visitare**	serious, to become/get/grow more	
see to, to	**assicurarsi, ordinare (b)**		**peggiorare (b)**
seed	**origine**	sermon	**predica**
seek, to	**cercare, indagare**	servant	**domestico (a)**
seem (like), to	**sembrare**	servant, domestic	**domestico (a)**
segment	**pezzo**	serve a purpose, to	**servire**
segregate, to	**separare**	service	**funzione, rendimento**
seize, to	**mordere, prendere**	service, religious	**funzione**
seize with the teeth, to	**mordere**	session	**riunione**
select, to	**preferire**	set of (book-)shelves	**scaffale**
selection	**esame, preferenza**	set of regulations	**regola**
self-governing	**libero (a)**	set, to	**stabilire**
seller	**commerciante**	set, television/TV	**televisione**
send, to	**cacciare (a), mandare**	set apart, to	**separare**
send away, to	**cacciare (a), mandare via,**	set down, to	**mettere, stabilire**
	togliere	set on edge, to	**preoccupare**
send back, to	**rendere (a)**	set fire to	**bruciare**
send for, to	**chiamare**	set free, to	**liberare**
send off, to	**mandare, mandare via**	set off, to	**andare**
send out, to	**mandare via**	set out, to	**andare, mettere**
senile	**vecchio**	set up, to	**costruire, creare, preparare**
sensation	**scandalo, senso**	set oneself up, to	**sposare**
sensational	**eccezionale, scandaloso**	set up home, to	**sposare**
sense	**intelligenza, senso, significato**	setback	**difficoltà, insuccesso**
sense of humour	**umorismo**	settee	**divano**
sense of judgement	**intelligenza**	setting up	**inizio**

temporarily	**provvisorio**	things	**cosa, discorso, roba**
temporary	**provvisorio**	things out, to sort	**essere d'accordo**
tempt, to	**spingere**	thingumabob/thingumajig/	
tenant farmer	**agricoltore**	thingummy	**cosa**
tendency	**tendenza**	thingy	**cosa, strumento**
tender	**sentimentale**	think, to	**immaginare, pensare**
tenuous	**debole**	think highly of, to	**apprezzare**
term	**parola**	think out, to	**progettare**
terracing	**scala**	think straight, not to	**legare**
terrible	**terribile**	think up, to	**pensare, progettare**
terrified	**fare paura**	thinking	**idea**
terrify, to	**fare paura**	thin-skinned	**sensibile**
terrifying	**terribile**	this minute	**subito**
territory	**paese, zona**	thorax	**petto**
terror	**paura**	thorny	**difficile (a)**
terrorise, to	**fare paura**	though	**nonostante**
terrorised	**fare paura**	thought	**idea**
test	**analisi, esame**	thoughtful	**attento**
test, oral	**domanda**	thoughtfulness	**attenzione**
test, to	**controllare**	thoughtless	**negligente**
testicles	**testicoli**	threshold	**porta**
testify, to	**assicurare**	thrifty	**modesto (b)**
text	**libro, opera**	thrill	**senso**
text book	**libro**	thrilling	**emozionante**
text, study	**libro**	throat	**collo**
thankful	**grato**	throes, death	**dolore (a)**
thanks to	**attraverso**	throng	**folla**
that	**che**	throttle, to	**soffocare**
that is	**cioè**	through	**attraverso**
theatre	**dramma**	throw, to	**buttare, cacciare**
theme	**argomento**	throw into confusion, to	**disturbare**
then	**anche, poi**	throw open, to	**aprire**
theory	**teoria**	throw out, to	**cacciare (a)**
therapy	**cura**	throw up, to	**vomitare**
there and then	**subito**	thrown into confusion, to be	**disturbare**
therefore	**così**	thrust	**impulso**
these days	**oggi**	thunderstorm	**temporale**
thesis	**studio**	thus	**così**
thick	**denso, stupido**	thwart, to	**impedire**
thick-set	**grosso**	ticket	**biglietto**
thief	**ladro**	ticking-off	**critica**
thief, petty	**ladro**	tidy (up), to	**ordinare (b)**
thieve from, to	**rubare**	tidy	**pulito**
thin	**magro**	tidy, neat and	**pulito**
thing	**affare, cosa**	tie	**legame**
thing, dirty/disgusting/foul/		tie, to	**forzare, legare**
lousy	**sporcizia**	tie together/up, to	**legare**
thing, ludicrous	**sciocchezza (a)**	tied	**costretto**
thing, (most) important	**importante**	tied up	**occupato**
thing, rotten	**sporcizia**	tight	**avaro, stretto, ubriaco**
thing, small/smallest	**sciocchezza (b)**	tight(-fisted)	**avaro**
thing, stupid	**sciocchezza (a)**	tight-fitting	**stretto**

tight(ly), to hold	**tenere (a)**
tights	**calza**
tights, pair of	**calza**
tile	**mattonella**
time	**tempo (a), tempo (b)**
time off	**pausa**
time off work	**vacanza**
time, about	**finalmente**
time, from time to	**qualche volta**
time, to	**misurare**
time, to fritter away one's	**divertirsi**
time, to take one's	**aspettare**
time being, for the	**intanto**
times, at	**qualche volta**
times, behind the	**antiquato**
timetable	**tempo (a)**
timid	**timido**
timorous	**timido**
tin	**scatola**
tinkle, to	**suonare**
tint	**colore**
tiny	**piccolo**
tipsy	**ubriaco**
tire, to	**stancare**
tired (out)	**stanco**
tired, sick and	**stanco**
tireless	**instancabile**
tiresome	**importuno, noioso**
tiring	**difficile (a)**
titanic	**grande**
tits	**petto**
tits of, to get on the	**annoiare**
titter, to	**ridere**
tittle-tattle	**conversazione**
to come	**prossimo**
to cut a long story short	**insomma**
to make sure that	**perché (b)**
to sum up	**insomma**
to tell the truth	**infatti**
toady (to), to	**lusingare**
toasted sandwich	**panino**
today	**oggi**
today's	**presente**
together (with)	**insieme**
together, to bring/gather	**raccogliere**
toilet	**bagno**
toilet, to go on the	**cacare**
tolerate, to	**soffrire**
toll, to	**suonare**
tomb	**tomba**
tomb stone	**pietra**
tomboy	**monello**

tomfoolery	**scherzo, sciocchezza (a)**
tomorrow	**futuro**
tone	**colore, particolare (b)**
tone down, to	**moderare**
toned down	**debole**
tongue	**lingua**
tons	**molto (b)**
tons of	**molto (a)**
too	**anche**
too early	**prematuro**
too (many/much)	**molto (b)**
too soon	**prematuro**
tool	**pene, strumento**
top	**cima, tappo**
top (of), on	**su (a)**
topic	**argomento**
torment	**dolore (a), dolore (b)**
torment, to	**maltrattare, tormentare**
torn	**lacero**
torn apart/to pieces	**lacero**
tornado	**temporale**
torpor	**sonno**
torrid	**caldo (a)**
tortuous	**tortuoso**
torture	**dolore (a), dolore (b)**
torture, to	**tormentare**
toss (about/around), to	**scuotere**
total	**completo**
total price	**costo**
totally	**insieme**
totter, to	**tremare**
touch	**particolare (b)**
touch, to	**graffiare, influenzare, toccare**
touch lightly, to	**toccare**
touch on, to	**menzionare**
touch up, to	**toccare**
touch with, to get in	**prendere contatto con**
touched	**emozionato, matto**
touching	**emozionante**
touchy	**difficile (b), sensibile**
tough	**forte**
tourist	**villeggiante**
tournament	**gara**
tow, to	**tirare**
towards	**verso**
towel, tea	**straccio**
town	**città**
toxic	**nocivo**
trace	**segno**
trace, to	**disegnare, trovare**
track	**segno, sentiero**

turn into, to	**diventare**	uncultured	**ignorante**
turn (of), to be the	**toccare a**	undaunted	**coraggioso**
turn off, to	**spegnere**	undecided	**incerto**
turn out, to	**derivare, risultare**	undeniable	**certo**
turn out to be, to	**risultare**	under	**sotto**
turn over, to	**rovesciare**	undergo	**soffrire**
turn sour, to	**peggiorare (b)**	undergrowth	**foresta**
turn up, to	**succedere, venire**	underline, to	**sottolineare**
turn upside down, to	**rovesciare**	underneath	**sotto**
tussle	**lotta**	understand, to	**capire**
tutor	**insegnante**	understanding	**accordo**
tutor, private	**insegnante**	understanding, mutual	**accordo**
TV	**televisione**	undeserving	**indegno**
TV channel	**canale**	undignified	**indegno**
TV news (bulletin)	**informazione**	undoubtedly	**naturalmente**
TV set	**televisione**	undress, to	**spogliarsi**
twat	**vagina**	undressed	**nudo**
twilight	**sera**	undressed, to get	**spogliarsi**
twine	**corda**	uneasy	**nervoso**
twinkle, to	**brillare**	uneducated	**ignorante**
twinkling of an eye	**momento**	unevenness	**differenza**
twist, to	**piegare**	unexpected	**improvvisamente**
twist, round the	**matto**	unexpectedly	**improvvisamente**
twisted	**curvo**	unfavourable	**scomodo**
type	**tipo**	unfortunately	**purtroppo**
typical (of a place)	**celibe/nubile**	unfounded	**falso**
typically	**puro**	ungainly	**goffo**
		ungraceful	**goffo**
udder	**petto**	unhappily	**purtroppo**
ugly	**brutto**	unhappiness	**infelicità**
ugly mug	**faccia**	unhappiness, extreme	**infelicità**
umbrella	**ombrello**	unhappy	**scontento, triste**
unaccustomed	**strano**	unhealthy	**nocivo**
unassuming	**modesto (a)**	unheard of	**eccezionale**
unaware	**ignorante**	uniform	**piatto, uguale**
unbalanced	**instabile**	unimpeded	**libero (b)**
unbecoming	**indegno**	uninhabited	**vuoto**
unbelievable	**eccezionale**	union	**legame, matrimonio**
unbending	**severo**	union, marital	**matrimonio**
unbiased	**obiettivo**	unique	**solo (b)**
uncastrated pig	**maiale**	unit	**elemento**
uncertain	**incerto**	unite, to	**mescolare**
uncivil	**maleducato**	university	**università**
unclear	**vago**	unknowing	**ignorante**
uncomfortable	**goffo, scomodo**	unknown person	**estraneo**
uncomfortable, to make (feel)	**imbarazzare**	unlike	**diverso**
uncommon	**raro**	unlikely	**improbabile**
uncompromising	**ostinato**	unlimited	**completo**
unconscious	**ignorante**	unload, to	**vuotare**
unconventional	**strano**	unlucky	**cattivo**
uncouth	**maleducato, volgare**	unluckily	**purtroppo**
uncover, to	**scoprire**	unmannerly	**maleducato**

unmarried	celibe/nubile	upset, to	disturbare, fare male,
unmarried person	celibe/nubile		rovesciare
unmarried woman	celibe/nubile, donna	upset greatly, to	disturbare
unnatural	crudele	upset, to be	disturbare
unnerved	nervoso	upset, to become	arrabbiarsi
unpleasant	brutto	upset, to get	disturbare
unprepared	inesperto	upstairs	su (a)
unpretentious	modesto (a)	upstairs, to come/go	salire (b)
unqualified	inesperto	up-to-date	presente
unquestionable	certo	urchin	monello
unreasonable	assurdo	urge, to	chiedere, spingere
unrefined	volgare	urge on, to	spingere
unrelenting	crudele	urinate, to	pisciare
unresolved	incerto	usage	abitudine
unrestricted	completo	use, no	inutile
unseemly	indegno	use, to	usare
unsettled	instabile	use, to be of	servire
unskilled	inesperto	use, to put to	usare
unsociable	selvaggio	use of, to make	usare
unsound	assurdo	used to, to get	abituarsi
unspoken	silenzioso	useful	utile
unstable	instabile	useful (to), to be	servire
unsteady	incerto, instabile	usefulness	bene
unsuccessful, to be	fallire	useless	inutile
untidy	negligente	user	cliente
untiring	instancabile	usher	guardiano
untrained	inesperto	usual	comune
untrue	falso	utensil	strumento
untruthful	bugiardo	utilise, to	usare
unusual	strano	utility	bene
unveil, to	scoprire	utter, to	dire (a), spiegare
unwanted	brutto		
unwary	imprudente	vacant	vuoto
unwelcome	brutto, scomodo	vacillate, to	tremare
unwell	malato	vacillating	incerto
unwise	imprudente	vacuous	vuoto
unwitting	ignorante	vagina	vagina
unworthy	indegno	vague	vago
unwrapped	sfuso	vain	bugiardo, inutile, orgoglioso
unyielding	severo	valiant	coraggioso
up	su (a)	valid	valido
up, high	su (a)	valid, to be	essere
up to, to be	toccare a	validity	valore
upbringing	formazione	valuable	caro
uphill, to be/go	salire (b)	valuation	analisi
upholder	sostenitore	value	costo, significato, valore
upon	su (a)	value, to	apprezzare
upright	onesto	van	autocarro
uprising	ribellione	van, delivery	autocarro
uproar	confusione, rumore	vandal	vandalo
upset (adj.)	confuso, nervoso	vanish, to	fuggire, sparire
upset (n.)	malattia	vanquish, to	vincere

variable	**instabile**	violent	**violento**
variation	**cambiamento**	violently, to shake	**scuotere**
varied	**diverso, molto (a)**	VIP carpet	**tappeto**
variety	**differenza, tipo**	virus	**microbo**
various	**molto (a), qualche**	vision	**vista**
varnish	**dipingere**	visit, to	**visitare**
vary, to	**cambiare**	vital	**necessario, vivo**
varying	**instabile**	vivacious	**vivace**
vast	**grande**	vivid	**vivace**
vaticination	**previsione**	viz.	**cioè**
vehicle	**macchina (b)**	v-neck pullover	**maglia**
veil, to	**offuscare**	vocabulary	**parola**
vendor	**commerciante**	voice, to	**spiegare**
verbose	**chiacchierone**	voice, to speak in a low	**mormorare**
verdict	**decisione**	volume	**libro**
verify, to	**controllare**	voluptuous	**erotico**
verse	**poesia**	voluptuousness	**sensualità**
version	**edizione**	vomit, to	**vomitare**
very	**molto (b), preciso**	voracious	**goloso**
very attractive	**bello**	vote	**voto**
very bad	**brutto**	voting	**voto**
very beautiful	**bello**	vouch for, to	**assicurare**
very busy	**occupato**	voucher	**ricevuta**
very cold	**freddo**	vulgar	**volgare**
very early	**primitivo**	vulva	**vagina**
very good	**eccellente**		
very much	**molto (b)**	wag, to	**scuotere**
very nice	**bello**	wage(s)	**paga**
very same	**uguale**	wage-earner	**lavoratore**
very slowly	**lento**	waggle around, to	**scuotere**
very small	**piccolo**	wagon	**carro**
very wealthy	**ricco**	wail	**grido**
vespa	**motociclo**	wailing	**protesta**
vestibule	**ingresso**	wait (for), to	**aspettare**
vestige	**segno**	waiter	**domestico (a)**
vex, to	**annoiare**	waitress	**domestico (a)**
vexation	**rabbia**	wake (up), to	**svegliare**
viaduct	**ponte**	walk	**passeggiata**
vicinity	**dintorni**	walk, (about/around), to	**camminare**
victuals	**cibo**	walk, to go for a (short)	**camminare**
view	**vista**	wall	**muro**
view, point of	**opinione**	wallet	**portafogli**
viewers	**pubblico**	wallpaper	**decorare**
vigorous	**attivo, coraggioso, forte**	wander (around), to	**camminare**
vile	**cattivo, vigliacco**	wanderer	**vagabondo**
vilify, to	**offendere**	wandering	**vagabondo**
villa	**casa**	wanker	**delinquente (a)**
village	**villaggio**	want	**mancanza, povertà**
village, small	**villaggio**	want (to), to	**volere**
villain	**ragazzo**	wanton	**erotico**
violate, to	**offendere, rompere**	war	**lotta**
violation	**delitto**	ward off, to	**cacciare (a), rifiutare**